ドイツ住宅改革運動

19世紀の都市化と市民社会

北村昌史［著］

京都大学学術出版会

本書は「財団法人 住宅総合研究財団」の2006年度出版助成を
得て出版されたものである。

目次

第Ⅱ部　住宅改革運動の展開

第Ⅲ部　住宅改革構想の変遷

はしがき

二〇〇六年春に公開された映画『ナルニア国物語　第一章　ライオンと魔女』を期待と不安をもって観に行かれた方はどれほどいるだろうか。ナルニア国とは、イギリスの作家C・S・ルイスの作り出したパラレルワールドである。そのナルニア国の誕生から滅亡までを人間界から行ったこどもたちの活躍を通して描いた全七巻の名作（邦訳は瀬田貞二訳で岩波書店より刊行）を、こどもの頃にわくわくしながら読み進めていった方も多いだろう。ナルニア国物語は、キリスト教的世界観を軸に、ヨーロッパの神話や民話の要素を散りばめて構成されている。物語全体の中心人物は、ナルニアの守り神、ライオンのアスランである。映画化された『ライオンと魔女』は、ルイスが最初に書いたナルニア国物語である。ナルニアを長い間冬にして支配した白い魔女と、アスランの闘いを描いたこの作品に、ナルニア国物語のすべてが集約されているといえる。本で読んだイメージがどの程度映像化されているのかは、ファンであれば誰しも気になるところだが、ここはそのギャップを論じるところではない。

作品の書かれた順番は度外視して（ちなみに、『ライオンと魔女』は二番目に古いエピソードである）、ナルニア国の歴史の順に並べれば、物語の始まりは六番目に出版された『魔術師のおい』（一九五五年）、さらにいえば一九世紀末のロンドンの典型的な住宅ということになる。この巻の主人公ディゴリーとポリーが住んでいたのは「何軒もの同じ家が棟つづきにならんでいるタウンハウス」であり、「裏庭」が付いているのである。二人は、屋根裏部屋から入ることのできる、「屋根裏のトンネル」を通って空き家に行こうとする。ところが、間違ってディゴリーのおじが使っている屋根裏部屋に入ってしまったことから物語は始まる。様々な冒険を経て、二人はナルニア国の誕生に立ち会うことになる。

彼らの住んでいた住宅について、こどもの頃読んだ時は日本の江戸時代の長屋のようなものを想像し、狭苦しい住居なのだと感じたものであった。両隣の音が気になるだろうし、また両隣と接している方向には窓は設けられないわけで、採光の点で問題があるだろうと感じた。「裏庭」という訳語からも、ごちゃごちゃした空間を連想してしまう。ディゴリーが冒険の末ナルニアから持ち帰ったりんごの種を自分の家の裏庭に埋めたという話を読んだ時も、なんでこんなところに、と思ったものである。そういうわけで、彼らが住んでいた住居に好印象を得たとはいいがたかった。実際、田園的生活を称揚する傾向のあるナルニア国物語の全体的傾向のなかでは、こうした「タウンハウス」は良いものとしては描かれていない。

大人になってからたまたまドイツの住宅改革運動の研究を進めることになった。本書でも何度か指摘するように、ドイツの住宅改革者の主張の中に、こうしたイングランドの住宅のあり方を理想とする叙述にふれることになった。ところが、今ひとつピンと来なかったことは否定できない。たしかに、イングランドでは都市への人口集中に伴って住宅問題が発生している状況のもと、建物をつなげて建てることで建築費を抑えつつ、一戸建てに近い住居を保証できたのである。それに対してベルリンでは階数を多くし、また敷地の後ろも住居として利用した賃貸兵舎（ミーツカゼルネ）とよばれる無骨な集合住宅でしか対応できなかった。賃貸兵舎の乱立に悩むドイツの住宅改革者にはイングランドの状況は、理想的なものと映ったということなのだと頭では理解したのだが、実感が伴っていなかったのは確かである。『魔術師のおい』を通してこどもの頃にすりこまれたロンドンの住宅に関する、良いとはいえないイメージが作用したのであろう。

実感が伴うようになったのは、二〇〇〇年の八月からイギリスのオックスフォードに滞在し、まさにドイツの住宅改革者が理想としたような住居に実際に居住するようになってからである。一九世紀末に造られたとおぼしき六軒を並べた形の住宅の一軒が、われわれ家族の住居であった。実際に生活してみると、壁の向こうの両隣の音もそれほど気にならず、東西の方向に設けられた窓からは、それ相応に光が差し込んでくる。

しかも、こうした住宅のみそは、翻訳の『魔術師のおい』では「裏庭」と訳してある住宅の後ろにある庭である。当時のイングランドでは、道路に囲まれた比較的大きなブロックの四面のうち二面に住居が並び、それぞれの住居の後方に比較的奥行きの長い庭が設けられている。われわれ家族が暮らした二〇世紀から二一世紀の転換期では、その庭は、樹木や花が植えられ、また物置や洗濯物を干す場所として利用されていたが、それは一〇〇年以上前でもそうであったであろう。庭として管理したり利用したりするのは自分の家の庭だけであるのはもちろんである。だが、他の家の庭に植えてある樹木の光景も、借景のようにして自分の家や庭から享受することができるのである。あたかも、住居に囲まれた小公園が出現したかのような観がある。ディゴリーが植えたりんごの木の光景や香りは、他の家の住民にもきっと良い効果を与えたであろう。ちなみに、住宅の歴史研究をあつかう文献でも、現在のイギリス社会でも、この「タウンハウス」と訳された建物を terraced house と呼んでいる。

こうして、大都市への人口集中による住宅難という現象に対して、小公園のような空間を伴う一戸建てを設けることのできたイングランドの状況が、建物に接した緑地など望むべくもない賃貸兵舎で対応せざるをえなかったベルリンの住宅問題に悩む人々にとって本当に望ましいものと映ったということが、自分の経験として理解できるようになったのである。

本書は、住宅問題の発生した一八二〇年代から、住宅改革運動の構想レベルで一定の段階に到達したと考えられるドイツ統一前後の時期までの、ベルリンの住宅改革の展開をたどることを課題とする。その際、こうしたベルリンとイングランドの住居のあり方の相違にフランスの事情も加え、西ヨーロッパ・レベルの比較住宅改革運動史研究を目指したい。

具体的にベルリンの住宅改革運動を検討する前に、序章において、まず一九世紀ヨーロッパの都市化および三国の住宅事情や住宅改革について整理したい。それをうけて、本論のテーマと密接に関連するドイツの市民層と住宅改革運動の研究動向を検討し、本書のより具体的なテーマを導き出すことにする。

序章

一　一九世紀ヨーロッパの都市化

一九世紀は、ヨーロッパの都市の大変動の時代である。都市への人口集中に伴い、都市社会の再編成が進展するのである。新しい都市文化の農村への普及も含め、これを「都市化」という。都市化の進展の結果、同じように都市で生活をするといっても、一九世紀初頭から二〇世紀初頭にかけての一〇〇年間で、その意味合いは大きく異なってしまっている。[1]

一九世紀初頭のヨーロッパの都市は、人口の面ではいまだ小規模のものにとどまっていた。例外的に巨大なロンドン（人口一〇〇万）とパリ（五〇万）を除くと、ヴィーンやベルリンといった王宮の所在地でも、人口は十数万の規模にすぎない。通常は都市といっても数万ないしは数千の単位にとどまっていたのである。したがって、都市空間もそれほど広くはなく、ベルリンでも四キロ四方の空間にほぼ収まっている。徒歩一時間で端から端まで歩いて行けるこの空間は、周囲を城壁ないしは市壁で取り囲まれ、外部の空間から物理

的に隔絶されていた。この空間の中で暮らす人々は、自分の住居で自分の生業をおこなう者が多く、生活空間と職業空間の分離はまだ進んでいない。彼らの住居を照らすのはランプや蝋燭であり、水は井戸や河川から直接取られ、排泄物は簡易便器に出され、道路に捨てられた。都市内の往来も、一部の裕福な者が馬車を利用したのを除けば、おおむね徒歩による。都市の行政機構も、人員的にも機能的にも限定的なものであった。

ほかにも都市内に農地や家畜小屋が存在しており、一九世紀初頭のヨーロッパの都市は、現代のわれわれがイメージする「都市」とは若干様相を異にするのである。ところが、一九世紀を通じてヨーロッパの都市は大きく変貌し、二〇世紀初頭になると、われわれにもなじみのある社会が都市を舞台に誕生する。この変化の要因は都市の人口増加である。

都市の人口増加がもたらした現象の中で何よりも重要なのは、複数の巨大都市がヨーロッパに出現したことであろう。ロンドンは四五〇万人、パリは二七〇万人になるが、ベルリンも一九世紀初頭に一七万であった人口が一〇〇年後には二〇〇万を超えるようになる。本書がベルリンを具体例として示すように、こうした巨大都市が新たな社会を生み出す母胎となったのである。他の都市も人口を増大させ、都市化が比較的急速に進んだドイツでは、全人口中に都市人口の占める割合が、一九世紀中葉の三〇パーセントから一九一一年には六〇パーセントと半分を超える。人口が集中した結果、旧来の都市空間は飽和状態となる。城壁や市壁が解体され、都市空間はそれまでの閉鎖的なものから開放的なものへと転じる。職場が住居外にあることが多くなり、生活空間と職業空間が次第に分離する。上下水道・ガス・電気が普及し、水洗トイレも人々の生活に定着する。拡大しつつある都市内の移動を円滑にするために、馬車鉄道・路面電車・地下鉄・高架鉄道といった公共交通機関の整備が進んだことも、都市に住む人々の生活を考えるうえで重要であろう。都市の行政機構が、こうした新たな機構を維持管理するためにしだいに肥大し、そこで働く官吏の人数は増大していくのである。
このように都市社会で生きることの意味が一世紀の間に根本的に変化したのに伴い、人々が「都市」を捉える視点が同様に変化していくのは当然なことといえよう。それを象徴的に示しているのが、一九世紀末から二〇世紀初頭にかけての時期に、都市計画の発想が、ドイツを先駆として欧米都市に定着したことであろう。その当時の、ドイツ、イギリス、アメリカ、そしてフランスにおける都市計画の比較を試みた古典的研究であるサトクリフの著作(一九八一年)は、都市計画の発想が各国にうけいれられた状況を叙述している。[2]
ここでいう「都市計画」とは、都市を総体として把握する視点による都市改造のことをいう。[3] それ以前の時期では、のちにふれる一九世紀中葉のオスマンのパリ改造[4]などの例外を除くと、人口増に伴い既存の都市空間が手狭になった段階で、都市に隣接する地域に機械的に新たな区画を設定するのみである。その際、新市区と旧市区の関係を調整するようなことはなかった。こうした方法を「都市拡張案」と呼ぶ。[5] これに対して、都市計画のもとでは、全体的な計画に基づき、スラムクリアランス、道路の付け替え、公園の設置、住宅地の設定などがおこなわれていくことになる。都市計画と関連してくるものとして、都市空間内の機能に応じて建築規制を変える段階的建築規制[6]や、既存の都市の外に住居と職場の機能を合わせた別個の都市を設けようという田園都市の発想[7]をあげることができよう。段階的建築規制も田園都市も、都市を一つのまとまりとして捉えるという発想を根底としている。これらの試みも、一九世紀末から二〇世紀初頭にかけての時期に発想され、ヨーロッパ社会に定着していくことは強調しておきたい。
ドイツで都市計画的発想が定着するきっかけになったのは、一八八〇年のケルンの都市拡張案に関するコンペといわれる。これで第一等賞を獲得したのがアーヘンのシュテューベンとヘンリッチである。[8] 彼らの計画の特徴は、旧来の市域を囲む環状道路を軸にして市全体の構造を再編成するというものであった(図序-1)。シュテューベンはケルンに招かれ、彼の案の実現に取り組むことになる。これ以降、都市計画の発想

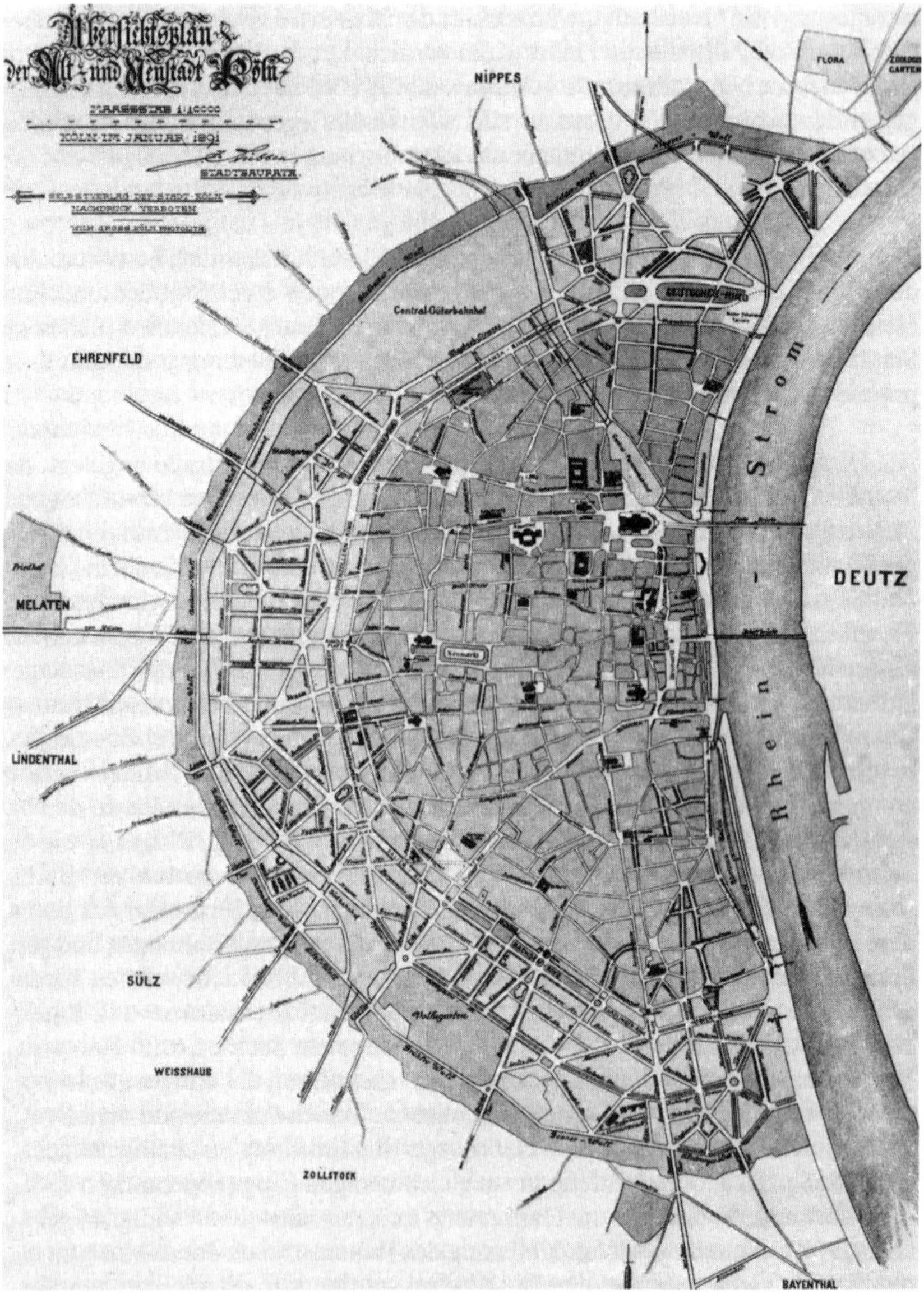

図序-1　シュテューベンのケルン都市改革案（1891 年）

を広めた著作を著したカミーロ・ジッテ[9]などの活躍もあり、都市計画の発想はドイツに急速に定着する。そうした動きは、一九〇四年、ジッテやゲッケによる世界最初の都市計画専門誌『都市計画』[10]の創刊に結実するのである。サトクリフによると、都市化とそれをめぐる諸制度の整備では、先進国であるイギリスは、ドイツのこうした動きにすばやく対応するが、これに対して都市化の進展が緩慢であったフランスでは、それが若干遅れる。とはいえ、第一次世界大戦前の時期には、都市計画的な発想は、ほぼ自明なものとして欧米諸国に定着するのである。

ところで、現代人の感覚からすれば自明のものといえる都市計画的発想も、一九世紀中葉の段階のヨーロッパでは、ほとんどなじみのないものであった。実は、そうした発想は、都市化が進展するに伴い出現し、定着してきたものであることを、ここで強調しておきたい。一九世紀前半以来のドイツの住宅改革運動を素材に、こうした発想が発生してくる過程を検討するのが、本書の課題である。住宅改革をとりあげるのは、都市化に伴う問題群（衛生、風紀、交通、上下水・ガス・電気の整備など）が住宅に密接にかかわるからである。ドイツをとりあげるのは、今指摘したように、都市計画の発想が他国に若干先駆けて定着したからである。ドイツの中でも世紀中葉以来住宅問題が顕在化し、持続的に住宅改革運動が展開したベルリンを、舞台としてとりあげる。

とはいえ、現代の都市計画の淵源を求めるという視点から、類似の発想を一九世紀の住宅改革運動に従事する人々の議論から抽出するような研究手法は、本書ではとらない。これは、筆者の一九世紀ヨーロッパ社会に対する理解と密接にかかわる。ヨーロッパにおける一九世紀とは、一八世紀までの「社団」を介して社会が成り立つ伝統社会[11]が解体し、二〇世紀になって強力な国家介入[12]を前提した社会が確立するまでの間の、新たな社会を構築するための様々な可能性が探られた時代である。ヨーロッパの一九世紀社会を理解するには、前後の社会との連続や断絶という側面だけではなく、出現したものの消えてしまった様々な選択肢の存在を意識しなければならない。こうした観点から、一九世紀前半以来の住宅改革の議論を、後年の都市計画や住宅政策の観点から過去遡及的にみるのではなく、できるだけ、それぞれの時代の運動のおかれた同時代的脈絡のなかにおいて評価するようにしたい。そうした作業を積み上げた結果として、都市計画的発想の誕生と定着の歴史的な位置づけという課題が的確に果たされることになるであろう。

このような関心に対して、従来の研究は十分応えてくれるわけではない。ドイツの住宅改革運動に関する研究動向については、のちにまたふれるとして、ここでは先に紹介したサトクリフの著作について検討したい。

まず指摘しておきたいのは、彼の著作では「都市計画」の発想自体が自明のものとしてあつかわれていることであろう。都市社会を総体としてあつかうような発想がどこに由来するのかという関心は、彼にあってはそもそも存在しない。彼の研究では、一九世紀における都市計画の前史としてあつかわれるのは、のちに都市計画の主体となる都市の行政機構の発展[13]や、類似の発想とみなされる都市拡張案[14]である。実際、本書が示すように、自治体などの公権力が都市化に伴う問題にかかわるという発想は、世紀中葉段階ではまだ確立せず、また伝統的な都市拡張案が都市化の現実に対応できなくなって初めて都市計画的発想が定着していくのである。サトクリフが前史としてあつかう両要素と都市計画的発想が直線的につながるわけではないことは、強調しておきたい。

本書は、ドイツにおける住宅改革構想に都市計画的な発想が誕生していく過程を都市化による社会の変化の中に位置づけつつたどることによって、こうした発想がどのような背景のもとに生じたのかを検討していきたい。ここで、ドイツで都市計画的発想が他国に若干先んじた背景を論じるのに必要な範囲内で、ロンドン、パリ、そしてベルリンの住宅事情や都市構造の特徴を押さえておこう。

この三国の中で住宅のあり方が最も特徴的であるのがイングランドである。[15] 一九世紀の段階でも庭付きの一戸建てが住宅の中心であった。もっとも、純然たる一戸建て detached house は多くなく、二つの一戸建てをくっつけた形の建物 semi-detached house や六つ並べた形のもの terraced house が主流であったといえる（図序-2）。そうした建物であっても、それぞれの住居の後方には十分なスペースの庭が確保されている。また、住宅に囲まれた一つのブロックに存在する庭が、総体としてあたかも一つの小公園のような雰囲気をかもし出す。他人の庭の樹木も借景としての機能を果たしており、一つひとつの庭の面積からすれば信じられないほど樹木の豊かな空間が、住宅の後方に出現するのである（図序-3）。イングランドのこうした住宅事情が、ドイツの住宅改革者に改革の目標として理想視され、大都市における一戸建て住宅実現の可能性に説得力をもたせることになった。

人口の集中しているロンドンでも、このような形の庭付き住宅が主流である。その結果として、ロンドンは広い範囲に都市域が広がっていくことになる。一八七五年の鉄道馬車の路線図を見ると、路線は八マイル（一四キロメートル）四方の空間に広がっている[16]（図序-4）。当然、住宅の建っている地域はこれよりも広いわけである。同じ時期のベルリンを見ると、四キロ四方の空間がようやく建物で埋まり、外の空間に広がりだした状況である。パリは、世紀中葉まで市域は七キロ四方に収まり、オスマンの改造の際に一〇キロ四方に拡大している[17]（図序-5）。こうして比べてみると、ロンドンがいかに平面的に広大であったかがわかる。まさに「ロンドンは地平線まで拡大した」（ロイ・ポーター）のである[18]。このロンドンの爆発的拡大は一九世紀に急速に進んだ。その際、都市計画や議会の指導があったわけではなく、また全体を統括する行政組織もなく、基本的に私企業による建築活動がこれだけ巨大な都市を生み出したといえる[19]。この点、一九世紀のある段階で公権力による都市改造がおこなわれたパリやベルリンとは状況が違う。話をこの二つの大陸の大都市に移そう。

そもそも、ヨーロッパ大陸側の住宅事情はイングランドとは大きく異なる。イギリスでもスコットランドでは集合住宅が主たる住宅形式[20]であったが、ドイツやフランスの都市は集合住宅が主流である[21]。イングランド

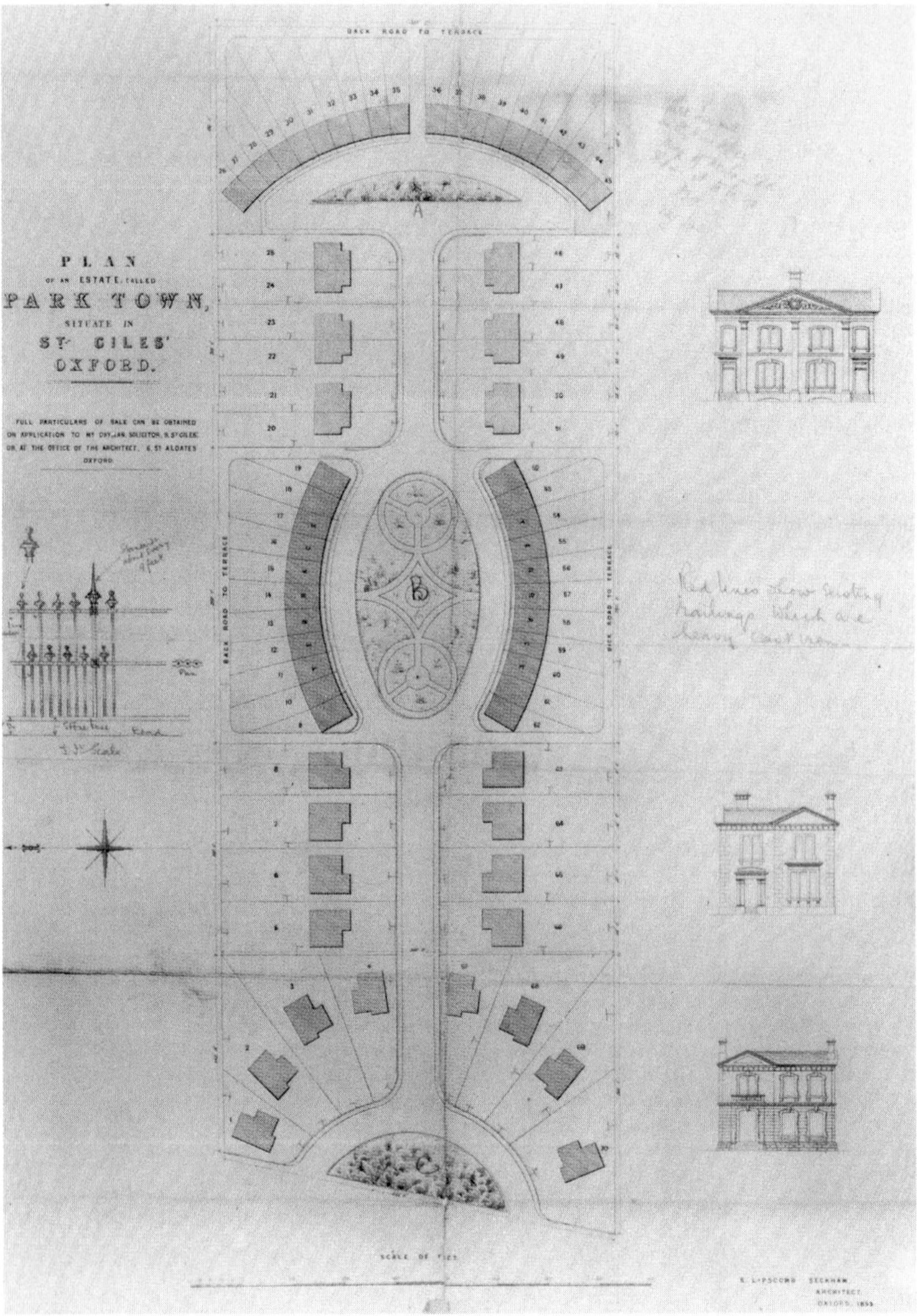

図序-2　detached house，semi-detached house，そして terraced house で構成される
オックスフォードのパーク・タウン（1853 年）

では都市が水平に広がっていったのに対して、これら両国では垂直に伸びていったということになる。

都市計画的発想の誕生を視野に入れて一九世紀パリの都市構造を論じるには、第二帝政下のセーヌ県知事オスマンによる大改造が重要であろう。[22]

オスマンのパリ改造とは、皇帝にふさわしい街にパリを造り替えようとしたものであり、都市そのものを全体的に効率よくしようという都市計画的発想とは、目的が若干異なる(図序-6)。オスマンの改造は、直線の大通りの建設、旧来の住宅用の建物の取り壊しとブルジョワの住居用の建物の建設というかたちで、街全体を実際に動かしたことに特徴がある。結果的に、労働者は住み慣れた中心部から追い出されて、外に住居を求めざるをえなくなる。[23]パリの都市構造は、大雑把にいえば、中心のブルジョワ地区と外縁部の労働者地区に二極化したといえる。

パリ改造とほぼ同じ時期にベルリンで策定された「ホープレヒト案」(一八六二年[24])については、本書でも詳しくとりあげる。この「ホープレヒト案」のもとでは周辺の未建築の領域の道路や広場が確定されただけで、旧来の都市空間の改造はおこなわれていない。結果として、①中心部の旧来の都市構造をある程度維持した地域、②それを取り囲み、しだいに賃貸兵舎とよばれる無骨な建物や都市化に伴い必要となった構造物が増えていくようになった地域、そして③その外、とくに南西部に広がる郊外の邸宅地の地域、という三重の都市構造が出来上がり、それが基本的に第一次世界大戦まで維持される。

以上、ロンドン・パリ・ベルリンは、住宅の構造や都市改造のあり方の相違で、そ

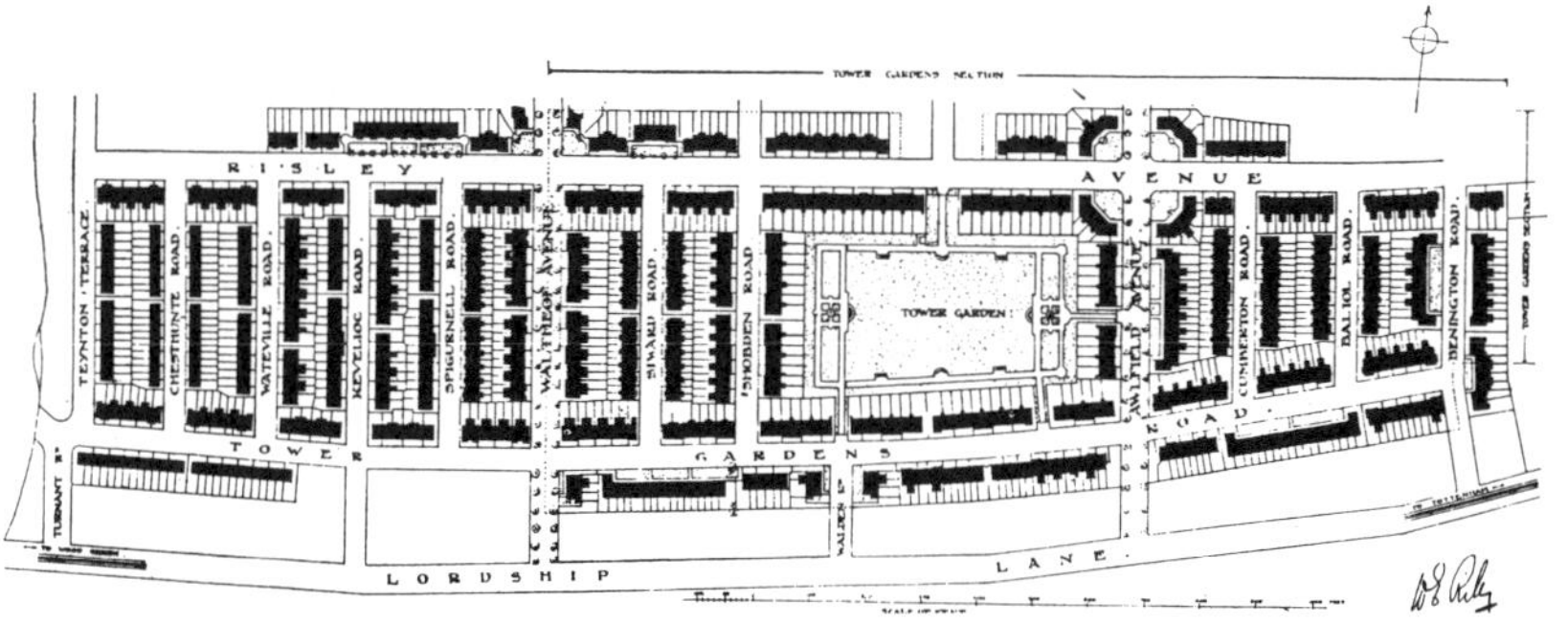

図序-3　イギリスの住宅地のブロック

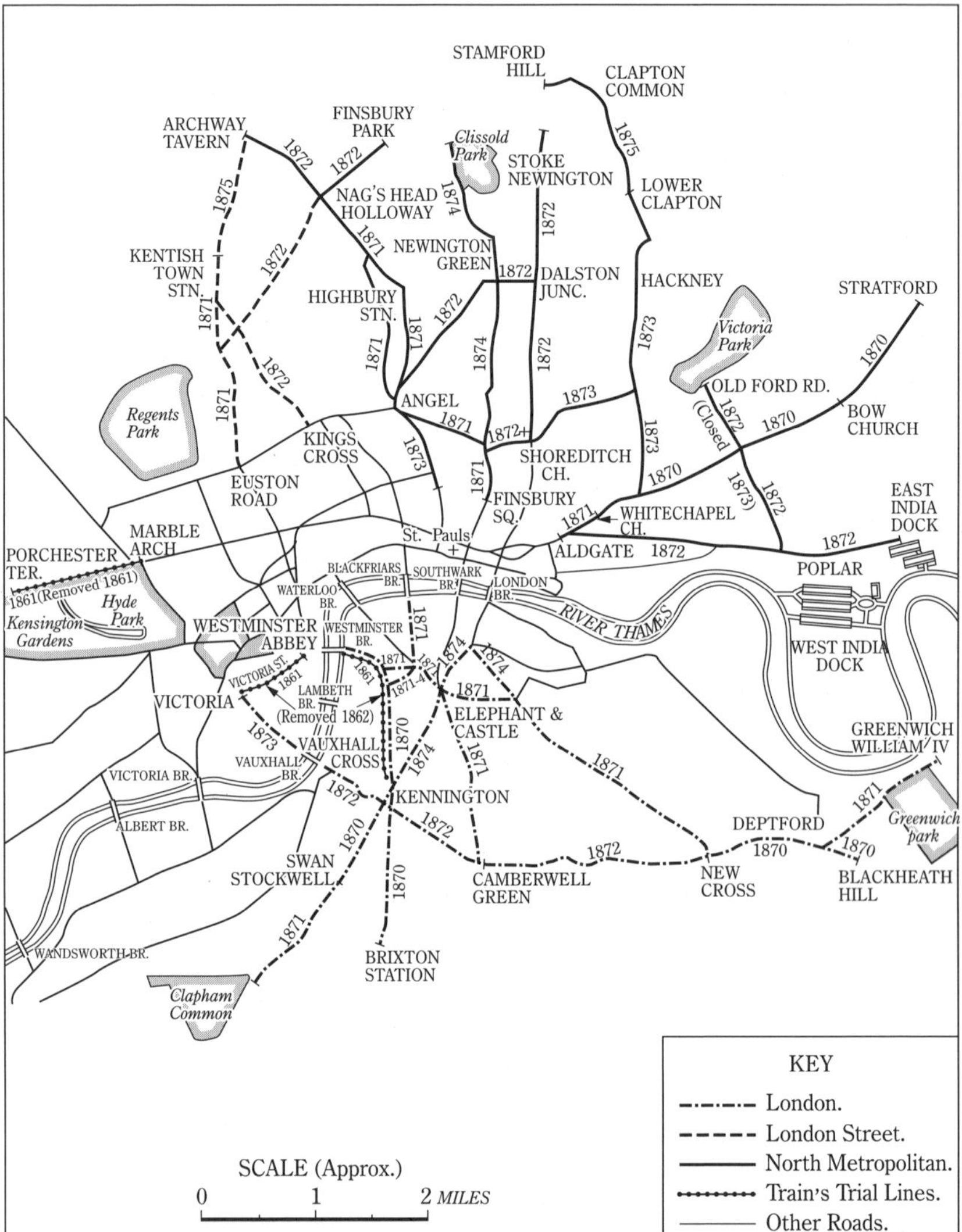

図序-4　ロンドンの鉄道馬車の路線図（1875 年）

れぞれ独自性をもっていたといえる。それを手短に整理すると、ロンドンは一戸建て住居を中心にきわめて広大な範囲にその空間が広がり、集合住宅を中心とするパリやベルリンの空間はロンドンと比べると狭い範囲にとどまる。ロンドンは公権力による都市改造もなく私企業による建築活動によって都市が広がっていったが、パリやベルリンは一八五〇年代から六〇年代にかけて都市改造の試みが見られる。その都市改造のあり方の違いから、二つの都市の構造も違ってくるのである。パリでは二極化した都市構造が、ベルリンでは三重構造が生じる。三都の都市構造の違いは住宅改革構想にも影響をあたえたものと想定できるが、そうした住宅改革の比較史の試みは、本書の結論において改めて議論したい。

ここで住宅改革運動の比較史をめぐる研究史にふれておこう。ドイツにおける住宅改革運動をめぐる研究史は、のちにまたとりあげることにする。

住宅改革や住宅政策の国際比較の試みは、一九八〇年代以来、すでにいくつか世に問われている。ドイツとフランスをとりあげたブロックとリー

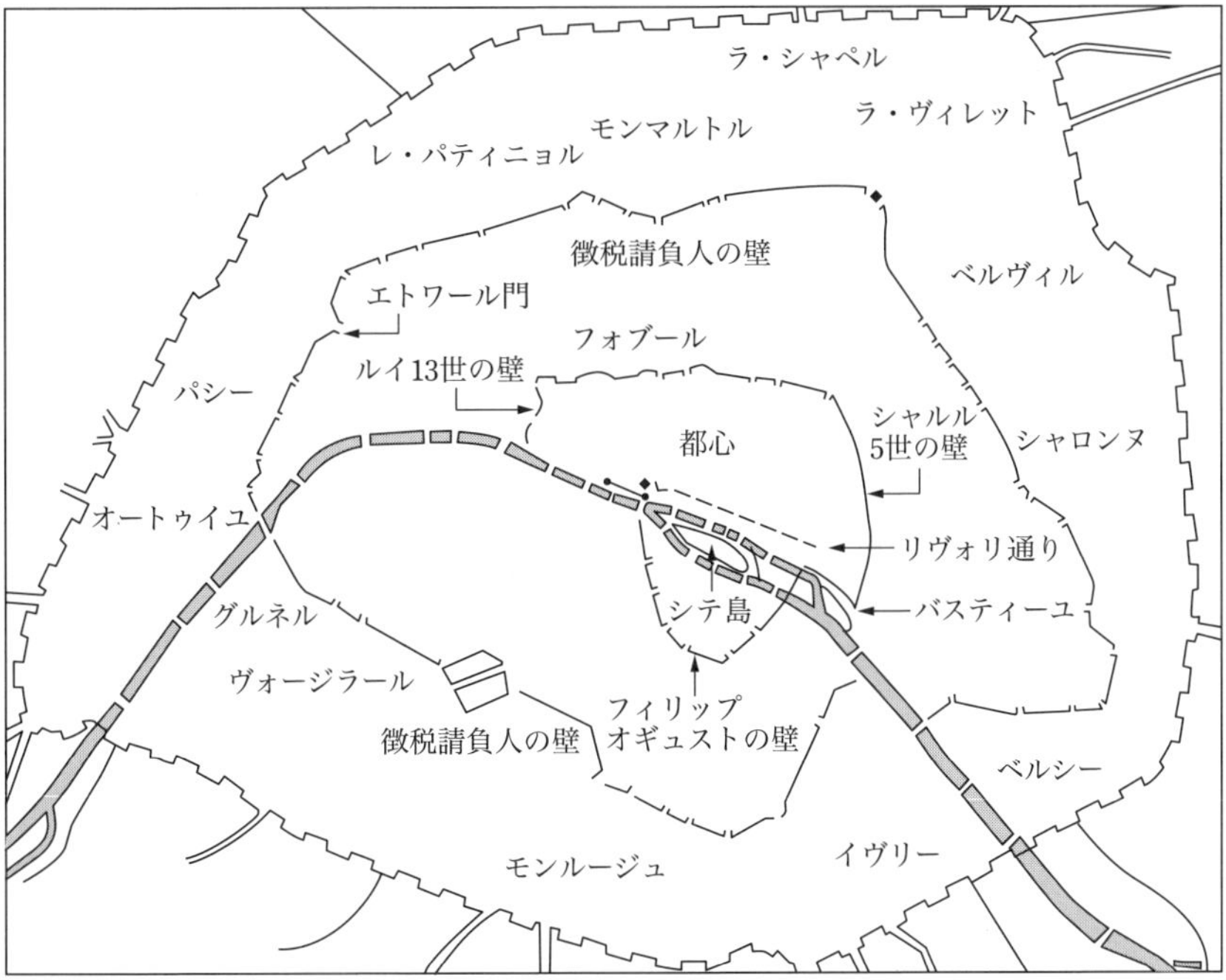

パリ概念図

図序-5　19世紀中葉パリの概念図

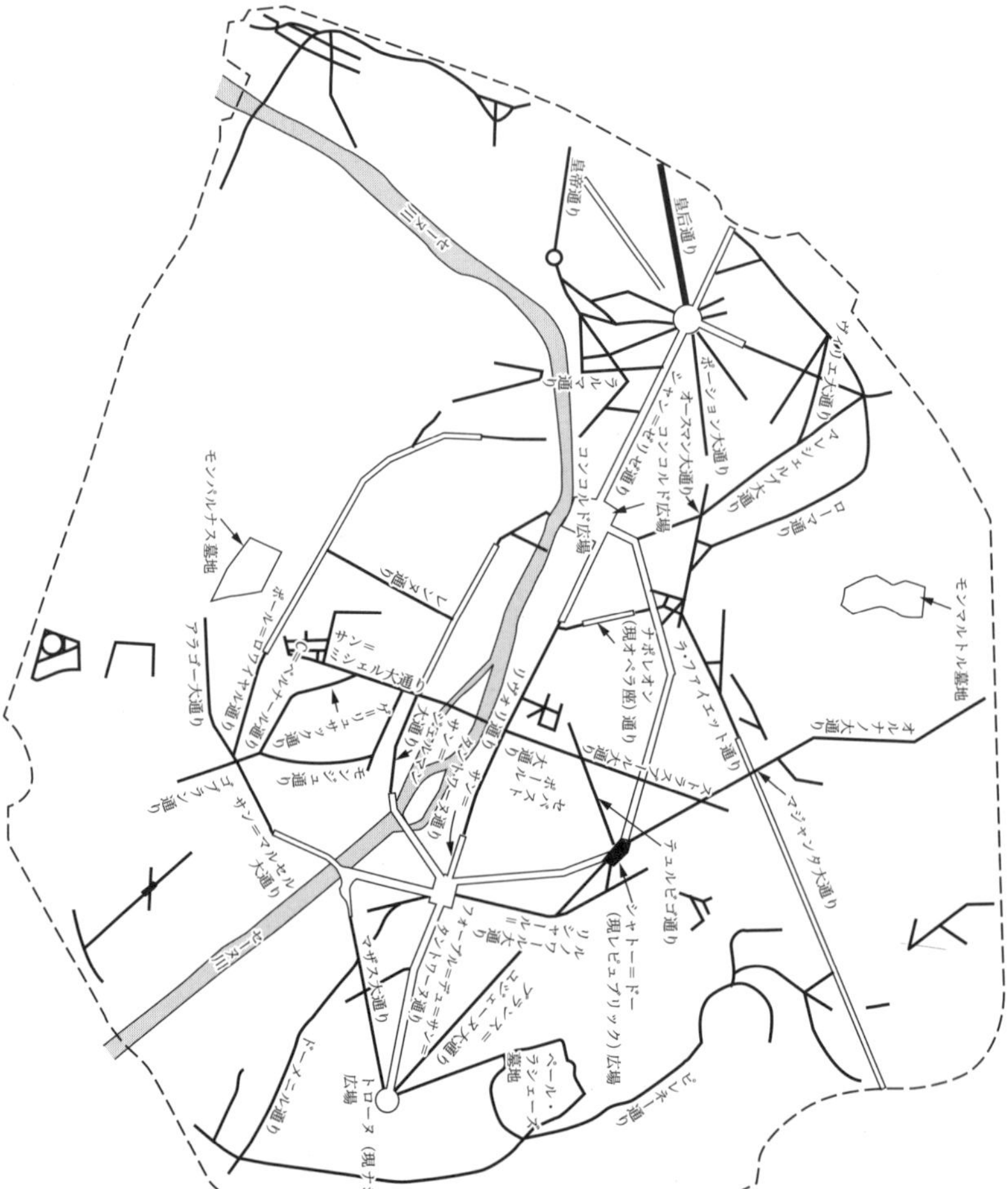

図序-6　オスマンの改造の概念図

ドの共著[25]、六カ国を対象としたドーントン編の論集[26]、そして一一カ国をあつかうプーリィ編の論集[27]がある。そうした試みの中でも、イングランドとの比較を念頭において、ドイツとフランスの住宅改革運動の展開を追ったブロックとリードの議論を、ここではまず整理したい。今あげた比較史の試みの中でも、彼らの比較の議論が、より密接かつ具体的に展開しているからである。

ブロックとリードは、住宅改革の比較の試みをその共著の序論[28]でおこなっている。それによれば、運動の大きな流れの点で、この三国の住宅改革運動は共通の展開を見せている。すなわち、一八六〇年代から住宅問題が広範な公衆の関心の対象となり、八〇年代に運動が転換点を迎え、それをうけ第一次世界大戦後に公権力が住宅に積極的に関与する体制が確立するというのである。しかし他方で、ドイツの住宅改革運動は、イングランドやフランスの運動とは異なった展開も見せる。第一に、ドイツでは両国に比べ住宅問題は広範な公衆の関心の対象になるのが遅れる。第二に、一八九〇年代には両国では住宅関連の国家立法が成立するのに対して、ドイツではそうした立法の成立は第一次世界大戦後を待たなければならない。

彼らの指摘のほかにも、住宅改革者の議論の中で通風や採光が重視され、「混合居住」がある時期まで説得力をもっていた点など、イングランドやフランスの住宅改革の議論にはドイツのそれと共通する点が多いことは、本書でも示唆していくことになるであろう。過密化した都市の外（郊外）に解決を求める発想が説得力をもったのも、三国で共通している。こうした共通性が何らかの系譜関係によるのか、同じような状態の社会であれば自然に導き出されるものなのかは、容易には判断できない。本書が示すように、ドイツの住宅改革者は、イングランドやフランスの住宅事情や住宅改革を念頭において議論をおこなっている。フランスのミュールズの労働者都市の例がヨーロッパ中から関心をもたれたことも、住宅改革の国際的契機を問題にする際には重要であろう[29]。

イングランド、フランス、そしてドイツの住宅改革運動の比較という点で、本書の分析のためにとりわけここで強調しておくべきは、一九世紀中葉段階における各国の改革運動の共通性であろう。そうした共通性は次の三点に整理できる。

第一に、市民層を中心とする組織が設立されるが、国王などの強力な庇護のもと運営されている。

第二に、改革住宅の住民として想定される社会階層に対して上層が援助するという側面が強調される。これは、住宅建設という多くの資本を必要とする事業は労働者の自助努力だけでは不可能であるという判断が働いたものであろう。その点、象徴的なのが、改革住宅の建設資本は株を発行することで調達されるが、その株からの配当金が一定パーセント以下に制限されていた組織が見られたことであろう。多額の資本を調達する手段としての株式を利用しつつ、株に投資した人に、利潤を追求しているのではないという姿勢を求めたのだと位置づけることができる。

第三に、いずれの団体も、建築した住宅数はわずかであり、持続的な活動を可能にすることができないまま、住宅改革組織としての命脈は一〇年程度で尽きている。

この三つの共通点を念頭において、一九世紀中葉における三国の住宅改革運動について簡単にふれておこう。

一九世紀中葉のイングランドでは、住宅改革の試みは、ほぼロンドンに限定される。[30] 代表的な組織が、一八四四年に設立された労働者階級の状態を改善するための協会 The Society for Improving the Condition of the Labouring Classes と、一八四一年設立の勤勉階級の住居を改善するための首都協会 Metropolitan Association for Improving the Dwellings of the Industrious Classes である。前者は、女王がパトロンを引き受け、また王子が年次総会の議長を務めるなど、王族との密接なかかわりのもと活動を開始する。一八四五年から実際の住宅建設が始まり、一八五一年のロンドン万国博覧会ではモデル住居を展示している。後者の特徴は、建築資本を調達するための株への配当金を五パーセントに制限したことである。十分な資本を確保するための株の発行と慈善の伝統が結合したこの「五パーセントの博愛」は、一九世紀を通じて、この種の組織の原理としてとりいれられていく。

両者とも、同時代における社会的注目度や後年への影響はともかくとして、量的にみると十分な住宅供給をおこないえないまま、活動は急速に低調になる。労働者階級の状態を改善するための協会は、四五三の家族用住居と二六〇の独身者用住居を建設しながらも、一八五〇年代には実質的に活動を終えた。勤勉階級の住居を改善するための首都協会のほうは、配当金を制限したことから投資家の関心を惹かず、実際の住宅建設が始められたのはようやく設立後六年経った一八四七年のことであった。この団体も、一八七五年までに一一二二の家族用住居を建設したものの、活動はすぐに下火になる。

ロンドンにおいてこの種の住宅改革組織への関心がふたたび高まるのは、ピーボディ財団（一八六二年）などが設立された一八六〇年代以降のことである。パリやベルリンでこの種の団体がふたたび設立されるようになるのが一八八〇年代以降であることを考えると、ロンドンでは若干早く、こうした団体への関心が再活性化したといえる。アメリカの商人ジョージ・ピーボディの一五万ポンドの寄付に基づくピーボディ財団は、一八八七年までに五〇一四住居を供給するに至る。ほかにも、いくつかの団体[31]がほぼ同じ時期に活動を始めている。

フランスに眼を転じると、世紀中葉ではアルザスのミュールズでおこなわれた企業家による労働者都市の試みが同時代から国際的に注目されたが、ここではパリで設立された住宅改革組織にふれたい[32]。ミュールズの労働者都市は、住宅改革の試みとしての側面をもっているものの、地方都市の企業家による労働力確保の方策としての性格も強く、大都市に発生した住宅問題への対応をあつかう本書の分析とは若干次元が異なるからである。

この時期パリで住宅改革のために設立された組織としては、一八四九年設立のパリ労働者都市協会のみが知られる。この組織に参加した人物としてとくに重要なのが、前年に大統領に選出されたばかりのルイ・ナポレオンであろう。彼は、五万フランを出資し（会社の資本総額は六〇〇万フラン）、会社の取締役会の一員となっている。これに加え、ルイ・ナポレオンのもと、第二共和制政府からの資金援助を受けて住宅建設がおこなわれている。この組織によって唯一建設されたロシュアール街の集合住宅は、「シテ・ナポレオン」とよばれている。これは四階建て四棟から成り、一九四住居に五〇〇人が住めるようになっている。ガラス張りの天井に覆われた広い廊下と階段を軸に両側に住居が並ぶ構造は、採光を考慮したものである。小台所付きの一部屋ないしは二部屋住居の家賃が一三〇フランから一七〇フランというのは、建設された地域の平均的な数字である（図序-7）。パリ労働者都市協会は、このシテ・ナポレオンを建てたのみで、七〇万フランの赤字を残して倒産してしまう。

当時のドイツで代表的な住宅改革団体は、本書であつかうベルリン共同建築協会である。その活動の詳細は第Ⅱ部第3章でとりあげることになるが、国王の保護のもと活動した市民団体であること、配当金を四パーセントに制限したこと、そして設立後ほぼ一〇年で住宅改革組織としての命脈は尽きたことから、イングランドやフランスの同種の団体と共通した性格をもっていたことを、ここであらかじめ指摘しておこう。

もちろん、それぞれの活動を詳細に検討すれば、相違点も浮かび上がってくる。まず、他の建築業者の手本となる一戸建てのモデル住居の建設に重点をおくロンドンの労働者階級の状態を改善するための協会の活動に対して、他の組織では、安価で良質な住居の建設が集合住宅のかたちで進められる。次に、ルイ・ナポレオンは、時の権力者ではあっても世襲の皇帝ではなく、またパリ労働者都市協会に関与した時、彼はまだ選挙によって選出された大統領である。彼の立場は、イギリスやプロイセンの王族とは大きく異なる。こうした点を考慮に入れたとしても、世紀中葉の三国の住宅改革運動を概観すると、運動のもつ共通性のほうが強く意識されるのである。

先にブロックらの議論で紹介したように、本書では、一九世紀全体についても、住宅改革運動は三国で同様の流れで展開したものと想定して議論を進めたい。とはいえ、戦間期に至る各国の運動に、それぞれ独自性はうかがえる。ここで住宅改革運動の比較史を検討するうえで重要と思われる三つの相違点についてふれておきたい。これらの相違点については、「結論」で、本論の議論をふまえてまた検討を加えることになるであろう。

第一に、先にふれたロンドン・パリ・ベルリンの都市構造の相違をとりあげよう。個々の都市の住宅の構造や都市改革のあり方の違いが住宅改革運動にも影響をあたえたことは十分想定できる。とりわけ住宅改革構想には、そうした現実の社会状況が反映していくと思われる。現実の都市社会を前提として理想住宅や都市社会像が構想されると思われるからである。管見の限りでは、のちに具体的に検討を加えるドイツについてだけではなく、イングランドやフランスについても、住宅改革構想を具体的な都市社会の変化に位置づけてた

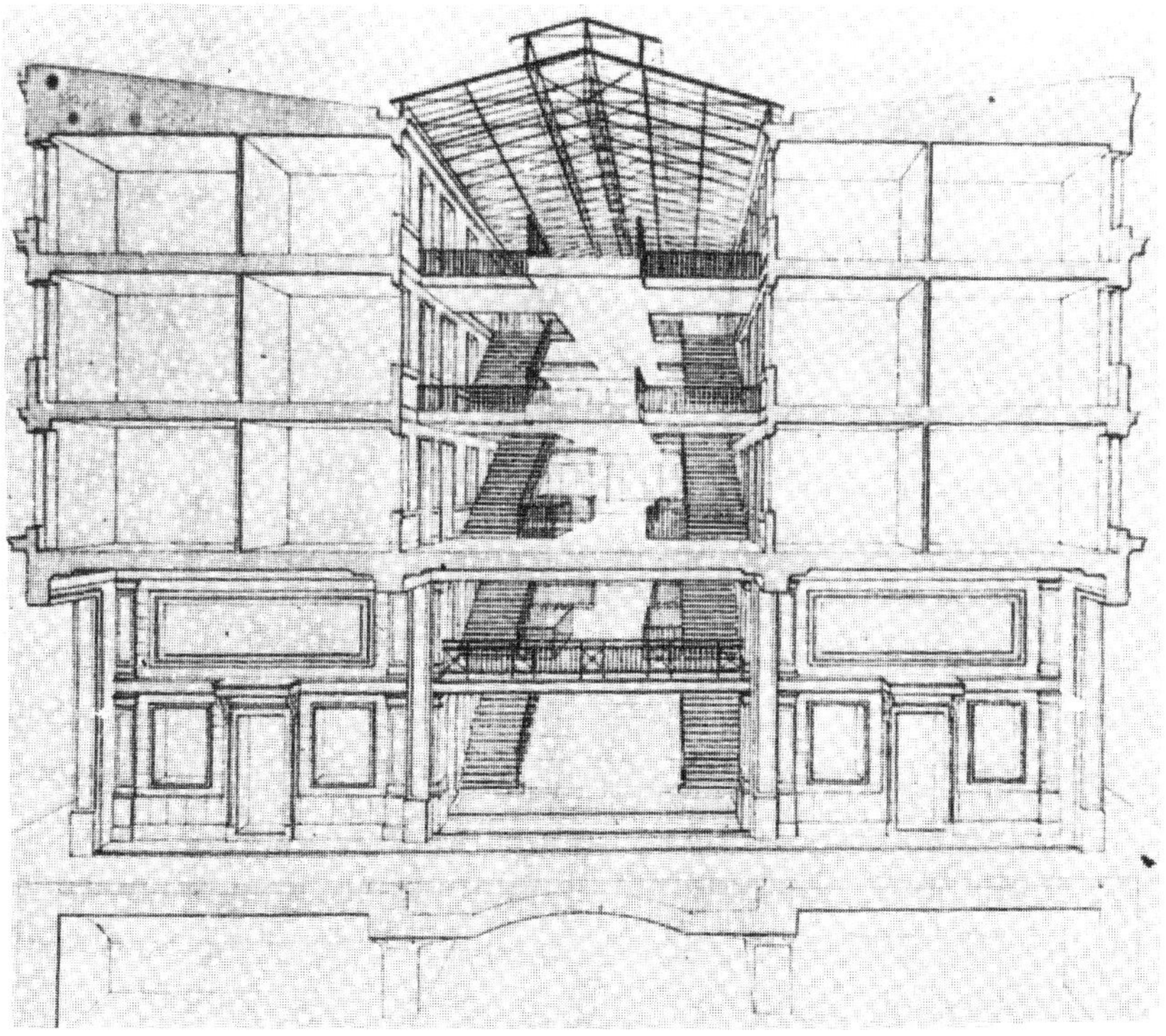

図序-7　シテ・ナポレオン

どったような研究はない。そのため、本書でも、まずドイツの住宅改革構想の分析を進め、その変遷をベルリン社会の変化に位置づけたい。そのうえで、ロンドンとパリの都市構造との違いをふまえて、住宅改革構想にどのような違いが生じるかについて仮説的な見通しをのべたい。その見通しが、冒頭で出した「ドイツでなぜ都市計画的発想が他国よりも先んじたのか」という課題への解答につながるであろう。

第二に、第一次世界大戦後に確立する住宅建設制度に、各国ごとの独自性が強く見られるようになることを指摘したい。第一次世界大戦に至る大きな流れは三国ともほぼ同じである。一八八〇年代にイングランドでは王立委員会の調査、フランスでは同国で開催された住宅に関する国際会議、そしてドイツでは社会政策学会の住宅事情調査で公衆の住宅問題への関心が高まり、住宅改革のための様々な組織が作られるとともに、建築資本の融資などの住宅建設を支える諸制度の導入や立法の整備が進められていく。[33] ところが、戦後に出来上がった制度は、各国ごとに様相が異なるのである。イングランドでは「カウンシル・ハウジング」とよばれる自治体中心の住宅建設が進められる。[34] フランスでは「低廉住宅」の建設促進のために、公社や自治体を中心に住宅建設が進められるようになる。パリでは、セーヌ県低廉住宅公社によって郊外の住宅地建設が進められていく。もっとも、戦間期フランスの住宅供給の多くは私企業によっておこなわれており、「低廉住宅」建設の比重はそれほど高くない。[35] ドイツでは公権力の積極的な関与による「社会的住宅建設」が目指されたが、ベルリンでは、市当局の財政的なイニシアティヴのもと、実際の住宅建設は建築協同組合が担当するかたちで住宅建設が進む。[36]

ただし、本書では、第一次世界大戦後の住宅建設制度をめぐるこうした相違点が何に由来するかまでは立ち入って議論できないことを、あらかじめ断っておこう。これから再三強調するように、本書で検討する一八七〇年代までのベルリンの住宅改革運動の発想は、「社会的住宅建設」のそれとはいまだ大きな隔たりがあり、本書の分析からだけでは第一次世界大戦後の住宅建設制度の違いにまで議論を拡げていくことが困難だからである。したがって、本書では暫定的な見通しをのべるにとどめざるをえない。

第三に、ブロックらも指摘する国家立法のあり方である。これは、他の二国に対するドイツの顕著な相違点といえる。世紀中葉以来、イングランドには、問題を孕んでいたとはいえ一八六八年の職工住宅法や一八七五年の公衆衛生法など、フランスには一八五〇年法が、存在している。その経験をふまえて、世紀末には本格的な国家立法（イングランドでは一八九〇年の労働者階級住宅法、フランスでは一八九四年のシーグフリード法）が成立している。

イングランドやフランスでは、住宅問題が意識されるようになった世紀中葉から、問題に国家が関与するのはほぼ自明のことであったといえる。[37] それに対してドイツでは、官舎の建設[38]や協同組合制度への支援[39]が一定の役割を果たしたと評価されているものの、帝政末期まで帝国や邦単位の住宅立法が不在であったことは強調しておきたい。[40] プロイセンでも一八七五年の家並み線法が個別都市を越えた建築規制の最初のものとして重要であったが、[41] そうした類の立法は、その後しばらくはプロイセンでも公布されることはなかった。邦や帝国単位の住宅関連立法の必要性が広く認識されるのは、一八八五年の社会政策学会の調査によって住宅問題が全ドイツ的に見られる現象であることが明らかにされてからといえる。[42] その後、社会政策学会を中心に住宅に関する国家立法を求める動きが見られ、一八九八年には帝国住宅法協会が設立された。とはいえ、帝国や邦単位の住宅立法は、帝国、各邦、各都市、諸政党などの利害が錯綜し、容易に成立を見ない。結局プロイセン住宅立法が成立するのは、ようやく一九一八年のことである。帝国議会でも再三住宅関連法案が提出されたが、住宅関連立法を成立させることのないまま帝国は崩壊を迎える。[43] 英・仏と異なり、ドイツでは議会や政府での議論は活発ではなく、住宅問題はもっぱら市民層の著作、雑誌・新聞、協会などを舞台に議論されることになる。

国家の関与に関するこうした違いが生じてきた背景については、イングランドやフランスでは中世以来一国家の枠組みが強固であり、まがりなりにも中央集権的であったのに対して、ドイツではそれが緩やかで連邦制的であったことを、重要な要因として指摘できよう。[44] 一八七一年に誕生したドイツ帝国だけではなく、統一の立役者となったプロイセンも、状況は変わらない。プロイセンという国家は、本来の領土であるプロイセンとブランデンブルク辺境伯領に加え、一八世紀以来、様々な機会で併合した領土によって成り立っていた。その結果として、プロイセンは、地理的にかなり分散し、それぞれ強い独自性をもつ地域が寄せ集められたにすぎないという側面が強いのである。

もっとも、自治体レベルの住宅政策に視線を移せば、若干様相は異なる。一八八〇年代まで積極的な都市当局による住宅政策が見られなかった点では、三国とも共通している。ところが、イングランドでは、一八八〇年代頃から、住宅供給全体に占める割合はいまだわずかであったが、自治体による住宅建設が着実におこなわれるようになる。[45] ロンドンでは、一八八八年に誕生したＬＣＣ (London Country Council) のもと、第一次世界大戦まで二万五〇〇〇人に住居を提供した。[46] これに対して、二〇世紀初頭までフランスの住宅改革の主たる担い手は、事業団・株式会社・協会といった私的な団体であったが、第一次世界大戦直前の一九一二年のボンヌヴェ法によって自治体に労働者のための住宅建築の権限が認められる。これをうけて、パリ市は集合住宅建設のためのコンペを開催した。[47]

ドイツでは、フランクフルトなど傑出した例を除けば、自治体による積極的な住宅政策はおこなわれない。ベルリンでも、二〇世紀になると、行政の担い手である市参事会が住宅問題にようやく関心を示すようになるが、統計の整備、建築協同組合などへの若干の土地の譲渡や売却のほか、一九一三年のベルリン住宅局の設立、および一九一一年以降に見られた家屋所有者のための市営の貸付機構の設立の動きが、具体的な試みとしてあげられるのみである。しかしながら、住宅の立ち入り調査をおこなう住宅局は戦争開始とともに廃止され、また貸付機構も家屋所有者保護のためであり、住宅政策の一環と位置づけがたいものであった。[48]

住宅問題に対する公権力のかかわり方の相違にもかかわらず、住宅改革運動の展開や発想に共通性が見られるということは、一九世紀の段階ではイングランド、フランス、そしてドイツの住宅問題の展開には、国家や自治体といった公権力の役割は、いまだ重要な要因になっていないことを示していよう。したがって、一九世紀の住宅改革運動を各国レベルで評価するにも、比較史の視点で位置づけるにも、公権力の関与とは別の次元のより社会史的な脈絡のなかで、まず考える必要があるのである。社会史の成果を単純に政治史や制度史と関連づければよいものではなく、研究対象のおかれた歴史的状況のなかで具体的関連を考慮すべきであろう。従来のドイツ住宅改革運動をめぐる研究がとるような、二〇世紀の公権力が関与したかたちでおこなわれる住宅政策を前提として一九世紀の運動を評価する「社会的住宅建設」成立史の観点は、大きな限界を孕んでいるということを、ここであらかじめ強調しておきたい。この点については本書で再三指摘していくことになる。

社会史的な脈絡ということでいえば、都市化の進展状況の量的な差は、住宅改革運動の展開や都市計画的発想の誕生にとって、それほど重要性がないようである。たしかに、ドイツは、イングランドやフランスに比べると都市化の進展状況は急であった。[49] しかし、比較の対象国をより広げたプーリィの共同研究をみると、都市化の進展状況の相違にかかわらず、住宅改革や住宅政策は同様の展開を見せている。[50] 近代ヨーロッパの住宅問題は、量的な問題というよりは、本書でも示していくように、都市化により発生した下層の住宅事情の変質という現象に対して市民層の人々がどのように認識したのかという、質の問題なのである。したがって、イングランドやフランスとの比較のもとにドイツの住宅改革運動を検討するという課題は、この二つの国との新たな比較の軸のもと、ドイツの市民層を検討することにつながる。次節では、一九八〇年代以来近代ドイツ史研究の焦点の一つである市民層研究の動向を整理し、そうした研究の中で住宅改革をとりあげる意味について検討したい。

二　市民層研究の動向

一九八〇年代から近代ドイツ史研究において市民層 Bürgertum への関心が高まっている。市民層についての実証研究や共同研究の成果[51]が多数世に問われ、どちらかといえば「弱さ」[52]が強調されてきたこの社会層についてのイメージは、現在克服されつつある。[53]こうした市民層研究の盛り上がりの背景としては、イリーとブラックボーンの共著（一九八〇年）によって引き起こされた「特有の道」論争を、ひとまず指摘できよう。[54]

彼らは、直接的には近代ドイツ史がイギリスやフランスとは異なる「特有の道」をたどったとする社会構造史派の理解に批判を加えているが、[55]そうした理解は当時の歴史研究者の多くに共有されていたものである。ここでいう「特有の道」とは、ほぼ次のようなものと考えてさしつかえない。近代ドイツでは市民層とそのイデオロギーである自由主義が十分な発展を見せず、弱体的な状態にとどまる。それゆえ、市民革命が発生せず、前近代的要素が根強く残るのだが、産業革命は展開する。ここに経済の近代性と政治・社会の後進性の矛盾という事態が生じる。こうした歪みの結果として、権威主義的な第二帝政が「上から」成立し、ドイツが第一次世界大戦を引き起こし、そして、何よりもファシズム政権が誕生したのだという。

こうした理解に対するイリーの批判は次の二点に集約される。第一に、「特有の道」論では比較の基準としてのイギリスの社会を理想化し、その民主的・進歩的性格を過度に強調している。第二に、ブルジョワジーであれば自由主義や民主主義を唱えるという間違った前提をもとに議論が進められていることを、イリーは指摘する。

他方、ブラックボーンは、近代ドイツがブルジョワジーの価値観によって規定された社会であるという自分の理解を前面に押し出している。

彼らの共著が引き起こした論争[56]については、ここで立ち入らないが、本節の議論のためには、彼らの批判からも明らかなように、この論争の重点の一つがドイツの「市民層」をめぐるものであったことを指摘しておけば十分である。

一九八〇年代以降盛り上がりを見せた研究では、社会経済的な階層や政党の支持基盤として市民層を捉える視点[57]は、どちらかといえば後退している。そのかわり、この社会層が共有していた広い意味での「文化[58]」を介して市民層を理解する傾向が顕著である。こうした状況は、一九九〇年前後の段階で、それまでの市民層研究を整理し、今後の展望をのべたコッカとブラックボーン、二人の議論において明確にうかがえる[59]。社会構造史派の流れを汲むコッカと、「特有の道」論を批判するブラックボーンによる市民層理解は、奇妙なほど接近している[60]。したがって、この二人の市民論が、一九九〇年前後の研究の共通認識なのだといえ、またその後の研究も、基本的に彼らの議論を土台としているとみてさしつかえない。

本節では、コッカの議論を中心に、近年の市民論を確認していきたい。コッカの議論をとりあげるのは、一九九五年に改訂版[61]が世に問われ、比較的最近の研究までフォローした市民論が展開しているからである。

コッカやブラックボーンの市民論においては、市民層を定義することの困難さの指摘が議論の出発点となっている[62]。彼らは一九世紀ドイツの市民層の指標として、貴族と労働者という二つの社会層から距離をとっていたこと[63]、および共通の市民的文化をもっていたことを指摘している[64]。これに加え、この市民的文化を他の社会層に広げ、その社会層を市民化していくことも市民層の特性であると考えられている[65]。近年の研究は、こうした市民層の文化のあり方を市民性 Bürgerlichkeit という概念[66]で捉え、市民層のもつ価値観ないしは心性を検討していこうという傾向にある。

市民性については、ここではコッカが整理する市民的文化のあり方[67]を紹介しておくことで、その内容を確認したい。その特徴としては、まず個人の業績を尊重することがあげられ、その業績に応じて経済上の報酬・社会的名声・政治的影響力を要求することを良しとする発想がある。仕事の上では規則的な労働が求められ、生活様式の点では合理的かつ秩序ある生活様式を指向する。生活様式の根底には、男女の役割分業を基調とする近代家族のあり方がある。倫理面では、寛容、競争や妥協の能力、権威への懐疑といった自由主義的な徳が前面に出、市民層であることのシンボルとして服装や称号などがあげられている。以上の価値観を支えるのは、教養であり、ここに一九世紀の市民層における教養市民層の重要性が示唆されている。市民の文化は基本的に都市において発展したものであり、都市社会と切り離せない。もとより、こうしたコッカの理解は包括的であり、具体的な歴史的状況に即して議論をより精緻にしていく必要があるものと思われるが[68]、さしあたって、本節では以上のような要素を念頭に話を進めていきたい。

では、市民性を軸に一九世紀ドイツの市民層の歴史を描くとしたら、どうなるのであろうか。この点についてもコッカの議論[69]に耳を傾けたい。コッカは、一八世紀最後の数十年から一八四〇年代にかけての時期を、大学教育を受けた教養市民層を主な担い手とする市民社会の成立期と位置づける。そして一八四〇年代から七〇年代にかけての時期を市民層の全盛期とみなす。この時期、工業化に伴い工業家や大商人などの経済市民層が力を伸ばしつつ、他方、教養市民層と経済市民層の均質化が進む。自由主義の影響力が最も顕著であったのもこの時期であり、市民的価値観が社会全体にしだいに浸透していくのは疑いもない事実といえる。帝政期は防衛の時期であり、社会の市民的要素に限界があることが明らかとなる。それは、前近代的要素がいまだ社会に残存していたこと、および市民層内部に不満が生じたことによる。前者は、伝統的支配階層としての貴族の影響力が強かったこと、および権威主義的統治体制の確立を指す。後者については、まず市民層の構成員が拡大したことが、かえって市民層に不満をもたらしたこと、次に新中間層などの新タイプの市民層の出現によって、この社会層の内実が以前とは違ってしまったことを、あげることができよう。

こうした市民性概念を導入することで、市民層研究に、何がもたらされつつあるのだろうか[70]。市民性概念によって研究テーマの新たな可能性が生じた例として、ここでは市民層と自由主義の関係に関するシーハンの論文（一九八八年）[71]を検討してみたい。ブラックボーンとイリーによる「特有の道」批判の論点の一つとして、「特有の道」論ではブルジョワジーの政治的イデオロギーが自由主義であるという観点が無根拠に前提とされている、という点があったことは[72]、ここで改めて強調するまでもない。一九七〇年代以来一九世紀ドイツの自由主義研究を進めてきたシーハン[73]による論文は、彼らのこうした批判を念頭において書かれたものといえる。[74]シーハンの論文においても、コッカの議論をうけ、重要視されているのは市民性である。彼は市民性を伝統的価値観と社会関係が緩んでくるに伴って生じたものであり、そこでは個人の自立や孤立がとくに問題となり、社会のなかでは個人の性格こそがその人を示す標識となった指摘する。さらに、シーハンも、その個人の性格を改善する際の教養の重要性をのべ、その結果として、自由・啓蒙・進歩といった進歩の領域における同じ心性の者の共同体が求められたとする。一八七〇年代まで、自由主義はこうした市民的改善という理念をうけいれたことで広範な支持を獲得し、最も成功したイデオロギーであった。シーハンの研究は市民性を導入することで、ブルジョワジーと自由主義の関係について、従来の研究とは異なる角度から共通の土台を見出すことに成功している。

このシーハンの研究が端的に示すように、市民性概念の導入は、研究者に市民層のもつ価値観、観念、規範といった広い意味のイデオロギーへの関心をもたらしたといえる。[75]

研究の現段階では、コッカの議論が市民層研究の共通認識であるとみてさしつかえない。とはいえ、共通認識が定着したということは、また、研究が硬直化する可能性をも内包している。[76]したがって、研究の現状は、市民層研究の共通認識を念頭におきつつ、それを新たなコンテクストにおいて考え直すことが求められている段階に来ているものと思われる。

先にものべたように、「市民性」の特性として、市民の価値観を労働者にも広げて、彼らを市民化しようとした点がある。「市民性」がこのようなものであれば、市民層の価値観を労働者に広げるような試みの検討が焦眉の課題として浮かび上がってくるのである。のちに確認するように、一九世紀を通じて、住習慣は、市民層と労働者で対照的なものであり、住宅改革運動は、市民層研究のこの課題を具体的な材料を通じて考察するのに適切な素材である。実際、本書でも再三ふれるように、世紀中葉にあっては、住宅改革構想の中に、この「市民性」が象徴的なかたちで表現されるのである。

ここで、ガルの自由主義論にふれておかねばならないだろう。一九七五年に発表され、その後の自由主義研究に多大な影響をあたえた論文[77]におけるガルの主張の中心は、一九世紀前半の解放者としての「初期自由主義」が、世紀中葉を境として「堕落」したとする点にある。ガルによれば、「初期自由主義」は、「無階級市民社会 klassenlose Bürgergesellschaft」という理想像をいだいていた。これは、すべての人が身分制の枠組内での自立的な市民になることによって作り出される、市民だけの均質な社会のことをいう。だが、三月革命を頂点とする一八四〇年代の社会状況の変化によって、この理想像とは別の方向に社会が発展していることが明らかとなる。それに対する「自由主義」者の反応として、ガルは、独断主義、日和見主義および改良主義の三つをあげている。独断主義は、社会と経済の「間違った発展」の原因を官僚的国家による部分的な社会・経済の近代化に求める立場、日和見主義は、「初期自由主義」の社会像を捨て、現状への干渉を認めない立場、そして改良主義は、その支持層は狭いが、「無階級市民社会」を維持しつつ社会政策を推進するようになる立場を指す。そして、これら移行期の立場は「自由主義」全体に浸透しえず、「自由主義」は、単なる階級イデオロギー、そして階級政党に堕落したと、ガルは指摘する。ガルにあっては伝統的な手工業者などの都市市民が、コッカにあっては教養市民や経済市民が念頭におかれている点が違うが、両者とも、一九世紀中葉にあっては市民層が均質な市民社会を理想とした点、そしてその理想がしだいに説得力を失っていくという点で、視角を共有していることを強調しておきたい。

一九九〇年代になると、ガルの主導する西南ドイツの都市市民研究が精力的に進められている。そうした研究は、本来、コッカの理解に対する異議申し立てとしておこなわれたもの[78]だが、両者の提示する市民のイメージは、それほど違わない。それは、ガル・グループの研究が、コッカと視点を共有するガルの自由主義論に依拠して議論を進めているためである。

本書全体では、「市民性」の概念を念頭において議論しつつ、一九世紀中葉の市民層の住宅改革構想や社会改革構想については「無階級市民社会」の概念を念頭において分析を進めているのは、コッカとガルの研究に対する以上のような理解による。

本書の分析からは、市民層研究に次の二点について大きな見通しを獲得できるであろう。第一に、住宅改革構想の検討によって得られた知見を、近年の日本の近代ドイツ史研究において一つの解釈として定着した観のある「資格社会」論と対比することによって、住宅改革運動の一九世紀ドイツの市民社会における位置づけを試みる。この作業を通じて、今後のより精緻な市民論構築のための展望を得ることにしたい。第二に、すでにふれたように、ドイツの住宅改革運動は英・仏の同種の運動との相互交流のもと展開しており、このテーマを介した西ヨーロッパ比較史の可能性が開かれている。住宅改革運動の比較から、かつてはイギリスやフランスとの対比から「後進性」が強調されてきた市民層の再評価を試みることにしたい。

では、節を改め、ドイツの住宅や住宅改革に関する研究動向を整理したい。その作業を通じて、本書の課題がより明確になるであろう。

三　住宅および住宅改革研究の動向

筆者がテーマとする「住宅」という研究領域から判断すると、現在、社会史研究は、その到達点と今後の可能性を批判的に整理検討する時期に確実に入ったように思われる。ここ数年、一九世紀や二〇世紀のヨーロッパ諸国の住宅をめぐる様々な問題について、十数年間の研鑽の成果をまとめた邦語の著作が相次いで世に問われていることが、そのような認識の正当性を物語っていよう[79]。

もちろん、多彩な領域を包括する社会史研究について、それを一つの見通しのもとに収斂させ、今後の展望をのべることは、さしあたり不可能な試みであろう。本節は、一九世紀ドイツの住宅と住宅改革運動に関する研究に対象を限定して、社会史研究の「歴史」の一端を垣間見ることを課題とする。住宅には社会史研究がとりあげてきた様々な問題領域、たとえば家族、都市化、身体、民衆文化、病気、心性、文化統合などが、多かれ少なかれかかわっており、この研究テーマの動向は社会史研究の「歴史」を語るのに適切な素材となりえる。住宅改革運動の研究史を検討することから、筆者なりの当該テーマに関する問題を導き出し、その有効性を検証することが本節の中心的課題である[80]。

一九七〇年代に始まる住宅研究だが、八〇年代には第一次世界大戦後の「社会的住宅建設」(公権力の積極的関与による住宅建設体制)成立史の観点に立つ住宅改革運動研究が主流となる。本節では二〇世紀の制度を前提に一九世紀の運動を理解することによって生じるそうした研究の問題点を指摘する。そして、一九九〇年代以降の研究動向を参照しつつ、住宅改革運動を一九世紀社会の脈絡のなかに位置づける必要性を確認する。

1　住宅研究の端緒 ―― 一九七〇年代

一九世紀ドイツの住宅に対する歴史家の関心は、それほど古いものではない[81]。

一九世紀末から戦間期にかけて同時代の労働者の住宅問題が大きな関心を呼び、それにつれ住宅の歴史的発展についての建築史的観点による研究が見られるようになった[82]。ところが、その後、住宅は歴史研究の対象としては忘れられてしまう。他方、前世紀以来の民俗学による住宅研究は第二次世界大戦後もおこなわれた。ただし、学問の性質上、そこであつかわれるのは、住宅の通時的な変化ではなく共時的な横断面であり、必ずしも歴史研究者の関心に応えてくれない。また、民俗学研究は農村社会や前工業的世界に強い関心の眼を向けており、一九世紀都市の住宅に関心を向ける者の期待をかなえてはくれない(83)。

多くの歴史家が住宅を歴史研究の対象として認識するようになるには、一九七六年のニートハンマーの論文、そしてその三年後に出版されたニートハンマー編の論文集を待たなければならなかった(84)。これらの研究には、従来の政治史や労働運動史研究の行き詰まりという意識と、そうした状況を打破するためには社会史まで研究対象を広げなければならないという認識が、その根底にある(85)。

第二帝政期の労働者の住宅事情を包括的にあつかったニートハンマーの論文(86)は、一九世紀の労働者の住居に絡む問題を次の四点からのべたものである。

第一点が、市民層による住宅関連文献の発掘と、その史料的性格の指摘である。労働者の密集した住居が社会的騒乱の源と認識されたこと、住宅問題の解決が安価で健全な住居の建設に求められたこと、そして当時の住宅事情を探るための統計が十分なものではないことが、のべられている。

この統計からわかる情報を次の五点から整理したのが、第二の論点である。

①職業と住居の関係をみると、下層労働者が狭い住居に押し込められていた。

②家主は損をしないように労働者の住居では家賃を高めに設定しており、貧しい者ほど相対的に高い家賃を払わされることになる。そうした事態に、労働者は又貸しなどで住居内にできるだけ多くの人を受け入れることで対応した。

③引っ越しが多く、四半期に一度、引っ越しのシーズンが訪れる。

④労働者は狭い部屋に詰め込まれていた。

⑤伝染病の感染経路に関しては、一住居あたりの住民数よりも、ベッドの共有などの居住の形態が重要である。

一住居あたりの住民数のデータをもとに多面的に住宅事情の地域比較をおこなったのが、第三点である。最後に、プロレタリアートの生活世界が次の四つの側面から語られている。①は第二点の③で、②は第二点の④で、すでに指摘された点であるが、それぞれについてさらに立ち入った検討が加えられている。

①引っ越しの多さについては、その経済的背景に説明が加えられている。労働者は仕事を変えるごとに引っ越しをする必要があった。低賃金の彼らにとって当時の公共交通機関の交通費を日常的に払うのは困難である。徒歩による通勤ということを考えると、職場に近い住居に引っ越したほうが安上がりであった。

②労働者の住居に大人数が詰め込まれていた点について、とくにベッド借り人 Schlafgänger を労働者家族が受け入れていた習慣がとりあげられる。このベッド借り人とは、労働者が住む部屋の片隅にベッドだけを借り、貸し主の労働者の家族と寝起きの空間を共にする人のことをいう。

③ベッド借り人に象徴されるように、労働者の住居は、一住居に一家族が原則である市民層のそれと違い、家族以外の者も一緒に住む半開放的家族である。新しく都市に来た者にとっては、他人の家族に受け入れられることによって生じるこうした人間関係が、さしあたっての最重要の人間関係であり、貸し主とベッド借り人の関係は良好であったとニートハンマーは主張する。

④労働者住居に対して、上からの安定化の試みがおこなわれた。

史料の博捜に基づいたこのニートハンマーの論文は、住宅を研究する際の史料の性格と限界の指摘、労働者住居を統計的分析と質的分析の両側面から多面的に考察していること、都市化という社会の変化に住宅を位置づける試み、そして地域比較の視点などの点で、それまで研究の対象としてあつかわれなかった「住宅」

が歴史研究の対象として十分なりうることを示した研究として位置づけることができよう[87]。

この研究でとくに注目に値するのが、ベッド借り人の存在とその機能を指摘したことであろう。ベッド借り人のうけいれに際して良好な人間関係を想定することについては、すでに早くから批判も出ているが[88]、居住の形態としてこの習慣が根強く見られたことを指摘したのは、労働者の生活史を考えるうえで重要である。さらに、こうした習慣は、若い血縁関係にない男女が同じ部屋に住むことからくる風紀の乱れや、一部屋あたりの住民数の増加による衛生面の悪化を引き起こすものと認識され、市民層が住宅問題を論じる際に一番の目の敵にされた[89]。一九世紀ドイツの市民層は、住居の中に赤の他人を入れることには抵抗感を示し、彼らにとってこうした習慣は理解しがたいものであったといえよう。ベッド借り人は、一九世紀では顕著であった市民層と労働者の住環境の相違を最も象徴的に示すものなのである。

ニートハンマーの論文が、第二帝政期の労働者の住宅にその対象を限定していたのに対して、彼が編者となった論集[90]のほうでは、時期的には一八世紀から第二次世界大戦、社会階層でいえば労働者のみならず市民層にまで、その対象が拡大されている。そのために論集そのものの一体性や方向性は感じられない。しかし、歴史家のみならず建築学や民俗学の専門家をも動員したこの論集では、生活環境としての住居にとどまらず、住宅改革構想、住宅市場、社宅、自治体の住宅政策、住宅関連立法の問題などもとりあげられ、論集全体が、「住宅」というテーマは様々な問題領域につながり、歴史研究の素材として豊かな可能性を内包していることを示唆している。

この論集の序論において、ニートハンマーは、現在の住環境の成立には、二つの波があったと指摘している[91]。最初の波は工業化の開始期(一九世紀前半)であり、市民層とプロレタリアートの生活様式の衝突があった。第二の波は第一次世界大戦の時期であり、この時になって国家みずからが小家族用の住居の建築を始めたという。この指摘は、現在の住環境の成立が決して直線的に進んだのではないことを示唆している。のちに確認するように、第二の波に関する指摘は、一九八〇年代の住宅改革運動研究に大きくとりいれられていく。ただし、第一の時期については、その後の研究で軽視される傾向にあることを、ここであらかじめのべておこう。

一九八〇年代になると住宅研究は大きく発展する。八〇年代に入ってからの研究では労働運動史や政治史の補完という問題意識は背後に退き、住宅事情と都市化との関連が強く意識されるようになる。[92] 都市化とは、一九世紀になって人口が増えるにつれ、従来の都市機構が機能しなくなり、都市の様々な制度が新たに整備されていく過程をいう。[93] 都市化に関する研究は一九八〇年代になって盛んになったが、住宅研究の関心の変化は都市化研究の影響によって引き起こされたといえる。

こうした動向のなか、住宅市場の数量経済史的分析[94]および個別都市の住宅に関する実証研究[95]も出ているが、一九八〇年代における研究の重点の一つは住宅改革運動である。つまり、都市化に伴い顕在化した労働者の住宅問題とそれへの市民層の対応が問題となっているのであり、都市化という関心からすれば当然の帰結といえる。それに加え、一九世紀の住宅を考える場合、住宅改革者による膨大な著作・論文、雑誌など[96]を看過できず、史料の状況から必然的に住宅改革運動に関心が向くのである。では、次に一九八〇年代の住宅改革運動研究を概観し、そうした研究の問題点を指摘してみたい。

2　住宅改革運動研究の動向 —— 一九八〇年代

研究の立脚点は様々であるものの、一九八〇年代に世に問われた住宅改革運動研究[97]には、実は共通の視角を読みとることが可能である。その視角とは、第一次世界大戦後に基盤が確立する当局の積極的な関与による住宅建設体制を「社会的住宅建設」とよび、一八四〇年代以来の住宅改革運動をその「社会的住宅建設」に至る成立史として叙述するものである。「社会的住宅建設」の内容を整理すれば、次の三点に集約されよう。[98]

第一に、規模、設備、そして家賃の点で広範な民衆層が使えるような住宅の建設を促進する。

第二に、公行政の三つのレベル（国家・邦・自治体）が関与する。国家には立法の権利があり、また財源を管轄する。住宅政策の重点となる邦が、国家の法律を実行し、邦ごとの個別立法を発令、そして必要な財源を確保する。自治体が具体的な住宅政策を実行する。

第三に、a建築資金調達のための無利子ないしは低利子の貸し付け、b税や手数料などの優遇措置による建築費の減少、c年賦金による負担の軽減といった具体的な処方箋をもつ。

以上、「社会的住宅建設」とは、当局の積極的な関与によって民衆のための住宅をより建設しやすくするための政策である。

ここで、現在でも最も良質の住宅改革運動の概観といえるブロックの研究[99]に従って、一九八〇年代の研究の共通認識を確認したい。建築史の立場からなされたこの研究は、ドイツとフランス両国の住宅改革運動に関する著作のドイツの部分（フランスについてはリードが担当）であり、時期的には一八四〇年代から第一次世界大戦までをあつかう。ここでは、イングランドの運動の展開[100]を念頭において両国の住宅改革運動が概観され、目指されているのは三国の住宅改革運動の比較である。この比較に関する議論はすでに紹介した。

比較史を念頭におき、ブロックはドイツの住宅改革運動の展開を次のように整理する。一八四〇年代に労働者の住宅問題が人々の意識にのぼるようになり、ベルリン共同建築協会などが改革を試みる。それらが成果を上げぬまま、五〇年代になると住宅改革運動の勢いが喪失する。六〇年代には、住宅に対する「自由放任主義」か「国家干渉」かというかたちで、ドイツ経済者会議と労働諸階級福祉中央協会との間で住宅改革についての初めての議論がおこなわれ、ドイツ経済者会議の自由放任主義が勝利を収める。六〇年代の議論がこうした決着を見たことから、七〇年代には住宅問題はすでに解決済みと認識され、住宅改革運動は沈滞する。ところが、一八八五年に社会政策学会によるドイツの大都市の住環境調査がおこなわれ、労働者の住環境の悲惨さに、何ら改善が見られないことが明らかになる。それで、自由放任主義によっては住宅問題が解決されないと認識されるようになる。それ以降、住宅改革運動が大きな発展を見せ、建築協同組合や公務員住宅などが大きく発展する。さらに、社会政策学会や住宅改革者が住宅建設への国家の干渉を求める。こうした住宅改革運動をうけて、第一次大戦後に「社会的住宅建設」の基礎が確立するのである。

一九八〇年代では、このブロックのような視角が一九世紀の住宅改革運動を研究する研究者を規定し、そして、ほぼこの視角を前提として具体的な研究対象が選択される傾向にあった。「社会的住宅建設」の端緒を求められる帝政期の自治体の住宅政策[101]に加え、住宅関連立法成立に向けての運動や立法過程[102]、そして一九世紀末に出された建築条例[103]などに関心が向けられた。「社会的住宅建設」成立にかかわっていく要因に対して、研究の焦点がしぼられたのである。

こうした一九八〇年代の住宅改革運動研究は、「社会国家[104]」ともいうべき現代の社会制度や福祉制度の起源を住宅というものに即して求めたものであり、現代的な意義はきわめて大きいことは強調してよい。ただ、八〇年代の研究は、ヴァイマル期に基盤が確立した「社会的住宅建設」を所与の前提として議論を展開したものであり、一九世紀の住宅改革運動を叙述する際には、そこに自ずと無理が生じるのは疑いをいれない。ここで、本書の議論と絡めて問題点を五点指摘しておこう。

第一に、叙述の対象が国家干渉を積極的に求めるようになった一八八〇年代以降に集中し、それ以前は単なる前史としてあつかわれているにすぎない。つまり、八〇年代以前の住宅改革運動に含まれているはずの様々な要素や発想のかなりが捨象され、「社会的住宅建設」につながっていく部分のみが強調される。従来の研究では、ニートハンマーが指摘した二つの波のうち第一の波が軽視されているのである。

第二に、「社会的住宅建設」成立論と結びつけづらい理想住宅像や住宅改革構想については、「一戸建て」と、その対極にある「賃貸兵舎 Mietskaserne」が念頭におかれて議論が進められ、理想像や構想のもつ微妙なニュアンスやその変遷については十分検討が加えられてきていない。「賃貸兵舎」とは、ドイツ統一前後から、とくにベルリンで目立つようになった建築様式で、道路に面した部分だけではなく、側翼や裏屋などのかたちで裏の空間にも住居用の建物をぎりぎりまで建て、土地を最大限に利用しようとしたものをいう。(105) 分析がそのようなかたちで進められるため、八〇年代の研究は、改革者が労働者用住宅について理想とする「一戸建て」か、妥協の産物としての「集合住宅」かというレベルに、議論を収斂させてしまう。(106) こうしたレベルに議論を還元させてしまうのであれば、それらは古代から現代まで普遍的に存在しており、一九世紀の住宅改革者の構想がもつ歴史的特殊性は見落とされてしまう。住宅改革運動を総括した最新の成果であるツィンマーマンの研究は従来の研究とは若干異なる視点に立つが、この研究も今のべたような問題点を克服しているわけではない。(107) このように超歴史的概念を用いて研究が進められるのは、構想や理想像を当該時代の社会に位置づける視点がないためであるといえよう。

第三に、社会との対応関係を考慮していないということでは、住宅改革者が住宅問題を認識する際の、その現状認識がどの程度現実と対応しているのか、という問いかけが、八〇年代の研究では欠如している。現状を改革するために運動が展開するのであり、この問題は住宅改革運動の実効性の問題にかかわる。

第四に、当局と住宅の関係については、一九世紀における当局の無関与からヴァイマル期の積極的関与へ、という図式が前提とされている。これによって「社会的住宅建設」の画期的意義が強調されることになるのだが、ここに一つ疑問点が生じる。つまり、当局は、住宅問題に積極的に関与していないにせよ、中世以来建築条例を通じて住宅建設をある程度管理していたはずであり、一九世紀でも住宅は全くの放任状態におかれていたのではない。これに加え、住宅問題という地域社会に密着した現象に市当局や警察が何らかの対応をしなかったとは考えにくく、住宅問題をめぐる当局の対応という問題設定が一九世紀にあっても可能と思われる。(108)

最後に、具体的な改革の担い手となった建築協同組合などの組織に関する実証研究も進んでいない。史料的な制約もあるが、「社会的住宅建設」成立史の観点からは、国家干渉を求める住宅改革者の発言には耳を傾けても、現実社会のなかで様々な問題に直面しつつ活動する組織には目を向けづらいということであろう。その結果、労働者の日常生活における住宅改革の具体的成果の解明が十分進んでいるとはいいがたいのが研究の現状である。(109)

以上、一九八〇年代の住宅改革運動研究は、「社会的住宅建設」につながる要素のみを一九世紀の運動に求め、運動を一九世紀社会の中に位置づけるという視点が欠如しているのだと結論づけることができる。

以上のべてきた八〇年代の研究の問題点を克服することを自分の課題として、筆者も一九九〇年代になって住宅改革運動の研究に着手した。筆者の研究と同時平行的に、ドイツにおける住宅研究の状況も変化を見せ、筆者の研究と視角を共有するような研究が世に問われるようになっている。(110) 次は、そうした研究について検討を加えることにしたい。

3　住居をめぐる新しい動向 ―― 一九九〇年代

まず、ザルデルンによる一九世紀から現代に至るドイツの労働者住居に関する概説(一九九五年)(111)をとりあげよう。一九世紀以降の住宅に関する研究の集大成としての意義をもつ本書の多彩な論点のうち、住宅改革運動研究との関係から、次の論点だけをここでのべておこう。それは、住宅改革運動などで伝えられる市民層の住居のあり方が、労働者によってどのように自分のもの Aneignung とされたかという点が、同書で重要視されていることである。(112) もともと住宅改革運動は、労働者の住環境を市民的に変えていこうという運動であり、改革の成果を問題にする場合、この論点はきわめて重要なものであろう。これは、筆者の課題のうち、第五点と対応した論点である。もっとも、ザルデルンも二次文献に基づいてこの問題を検討しているが、その考察は十分展開しているわけではない。このことは、この課題が現在でも住宅改革運動を研究する者の重要な検討課題の一つであることを示唆している。[113]

ザルデルンの研究が概括的であるのに対して、地域を限った実証的な研究でも従来の研究を克服するような動きが出ている。前項で整理した一九八〇年代の研究の問題点を克服していくのであれば、特定の都市に対象を限定して議論を進める必要がある。[114] そうしたなかで、ベルリンについては、実証的な成果でも議論の射程の点でも、他の都市の研究[115]に比べ大きな成果が出ている。そうした研究について、ベルリンの住宅事情をめぐる研究史を整理しつつ検討を加えていこう。

一九世紀ベルリンの住宅事情や住宅改革については、一九七〇年代以降関連史料の発掘が進められ、すでに一定の研究蓄積がある。そうした研究の中で刮目すべきは、J・F・ガイストとK・キュルファースが中心となって進めた、ベルリンの賃貸住宅に関する三巻の共同研究プロジェクトであろう。[116] 建築史家によるこのプロジェクトは、労働者のための賃貸住宅に関連する史料を博捜し、整理したものである。第一巻は、一九世紀中葉のベルリンで悪住環境の象徴となった、「ファミリエンホイザー Familienhäuser」とよばれた労働者のための集合住宅に関する史料集、第二巻は一八七〇年代に建てられたマイヤーズ・ホーフという賃貸住宅の史料集、そして第三巻は第二次世界大戦後のベルリンの再建に関する史料集である。

このプロジェクトの成果のうち、ここでは、本書に収録されている史料について若干の検討をおこなう第一巻を中心にとりあげる。この巻であつかわれるのは、ベルリンの北部、ハンブルク門のすぐ外に位置していた集合住宅群である。一八二〇年代に建てられて以来、四つの大規模な賃貸住宅といくつかの小規模な建物に四〇〇世帯、二〇〇〇人が住んでいた。「ファミリエンホイザー」とは、もともとは労働者家族のための集合住宅を指し、「家族用長屋」とも訳すべき言葉であったが、一九世紀中葉の住宅問題をあつかう文献では、もっぱら、人口増に伴い出現したこの集合住宅群を指すようになっていた。

この史料集には、この建物の構造に関する情報から、建築直後に市参事会、警視庁、所有者などが出した文章、一八四三年にこの建物を訪れたグルンホルツァーの探訪記の写真版やその他の住民の生活がうかがえる史料が収録されている。ファミリエンホイザーは一八四〇年代になってベルリンの市民層の注目を集めるようになったが、そうした市民層が書いたファミリエンホイザーや周辺部のフォークトラントに関する叙述も、史料の列の中に加えられている。さらに、住宅改革運動、刑務所・教会・病院といった市民らによる労働者改革の試みに関する若干の史料も収録され、住宅問題の社会的位相がうかがえるような工夫がなされている。以上のような史料に若干のコメントや分析が加えられ、この史料集は半史料集・半研究書の体裁をとることになる。様々な史料を、写真版も利用しつつ、できるだけ忠実に再現しようとしており、史料集としての利用価値は高い。同書に収録された史料を検討することによって、前項で導き出した課題のうち、一九世紀中葉のベルリンについて第三点と第四点には解答をあたえることが可能である。[117]

しかし、もともと史料集であるので、収録されている史料の立ち入った分析などは望むべくもなく、研究書としての面に多くは期待できない。若干おこなわれている史料の分析の際にも、建築史家である彼らの史料の処理には問題があり、史料のもつ性質や史料相互の対比といった点に十分注意が払われていない。また、住宅改革運動の展開、その構想、その他の労働者福祉活動については、ガイストらの史料集は、断片的な史料しか収録しておらず、そうした点の解明には彼らの史料集は十分には役に立たない。[118]

第二次世界大戦後をあつかう第三巻は本書の対象外だが、ドイツ統一からヴァイマル期をとりあげる第二巻についても、第一巻と同様の意義と問題が認められる。彼らのプロジェクトによってベルリンの住宅問題をめぐる様々な事実や議論は、史料の発掘という点では解明が進んだといえるが、そうしたデータを具体的なコンテクストの中に位置づけ、住宅改革運動の全体像を的確に解明するという課題への取り組みは、いまだ十分にはなされていない。

他方、各種住宅統計など住宅をめぐる基本的な事実の確定と整理は、ベルリンについては着実に進みつつある。この都市で住宅統計が体系的にとられるのは一八六一年からであるが、それ以前についても、すでに研究蓄積がある。(119)

帝政期のベルリンの住宅事情についての先駆的研究であるファスビンダーの著作(一九七五年)(120)は、たとえば階ごとの居住者の社会階層の相違についての分析(二階が一番裕福であり、上に行くにつれ低下)(121)など、具体的な史料とそれについての分析概念が整合的で、有益な情報を提供してくれる点もある。しかし、全体的に分析が雑であり、当時のベルリンの住宅事情について確かな情報を提供してくれるわけではない。こうした点は、その後の研究も克服したとはいいがたく、(122)帝政期のベルリンの住宅事情について史料の性格を考慮しつつ批判的に再現した研究は、一九八〇年代まではなかったといってよい。

一九九〇年代も後半になると、ベルリンの特定地域に対象を限定し、その住宅事情や建築状況を一次史料に立脚して解明した研究が、いくつか世に問われている。(123)ベルリンの壁崩壊後、それまで利用する際に制限が多かった東ベルリン側の文書館や図書館が利用しやすくなったことが、こうした研究の活性化の背景にある。なかでもベルンハルトの著書(一九九八年)(124)は、第二帝政期ベルリンの住宅事情に関する初めての本格的な実証研究といえる。この研究は、一九二〇年に大ベルリンに統合される領域の、第二帝政期における住宅事情や住宅市場に関するデータを詳細に解明したものである。分析の際に次の三点を念頭において検討を加えている。

第一に、第二帝政期の悪住環境の象徴と考えられた賃貸兵舎やベッド借り人について、住宅供給に果たした肯定的な側面を強調している。

第二に、賃貸兵舎を造り出した建築業や土地取引業について、否定的にその活動を「投機」と捉えた従来のイメージを批判し、そうした業種が住宅供給に果たした役割を再検討する。

第三に、自治体の行政機構が住宅問題に果たした役割を再検討する。ベルンハルトは、積極的に住宅政策に乗り出したのではないにせよ、建築線の確定や近距離交通の認可を通して、自治体が住宅問題に関与することは可能であったことを指摘している。

これら三点は、当時の住宅改革運動の議論の前提である。彼の研究は、当時の住宅改革運動の議論のイデオロギー性を明らかにするとともに、そうした同時代文献の議論を無批判にうけいれている観のある従来の住宅改革運動研究への根本的な批判となっている。彼の第一の論点は、労働者の住環境についての住宅改革者の現状認識の現実対応性という問題に関係してくるという点で、筆者の掲げる第三の問題と関心を共有し、また第三点は当局と住宅事情の関係の再考という点で、筆者の課題の第四点に対応している。また、建築業者を「投機的」と位置づける言説のイデオロギー性の指摘は、彼の研究によって認識させられた論点である。彼の研究は、具体的な社会状況のなかに位置づけて住宅事情や改革運動を検討しようという点で、筆者と問題関心を共有している。

ただし、もともと住宅事情の再現を意図した研究であるので、住宅改革構想の内実や運動の成果については議論が及んでおらず、そうした点について検討を加える余地は残されている。これに加え、彼にあっては住宅問題が顕在化した世紀中葉の状況は議論から抜け落ちていることも指摘しておこう。

世紀中葉から帝政期にかけての住宅改革構想の変遷とその社会的背景については、スカルパの著作(一九九五年)[125]が示唆をあたえてくれる。この著作は、ベルリン南東部に位置するルイーゼン市区に焦点を合わせ、その住民の社会的結合関係の変化を救貧行政やその地域に設立された慈善団体を軸にたどろうとするものである。同書の基本的主張は、この地域において一九世紀前半の「共同精神 Gemeinsinn」を成り立たせていた緊密な社会的結合関係が、人口増大に伴い世紀末には解体したという解釈である。この主張を軸に、彼女は一九世紀ドイツ史について多様な問題提起をおこなっているが[126]、住宅改革運動との関連では次の点が重要である。世紀中葉にあっては、住宅改革で最も説得力をもちえた発想は、貧しい人と豊かな人が一緒に住むことで後者が前者に良い影響をあたえるというもの（以下「混合居住」）であった。それが一八七〇年前後に説得力を失っていく。その社会的背景として、先にのべたような地域レベルでの社会的結合関係の変化がある、という。[127] この研究も、住宅改革をその社会的脈絡の中に位置づけようという点で、筆者と関心を共有している。

とはいえ、「混合居住」の説得力に関するこの議論は成功しているわけではない。そもそも共同精神を成り立たせていたとされる世紀前半の社会的結合関係についての議論が、同書では十分展開しているとはいいがたい。まず、彼女も認識しているが、[128] 救貧行政と救済対象者との関係は十分検討できていない。こうした垂直方向の関係だけではなく、市民同士の横のつながりについても説得的には明らかにされていない。たしかに、同書の叙述から救貧委員会や慈善協会を通じて市民相互の関係が成り立っていたことは想像できるのだが、そうした関係が具体的にはどのようなものであったかまではわからない。同書の分析から住民の社会的結合関係について何らかの積極的な結論を引き出すことには、躊躇を覚える。したがって、共同精神を成り立たせるような関係が世紀後半には解体したという同書全体の根幹となる議論も、明解とはいいがたいのである。以上の問題点をふまえると、ルイーゼン市区の社会的結合関係に関する同書の基本構想を前提にして組み立てられた「混合居住」とその社会的背景についての議論も、説得的ではない。世紀中葉から帝政期にかけての住宅改革構想の変遷を、社会的背景を考慮しつつ歴史的に位置づけるという課題は、現在も未解決のまま残されている。

以上、一九九〇年代になって住宅改革運動をその社会的背景に位置づけるという点で筆者と問題関心を共有する研究が世に問われていることを確認したい。このことは、前項で従来の住宅改革運動への批判的検討から導き出した筆者なりの研究課題の、近年の研究における有効性を示すものといえよう。とはいえ、当時の運動のもつ独自の論理を解明し、それを社会の中に位置づけるという課題には、未解決のまま残されている部分が多いということも強調しておきたい。

4　本書の構成

本節でのべてきた一九世紀ドイツの住宅および住宅改革運動の動向を、ここで手短に整理しよう。一九七〇年代に労働運動史や政治史の補完という問題関心から住宅事情の事実発掘に始まった住宅研究が、一九八〇年代には「社会的住宅建設」成立史の観点による住宅改革運動の検討が研究の重点となり、一九九〇年代には住宅や改革運動を社会的脈絡の中に位置づける傾向が顕著となっている。こうした動向をふまえて設定した筆者なりの住宅改革運動研究の課題をここでもう一度確認しておこう。

①一八八〇年以前の運動の独自性の確認
②住宅改革構想の再検討
③改革者の現状認識と現実との対応関係
④当局の機能の再検討
⑤建築協同組合などの改革組織の活動の検討

である。

本節の構成をここでのべ、この五つの課題との関連を確認しておきたい。

第Ⅰ部は、住宅問題の「発生」をあつかう。第1章では、一九世紀中葉のベルリンの住宅事情や悪住環境の象徴であるファミリエンホイザーに関するデータを整理し、住宅問題の具体的把握に努める。第2章は、一八四〇年代に住宅問題に広く関心がもたれるより以前の、この建物に対するベルリン社会の反応を検討し、一八二〇年から三一年にかけてのファミリエンホイザーに対するベルリン市当局、警視庁、建物の所有者などの対応をたどる。第3章は、市の救貧行政、警視庁、慈善事業である学校や教会が住民の生活に果たしていた役割を、ファミリエンホイザーへの探訪記（一八四三年）への分析から明らかにする。

第Ⅱ部は、住宅問題が広範な市民層の関心の対象となった世紀中葉の運動をあつかう。第1章では当時最大の労働者福祉団体である労働諸階級福祉中央協会をとりあげ、社会問題全般に対する市民層の対応を確認し、それをうけて、第2章以下住宅改革運動が検討の対象となる。第2章では住宅改革運動の出発点となったファミリエンホイザーのイメージがどの程度現実に対応していたかを検討する。第3章は、ベルリン共同建築協会の活動を追う。第4章では、ベルリン共同建築協会の活動が停滞してからのちの住宅改革構想を検討する。

第Ⅲ部は、ドイツ統一前後に住宅改革構想に新しい発想が見られるようになり、それが定着していく過程を検討する。第1章は、ベルリンの都市構造にも大きな影響を与えた「ホープレヒト案」（一八六二年）をとりあげる。第2章ではドイツ統一前後の住宅改革構想を検討し、第3章では労働諸階級福祉中央協会の機関誌の住宅関連記事の分析から、統一前後に見られるようになった新しい発想が定着していくさまをのべる。

結論では、本書の議論を市民層研究と関連づけて議論したうえで、イングランドやフランスの住宅改革運動との比較を試みる。

先にあげた課題の①と②が本書全体にかかわってくる課題である。本書の考察が主にドイツ統一の時期までなのは、課題の①に対応したものである。本書の対象が時期的にそこまでに限定されているのは、本書の叙述がその正当性を保証するであろう。ドイツ統一前後に住宅改革構想のレベルでその後の方向性を規定する段階に住宅改革が到達したことを、明らかにするからである。考察の中心が住宅改革構想の変遷であるのは、課題の②に対応している。実際の「運動」が本格的に展開しなかった世紀中葉の段階では、構想の分析から住宅改革運動にアプローチすることが、最も有効な手段であると思われる。残りの三つの課題には個別の章で取り組んでいる。③を最も意識して議論を進めているのが、第II部の第2章である。④をあつかうのが第I部の第2章と第3章であり、⑤は第II部の第3章のテーマである。ただし、⑤については入居した住民の状況まで立ち入って分析できなかったことを、あらかじめ断っておこう。この点については、第I部第3章のファミリエンホイザー探訪記の分析をもとに見通しをのべておくつもりである。

注

(1) ヨーロッパの都市化については Andrew Lees & Lynn Lees (ed.), *The Urbanization of European Society in the Nineteenth Century*, 1976 が研究の初期段階の重要論文をまとめたものである。ドイツについては、Jürgen Reulecke, *Geschichte der Urbanisierung in Deutschland*, Frankfurt am Main 1985; Horst Matzerath, *Urbanisierung in Preußen 1815–1914*, Berlin/Köln/Mainz 1985; Wolfgang R. Krabbe, *Die deutsche Stadt im 19. und 20. Jahrhundert. Eine Einführung* Göttingen 1989 をあげておく。イギリスについては、Martin Daunton (ed.), *The Cambridge Urban History of Britain*, vol. III 1840–1950, Cambridge University Press 2000 参照。邦語文献としては中野隆生編『都市空間の社会史 — 日本とフランス』(山川出版社、二〇〇四年)と今井勝人・馬場哲編『都市化の比較史』(日本経済評論社、二〇〇四年)が最近の重要な成果である。

(2) Anthony Sutcliffe, *Towards the Planned City: Germany, Britain, the United States, and France, 1780–1914*, Oxford 1981.

(3) サトクリフのほか、ドイツに関しては、Reulecke, 1985, S. 86f.; Stefan Fisch, *Stadtplanung im 19. Jahrhundert. Das Beispiel München bis zur Ära Theodor Fischer*, München 1988, S. 272 参照。サトクリフは、こうした都市計画のあり方を comprehensive urban planning technique とよんでいる。

(4) 松井道昭『フランス第二帝政下のパリ都市改造』(日本経済評論社、一九九七年)。

(5) こうした方式の具体例としてベルリンの「ホープレヒト案」を本書第III部第1章であつかう。サトクリフは、こうした手法を extension planning とよんでいる。ベルリンの一七世紀から一八世紀前半にかけての都市拡張については Helga Schultz, *Berlin 1650–1800. Sozialgeschichte einer Residenz*, Berlin 1992, S. 53–56 参照。パリについてはアラン・フォール(中野隆生訳)「投機と社会 — 一九世紀パリの土木事業」(中野編注(1)前掲書)、四〇—四六頁参照。フォールによると、エマニュエル・ル＝ロア＝ラデュリは、こうした都市拡大のあり方を「撫でるような都市計画」とよんでいる。

（6）Juan Rodriguez-Lorez/Gerhard Fehl (Hg.), *Städtebaureform 1865–1900. Von Licht, Luft und Ordnung in der Stadt der Gründerzeit*, Hamburg 1985.

（7）E・ハワード『明日の田園都市』（長素連訳、鹿島出版会、一九六八年。原著は一九〇二年）を思想的出発点とする。

（8）Sutcliffe, *op. cit.*, p. 29f.; Hiltrud Kier, Die Stadterweiterungsplanung von Josef Stübben für die Kölner Neustadt ab 1880-Versuche städtebaulicher und sozialer Differenzierung mit dem Instrument der Fluchtlinienplanung, in: Juan Rodriguez-Lorez/Gerhard Fehl (Hg.), *1985*.

（9）Camillo Sitte, *Der Städtebau nach seinen künsterlichen Grundsätzen*, Wien 1901.（邦訳C・ジッテ『広場の造形』大石敏雄訳、鹿島出版会、一九八三年）

（10）*Städtebau*, 1904-

（11）一八世紀までのヨーロッパ社会をどのように捉えるかについては、二宮宏之「フランス絶対王政の統治構造」（同『全体を見る眼と歴史家たち』木鐸社、一九八六年）が現在でも有効であろう。また、ドイツの手工業を題材に伝統社会から近代社会への転換をたどった研究として、谷口健治『ドイツ手工業の構造転換 ―「古き手工業」から三月前期へ』（昭和堂、二〇〇一年）がある。

（12）二〇世紀欧米の国家については、木村靖二・中野隆生・中嶋毅編『現代国家の正統性と危機』（山川出版社、二〇〇二年）、パット・セイン『イギリス福祉国家の社会史 ― 経済・社会・政治・文化的背景』（深澤和子・深澤敦監訳、ミネルヴァ書房、二〇〇〇年）、G・A・リッター『社会国家 ― その成立と発展』（木谷勤・北住炯一・後藤俊明・竹中亨・若尾祐司訳、晃洋書房、一九九三年）など参照。

（13）たとえば、ドイツについてはSutcliffe, *op. cit.*, p. 10–19 参照。

（14）*Ibid*, p. 16–22.

（15）西ヨーロッパ諸国の住居の形態の簡潔な比較として、M. J. Daunton, Introduction, in: do (ed.), *Housing the Workers, 1850–1914. A Comparative Perspective*, London/New York 1990 を参照。イギリスの住居についてはJohn Burnett, *A Social History of Housing 1815–1985*, London and New York 1985 を参照。

（16）Roy Porter, *London. A Social History*, 2000, p. 272.

（17）パリの市域の拡大については、アラン・フォール注（5）前掲論文。

(18) Porter, *op. cit.*, p. 286.
(19) *Ibid.*, p. 251; p. 286.
(20) Daunton, op. cit., p. 2–6.
(21) Ibid, p. 8.
(22) オスマンの都市改造については、松井注(4)前掲書参照。
(23) 松井注(4)前掲書、三三九―三四六頁、中野隆生『プラーグ街の住民たち ― フランス近代の住宅・民衆・国家』(山川出版社、一九九九年)、一〇四―一一一頁、A. -L. Shapiro, Paris, in: Daunton (ed.), *op. cit.*, p. 34.
(24) 本書第III部第1章参照。
(25) Nicholas Bullock and James Read, *The Movement for Housing Reform in Germany and France 1840–1914*, Cambridge 1985.
(26) M. J. Daunton (ed.), *op. cit.*
(27) Colin G. Pooley (ed.), *Housing Strategies in Europa 1880–1930*, Leicester/London/New York 1992.
(28) Bullock and Read, Introduction, in: Bullock and Read, *op. cit.*, p. 1–11. 邦語文献でも、一九世紀ヨーロッパの住宅についてあつかう著作が近年公刊されている。そうした文献も参照した。後藤俊明『ドイツ住宅問題の政治社会史 ― ヴァイマル社会国家と中間層』(未来社、一九九九年)、島浩二『住宅組合の史的研究 ― イギリスにおける持ち家イデオロギーの源流』(法律文化社、一九九八年)、吉田克己『フランス住宅法の形成 ― 住宅をめぐる国家・契約・所有権』(東京大学出版会、一九九七年)、中野注(23)前掲書。
(29) ミュールズの住宅改革については、中野注(23)前掲書の第一章と第二章参照。
(30) イギリスの住宅改革運動については Burnett, *op. cit.*, p. 84–86; p. 176–187; M. J. Daunton, *House and Home in the Victorian City. Working-Class Housing 1850–1914*, 1983, p. 179–200; Proter, *op. cit.*, p. 327–338 参照。
(31) たとえば Improved Industrial Dwellings Company (一八六三年)、The Artisans, Labourers and General Dwellings Company (一八六七年) をあげておこう。
(32) James Read, The Movement for Housing Reform in France 1840–1914, in: Bullock and Read, *op. cit.* 吉田注(28)前掲書、中野注(23)前掲書。
(33) Bullock and Read, Introduction, in: Bullock and Read, *op. cit.*, p. 1–11.
(34) Burnett, *op. cit.*, p. 219–249. M・J・ドーントン編著『公営住宅の実験』(深沢和子・島浩二訳、ドメス出版、一九八八年)。

(35) 中野注(23)前掲書、第六章「『福祉国家』の流れのなかで」参照。
(36) 拙稿「一九世紀ドイツの住宅改革運動 ── 一つの概観」(『新潟大学教育人間科学部紀要(人文・社会科学編)』第八巻第一号、二〇〇五年)、八―九頁参照。
(37) イギリスの住宅関連立法については、Richard Rodger, *Housing in urban Britain, 1780–1914*, Cambridge 1995, p. 48–51 が簡潔に整理している。他に John Burnett, *op. cit.* 参照。フランスの住宅関連立法については中野注(23)前掲書および吉田注(28)前掲書参照。
(38) Nicholas Bullock, The Movement for Housing Reform in Germany 1840–1914, in: Bullock and Read, *op. cit.*, p. 211–212; Zimmermann, *a. a. O.*, S. 191–199.
(39) Bullock, op. cit, p. 230–246; Zimmermann, *a. a. O.*, S. 199–208.
(40) Lutz Niethammer, Ein langer Marsch durch die Institutionen. Zur Vorgeschichte des preußischen Wohnungsgesetz von 1918, in: ders. (Hg.), *Wohnen im Wandel. Beiträge zur Geschichte der Alltags in der bürgerlichen Gesellschaft*, Wuppertal 1979; ders., Kein Reichswohnungsgesetz! Zum Ansätz deutscher Wohnungspolitik 1890–1914, in: Juan Rodriguez-Lorez/Gerhard Fehl (Hg.), *Die Kleinwohnungsfrage. Zu den Urspriingen der sozialen Wohnungsbaus in Europa*, Hamburg 1988. この「帝国立法がない!」と題するニートハンマーの論文のタイトルが、そうした事情を象徴的に示していよう。
(41) Bullock, op. cit., p. 93. 邦語文献では、大場茂明『近代ドイツの市街地形成 ── 公的介入の生成と展開』(ミネルヴァ書房、二〇〇三年)、四八―四九頁参照。
(42) Bullock, op. cit., p. 66–70.
(43) Ibid, p. 249–273.
(44) 一九世紀ヨーロッパにおけるこうした国家の枠組みの相違については、谷川稔ほか『近代ヨーロッパの情熱と苦悩』(中央公論新社、一九九九年)、一一―二一頁、坂井榮八郎『ドイツ史一〇講』(岩波書店、二〇〇三年)、一四三―一四六頁参照。住宅問題に即した説明として Read, op. cit, p. 282f. がある。
(45) Daunton, *House and Home in the Victorian City*, p. 194.
(46) Porter, *op. cit.*, p. 327.
(47) 中野注(23)前掲書、二六三―二六八頁。
(48) Christoph Bernhardt, *Bauplatz Groß-Berlin. Wohnungsmärkte, Terraingewerbe und Kommunalpolitik im Städtewachstum der Hochi-*

ndustrialisierung (*1871–1918*), Berlin/New York 1998; ders., Die Anfänge der kommunalen Wohnungspolitik und die Wohnungsmarktschwankungen in Gross-Berlin vor 1914, in: Wolfgang Hofmann/ Gerd Kuhn (Hg.), *Wohnungspolitik und Städtebau 1900–1930,* Berlin 1993. ベルリン近郊の住宅監督制度に関する邦語文献として、稲垣隆也「帝政末期におけるプロイセンの都市住宅監督政策 ―― シャルロッテンブルク市を事例に」(『一橋論叢』一三二号六号、二〇〇四年)がある。

(49) Sutcliffe, *op. cit.,* p. 1–5; Read, op. cit., p. 281. ヨーロッパ全体の都市化に関する統計を批判的に利用する準備は筆者にはまだないので、ここではフランスとドイツの都市化の進展に関してリードがあげる数字のみを記しておきたい。両国とも、一八七一年には人口三五〇〇万と拮抗し、ドイツの都市人口(一〇〇〇万人)はフランスのそれ(八五〇万人)よりも若干多いだけである。第一次世界大戦前夜になると、ドイツの都市人口は二九〇〇万に増加したのに対して、フランスは九〇〇万増えたにとどまる。

(50) Pooley (ed.), *op. cit.,* p. 5.

(51) 市民層をめぐる各種の研究プロジェクトが組織され、その成果が現在非常に多数世に問われている。そうした研究プロジェクトのうち最も精力的なものとして、コッカを中心とする、ビーレフェルト大学の「市民・市民性・市民社会 ―― ヨーロッパ比較における一九世紀」(一九八七〜一九八八年)および「近代市民層の社会史」(一九八九年〜)と、ガルの指導のもとのフランクフルト大学による「一九世紀の都市と市民層」(一九八八年〜)の二つをあげておこう。Jürgen Kocka, Das europäische Muster und der deutsche Fall, in: ders. (Hg.), *Bürgertum im 19. Jahrhundert. Band 1: Einheit und Vielfalt Europas,* Göttingen 1995. これは ders., Bügertum und bügerliche Gesellschaft im 19. Jahrhundert. Europäische Entwicklung und deutsche Eigenarten, in: ders (Hg.), *Bürgertum im 19. Jahrhundert. Deutschland in europäischen Vergleich,* München 1988 の改訂版である). 最近の市民層研究の動向は Jonathan Sperber, Bürger, Bürgetum, Bürgerlichkeit, Bürgerliche Gesellschaft: Studies of the German (Upper) Middle Class and Its Sociocultural World, in: *The Journal of Modern History,* 69, 1997 参照。

(52) 市民層の「弱さ」を意識して彼らの動向をおった研究として柳澤治『ドイツ三月革命の研究』(岩波書店、一九七四年)をあげておく。

(53) たとえば、ドイツのブルジョワジーが「封建化」したというイメージは現在修正されつつある。Hartmut Berghof, Aristokratisierung des Bürgertums? Zur Sozialgeschichte der Nobilitierung von Unternehmer in Preußen und Großbritannien 1870 bis 1918, in: *Vierteljahrschrift für Sozial- und Wirtschaftsgeschichte,* 81–2, 1994.

(54) デーヴィッド・ブラックボーン、ジェフ・イリー『現代歴史叙述の神話 ―― ドイツとイギリス』(望田幸男訳、晃洋書房、一九八三年)。

(55) H・U・ヴェーラー『ドイツ帝国一八七一—一九一八』(大野英二・肥前栄一訳、未来社、一九八三年)参照。

(56) 論争については、松本彰「『ドイツの特殊な道』論争と比較史の方法」(『歴史学研究』五四三、一九八五年)参照。「特有の道」的観点から書かれた、この論争の再論として、末川清「『ドイツ特有の道』論について」(『立命館史学』一九、一九九八年)がある。

(57) 市民層を社会経済的階層として捉える邦語文献として柳澤注(52)前掲書および同『ドイツ中小ブルジョワジーの史的分析 — 三月革命からナチズムへ』(岩波書店、一九八九年)をあげておこう。

(58) 「文化」を広く、人々の心性や生活文化をも含めて捉える見方については、リン・ハント編『文化の新しい歴史学』(筒井清忠訳、岩波書店、一九九三年)や、『思想』の特集号(「歴史における文化」〈七四〇、一九八六年〉および「歴史・表象・文化 — 歴史社会学と社会史」〈八一二、一九九二年〉)を参照。近代ドイツの市民を「文化」の観点から捉えた代表的研究として、市民男性による決闘をあつかった Ute Frevert, Die Ehre der Bürger im Spiegel ihrer Duelle. Ansichten des 19. Jahrhunderts, in: *Historische Zeitschrift*, Bd. 249, 1989 をあげておこう。

(59) Kocka, 1988; ders., 1995; David Blackbourn, The German bourgeoisie: An introduction, in: do. & Richard J. Evans (ed.), *The German Bourgeoisie. Essays on the social history of the German middle class from the late eighteenth to the early twentieth century*, London/New York 1991.

(60) ビーレフェルト学派(社会構造史派)と、イギリスの社会史研究者の議論の相違が必ずしも大きくないことについては、竹中亨『近代ドイツにおける復古と改革 — 第二帝政期の農民運動と反近代主義』(晃洋書房、一九九六年)、四—五頁参照。

(61) Kocka, 1995.

(62) Kocka, 1995, S. 9–13.

(63) Ebenda, S. 14–17.

(64) Ebenda, S. 17–22.

(65) Ebenda, S. 20f.

(66) 市民層研究における「市民性」概念の重要性を早い段階で指摘したのが、コッカの次の論文である。Jürgen Kocka, Bürgertum und Bürgerlichkeit als Probleme der deutschen Geschichte vom späten 18. zum frühen 20. Jahrhundert, in: ders. (Hg.), *Bürger und Bürgerlichkeit im 19. Jahrhundert*, Göttingen 1987.

(67) Kocka, 1995, S. 17f.

(68) 「市民性」概念が歴史分析にとっては包括的すぎることについては Sperber, op. cit., p. 285 参照。

(69) Kocka, 1995, S. 32–40.

(70) もっとも、「市民性」に関する研究は、一九八〇年代になって新たに出現したのではなく、すでに七〇年代にその萌芽が見られたことも、指摘しておく必要があるだろう。そうした研究の例としては、ニッパーダイによる結社 Verein 研究と、本文でも検討するガルの自由主義研究をあげることができる。Thomas Nipperdey, Verein als soziale Struktur im späten 18. und frühen 19. Jahrhundert, in: *Geschichtswissenschaft und Vereinswesen im 19. Jahrhundert,* Göttingen 1972.

ニッパーダイの研究は、身分制社会から市民社会への移行に伴う、コルポラツィオーン、つまり非自発的組織からアソチアツィオーン、つまり自発的組織への組織原理の変化と、アソチアツィオーンの原則に基づく結社が市民社会形成に果たした役割を指摘している。こうした研究は一九八〇年代以降の市民層や自由主義研究に多大な影響をあたえている。したがって、一九八〇年代以降の市民層研究の活性化は、七〇年代に見られた動きが「特有の道」論争を契機に「市民性」という言葉に集約されてあらわれたのだと捉えることが可能である。

(71) James J. Sheehan, Wie bürgerlich war der deutsche Liberalismus? in: Dieter Langewiesche (Hg.), *Liberalismus im 19. Jahrhundert. Deutschland im europäischen Vergleich,* Göttingen 1988.

(72) ブラックボーン、イリー注(54)前掲書、二九―五〇頁。

(73) シーハンによる自由主義研究として次の文献がある。James J. Sheehan, *German Liberalism in the nineteenth century,* Chicago 1978; Id., Liberalism and the city in Nineteenth-century Germany, in: *Past & Present,* 51, 1971; Id., Liberalism and society in Germany, 1815–1848, *The Journal of Modern History,* 45–4, 1973; Id., Partei, Volk and Staat. Some reflections on the relationship between liberal thought and action in Vormärz, in: H. -U. Wehler (Hg.), *Sozialgeschichte heute. Festschrift für Hans Rosenberg zum 70. Geburtstag,* Göttingen 1973.

(74) Sheehan, 1987.

(75) 決闘の背景に近代家族の男女役割分業のあり方をみる Frevert, a. a. O. のほかに、清潔感の問題をあつかう Manuel Frey, *Der reinliche Bürger, Entstehung und Verbreitung bügerlicher Tugenden in Deutschland,* 1760–1860, Göttingen 1997 など。

(76) 実際、後述するガル・グループ(伝統史学)は西南ドイツの十数都市の都市市民に関するモノグラフを相次いで公刊しているが、それぞれの著作の議論は共通認識に添ったかたちで収斂してしまい、結果として個々の都市や都市市民の持つ個別性は捨象されてしまっている。

（77）Lothar Gall, Liberalismus und “bürgerliche Gesellschaft”? Zu Charaker und Entwicklung der liberalen Bewegung in Deutschland, in: *Historische Zeitschrift,* Bd. 220, 1975（邦訳ロタール・ガル「自由主義と『市民社会』――ドイツにおける自由主義運動の特質と発展について」〈近藤潤三・丸畠宏太訳『社会科学論集』愛知教育大学社会科学会三二、一九九二年〉）. ガル説とそれをめぐる議論については、拙稿「ドイツ三月革命前後の労働諸階級福祉中央協会」（『史林』七三―三、一九九〇年〈以下「中央協会」〉、本書第Ⅱ部第1章）「はじめに」参照。

（78）もともと都市市民に焦点をあてたこと自体が、教養市民や経済市民をとりあげたコッカのグループに対する批判といえる。市民層の価値観や文化（「市民性」）に焦点をあてたコッカらに対して、ガルのグループでは、市議会や協会の構成、および租税台帳といったより具体的に把握できる史料から、市民層の実態に迫ろうとしているのである。ガル・グループによる論集として Lothar Gall (Hg.), *Stadt und Bürgertum im 19. Jahrhundert,* München 1990; ders. (Hg.), *Vom alten zum neuen Bürgertum. Die mitteleuropäische Stadt im Umbruch,* München 1991; ders. (Hg.), *Stadt und Bürgertum im Übergang von der tradtionalen zur modernen Gesellschaft,* München 1993 があり、ほかに個別都市をあつかうモノグラフが多数刊行されている。都市市民研究ではビーレフェルト学派の Paul Nolte, *Gemeindebürgertum und Liberalismus in Baden 1800–1850. Tradition-Radikalismus-Republik,* Göttingen 1994 も重要。都市市民研究には、ほかに Brigitte Meier/Helga Schultz (Hg.), *Die Wiederkehr des Stadtbürgers. Städtereformen im europäischen Vergleich 1750 bis 1850,* Berlin 1994 などがある。

（79）後藤注（28）前掲書、島注（28）前掲書、吉田注（28）前掲書、中野注（23）前掲書。

（80）一九世紀ドイツの住宅改革運動をめぐる研究動向については、後藤俊明氏がその著者の序論において整理を試みており、本節とも個々の研究の位置づけについて重なる部分も多い。ただし、ヴァイマル社会国家の政治社会史的分析を意図する後藤氏にあっては、それらの研究はヴァイマル社会国家との関連のなかで位置づけられており、本節が意図するような一九世紀社会を研究する手段としての有効性という視点はない（後藤注（28）前掲書）。

（81）一九八〇年代半ばまでの住宅研究の動向については、Hans Jürgen Teuteberg, Betrachtungen zu einer Geschichte des Wohnens, in: ders. (Hg.), *Homo habitans. Zur Sozialgeschichte der ländlichen und städtischen Wohnens in der Neuzeit,* Münster 1985 を参照。

（82）ベルリンについては Werner Hegemann, *Das steinerne Berlin. Geschichte der größten Mietskasernestadt der Welt,* Berlin 1930; Heinz Ehrlich, *Die Berliner Bauordnungen, ihre wichtigsten Bauvorschriften und deren Einfluß auf den Wohnhausbau der Stadt*

Berlin, Berlin-Charlottenburg 1933 がある。

（83） Teuteberg, 1985, S. 10–12.

（84） Lutz Niethammer (unter Mitarbeit von Franz Brüggemeier), Wie wohnten Arbeiter im Kaiserreich? in: *Archiv für Sozialgeschichte,* 16, 1976; ders. (Hg.), *1979.*

（85） Ders., 1976, S. 61; ders., Einleitung, in: ders. (Hg.), *1979,* S. 7.

（86） Ders., 1976.

（87） Teuteberg, 1985, S. 15f.

（88） Josef Ehmer, Wohnen ohne eigene Wohnung. Zur sozialen Stellung von Untermieter und Bettgehern, in: Niethammer (Hg.), *1979,* S. 147.

（89） 「一九世紀中葉ベルリンの住宅事情（一）」・「同（二）」（『新潟大学教育学部紀要』三七―一・二、一九九五年・一九九六年〈以下「住宅事情（一）」・「（二）」〉、本書第Ⅰ部第1章）。

（90） Niethammer (Hg.), *1979.*

（91） Niethammer, 1979, S. 8.

（92） 都市化をあつかう Heinz Heineberg (Hg.), *Innerstädtische Differenzierung und Prozesse im 19. und 20. Jahrhundert. Geographische und historische Aspekte,* Köln 1987; Hans Jürgen Teuteberg (Hg.), *Urbanisierung im 19. und 20. Jahrhundert. Historische und geographische Aspekte,* Köln 1983; ders. (Hg.), *Stadtwachstum, Industrialisierung, sozialer Wandel,* Berlin 1986 にも住宅関連の論文がいくつか収録されている。

（93） 前注にあげた論文集のほか、都市化については注（1）参照。

（94） Thomans Wellenreuther, *Wohnungsbau und Industrialisierung. Eine ökonometrische Untersuchung am Beispiel Deutschland von 1850 bis 1913,* 1989.

（95） 代表的な研究として Clemens Wischermann, *Wohnen in Hamburg vor 1914,* Münster 1983 がある。

（96） Niethammer, 1976, S. 63–68.

（97） とくに次の研究を念頭において議論を進める。Sylvia Brander, *Wohnungspolitik als Sozialpolitik. Theoretische Konzepte und praktische Ansätze in Deutschland bis zum ersten Weltkrieg,* Berlin 1984; Nicholas Bullock, The Movement for Housing Reform in Germany 1840–1914, in: id. and James Read, *The Movement for Housing Reform in Germany and France 1840–1914,* Cambridge

1985; Juan Rodriguez-Lorez/Gerhard Fehl (Hg.), *Die Kleinwohnungsfrage. Zu den Ursprüngen der sozialen Wohnungsbaus in Europa,* Hamburg 1988; dies. (Hg.), *Städtebaureform 1865–1900. Von Licht, Luft und Ordnung in der Stadt der Gründerzeit,* Hamburg 1985; Clemens Zimmermann, *Von der Wohnungsfrage zur Wohnungspolitik. Die Reformbewegung in Deutschland 1845–1914,* Göttingen 1991.

(98) Wolfgang R. Krabbe, Die Anfänge des "sozialen Wohnungsbaus" vor dem Ersten Weltkrieg. Kommunalpolitische Bemühungen um eine Lösung des Wohnungsproblems, in: *Vierteljahrschrift für Sozial-und Wirtschaftsgeschichte,* 71–1, 1984, S. 42. 後藤注(28)前掲書第六章も参照。

(99) Bullock, op. cit.

(100) イギリスの住宅については Burnett, *op. cit.* 参照。

(101) Adelheid von Saldern, Kommunalpolitik und Arbeiterwohnungsbau im Deutschen Kaiserreich, in: Niethammer (Hg.), *1979*; Krabbe, 1984; Walter Steitz, Kommunale Wohnungspolitik im Kaiserreich am Beispiel der Stadt Frankfurt am Main, in: Teuteberg (Hg.), *1983*; Henriette Kramer, Die Anfänge des sozialen Wohnungsbau in Frankfurt am Main 1860–1914, in: *Archiv für Frankfurts Geschichte und Kunst,* Bd. 56, 1978. ここで著者やタイトルはあげないが、Rodoriguez-Lorez/Fehl (Hg.), *1988*, S. 242–340 に、帝政期の様々な自治体の住宅政策をあつかう論考がいくつか収録されている。

(102) 注(40)の文献参照。

(103) Rodoriguez-Lorez/Fehl (Hg.), *1985.*

(104) G・A・リッター注(12)前掲書。

(105) Hegemann, *a. a. O.* および拙稿「住宅事情(一)」(本書第Ⅰ部第1章)を参照。

(106) Renate Kastorff-Viehmann, Kleinhaus und Mietkaserne, in: Niethammer (Hg.), *1979*; Bullock, op. cit., p. 73–85; p. 110–154; Hans Jürgen Teuteberg, Eigenheim oder Mietskaserne. Ein Zielkonflikt deutscher Wohnungsreformer 1850–1914, in: Heineberg (Hg.), *a. a. O.*

(107) Zimmermann, *a. a. O.* この研究は、これから示すように、従来の研究の枠組みを抜け出ている側面があるものの、その議論に大きな問題も孕み、「社会的住宅建設」成立史として一九世紀の住宅改革運動を叙述することの限界を端的に示している。

序論によると、同書は、一八四〇年代に住宅供給が社会問題と認識されてから二〇世紀初頭にそれが政府の任務とされるようになるまでの住宅改革運動の展開を追うことを目的とする。したがって、その基本的視角は、「社会的住宅建設」成立史である。ツィンマーマンは、同書の立脚点は、その意味する内容は明らかでないものの、「政治的社会史」であるという。また、同書では、ベルリンのような突出した例を追うのではなく、一九世紀の住宅改革運動の「平均像」を構築することが目指されている。

同書は三部構成をとっている。「市民的住宅改革」と題する第一部では、一八四〇年代から六〇年代にかけての住宅改革に関する議論や構想が論じられている。第二部は「住宅問題から住宅政策へ」と題され、一八七〇年代以降の公衆衛生学会における住宅関連の議論を分析する。第三部「一八九〇年代以降の住宅改革と住宅政策」では、世紀末から二〇世紀初頭にかけての住宅改革、自治体の住宅政策、国家の対応が叙述の対象となる。同書の基本的視角は「社会的住宅建設」成立史であり、量的に叙述の中心は第三部だが、実は同書の独自性が最もよく発揮されているのは第一部と第二部である。

第二部では、一八七〇年代以降に衛生改革運動が住宅問題に取り組むようになり、その影響で住宅改革運動が以前よりも一層衛生的住居を要求するようになった、と主張されている。住宅問題への取り組みが、単に住宅改革者だけに限定されたものではなく、社会問題に関心をもつ人々に幅広く共有されていたことを明らかにした意義は大きい。ブロックも、衛生改革と住宅改革のかかわりを論じている (Bullock, op. cit, p. 86–109) が、体系的な分析を試みたのはツィンマーマンが初めてである。とはいえ、住宅問題をめぐる衛生改革者と住宅改革者の構想の系譜関係や相互関係が必ずしも明示されておらず、また第一部と第三部において、前後の時期における住宅改革者の構想も、きちんと分析されていない。したがって、同書のこの主張は説得的とはいえない。

第一部ではツィンマーマンは、世紀中葉の住宅改革運動を世紀末のそれと違ったものと考え、当時の運動を「市民的住宅改革」という概念で一括りに捉えている。これに加え、住宅改革者の構想を「一戸建て」か「集合住宅」かという観点だけでは整理せず、構想に見られる衛生面の強調や家族だけの住居を理想とすることといった側面を抽出しており (Zimmermann, *a. a. O.*, S. 29–47)、世紀中葉の運動の位置づけや分析視角という点では従来の研究を一歩抜け出ている。先に指摘した問題点のうち第一点と第二点も、世紀中葉については彼の研究によって克服されたかのように見える。

しかし、ツィンマーマンのこうした試みは必ずしも成功していない。まず構想や運動の分析そのものが問題を孕んでいる。第一に、ツィンマーマンは、この「市民的住宅改革」を叙述する際に運動や構想の個々の要素を列挙するにとどまり、そうした要素相互の連関を問うことがない。第二に、第一部であつかわれているのは一八四〇年代から六〇年代にかけての二〇年強であるが、これだけ長い期間の運動や構想の変化については、全く考慮に入れられていない。世紀中葉の代表的住宅改革者V・A・フーバーの構想の変化は全く問題にならない。住宅改革運動の実践的試みの分析でも、六〇年代末にベルリンで展開した郊外住宅運動と住宅改革としての役割は五〇年代末には終えてしまったベルリン共同建築協会が、並列的にとりあげられている (*Ebenda*, S. 60–62; S. 64–69)。第三に、説明のための概念が、きちんとした定義なしに用いられており、この点でも彼の議論の説得性を減じさせている。たとえば、当時の住宅改革者を「社会保守的潮流」と「自由社会的潮流」に分けるのだが、それらの具体的内容は明確ではない。「社会保守的潮流」には一八四八年革命の時に政治的に保守側に立ったフーバーを、「自由社会的潮流」には自由主義者が多数を占めた労働諸階級福祉中央協会を想定していると思われる (*Ebenda*, S. 27f.) のだが、彼の議論からは、それは明示的ではない。このように第一部の分析が成功しているわけではないが、それにとどまらず、第三部において住宅改革構想がほとんど議論されず、その結果「市民的住宅改革」の改革構想の歴史的位置づけが不鮮明なままにとどまっている。また、背景説明としての住宅事情の説明は若干あるものの、住宅改革者のもつ、労働者の住宅環境認識の現実社会との対応関係は、端から問題となっていない。したがって、従来の研究の問題点は、ツィンマーマンの研究においても克服されたとはいいがたいのである。

(108)「社会的住宅建設」につながる一九世紀末以降の建築条例については、Rodoriguez-Lorez/Fehl (Hg.), *1985* がある。ただ、中世以来の様々な建築条例と建築行政については十分研究がなされているとはいえず、ベルリンについてもEhrlich, *a. a. O.* が建築条例を通時的に概観した唯一の研究である。

(109) 管見の限りでは、建築協同組合などに関する、未公刊史料に基づく実証的かつ体系的な研究はない。建築協同組合による住居に入居した住民の賃貸契約書を分析した研究として、Friedrich-Wilhelm Henning, Mietverhältnisse von 112 Handarbeiterfamilien in der Mitte der fünfziger Jahre des 19. Jahrhunderts in Düsseldorf, in: Teuteberg (Hg.), *1985* がある。

(110) 第三項で検討を加える研究のほかにも、帝政期の都市計画をあつかう Brian Ladd, *Urban planning and civic order in Germany, 1860–1914*, 1990 Harvard University Press などが筆者と関心を共有している。

(111) Adelheid von Saldern, *Häuserleben. Zur Geschichte städtischen Arbeiterwohnens vom Kaiserreich bis zum heute*, Bonn 1995.

(112) *Ebenda*, S. 22–30.

(113) この点、中野注(23)前掲書が、フランスの住宅改革による住宅の住民について、その職業ごとの人生設計の違いをも解明しえたことは、注目に値する。

(114) Ladd, *op. cit.*, p. 4.

(115) フランクフルト・アム・マインについては Gerd Kuhn, *Wohnkultur und kommunale Wohnungspolitik in Frankfurt am Main*

1880 bis 1930. Auf dem Wege zu einer pluralen Gesellschaft der Individuen, Bonn 1998; Jörg R. Köhler, *Städtebau und Stadtpolitik im Wilhelmnischen Franfkurt,* Frankfurt am Main 1995; 北村陽子「第二帝政期フランクフルトにおける住宅政策と家族扶助」(『史林』八二—四、一九九九年)がある。ミュンヘンについては Stefan Fisch, *a. a. O* がある。

(116) Johann Friedrich Geist und Klaus Kürvers, *Das Berliner Mietshaus 1740–1862. Eine dokumentarische Geschichte der 〉von Wülcknitzschen Familienhäuser〈 vor dem Hamburger Tor, der Proletarisierung des Berliner Nordens und der Stadt im Übergang von der Residenz zur Metropole,* München 1980; dies., *Das Berliner Mietshaus 1862–1945. Eine dokumentarische Geschichte von 〉Meyer's-Hof〈 in der Ackerstraße 132–133, der Entstehung der Berliner Mietshausquartiere und der Reichshauptstadt zwischen Gründung und Untergang,* München 1984; dies., *Das Berliner Mietshaus 1945–1989. Eine dokumentarische Geschichte der Ausstellung "Berlin plant/Erster Bericht" 1946 und der Versuch, auf den Trümmern der Haupstadt des Großdeutschen Reiches ein NEUES BERLIN zu bauen, aus dem dann zwei geworden sind,* München 1989.

(117) 拙稿「一八四〇年代ベルリンの都市社会とファミリエンホイザー」(『西洋史学』一七五、一九九四年〈以下「都市社会」〉、本書第II部第2章)、および「『トロイアの木馬』と市民社会 —— 一八二〇〜三一年ベルリンの行政と住宅問題」(『史林』八四—一、二〇〇一年、本書第I部第2章)参照。

(118) この史料集の問題点については前掲注(117)拙稿「都市社会」(本書第II部第2章)、「住宅事情」(本書第I部第1章)参照。新たな史料の発掘の可能性については、Dietlind Hüchtker, 〉*Elende Mütter*〈 *und* 〉*Liederliche Weibspersonent*〈. *Geschlechterverhältnisse und Armenpolitik in Berlin* (*1770–1850*), Münster 1999 参照。

(119) 世紀前半については、Günter Liebchen, Zu den Lebensbedingungen der unteren Schichten in Berlin des Vormärz. Eine Betrachtung an Hand von Mietpreisentwicklung und Wohnverhältnissen, in: Otto Büsch (Hg.), *Untersuchungen zur Geschichte der frühen Industrialisierung vornehmlich im Wirtschaftsraum Berlin/Brandenburg,* Berlin 1971 が、世紀中葉については Jutta Wietog, Der Wohnungsstandard der Unterschichten in Berlin. Eine Betrachtung anhand des Mietssteuerkatasters 1848–1871 und der Wohnungsaufnahmen 1861–1871, in: Wener Conze und Ulrich Engelhardt (Hg.), *Arbeiterexistenz im 19. Jahrhundert. Lebensstandard und Lebensgestaltung deutscher Arbeiter und Handwerker,* Stuttgart 1981 が、家賃税徴収台帳を中心に当該時期の住宅事情について史料に立脚した議論を展開している。ほかに、Ingrid Thienel, *Städtewachstum im Industrialisierungsprozess des 19. Jahrhunderts. Das Berliner Beispiel,* Berlin/New York 1973; Felix Escher, *Berlin und sein Umland. Zur Genese der Berliner Stadtlandschaft bis zum Beginn des 20. Jahrhunderts,* Berlin 1985; G. Asmus (Hg.), *Hinterhof, Keller und Mansarde.*

Einblicke in Berliner Wohnungselend, Reibeck 1982 も、ベルリンの住宅事情を考えるうえでは重要。

(120) Horant Fassbinder, *Berliner Arbeiterviertel, 1800–1918,* Berlin 1975.

(121) *Ebenda,* S. 81–85.

(122) Heinrich J. Schwippe, Zum Prozess der sozialräumlichen innerstädtischen Differenzierung im Industrialisierungsprozess des 19. Jahrhunderts. Eine faktorialökologische Studie am Beispiel der Stadt Berlin 1875–1910, in: Teuteberg (Hg.), *1983.*

(123) 先駆的なものとして、Hartwig Schmidt, *Das Tiergartenviertel. Baugeschichte eines Berliner Villenviertels. Teil 1: 1790–1870,* Berlin 1981 があり、最近の成果としては Thomas Wolfes, *Die Villenkolonie Lichterfelde. Zur Geschichte eines Berliner Vorortes (1865–1920)*, Berlin 1997; Volker Wagner, *Die Dorotheenstadt im 19. Jahrhundert. Vom vorstädtischen Wohnviertel barocker Prägung zu einem Teil der modernen Berliner City,* Berlin/New York 1998; Karl Keim, *Die Gartenstadt Staaken (1914–1917). Typen, Gruppen, Varianten,* Berlin 1997 がある。

(124) Bernhardt, *a. a. O.*

(125) Ludovica Scarpa, *Gemeinwohl und lokale Macht. Honoratioren und Armenwesen in der Berliner Luisenstadt im 19. Jahrhundert,* München/New Province/London/Paris 1995.

(126) たとえば、ビスマルクによる社会立法の背景の一つに、世紀前半からベルリンの地域レベルでみられた名士と貧者の密接な関係を切断するという意図があったと主張する（*Ebenda,* S. 243–278）。

(127) *Ebenda,* S. 203–207; S. 233.

(128) *Ebenda,* S. 13.

第Ⅰ部

住宅問題の発生

扉：ファミリエンホイザーを描いた当時の唯一の絵画（奥の建物がカオホマンスハウス）

第1章

一九世紀中葉ベルリンの住宅事情

はじめに

一九世紀前半は外部からの流入者でベルリンの人口が増加しはじめる時期である。そうした流入人口のかなりの部分は労働者であったわけだが、彼らの生活は当時の市民の眼には必ずしも良いものには映らなかった。そして、一八四〇年代になると、ベルリン市民はそうした労働者のおかれた状況を「パウペリスムス（大衆貧困状況）」と認識し、様々な改革に乗り出すことになる。なかでも労働者の住環境は、市民層に、とくに問題あるものと認識された現象の一つである。その際、悪住環境の象徴とされたのが、人口増大に伴い一八二〇年から二四年にかけて建てられた、ファミリエンホイザーという労働者のための集合住宅である。この建物は一八二〇年代にすでに行政機構レベルで問題視されたが、一八四〇年代になると広範な市民が住宅問題に関心をもつようになり、ベルリン共同建築協会（一八四七年設立）というかたちで住宅改革の試みがみられた。その後も、一九世紀を通じて、ベルリン市民の住宅問題への関心は根強いものがあり、住宅改革の試みが様々におこなわれていく。

本章では、市民層が問題ありと認識したベルリンの住宅事情を具体的に把握したい。まず、第一次世界大戦に至る、都市化によるベルリン社会の変化を概観したい。本書が主に対象とする一八七〇年代より後まで時期を延ばしているのは、本書全体で検討を加える住宅改革構想の歴史的位置づけに必要だからである。次に、一九世紀中葉のベルリン全体の住宅事情に検討を加え、それをうけてファミリエンホイザーとその周辺のフォークトラントとよばれた地域についてふれたい。ベルリンで体系的な住宅統計がとられるようになるのは一八六一年からであるが、ここでは三月前期の住宅事情に関するリープヒェンの研究(1)（一九七一年）と一八四八年から七一年にかけての時期をあつかったヴィートホの論文(2)（一九八一年）を中心に、一八二九年にベルリン市参事会が出した『一八一五年から一八二八年にかけての首都ベルリンにおける人口増加の統計概観』（以下『概観』と略）という史料(3)や他の二次文献(4)を交えて、当時の住宅事情についてのべておきたい。一八六一年からとられるようになった住宅統計(5)も適宜利用している。また、第三節でとりあげるファミリエンホイザーとその周辺部のフォークトラントについては、ガイストとキュルファースによる史料集(6)を利用した。

一　ベルリンの都市化

本節では、一九世紀ベルリンの都市化を概観しておこう。

ドイツの都市化に関する共通認識をまとめていると思われるＪ・ロイレッケの著作(7)によれば、一九世紀において都市化は次のような三つの段階を経て進行した。一八世紀末から一八四〇年代までが法律・政治・経済面の基盤形成期、一八五〇年代から七〇年代までが始動期であり、それをうけて都市化が本格化するのが、

表1-1-1　ベルリンの人口の発展（人）

年	1816	1828	1834	1840	1846	1861	1870	1871
人口	197717	236494	265122	328692	397767	547571	774310	825937

1816年から46年については、Wolfgang Ribbe (Hg.), *Geschichte Berlins*, S.480、1861年から1871年については *Ebenda*, S.661 参照。

一八七〇年代から第一次世界大戦までである。こうした都市化の過程は、本書であつかうベルリンでも同様のペースで進んでいる。

まず、一九世紀のベルリン社会の変化を考えるうえで重要なものの一つが人口増加である。本書で主にあつかう時期のベルリンの人口に関するデータを整理したのが表1-1-1である。一八一六年と四六年のデータを見ると、三月革命前の約三〇年間でベルリンの人口は二倍強になったということになる。三月革命後になるとこうした人口増加の勢いはさらに強くなる。三月革命後一八七〇年までの二〇年強の間に、ベルリンの人口はさらに二倍近くまでに膨れ上がる。ドイツ統一の七一年にはベルリンが帝国の首都となったことから人口の流入が激しくなり、一挙に五万一七二七人増え、人口は八〇万人を突破している。その後人口は急増し、一九一二年には二〇九万五〇三〇人で第一次世界大戦前の最高を記録する。[8]

人口増に伴うベルリンの都市社会の変化を、行論の必要から、インフラストラクチャーの整備、ベルリン周辺部の発展、そしてすみわけという三つの側面から順にみていこう。

インフラストラクチャーの整備については、交通機関の発展からとりあげていく。

一九世紀中葉では交通機関の中心は、都市内の連絡手段としての乗合馬車、そして近郊とベルリンの間の輸送を担う鉄道馬車であった。鉄道はこの時期は大きな役割を果たしていない。[9] こうした状況は一八七〇年代になると変化の兆しを見せる。七一年からベルリンを取り囲む環状鉄道の建設が始まり、それは七七年一一月に完成を見た。ベルリンの中心部を通る都市内鉄道 Stadtbahn が七五年から七年の歳月をかけて造られる。ベルリン中心部と郊外を結ぶ路線も次第に整備され、両者の連絡は充実していく。世紀転換期になると、鉄道馬車から路面電車への転換や道路交通を邪魔しないための高架・地下鉄道の建設が進められた[10]。

交通機関に関しては、世紀中葉のありようが一八七〇年代から変化を開始し、その変化が八〇・九〇年代に急速化したのだが、これは他のインフラストラクチャーについてもいえる。ガス供給は他に先駆けて一八四七年から市営で運営されていたものの[11]、水道の本格的な供給は七〇年代からである。五六年からイギリスの会社が上水道を運営していたが、この会社による水の供給は十分なものといえなかった。そこで、七三年に水道の自治体化がなされ、以後水道網が整備されていく。ほぼ時を同じく（七六年）して、下水網の建設が始まる[12]。上下水道の整備はその後急速に進み、九〇年代初頭には、ほぼすべての建物が上下水道網に接続した[13]。ほかにも、八四年に市営電力会社の設立を見、八〇年代に中央屠殺場・中央市場・一三の屋内市場の開設などの食料供給機構の整備がおこなわれた[14]。

ベルリン周辺の都市の発展に眼を移そう。

世紀中葉の状況をみると、一八世紀に造られた市壁が、まだベルリンの中心部の四キロ四方の空間を取り囲んでいた。ベルリンの行政区域も市壁内の地域を中心に狭く、三五一一ヘクタール程度である[15]。市壁は六七年に取り壊されるが、当時はまだ周辺部の都市の発展もそれほどではない。ベルリンおよびその周辺の人口は、圧倒的にベルリン市内に集中していた。一九二〇年にベルリンは周辺の自治体を合併して大ベルリンを形成する。その大ベルリンの地域の人口全体に旧ベルリン地域の人口が占める割合を過去にさかのぼってみると、一八七〇年には九〇パーセントと圧倒的多数の人が旧ベルリンの領域に住んでいた。この数字は、その後旧ベルリンの割合が低下する方向に変化する。一九〇〇年には旧ベルリンの割合は七〇パーセントとなり、それが第一次世界大戦後の一九一九年には五〇パーセントと半分を占めるにすぎない。先に見たように、ベルリンそのものの人口はこの時期も増大を続けており、この変化は周辺部の諸都市の発展に帰せられるものである。たとえば、ベルリン西郊のシャルロッテンブルクは、一八七一年に人口二万人にすぎなかったが、一九一九年には三二万五〇〇〇人と、五〇年弱の間に一六倍強にその人口が増大している[16]。人口の面からみると世紀中葉ではきわめて狭かったベルリンの都市空間が、時を経るにつれて周辺部まで拡大していったのである。

最後に、すみわけについてとりあげよう。

次節でもふれるように、世紀中葉であってもある程度のすみわけは見られ、中心部と西部には裕福な階層、そして北・東・南の地域には労働者が住んでいた[17]。ただし、前者の地区でも条件の悪い屋根裏、半地下室、裏屋には労働者が住み、また後者でも工場主は工場の近くの労働者地区に住居を設けた[18]。世紀中葉にあっては、いまだ様々な階層が軒を接して暮らしていたのだが、都市化が進むにつれ、市内のすみわけが見られるようになり、当時の人々もそれを意識するようになる。まず、市の中心部が「シティー」としての性格を強めた。つまり、居住人口が減少し、行政、商業、金融などの機能をもつ建物が増加したのである。また、南西部が裕福な層の居住地であり、北・東・南の地域が労働者の居住地であるという世紀中葉以来の特徴は、よりはっきりしたものとなった。労働者地域の中でも、中心部から遠くなるにつれ社会階層が低下していく傾向が見られた[19]。

次節で確かめる住居用の建物の変化も含め、以上のような都市化の過程は、住宅改革構想の変化と密接にかかわるのである。この点については、第Ⅲ部第3章で検討する予定である。

二　人口増加と住宅事情

先に確認したように、一八一六年からの五〇年強の間に、ベルリンの人口は四倍強に増えたことになる。

それは主にベルリン以外の地域からの流入人口によって支えられ、自然増はそれほど役割を果たしていない。一八二〇年代には、まだ自然増の人口増加に果たす役割は大きく、増加全体の四分の三が自然増による増加である。[20] それが一八三〇年代以降になると関係が逆転する。一八五〇年代には両者の数字はいったん均衡するものの、[21] おおむね年ごとの人口増加の七〇〜九〇パーセントを外部からの流入者が担っていた。[22]

流入人口による人口増に対応するべく住宅建設がおこなわれるのだが、住宅供給が需要にそう簡単に追いつかない。そこで、階数の増加および裏屋 Hinterhäuser や側翼の拡大によって、建物そのものが次第に大型化していく。建物の大型化の早い例の一つがファミリエンホイザーなのであるが、そうした状況に若干説明を加えておこう。具体的なデータの残っている一八六一年以降についてみると、四階以上の建物の数は、六一年には三七八五であり、これは市全体の建物の三・六パーセントにすぎなかった。一〇年後の七一年になると一万四七七七と実数でほぼ四倍近くに増え、市全体の建物に対する割合も八・三パーセントと一割近くを占めるようになっている。[23] 典型的な建物の平面図を比べても、建物の大型化の傾向は一目瞭然である（図1-1-1）。一九世紀前半にあっては、敷地の後ろのほうにある部分は片側に側翼が伸びているだけなのに対して、一八七〇年頃になると正面の建物そのものが大きくなったのみならず、側翼も両側に伸び、裏屋が一つ設けられている。こうした建物が「賃貸兵舎」とよばれ、一八六〇年代以降悪住環境の権化とみなされるのである。ドイツ統一前後のこうした建物の極端な例が、ベルリンの北部に建てられたマイヤーズ・ホーフであり、図1-1-2からもわかるように、道路に面した建物の後方に住居用の裏屋が五つと管理用の建物が一つ設けられている。

こうした建物の大型化の傾向は、一家屋あたりの住人数からもうかがい知ることができる。ただ、一八三〇年頃まではこの数字はそれほど変化を見せず、一八一五年には三〇・五九人（一九万七七一七人／六四六二軒）であったのが、一八年には三一・三九人（二三万六四九四人／七三〇〇軒）と若干増えたにすぎない。[24] その後、一家屋あたりの住人数は急増し、一九三〇年にベルリンの賃貸住宅の発展をあつかった書物を出版したヘーゲマンによると、一八三五年には三五人となり、五〇年になるとそれが四八人と、一八一五年と比べてほぼ五割増となる。[25] 三月革命後も数字は上昇しつづけ、六一年には四七・一人（五四万七五七一人／一万一六二〇軒）と若干低下するものの、七一年には五五・七人（八二万五九三七人／一万四八二九軒）が平均して一家屋に住んでいたことになり、[26] 一八一五年からの六六年間に、数字はほぼ倍近くまで上昇している。

ただし、この数字の上昇は、それぞれの建物の中に設けられる住居数もそれにつれて増えるので、必ずしも狭い空間に多くの人間が詰め込まれるようになったことを意味しな

19世紀後半（1870年代）　19世紀前半

図1-1-1　19世紀前半と19世紀後半の住宅の典型例

い。一住居あたりの住人数を出すと、一八一五年には四・七九人（一九万三〇〇〇人／四万〇二七一住居）であったのが、二八年は四・七四人（二三万六四九四人／四万九九三五住居）と若干低下する。一家屋あたりの住人数同様、一八三〇年頃までは状況が悪化したとはいえないが、その後、数字はいったん上昇に向かう。三〇年には四・九三人（二四万七五〇〇人／五万〇二五四住居）、四〇年には五・四四人（三二万二六二六人／五万九二七一住居）と、一八一五年に比べて約一割上昇する。五〇年になるとその数字は五・三五人（四一万八七三三人／七万八三三八住居）と若干低下し、[27]さらに六一年には四・九三人（五二万一九三三人／一〇万五八一一住居）と、三〇年と同じレベルに戻っている。[28]

以上のデータからは、世紀前半については、リープヒェンも指摘している[29]ように、まず一八三〇年頃までは住宅事情はそれほど悪化していないこと、次にその後急速に住宅事情が悪化した状況が読みとれよう。一八四〇年代になって住宅問題が認識されるようになった背景の一つとして、こうした住宅事情の量的変化があったのは疑いをいれない。さらに、一八五〇年以降は建物の大型化に伴い住宅事情が緩和したような印象を受けるが、この点に関してそのように結論づけるのは早計にすぎる。以下にのべるように、小規模な住居の多さ、裏屋や半地下住居といった劣悪な住

写1-1-1　5階建ての賃貸兵舎の並ぶ道路

環境の存在、そして又貸しやベッド借り人 Schlafburschen（= Schlafgänger）[30] といった市民層にはなじみのない習慣の存続など、本質的な状況は未解決のままであった。

三月前期については住宅事情についての具体的なデータがないので、ここでは主に一八六一年と七一年の住宅統計の数字を整理することで、そうした問題点を説明しよう。

まず、当時の住宅統計では、住居の規模は実際の部屋数ではなく、暖房可能な部屋 Zimmer の数で示される。一八六一年から七一年にかけての時期、小住居ともいうべき暖房可能な部屋が〇～二までの住居は、ベルリンの全住居の約七五パーセントを占める。[31] そのうち統計上最低水準といえる暖房可能な部屋が一つの住居は、六一年のデータを見ると、全体の四九・五パーセント（五万一九〇九住居）に及び、そこにベルリン全人口の四二・八パーセント（二二万四四〇六人）が住んでいた。[32] 住居の半分、人口の四割が規模の上での最低水準の状態にあった。

これに加え、収入の少ない者は半地下住居や裏屋などの条件の悪い住居に住まざるをえず、しかもその数字は簡単に無視しえないレベルである。半地下住居のほうは、一八六一年には九六五四住居（九・二パーセント）に四万八三二六人（九・四パーセント）が、七一年には一万九二四〇住居（一〇・八パーセント）に八万五八四〇人（一〇・八パーセント）が住み、[33] 全住居・人口の約一割が、十分な採光ができず、しかも通行人によってしば

写1-1-2　賃貸兵舎の中庭

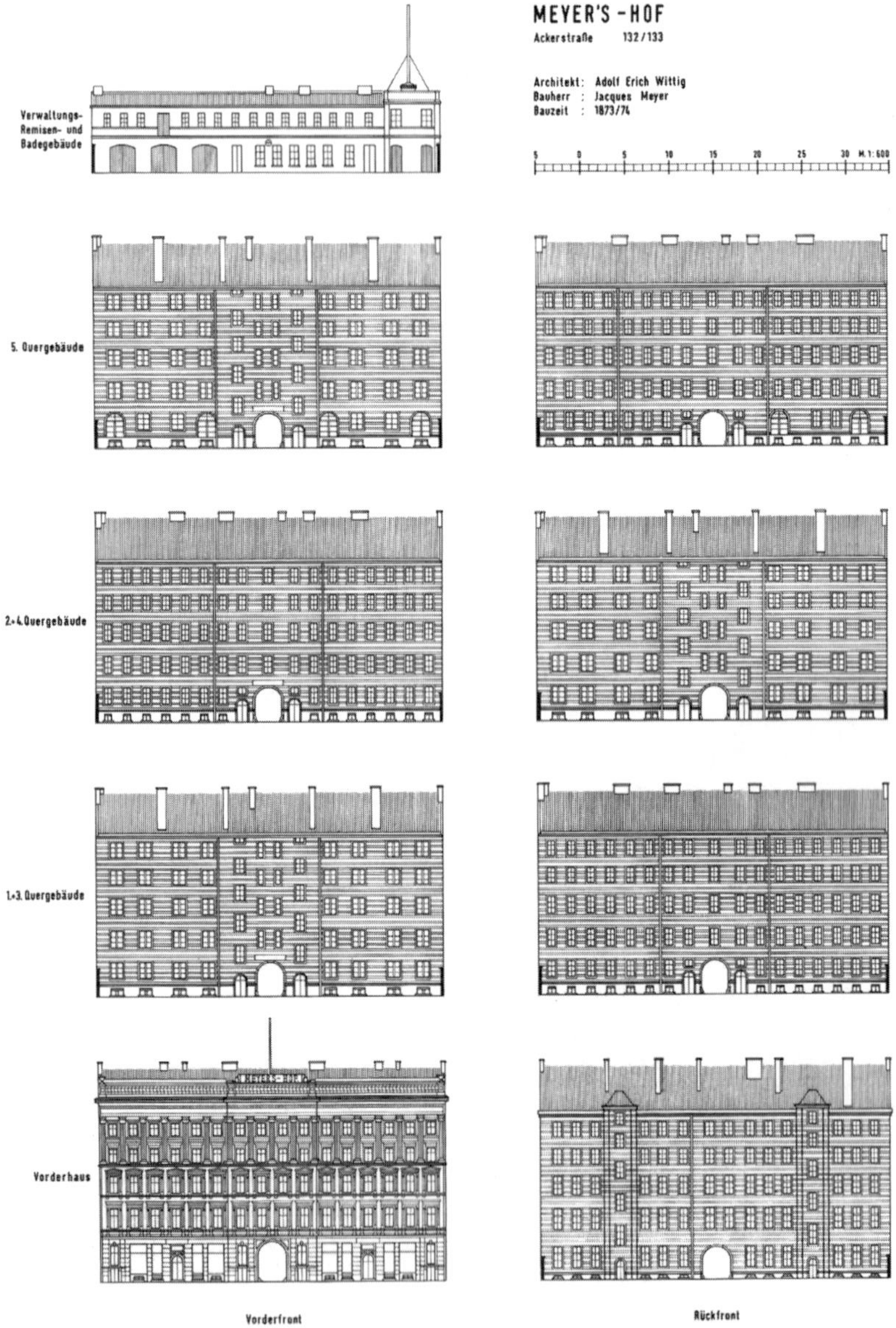
MEYER'S -HOF
Ackerstraße 132/133
Architekt: Adolf Erich Wittig
Bauherr : Jacques Meyer
Bauzeit : 1873/74
M. 1:600
Verwaltungs-
Remisen- und
Badegebäude
5. Quergebäude
2.+4. Quergebäude
1.+3. Quergebäude
Vorderhaus
Vorderfront
Rückfront

図 1-1-2a　マイヤーズ・ホーフ（正面図）

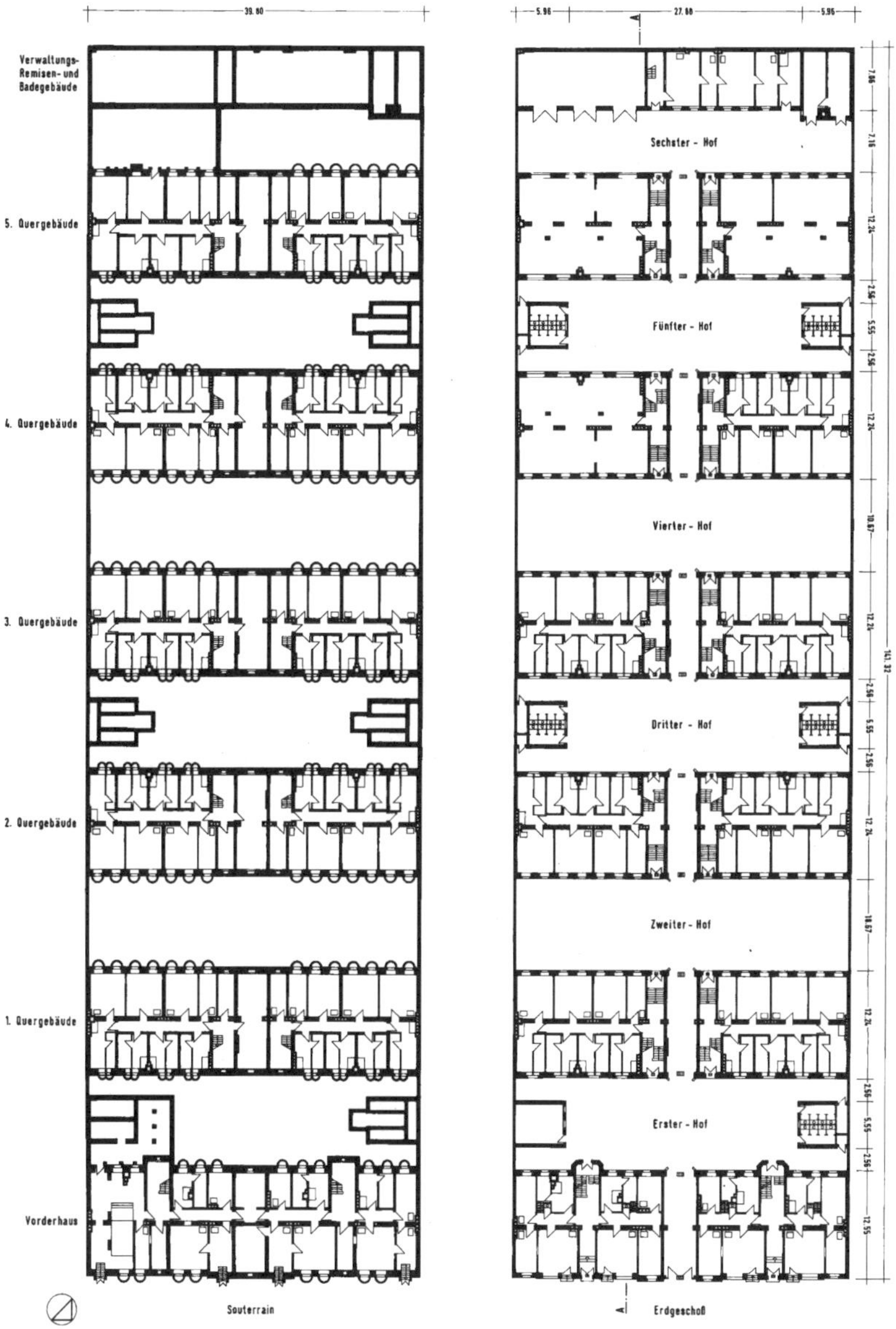

図 1-1-2b　マイヤーズ・ホーフ（見取り図）

しば外光が遮られる状態におかれていた。[34] 裏屋と側翼は半地下住居と同様に採光や通風がよくないわけだが、建物の数を見ると、六一年には道路に面した建物が一万一一〇九であったのに対して、裏屋と側翼は五六七二とほぼ半分の数である。それが、七一年になると道路に面した建物が一万三九五一、裏屋と側翼が九八八七となり、裏屋と側翼が急増している様子がうかがえる。[35] 裏屋は物置や作業場として用いられることも多かったが、六一年の数字を見ると、ベルリンの全住居の二八・三パーセント（二万九九四六住居）が裏屋であり、そこに全人口の二七・二パーセント（一四万一九〇五人）が住み、[36] 住居としてかなり大きな役割を果たしていたのは否定できない。しかも、一八六七年の統計によると、裏屋にあった住居四万二二二四のうち暖房可能な部屋が二つまでの住居が計四万〇三〇七と、九五・五パーセントが小住居に分類されるものであった。裏屋は小規模な住居を設けるために建てられたのだといえる。[37] 建物の大型化という現象には、こうした住環境として適切ではないと思われる住居の増加が付随して見られるのである。

　裏屋や側翼が増えた背景として、一八五三年に出たベルリンの建築条例の影響があったことが指摘される。[38] 一九世紀前半に至るまで、ベルリンで効力をもっていた建築条例は一六四一年一一月三〇日に出されたものだけであり、そこで規定されていたのはおおむね隣の建物との関係に関するものであった。[39] それに対し

写1-1-3　マイヤーズ・ホーフ（1910年）

て、一八五三年四月二一日に発布された建築条例では、建物の高さや家並み線に関する規定もあるが、ここで問題にしたいのは庭に関する条項である。その条項では建物の後方に設けられる空間は、消防ポンプが回転できるように最低五・三四メートル四方（二八・五三平方メートル）の空間を確保するように定められていた。[40] この規定は庭の大きさをこれだけにとどめ、新しい建物を建てる際にできるだけ側翼や裏屋を大きくする方向に作用した。[41] その結果として裏屋や側翼が増加したと考えられるのだが、一辺五・三四メートルしかない庭では、側翼や裏屋の、とくに下の方の階の採光の点で問題が生じることは、ここで改めて強調するまでもあるまい。

以上のように居住条件のよくない住居に多くの人が住んでいたことに加え、労働者の住居に家族以外の者が一緒に住んでいたことも、住宅事情を悪化させるものとして当時の市民層に認識されている。部屋を又貸ししたり、ベッド借り人をおいたりしたという習慣が、当時の労働者に根強く見られたのである。このベッド借り人とは、労働者が借りている部屋の一角にベッドだけを借り、その労働者の家族と同じ空間で寝起きする人のことをいう。

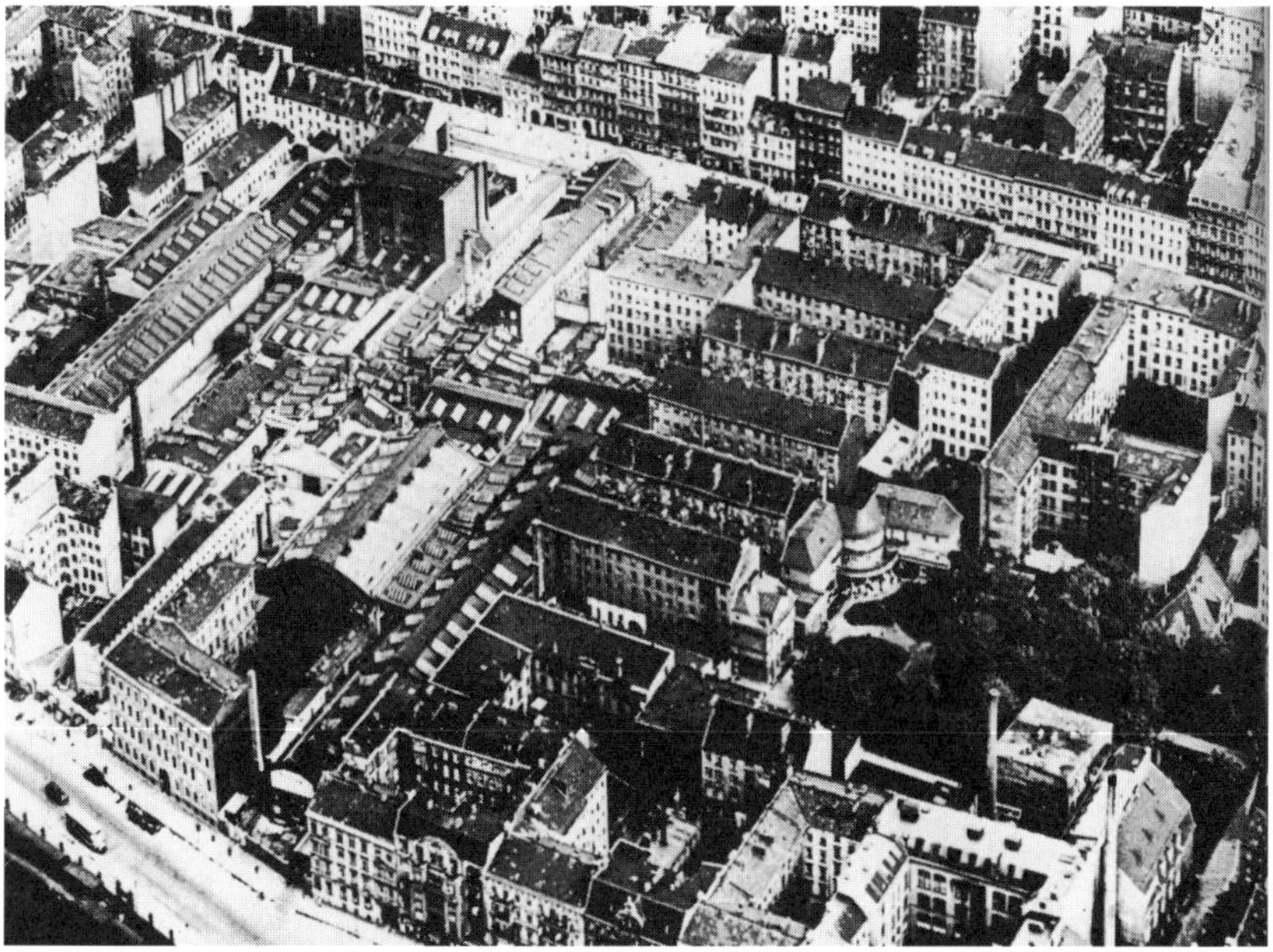

写 1-1-4　マイヤーズ・ホーフの空中写真（1930 年代）

三月前期についてはそうした習慣の統計データはないが、リープヒェンは次のような推測をおこなっている[42]。『概観』によれば、一八二八年に四〇四〇人が移住してきたはずであるが、所帯の増加は二二八家族にすぎず、一家族六人と計算してもこれは一三七〇人にしかならない。残りの三〇〇〇人近くの人は、手工業者や奉公人がその雇い主と一緒に住むほかは、他人の住居の一部を又借りしたり、ベッド借り人として自分のすみかを確保したはずである。そして、革命後も、基本的に状況に変化はない。ベッド借り人は、六四年の統計によれば四万三三一六人おり、これは市の人口全体の七・九パーセントである。七一年の統計によると、全人口の八パーセントにあたる六万六二三〇人が、そうしたかたちで自分の寝る場所を確保しており[43]、こうした習慣が根強いものであったことがわかる[44]。

こうした人々を受け入れていたこともあり、住居の過密も、統計をとる者の間で問題となっていた。ベルリン市統計局の年報では、暖房可能な部屋が一つの住居で六人、二つの住居で一〇人以上住んでいると過密住居と定義され、たとえば一八六七年には全住居の一〇・二パーセントにあたる一万五五七四住居が過密住居とされ、そこに人口の一六・五パーセントにあたる一一万一二八〇人が住んでいたのである[45]。

一九世紀中葉にあっては、市民層と労働者の住習慣は顕著な違いを見せていた[46]。それは、このように一つの住居の中に複数の家族・個人が一緒に住むという習慣に、最も顕著にあらわれる。市民層の住居では、一つの住居には一つの家族しか住まず、奉公人が住み込む場合も、基本的に主人家族との間に密接な交流があったわけではない。これにとどまらず、市民層の住居では、居間・寝室・台所・物置などの部屋ごとの機能分離が明確になっていたが、もともと部屋数の少ない住居をさらに又貸ししたりする労働者の住居では、そうした機能分離は無理である。実際、ファミリエンホイザーの例で確認するように、一つの部屋にベッド、仕事道具、料理用ストーブが一緒に置かれることが多かったようである。

以上、数字の整理からは、一八二〇年代までは住宅問題はそれほどではなく、三〇年代になって急速に悪化し、そして一八五〇年代以降は数字の上では一見改善したように見えるものの、本質的な問題には何ら解決が見られないことがわかった。こうした状況に加え、この時期は家賃が急上昇し、それが労働者の住宅事情に大きな影響をあたえていたと思われる。一九世紀を通じてベルリンでは持ち家を所有するのはかなり困難になっており、九五パーセントの世帯が賃貸住宅に住んでいた。家賃の平均を出すと、一八一五年に四三ターラーであったのが、二八年にはそれが八五ターラーと倍増する。[47]その後も家賃はコンスタントに上昇し、四〇年には九八ターラーとなり、三月革命前の四七年には一〇五ターラーとなっている。[48]一八五〇年以降について見ると、人の住んでいる部屋の平均家賃は一八六一年には約一三〇ターラーであり、それが一八七〇年には一五九ターラーに上昇し、さらにドイツ統一の七一年になると一七一ターラーと、一気に跳ね上がっている。[49]

以上ベルリン全体の傾向を確認したが、次に市区ごとの住居・家屋数を押さえ、人口増加に伴い市のどの部分が成長したのかをみていく(図1-1-3)。

まず、市壁内と市壁外とに市域を大きく二つにわけて考えると、三月前期を通じて増加した人口は主に市壁内の領域に

写1-1-5　ある靴職人の部屋の光景(1845年)

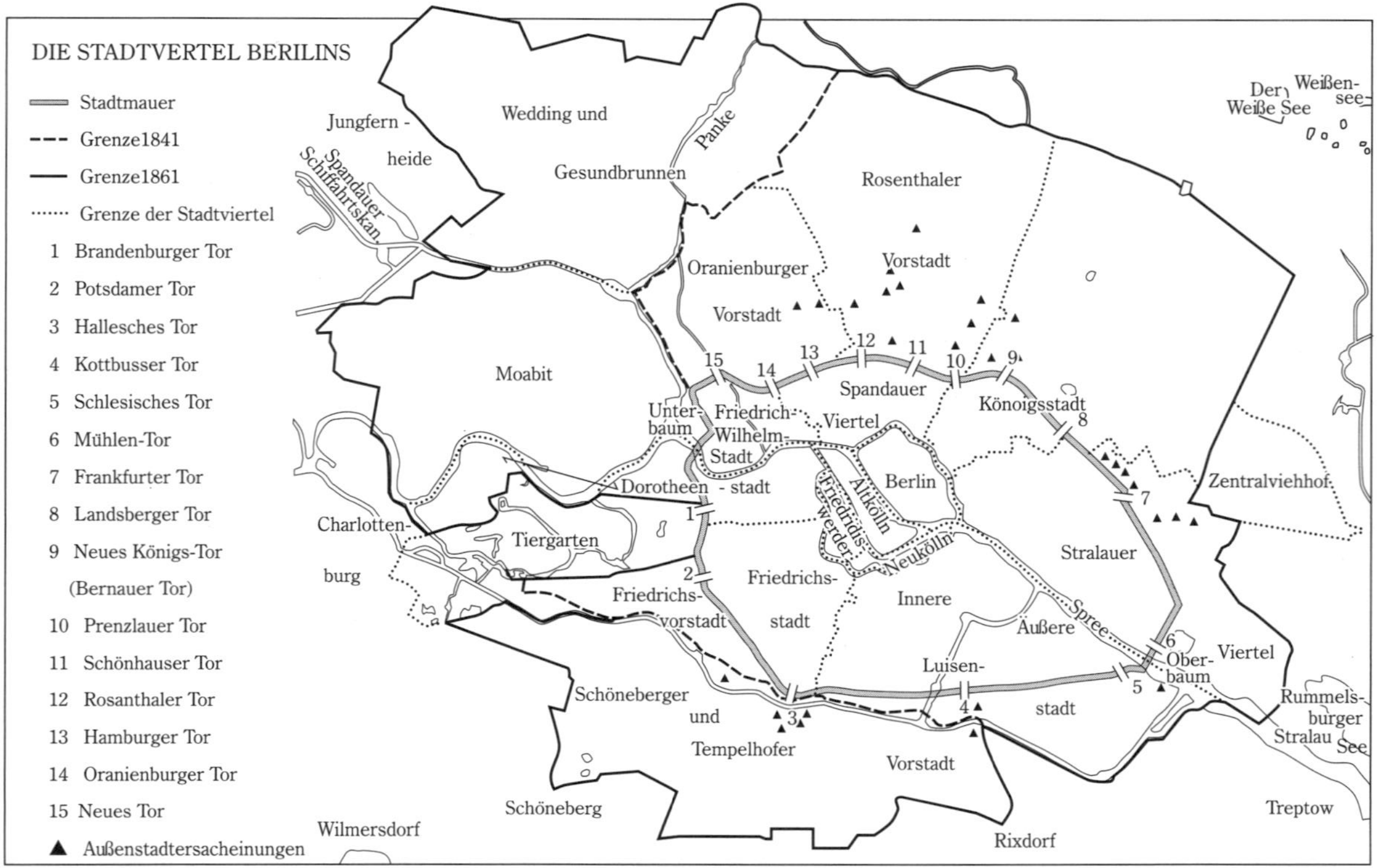
DIE STADTVERTEL BERILINS
Stadtmauer
Grenze1841
Grenze1861
Grenze der Stadtviertel
1 Brandenburger Tor
2 Potsdamer Tor
3 Hallesches Tor
4 Kottbusser Tor
5 Schlesisches Tor
6 Mühlen-Tor
7 Frankfurter Tor
8 Landsberger Tor
9 Neues Königs-Tor
(Bernauer Tor)
10 Prenzlauer Tor
11 Schönhauser Tor
12 Rosanthaler Tor
13 Hamburger Tor
14 Oranienburger Tor
15 Neues Tor
Außenstadtersacheinungen
Jungfern - heide
Spandauer Schiffahrtskan.
Wedding und Gesundbrunnen
Panke
Rosenthaler Vorstadt
Oranienburger Vorstadt
Moabit
Spandauer Viertel
Könoigsstadt
Unter-baum
Friedrich-Wilhelm-Stadt
Dorotheen - stadt
Berlin
Altkölln
Friedrichswerder
Neukölln
Charlotten-burg
Tiergarten
Friedrichs-vorstadt
Friedrichs-stadt
Innere
Stralauer
Zentralviehhof
Der Weiße See
Weißen-see
Äußere
Spree
Luisen-stadt
Ober-baum
Viertel
Schöneberger und Tempelhofer Vorstadt
Rummels-burger See
Stralau
Schöneberg
Wilmersdorf
Rixdorf
Treptow

図 1-1-3　ベルリンの市区の配置

吸収されていた。一八二二年には市壁内の人口が一八万一八〇〇人、市壁外の人口は七七〇〇人である。それが、四六年には、それぞれ三三万七五〇〇人と四万〇三〇〇人となる。市壁内で一五万五七〇〇人、市壁外で三万二六〇〇人が増加しており[50]、市壁内の空間が市壁外の三倍の人口を引き受けたことになる。一方、市壁内と市壁外の人口比をとると、二二年には二四対一であったのが、四六年にはそれが八対一となっている。絶対数はともかくとして、人口吸収の点で市壁外の役割がしだいに拡大していたのがうかがえる。

表1-1-2　1828年のベルリンの市区ごとの住居・家屋数

市区名	住居	家屋	住居／家屋
ベルリン市区	6716	1019	6.6
ケルン市区	4540	659	6.9
ルイーゼン市区	4447	574	7.7
シュトララウ市区	3651	580	6.3
ケーニッヒ市区	3951	534	7.4
シュパンダウ市区	8031	1070	7.5
(フリートリヒ・ヴィルヘルム市区を含む)			
ローゼンタール・オラーニエンブルク市区	3463	520	6.7
ドロテーン市区	2474	354	7.0
フリードリヒス・ヴェルダー市外区	1993	275	7.2
フリードリヒ市区	12551	1715	7.3
市全体	51817	7300	7.1

Statistische Uebersicht von der gestiegenen Bevölkerung der Haupt=und Residenz=Stadt Berlin in den Jahren 1815 bis 1828 und der Communal=Einnahmen und Ausgaben derselben in den Jahren 1805 bis 1828, Berlin 1829, in: Johann Friedrich Geist und Klaus Kürvers, *Das Berliner Mietshaus 1740–1862. Eine dokumentarische Geschichte der 〉von Wülcknitzschen Familienhäuser〈 vor dem Hamburger Tor, der Proletarisierung des Berliner Nordens und der Stadt im Übergang von der Residenz zur Metropole,* München 1980, S. 145.

次に市区ごとの状況を詳しく整理したい。表1-1-2は『概観』の付録にある市区ごとの住居数・家屋数をまとめたものである。以下、市区の面積は度外視して議論を進めるが、一八二八年の時点で住居数・家屋数ともに最も多いのがベルリン南西部にあるフリードリヒ市区であり、他の市区に比べて群を抜いている。それに次ぐのが北部のシュパンダウ市区であり、さらに市の中心部にあるベルリン市区がその次に位置する。以上の市区はいずれも市壁内に位置するが、それに対して市壁外のローゼンタール・オラーニエンブルク市外区には、当時それほど住居はない。概して、この時期では市の中心から西部にかけての市区に建物がより多く集まっていたといえる。

一八二〇年代について、どの地区にどのような社会階層の住人が住んでいたのかを具体的に示す史料はないが、リープヒェンは、それを貧困のために家賃税を免除された世帯の割合から推測している（表1-1-3）[51]。この尺度で分類すると、ベルリンの都市域は二つの地域に分かれる。一つは貧しい人の割合の少ない地域であり、市の中心部と西部の市区である。もう一つの地域は貧しい人の割合が比較的多い地区であり、第一の地区を、北、東、そして南から取り囲む形に位置する市区である[52]。こうした都市域の二極構造は、一九世紀全体を通して基本的に一貫して見られたものである[53]。

表 1-1-3　市区ごとの貧困のために家賃税を免除された世帯の割合（%）　　（割合の高い順）

1830 年

	市区名	%
1	ローゼンタール市外区	52.3
2	シュトラウ市区	27.4
3	シュパンダウ市区	26.0
4	ケーニッヒ市区	23.9
5	ルイーゼン市区	23.8
6	ケルン市区	15.3
7	フリードリヒ市区	14.5
8	フリートリヒ・ヴィルヘルム市区	13.9
9	ベルリン市区	13.6
10	フリードリヒス・ヴェルダー市区	9.6
11	ドロテーン市区	8.1
	市全体	20.1

1840 年

	市区名	%
1	ローゼンタール市外区	40.9
2	ケーニッヒ市区	18.5
3	シュトラウ市区	17.8
4	シュパンダウ市区	15.1
5	ルイーゼン市区	14.5
6	ケルン市区	10.6
7	フリードリヒ市区	9.9
8	ベルリン市区	9.6
9	フリートリヒ・ヴィルヘルム市区	8.7
10	フリードリヒス・ヴェルダー市区	6.7
11	ドロテーン市区	5.0
	市全体	13.9

1850 年

	市区名	%
1	ローゼンタール市外区	33.7
2	ケーニッヒ市区	28.9
3	シュトラウ市区	27.8
4	シュパンダウ市区	25.2
5	ルイーゼン市区	18.2
6	フリートリヒ・ヴィルヘルム市区	15.4
7	フリードリヒ市区	14.3
8	ベルリン市区	13.9
9	ケルン市区	13.9
10	フリードリヒス・ヴェルダー市区	8.5
11	ドロテーン市区	5.2
	市全体	19.5

Günter Liebchen, Zu den Lebensbedingungen der unteren Schichten im Berlin des Vormärz. Eine Betrachtung an Hand von Mietpreisentwicklung und Wohnverhältnissen, in: Otto Büsch (Hg.), *Untersuchungen zur Geschichte der frühen Industrialisierung vornehmlich im Wirtschaftsraum Berlin/Brandenburg*, Berlin 1971, S.310f.

もっとも、当時のベルリンでは高級住宅地と労働者街とが明確に分かれていたわけではなく、様々な階層の人がそれぞれの地区内で軒を接して居をかまえていた。裕福な者の多い地区であっても、半地下住居や裏屋などの居住環境の悪い住居には比較的貧しい者が住んでいた。エレベーターがないことやシュプレー川の湿気の関係で、二階の家賃が最も高くなっており、上下に行くに従い家賃が下がる傾向があった。[54]二階に比較的裕福な者が住む、その同じ建物の半地下や屋根裏には、かなり貧しい人が住んでいたのである。第二の地区では労働者の住居や工場に接して工場主などが邸宅を設けていた。[55]

人口増加に伴い供給が住宅需要にしだいに追いつかなくなりはじめた一八三〇年代以降の住宅建築の状況を、市区ごとにまとめたのが表1-1-4である。リープヒェンがまとめたこの表によれば、ケー三〇年代に住居の増加数の多い地区として、ケーニッヒ市区、フリードリヒ・ヴィルヘルム市区、シュパンダウ市区、フリードリヒ市区があげられる。もっとも、市の中心部のベルリン市区やケルン市区では住居数の増加はほとんど見られず、中心部の土地は飽和状態に近かったのであろう。実際、住居の増加数の多い地区としてあげた市区は、いずれも市壁に接しているか市壁の中と外にまたがって広がった市区であり、当時住宅建設が活発におこなわれたのは、市壁の周辺部であったとみ

写1-1-6　19世紀前半のベルリン市中心部の光景

表 1-1-4　市区ごとの住宅の建築状況（1830 ～ 50 年）

市区名	1830	1840	40–30	成長率（%）	1850	50–30	成長率（%）
ベルリン市区	6698	6856	158	2.4	7515	659	9.6
ケルン市区	4441	4752	311	4.8	5194	442	9.3
ルイーゼン市区	4437	5295	858	19.3	9632	4337	81.9
シュトララウ市区	3713	4482	769	20.7	6716	2234	49.8
ケーニッヒ市区	4194	5439	1245	29.7	6857	1418	26.1
フリートリヒ・ヴィルヘルム市区	1096	2301	1205	19.1	3246	945	41.1
シュパンダウ市区	7360	9320	1960	26.6	10896	1576	16.9
ローゼンタール市外区	2859	3533	674	23.9	5934	2401	67.9
ドロテーン市区	2438	2669	231	9.5	3322	653	24.5
フリードリヒス・ヴェルダー市区	1922	2119	197	10.2	2280	161	7.6
フリードリヒ市区	12636	13948	1312	10.4	19228	5280	37.9
市全体	51794	60714	8920	14.7	80820	20106	33.1

Günter Liebchen, Zu den Lebensbedingungen der unteren Schichten im Berlin des Vormärz. Eine Betrachtung an Hand von Mietpreisentwicklung und Wohnverhältnissen, in: Otto Büsch (Hg.), *Untersuchungen zur Geschichte der frühen Industrialisierung vornehmlich im Wirtschaftsraum Berlin/Brandenburg,* Berlin 1971, S. 308.

てさしつかえない。

一八四〇年代になると住宅建設の中心地は市南東部のルイーゼン市区とフリードリヒ市区となる。ルイーゼン市区には広い未建築の領域があり[56]、それが四〇年代になってから住宅建築に利用されるようになった。ほかに四〇年代に二〇〇〇住居以上の増加が見られた市区として、シュトララウ市区、ローゼンタール市外区をあげることができる。ローゼンタール市外区については、住居の絶対数そのものはまだ市内でも多いほうとはいえないが、ベルリン北部の機械工場の労働者のための住居が増加したのだと考えられる。これらの市区は、フリードリヒ市区を除けば、市壁外や市壁の内と外にまたがって位置する市区である。一八四〇年代になると住居建築の波が市壁の外まで及びはじめたといえよう。

一八五〇年代以降になると、市壁内ではルイーゼン市区、市壁外では市の北方に広がる地域を中心に住宅建設が進められていく。一八六一年にベルリン全体の住居数が一〇万五八一一であったのが、七五年にはそれが二一万二五五四と、ほぼ倍に増えている。それに対して、ルイーゼン市区では一万七三五六が四万九二六〇と三倍弱、北部のローゼンタール・オラーニエンブルク両市外区で一万〇一五八が三万五八四八と三・五倍、住居が増大しており、これらの地域の住居数の増加は市全体の増加分をはるかに上回っている。(57) 一八六〇年代になると、東のシュトララウ市区、ルイーゼン市区、そして六一年にベルリンに併合されたテンペルホーフ・シェーネベルク市区で賃貸兵舎の建設が進むが、この点については第三部第一章でとりあげる。

こうして住宅建設の波が次第に市壁内から外に広がっていき、市壁外の地域の一部もベルリン市の住宅地としての性格をもつようになるのだが、そうした動きの象徴的な現象として、一八六七年に市壁が解体されたことと一八六一年にベルリンの行政区域が拡大されたことをあげておこう。

以上、ベルリンの住宅事情を概観したが、節を改めて、当時の市民層から悪住環境の象徴とされたファミリエンホイザーについてのべておきたい。

三　ファミリエンホイザー

a　フォークトラント　Voigtland

ファミリエンホイザーは、フォークトラントとよばれたベルリン北部の地域に位置する。(58) 行政区域名としてはローゼンタール市外区・オラーニエンブルク市外区とよばれたこの地域は、先に確認したように一九世紀になって機械工場地域や住宅地として発展していく。

以下、ガイストらが作成したフォークトラントの一七三七年・一七五六年・一八〇四年・一八二五年・一八四一年・一八五六年の地図を参照しつつ、この地域の変容をみていく。

一八世紀前半に至るまで、フォークトラントは、ほとんど何もない空間であったといえる（一七三七年の地図／図1-1-4)。フォークトラントは当時はほとんど砂地であり、建物といえば水車小屋と死刑執行人の住居兼皮はぎ場しかない[59]。

一八世紀中葉になるとプロイセン国家によっていくつかの建築事業がおこなわれ、様相が変わりはじめる(一七五六年の地図／図1-1-5)。一七四八年に、オーストリア継承戦争を契機に傷病兵収容施設が建てられる。ここには戦闘で軍人としての勤務にさしつかえるけがを負った傷病兵が収容され、彼らは周辺の農地を耕作して生計を維持することが期待された。当時の国王はフリードリヒ大王だが、彼は、列強と肩と並べうる首都とするためにベルリンの改造に着手する。一七五二年から五五年にかけて、そうした改革事業に従事する建築関係の手工業者のための居住地がフォークトラントに設けられた。六〇軒の建物にそれぞれ住居が二つ設けられ、一二〇家族がそこで生活をした。また、ベルリンの死刑執行場がフォークトラントに設けられたのも一八世紀後半のことである。当時死刑執行は公開され、一種の「見せ物」的要素をもっていた。これに加え、建物ではないが、オラーニエンブルク門からハンブルクに向かう街道が、この時期に整備されている[60]。

その後、一八世紀末に至るまで、この地域は目立った変化をみせていない(一八〇四年の地図・図1-1-6)。この間の変化で最も象徴的であったのが、地図からは具体的にはわからないものの、一七八八年頃には市壁がそれまでの木製の防御柵から高い石の壁に変えられたことであろう。市壁が石の壁に変えられたのは防御のためではなく、市門でベルリンに出入りする物資に消費税を徴収するため、門以外の場所から人や物資の出入りができないようにするためであった。このほかには、オラーニエンブルク門とハンブルク門からそれぞれ北に延びる二本の道路の間の土地区画が整備されるとともに、住居が散見されるようになった程度である。この地域に住居が建てられるようになったのは次のような事情による。先にのべた傷病兵収容施設の農地では傷病兵は実際には農作業をおこなわず、一七七〇年頃からその土地は小作に出されていた。そうした菜園業者の住居がこの地域に見られるようになったのである。

一九世紀初頭の段階では、フォークトラントは、国家の手になる若干の建物は見られるようになったものの、いまだ未建築の領域がかなり広がっていた。一八世紀の末頃にはフォークトラントに関しては「泥棒の隠れ家」というイメージが定着するようになる。この理由として、死刑執行場がこの地に設けられていたこととともに、傷病兵収容施設が安価な飲み屋として機能し、そこにいかがわしい人が集まっているという風評が立ったことがあげられよう。[61] こうしたイメージがその後一九世紀半ばまで根強く残っていくだけではなく、ファミリエンホイザーについても同様のイメージで捉えられるのである。[62]

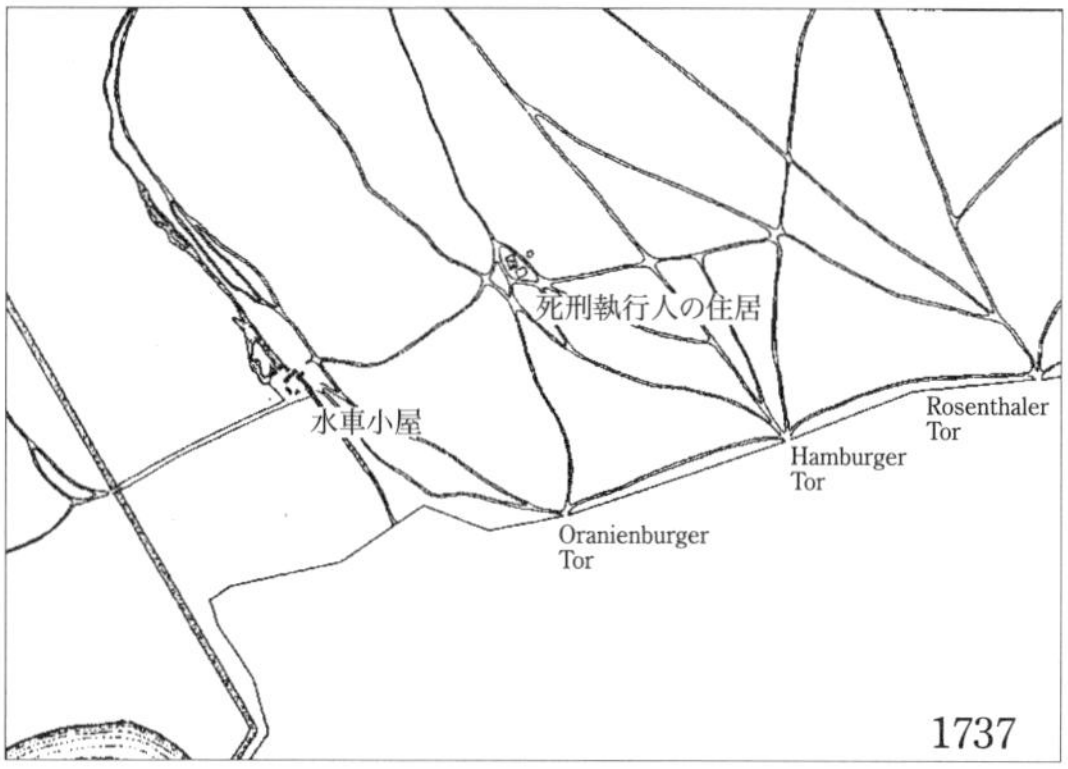

図 1-1-4　1737 年のフォークトラント

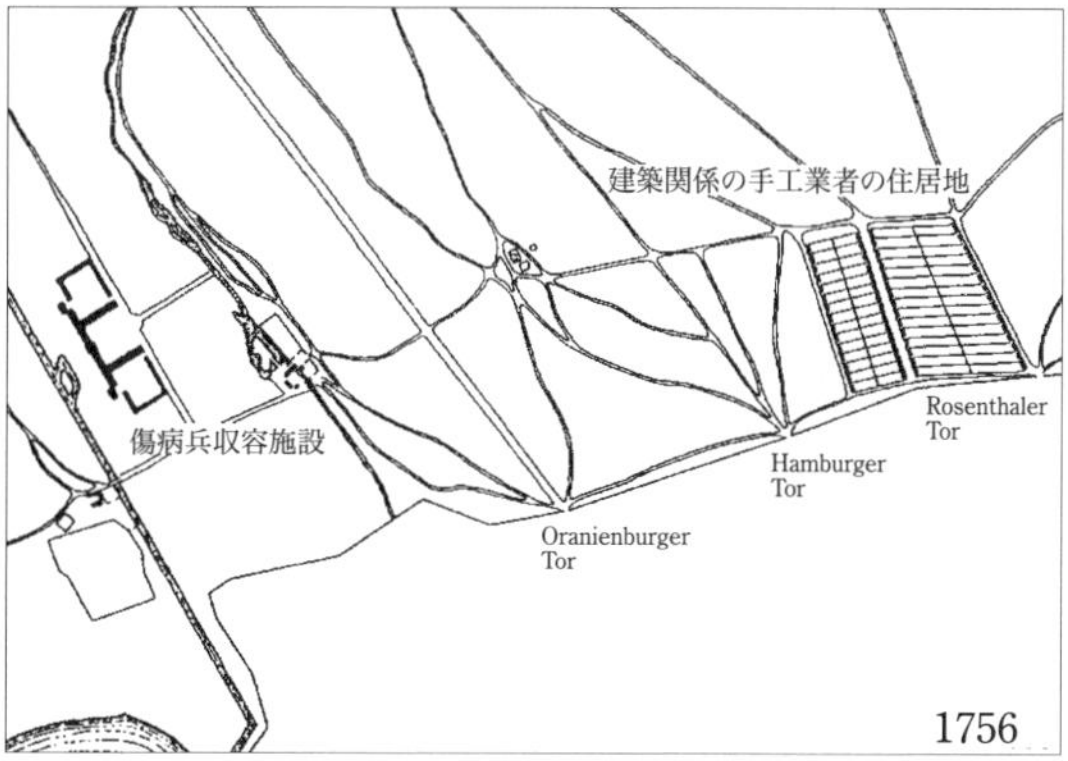

図 1-1-5　1756 年のフォークトラント

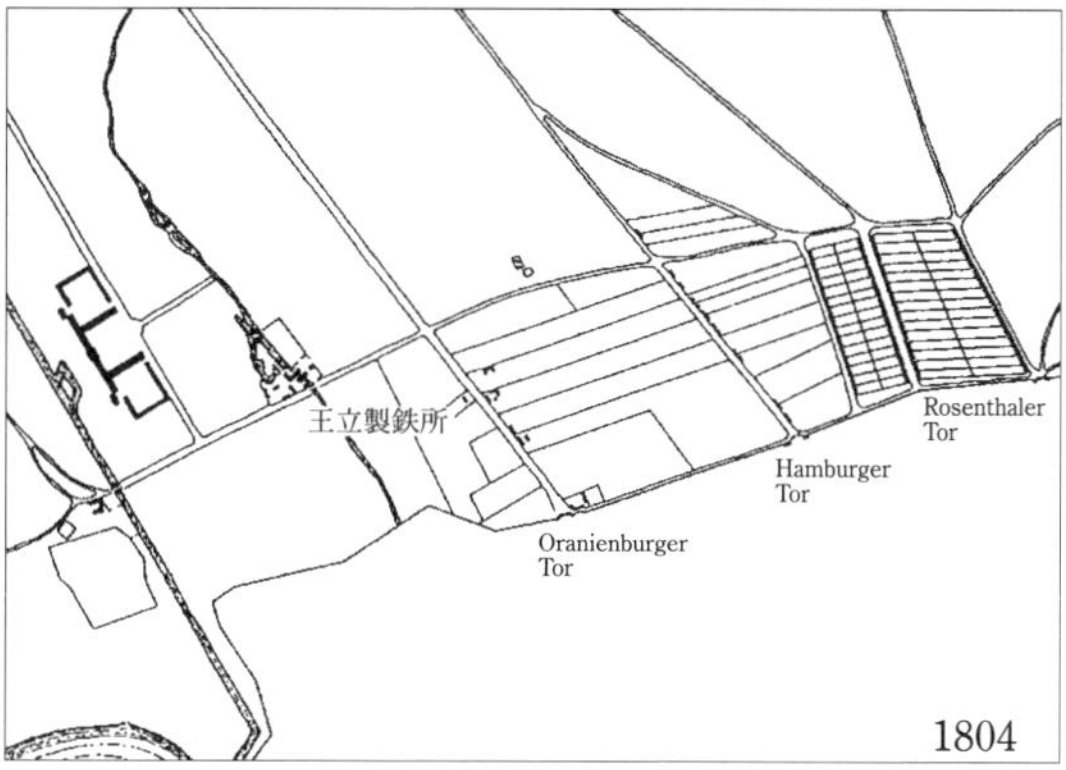

図 1-1-6　1804 年のフォークトラント

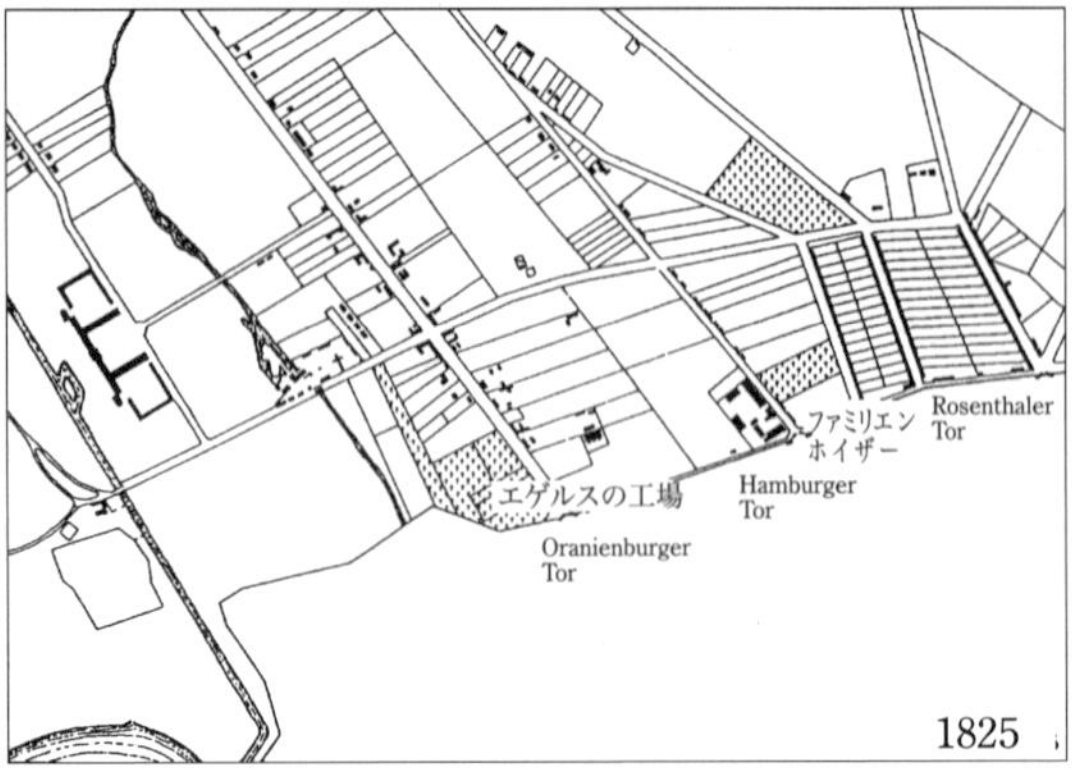

図 1-1-7　1825 年のフォークトラント

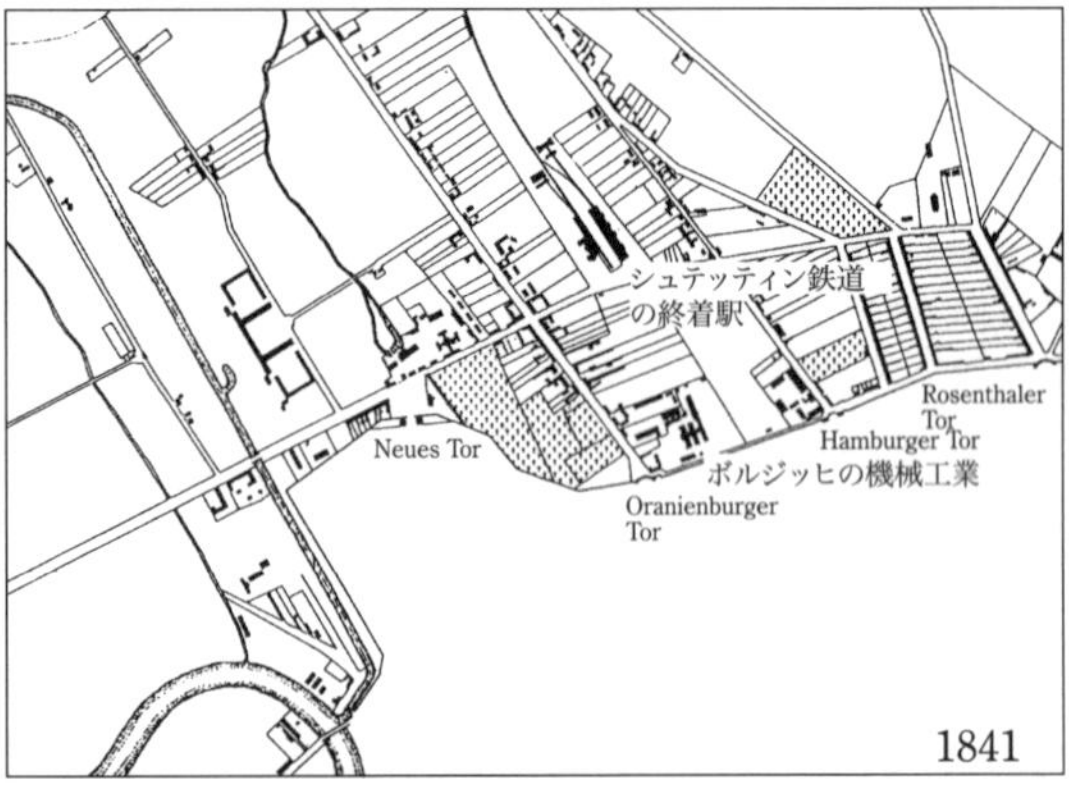

図 1-1-8　1841 年のフォークトラント

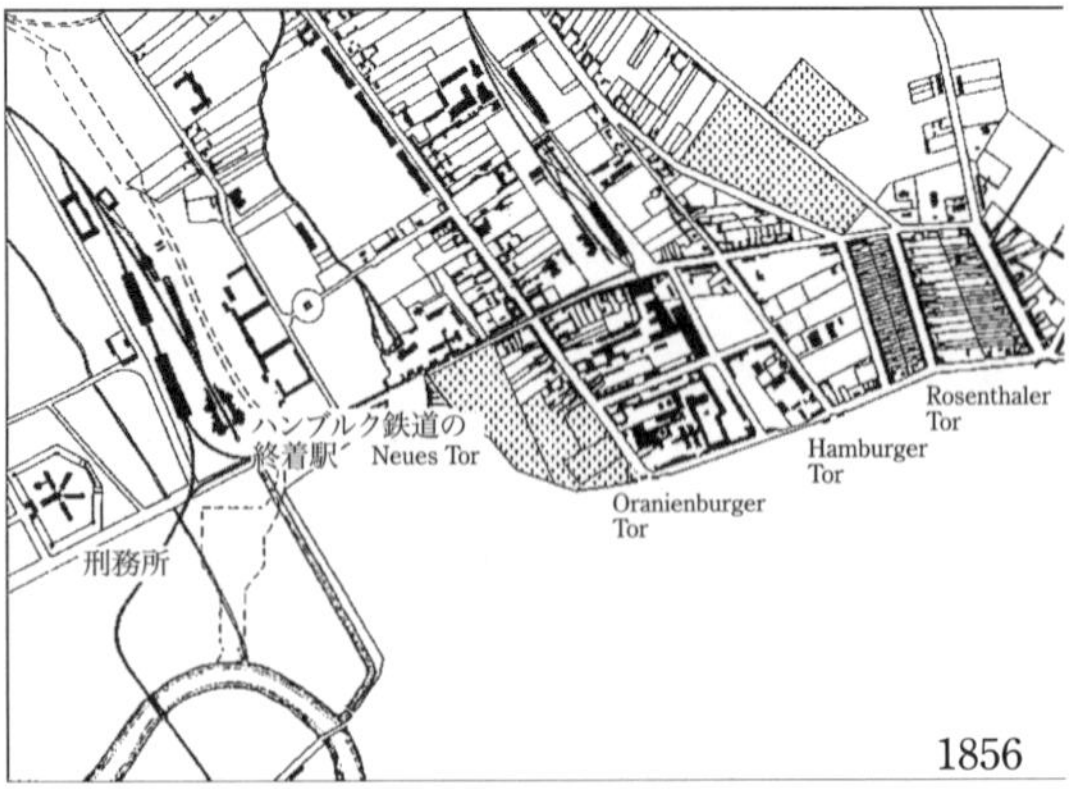

図 1-1-9　1856 年のフォークトラント

一九世紀になるとフォークトラントはその様相を大きく変化させていく。まず、一八〇〇年にこの地区にベルリンの正式な行政単位としての名称が付けられ、東半分がローゼンタール市外区、西半分はオラーニエンブルク市外区とよばれるようになる。もっとも、フォークトラントという名称は、その後も市民の間ではベルリンの貧民街の同義語として用いられていく。[63] 行政上の呼称の変化よりも、この地域の発展にとってより重要なのは次の点であろう。一九世紀に入ってシュレージェンの王立製鉄所の支社をベルリンに作るという計画がもち上がり、一八〇四年に水車小屋のあった場所に製鉄所が設けられた。そして、それは一八二〇年代に至るまで拡張されつづけることになる。これから確認するように、フォークトラントはこの王立製鉄所を核として、その後機械工場地域へと発展していく。[64]

一八二五年になると、この地域がしだいに整備されていく様子がうかがえる（図1-1-7）。これは傷病兵収容施設の土地が売却されたために、この地域の開発が促進されたことをその一要因としている。まず王立製鉄所から独立したかたちで、二五年にエーゲルスがオラーニエンブルク門の前に機械工場を設けた。王立製鉄所そのものも施設を拡大している。さらに、次項でとりあげるファミリエンホイザーが設けられたのも、ほぼ時を同じくしている（一八二〇〜二四年）。ほかに墓地がこの地域に設置され（図1-1-7の地図参照）、住宅が増えはじめていることも言い添えておこう。[65] この頃からようやくこの地域にも人が住みはじめたのだが、フォークトラントに居をかまえる人に比較的貧しい人が多かったのは、前節でとりあげた貧困のため家賃税を免除された世帯の割合から推測できる（表1-1-3）。ローゼンタール市外区におけるその割合は、他の地域から突出して多い。

一八四一年頃にはこの地域の状況が一八〇四年のそれとは大きく違ったものになりつつあることは、図1-1-8から容易に見てとれよう。[66] 一八三六年から三八年にかけて、エーゲルスの工場の東に、ボルジッヒもまた王立製鉄所から独立したかたちで機械工場を設立する。このボルジッヒの機械工場は、当時のベルリンの工業化に大きく貢献することになる。さらに、フォークトラントの発展にとって決定的な役割を果たしたと思われるのは、一八四二年に、かつての死刑執行人の住居のあった場所にシュテッティーン鉄道の終着駅が設けられたことであろう。これにとどまらず四六年にはハンブルク鉄道の終着駅が傷病兵収容施設の西に設けられ、フォークトラントは四〇年代の半ば以降はベルリンの交通の要所の一つになったといって過言ではない。交通の便がよくなったことが、この地域の機械工場地域への発展をさらに促進したものと思われる。この頃からローゼンタール市外区を中心に、こうした工場で働く労働者のための住宅が建設されるのは、前節で確認したとおりである。

フォークトラントが交通の要所となったことは、次項でとりあげるファミリエンホイザーに別の面でも影響をあたえた。シュテッティーン鉄道の終着駅を利用するためにはハンブルク門を通ってファミリエンホイザーの脇を通らねばならず、鉄道開業後は、従来よりもベルリン市民がこの建物を眼にする機会が増えたことが予想される。具体的な数字はあげられないが、ハンブルク門から北に延びるガルテン通り住民の市参事会宛の請願（五二年一〇月二九日）から、そうした交通量増大という状況はうかがえる。その請願では、交通量増大に対処するためにハンブルク門の拡充を求めているのである。[67] ファミリエンホイザーに関する記事が新聞や雑誌に載るようになったのは一八四二年であり、スイス人教育学者H・グルンホルツァーがファミリエンホイザー探訪記を書いたのは一八四三年であった。シュテッティーン鉄道開業とほぼ時期を同じくしているのである。こうしたことから、シュテッティーン鉄道を利用し、実際にファミリエンホイザーを眼にした市民を中心に、この建物に関する噂がベルリン市民の間に広がっていたと推測できよう。[68] 一八四〇年代になって、一八二〇年代からあった建物が悪住環境の象徴に祭り上げられた背景には、こうした事情もあったものと考えられる。

鉄道建設を契機として機械工場地域への発展が飛躍的に進んだ様子が、一八五六年の地図（図1-1-9）からもはっきりうかがえる。一八四一年からの一五年間の間に建物がよりいっそう建て混むようになってい

写1-1-7　ハンブルク門：門の外から市内を見る（1860年）

るが、ローゼンタール市外区は労働者の居住地となり、そしてオラーニエンブルク市外区には機械工場やその関連施設が設けられているのである。この地域で注目に値する施設として、ほかに、一八四二年から四九年にかけてハンブルク鉄道の終着駅の西に設けられた刑務所をあげておこう。[69]

以上、一九世紀初頭には建物のほとんどない空間であったフォークトラントは、世紀中葉には機械工場と住居の建て混む地域へと変貌を遂げた。それに伴い、機械工場地域への発展が本格化しだした頃に建てられたファミリエンホイザーも、当初の、周りにほとんど建物のない状態から多くの建築物の中に埋没する状態へ、その置かれた環境が変わったといえる。

b　ファミリエンホイザー　Familienhäuser

以下、ファミリエンホイザーの状況についてのべていきたい。ただし、一八四三年にこの建物に実際に赴いて書かれ、出版後はベルリンの読書人に大きな反響を得たグルンホルツァーの探訪記[70]は、のちに検討を加えるので、ここでは参考にするにとどめる。[71]

ファミリエンホイザーはフォークトラントの一番市内より、ハンブルク門のすぐ外に建てられた。[72]この建物の建設主は、侍従H・O・v・ヴュルクニッツ Heinrich Otto von Wülcknitz である。彼は、ハンブルク門のそばに一万三五六〇平方メートルの土地を購入した。それは、ベルリンの北方にある自分の所領から産出する木材をベルリンで売却する際の木材置き場として利用するためであった。一八二〇年以来、そこに四つの大きな労働者用賃貸住宅と小規模な建物がいくつか建てられ、それらの建物すべてが「ファミリエンホイザー」とよばれた。

このファミリエンホイザーの建築過程は三つに分けることができる。

第一の局面は一八二〇年から二一年にかけてであり、木材置き場用の施設として小建築物が四つ建てられた。このうち一つは「クライネス・ハウス」kleines Haus（図1-1-11の4）とよばれ、賃貸用の建物である。

第二の局面は二二年であり、敷地の南東の角に新たに大規模な建物（図1-1-11の5）と、それに付属する小建築物が設けられた。この大規模な建物は、第一の時期に建てられた賃貸用住居の需要が大きかったことから、家賃収入を目当てに建てられた。商人が住んでいたことから[73]「カオホマンスハウス」Kaufmannshausとよばれた。

このカオホマンスハウスでは需要に応じきれなかったため、さらに三つの賃貸用の建物（ランゲスハウスLangeshaus＝図1-1-11の7、クヴェーアハウスQuerhaus＝図1-1-11の8、シュールハウスSchulhaus＝図1-1-11の9）の建築が試みられたのが第三の局面（一八二二年〜二四年）である。このうちシュールハウスは、建物の中に学校や教会が設けられたため、このようによばれるようになった。[74]建築当初のファミリエンホイザーの姿をある程度客観的に再現できる史料として、火災保険に登録する際の記録がある。それをもとに、ガイストらがファミリエンホイザー全体の概観を再現したのが図1-1-10である。建物の配置を図1-1-11に示しておこう。

その建物の構造については、最大の建物であるランゲスハウスを代表例として説明しておく（図1-1-12[75]）。ランゲスハウス、クヴェーアハウス、そしてシュールハウスは基本的に同じ構造であり、ただランゲスハウスは同じ建物を二つつなげた形になっている点が他の二つと違う。半地下、一・二階、そして二層の屋根裏、と、実質五階建ての建物の高さは一八・四〇メートル、奥行きは一五・八五メートル、幅は六三メートルである。建築資材の点からみると、建物の構造は石造と木造の混合である。半地下と一階の壁は石でできているが、二階以上は基本的には木造なのである。内壁はハーフティンバーFachwerkの形式[76]をとっており、外壁は石でおおわれる。各階とも建物の全長にわたって長さ約六〇メートル、幅一・五メートルの中廊下が貫き、廊下の両側にはそれぞれ一五の部屋が並ぶ。各階三〇部屋、建物全体で一五〇部屋になる。部屋

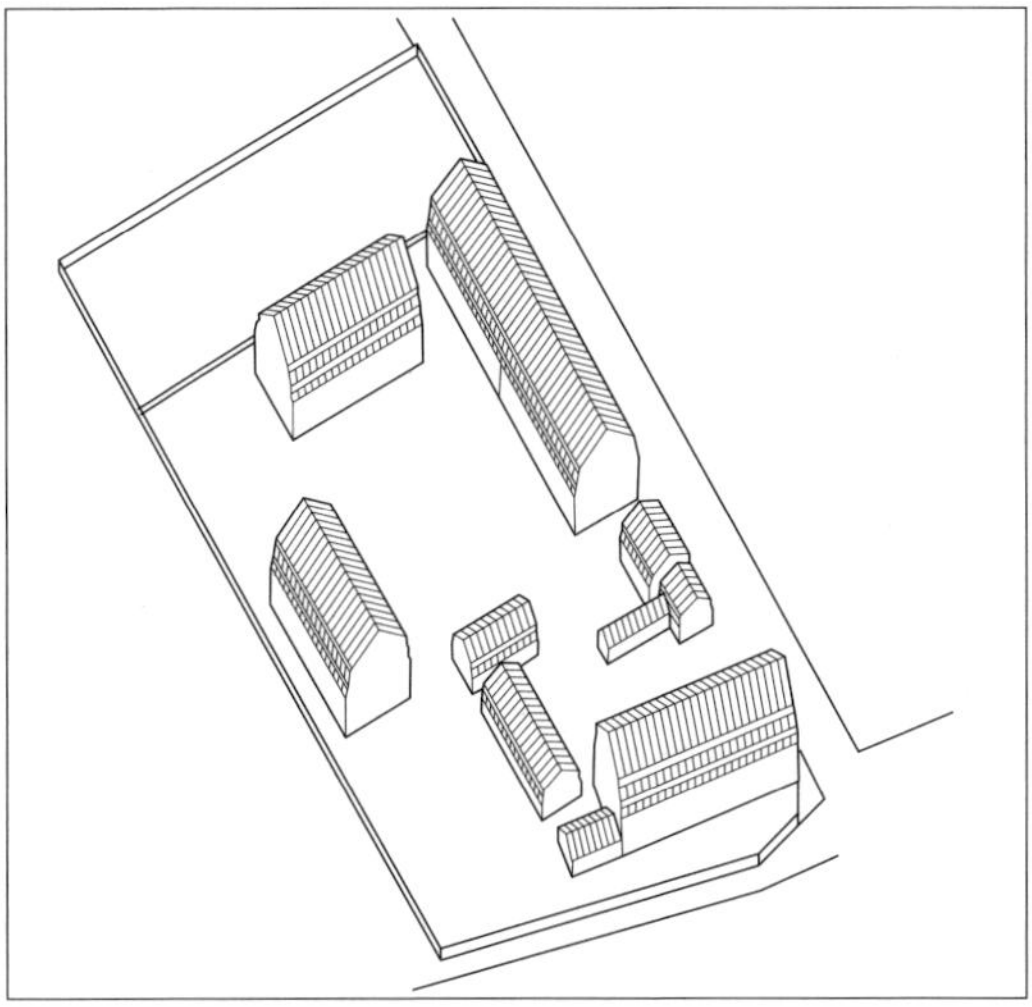

図 1-1-10　ファミリエンホイザーの鳥瞰図

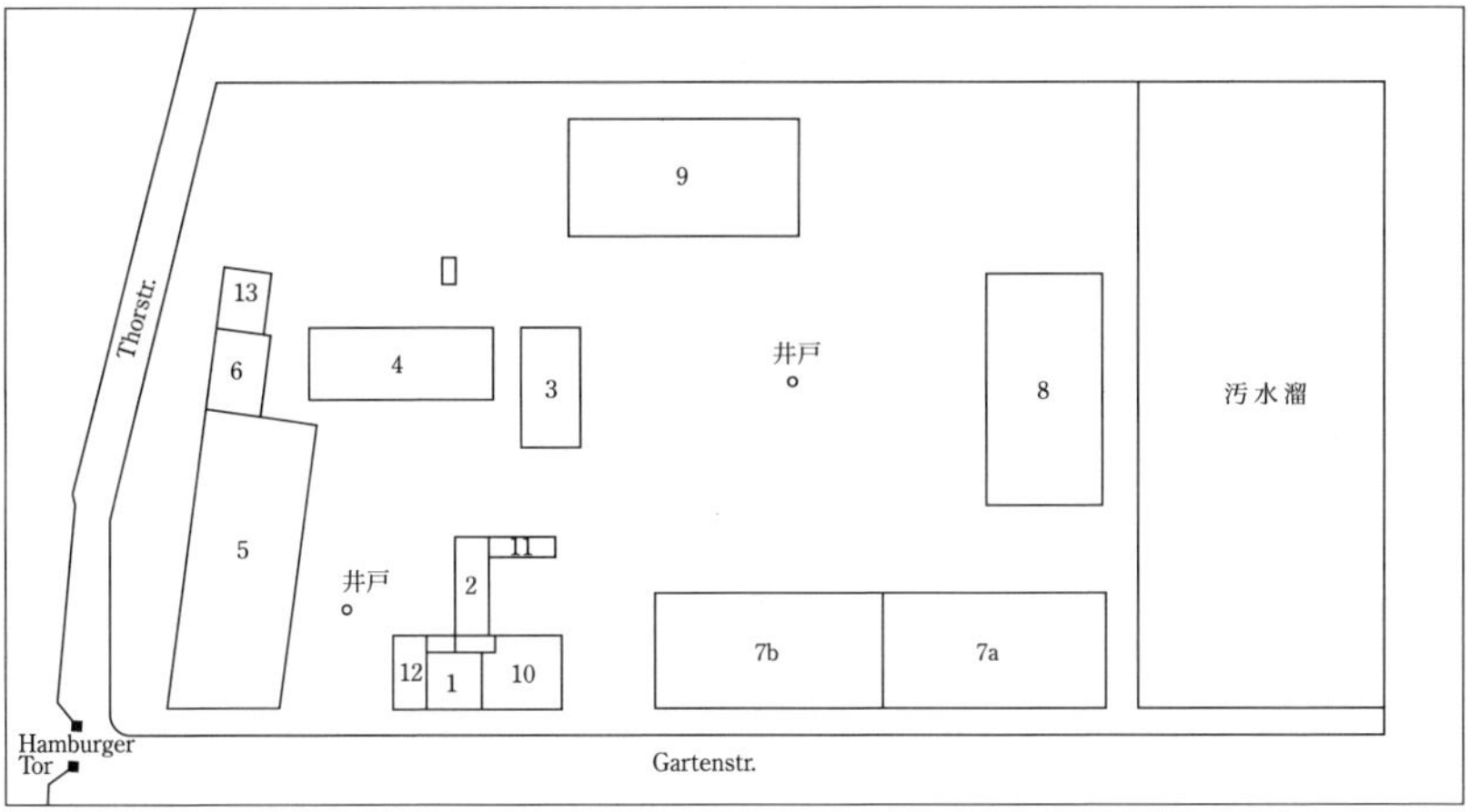

図 1-1-11　ファミリエンホイザーの建物の配置

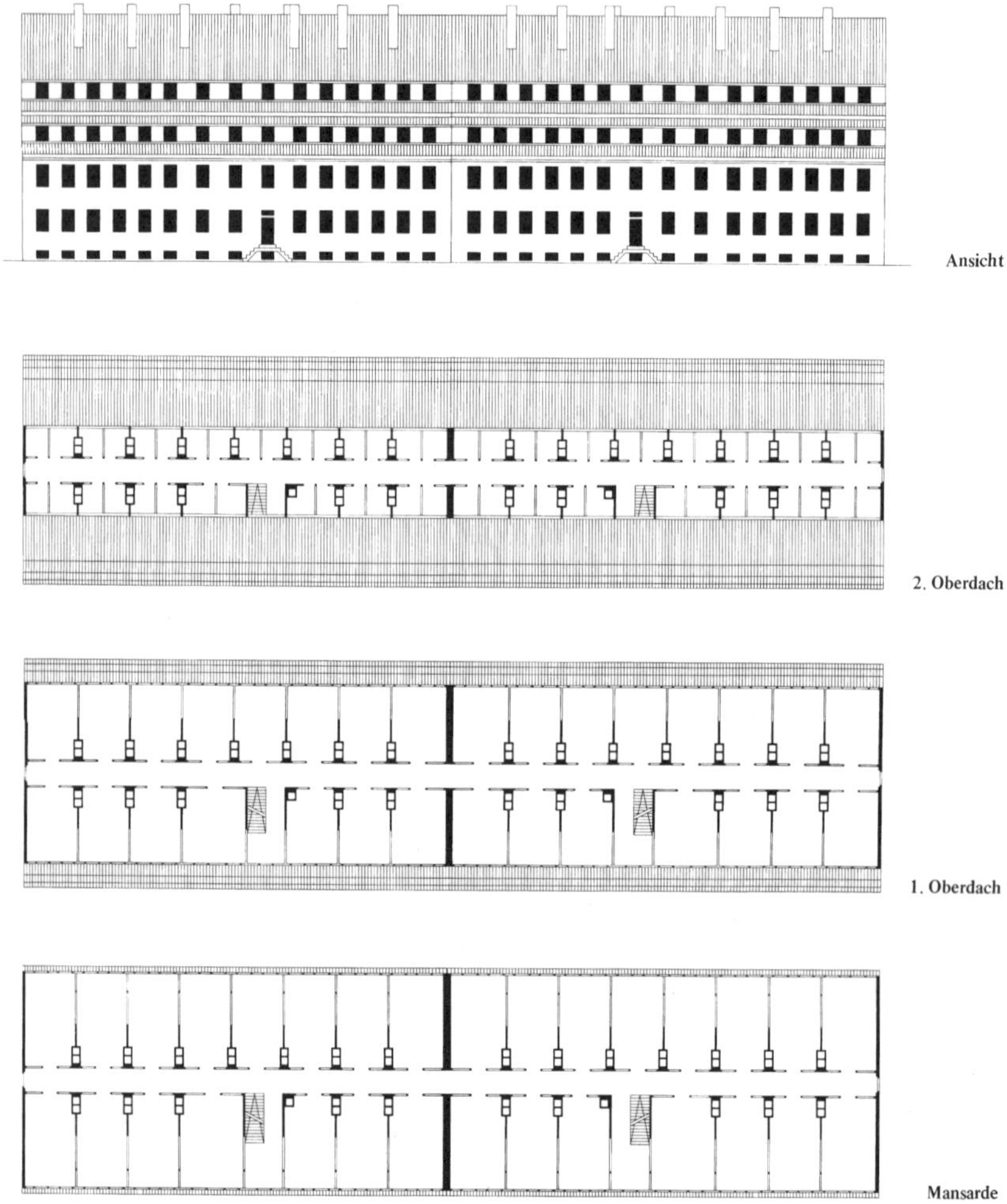

図 1-1-12　ランゲスハウス

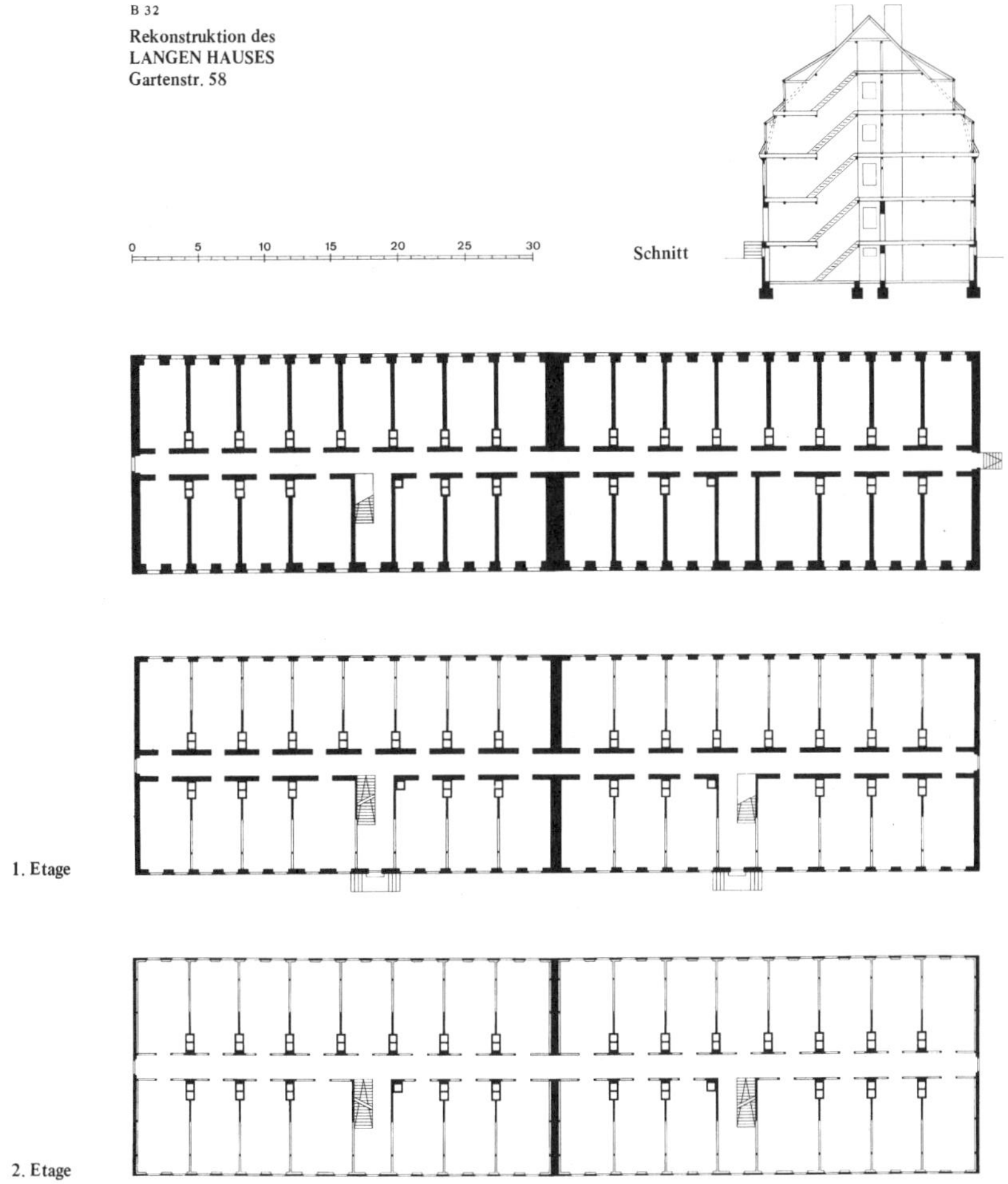
B 32
Rekonstruktion des
LANGEN HAUSES
Gartenstr. 58
0 5 10 15 20 25 30
Schnitt
1. Etage
2. Etage

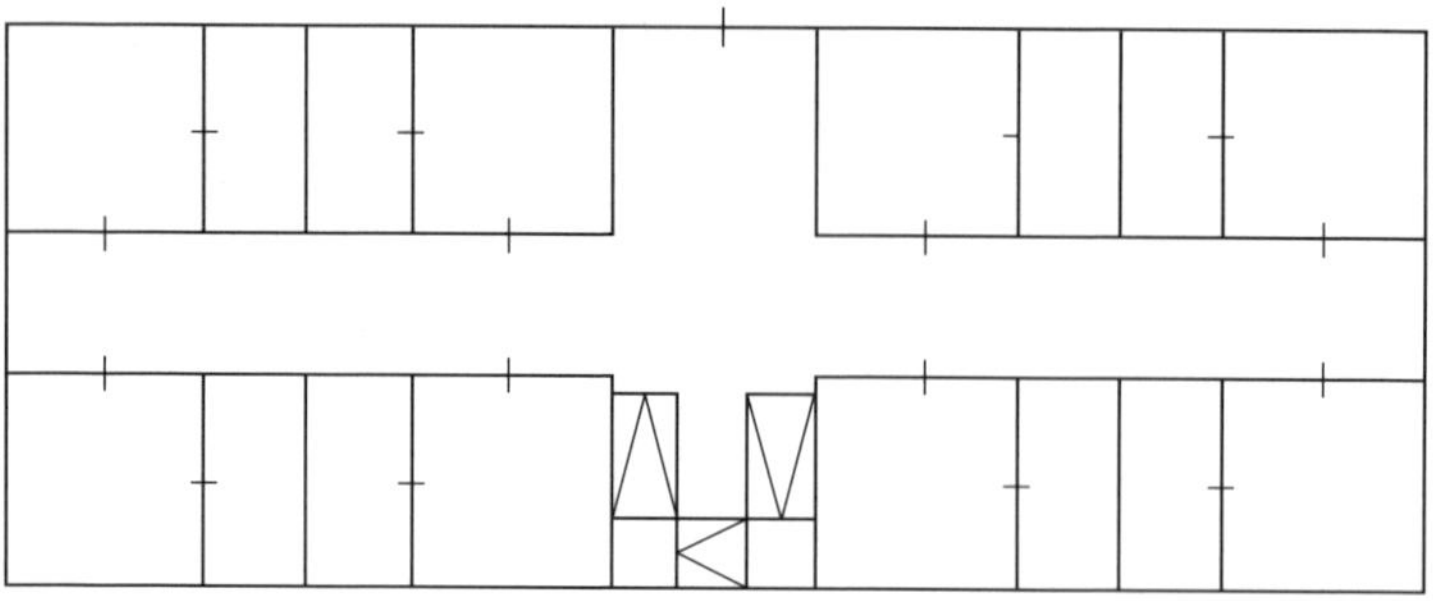

図1-1-13　クライネス・ハウス

の幅は三・七七メートル、奥行きは地下、一階そして二階が六・六〇メートル、屋根裏部屋は五メートルある。部屋の面積を算出すれば、一九ないしは二五平方メートルとなる。部屋一つで一住居であり、住民はその一つの部屋を寝起き、料理、食事といった生活の場として使っただけではなく、そこで仕事もした。各部屋にはかなりの大きさのストーブがあり、それは料理にも用いられる。

クヴェーアハウスやシュールハウスはランゲスハウスをちょうど半分にした形であり、当初の部屋数も半分の七五である[77]。それに加え一部屋が一つの住居として利用されたのもランゲスハウスと同じであり、これら三つの建物では当時の市民層に見られた部屋ごとの機能分離は考えようがない[78]。これに対して、カオホマンスハウスやクライネス・ハウスでは状況が若干異なる。二〇住居をその中に収めているクライネス・ハウス（図1-1-13）では、それぞれの部屋に台所が設けられ、九〇住居あるカオホマンスハウスにしても、すべての部屋かどうかはわからないが、暖房可能な部屋のほかに、台所と暖房できない部屋Kammerのついた住居がある[79]。この二つの建物については、建設主は当時のベルリンの標準的な住居の構造に近づけることを意図したのだが、後の時期に建てられた三つの建物では、構造がかなり簡略化されている。ヴュルクニッツの意図は史料からはわからないが、建築の第三の局面に建てられた三つの建物は、ベルリンの人口増大を背景として、彼が家賃収入を当て込んで安普請の建物を建てたものである可能性が高い。

『概観』によると、一八二八年には家屋数が七三〇〇、住居数が五万一八一七であり[80]、この住居数を家屋数で割ると七・一となる。これに対してランゲスハウスには約一五〇住居あり、住居の大きさや部屋数を度外視すると、ベルリンの平均の約二〇倍である。また、他の三つの大規模な建物も平均をはるかに上回っている。一方、具体的な軒数はわからないが、ベルリンにはほかにもこうした大アパートが存在し[81]、ファミリエンホイザーが当時のベルリン唯一の大規模集合住宅であったわけではない。とはいえ、当時のベルリンでは滅多に見られない規模の住居が四つ集まり、それに二〇〇〇人前後の人が住んでいたファミリエンホイザーは、かなり特異な存在であったはずである。

ファミリエンホイザーは建設途中からベルリン市当局や警視庁の注目を浴びた。そうした市当局や警視庁が残した史料から、この建物が建設当初の段階で同時代人の眼にどのように映っていたのかを再構成しよう[82]。一八四〇年代に新聞や雑誌などでファミリエンホイザーは盛んにとりあげられる[83]が、それらの描写をここで利用しないのは、そうした叙述には実際にこの建物に赴いて書かれたものが少ないと思われるからである。それに対して、ここで利用する史料は、実際にこの建物を調査したうえで書かれたものである。ただし、第二部第二章で指摘するように、当時のベルリン市民のファミリエンホイザーへのまなざしには、その道徳や衛生面での危険性を過度に強調するという意味でバイアスがかかっており、ここでもそうしたバイアスを通した状況を再現するにすぎないことは留意しておく必要がある。

まず当時の人々にとって、ファミリエンホイザーの建物は、衛生面でとくに問題ありとされる。そうした点で第一にとりあげられたのは、トイレの数の少なさとその位置であろう。具体的な場所は不明であるが、トイレは敷地全体で庭の上に設置されたものだけであった。便器は、女性用が八、少女用が一五、男性用が一二、そして少年用が一三設けられていたという報告がある。住人数約二〇〇〇に対して便器の数が四一と少なすぎ、また上の階の住民にとっては距離的に遠すぎた。それで、庭、廊下、階段そして住居内で用がされることもあったため、建物全体がきわめて不潔な状態であったという(84)。

衛生ということであれば、庭に二つあった井戸と、敷地の隅に位置する汚水溜にも観察者は危険を感じた(85)。井戸は庭の他の部分より高い位置に設けられていたものの、排水路にうまく流れきらなかった水が庭を水浸しにしたこともあったようである。井戸の周辺にはゴミや屑が集まっていたという観察もある。他方、汚水溜には汚水がすべて集まり、そのごみや腐敗物は八日から一四日ごとに汲み取られた。汚水溜の大きさは縦・横ともに五メートルであった。それは住民の出す汚水の量に対して小さすぎたため、汚水が周囲にあふれ出ることもあったという。こうした衛生面の問題だけではなく、こどもや泥酔者が井戸や汚水溜に落ちることも懸念された。

衛生面で状況を問題とする視線は、住民が生活や労働をする場である部屋の中にも向けられる(86)。とくに問題とされたのは、料理用も兼ねるストーブである。このストーブが、夏は耐えきれないほどの熱、冬は煙をもたらすため、病気の発生の要因となるというのである。

次に防災上の問題点もよく指摘される。井戸や汚水溜に人が落ちる可能性を観察者がみたことはすでにのべたが、階段も、簡単な造りの手すりの間からこどもが落ちることも危惧された。また、階段はランゲスハウスでも二カ所しかなく、火災の際の避難経路の少なさを指摘する声もある(87)。火災の発生も観察者には切実な問題であった。というのは、物置の類がないので、部屋が木材などの保存にも利用され、そうした木材にストーブなどの火が燃え移る可能性が高いとみられたからである(88)。

当時の人の眼に映ったファミリエンホイザーについて、最後に、この建物全体で照明が欠如していることが再三強調されることをのべておきたい。所有者が照明についてとくに配慮していないため、廊下では両側の切り妻窓から入る光と、住民が個人的に自分の部屋の前に置いたランプのみがその光源となった(89)。このランプにも観察者は火災の危険性をみてとっている。また、庭にも照明がなく、おそくとも夜一一時以降は部屋から漏れてくる光もなくなり、完全な暗闇となったらしい(90)。

建設当初のファミリエンホイザーは、市当局や警視庁から以上のようにみられたが、その後、この建物には十分な管理の手が加えられたとは思われず、状況はしだいに劣悪なものとなっただろう。それは、一八四三年にファミリエンホイザーを訪れたグルンホルツァーが、日記に「建物の最大の特徴は小さな窓が多いことである。そこここが紙で修繕され、汚れで全く見えなくなっている」(91)と記していることから推測できる。

こうしたファミリエンホイザーに、どのような人が住んでいたのかを確認したい。のちに確認するように、当時のベルリン市民から、住民は「ならず者」「殺人者」というイメージで捉えられた。

ファミリエンホイザーの世帯主の職業構成について、史料からわかる数字をまとめたのが表1−1−5である。建築当初の住民の職業構成がわかる史料はない。一八三四年のデータは、住民に関する最初の統計調査(三三七世帯/一五八一人)を利用した。その時、この建物は、二人目の所有者ヴィーゼケが一八三二年に売却してのち、上級地方裁判所の管理下にあった。調査対象は規模の大きい四つの建物

表 1-1-5　ファミリエンホイザー住民(世帯主)の職業構成
人・括弧内は世帯主全体に対する割合

職種	1834	1842	1843
家内労働者	240 (68.18%)	191 (64.09%)	21 (61.76%)
うち織工	165 (46.88%)	132 (44.30%)	15 (44.12%)
日雇い／労働者	40 (11.36%)	41 (13.76%)	4 (11.76%)
独身女性	55 (15.63%)	62 (20.81%)	6 (17.65%)
営業従事者	10 (2.84%)	2 (0.67%)	0 (0.00%)
廃疾者	7 (1.99%)	2 (0.67%)	1 (2.94%)
不明			1 (2.94%)
投獄中			1 (2.94%)
計	352	298	34

1834年のデータは，Johann Friedrich Geist und Klaus Kürvers, *Das Berliner Mietshaus 1740–1862. Eine dokumentarische Geschichte der〉 von Wülcknitzschen Familienhäuser 〈vor dem Hamburger Tor, der Proletarisierung des Berliner Nordens und der Stadt im Übergang von der Residenz zur Metropole*, München 1980, S. 165, 1842 年のデータは *Ebenda*, S. 276,1843 年のデータは Heinrich Grunholzer, Erfahrungen eines jungen Schweizers im Vogtlande, in: Bettina von Arnim, *Dies Buch gehört dem König*, Berlin 1843 参照。

で、小規模な建物に住む者のデータは含まれていない。[92] 一八四二年については、当時の所有者が作成した家賃未払い人リストのデータによる。当時の所有者は、法律顧問官ルードルフの書記・出納係であったハイダーである。当時この建物には約四〇〇世帯二一九〇人が住んでいたが、これはそのうち家賃を滞納していた二九八世帯の世帯主の職業に関するものである。ただし、家賃をきちんと払っていたと思われる残り約一〇〇世帯についてはわからない。[93] 一八四三年については、グルンホルツァーの探訪記でとりあげられている三三世帯の世帯主の「自称の職業」を整理したデータであり、カバーしているのは住民の一割に満たない。ここでいう「自称の職業」とは、住民の自己認識の上での職業であり、実際に就業している職業とは、ずれのある場合が多い。[94] また、ここで「自称の職業」を表にまとめた理由は、先行する三二年と四二年のデータともに、住民の職業や生活について、立ち入った調査がおこなわれたうえでとられたとは思われず、この両年のデータにあらわれている職業は「自称の職業」である可能性が高いからである。

この三つのデータともに、ファミリエンホイザーの世帯主全体について完全に再現しているとはいいがたいことは留意しておく必要があるだろう。これらのデータの限界を留意するということでは、男性が労働、女性が家事という「近代家族」の男女の役割分業がほぼ浸透した市民層と違い、労働者の家庭では、夫だけではなくその妻やこどもの労働も重要な収入源となっていたことを考えなければならない。[95] 一八三四年と四二年のデータから一世帯あたりの住民数を算出すれば、五人前後（三四年＝四・七人、四二年＝五・四八人）となる。これは、住居の形態を無視して考えれば、市全体と同一水準である。[96] ファミリエンホイザーでは一八二八年以降警視庁の指令によって又貸しが実質的に禁止されており、[97] この数字には血縁関係にない者は含まれていない。世帯主を除くと、合わせて四人前後になる、妻やこどもの就業状況については、この表からはわからないのである。

ただ、三つのデータから得られる世帯主の職業についてのイメージは、ほぼ同じである。この表[98]から、まず、住民は家内労働者が多く、その中心をなすのが織工であることを指摘しておこう。当時のベルリンの織維工業は、工場制度ではなく問屋制のもと家内労働者によって担われていた。[99] グルンホルツァーの探訪記を読むと、妻、こども、そして寡婦が機織りの準備作業である糸巻きの仕事をしているという記述にしばしば出くわす。[100] そうした叙述からは、世帯主の職業の分析から想像できるよりも、繊維工業が住民の生計に果たした役割が大きかったことが予想される。それに対して労働者は織工に次ぐ職業集団だが、人数は圧倒的に少ない。ファミリエンホイザーは、機械工場地帯にあるものの、その労働者のための住居というよりは、「機織り工場」といったほうが、その実態を的確に捉えている。独身女性が世帯主となる世帯が多いことも特徴である。こうした分析結果がベルリン市民のイメージからかけ離れたものであることは、ここで改めて説明を加えるまでもあるまい。

　このようにファミリエンホイザーの「機織り工場」としての性格は一貫しているわけだが、住民の社会的立場はかなり下のほうであったように思われる。このことは家賃の変遷から間接的に推測できる。住民の払う家賃についての所有者の報告をまとめたものが表1―1―6である。[101]

　一八二四年と四三年のデータを比べると、形態の上で市民層の住居に近いクライネス・ハウスの家賃はほぼ同水準を維持しているが、他の建物のそれは軒並み低下している。これらの数字をそれぞれの時期のベルリン全体の家賃のなかに位置づけてみると、ファミリエンホイザーの賃貸住宅としての価値がより鮮明に見えてくる。一八二〇年代のベルリンの家賃について

表1-1-6　ファミリエンホイザーの家賃（ターラー）

	クライネスハウス	カオホマンスハウス	他の3つの大規模な建物		
			半地下	1・2階	屋根裏
1824	36	30-50	36	38	30
1843	30-36		20	24-26	20

Johann Friedrich Geist und Klaus Kürvers, *Das Berliner Mietshaus 1740-1862. Eine dokumentarische Geschichte der 〉 von Wülcknitzschen Familienhäuser 〈 vor dem Hamburger Tor, der Proletarisierung des Berliner Nordens und der Stadt im Übergang von der Residenz zur Metropole*, München 1980, S. 167.

は、『概観』が家賃帯ごとの住居数を報告している。一八二四年の時点での家賃を示した表1-1-6のデータとは若干時期がずれるが、『概観』の数字をもとに話を進めていきたい。それによると一八二八年に三一〜五〇ターラーの家賃の住居は市全体の二九・七パーセント(一万五四一四住居)で、当時の最大家賃帯であり、最低三〇ターラー、最高五〇ターラーというファミリエンホイザーの家賃もほぼこれに含まれる。この最大家賃帯に三〇ターラー以下の家賃の住居(一万一七五九住居)も加えると、市全体の住居の過半数を超える(五四・四パーセント)[102]。ファミリエンホイザーの家賃は、当時八五ターラーであった平均家賃[103]よりもかなり低いものの、当時のベルリンにあっては標準的なものの範疇に属していたといってよかろう。一八四〇年代になると、ファミリエンホイザーの家賃は三〇ターラー以下となる。この数字は、一〇〇ターラー前後であった当時の平均家賃[104]に比べてかなり低いのみならず、一八四〇年と四一年についての統計によれば、三〇ターラー以下の家賃の住居は市全体の一八・六九パーセント[105]にすぎず、市全体の家賃のなかでもかなり低い水準のものとなる。したがって、ファミリエンホイザーの賃貸住宅としての相対的価値は、実際の数字以上に低下したことになる。一八二八年にファミリエンホイザーで又貸しが禁止され、他人を住居に受け入れることで家賃を補填するという、当時の労働者に広く見られた習慣が不可能になったことが、このような家賃の変化の背景にあるように思われる。

住民の様子を別の角度から示しているのが、市救貧局からの扶助を受ける者の多さである。この問題は、建設当初から市当局によって重要視されたが[106]、救貧扶助の実態がある程度具体的につかめるようになるのは一八三〇年代になってからである。一八二〇年代にも市参事会などによる扶助に関する報告はある[107]。しかし、それらのデータについては、救貧負担の増大に悩む市当局[108]がファミリエンホイザー攻撃を正当化するために誇張している可能性があるので、ここではそうした数字をもとに議論を進めることはしない。先にあげた、大規模な建物四つを対象とした一八三四年四月一日の住民調査によれば、これらの建物の住人一五八一人のうち、救貧扶助を受けている者は五五人である。[109] これは住民全体の三・四七パーセントにあたる。一八三四年一二月の時点での、ベルリン住民に対する救貧扶助を受ける者の割合は、一・八二パーセント（扶助を受ける者四五一五人／人口二四万七三〇〇）である。[110] 単純な数字の比較からは、ファミリエンホイザー住民で扶助を受ける者の割合は、市全体よりも高いことが指摘できる。また、グルンホルツァーの探訪記を見ると、彼が訪れた三三世帯中一五例、約半分の世帯が市救貧局の扶助を受けているという記載がある。[111]

以上のデータが、まず、扶助を受けなければ生活できない貧しい人が住民に多いことを示しているのはいうまでもない。一八三四年の調査では、ほかにも失業者七三人、しばしば職を失う者二六人、生業が不特定の者一九人と報告されており、[112] 住民の多くが不安定な生計状態にあることがうかがえる。グルンホルツァーの探訪記に出てくる住民にも、本来の職業に就けない者や失業中の者がかなり見られる。[113]

救貧負担を受ける者が多いという事実が指し示すのはこれにとどまらない。一九世紀前半のベルリンでは、救貧行政からの援助は、幼い子を抱える寡婦であるか六〇歳以上である者のほかには、本当に労働不能となった者でなければ受けることはできなかった。[114] 実は、ファミリエンホイザーにはこうした自分で生業を営むことのできなくなった人が多く住んでいたのである。住民の職業の分析から独身女性の割合が多いことを指摘しておいたが、そのうちのかなりの人は子育てに追われながら、なんとか生活を維持しなければならない寡婦だったと思われる。一方、老人や労働不能の者の人数を具体的に示すデータはない。表1-1-5でも「廃疾者」が若干居住していたことが示唆されているが、職業が報告されている者のなかにも実際に働けない者がいたことが予想され、実際は、この「廃疾者」の数字より労働不能である住民は多かったと思われる。グルンホルツァーの探訪記を見ると、体力の弱った老人や仕事にさしつかえるけがや病気をもった住民がいく人か出てきている。[115]

おわりに

ファミリエンホイザーのその後[116]についてのべて本章の締めくくりとしたい。

一八四〇年代に悪住環境の象徴とされたファミリエンホイザーも、その後市内の住居が全体的に大型化していったこともあってか、世紀中葉ほどは住宅改革の議論の対象とならなくなる。一八六〇年頃にこの建物を訪れたG・ラッシュという人物の探訪記が出版され、住民の苦しい生活事情が今一度紹介される。だが、この探訪記は、グルンホルツァーのそれと比べてそれほど大きな反響がなかったらしい。

この頃になるとファミリエンホイザー周辺の状況も以前と比べると大きく変化する。一八六七年には市壁と市門が解体され、この建物と市壁内の空間の間を仕切っていた建造物が消滅する。フォークトラントに建物が増加したことも相まって、この建物は都市化に伴う都市空間の拡大にしだいに飲み込まれていったのだといえよう。

ほぼ時を同じくしてファミリエンホイザー取り壊しの議論が出てくるが、この建物が最終的に解体されるのは、それから約二〇年後のことである。ドイツ統一の時期に建物を管理していたのは、一八三〇年代半ばから四四年まで所有者であったハイダーの遺族である。一八七二年、ハイダーの遺族が建物を売却する。それから解体までの一〇年間に、この建物は四人の所有者の間を転々とする。ガイストらは、ファミリエンホイザーが土地投機の対象となったため、このような所有者の頻繁な交替という憂き目にあったのだと推測している。

一八八一年、最後の所有者ハーバーラント商会がファミリエンホイザーを解体し、土地を一三区画に分けたうえ売却する。ところが、それらの土地に建てられた建物は、賃貸兵舎なのである。世紀中葉の悪住環境の象徴の建物の跡地に世紀後半の住宅問題の権化が建てられたことに歴史の皮肉を読みとるのは、行き過ぎであろうか。

注

(1) Günter Liebchen, Zu den Lebensbedingungen der unteren Schichten im Berlin des Vormärz. Eine Betrachtung an Hand von Mietpreisentwicklung und Wohnverhältnissen, in: Otto Büsch (Hg.), *Untersuchungen zur Geschichte der frühen Industrialisierung vornehmlich im Wirtschaftsraum Berlin/Brandenburg*, Berlin 1971. リープヒェンの論文は本格的な住宅統計の存在しない当時の状況を調査するために、各住居に課せられた家賃税の徴税台帳や当時の市当局の刊行物を利用している。この家賃税とは一八一五年一月二六日の閣令によって導入されたものである。その閣令ではベルリン市内のすべての建物からこの家賃税が徴収されること、そしてその際に家屋所有者は家屋の価格の四パーセントを、賃借人は部屋代の八・三三パーセントを、市当局に支払うことが規定されている。

(2) Jutta Wietog, Der Wohnungsstandard der Unterschichten in Berlin. Eine Betrachtung anhand des Mietsteuerkatasters 1848–1871 und der Wohnungsaufnahmen 1861–1871, in: Werner Conze und Ulrich Engelhardt (Hg.), *Arbeiterexistenz im 19. Jahrhundert. Lebensstandard und Lebensgestaltung deutscher Arbeiter und Handwerker*, Stuttgart 1981. この家賃税の徴税台帳が史料の中心となっているのはヴィートホの研究でも同様であり、一八六一年以降に関しては、それに加え、市全体についてとられるようになった住宅統計をも利用して当該時期の住宅事情のデータを整理している。

(3) *Statistische Uebersicht von der gestiegenen Bevölkerung der Haupt＝und Residenz＝Stadt Berlin in den Jahren 1815 bis 1828 und der Communal＝Einnahmen und Ausgaben derselben in den Jahren 1805 bis 1828*, Berlin 1829, in: Johann Friedrich Geist und Klaus Kürvers, *Das Berliner Mietshaus 1740–1862. Eine dokumentarische Geschichte der 〉von Wülcknitzschen Familienhäuser〈 vor dem Hamburger Tor, der Proletarisierung des Berliner Nordens und der Stadt im Übergang von der Residenz zur Metropole*, München 1980, S. 125–S. 145.（以下 *Statistische Uebersicht* と略。引用はガイストらの史料数のページ数による。）一九世紀前半のベルリンでは住宅に関する統計が体系的にとられていたわけではなく、ここで整理する数字も、厳密な意味では同列にあつかうことはできない。ここでは、残っているデータのそうした問題は留意しつつも、一九世紀初頭から中葉にかけてのベル

リンの住宅事情の大きな流れをつかむことにしたい。当時の統計の問題を人口調査に関して指摘した研究として、次の論文がある。Karin Weimann, Bevölkerungsentwicklung und Frühindustrialisierung in Berlin 1800–1850, in: Büsch (Hg.), *a. a. O.*

(4) Wolfgang Ribbe (Hg.), *Geschichte Berlins. Von der Frühgeschichte bis zur Gegenwart*, München 1987; Heinz Ehrlich, *Die Berliner Bauordnungen, ihre wichtigsten Bauvorschriften und deren Einfluß auf den Wohnhausbau der Stadt Berlin*, Berlin-Charlottenburg 1933; Horant Fassbinder, *Berliner Arbeiterviertel 1800–1918*, Berlin (W) 1975.

(5) *Die Berliner Volks-Zählung vom 3. December 1861. Bericht der städtischen Central-Commission für die Volks-Zählung über die Mitwirkung der Commune an der Zählungsausführung und deren Resultate*, Berlin 1863; *Berliner Stadt-und Gemeinde-Kalendar und Städtisches Jahrbuch für 1867*, Erster Jahrgang, herausgegeben vom statistischen Bureau der Stadt, Berlin 1867; *Berlin und seine Entwickelung. Städtisches Jahrbuch für Volkswirthschaft und Statistik*, Dritter Jahrgang 1869, herausgegeben vom statistischen Bureau der Stadt, Berlin 1869.

(6) Geist und Kürvers, *a. a. O.*

(7) Jürgen Reulecke, *Geschichte der Urbanisierung in Deutschland,* Frankfurt am Main 1985.

(8) Ribbe (Hg.), *a. a. O.*, S. 693.

(9) *Ebenda*, S. 668f.

(10) *Ebenda*, S. 733–739.

(11) Paul Clauswitz, *Die Städteordnung von 1808 und die Stadt Berlin,* Berlin 1908, S. 170–172.

(12) Ribbe (Hg.), *a. a. O.*, S. 710–712.

(13) *Ebenda,* S. 704.

(14) *Ebenda,* S. 713–719. 一九世紀末のベルリンの食料供給機構の整備に関する邦語文献として、南直人「近代都市における食料品流通と市場 ―― 一九世紀末ベルリンの市場改革をめぐって」(『帝国学園紀要』一七号、一九九一年)がある。

(15) Ribbe (Hg.), *a. a. O.*, S. 662f.

(16) *Ebenda,* S. 693.

(17) Liebchen, a. a. O., S. 297f.; Fassbinder, *a. a. O.*, S. 56f. 川越修『ベルリン 王都の近代 ―― 初期工業化・一八四八年革命』(ミネルヴァ書房、一九八八年)、一二一一四頁。

(18) Fassbinder, *a. a. O.*, S. 95f.

(19) Heinrich J. Schwippe, Zum Prozess der sozialräumlichen Innerstädtischen Differenzierung im Industrialisierungsprozess des 19. Jahrhunderts. Eine faktorialökologische Studie am Beispiel der Stadt Berlin 1875–1910, in: Hans Jürgen Teuteberg (Hg.), *Urbanisierung im 19. und 20. Jahrhundert. Historische und geographische Aspekte,* Köln 1983.

(20) Liebchen, a. a. O., S. 279.

(21) Wietog, a. a. O., S. 118.

(22) Ebenda; Liebchen, a. a. O., S. 279f.

(23) Wietog, a. a. O., S. 129.

(24) *Statistische Uebersicht,* S. 145.

(25) Werner Hegemann, *Das steinerne Berlin. Geschichte der größten Mietskasernenstadt der Welt,* Berlin 1930, S. 191. ただし、へーゲマンが依拠したはずのデータは典拠が明示されていないため当たれなかった。

(26) Ribbe (Hg.), *a. a. O.*, S. 667. 一八六一年のデータが一八五〇年のそれに比べて若干低下した理由は、住宅事情の改善に求められるのではなく、この年ベルリンが人がそれほど住んでいない周辺の地域を併合したことにある。Wietog, a. a. O., S. 128.

(27) Liebchen, a. a. O., S. 309.

(28) Geist und Kürvers, *a. a. O.*, S. 512.

(29) Liebchen, a. a. O., S. 313f.

(30) Lutz Niethammer unter Mitarbeit von Franz Brüggemeier, Wie wohnten Arbeiter im Kaiserreich?, in: *Archiv für Sozialgeschichte,* 16, 1976, S. 115–122.

(31) Wietog, a. a. O., S. 132.

(32) Geist und Kürvers, *a. a. O.*, S. 512.

(33) Wietog, a. a. O., S. 132–135.

(34) こうした状況は、『労働諸階級福祉中央協会会報』に掲載されたクリーガーの論文（一八五七年）ですでに指摘されている。Dr. Krieger, Ueber die Kellerwohnungen in Berlin, die nachtheiligen Einflüsse derselben auf die Gesundheit der Bewohner und Vorschläge zu deren Abhülfe, in: *Mittheilungen des Centralvereins für das Wohl der arbeitenden Klassen,* Neue Folge 2–3, Berlin 1857 (Hg. von Wolfgang Köllmann und Jürgen Reulecke, Hagen 1980).

(35) Wietog, a. a. O., S. 128f.

(36) Geist und Kürvers, *a. a. O.*, S. 512.

(37) *Berlin und seine Entwickelung. Städtisches Jahrbuch für Volkswirthschaft und Statistik,* Dritter Jahrgang 1869, S. 197.

(38) Nicholas Bullock, The movement for housing reform in Germany 1840–1914, in: id. and J. Read, *The Movement for Housing Reform in Germany and France 1840–1914,* Cambridge 1985, p. 91; Ehrlich, *a. a. O.*, S. 27.

(39) Ehrlich, *a. a .O.,* S. 8–25.

(40) *Ebenda,* S. 27.

(41) Bullock, op. cit., p. 91.

(42) Liebchen, a. a. O., S. 281f.

(43) Wietog, a. a. O., S. 136.

(44) *Berliner Stadt-und Gemeinde-Kalendar und Städtisches Jahrbuch für 1867,* S. 249.

(45) 六四年の統計によると、家具つき部屋に入居している人 Chambregarnisten の人数は一万五九八三であり、ベルリンの全人口に占める割合は二・六パーセントである。これらも、ベッド借り人もベルリンに流入してきたばかりの若い世代の居住形態であったと思われる。*Berlin und seine Entwickelung. Städtisches Jahrbuch für Volkswirthschaft und Statistik,* Dritter Jahrgang 1869, S. 198.

(46) Joachim Petsch, *Eigenheim und gute Stube. Zur Geschichte des bürgerlichen Wohnens,* Köln 1989, S. 30–39.

(47) Liebchen, a. a. O., S. 290.

(48) Ebenda, S. 310.

(49) Wietog, a. a. O., S. 124.

(50) Liebchen, a. a. O., S. 284.

(51) Ebenda, S. 296–298; S. 310f.

(52) 川越注（17）前掲書、一一二—一一四頁も参照。

(53) Fassbinder, *a. a. O.*, S. 56f.

(54) *Ebenda,* S. 81–85.

(55) *Ebenda,* S. 95.

（56）Liebchen, a. a. O., S. 308.

（57）Ingrid Thienel, *Städtewachstum im Industrialisierungsprozess des 19. Jahrhunderts. Das Berliner Beispiel*, Berlin/New York 1973, S. 393.

（58）Geist und Kürvers, *a. a. O.*, S. 28–77; S. 110–123; S. 170–191.

（59）*Ebenda*, S. 29–31.

（60）*Ebenda*, S. 32–52.

（61）*Ebenda*, S. 53–60.

（62）拙稿「一八四〇年代ベルリンの都市社会とファミリエンホイザー」（『西洋史学』一七五、一九九四年〈以下「都市社会」〉、本書第Ⅱ部第2章）。

（63）Geist und Kürvers, *a. a. O.*, S. 60f.

（64）*Ebenda*, S. 62–69.

（65）*Ebenda*, S. 110–123.

（66）*Ebenda*, S. 170–191.

（67）*Ebenda*, S. 189.

（68）たとえば、一八四三年にファミリエンホイザーを訪問し、探訪記を書いたグルンホルツァーは、ヴィルヘルム・グリムの誕生日の祝いの席でこの建物の噂を聞きつけたのである。*Ebenda*, S. 218f.

（69）*Ebenda*, S. 393–408.

（70）Heinrich Grunholzer, Erfahrungen eines jungen Schweizers im Vogtlande, in: Bettina von Arnim, *Dies Buch gehört dem König*, Berlin 1843. この探訪記の写真版が、Geist und Kürvers, *a. a. O.*, S. 9–25 に収録。

（71）本書第Ⅰ部第3章および第Ⅱ部第2章。

（72）ファミリエンホイザーの建築過程は Geist und Kürvers, *a. a. O.*, S. 76–92 参照。

（73）ツィーヒェ Zieche という救貧委員も務めた人物が住んでいた。*Ebenda*, S. 80.

（74）学校については *Ebenda*, S. 373–377、教会（＝礼拝時間）については *Ebenda*, S. 372f. 参照。グルンホルツァーの探訪記でも、学校や礼拝時間の状況がのべられている。Grunholzer, a. a. O., S. 585–592. 本書第Ⅰ部第3章参照。

（75）Geist und Kürvers, *a. a. O.*, S. 102–109.

(76) 木造家屋の建築様式で、柱、梁、斜材を骨組みとして、その間をレンガ壁や土壁で満たした構造をもつ。

(77) *Ebenda,* S. 166. ただし、シュールハウスについては、二部屋ぶち抜きで礼拝時間用の部屋に改造したり、教室が設けられたりしたため、部屋数はこれよりも少なくなっていたはずである。*Ebenda,* S. 323; S. 374.

(78) *Ebenda,* S. 85f.

(79) クライネス・ハウスは一つの階と二層の屋根裏からなり、一階と屋根裏の下の階には、暖房可能な部屋 Stube が八つと台所が八つ、屋根裏の上の階には暖房可能な部屋四つと台所が四つ設けられている。*Ebenda,* S. 79. カオホマンスハウスは、二つの階、半地下、二層の屋根裏からなり、半地下、一・二階、そして一層目の屋根裏には一四の暖房可能な部屋、一二の台所、そして一二の暖房できない部屋 Kammer があり、二層目の屋根裏には二八の暖房可能な部屋、二四の台所、そして一四の暖房できない部屋がある。*Ebenda,* S. 80. これらの部屋がどのような組み合わせで一つの住居となるかは不明であるが、一八三四年におこなわれた調査によれば、この建物には九〇の住居があった。*Ebenda,* S. 166.

(80) *Statistische Uebersicht,* S. 145.

(81) Geist und Kürvers, *a. a. O.*, S. 83–91.

(82) ガイストらの史料集では、同時代人によるファミリエンホイザーの叙述を建物の部分ごとに整理している。*Ebenda,* S. 95–109. 以下、建物の状況に関する引用箇所を示す際は、そのガイストらがおこなった整理のページ数を示す。

(83) 注（62）前掲拙稿「都市社会」（本書第II部第2章）。

(84) Geist und Kürvers, *a. a. O.*, S. 99f.

(85) 井戸については *Ebenda,* S. 100、汚水溜については *Ebenda,* S. 101f. 参照。

(86) *Ebenda,* S. 107–109.

(87) *Ebenda,* S. 103–106.

(88) *Ebenda,* S. 108.

(89) *Ebenda,* S. 106f.

(90) *Ebenda,* S. 98f.

(91) *Ebenda,* S. 103.

(92) *Ebenda,* S. 164–168.

(93) *Ebenda,* S. 276. ただし、原史料はガイストらの史料集にも収録されていず、ここでは彼らの整理したデータを用いる。

（94）注（62）前掲拙稿「都市社会」二四—二五頁、とくに表参照。本書第I部第3章も参照。表を作成した際に同棲しているシュライヤー婦人とイグナーツをそれぞれ世帯主としたので、総世帯数は三四になっている。ガラス職人や仕立屋などの手工業的職種を営む者もいるが、探訪記をみるかぎり、独立した親方とはいえず、表では「営業従事者」ではなく、「家内労働者」に入れてある。

（95）ドイツにおける「近代家族」とその市民層・労働者層への浸透については、川越修・姫岡とし子・原田一美・若原憲和編著『近代を生きる女たち — 一九世紀ドイツ社会史を読む』（未来社、一九九〇年）を参照。

（96）本章第二節。

（97）Geist und Kürvers, *a. a. O.*, S. 140. 注（62）前掲拙稿「都市社会」二五—二六頁（本書第II部第2章）。

（98）ガイストらの研究にも同様の表がある（Geist und Kürvers, *a. a. O.*, S. 276）が、本章で用いる表との違いを二点ほど指摘しておきたい。第一に、一八三四年のデータについてであり、ガイストらは史料に「織工 Weber 」と記されている者のみを織工に分類し、「織り屋 Tuchmacher」や「絹織り Seidenwirker」といった職種は織工に入れない。住民の自己申告に基づくであろうこうした職種がどれほど彼らの生業の実態を反映しているのかは、つき合わせて検討できる史料もなく、ここでは何らかの布を織っている職種はすべて織工に含めた。第二に、グルンホルツァーの探訪記に出てくる住民の職業についてのガイストらの分析が、住民が自分でそうであると認識している「自称の職業」と「実際の職業」の違いに留意せずおこなわれている。ここではこの二つを分けて住民の職業を整理する。

（99）Thienel, *a. a. O.*, S. 253f.

（100）Grunholzer, a. a. O., S. 539; S. 545; S. 559; S. 561; S. 564.

（101）ガイストらの史料集でも、様々な史料でのべられている家賃についてのデータを表にまとめており（Geist und Kürvers, *a. a. O.*, S. 167）、本章で用いるデータもガイストらの整理した表からのものである。ただ、彼らの表は所有者の報告、市当局に関与している者の報告、雑誌記事など様々な次元の史料からのデータを無批判に並列しており、信頼できるデータとできないデータが混在している恐れがある。ここでは、こうした家賃のデータとしては一番信頼できると思われる所有者の報告を表にまとめ、検討することにする。

（102）*Statistische Uebersicht*, S. 145.

（103）本章第二節。

（104）同前。

(105) 川越注（17）前掲書、四八頁。
(106) Geist und Kürvers, *a. a. O.*, S. 124–169. また、注（62）前掲拙稿「都市社会」二七頁参照（本書第Ⅱ部第2章）。
(107) たとえば、ベルリン市参事会は、一八二四年九月の国王宛の定時報告において、一カ月に二五〇から三〇〇の家族ないしは個人に計約二五〇ターラーの扶助があたえられていると報告している。Geist und Kürvers, *a. a. O.*, S. 125. 市参事会員カイベル Keibel は、一八二五年一二月に、住民の一〇分の一が、救貧行政からの扶助を受けていると報告している。*Ebenda*, S. 134f.
(108) *Statistische Uebersicht.* 川越注（17）前掲書、七八―八八頁。
(109) Geist und Kürvers, *a. a. O.*, S. 166.
(110) 川越注（17）前掲書、八二頁。
(111) Grunholzer, a. a. O.
(112) Geist und Kürvers, *a. a. O.*, S. 166.
(113) 注（62）前掲拙稿「都市社会」二四―二五頁（本書第Ⅱ部第2章）。
(114) 川越注（17）前掲書、八四頁。Grunholzer, a. a. O., S. 538; S. 554f.; S. 559; S. 563; S. 564–566; S. 570f.; S. 577; S. 584f.
(115) Ebenda, S. 537f.; S. 538f.; S. 541f.; S. 558f.; S. 559f.; S. 573; S. 578f.; S. 582f.
(116) Geist und Kürvers, *a. a. O.*, S. 506–523.

第2章

「トロイアの木馬」と市民社会
――一八二〇～三一年ベルリン行政と住宅問題

はじめに

本章の舞台ファミリエンホイザーは、ベルリンの北方、ハンブルク門のすぐ外に位置する巨大な労働者住宅群である。前章でのべたような、その巨大さと生活様式の違いのため、一八二七年にある無料施療医がいみじくもこの建物を「トロイアの木馬」といったことが端的に示すように、この未曾有の建物は当時のベルリンの市民社会から危険な異分子として捉えられていく。すでに建築途中から市当局や警視庁はファミリエンホイザーに強い関心をもち、行政の担い手として様々な処置をとっていた。一八四〇年代になると広範な市民がこの建物の衛生面や防犯面の危険性を認識し、そうした認識が一八四七年にベルリン共同建築協会というかたちで結実する。一八四〇年代からの動向については、第Ⅱ部で具体的にとりあげる。

この異分子に対してベルリンの市民社会が具体的にどのように対応したかを、建築直後から、この建物への行政側の対応が一段落したと思われる一八三一年までたどることが、本章の第一の課題である。本章の成果と、本書の第Ⅱ部と第Ⅲ部で検討することになる、その後の住宅問題や都市問題に対する市民社会[1]の反応を関連づけることにより、本章の分析の成果をより長期的な展望のもとにおくことも課題と考えている。

一　ファミリエンホイザー Familienhäuser

まずファミリエンホイザーが市民社会にとってどのような存在であったかを確認するために、この建物で三年の時を経て発生した騒動について、史料の叙述に即して概略をのべることから本章の検討をはじめよう。最初の騒動については警官の、二番目の騒動については所有者の、それぞれ事件の全経過に立ち会った者による報告が史料として残っている。

最初の騒動が発生したのは一八二八年七月一九日のことであった。この日、市の取り立て役ベルガーは、警官を伴いファミリエンホイザーに赴いていた。ここの住民はそれまで自治体税である家賃税[2]の支払いをほぼ免除されていた。にもかかわらず、この時、市当局は家賃税を取り立てようとしたのである。

ベルガーがクヴェーアハウスとよばれたファミリエンホイザーの北棟の四二号室に住むブラウネ夫妻に家賃税の支払いを要求した時のことであった。ベルガーは「何か取られるくらいなら殺してやる」というブラウネ婦人の叫び声を浴びせられ、彼女の悪態と絶叫が引き金になって住民の騒擾が発生する。夫妻が支払いを拒否したのち、ベルガーは同行の人夫を使って差し押さえの手続きに入ったが、ブラウネ婦人はいったん部屋から出たかと思うとあの叫び声をあげ、取り立て役たちのほうに斧を手に突進したのであった。この騒ぎにつられて、あらゆる廊下と階段には人だかりができた。彼女の叫び声は、同じ棟だけではなくファミリエンホイザー全体に広がったのである。ここに至って駆けつけた地域担当の警察は、家賃税の取り立てよりも住民の沈静化を重視したように思われる。彼らは、建物の廊下から出ていこうとする取り立て役たちに対してブラウネ夫妻の差し押さえを解除させ、夫妻に代わって未払いの家賃税を手数料も含めて払ったのである。騒擾に起因する暴動は回避され、取り立て役たちは周りから侮辱の声を浴びせられ、無言で建物から退出せざるをえなかった。住民の集合行動が市当局の強制執行から自分たちの既得権を守ったということになる。(3)

三年後の一八三一年七月二七日、住民の集合行動は今度は本格的な暴動にまで発展する。この時に問題となったのは、建物の二代目所有者ヴィーゼケによる住民の強制立ち退きであった。ヴィーゼケはこの年の一月にファミリエンホイザーを購入したばかりであったが、彼は未払いの家賃があまりに多いので、市の執行官のライマンと建物の管理人とともに立ち退きを要求するために住民の部屋を訪れた。四世帯目までは立ち退きの要求に応じたが、五部屋目の仕立屋ヴァイスベッカーが抵抗を示す。執行官は、市門の見張りの救援のもと、この家族を部屋から立ち退かせることに成功するが、この騒動をきっかけに、興味をもった多くの住民が廊下に集まり、文句を言い悪態をつく事態となる。そのなかで六番目の部屋の住民も激しい抵抗を示し、数百人の男女が暴動を起こしたのである。立ち退きはやむをえず中止されたが、騒ぎは鎮まらなかった。執行官は市門の見張りに援助を要求し、また歩兵三〇人と騎兵一人が来たものの、かえって暴動は激しくなる。結局、姿を見せた警官の勧告で、所有者は住民に鍵を返し、軍隊を遠ざける。そこでようやく秩序は回復した。(4)

以上二つの騒動ともに、経済的な不利益をもたらす要求に対する住民の集団的な抵抗運動とみなすことができる。騒動が起こる時は、そうした要求の拒絶にはじまり、叫び声や悪態をきっかけにする建物全体の騒動が発生する点で、二つの騒動とも同様の経過をたどる。また騒動が終息する際も、要求の撤回によって秩序が回復する点で、両者は同じである。(5)二つの騒動とも住民の行動は基本的に同じといえ、これに加え、騒動が終息し、秩序が回復する際に果たした「警察」の役割も、住民の既得権を守る方向で行動した点で同様である。

他方、二つの騒動の経過を比較すると、両者にはいくつか相違点も見られる。その最も顕著な点は、前者では、不穏な空気は醸成されたものの暴動には至らなかったのに対して、後者では、実際に暴動が発生してしまったことであろう。後者の騒動では、それにとどまらず軍隊も暴動鎮圧のために動員されている。後者の暴動の参加者からは逮捕者も出ている。こうした違いは、事件の経過をみるかぎりでは、前者では、住民の不満が実際に暴力行為に発展する前の段階で適切な所轄警察の介入があったためであり、後者では警官の登場が暴動発生より後の段階であったことに帰せられるのかもしれない。とはいえ、この三年の間のファミリエンホイザーをめぐる状況の変化が、両者の相違の背景にあるということも考えられるが、この点について明示的な解答をあたえることが本章の課題ではない。

第二の暴動が発生した一八三一年は、ヨーロッパ初のコレラ流行の年であり、ベルリンもその例に漏れず「青い恐怖」におそわれた[6]。八月二九日にベルリンで最初のコレラ患者が確認されたのち、九月二一日にはファミリエンホイザーでもコレラと診断された者が出た。八日後の二九日には、市当局はファミリエンホイザー内の建物（クライネス・ハウス）を改造してコレラ治療施設を設け、この地域の流行に対処しようとした。この年ベルリン全体で人口約二五万人のうち二二七四人がコレラに罹り、ファミリエンホイザーでは一四四七人中一一八人が罹患したというデータがある[7]。治療施設を設置し、しかも本章でみるように、以前から伝染病の発生源とみられていた建物と都市全体のデータを比較するのは無理があるが、患者一人あたりの住民数を出すと、市全体が一〇九人であるのにファミリエンホイザーは一二人であり、ファミリエンホイザーの罹患率はかなり高い。

以上、二つの騒動とコレラ罹患率の高さからは、ファミリエンホイザーがベルリン社会にとって治安維持や衛生の点で危険な存在とみなしうるものであったことを指摘しておいてもよかろう。

では節を改めて、この危険な異分子に対してベルリン社会がどのように対応したのかという問題に絡む先行研究を整理し、本章の課題をより明確にしよう。

二　先行研究の検討

ここでは、本書のテーマである住宅改革運動と、ベルリンの救貧行政に関する先行研究の検討から議論を進めたい。

序章でのべたように、一九八〇年代以来かなりの研究蓄積が見られた住宅改革運動研究については、そこに共通の視角があることを指摘してさしつかえない。すなわち、第一次世界大戦後にその基盤が確立する、公権力の広範な関与による「社会的住宅建設」のあり方を所与の前提とし、一九世紀中葉以来の住宅改革運動の展開をそこに至る過程として叙述するのがそれである。その結果、従来の研究では、住宅改革運動を構成する要素のなかでも「社会的住宅建設」につながる要素が強調され、一九世紀ドイツ社会のなかに運動を位置づける視点が弱かったことは否定できない[8]。

現在の研究状況をみると、このように住宅改革運動を、そのおかれた社会のなかに位置づけるという視点は、筆者だけのものではない。第二帝政期ベルリンの住宅事情に関する初の本格的な実証研究といえるベルンハルトの著書（一九九八年）も、同様の関心からおこなわれた研究である[9]。当該時期の住宅事情や住宅市場に関する詳細なデータを解明することに成功したこの研究では、第二帝政期の悪住環境の象徴である賃貸兵舎やベッド借り人[10]、従来は否定的に「投機」と捉えられた建築業や土地取引業の活動、そして住宅問題に消極的とみられた自治体の機構[11]、それぞれが住宅供給に果たした役割が再評価されている。本章は、こうしたベルンハルトの問題提起を念頭におき、ベルリンの行政の担い手が、ファミリエンホイザーに象徴される住宅問題に、どのように対応したのかを解明するものである。

ところで、同時代文献においても、二次文献においても、都市市民を選出母胎とする市当局[12]は住宅改革に無関心であったといわれている。それは、家屋所有者から成る市議会や市参事会にとって、安価な住宅を提供する住宅改革運動は、自分たちの利害に抵触する恐れがあったからであるという[13]。しかし、第一節で示唆したように、ファミリエンホイザーという問題を孕む存在を、ベルリン社会に対する責任者である都市行政の担い手が完全に傍観していたとは思われず、こうした解釈は一面的であると想定できる。

以上のように本章の課題を設定したとして、その課題はベルリンの都市行政機構の発展についての研究史にも貢献しうるものである。一九世紀はじめから中葉までのベルリンの行政機構に関しては、二〇世紀初頭のクラウスヴィッツの研究[14]が、一次史料に立脚し、その制度や機構を詳細に明らかにしている。ただし、そうした制度や機構が社会のなかでどのように機能していたかにまで研究者の関心が及ぶようになったのは、ベルリンの壁崩壊後の一九九〇年代になってからである。そうした研究[15]のなかで本章の脈絡で興味深いのは、救貧行政の実態をあつかったスカルパとフュフトカーの研究[16]であろう。

この二つの研究の特徴は、他の都市の救貧行政に関する近年の研究でも顕著に見られる制度史的関心[17]が、どちらかといえば背景に退き、救貧行政をめぐる言説が考察の対象となっていることである。スカルパの研究は、ベルリン南東部のルイーゼン市区に焦点を定め、地区に設定された救貧委員会を介した社会的結合関係の、一九世紀初頭から末に至る変化をたどろうとした研究である。本章の対象である世紀前半については、救貧委員会の機能と構成を明らかにしつつ、そこに共同精神 Gemeinsinn という言説を成り立たせるような緊密な人間関係が存在していたことを想定している。フュフトカーの研究は、一八世紀後半から一九世紀前半にかけて救貧行政において、「悲惨な母親と淫らな女性」といった、都市下層の女性に関するステロタイプのイメージが形成されたことを明らかにしている。伝統的に存在した施す者と受ける者が相互に関与する

「施しの文化」の存在を析出し、それとの相克のなかで以上の言説が形成されたことを解明したことが、同書の功績である。そうした分析の際、ファミリエンホイザーに関する言説が、新たな文書館史料も交じえつつ検討されている。その結果、一八二〇年代に市当局や警視庁において、ファミリエンホイザーを衛生や防犯の点で危険視する言説が形成されたことが指摘されており、本章とも関心を共有している。

　両研究が救貧行政の機能を解明するという点において大きな意義を有していることを認めつつも、ここでは次の点について問題点を指摘したい。すなわち、両研究とも一つの言説が形成されたことを解明することに主眼がおかれているためか、都市社会内の立場の違いによる発想・観念・利害の相違や、都市社会内の救貧の位置づけにまで十分な考察が及んでいない[18]。先にあげた本章の課題は、こうした両研究の問題点を克服し、ファミリエンホイザーという問題を介して都市社会内の諸力の相互位置関係を探る試みといえる。

　次節以下で示されるように、本章であつかう時期においてファミリエンホイザーに対応したのは、市民による若干の慈善事業を除くと、もっぱら一八〇八年の都市条例によって創設された市参事会、市救貧局、警視庁である。以下、具体的な事実経過をのべる準備作業として、そうした行政機構についての基本的な情報を整理しておきたい。

　都市条例[19]によると、ベルリン市の行政機構は、六パーセント前後を占める市民が名誉職として参加することが基本的な原則である。市民とは、土地所有権と営業権を伴う市民権をもつ者のことをいう[20]。市の行政機構は、意思決定機構である市議会、業務の実行官庁である市参事会、個別の重要業務を処理する委員会、そして一〇二ある管区の業務を処理する管区長からなる。市議会は管区から一人ずつ選出される市議会議員によって構成される。市参事会には一五名の歳費を受け取らない市参事会員が属しているが、それとは別に市長以下一〇名の有給の市参事会員がメンバーとなる。また、重要な業務には、市議会議員、市参事会員、一般市民からなる委員会が設けられる。

委員会のうち救貧行政については行論の必要からのべておく。[21] 従来プロイセン国家が担っていた救貧業務は、一八一九年からベルリン市の管轄に移り、都市条例の規定に基づき新たな制度が整備される。まず、市全体の業務を統括する市救貧局が設けられる。その下に委員長のほか最低五人のメンバーからなる救貧委員会が地区単位で設置され（全市で五六）、扶助の認可など実際の救貧行政を担当した。市域が三二の医療地区に分けられ、三一名の無料施療医などが医療活動にあたる。

都市側の行政機構とは別に、一八〇九年に内務大臣直属の王立ベルリン警視庁が設立され、[22] 治安維持のみならず、道路の管理や照明、消防といった都市内の日常的な業務を含む「警察」[23]の領域を管轄する。

このように「警察」が国家の管轄におかれたために、都市条例が効力をもっていた一八五〇年までの間、市の管轄下におかれた業務は、宿営（一八一七年）、救貧（一八一九年）、教育（一八二九年）程度にすぎない。次節以下で示すように、ファミリエンホイザーは市の救貧行政を騒がせることになる。その救貧というのは、一九世紀におけるベルリン市政の中核の位置を占めるものなのである。[24]

しかも、一八二〇年代の救貧行政は、業務の引き受け以前には予想できなかった人口増に伴う支出の増加によって特徴づけられた。こうした点は市参事会による一八二八年の報告[25]に示されている。この報告の強調点は「税金を払わない人の急速な増大が自治体にかなりの支出もたらす」という状況である。人口増加に伴い貧困を理由に自治体税である家賃税を免除された世帯が急増し、しかも彼らは貧しいがために救貧行政から扶助を受け、市の財政に圧迫を加える可能性が大であったのである。このような状況であったため、一九世紀前半を通じて、ベルリンの救貧行政は、貧者への扶助を積極的におこなわなかった。[26] 第一節で検討した第一の騒動の際に、市当局が家賃税徴収に乗り出したのも、その背景にはこうした市の財政事情があったのである。

ファミリエンホイザーにおける扶助の実態については、若干後の時代になるが、一八三四年の調査を前章で検討しておいた[27]。全住民に占める扶助対象者の割合の三・四七パーセント（五五／一五八一）は、市全体の一・八二パーセント（四五一五／二四万七三〇〇）[28]より高い。この数字が救貧行政の担い手に負担感を感じさせるものであったのか否かは判断できない。ただ、次節以下にみるように、給付の実態というよりは、この未曾有の建物に大量に人が住むという事態が、市当局や警察の対応の誘因となったのである。

以下二節で舞台をファミリエンホイザーに戻し、この建物をめぐるこうした行政機構の対応に、事件史的に検討を加えることにしよう。

三　「トロイアの木馬」の出現と行政機構の対応（一八二〇年代）

本節では、ファミリエンホイザーをめぐるベルリン社会の反応を、その建築直後から一連の動きがひとまず一段落したと考えられる一八二八年頃までたどることにする。

ファミリエンホイザーは、建設中から市当局や警視庁の注目を浴びるが[29]、事態が本格的に展開するようになるのは、市参事会による一八二四年九月の国王への定時報告によってである。この時点で、最後のシュールハウスが竣工（同年五月）しており、ファミリエンホイザーはその全貌をすでにあらわしていた。この報告では次の三点がのべられている。第一に、市の救貧行政が、ファミリエンホイザーの合計二五〇から三〇〇の家族ないしは個人に一カ月で合計約二五〇ターラーの扶助をあたえている。次に、病人数が次第に増大し、伝染病が流行する不安がある。住民の大部分が市内をうろつくため、その病原菌が市内に広まる恐れがある。最後に、下層階級の人が多く詰め込まれているため、非道徳的な状況となっている[30]。

この報告には、救貧対象者の増加への恐れと、下層階級の人が一カ所に詰め込まれることから生じる衛生・道徳上の危険性の認識という、その後の市当局がファミリエンホイザーにもつ認識の枠組みが、すでに示されている。[31]

一〇月八日、この報告をうけて、国王フリードリヒ・ヴィルヘルム三世は内務大臣シュクマンにファミリエンホイザーに注意するように促した。[32] 一三日、内務大臣は、住民の健康状態、住民による公共の安寧の攪乱、児童の通学問題という三点の調査をベルリン警視庁に指令した。[33] 実際に調査がおこなわれたかどうかは不明だが、二六日には、警視庁は又貸し人とベッド借り人を翌年一月一日までに排除するように所有者に通告した。[34]

この通告に対して、所有者ヴュルクニッツは、警視庁（一一月一〇日）と内務省（二六日）に同内容の抗議文章を提出した。[35] 第一に、彼は具体的な例をあげ、又貸しやベッド借り人は都市内で慣習的に認められた権利であり、誰も禁止できないという。第二に、ファミリエンホイザーは市内の悲惨な労働者住居よりも良い状態にあり、静寂と秩序が支配する。これら二点を念頭におき、彼は又貸しを禁止した場合、追い出された人への補償や彼らを矯正施設に収容する可能性などの問題点を指摘する。彼は、一住居に二家族以上入居することの禁止とその受け入れに条件を設けることを妥協案として提案する。

一二月二日、彼の主張が通り、内務大臣は警視庁に禁止を撤回するように勧告したが、[36] 翌一八二五年一月二〇日、警視庁は次のようなかたちで処置の正統性を主張した。

まず、多くの家族が集まって住むのは身体的および道徳的な点で不安をかきたてる。衛生上、二一〇〇人以上の住民が住んでいるのは普通ではない。保安上、次の四点が問題である。

a　この建物の住民の犯罪行為はそれほど語られてこなかった。

b　公共秩序の攪乱はそれほどなかった。

c　人がこれだけ集まって住むことの悪い影響は注目に値する。

d　一三歳までの学齢児童三八〇人のうち四割未満の一四九人しか学校に通っていない。

ここで注意したいのは、問題がまだ生じていないという認識にもかかわらず、警視庁がこのような対応に出たことである。警視庁や市当局の対応は、人口増大に伴い出現した、こうした建物への不安感から起こされたものとみてさしつかえない。

以上の問題点を指摘したうえで、警視庁は、風紀および安全警察上の特別規定の必要性を強調する。ファミリエンホイザーは住民数が多く、かつ士官がいないので、兵舎よりも状況は悪い。それで、ここにも家主による家内警察が行使されるべきである。そのために所有者に指示をあたえるのは当局の義務である。さらに、同性の数人が一つの住居を利用するのは問題ないが、男性、女性、男児と女児からなる数家族が利用する場合に、性的関係の乱れが生じることを懸念する。(37)

この文章には、ファミリエンホイザーのように大人数が一カ所に住むことから生じる衛生、道徳、防犯の問題への恐れと、それに対処する改革の主張、という警視庁の立場がうかがえる。救貧行政に関与していないため救貧負担の問題は出ないが、ほかは市当局と同じ認識である。(38)

二月二〇日、内務大臣は他の家で適用できないことをファミリエンホイザーに適用できないとして、警視庁の要求を退けた。(39)

こうして内務大臣の判断でいったん決着したかに見えたこの問題を、今度は市参事会が蒸し返す。(40) 市参事会は市参事会員カイベルに調査を依頼することで、この問題に独自の取り組みを示すことになる。二五年一二月初頭、カイベルはファミリエンホイザーを訪れ、一二月七日に報告書を作成した。二六年一月の国王への定時報告にも修正して載せられた彼の報告を整理しよう。(41)

彼はまず、規模が大きく人口の多い都市において下層民衆の倫理の程度が低いという認識のもと、議論を始める。そうしたなかで人が一カ所に密集すると、そこに堕落が生じる。そこでファミリエンホイザーが問題となるが、彼は、こうした建物を許してはならないとする。

建物の状況をのべたのち、彼はファミリエンホイザーに居住者心得が完全に欠如していることを指摘する。そこではもっともひどい不潔が支配し、住居の様子は恐怖を引き起こすために叙述できない。こうした居住者心得の欠如や家主の賃借人に対する無関心こそが、家賃が高いにもかかわらず全住居が埋まる理由であるという[42]。

さらに、住民の一〇分の一は救貧行政からの援助を受けている。衛生状態は悪く、病気が市内で働く人によって広がり、首都にとって最大の危険である。彼は、ファミリエンホイザーを観察する際に、①道徳性、②火災の危険、③治安上の危険、そして④衛生状態を考慮する必要があるとする。

以上のような評価のもと、カイベルは次のような一七項目の改革提案を出している。

1　ファミリエンホイザーをさらに建設することを禁止する。
2　住居を二部屋単位にして居間と台所を設ける。
3　切り屑の収納スペースを確保する。
4　防火上危険な施設を排除する。
5　入り口が一つしかない建物に、もう一つ入り口を設ける。
6　庭と廊下に照明を設置する。
7　消防ポンプを少なくとも二つ設置する。
8　住民数を減らす。そのために一住居に一家族より多くを住まわせない。又貸し人やベッド借り人は禁止する。
9　居住者心得を設ける。
10　季節単位の賃貸をおこなう。
11　毎年部屋を漆喰で塗り替える。

12　庭を舗装し、清潔にする。
13　トイレを改造する。
14　汚水溜を取り除く。
15　こどもが種痘を受けた家族のみを受け入れる。
16　こどもが学校に通っていない家族は受け入れない。
17　以上の規定を実現するための厳重な警察の管理のもとにおく。

この提案は次の二点に整理できる。

第一に、部屋ごとの機能分担を明確にし（2）、一住居を一家族だけが利用する（8）という点で、各部屋を当時の市民層の住居に近いものにしようとした。

第二に、建物そのものを防火（3～7）、衛生（9・11～15）、道徳（9・16）の面で安全に改造しようとした。

カイベルの調査が、内務大臣にファミリエンホイザー問題をふたたびとりあげることを決意させた。一八二六年二月一八日、この調査に基づいて、内務大臣は、こうした施設の有害さを示す事実の提示と、問題解決のための警察規制案作成を市参事会へ要求した。市参事会はその任務を市救貧局に任せる。市救貧局は、この地域の医療を担当していた無料施療医テュメルに調査を依頼した。彼が、実際にどの程度ファミリエンホイザー住民に医療行為をおこなっていたかは不明だが、住民に直接かかわりをもっていると思われる人物に調査を任せることで、市は事態をより正確に把握しようとしたといえる。一年近く経った二七年一月一一日に彼は報告書を完成した。[43]ファミリエンホイザーを「トロイアの木馬」と評価するこの報告を、[44]カイベル報告と比較して内容を整理しよう。

まず、現状認識については、カイベル同様、ファミリエンホイザーでは衛生や道徳の面で大きな問題を抱えていると認識している。そうした問題の原因は、建物の構造と、そこに人が詰め込まれていることである。ただし、彼は住民数を三八〇〇人と、実際の二〇〇〇人前後よりもかなり大きい数字をあげている。他方、テュメルの報告では、市の救貧負担の増大という問題がとりあげられていない。市の中枢部にいた参事会員カイベルと違い、テュメルは市の行政組織の末端に位置し、市の財政問題には関与していなかったと考えられる。

次に、建物の改善案については、カイベルとほぼ同内容のものを提唱する。ただし、カイベルが建物の改造だけを考えていたのに対して、テュメルは学校教育や宗教教育の必要性と、専任の警官による取り締まりの強化を主張している。(45) その後、ファミリエンホイザーの建物に学校と教会が設けられ、第一節でのべた二つの暴動において警官が騒動沈静に果たした役割を考えると、このテュメルの主張は、その後の展開を先取りしたものといえる。

三月二六日、テュメルの報告書は市長の添え状(46)とともに内務大臣に提出され、四月七日、テュメル報告をうけて、内務大臣は警視庁に指令を発した。(47) 三八〇〇という住民数に驚いた内務大臣は、賃貸、又貸し、ベッド借り人に関するファミリエンホイザー独自の規則の必要性を認めた。以上の動きと並行して、市参事会は、フォークトラントに教会を設置するように、国王と教会当局に働きかけている。(48)

この間、テュメル報告の住民数が誤りであることが明らかになる。市当局は正確に状況を把握しようとしたのだが、結局事態を動かしたのは間違った情報だったのである。テュメルは四月一七日の報告で、ファミリエンホイザーの住民数と、この建物が面するガルテン通りの数字とを取り違えていたことを認め、実数は二一〇八人であると訂正した。市参事会は四月の定時報告でこの訂正を国王に伝えた。(49) ただ、この訂正は事態の進行に影響をあたえず、一年後の翌一八二八年四月二九日、警視庁は、ファミリエンホイザーの規則と、執行を担当する警察のための規定を作成した。(50)

前者の内容からみると、世帯主の妻とこどもは警察の承認なしで入居可能である。それ以外の人は警察の許可が必要である。さらに、世帯主は自分と又貸し人の入退去を警察に通告する義務があり、家主は、完全な住民リストを作成し定期的に提出するように求められている。

後者では警官による申請承認の基準が定められており、そこではとくに衛生や道徳の観点が前面に出ている。その規定を見ると、一部屋の住民は八から一〇人までであり、生殖可能年齢の男女は、親戚や家族の関係にあってふしだらなつきあいが生じない場合のみ、同じ部屋の住民となることが許され、ベッド借り人や又貸しは、世帯主が独身の場合のみ許可される。

ヴュルクニッツは、規則の作成中の一八二八年二月二三日に、規則は不要であると以前からの主張を繰り返していたが[51]、実質的に又貸しやベッド借り人を禁止したこの規則は、その後厳しく適用される。テュメルの同年八月一九日の報告によると、新管理人のもと、この規則が遵守されたようである。その結果、八月六日までに住民数は一七四九人まで減少したとテュメルは報告している。また、警視庁は、一年後にもこの規定が守られていることを確認している[52]。一八三四年と四二年の住民調査にも、四三年に実際に訪れて書かれたグルンホルツァーの探訪記にも、又貸しの例は見られない。規則は市当局や警視庁が期待した成果を上げたようである[53]。

カイベルらが要求した建物の改造はなかったものの、四年にわたる議論の末、一八二八年四月二九日の規則によって、市当局や警視庁にはファミリエンホイザーの孕む問題に一応の上限が設定されたことになる。入居者の規制によって、衛生や道徳の問題の悪化を防ぎ、扶助を要求する恐れのある人の過度の流入を抑制できるようになったと考えられたのであろう。それで、市当局は住民から家賃税を徴収することを試みる[54]。まず、市当局は住民から家賃税を直接徴収しようとしたが失敗した。市当局は、住民の代わりに年一五〇ターラーの家賃税の支払いを所有者に要求した。彼が拒否すると、市当局は再度家賃税徴収を試みる。取り立ては同年七月二九日におこなわれたが、その際に第一節で紹介した第一の騒動が発生する。

住民の抵抗にあったものの、市当局はそれで家賃税の徴収をあきらめたわけではない。九月二九日、市参事会は取り立てを一日でおこなうことを強調して、ハンブルク門の門衛の強化と、ファミリエンホイザーの近くに軍隊を配置する必要性を警視庁に訴えた。この訴えからは、市当局が住民の抵抗に直面して軍事力の必要性をようやく認識したことを指摘しておきたい。その後、家賃税徴収を一度におこないたい市当局と、そうした徴収の仕方では住民の騒動を引き起こしかねないことを懸念する警察の間で文章のやりとりがあったが、一一月五日、駐屯軍が協力を拒否したため、負担増を嫌う警視庁は市参事会に援助の拒否を通告した。市当局は成果を納めないまま、この問題からは手を退かざるをえなかった。(55)

一方、一八二八年七月二一日の内務大臣の通達で、ヴュルクニッツの規則案批判が当局に対する侮辱であるとして告訴する必要がのべられていた。それをうけて八月八日、警視庁は上級地方裁判所にヴュルクニッツの調査を依頼した。起訴状は九月三日に起草され、審理は二九年五月一八日に終わり、九月二四日、判決が下った。五週間の禁固と裁判費用の支払いが言い渡され、それに対して所有者は上訴したが、三〇年五月六日に却下された。賃貸住宅経営に嫌気がさしたのか、彼は三一年一月一日にファミリエンホイザーを売却し、パリに移住してしまう。(56)

ファミリエンホイザーをめぐる、市当局、警視庁、所有者などの言動をたどってきたが、こうした事件の成果は、一八二八年の規則、市当局による家賃税徴収の断念、そして所有者の交替だけではないようである。一部の市民がこの建物に関心を示し、慈善事業をおこなうようになったことが、一八二七年頃から史料にあらわれるようになる。学校や教会が設けられたことが言及されている。所有者ヴュルクニッツは、シュールハウスの部屋に手を加えたうえ無料ないしは安価に賃貸し、これらの試みに便宜を図っている。学校や教会については次章で詳しくとりあげる。

貧者に対する慈善は、ベルリンのみならずヨーロッパに伝統的に見られた慣習[57]であり、ファミリエンホイザー建築直後から、そうした行為がこの建物の住民に対しておこなわれていた可能性は十分考えられる。それがある時点から史料にあらわれるようになった背景としては、一八二七年一月一一日付のテュメルの報告が五〇部印刷され一般に流布したこと、および二八年七月二九日の騒動がベルリン市民の耳目を集めたことを想定できるかもしれない。他方、所有者は、そうした慈善事業に便宜を図っているが、彼の意図は史料からはうかがえない。市当局や警視庁の攻撃をかわし、彼の所有物が健全であることを強調するためにそうした処置をとったという可能性は十分考えられる。こうした慈善事業も、ファミリエンホイザーをめぐる一連の事件の帰結と考えることも可能なのである。慈善事業としては、他に男女の病気見舞い協会、託児協会、禁酒協会などが存在したことが史料から確認できる[58]。こうしたファミリエンホイザーに対する慈善事業に、どの程度の市民が関与したのかはわからない。

事件の順に叙述してきた本節の成果を、都市社会内の立場の違いからくる言説や行動の相違に留意して、まとめておきたい。

内務大臣や国王は、一連の動きのなかで明確な態度をとっておらず、他方慈善事業に関与した一部の市民を除き、ベルリン市民一般のこの建物への関心は高いとはいえない。また、市の行政機構の中でも、名誉職だけから成る市議会や管区長[59]は、事件の展開に顔を覗かせていない。「トロイヤの木馬」への対応の主役は、市参事会・市救貧局と警視庁である。こうした市当局や警視庁の議論の根底には、ファミリエンホイザーへの不安がある。市当局においては、住民への救貧負担の問題と、施設や住民の衛生・道徳・防災についての危険性が強く認識される。ただし、都市行政の末端の者には、救貧問題はそれほど意識されていない。こうした認識のもと、市当局は建物を市民層の住居に近いものに改造しようとする。警視庁の対応は、救貧負担の問題は出てこなくなるものの、市当局同様、この建物の衛生・道徳・防災上の危険性を強く意識する。行政の最末端で住民とかかわりがあると思われる人々は、住民の状況をある程度認識し、市当局や警察の中枢にある人とは判断が違う点がある。市当局や警視庁の動きに対し、所有者は又貸しやベッド借り人の禁止要求に徹底的に反対し、家賃収入を確実にしようとし、住民はうけいれがたい処置がとられると騒動を起こす。

以上、ファミリエンホイザーという未曾有の存在に対して、その衛生・防災・治安上の不安感から市と警視庁が起こした行動は、一八二八年頃には一応の決着を見た。すなわち、規則の制定によってこの建物の孕む問題に上限が設定され、他方市当局は家賃税徴収を断念したのである。ところが、一八三一年になると、事態は新たな展開を見せるようになる。ヴュルクニッツからファミリエンホイザーを買い取った新所有者ヴィーゼケが問題を引き起こすのである。その状況についてのべるのが、次節の課題である。

四　二代目所有者ヴィーゼケと市当局（一八三一年）

新たにファミリエンホイザーを購入したのは、元領地所有者H・F・ヴィーゼケである。[60]ベルリンに来る以前、彼はマクデブルクに住んでいた。この建物の新所有者が購入後直面したのは、住民の家賃滞納という事態であった。彼が一八三一年六月二〇日にまとめたリストによれば、一二九世帯約一〇四七ターラーの家賃が滞納されていた。[61]これに対処するため、彼は六月二六日に市参事会に書簡を送り、援助を求めた。[62]ヨーロッパ初のコレラ流行がドイツに近づきつつあるという状況が、この書簡の背景をなしている。この書簡でヴィーゼケは、ファミリエンホイザー住民がコレラの発生源と救貧行政の負担となると脅しをかけて、建物の衛生化の代償として未払いの家賃を市当局に払わせようとしている。彼は、この書簡を送るのと同時に所轄の第五九救貧委員会の委員長を訪れ、立ち退きの対象となる家族を伝えた。七月七日、ヴィーゼケはとるべき手段を相談する特別委員会の設置を市救貧局に訴え、[63]七月一五日、市救貧局は市参事会にこの要求を伝えた。

その報告[64]で、市救貧局はヴィーゼケの言動について、前所有者であるヴュルクニッツの態度のほうが「合理的、人間愛による、そして公共福祉に危険ではない」行動と評価した。ヴュルクニッツは短い間隔で徴集することで家賃を定期的に払えるようにし、立ち退きも厳しくしなかったし、貧しい人の家具を差し押さえることもなかった。それに対して、ヴィーゼケは家賃を徹底的にかき集め、滞納者の立ち退きをやると脅しをかけ、そして家具を差し押さえ、彼らを乞食に追いやろうとする。ヴュルクニッツやヴィーゼケの家賃徴収の態度が実際にどうであったのかはわからない。前所有者が、建物を改造して学校や教会の設置に便宜を図ったことが、こうした評価の相違の背景にあるのかもしれない。市救貧局は、特別委員会の設立については第五九救貧委員会で十分であるとした。ただし、市救貧局は、矯正施設が満杯のため即座に処置をとる必要があると考えていたが、他の家屋所有者が同様の要求を出してくることを恐れるばかりであった[65]。

七月二三日付けの市救貧局への回答[66]からは、市参事会もこの事態への対処に苦慮していたさまがうかがえる。市救貧局同様、市参事会は他の家屋所有者が住民に同様の処置をとることを恐れていた。市参事会は、ヴィーゼケが国家に一万五〇〇〇ターラーの借款を申し入れていることを知ると、それにどういう決定がなされるか情勢をみるとともに、警視庁にも事態への注意を促した。

ヴィーゼケの要求に、市参事会と市救貧局は、対応する必要性を認識しつつも態度を決めかねていた。こうした市当局の煮えきらない態度に業をにやしたヴィーゼケは、家賃未払い者の立ち退きを強行するが、家賃税徴収の時と同様、住民が騒動を起こし、今回は本格的な暴動にまで発展する。この暴動の経過は第一節で紹介しておいた。前回の騒動と異なり、今回は一六人の逮捕者が出ている。その逮捕者のうち一二人が繊維業関係に従事し、三人が靴屋を営み、そして労働者が一人おり、これは住民の職業構成に対応したものとなっている[67]。

この暴動が起こる前に、警視庁は、ヴィーゼケが以前住んでいたマクデブルク市長へ彼について問い合わせをした。七月三一日付の回答[68]は彼への不信を強める内容であった。そこには、彼は利益目当てで自分の家に火をつけた疑いで裁判にかけられたという情報がのべられ、ペテン師であるという評価がなされている。これをうけて市当局は強気に出る。八月七日、ヴィーゼケは以前からの要求を市当局に送った。八月一〇日、市救貧局は家賃の未払いを保償しないと所有者に伝えた。[69]

この頃、以上の問題に対処するため、第五九救貧委員会は、ファミリエンホイザー住民であり一八二八年に建物内に設けられた私立救貧学校の教師であるゲアラッハとベッツオウをメンバーに加え、組織を強化した。[70]初等教育は二九年から市の管轄下に移り、こうした私立学校の教師も市の職員ではないものの、市の傘下に入っていた。彼ら二人はファミリエンホイザーの家賃未払い人リストを作成し、それは救貧委員長を経て市救貧局に送られた。そのリストには全部で一二八人の家賃未払いの世帯主が記入され、うち七九人が、労働や秩序への意欲があるという理由で扶助をあたえるに値すると評価されている。[71]

八月一七日の市救貧局の会議では、立ち退き予防の処置をとらない、という意見が多数を占める。暴動を起こすのは救済に値しない人々であり、救済に値する人々に援助しても暴動の発生は防げないと判断する。少数意見は、救済に値するまじめな住民は助けるべきと考える。市参事会は一九日に多数意見と同様の態度をとった。[72]

第五九救貧委員会の強化については次の点を指摘しておこう。一八二〇年代に比べると、市当局は、救貧学校の教師であり住民でもある人物を通じて、ファミリエンホイザーの実態をより正確に知ることが可能となった。一八二〇年代にファミリエンホイザーを調査したテュメルはクライネス・ハウスに設置されたコレラ治療施設に関与しており、この時期も無料施療医として活動していたようである。組織の強化の際、このテュメルではなく、住民でもある救貧学校教師を選択した理由としては、より正確な情報を求めたという事情が想定できよう。ただし、二人の教師が住民への援助を求めていたのに、市救貧局や市参事会は救済を控えており、両者の見解は異なる。

九月二一日、ファミリエンホイザーに最初のコレラ患者が確認され、そのため立ち退きはしばらく延期された。[73] ファミリエンホイザーにおける市当局の対応や罹患率については、第一節でのべたとおりである。

一一月二五日、市参事会はヴィーゼケの要求への態度を最終的に決める。市参事会の立場を整理すれば次のようになる。まず、大都市では下層民衆の道徳の低さは嘆かわしく、かつ一般に認められた事実である。そして、市内に下層民衆が散らばれば、（市民の）良い例の影響で彼らの悪い影響はそれほど危険ではない。しかし、一カ所に集まると、彼らは低く沈み悪い例で引き裂かれ、そして全体が非道徳化する。ファミリエンホイザーに五〇〇家族集まったため、悪状況が生じた。この建物には、礼拝所・学校・救貧委員会・コレラ治療所といった、市内に貧者を分散するには余分な施設が造られ、市当局に負担をもたらしている。この例を他の住居の住民も要求すれば、自治体の支出が増える。また、ファミリエンホイザーの暴動が都市内の騒乱の誘引となりうると、主張する。[74]

ここから次の三点を指摘しておこう。まず、ファミリエンホイザーのように一カ所に大人数が集まる建物が大きな問題を孕むという、一八二〇年代以来の発想が見られる。ただ、それは道徳の問題についてだけである。コレラの流行とファミリエンホイザーの罹患率の高さは、衛生問題についての一八二〇年代以来の不安が現実化したものといいうる。それにもかかわらず、衛生の問題はここには出てこない。全市的な「青い恐怖」の猛威の前には、特定の建物に責任を転嫁するような議論は影を潜めたのかもしれない。コレラ治療施設を設置すれば十分衛生問題に対応できると考えるようになったとも解釈できる。ファミリエンホイザーでコレラ患者が確認されたのが、ベルリン市内よりも一カ月近く遅れたことが、この建物のもつ衛生面での問題についての認識の変化をもたらしたという可能性も考えられよう。もっとも、この点については現段階では明確なことはいえない。次に、下層民に対する市民の良い例の影響を強調している。この発想（以下「混合居住」）がのちの住宅改革運動で説得力をもつようになるのだが、それは第Ⅱ部で検討することになる。最後に、以前同様市の支出増加への懸念が語られている。

半年にわたる交渉の末、一二月二七日に内務大臣から彼の考えが支持されないことが告げられると、ヴィーゼケも前所有者同様ファミリエンホイザーを売り払い、パリに向かった(75)。三二年三月一二日からしばらくの間、この建物は上級地方裁判所の管轄下におかれた。上級地方裁判所はファミリエンホイザーを競売に出したが、すぐには買い手がつかなかった(76)。

以上、二度の騒動とコレラ流行における罹患率の高さは、一八二〇年代以来この建物にもたれていた不安が現実化したものといえる。そうした事態に対して、この時期の市当局では、一八二〇年代に見られたような建物自体の改造という議論は影を潜める。そうした議論は、費用や手間の点から現実的ではなかったのであろう。衛生面を問題視するという視点も議論の前面に出てきていない。また、一八二〇年代とは違い、ヴィーゼケの交渉相手がもっぱら市当局であったためか、事態への対応が基本的に市当局内で処理されており、警視庁や国家は顔を見せていない。とはいえ、大枠では一八二〇年代からの議論がそのまま継続している。市当局の議論には、一カ所に大人数が集まって住むことが引き起こす問題への不安がうかがえ、さらにこうした住宅が市に財政負担をかけることへの懸念が見られる。行政機構内の住民の状態を知りうる立場の者が中枢の者とは判断が異なる点も、以前同様である。新所有者も家賃収入の確保に腐心し、住民も受け入れられない処置には暴動を起こしているのである。

むすびにかえて

本章の叙述をここで手短に整理しておこう。

市当局や警視庁は、ファミリエンホイザーに道徳・衛生・防犯の面で不安を感じ、市民層の住居を前提とした議論で対処しようとする。この二つの行政機構そのものの性格や役割は異なるものの、ファミリエンホイザーという従来なかった類の問題への対応は、基本的に同一の論理に基づいていたのである。これに加え、市当局には救貧負担の増大の抑制という意識がうかがえる。行政の末端に位置する者の判断は、どちらかといえば住民寄りであり、中枢部とは異なる。市当局や警視庁の要求に対して、二人の所有者は家賃の確保に腐心し、住民はうけいれがたい要求が突きつけられると暴動を起こし抗議する。他方、一部の市民が慈善事業をおこなうものの、広範な市民がこの建物への関心をもつようになるのは一八四〇年代になってからのことである。[77]

一八二八年の規則で市当局や警察にとっては、この建物の孕む問題に一応の上限が設定されることになる。その後も、ファミリエンホイザーを不安視する言説は残るものの、暴動やコレラ流行に直面して市や警視庁が態度を硬化させていくわけではない。これは、当時の行政機構が、「トロイアの木馬」に対して規則を設定し、それを守らせる以上のことはできなかったことを意味するのであろう。当時の市参事会や警視庁は、問題は認識しつつも、労働者の社会問題を中心とした都市問題に積極的に取り組めなかったのである。テュメルの報告書が政府に提出された直後の一八二七年四月、内務大臣は当時エルバーフェルトでおこなわれていた自治体による住宅供給を市参事会に薦めるが、市当局は、そうした住居を目当てに貧しい人々がベルリンに流入するのを恐れて拒否している。[78] 第一次世界大戦後の「社会的住宅建設」とは、いまだかなり隔たりがあるといえる。
以上の成果と、第Ⅱ部でとりあげる一八四〇年代以降に展開する住宅改革運動との関連について展望をのべて、本章の締めくくりとしよう。

市当局や警視庁にあってはファミリエンホイザーそのものが標的となったのに対して、住宅改革運動では、市民層の最下層の人がこの種の住居へ転落することの防止がその目的となった。こうした相違はあるが、ファミリエンホイザーの道徳・衛生・防犯上の危険性を強調し、それをもとに当時の市民層の住居を前提にした議論が展開するという点では、本章が明らかにした市当局や警視庁の論理と住宅改革運動の論理は、共通の土台にある。一八三一年の市参事会においては、そうした議論の延長線上で市民層の良い影響を労働者にあたえるという発想が語られ、のちの住宅改革運動で見られる「混合居住」の発想がすでに見られる。

したがって、量と質の面でそれまでに存在しなかった住宅の出現という事態に対するベルリンの行政機構と住宅改革運動の対応は、同次元の論理に基づくものであった。相互の系譜関係についてはっきりしたことはいえないが、市参事会や警視庁の反応も、住宅改革運動も、人口増に伴う住宅問題の発生に対するベルリン市民社会による反応の一環であったと考えてさしつかえない。このようなことを考えると、都市の行政機構の対応を捨象して議論してきた従来の住宅改革運動研究の視角は、一面的であるといわざるをえないだろう。

しかも、「混合居住」に象徴される発想は、住宅改革運動に受け継がれるだけではなく、ベルリンの都市行政の担い手に、その後も説得力をもちつづけるようである。一八六二年、警視庁の依頼で、J・ホープレヒトはパリのオスマンの改造に比肩しうる都市改造案を作成する。十全な成果を上げたとはいいがたいこのベルリン改造であるが、彼が一八六九年に書いた著作でのべている改革構想の軸の一つとなったのが「混合居住」なのである。[79] ベルリン市統計局のブルッフも、一八七二年の論文で「混合居住」を理想とする。[80] もちろん、こうした構想がどの程度市当局や警視庁のメンバーに共有されていたかははっきりしたことはいえないものの、「混合居住」は一八六〇年代の都市行政の担い手にとって完全に現実性を失っていなかったことは主張してもさしつかえない。本章が明らかにした市当局や警視庁の論理は、一八六〇年代に至るまで、住宅問題や都市問題に関心をもつかなりの人を規定した発想なのである。

以上展望としてのべたことは第Ⅱ部と第Ⅲ部でまた検討を加えるとして、ここでは章を改めて、本章であつかった市民社会側の動きが、一八四三年の段階で住民の生活にどのような意味をもっていたかを検討しておきたい。

注

（1）本章の議論は、一九八〇年代以来盛り上がりを見せている市民層研究の流れを念頭においたものである。近年の市民層研究の動向については、本書序章第二節参照。

（2）家賃税は一八一五年に導入された。ベルリン市内の建物すべてが課税対象となり、家屋所有者は家屋価格の四パーセントを、賃借人は家賃の八・三三パーセントを市当局に支払うことになっていた。Günter Liebchen, Zu den Lebensbedingungen der unteren Schichten im Berlin des Vormärz. Eine Betrachtung an Hand von Mietpreisentwicklung und Wohnverhältnissen, in: Otto Büsch (Hg.), *Untersuchungen zur Geschichte der frühen Industrialisierung vornehmlich im Wirtschaftsraum Berlin/Brandenburg*, Berlin 1971, S. 74f.

（3）Johann Friedrich Geist und Klaus Kürvers, *Das Berliner Mietshaus 1740–1862. Eine dokumentarische Geschichte der 〉von Wülcknitzschen Familienhäuser〈 vor dem Hamburger Tor, der Proletarisierung des Berliner Nordens und der Stadt im Übergang von der Residenz zur Metropole*, München 1980, S. 146f. 本章の分析に用いる史料はこの史料集に依拠する。この史料集の問題点については、拙稿「一九世紀中葉ベルリンの住宅事情（一）」・「（二）」（『新潟大学教育学部紀要（人文・社会科学編）』三七―一・二、一九九五年・一九九六年〈以下「住宅事情（一）」「（二）」〉、本書第Ⅰ部第1章）、および「一八四〇年代ベルリンの都市社会とファミリエンホイザー」（『西洋史学』一七五、一九九四年〈以下「都市社会」〉、本書第Ⅱ部第2章）参照。

(4) Geist und Kürvers, *a. a. O.*, S. 154–156.

(5) 一八二四年九月二七日に発生した別の暴動でも住民は同様の行動パターンを示し、この時期、権益を侵害された時の住民の行動様式は、ほぼ一定している。この日、フォークトラント担当の救貧委員である商人ツィーヒェは、その日に支払うべき一五一人分約一四八ターラーの扶助金に対して、約一〇八ターラーしか市から受け取っていなかった。扶助金をもらえなかった住民のうち寡婦バインが騒ぎだし、彼女とその子の叫び声で二〇〇人が集まり暴動が発生した。*Ebenda*, S. 324f.

(6)「青い恐怖」については、見市雅俊ほか『青い恐怖　白い街 ― コレラ流行と近代ヨーロッパ』(平凡社、一九九〇年)参照。ベルリンやプロイセン各州の最初のコレラ流行についてはBarbara Dettke, *Die Asiatische Hydra. Die Cholera von 1830/31 in Berlin und den Preußischen Provinzen Posen, Preußen und Schlesien*, Berlin/New York 1995 参照。

(7) Geist und Kürvers, *a. a. O.*, S. 154.

(8) ドイツの住宅についての先駆的業績であるLutz Niethammer (unter Mitarbeit von Franz Brüggemeier), Wie wohnten Arbeiter im Kaiserreich? in: *Archiv für Sozialgeschichte*, 16, 1976; ders. (Hg.), *Wohnen im Wandel. Beiträge zur Geschichte der Alltags in der bürgerlichen Gesellschaft*, Wuppertal 1979 をうけ、一九八〇年代以降は住宅改革運動が、住宅をあつかう研究者の関心の焦点となっている。Nicholas Bullock and James Read, *The Movement for Housing Reform in Germany and France 1840–1914*, Cambridge 1985; Clemens Zimmermann, *Von der Wohnungsfrage zur Wohnungspolitik. Die Reformbewegung in Deutschland 1845–1914*, Göttingen 1991; Sylvia Brander, *Wohnungspolitik als Sozialpolitik. Theoretische Konzepte und praktische Ansätze in Deutschland bis zum ersten Weltkrieg*, Berlin 1984; Juan Rodriguez-Lorez/Gerhard Fehl (Hg.), *Die Kleinwohnungsfrage. Zu den Ursprüngen der sozialen Wohnungsbaus in Europa*, Hamburg 1987; dies. (Hg.), *Städtebaureform 1865–1900. Von Licht, Luft und Ordnung in der Stadt der Gründerzeit*, Hamburg 1985. そうした視角の問題点は本書序章第三節参照。

(9) Christoph Bernhardt, *Bauplatz Groß-Berlin. Wohnungsmärkte, Terraingewerbe und Kommunalpolitik im Städtewachstum der Hochindustrialisierung (1871–1918)*, Berlin/New York 1998. ほかに、北村陽子「第二帝政期フランクフルトにおける住宅政策と家族扶助」(『史林』八二―四、一九九九年)が、ヴァイマル期の住宅監督制度の社会的背景に第二帝政期の女性による家族扶助活動があったことを明らかにしている。

(10) 労働者の住む部屋にベッドだけを借り、貸し主の家族と寝起きを共にする人のこと。Niethammer, a. a. O., S. 115–122. 当時のベルリンのベッド借り人については注(3)前掲拙稿「住宅事情(一)」八頁参照(本書第I部第1章)。

（11）住宅事情を規定するかなり重要な要因であるはずの建築条例や建築行政の歴史的変遷も、ベルリンについては十分な検討が加えられているとはいいがたい。建築条例については、唯一 Heinz Ehrlich, *Die Berliner Bauordnungen, ihre wichtigsten Bauvorschriften und deren Einfluß auf den Wohnhausbau der Stadt Berlin*, Berlin-Charlottenburg 1933 が中世以来のベルリンに適用された建築条例の発展を概観している。Rodriguez-Lorez/Fehl (Hg.), *1985; 1988* 所収の論文でもドイツ各地の都市の建築条例をあつかうものがあるが、もっぱら「社会的住宅建設」につながる側面の強い一八八〇年代以降の条例が検討の対象となっている。

（12）Ludovica Scarpa, *Gemeinwohl und lokale Macht. Honoratioren und Armenwesen in der Berliner Luisenstadt im 19. Jahrhundert*, München/New Providence/London/Paris 1995, S. 38; Manfred Pahlmann, *Anfänge des stadtischen Parlamentarismus in Deutschland. Die Wahlen zur Berliner Stadtverordnetenversammlung under der Preußischer Städteordnung von 1808*, Berlin 1997. 川越修『ベルリン　王都の近代 ― 初期工業化・一八四八年革命』（ミネルヴァ書房、一九八八年）、二三頁および八五頁、拙稿「一九世紀前半ベルリンにおける市民層と市の名誉職」（『奈良史学』第二二号、二〇〇四年）。

（13）Bullock and Read, *op. cit.*, p. 33; Geist und Kürvers, *a. a. O.*, S. 462.

（14）Paul Clauswitz, *Die Städteordnung von 1808 und die Stadt Berlin. Festschrift zur hundertjährigen Gedenkfeier der Einführung der Städteordnung*, Belin 1908.

（15）ほかに、一八三一年と三二年のコレラ流行に対する社会の反応をあつかった Dettke, *a. a. O.* などがある。当時のベルリン社会における軍隊の役割については、Gernot Wittling, *Zivil-militärische Beziehungen im Spannungsfeld von Rezidenz und entstehendem großstädtischen Industriezentrum: Die Berliner Garnison als Faktor der inneren Sicherheit 1815–1871*, in: Bernhard Sicken (Hg.), *Stadt und Militär 1815–1914. Wirtschaftliche Impulse, infrastrukturelle Beziehungen, sicherheitspolitische Aspekte*, Paderborn 1998 が初めての本格的な研究である。

（16）Scarpa, *a. a. O.*; Dietlind Hüchtker, *〉Elende Mütter〈 und 〉Liederliche Weibspersonen〈. Geschlechterverhältnisse und Armenpolitik in Berlin (1770–1850)*, Münster 1999.

（17）Ulrike Dorn, *Öffentliche Armenpflege in Köln von 1794–1871*, Köln/Wien 1990; Norbert Finzsch, *Obrigkeit und Unterschichten. Zur Geschichte der rheinischen Unterschichten gegen Ende des 18. und zu Beginn des 19. Jahrhundert*, Stuttgart 1990; Mary Lindemann, *Patriots and paupers. Hamburg, 1712–1830*, New York/Oxford 1990.

（18）彼女の研究は、ベルリン市民協会といったベルリン市全体を舞台に結成された協会とルイーゼン市区の名士の関係を、そうした協会で活躍した人物数名の経歴と彼らの協会内の立場を叙述することで検討し、地域と都市全体の連関を示唆している。ただし、あげられている人物の一般性が十分検討されていないため、両者の関係が説得的に論じられているわけではない。Scarpa, *a. a. O.*, S. 78–113.

(19) Pahlmann, *a. a. O.*, S. 28–33.

(20) 都市条例では市民のほかに市民権をもたない居留民という階層を設定している。

(21) Clauswitz, *a. a. O.*, S. 120–123. 川越注（12）前掲書、八〇—八一頁。

(22) Clauswitz, *a. a. O.*, S. 113f.

(23) Harald Schinkel, Polizei und Stadtverfassung im frühen 19. Jahrhundert: Ein historische-kritische Interpretation der preußischen Städteordnung von 1808, in: *Der Staat*, 3, 1964.

(24) Clauswitz, *a. a. O.*, S. 110–197.

(25) *Statistische Uebersicht von der gestiegenen Bevölkerung der Haupt = und Residenz = Stadt Berlin in den Jahren 1815 bis 1828 und der Communal = Einnahmen und Ausgaben derselben in den Jahren 1805 bis 1828*, Berlin 1829, in: Geist und Kürvers, *a. a. O.*, S. 125–145. この報告によると、一八一五年から二八年にかけて、ベルリンでは九六六四世帯増加したが、家賃税を支払う世帯は四二一増えたにすぎない。残りの九二四三世帯は何らかの理由で家賃税を免除されたことになる。また、貧困のために免税となった世帯は一五年には二一二二であったのが、二八年は八五五六と一三年間で四倍となっている。全世帯に占める免税の世帯の割合を出すと、一五年には五・三七パーセント（全世帯三万九五四九）にすぎなかったが、二八年には一八・四四パーセント（全世帯四万六四〇四）と増大している。他方、救貧行政への支出も、二〇年には一万三五〇〇ターラーであったのが、二八年には九万五〇〇〇ターラーと七倍に増大し、救貧関連支出が市の支出全体に占める割合も、五・二パーセントから二五・五パーセントと急増した。もっとも、この数字は額面通りうけとるわけにはいかない。当初救貧委員会は試験的に四つしか設定されず、その後制度が徐々に整備され、最終的に完成を見るのはようやく一八二六年になってからである。制度的にはまだ不安定な一八二〇年の数字と完成後の二八年の数字を比較しても、救貧負担の増加を公平に示せない。ここでは、救貧負担の問題が、市参事会にとってこうした数字を使って対外的に主張しなければならない事柄であったことを確認すれば十分である。

(26) 川越注（12）前掲書、第四章。

(27) 管見の限り、一八二〇年代の状況を客観的に示すデータはない。第三節で検討を加える市当局による文章にも救貧扶助のデータが記されているが、本章が示すように、そうした文章はファミリエンホイザー住民への扶助が市の財政を圧迫していることを強調するために書かれたものであり、データが誇張されている可能性は否定できない。注（5）の暴動の記述で扶助を受ける人数や金額の数字をのべたが、これもそうした数字の性質について確かなことがわからないので、その数字から一カ月分の扶助金を計算することはできない。

(28) 川越注（12）前掲書、八二頁。

(29) Hüchtker, *a. a. O.*, S. 140.

(30) Geist und Kürvers, *a. a. O.*, S. 125f.

(31) 注（3）前掲拙稿「都市社会」二七頁も参照（本書第II部第2章）。

(32) Geist und Kürvers, *a. a. O.*, S. 125.

(33) *Ebenda*, S. 126.

(34) *Ebenda*, S. 127.

(35) *Ebenda*, S. 127–130.

(36) *Ebenda*, S. 130f.

(37) *Ebenda*, S. 131f.

(38) 注（3）前掲拙稿「都市社会」二七頁も参照（本書第II部第2章）。

(39) Geist und Kürvers, *a. a. O.*, S. 133.

(40) *Ebenda*.

(41) *Ebenda*, S. 134f.

(42) 以前検討したように、ファミリエンホイザーの家賃は当時のベルリンでも標準的なものであり、この主張は、実態を的確に判断したうえの評価というより彼の思い込みによると考えたほうがよい。注（3）前掲拙稿「住宅事情（二）」一六頁（本書第I部第1章）。

(43) Geist und Kürvers, *a. a. O.*, S. 136.

(44) *Ebenda*, S. 194–199.

(45) *Ebenda*, S. 137. テュメルの改革提案は次のような内容である。①住民数の減少・ベッド借り人なしで一家族が一住居に住む。②一住居内に暖房できる部屋、暖房できない部屋、台所、屋根裏の物置、地下室を設ける。③合理的消火装置の設置。④トイレの設置。⑤汚水溜の排除。⑥家畜小屋の解体。⑦ごみ箱の改善とそれの毎日の掃除。⑧道路と庭の舗装。⑨廊下と庭に照明の設置。⑩この建物専門の警官の任命。⑪学校にとくに注意を払う。⑫魂の救済。

(46) *Ebenda*, S. 136f. この添え状でも「トロイアの木馬」という表現が繰り返されている。

(47) *Ebenda*, S. 138.

(48) *Ebenda*, S. 137. こうした動きは、一八三五年にフォークトラントにエリーザベート教会が建設されたことで結実する。*Ebenda,* S. 179.

(49) *Ebenda*, S. 138f.

(50) *Ebenda*, S. 140. この規則と規定はガイストらの史料集にも収録されておらず、ここでは彼らの整理による。

(51) *Ebenda*, S. 141f.

(52) *Ebenda*, S. 141.

(53) *Ebenda*, S. 164-166. 本書第I部第3章第一節参照。

(54) Geist und Kürvers, *a. a. O.*, S. 146.

(55) *Ebenda*, S. 148f.

(56) *Ebenda*, S. 149.

(57) ブロニスワフ・ゲレメク『哀れみと縛り首 ― ヨーロッパ史のなかの貧民』(早坂真理訳、平凡社、一九九五年)。Hüchtker, *a. a. O.*

(58) Geist und Kürvers, *a. a. O.*, S. 378.

(59) 管区はフォークトラントには設定されておらず、この建物とかかわる管区長はいない。

(60) *Ebenda*, S. 150.

(61) *Ebenda*.

(62) *Ebenda*, S. 150f.

(63) *Ebenda*, S. 152.

(64) *Ebenda*, S. 152f.

(65) *Ebenda*, S. 153.

(66) *Ebenda*.

(67) *Ebenda*, S. 156. 住民の職業構成については、注（3）前掲拙稿「住宅事情（二）」一四―一五頁（本書第Ⅰ部第1章）。
(68) Geist und Kürvers, *a. a. O.*, S. 156.
(69) *Ebenda*, S. 157.
(70) *Ebenda*, S. 156.
(71) *Ebenda*, S. 157f.
(72) *Ebenda*, S. 158–160.
(73) *Ebenda*.
(74) *Ebenda*, S. 161–163.
(75) *Ebenda*, S. 163–168.
(76) ファミリエンホイザーは、三四年一一月一五日から三六年四月一一日かけて段階的に、法律顧問官ルードルフの書記・出納係ハイダーが購入した。一八四四年に死亡するまでファミリエンホイザーは彼の所有物であり、彼の死後一八七二年まで、その遺産相続人が管理した。*Ebenda*, S. 164–169; S. 519.
(77) 本書第Ⅱ部参照。
(78) Geist und Kürvers, *a. a. O.*, S. 142–144.
(79) James Hobrecht, *Ueber öffentliche Gesundheitspflege und die Bildung eines Central-Amts für öffentliche Gesundheitspflege im Staate*, Stettin 1868, S. 1f.
(80) 彼については第Ⅲ部第2章で詳しく検討する。

第3章

ファミリエンホイザーと市民社会
――一八四三年の探訪記の分析を中心に

はじめに

一九八〇年代の「特有の道」論争を経て、ここ十数年の近代ドイツ史研究の中心的テーマの一つが市民層に関するものであることは、ここで改めて指摘するまでもない。市民層に関する近年の研究の整理から労働者に対する市民層の関係の検討が重要なテーマとして導き出されるということはすでに指摘してきたところである。(1)

こうした関心のもとでは、市民層の働きかけに対する労働者の側の対応も重要であるのは強調するまでもあるまい。この点、谷川稔氏が一九九〇年の社会史研究のマニフェスト的論文において、「統合するもの＝国家」と「統合されるもの＝民衆」という二項対立的視点を脱却し、相互作用のなかで社会史研究を進める必要性を説いていることが示唆的である。(2) ところが、近年の社会史研究の動向を見ても、史料の問題もあって、労働者の生活史のなかでの市民の働きかけの意義は不鮮明なままにとどまる。(3) こうしたテーマにかかわる史料の少なさという現実を前にすれば、まず史料のあるところからこの問題にアプローチする必要があるだろう。本章では、スイス人の教師・教育学者ハインリヒ・グルンホルツァー Heinrich Grunholzer によるファミリエンホイザーへの探訪記「フォークトラントにおける若きスイス人の経験」(一八四三年。以下「探訪記」)[4]をとりあげたい。

前章[5]では、このファミリエンホイザーと市民社会とのかかわりについて、一八二〇年代の市当局、警視庁、そして所有者の対応を中心に検討を加えた。その際に、そうした動きのなかから学校や教会など慈善事業が出現したということも示唆しておいた。前章で明らかにした市当局や警視庁の対応は、この建物の防犯や衛生上の危険性を認識し、所有者に対して様々な要求を突きつけていった。また、市当局にとっては住民に対する救貧扶助の増大が大問題であった。本章では探訪記を史料として、以上のような市民社会からの働きかけが一八四三年の時点で住民の生活にどのような意味があったのかを考察したい。この考察からは、まず、前章で検討したこの建物に対する市民社会の対応の成果と限界が示されるであろう。次に、ファミリエンホイザーが当時のベルリン社会に占める位置が、住民の生活史の次元から明らかとなるであろう。第II部第2章で検討するように、当時のベルリン市民は、この建物を一般の社会から隔絶された異空間として描き出す傾向にあった[6]。本章の分析は、そうしたイメージの相対化に寄与すると思われる。

第一節で探訪記の史料的性格について確認し、第二節では学校と教会[7]をとりあげ、最後の第三節で救貧行政、警察、所有者と住民の関係を対象とする。

一　探訪記の史料的性格

グルンホルツァーの探訪記は、一八四三年七月に出版されたベッティーナ・フォン・アルニムの『国王に捧げる書』の付録である。彼女はベルリンの社交界の中心人物の一人であった。『国王に捧げる書』は、一八四〇年に即位したフリードリヒ・ヴィルヘルム四世への彼女の意見書である。一八一九年生まれのグルンホルツァーは、一八四二年一〇月から一〇カ月間ベルリン大学で教育学を学ぶためにベルリンに滞在していた。彼は四三年の三月二九日から四月二七日にかけての約一カ月で一四回ファミリエンホイザーを訪れ、三三世帯の住民にインタビューを試みた。それをまとめたのがこの探訪記なのである。

探訪記を史料として利用する際に留意すべき点として、次の五つがあげられよう。

第一に、グルンホルツァーはインタビューの際に体系的な調査をおこなわず、世帯ごとに叙述の長短や精粗の差がかなり見られる。探訪記には見落としや書き落としがあっても不思議ではない。

第二に、当時の一般の市民層とは対照的に、彼は、労働者の状況に短絡的に道徳面の危険性をみることはなく、労働者の状況にも理解を示す。それで、一般の市民層よりも住民の状況を正確に把握できると考えられる。ただ、労働者の人間関係の良さを過度に賞賛する態度が見られる点は注意する必要がある。[8]

第三に、彼は積極的に扶助をおこなわない当時のベルリンの救貧行政に批判的である。[9]

第四に、彼はスイスの小工業都市バウマの中等学校で教師として労働者の子弟を教えていた。[10] 彼は教育の「専門家」であり、またこの経験から労働者の状況への理解が生じたのであろう。

最後に、彼は性的な関係を叙述することを抑制しているようである。探訪記全体にそうした言及が見られないだけではない。ベッティンの世帯では夫が数年投獄されているのに妻は妊娠しており、当然それは婚姻外性交の結果なのだが、彼はそうした点に立ち入らない。ほかにも、売春を意味すると思われる叙述もあるが、グルンホルツァーの叙述ではそれは必ずしも明示的ではない。[11]

以上を探訪記の史料としての基本的性格と押さえたうえで、次に他の史料からの情報と探訪記の記述を対比させて、グルンホルツァーの叙述があたえてくれる情報の精度について検討を加えたい。ガイストらも、探訪記を中心に他の史料も交え住民の状況の再現を試みているが[12]、様々な史料からわかる情報を、それぞれの史料の性格を押さえないまま処理してしまっており、分析の手続きに問題がある。

まず、グルンホルツァーは「報告した例は選び出したものでも、尾鰭を付けたものでもないので、ファミリエンホイザーの他の住人についても容易に結論できる[13]」と、自分の調査対象が住民の平均であると主張する。一八四二年に作成された家賃未払い人リストのデータ[14]とつき合わせて、彼の主張の妥当性を検証しよう。

グルンホルツァーが訪れる半年前に書かれたこのリストによると、ファミリエンホイザー全体で二九八世帯、約一〇〇一ターラーの家賃の滞納があり、一世帯あたり三ターラー一〇ジルバーグロッシェンの滞納となる。このリストにグルンホルツァーが訪問した世帯のうち二四が記載されている。極端な例を除いた二二世帯の家賃滞納の平均は三ターラー三ジルバーグロッシェン四ペニヒであり、全体の平均とほぼ同じである。次に世帯の大きさだが、一八四二年一一月に住民は四〇〇世帯二一九〇人おり、一世帯あたり五・四八人となる。探訪記には訪問した三三世帯に一三四人が記され、一世帯あたり四・一人である。全体の数字より下回るが、先に指摘したように世帯構成員の見落としや書き落としの可能性が考えられるので、彼の訪れた世帯は少なくとも極端な例外ではない。のちに確認するように、世帯主の職業構成は、未払い人リストと探訪記はほぼ同様の傾向を示す。以上から、探訪記でとりあげられている世帯がファミリエンホイザー住民のなかで特殊な存在ではないことは主張できよう。

次に、客観的な情報を提供してくれると思われる、他の史料とも符合している事実がかなりあり、探訪記がファミリエンホイザーの状況をかなり忠実に再現している側面があることは明らかである。そうした状況を、第Ⅰ部第1章で検討したデータと探訪記の叙述をつき合わせて検討し、その作業を通じてこのファミリエンホイザーにどのような人が居を構えていたのかを確認しておきたい。

表1-3-1は、探訪記の記述のうち、他の史料と対比できる情報を便宜的にまとめたものである。

表 1-3-1

	名前	世帯構成	世帯主の職業（自称：実際）	頁
1*	?	○●★☆☆	きこり：労働不能	S.537f.
2	Sinhold	○●（△△△△△△△△△）	織工：失業	S.538f.
3*	Kupfer/Kittebach	□／◇△△	織工／織工（雇い人）	S.539f.
4	Unger	○●△△△△△△	織工	S.540f.
5*	Gellert	◎○●★△△	家具職人：失業	S.541f.
6	Schadow	○●△△ < △△△△△ >	靴職人	S.542-545
7	Schreyer/Ignaz	◆（☆）< ○△△ >／□	糸巻（寡婦）：失業／織工：失業	S.545-549
8	Bischoff	○●（☆☆☆☆★）	傷痍軍人：玩具つくり	S.549-551
9	Engelmann	○●△△（☆）< △△△△△ △△△ >	仕立屋	S.551-555
10	Weidenhammer	○●☆△	ガラス職人	S.555-558
11	Dahlström	○●★☆☆（☆）	織工：労働不能	S.558f.
12	Kleist	◆☆★☆☆（☆）< ○△△ >	糸巻き（寡婦）	S.559f.
13	Jährig	○●☆★ < △△△△△△△ △△△ >	織工	S.560f.
14	Künstler	◇☆☆☆（★）< ●△△ >	織工：糸巻き	S.562f.
15	Möltner	◆★△ < ○ >	骨拾い（寡婦）	S.563f.
16	Kayser	◆☆☆ < ○ > ◆	糸巻き（寡婦）	S.564-566
17	Fischer	○●☆★ < △△△△△△△ △ >	織工	S.566-568
18	Schumann	○●★★★★	商品の運搬	S.568f.
19	Fundt	◇☆△（☆☆☆★★）	鋳造（労働者）	S.569-571
20	Suschi	■△△	骨と紙屑集め（離婚した女性）	S.571f.
21	Berwig	○●☆△△△△（☆）< △△ △ >	織工：切屑片付け or 材木集め	S.572f.
22	Benjamin	○●△△	日雇い	S.573
23	Krellenberg	○●△★☆☆△△△△ < △ >	家具職人：日雇い	S.573-575
24	Ehrike	□★	靴下織り	S.575-577
25	Ketzler	◆★☆△△△	洗濯と床掃除（寡婦）	S.577f.
26	Würth	○●	織工：労働不能	S.578f.
27	Lottes	◇（★☆☆☆）	織工：エプロンの紐作り	S.579f.
28	Weber	○（●）☆★☆	労働者：乞食	S.580f.
29	Urbrich	□☆	織工	S.581
30	Matthes	○●☆	織工：失業	S.582
31	Bergmann	○● < ☆☆ >	失業	S.582f.
32	Hambach	○●★★△△△	ネッカチーフ織り（織工）	S.583f.
33	Bettin	（○）●△	洗濯女（夫は機械工）	S.584f.

○＝夫、●＝妻、◇＝やもめ、◆＝寡婦、□＝男、■＝女、◎＝姑、☆＝息子、★＝娘、△＝こども（性別不明）。
（ ）内は別居。< > 内は死亡。

／は 2 世帯の場合の境。

*1、3、5 については、探訪記だけではなくグルンホルツァーの日記の叙述からデータを補った。付論一参照。

世帯構成からみていくと、まず指摘しておくべきは、当時の労働者住居の慣習であり、市民層から問題視された又貸しやベッド借り人が見られないことであろう[15]。こうした習慣は、血縁関係にない若い男女が同じ空間で寝起きを共にすることによって道徳的な乱れをもたらす、と当時の市民層から信じられており、ファミリエンホイザーでもそうした習慣が根強く見られたと当時考えられていたようである。ところが、前章でみたように、この習慣は、一八二八年四月二九日に警視庁が出したファミリエンホイザーについての規則で禁止されている[16]。実際、一八三〇年代以降の住民調査でも、こうした慣習はほとんど報告されていない[17]。探訪記を見ると、血縁関係にない者の同居という例は3と7のみであり、それらも又貸しではない。

写 1-3-1　グルンホルツァーのスケッチ（骨を集める女性）

写 1-3-2　グルンホルツァーのスケッチ（きこり）

　次に目につくのが構成員が揃っていない世帯の多さである。まず、投獄などによる一時的な家族の離散の例が見られ、28では妻が乞食行為、33では夫が官吏に対する違反行為で数年間投獄されている。7の同棲相手の男性も乞食行為のため一時期留置されている。また、19のこどものうち四人は障害者だが、二人は病院で、二人は親戚のもとで暮らしている。完全に世帯が解体した例もあり、20の老女は八年前にふしだらな織工の夫を離婚している。ただ、より注意すべきは両親のどちらかが死んでいる世帯であろう。寡婦が世帯主となっているのが五例、やもめが世帯主であるのは二例であり、世帯主ではないが3の雇い人もやもめである。家族の構成員の死といえば、こどもの死亡数の多さも注意をひく。表のデータを整理すると、六四人生まれたうち三三人が死亡している。構成員が揃っていない世帯が多いという傾向は、三世代同居が5だけであるという事実にも反映している。

こうした状況を包括的に示してくれる史料はないが、すでに検討したように一八三四年と四二年のデータでも、世帯主に寡婦などの独身女性が多いという事実が、構成員が欠けた世帯が多数存在するという状況の一端を示している。

世帯主の職業は、本人の自己認識による「自称の職業」と現実に収入を得ている「実際の職業」を分けてある。世帯主の「自称の職業」を見ると、三四年や四二年のデータとほぼ同じ職業構成を示すことは、すでに第I部第1章で確認した。織工を中心とする家内労働者がほぼ三分の二を占める。当時のベルリンの繊維工業は問屋制でおこなわれていたので、彼らは自分の部屋に織機を据え付け、問屋から原料を受け取り、布を織り、それを問屋に売却したであろう。[18] これに加え、妻・こども、そして寡婦の生業として機織りの準備作業である糸巻きがよく見られる。[19] 彼らは巻き枠に糸を巻き、それをファミリエンホイザーに住む織工に報酬と引き換えに渡す。それで、第1章ですでに確認したように、ファミリエンホイザーは「機織り工場」の様相をおびる。他方、ファミリエンホイザーは機械工場地帯に位置するものの、その労働者のための住居という性格はそれほどない。探訪記の住民で機械工場にかかわりをもつ者は19のやもめと33の夫のみである。もっとも、19はこどもの世話のため工場より自分の部屋で働くのを好み、33は投獄されている。独身女性が多いのも特徴である。

一八三四年の調査から、住民の生業が不安定であることはすでに指摘した。探訪記の叙述からも、「自称の職業」と「実際の職業」の食い違いの多さが示すように、就業していても、様々な理由から本来の職業につけない住民がかなりおり、住民の家計は不安定であったことがうかがえる。手工業的職種を営む者は製品を作る仕事を獲得できず、23は日雇いの仕事につき、6、9、10は靴、服、ガラスを修理する。手に職をもたない人も多い。18は商品の運搬、21は切屑の片付けをする。21は天候のためこの仕事ができないと近くの森で集めた木材を市内で売る。8の傷痍軍人は玩具を作り、老齢のため本来の仕事ができない27の元織工は隣の織工からあまった糸をもらいエプロンの紐をつくる。寡婦の収入源も、糸巻きのほかは動物の骨・紙屑集めや洗濯・掃除がその主たるものである。[20] 年齢、病気、けが、病気の家族や幼いこどもの世話のため収入が減ってしまう例が、探訪記にいくつか出てくる。[21]

以上、世帯構成や職業を中心に検討を加えたが、ほかにも次のような点で、探訪記の叙述は客観的と思われるデータに合致する。第一に、探訪記では家賃が月二ターラーと記載されることが多く、これは一年間に直すと二四ターラーである。これは当時の所有者が家賃について、報告する年額二〇から三四ターラーの範囲内に収まっている。[22] 第二に、ベルリンの救貧行政についても、寡婦かやもめでこどもを育てるか、六〇歳以上の者のほかは、本当に労働不能の者しか受けられなかったとのべられており、[23] これは当時の救貧行政の実態に合致している。[24] この点については第三節でまた検討する。

以上のことから、多くの点で探訪記にファミリエンホイザーの状況が正確に反映しているのは確かであり、少なくともグルンホルツァーの意図としては、状況をできるだけ忠実に再現しようとしたのだとみてさしつかえない。その点で興味深いのが、グルンホルツァーが住民の収入についての情報をできるだけ詳細に知ろうとしていることであろう。ほぼ全世帯について収入の手がかりとなるデータが記載され、そこから彼らの経済状況について推定することも可能である。

ただし、グルンホルツァーは、労働者が住む集合住宅の道徳面・衛生面・犯罪面の危険性を強調する当時のベルリン市民の一般的な風潮に対して、そうした住宅では貧しい人々がお互いの関係を密にしながら、なんとか生活しているというイメージを流布しようとしている。探訪記の叙述は、グルンホルツァーが書こうとしたファミリエンホイザーのイメージにすぎず、それなりに偏ったものである、という可能性を、史料として利用する際に留意する必要があるだろう。

二　学校と教会

本節では、こどもの通学と就労の関係を中心に、住民の日常生活やライフサイクルにおける学校の意味を解明することが課題である。さらに、学校と同様に、住民に対する改革ないしは慈善の試みでもある教会(「祈りの時間」)にも検討を加え、学校が住民の生活に占めていた位置をより明確にすることも試みたい。

1　ファミリエンホイザーの学校と教会の設置

a　一九世紀ベルリンの初等教育

まず、一九世紀前半のベルリンの初等教育の発展を追っておきたい。

一九世紀初頭、ベルリンの初等教育の担い手は、私立ないし教会立の民衆学校と、救貧行政の管理下にある救貧学校の二本立てであった。前者については、当時の具体的な数字は不明である。他方、一八一九年に救貧行政が国家から市の管轄に移り、それに伴いベルリンに七校あった救貧学校の運営も市によって担われる。(25)それをうけ、ベルリンの初等教育を支える行政組織は二〇年代後半に整備される。二六年には、以前の枢密教育顧問官であったライヒヘルムが有給の教育担当参事会員に任命された。二九年には従来の学校委員会（一八二一年創設）は廃止され、かわりに教育局が設立された。この教育局は、三名の市参事会員、聖職者二名、市議会議員五名、そして市民委員数名からなり、ギムナジウムや営業学校を除いた、都市の保護下にある学校および教会立・私立の学校が、その管轄下におかれていた。[26] 二八年設立のファミリエンホイザーの私立学校も、設立後ほど経ずして市の行政組織の傘下に入ったことになる。

六歳から一四歳を対象とする市立学校に、こどもが最初から順調に通っていたわけではない。一八二七年の時点で、学齢児童二万五四四七人のうち、一万七六六八人が私立学校に、二七七六人が市立学校に通い、残りの五〇〇三人は学校に通っていなかったという数字がある。[28] その後、教育を受けていないこどもの数は漸減傾向にあったようである。三五年には一八五五人という数字があり、五〇年頃には、そうしたこどもは皆無に近かったと推定する研究者もいる。[29]

ところが一九世紀中葉までは、市立学校の建設が順調に進展したわけではない。一八四〇年に市立学校数は一二であり、その後も五〇年に一五、六〇年に二〇と増加しているが、[30] 人口増や教育への社会的需要の拡大には対応できなかった。その結果、六〇年前後までは市立学校に通うはずのこどもの半分が市立の施設に収容しきれず、彼らは市が授業料を負担するかたちで私立学校に受け入れてもらっていた。たとえば、五〇年には、市立学校児童二万二九二五人中一万一七七二人が実際には私立学校に通っていたのである。[31] 私立学校数は、初等教育に限定された数字なのかどうかは、はっきりしないが、四〇年について八七、それらとは別に私立の無料学校が二つあったという数字が残っている。[32] それぞれの学校の具体的な状況はわからない。当時のベルリンでは、これらの私立学校は、何らかの個人が自分の居室などで開設した小規模なものであったようであり、その教師の名前を冠して、たとえば「ホルヌンクの学校」などと呼ばれていた。[33] 一九世紀中葉までのベルリンの初等教育において、こうした前世紀以来の学校制度の遺産[34]が果たしていた役割は、いまだ大きかったことがうかがえる。

次にファミリエンホイザーの学校と教会に視点を移そう。

b　学校と教会の設立

ファミリエンホイザーは、その建設中（一八二〇～二四年）から三一年頃までベルリン市参事会や警視庁の注目を集め、その際衛生面や防犯の点で危険視される。住民のこどもの多くが初等教育を受けていないという事態も、問題視された点の一つである。[35]このような状況のなか、ファミリエンホイザーに学校が二八年に設立され、また教会が設けられていたことが、二七年から史料に出てくる。

学校の設立者は軍人、貴族、官僚であるが、ベルリンの民衆学校で教師を務め、労働者の子弟の教育に実地に経験を有していた[36]校長 Schulvorsteher のホルヌンクとヘニッヒが関与している。[37]一八二九年に書かれた設立者による報告書[38]に拠りつつ、この学校の設立当初の状況をのべていこう。

この学校の目的は、住民の子弟を倫理的かつ宗教的に教育して市民社会の強化を目指したものといえる。設立当時、ファミリエンホイザーに住んでいた約五〇〇人の学齢児童のうち、市立の救貧学校などに通っていたのは一一一人にすぎない。このような状況を改善するために、専用の救貧学校設立が図られたのである。まず、一八二八年一月に男子用の学校が二クラスで開設された。教室は、当時の所有者ヴュルクニッツが部屋を改造したうえで無料で提供している。この男子用の学校では教師一人に一二六人が学んだ。三月一日に女子用の学校が同様に二クラスで出発し、教師一人に一一八人の児童がついた。女子用学校の教室は、やはり所有者が改造したうえで低賃貸料で貸した。一〇月一日になると夜間学校も開講し、ファミリエンホイザーの学校の教育体制が確立した。これらの学校は四七年にファミリエンホイザーの敷地に別の市立学校が建設されるまで存続する。[39]

表1-3-2　ファミリエンホイザーの学校の教科ごとの時間数（週あたり）

	教　科	初級クラス	上級クラス	夜間クラス
1	宗教教育	3	4	3
2	綴り方と読み方	5	3	3
3	書き方	4	3	3
4	計算	1	3	3
5	話し方	1	1	0
6	聖書と教理問答書の暗記	2	2	1
7	歌唱教育	1	1	1
	計（週あたりの時間数）	17	17	14

Johann Friedrich Geist und Klaus Kürvers, *Das Berliner Mietshaus 1740–1862. Eine dokumentarische Geschichte der >von Wülcknitzschen Familienhäuser< vor dem Hamburger Tor, der Proletarisierung des Berliner Nordens und der Stadt im Übergang von der Residenz zur Metropole,* München 1980, S. 376.

学校の運営資金は寄付により、こどもは授業を受ける際に授業料を払わなくともよい。通学できるのはファミリエンホイザーの住民の子弟のみであった。慈善事業として学校が設立された直後、これらの学校には二四四人が、そして市立学校には一四二人が通っていたものの、いずれの学校にも通っていないこどもが七四人いた。学校に通う児童数は、それまでの一一一人に対して計三八六人と大きく増加している。新設の学校は住民のこどもに教育を受ける機会を提供する役割を果たしたといえる。とはいえ、かなりの割合のこどもが学校に通っておらず、彼らは以前同様、働きに出ていたと考えられる。

二クラス設けられた昼間学校では、すでに読むことができ、書き方と計算は初歩段階に達しているこどもが上級クラスに、そうした段階に達していないこどもが初級クラスに属した。夜間クラスについては七〇～八〇人のこどもが同レベルにある（何とか読めるが、書き方と計算はそれほどできない）ことにして、一クラスで授業をおこなうようにしている。

昼間クラスの授業時間は、男子用学校、女子用学校とも同じパターンである。水曜と土曜は午前中に初級クラス（一〇時～一二時）と上級クラス（八時～一〇時）両方の授業がおこなわれる以外は、午前(八時〜一一時)に上級クラス、午後(一時〜四時)に初級クラスが授業を受ける。これに加え、上級と初級合同で月曜の一一時から一二時まで歌唱教育の授業を受け、こどもは週一七時間授業を受けることになる。夜間クラスは、月曜から土曜は夜七時から九時、日曜は朝七時から九時に授業を受け、合計週一四時間授業を受ける。

教科ごとの時間配分は表1-3-2にまとめた。1と6が宗教教育であるが、初級では五時間、上級クラスでは六時間、そして夜間クラスでは四時間と、全授業の三分の一前後の時間数であり、かなりの比重を占める。初級では2の綴り方と読み方と3の書き方で合わせて九時間と、半分以上の時間数があてられ、このクラスの目的が、ある程度読み書きをできるようにすることにあったことがうかがえる。それに対して計算は初級クラスでは一時間にすぎず、算術的素養は実質的に上級クラスになってから教えられたのであろう。

設立当初の学校は以上のような状況であったが、その後、制度や授業内容の点でどのような改変が加えられたかは、わからない。児童数については、一八三二年に男子が一八〇人、女子が一八五人の計三六五人が教育を受けていたという報告がある[40]。ほかに、ファミリエンホイザーの別の建物(カオホマンスハウス)に、三七年に託児所が設けられている[41]。

ファミリエンホイザーの学校が設けられた建物は「シュールハウス(学校の家)」とよばれ、この同じ建物の中に住民用の教会である「祈りの時間」のための部屋が設けられた。設立時点は不明だが、水曜日・土曜日・日曜日の七時に礼拝がおこなわれた。設立者は、この建物に住む織工ジークムントである。ルター派の影響をうけていた彼は、当初自分の部屋で礼拝をおこなっていたが、参加者が多くなると専用の部屋を二つ借り、その際、所有者は家賃を安くしたり間の壁をとり払ったりして便宜をはかった[42]。

設立当初の教会に住民がどのようにかかわったかを知ることはできないが、学校については、こどもの通学状況の一端を示してくれる史料がある。その史料に検討を加えよう。

c　通学の状況

ここで検討するのは、昼間学校に通わず工場労働などに従事しているこどもの状況に関する、一八二八年五月一〇日付のリストである。[43] このリストには男子五九人、女子三六人、合計九五人の名前があがっており、彼らの住居の部屋番号・氏名・年齢・宗派・両親の職業・こどもの職業、そして彼らについての注記が記されている。このリストが作成されたのは、ファミリエンホイザーに男子用と女子用の学校が建設された直後であり、学校設置をきっかけに調査がおこなわれたと想定できるが、具体的な調査方法などは不明である。リストに出てくる親ないしは保護者は七八人であり、四〇〇世帯の約五分の一がこのリストに反映している。リストにあがっているこどものうち二八人がすでに転居し、また七人がファミリエンホイザーの昼間学校に通っていると記されている。このことからは、このリストが作成日時の前のある時点における学校に通っていないこどもについて、後日、おこなわれた調査の結果をまとめたものと推定できる。

この史料からわかることを手短にまとめておこう。一〇歳までは初等教育を受ける年齢と認識され、どのようなかたちであれ、大部分のこどもが学校に通っていたようである。一〇歳を過ぎると、教育を受けつづける者もいたはずだが、相当数のこどもが職に就く。そのなかには完全に学校に通うのをやめてしまう者もいただろうが、就労状況などに応じて断続的に通学するこどももいる。他方、人数的に多くないものの、六歳前後から工場などに働きに出るこどもも根強く見られる。そうしたこどものなかにも教育を受けることのできた者はいたわけだが、学校に通った経験を全くもたないままに成人する者も確実に存在したのである。

以上、ファミリエンホイザーの学校設立前後の状況をみてきた。項を改めて、グルンホルツァーの見た学校と教会の状況をみていこう。

2　グルンホルツァー探訪記の分析

a　学校

まず、グルンホルツァーが参観した幼児学校と女子用学校の様子[44]から検討していこう。彼は学校全体について「私立の協会が幼児学校を、別の〔協会〕が三つの小学校、そのうち二つが男の子用、一つが女の子用、を設立し、現在まで続いている」とのべる。探訪記にはファミリエンホイザーでは教育は無料で受けられたという記述[45]もあり、学校は設立以来の市民の慈善事業としての性格をこの時点でも保持していた。設立後一五年経って、男子用のクラスの数に変化はないが、女子用のクラスが一つに減らされたようである。児童数は三五〇と報告されているが、それが幼児学校と小学校を合わせたものなら、次に引用する幼児学校のこどもの数一四〇を引くと小学校だけの児童数は二一〇になる。学校の施設面については「それらは平均すると良く見える。多くのこどもが美しい施設を十分に与えられたようである」と肯定的な評価を加える。

幼児学校は「二歳から六歳の一四〇人の少年や少女が、老夫婦の指導のもと毎日六から八時間集まっている」と託児所としての機能ももつが、グルンホルツァーは教育の場としてもそれをみている。彼は、この幼児学校に対して「学校の外面的な施設は理にかなっている」と評価するが、「内面的なものについて私は不快感をもって驚いた」と教育方法については批判的である。「貧しい小さな子は学校の知識にすでに手を焼き、そして知識は最も貧弱な方法で与えられている」とものべている。その方法とは「こどもが質問に声を揃え、そして拍子をとって答える」というものであり、彼はこうした質問と解答の機械的反復による授業のやり方に批判的である。さらに、授業の内容が吟味されていないことも彼には驚きであり、十戒の七番目（「汝姦淫するなかれ」）が質問されていることについて「姦通を語る四歳の小僧と少女は一生私の記憶から消えることはなかろう」と語る。

女子用学校にも同様の叙述をしている。

六歳から一〇歳のこどもを教育する下級女学校は、前世紀の田舎の学校に私を丸ごと連れて行くようである。四三人の生徒が一緒にホルヌンクの読本から一字ずつ区切って読み、そして教師は棒でそれに拍子をあたえている。

一八世紀までの初等教育は暗記重視のもの[46]であり、グルンホルツァーの眼にはこうした授業のやり方は前世紀の遺物のように映ったのであろう。「六歳から一〇歳のこども」と記されていることには、学校設立直後と同様、一〇歳前後までが初等教育を受ける年齢として認識されていたことが反映している。

女子用学校についての叙述では批判の眼は「私立学校も国家の監視下にあるのだろうか？　少なくとも女の子用の学校の教師は、彼が高級教育官庁によって試験されたと私に語った」と教師やそれを支える制度にも向けられる。一九世紀初頭以来プロイセンでは初等教育の教師の養成は、国家によって拡充整備された「ゼミナール」とよばれる初等教員養成所によっておこなわれていた。当初から二年ないしは三年の課程が設けられた。さらに一八二六年には卒業試験が導入され、この試験に合格することが教師採用の際の優先条件となった。これはあくまでも優先条件であり、一九世紀前半の段階ではまだ教師の多くが「ゼミナール」での養成過程を経ないままに学校教育の現場に立っていた。「ゼミナール」はこうした無試験で登用された教員の再教育の役割も期待されていた[47]。グルンホルツァーが出会った教師は、何らかのかたちでこの「ゼミナール」での教育を受けたのであろう。

こうした授業を、ファミリエンホイザーの住民はどのようにうけとめていたのであろうか。まず学校教育についての住民の意見がはっきりあらわれている箇所を二つ引用してみよう。最初の例は、織工ウンガーの世帯についての叙述からである。

（糸巻き機を動かし）ながら彼女（ウンガーの妻）は、こども二人が学校に通い多くのことを学んだと、嬉しそうに語った。これは、ここでも貧しい人の最大の喜びがそのこどもであり、そしてそのこどもが学校教育によって悲惨さから抜け出すだろうことをあてにしている状況を示している[48]。

ウンガーの妻は、こどもが学校教育を受けていることを肯定的に捉えている。また、引用の後半部はグルンホルツァーの意見であろう。住民へのインタヴューだけからのものなのか、スイスでの教師の経験をもふまえたものなのかわからないが、この部分は、教育によって次世代が貧困から抜け出すことを期待する貧しい人々の発想が、彼にとって馴染みのないものではないことを示している。

他方、ガラス職人ヴァイデンハマーの世帯では、次のような光景が、まずグルンホルツァーの眼にとまる。麦藁の上には石板がぶら下がり、そこには「飲みそして食べる trink und ess」という言葉が熱心に模写されていた。石版と並んで編み上げたロープがぶら下がっていた。それは鞭の代わりに一一歳のカルルに対して用いられた[49]。

これらはこの息子に対する教育のための道具であるが、次のように使われていた。

息子は学校に通っていなかったが、父親が熱心に教育した。父親が朝出かける前に課題を出す。これが夜になってもできていなかったら、カルルはロープで鞭打たれるのである。息子はきちんと読み書きをし、計算は引き算まできている。父親は、こどもを何時間もだらけさせる救貧学校の教育ではこうはいくまいと私に確信をもって語った[50]。

当時のこども一般の学力を知る術がないので、カルルの学力が当時の教育水準のなかでレベルが高いのか低いのかは判断できない。少なくともファミリエンホイザーの学校設立の際の規定では、上級クラスには属すことができたように思われる。ヴァイデンハマーは救貧学校の教育に否定的であり、この点ウンガーの妻とは見解が異なる。とはいえ、初等教育の学力がこどもに必要と認識している点では、二人とも実は共通している。

探訪記ではほかにも、ファミリエンホイザーの学校の質が低いということが語られる例が散見される。たとえば、「仕立屋エンゲルマンはその息子のことについて残念に思った。なぜなら、ここでは学校が市内ほどよくなかったからである」[51]と学校の質の悪さが指摘されている。グルンホルツァーは織工ベルヴィヒの「九歳の息子は五年前から学校に通っているが、まだよく読むことはできず、計算は全くできない」とのべている。学力がこのような状態である原因について「ある程度の責任はこどもの物覚えの悪さにある。しかし、より大きな責任はファミリエンホイザーの初級男子校にある」と彼は判断する。[52] 織工イエーリヒの「一三歳の娘はまだ学校に通っている」[53]と記されている点には、学校教育の成果が十分あがっていないというグルンホルツァーの判断が含まれている。

とはいえ、後の二例では、こどもが学校に通いつづけているのは確かである。これらの例からは、学齢に達してからある程度の学力を身につけるまで、こどもは初等教育を受けるものと考える住民が存在したことは主張できよう。ほかにも寡婦メルトナーの一三歳の娘が、朝五時から夕方七時までタバコ工場で働くかたわら、夜七時から九時まで「補習学校」に通っている。[54] イエーリヒは、ファミリエンホイザーでは医療とともに教育も無料であるから、わざわざ引っ越してきているのである。

実際、探訪記を読むと、学齢期のこどもが学校に通っているという記述を捜し出すのに困難を感じない。[55] 逆に確実に学齢期とわかるこども（六～一〇歳）のいる世帯で、こどもが学校に通っているという記述のない世帯は四つある。そのうち二例は、生活苦から警察の取り締まりの対象となったことをきっかけに、日常生活が一時的にせよ崩壊した世帯の叙述であり、一例はこどもが病気もちである。[56] これらの世帯のこどもが、その時点で実際に学校に通っていた可能性は低いと思われるが、そうした例から、こどもたちの通学という日常性に属す問題についての判断を下すことは控えなければならない。通学しているという記述がない場合でも、それだけで登校していないと判断することはできないのである。

以上、探訪記の叙述から、学齢期のこどもが全員学校に通っていたと結論づけることはできないにしても、カルルの例を除けば、教育の専門家であるグルンホルツァーにとっては、こどもが通学していないという事態は、探訪記を叙述する際にとり立てて問題としてとりあげる必要性を感じなかった程度のものであったことは主張できよう。ファミリエンホイザー住民にとって、学校は、一定の年齢になったこどもを通わせる場として定着していたと考えられる。

こうした結論を補強するのが、探訪記に見られるこどもの就労の状況である。探訪記を見るかぎりでは、父親と一緒に乞食をした六歳の男の子[57]を除けば、学校に通う年齢（六～一〇歳）にあるこどもで働いている者は皆無である。逆に、一二、三歳以上になれば働きに出ることが期待されていたようである。[58]

もちろん、グルンホルツァーがこどもの就労について聞き落としたり、書き落としたりした可能性はあるだろう。[59]とはいえ、グルンホルツァーが探訪記を作成する過程で、住民の収入についてできるだけ正確に聞き出し、叙述しようとしていたことを考えると、一〇歳以下のこどもの就労が探訪記の叙述に出てこないことからは、少なくとも住民の家計の中で、こどもたちのもたらす収入はあまり大きな位置を占めていなかったと主張してもさしつかえない。

以上、学校設立直後と同様、一〇歳前後まではこどもが学校で教育を受ける時期と認識され、一二、三歳になると多くのこどもは働きに出るようになる。彼らも状況に応じて学校や「補習学校」に通っていたようである。他方、前項で検討したリストと探訪記は史料的性格も違うので断定的なことはいえないが、以前に比べると、一〇歳になる前のこどもが働き、学校に通った経験のないまま終わるケースは確実に減少していたようである。一〇歳までは初等教育を受けるという習慣が、ファミリエンホイザーの住民に確実に根付いていたとみて、さしつかえない。学校が完全に住民の生活の一部となっていたと結論づけられるのである。

b　教会

学校と対照的なのが教会である。グルンホルツァーは四月九日の「夕方六時に、並んでいる教室二つにだいだい二〇〇人が集まっていた」「祈りの時間」にも出席している[60]。そして、出席者について次のようにのべている。

（その人たちの中では）男性より女性が多く、そしてかなりの数のこどもが出席していた。服装から推し量ると、ファミリエンホイザーの住民は少数であり、市内や周辺〔に住む〕上流の女性が出席している。私は、組み合わせた両手、横のほうに傾けた頭、わざとらしく伏せた目線から、集まりの性格についてすぐにはっきり解った。

もともと住民の自発的動きから生じた「祈りの時間」は、この頃には、住民のための教会というよりは上流女性の慈善活動の場となっていたようである。とはいえ、住民の出席者が皆無だったわけではなく、グルンホルツァーは、寡婦シュライヤーの世帯を訪れた時に顔を合わせた[61]「織工Mの隣に座った」。

こうしてグルンホルツァーが席に着くと祈りと歌唱の後、説教が始まる。もっとも、グルンホルツァーは「キリストの受難に関する説教が続くだろうことをあらかじめ知っていた。というのは、その聖職者がキリストの人生に従って作られたテキストの順番を固執する以上に良心的ではないからである」と、話の内容に期待していない。その日の話の内容は十字架上のイエスについてであった。説教師は、イエスが最後に語った「私は渇く」という言葉に話を集中させる。それは禁酒に話をもっていくためである。最後に賛美歌を歌ってから禁酒協会の規約が読み上げられ、協会への参加が求められる。

こうした「祈りの時間」について、グルンホルツァーはその志自体は認めるものの、住民の信仰に役立たないとのべる。こうしてグルンホルツァーは、学校に対してと同様、教会も否定的に捉えるのである。

他方、すでに引用した「祈りの時間」の出席者についての記述が示すように、住民にとってはこのファミリエンホイザー内の教会は、大きな意味をもたなかったようである。探訪記には「祈りの時間」に積極的な役割をあたえる記述は出てこない。唯一、探訪記で「祈りの時間」に言及しているのは、寡婦カイザーについての叙述の箇所においてである。[62]

寡婦カイザーとその姉妹は「裕福な婦人たちによって支えられている」「祈りの時間」の存在を知っている。彼女らへのインタヴューから、グルンホルツァーは「説教師は自省を要求したが、それは労働のための時間すべてを必要とするものだった。それゆえ住民は彼と関係をもつことができなかった」とのべており、「祈りの時間」に、住民は積極的にはかかわっていなかったようである。さらに、次のような光景がグルンホルツァーの眼に留まる。

そうするうちに、敬虔な慈善家たちが、信心ぶった女性であろうとしない二人の寡婦の部屋のドアのところを通り過ぎた。

この部分の叙述によると、教会にかかわった市民は、「祈りの時間」にとどまらず、家庭訪問的な活動もおこなっていたようである。とはいえ、慈善活動に関与した人々と、少なくともこの二人の寡婦との間には積極的な関係は成り立っていなかった。

ほかにも住民が教会などに積極的に関与していなかった様子が探訪記に出てくる。日雇いシューマンの世帯は、グルンホルツァーが訪れた時、みな仕事着を着ていたが、「日曜日に着る服はなかった。それで家族の誰も教会に行かなかった[63]」のである。そうしてみれば、服を売り払い裸同然やぼろぼろの服装の住民も多く[64]、彼らのなかには同じような理由で教会に行けなかった者がかなりいたと予想される[65]。本来、こうした人たちにも教会に行く機会をあたえるのが「祈りの時間」の役割だったはずである。

住民が「祈りの時間」に全くかかわらなかったと結論づけるわけにはいかないが、グルンホルツァーがインタヴューをするなかで、この慈善事業に積極的な意味づけをあたえるような情報に、それほど出会わなかったということは主張できよう。探訪記の書かれた時点では、「祈りの時間」は、住民のための教会としての機能を十分果たしていたとはいいがたかった。それよりは、市民層に慈善活動にかかわる場を提供していた側面が強かったといえる。その点、寄付を介した関与に限定されていただろう学校よりも、「祈りの時間」は幅広い慈善活動の場を市民層に提供していたといえる。

3　小括

一八二〇年代になってベルリンでは初等教育制度の整備が始まり、ファミリエンホイザーでは二〇年代後半に学校と教会が設けられる。その時点でも、一〇歳まではこどもは学校に通うという習慣がかなり普及していたが、人数は少ないものの、学校に通ったという経験のないまま成人する者も確実に存在したようである。設立後十数年経った一八四〇年代には、学校は運営のための寄付というかたちで、教会は、教会を介した市民女性の慈善活動の場というかたちで、市民による、住民に対する慈善事業としての役割を果たしていた。同じ時期、住民にとっては、一〇歳までは学校に通うという習慣がほぼ確実に浸透し、学校は一定の年齢に達したこどもを通わせる場となっていたのに対して、「祈りの時間」は積極的な意味をもたなかった。

ウンガーの世帯の例でのべたように、ベルリンの都市社会の最底辺で貧困にあえぐ住民にとって、学校の初等教育は、そこで身につけた知識によって自分のこどもたちが成人した暁に貧困から脱出することを期待させるものであった。実際に住民の間にどこまでそうした観念が拡がっていたか、確かなことはいえないが、学校に通いつづけたり「補習学校」に通うこどもの例は、そうした彼らの期待を間接的に示している。住民にとっては観念的な宗教上の救いよりも、次世代の、教育を通じた貧困からの脱出のほうが、現実生活のなかで、より積極的な意味をもちえたのである。

三　救貧行政・所有者・警察

本節では、住民の生計と密接にかかわってくる、救貧行政、家主、そして警察と住民との関係を、探訪記をもとにのべていく。救貧行政からの援助や家賃に関する情報をまとめたのが表1-3-3である。本節ではこれを参照しながら議論を進めていくこととする。まず、グルンホルツァーが探訪記で一貫して批判している救貧行政から検討したい。

1　救貧行政

グルンホルツァーは、ベルリンの救貧行政を批判[66]するが、それは次の二点に収斂される。彼の批判の矛先は何よりも救済の対象がかなり限定的であったことに向けられる。寡婦カイザーの同居している姉妹が扶助の申請をおこなわない理由を、「彼女はまだ六〇歳ではなく、病気ではなく、そして彼女のこどもは死んでいるからである[67]」と説明しているように、当時のベルリンの救貧行政は、老人か労働不能の病人か、扶養義務のあるこどものいる寡婦に対してのみ定期的な扶助をあたえていた[68]。次に、定期的扶助に加え、かなりの困窮に陥った場合に特別扶助があたえられるが、申請から実際の給付までかなりの時間がかかることも、救貧行政の問題点としてグルンホルツァーには意識されている。エンゲルマンの世帯の叙述では、一般論として「役人は、貧しい人が特別な救済を求めた時にだけ彼らを訪れる。援助が引き渡されるまでに、しばしば六〜八週が経ってしまう」と記されている[69]。具体的な例をみると、六ターラー家賃を滞納していたイエーリヒの世帯は、グルンホルツァーの訪れた四週間前から特別手当を出してくれるように市救貧局に請願していたが、八日前に役人がようやく彼のもとに訪れた。彼らは、回答がく

表1-3-3　家賃と扶助の状況

	名前	家賃	滞納	現在の扶助	備考	頁
1	?	2Tlr.（月）		2Tlr.（市）	かつて援助申請無視→経済的に崩壊して月15SGr.	S.537f.
2	Sinhold	扶助金→管理人	3月	1Tlr.（市）		S.538f.
3	Kupfer/Kittebach	2Tlr.（月）				S.539f.
4	Unger	2Tlr.（月）				S.540f.
5	Gellert			受けていない		S.541f.
6	Schadow		?	受けていない		S.542-545
7	Schreyer/Ignaz	2Tlr. 2Sgr.（月）		1Tlr. 15Sgr.（市）	育児中は援助なし・家賃は折半	S.545-549
8	Bischoff			1Tlr.（疾病金庫）		S.549-551
9	Engelmann	20Tlr.（年）		一時金15Sgr.	以前から一時的援助の申請（失敗と成功）	S.551-555
10	Weidenhammer		5		申請をした可能性	S.555-558
11	Dahlström		?	1Tlr.（兵役）	一度3Tlr.の特別手当	S.558f.
12	Kleist				夫の死亡時に3Tlr.・一時期2Tlr. 15Sgr.（月）	S.559f.
13	Jährig	2Tlr.（月）	6	2Tlr.（市）	20Sgr.（5年前）特別手当申請中	S.560f.
14	Künstler		3		扶助の申請中	S.562f.
15	Möltner	養育費から		2.5Tlr.（当局）	13歳の娘に扶助金	S.563f.
16	Kayser			養育費	同居の姉妹は扶助を受けず	S.564-566
17	Fischer		5	釈放時に4Tlr.	釈放時の扶助金から3Tlr.の家賃払う	S.566-568
18	Schumann		3	一時的援助2Tlr.		S.568f.
19	Fundt			2Tlr.（2月）		S.569-571
20	Suschi	扶助金で払えず		2Tlr.（2人）	12歳の息子に扶助金	S.571f.
21	Berwig		?			S.572f.
22	Benjamin				一時的扶助を2回（3Tlr.と2Tlr.）	S.573
23	Krellenberg		4		扶助申請するが駄目	S.573-575
24	Ehrike					S.575-577
25	Ketzler			3Tlr.（3人）	16歳の息子の堅信用の服	S.577f.
26	Würth	2Tlr.（月）		3Tlr.（市）	家賃は扶助金から	S.578f.
27	Lottes			20Sgr.（市）		S.579f.
28	Weber					S.580f.
29	Urbrich					S.581
30	Matthes		12			S.582
31	Bergmann	扶助金から		家賃の分（市）		S.582f.
32	Hambach		?		ジャガイモ畑を市救貧局から賃借	S.583f.
33	Bettin		4	1.25Tlr.（市）		S.584f.

る前に住居から追い出されてしまった[70]。

これにとどまらず、援助の申請や受け取りの際に心理的圧迫をかける例があったようである。たとえば、エンゲルマンは、妻が産褥で、そして子どもの一人が病気で床についた時、援助の申請をして二ターラーが認められた。一五ジルバーグロッシェンだけが現金で払われ、残りを二日後に取りにいったところ、長官が怒ったように彼を追い返したのである。このエンゲルマンの世帯の末尾には「私は、救貧当局から援助を受けるためにはしょんぼりした様子をはっきり示さなければならないという不満をしばしば耳にする」という記述がある[71]。

こうして探訪記からは救貧行政が住民の救済に無力であったことが読みとれることになるのである。とはいえ、探訪記は、全体として救貧行政批判という視点が強調されすぎている傾向があり[72]、叙述を慎重に読み解く必要がある。グルンホルツァーが自分の立場から情報を過度に強調したり、逆に省略したりすることは十分考えられるし、前年からベルリンにいるにすぎないので、背景となる情報[73]をどこまで把握していたのか定かではない。探訪記に出てくる情報をもう少し立ち入って検討してみよう。

まず、三三世帯中一五世帯と半分近くが受けている定期的な扶助金は、月額二〇ジルバーグロッシェンから三ターラーと、世帯のおかれた状況に応じて多様であるが、二ターラーと記されていることが多い（表1-3-2）。実際に扶助を受けているのは、高齢、怪我や病気で労働が困難であるか、こどもを育てている寡婦であり、若干の例外[74]を除くと、先にのべた救貧対象者の原則が機能していることがうかがえる。逆にいえば、住民は受給資格があれば、ほぼ確実に定期的扶助に申請していたものと思われる。

探訪記を見るかぎり、定期的な扶助金の使い道はおおむね家賃であった。たとえば、「市救貧局から、ジンホルトは毎月一ターラーをもらうが、それを家の管理人がすぐに取ってしまう[75]。」シュライヤー婦人は、市救貧局から月一ターラー一五ジルバーグロッシェン受け取るが、そのうち一ターラー一ジルバーグロッシェンで彼女の部屋の家賃の半分にあてた。残り半分は同棲している職工イグナーツが負担する。[76] 使い道が記されていない世帯でも、最初に訪れたきこりの世帯とイェーリヒの世帯では、家賃も扶助金も二ターラーであり、扶助金をそのまま家賃に流用したであろうことは十分予想できる。[77] 月二ターラーの扶助金を受け取るズーシの世帯の叙述では「あの扶助金では一度も家賃を支払えない」と記されているが、[78] これは、扶助金で家賃を支払うのが当時のファミリエンホイザー住民で幅広く見られた慣習であることを前提とした表現であろう。

次に、一時的扶助の援助の申請に対して結局何も得ていないという叙述は、クレレンベルクの世帯においてのみである。[79] グルンホルツァーの救貧行政批判の視点を考慮すると、この手の記述は、そうした情報を得たら積極的に書き込むと思われる。申請すれば特別手当を受け取れる可能性は、それほど低くなかったのかもしれない。逆に、人数は少ないとはいえ、特別手当の申請をしたり、受け取ったりしている住民が確実に存在していることは強調してよい。そうした住民の状況を見てみると、事情がわからないのも二世帯[80]あるが、家族の病気で仕事ができなかったり、[81] 家賃を滞納して「訴えられ」たり、[82] 夫が死亡したりして初めて、[83] そうした一時金をもらえているのである。そこまで切迫した事情があって初めて特別手当を申請できたのであろう。

こうしてみると、ヴァイデンハンマーの世帯の「最も切迫した場合でも市救貧局は請願者に二ターラー出して追い払ってしまう」という記述[84]は、グルンホルツァーは批判的な意味でのべているが、市救貧局が、貧窮のどん底の状態にある住民には、一時的援助をかたちだけでも出していたと解釈すべきものであろう。一時的援助は、申請から援助を受け取るまでに時間がかかったり拒否されたりするが、本当に困った時の収入源の選択肢の一つ程度の意味はあったものと思われる。

以上、グルンホルツァーが強調するほど市救貧局の救済が無力だったわけではなく、六〇歳を超えたり、病気や怪我をしたり、子持ちの寡婦となって労働が不可能ないしは困難になった住民の住居費を保障し、特別手当というかたちで、最も貧窮した際の収入源の選択肢の一つを提供する程度の役割は果たしていたのである。市救貧局は、救済を必要とする人たちに対して、制度にのっとって日常的に業務を処理していた観がある。ほかにも、学校について検討した際に指摘したように、市救貧局による無料の教育をこどもに受けさせるためにファミリエンホイザーに引っ越してきたり、ジャガイモ畑を借りている住民がおり、市救貧局の救済事業は、住民にとって全く無意味だったわけではない[85]。他方、のちに確認するように、救済の対象にならず、生活苦から乞食、未認可の行商、売春などをせざるをえない住民が少なからず存在したことも確かである。探訪記の叙述からは、ベルリンの救貧行政が制度としては機能していたものの、そうした制度にかかってこない住民の救済に問題があることを読み取るべきなのである。

2　家主と管理人

前項の分析で、救貧行政からの定期的扶助金が家賃にあてられていることを指摘したが、次に、家主およびそれを代理する管理人とファミリエンホイザー住民との関係について、検討していきたい。

ファミリエンホイザーの所有者は、初代ヴュルクニッツから一八三一年にヴィーゼケに代わる。この建物は、三二年から上級裁判所の管理下におかれたうえで、三四年から三六年にかけてハイダーという人物が段階的に購入した。グルンホルツァーが訪れた時には、このハイダーが家主であった[86]。

当時の家主と住民の関係についてまず指摘しておくべきは、家賃徴収の厳格さであろう。家賃を厳しく取り立て、家賃を滞納した住民を「訴えて」彼らを追い出してしまう。探訪記に記されているかぎりでは、三三世帯中一三世帯と四割弱の世帯が家賃を滞納している。書き落としなどの可能性があるので、この数字はもう少し高くなるものと思われる。前年秋に家主が作成した家賃滞納者リストには、二九八世帯と全体の四分の三が記されており、[87]これに比べれば割合は低いが、これだけ滞納者がいるのは異例のことであろう。一八三一年に前所有者のヴィーゼケが、家賃未払いがあまりに多かったため市救貧局に家賃の立て替えを要求したことがあったが、その時でも、家賃を滞納していたのは一二九世帯と全体の三分の一にすぎなかった。[88]家賃の滞納の状況は、一八四二年から四三年にかけての住民の生業が、以前にも増して不安定などん底の状態であったことを示唆している。

探訪記に出てくる滞納額を見ると、不明の世帯を除くと、「家主は、Mがすでに一三年間ファミリエンホイザーに住み、そして常に定期的に家賃を払ってきたために文句を言わない」[89]マテスの一二ターラーが最高だが、これは例外的に大きい。ほかは、だいたい三〜六ターラーの間におさまっている。当時のファミリエンホイザーの家賃は月当たり二ターラー前後であり、[90]彼らの滞納額はほぼ二、三カ月分に相当する。

エンゲルマンの世帯で「彼に最も重くのしかかってきたのは家賃（年に二〇ターラー）である。彼は家賃を払うためにしばしば自分の食い分を切り詰め、そして訴えられる危険のなか、いつも生活していた」[91]と記されていることからもわかるように、住民にとって、家賃の確保が他の支出よりも重要視されていたようである。すでにのべたように、グルンホルツァーは住民の収入を正確に知ろうと試みていた。5、23、28、30、31の世帯については不明だが、あとの世帯については探訪記の叙述を整理すると世帯ごとの月あたり収入の目安を得ることができる。

探訪期の記述をみるかぎり、ビショッフ、ヴァイデンハマー、ベッティンの一ターラー強を最低として、大部分の世帯の収入は数ターラーのレベルにとどまる。当時のベルリンの平均的手労働者の年収は一八〇ターラーであり、[92]これは月額に換算すると一五ターラーである。これに近い一〇ターラー以上稼げる可能性がある世帯は12、19、21、22、24、29の六つであるが、このうちそれだけの収入を獲得できる可能性が高いのは12のクライストと24のエーリケのみである。後の世帯は生業が不安定であるので、実際の収入はこれを大きく下回っただろう。彼らを含めて大部分の住民は、失業や病気が容易に襲ってくる状況のなかで、毎月家賃の二ターラーを確保するのはかなり難しかったであろう。

もちろん、衣食住のうち衣や食も切り詰められていく。衣料を売り払い、裸同然の状態となり[93]、外出するにも隣人から服や靴を借りなければならない住民もいる[94]。工夫してきちんとした服をこどもに着せている例[95]もあるが、探訪記に出てくるのはぼろぼろの服ばかりである[96]。家具については、織機のほかは藁布団を載せたベッドや食卓など、わずかのものしか記されていない[97]。また、寡婦カイザーは衣料や家具を二度と入手できないから、こうしたものを売り払うよりは一日飢えたほうがよいと考える[98]。この例が示すように、収入が減ると食事も切り詰める住民も多かったようである。通常一日二回であった[99]住民の食事は、パンないしはじゃがいも、そしてコーヒーが中心であり、それに小麦粉のスープやにしんが加わることもあった[100]。収入が減ると、食事がまず一日一回に[101]、そして何も食べられなくなり[102]、挙げ句の果てに「何日もパンを見ない」はめになる[103]。

とはいえ、住民にとって家賃の確保がより切実な問題であったといえる。

収入から家賃の分を確保できなくなれば滞納せざるをえない。定期的扶助金を得ながら家賃を滞納している世帯もいくつかあり、管理人が扶助金を取り損ねた場合、食費などに充当することもあったのであろう。クレレンベルクの世帯で「家主に対して〔家賃を〕支払おうとする。しばしば彼女は管理人の小部屋のそばを通って井戸にいくが、彼女は四ターラーの家賃を思い出させられる[104]」と記されていることからわかるように、滞納している住民には、きっちりと催促がなされていたようである。シャードの世帯の叙述で「人数が多い貧しい家族は家屋所有者から歓迎されなかった」と一般論が語られたうえ、彼らが市内の住居に住めなくなった理由は、家族が増えて支出がかさんだことであるとのべられている。それに続く探訪記の叙述を素直に読むと、彼らは一八三六年にファミリエンホイザーに引っ越してきてからも、何度も追い出されてい

るようである。(105)

滞納した世帯は「訴えられ」、何らかのかたちで援助があればよいが、なければ所有物を差し押さえられたうえ、住居から追い出される。(106)グルンホルツァーが訪問した世帯のなかでも、ジンホルトとベッティンの世帯にはそうした運命が待ち受けており、(107)イェーリヒは市救貧局への特別手当の申請も間に合わず追い出されてしまったことは、すでにのべた。滞納した家賃が二、三カ月分にとどまっているのは、三カ月滞納すればほぼ自動的に住居から追い出されたことを意味しているのであろう。グルンホルツァーは追い出された後の行き先として路上か矯正施設を想定しているが、(108)彼がどこまで確かな情報をもとにのべているのかはわからない。シャードは何度もファミリエンホイザーから追い出されたのであれば、何度も入居できたということであり、戻ってきたり、他の住居に居を構えることもできたのかもしれない。

追い出された住民にとって重要なのは、差し押さえによって仕事道具を失ってしまうことであろう。どこかから金を調達して差し押さえられた物件を取り戻せなければ、住民はそれまでの職を失ってしまうことになる。家賃についてはベルリンの最低レベルにある(109)ファミリエンホイザーを追い出されたら、仕事道具を失った住民は他の住居に入居できたとしても、そこの家賃を払い続けるのは困難であっただろう。ファミリエンホイザーの住民は、当時のベルリンについてのルポを書いたザスのいうように、「宿無しの一歩手前」だったのである。(110)

したがって、住民は可能なかぎり追い出されることから自分たちの立場を守ろうとすることになる。市救貧局から二ターラー援助してもらい、追い出されることを免れたシューマンの世帯も、三ターラーの滞納分を分割払いしている。(111)また、グルンホルツァーから数グロッシェンを得たシャードは、パン、コーヒー、そして木材に一二ペニヒ取った残りを、「文句を引っ込め」てもらうことを望んで、すべて管理人のところに持っていくことにしている。(112)

3　警　察

最後に、警察と住民のかかわりについてみていこう

探訪記には、両親が拘禁されたり入院したりで、こどもだけになってしまった世帯が二つ[113]出てくるが、そのうちヴェーバーの世帯は両親とも乞食行為で捕まっている[114]。生活苦の住民の収入源として乞食も選択肢の一つと考えられていた。ただし、乞食を自分の職業とする住民は探訪記には出てこない。妻が乞食をしたために数年前から拘禁されているヴェーバーの夫も「飢えに駆られて」乞食をしたのである。イグナーツは本来職工であり、仕事さえあればまだ十分働けた。それが、五週間職がなかったため、隣人から服を借りて外に出かけ、乞食をしたことでつかまっている[115]。乞食で収入を得ようとするのは、あくまでも自分の生業ができず、また市救貧局や隣人からの援助も当てにできない時のことであった。

市救貧局からの援助が制度的に対象を限定していたことはすでに見た。当時、隣人からの援助も多くを期待できなかったであろう。たしかに、金銭、服、そして食器を貸し借りしたり、仕事の融通をしたりして住民がおたがいに助け合い[116]、また関係を密にして生活していたという状況[117]も、探訪記からは読みとれる。こうした住民相互の助け合いをグルンホルツァーは賛美する。しかし、金銭の貸し借り[118]や仕事の融通[119]は、

写 1-3-3　貧民監督官

探訪記でもそれぞれ一例ずつしか出てきていない。グルンホルツァーが訪問した時期の住民の状況がどん底に近いことも考え合わせると、経済的な援助が当時の住民に広く見られたとは考えがたい。

切羽詰った彼らがおこなう乞食行為は行政当局の厳しい取締りの対象であった。

取締りの中心となっていたのは、一九世紀前半にあっては八人の貧民監視官とそれを監督する貧民監督長二人である。彼らは一七七四年の救貧制度の改革以来救貧局の管轄下におかれ、それは一八一九年に救貧制度が市に移されてからも同様である。さらに、門衛、市民防衛隊、地方警察 Gendarmen が取締りに関与し、貧民監督官を援助するように求められた。一八〇九年設立の警視庁も乞食を拘束していた。一八二六年の救貧条例で、乞食はもっぱら処罰対象行為とみなされるようになり、一八三〇年代なると取締りの権限を警視庁に移すように議論がおこなわれ、一八三九年以降乞食の取締りは警視庁の管轄下に置かれていた。[120]

探訪記によると、乞食行為をしたものは厳罰の対象であった。「一回目に乞食の現行犯で捕まえられた人は、四週間矯正施設に送られる。二回目は八週間、三回目は一年間の拘束などなど四年間を限度に罰則があたえられる」[121]のであり、ヴェーバーの妻は乞食をしたために数年間投獄された。[122] イグナーツの状況はこの説明と若干食い違う。拘束されてから四日目に同棲相手のシュライヤーが市の取締り所に行き、試補見習いから彼を釈放するという約束を得たのだが、その日の晩グルンホルツァーが訪問した時点では、まだ彼は帰ってきていなかった。[123] 初犯は四週間矯正施設に送られるということが間違いなければ、彼はまだ釈放の対象となるはずはないのだが、具体的な事情はわからない。

乞食をしていなくとも、その可能性だけでも矯正施設に連れられて行ったようである。フィッシャーはファミリエンホイザーに家賃を八ターラー滞納したままハンブルクに行き、病気になって戻ってきた。いったん慈善病院に入院した彼が退院してから、家族は宿無しとなる。警察はこの家族を矯正施設に連れて行き、「そこで彼は一五週間、妻とこどもとは別に、あらゆる種類の犯罪者と並んで囚人として生活した。」その時一緒にいた男について、何度も乞食の現行犯で捕まったために三年間投獄されているとフィッシャーは語っている。[124]

乞食は、他の収入源が断たれた際の最終手段と思われるので、妻が乞食をしたために数年間拘束されていたヴェーバーの世帯のように、とりわけ家族の一部だけが拘禁された場合に、残された家族はより悲惨な状況になる。結局ヴェーバーも乞食をせざるをえず、六歳のこどもと一緒に矯正施設に送られる。残された一二歳の娘と八歳の息子は、彼らが釈放されるまで知り合いのところを渡り歩かざるをえないのである。[125]

乞食行為に限らず、住民は警察の取締りの対象となりえたことも指摘しておきたい。六三歳のやもめロッテスは「隣の織工のところで要らない糸を集め、その糸からエプロンの紐を作っている」が、取得するのに一二ターラー必要な行商許可書を持っていないため、売却する現場を見つかったら逮捕されてしまう。[126] 探訪記にははっきり書かれていないものの、女性のなかには売春に携わる住民[127]がおり、彼女らも取締りの対象となったかもしれない。ベッティンの夫も「官吏に対する違反行為の疑いで一年半シュパンダウで拘禁され[128]」、ビショッフの三人の息子も同じ場所にいるが、彼らがどのような理由でそういう状態になったのかは不明である。[129]

「彼（フィッシャー）は、もじゃもじゃの髪の毛、険悪な目つき、そしてボロボロの服装で警官の注意を自分に引きつけずに路上を歩くことはできなかった」という言及が、フィッシャーの自己申告なのかグルンホルツァーの観察なのかわからないが、彼が一般の市民とは異なる容貌をしていたことは指摘してよかろう。[130] 髪の毛や表情はともかく、ぼろぼろの服ということでは他の住民もあまり変わりない。乞食や犯罪をおこなわなくとも、ファミリエンホイザーの住民は警官の注意を引く存在であったとみてさしつかえない。

以上、生活苦も極まった住民のなかには、乞食など当時の市民社会で不正とされる仕事で生活の糧を得なければならなくなる。そうした行為は取締りの対象となるのである。

4 小括

本節の分析を、住民の生活史のなかでの救貧行政、家主、そして警察との関係という観点から整理し直してみよう。

住民の多くにとっては月あたり二ターラーという家賃の確保が生計の中でかなりの重さをもつ。市救貧局の援助も労働が不可能か困難と思われる老人、病人、そして子持ちの寡婦には、ともかくこの家賃の分は提供している。住民は失業や家族の病気などで収入が減ると、家賃を滞納せざるをえない。家主は管理人を通じて家賃を徴集し、滞納の場合は催促する。二、三カ月滞納すると住民は「訴えられ」、所有物を差し押さえられたうえで住居から追い出される。ベルリンでも家賃が最低水準にあるファミリエンホイザーを追い出されたら、よそに住居を確保できるか定かではない。

家賃を滞納して「訴えられ」たり、夫を亡くしたり、病気で働けないなど本当に切迫した事情がある時には、市救貧局は二ターラーの特別手当を提供することがあった。これは申請から実際の扶助まで数週間を要したりするものであったが、住民にとっては本当に困った時の収入源の選択肢程度の役割は果たしていた。

とはいえ、特別扶助を受けられるのも切迫した事情があってであって、そうした事情なしに失業しただけでは特別手当は受けられない。特別手当を受ける見込みのない住民は、自分と同様に生活苦にあえぐ隣人たちからの援助も多くを期待できず、結局、乞食、売春、無認可の行商など、市民社会の側からは不正とみなされた行為に走り、そうした行為をしている現場を見つかれば、警察が捕まえてしまう。乞食行為を繰り返せばかなり厳しい処罰の対象となり、そのために家族が崩壊し、さらに生活が苦しくなっていくのである。

おわりに

ここで、住民の生活史の次元から、市民層からの働きかけを捉えようとした本章の叙述をまとめておこう。市民社会からの働きかけに対する住民の反応は、働きかけごとに異なる。学校は、こどもが貧困から脱出することを期待して通わせる場となっており、住民の生活に定着したといえる。教会は、住民の生活のなかで全く意味をもたない。救貧行政は、六〇歳以上であったり、一定年齢までのこどものいる寡婦であったり、怪我をしたりして労働が不可能か困難な人に対しては、家賃の分の援助を定期的に与えている。また、かなり切迫した事情があれば一時的扶助もあたえており、これは生活苦に陥った住民の収入の選択肢の一つ程度の機能は果たしていたと思われる。援助を求める住民に心理的圧迫をかけたりしている点には、この時期でも市の財政における救貧負担の問題が反映していると思われる。住民は生活苦の中家賃を確保できないと滞納せざるをえず、家主は三カ月滞納した住民を所有物を差し押さえたうえで追い出してしまう。また、生活苦にあっても、救貧行政も当てにできない住民は、乞食、売春、無認可の行商など不正な生業に就くが、それは警察の取締りの対象となるのである。

この成果を前章の議論との関係から整理しておこう。救貧の対象が限定的である救貧行政のあり方や家賃収入を確保しようとしている所有者の態度には、一八二〇年代からの連続性を指摘しえるかもしれない。他方、市民社会の動きに対する住民の対応をみると、学校は住民の生活に定着し、また一八二八年の又貸しの禁止がこの時期にも徹底されている点では、一八二〇年代の市当局や警視庁からの働きは、意図したとおりの意味を一八四三年の段階でもちえたといえるだろう。とはいえ、これが限界であったのも確かなようである。市救貧局や警視庁は、日常的な業務の範囲で住民に接する以上のことはできず、一八二〇年代に目指されたような建物の改造や住民の生活様式の改善には程遠い状態であった。教会は、住民の生活にほとんど意味をもたなかったのである。生活苦にあえぐ住民のなかには、不正とされる生業に手を染めざるをえなくなり、警察からいつ逮捕されるかわからない状態に陥る者がいる。

生活苦にある住民にとっては、自分たちのおかれた境遇を何とかすることが重要なのである。ファミリエンホイザー住民にとっては、市民社会の様々な動きは、自分たちの現実の生計や次世代の将来にとっての意味に応じて、どのようにかかわっていくか決まってくるものといえる。したがって、二部屋を改造して市民の住居に近づけるというかつてのカイベルの主張も、もし実現していたとしても、ファミリエンホイザーで又貸しが禁止されているからには、住民には意味をもちえなかったと思われる。住民にとっては、市民のような住居の使い方をするよりも、広くなった分を他人に貸して家賃負担の軽減を図るほうが自然だからである。そうしたことを考えると、又貸しの禁止という市民社会にとっての一つの成果は、さらに改革を進めていくための原動力とはなりえないのである。

前章において、一八二〇年代の市民社会のファミリエンホイザーへの対応が世紀中葉の住宅改革運動と同じ発想に基づくことを指摘しておいた。本章が住民の生活における市民社会からの動きに限界があることを指摘したことは、世紀中葉の住宅改革運動も、住宅問題の社会経済上の背景や、住民と市民層の生活様式の相違への理解なしにおこなわれれば、十分な成果を上げることができないであろうことを示唆している。この点については第Ⅱ部で具体的に見ていくことにしたい。

また、本章の分析は、住民の生活が市民社会からの様々な働きかけから少なからず影響をうけていることを示している。たしかに「宿無しの一歩手前」の状態にある住民は一般の社会とは違う独自の世界を形成している側面があるが、その世界は市民社会から完全に隔絶しているわけではないことは強調しておきたい。しかしながら、一八四〇年代以降、ベルリン市民の多くはファミリエンホイザーを市民社会とはちがう異空間として描いていく。[131] そうしたイメージが市民層の思い込みにすぎないことは、また検討を加えることになるだろう。「犯罪者の巣」とかいうようなイメージが流布し、それをもとにして住宅改革の機運が盛り上がり、ベルリン共同建築協会の設立へとつながっていくのである。その、世紀中葉に展開した住宅改革運動を検討するのが第II部の課題である。

注

(1) 本書序章第二節参照。

(2) 谷川稔「文化統合の社会史にむけて」同ほか著『規範としての文化 ―― 文化統合の社会史』(平凡社、一九九〇年)。

(3) 例外的な研究として、中野隆生『プラーグ街の住民たち ―― フランス近代の住宅・民衆・国家』(山川出版社、一九九九年)をあげておこう。

(4) Heinrich Grunholzer, Erfahrungen eines jungen Schweizers im Voigtlande, in: Bettina von Arnim, *Dies Buch gehört dem König*, Berlin 1843. 拙訳「ハインリヒ・グルンホルツァー『フォークトラントにおける若きスイス人の経験』(一八四三年) ―― 一九世紀中葉ベルリンの労働者住宅探訪記・翻訳」(『新潟大学教育人間科学部紀要(人文・社会科学編)』二―二、二〇〇〇年、本書付論二)。以下、この探訪記からの引用は、世帯ごとの記述については記載順に世帯に番号をつけ、その番号で引用箇所を示す。世帯の番号と頁数については表1-3-1と表1-3-3を参照。他の部分については頁数で引用箇所を示す。ファミリエンホイザーに関する情報については次の史料集参照。Johann Friedrich Geist und Klaus Kürvers, *Das Berliner Mietshaus 1740–1862. Eine dokumentarische Geschichte der 〉von Wülcknitzschen Familienhäuser vor dem〈 Hamburger Tor, der Proletarisierung des Berliner Nordens und der Stadt im Übergang von der Residenz zur Metropole*, München 1980.

(5) 拙稿「『トロイアの木馬』と市民社会 ―― 一八二〇～三一年ベルリンの行政と住宅問題」(『史林』八四―一、二〇〇一年〈以下「トロイアの木馬」〉、本書第I部第2章)。

(6) 拙稿「一八四〇年代ベルリンの都市社会とファミリエンホイザー」(『西洋史学』一七五、一九九四年〈以下「都市社会」〉、本書第II部第2章)。

(7) この節の叙述は、拙稿「一九世紀前半ベルリンにおける初等教育の実際 ― ファミリエンホイザーの学校の事例 ― 」(『新潟大学教育人間科学部紀要(人文・社会科学編)』五巻一号、二〇〇二年)でのべたことを、本章の論旨に合わせて簡略にしたものである。ここで明らかにした情報の、ドイツの教育史研究やベルリンの初等教育制度発展史への位置づけは同論文参照。

(8) Grunholzer, a. a. O., 7.

(9) Ebenda, 6; 9.

(10) Geist und Kürvers, *a. a. O.*, S. 218.

(11) Grunholzer, a. a. O., 15.

(12) Geist und Kürvers, *a.a.O.*, S. 272–323.

(13) Grunholzer, a.a.O., S. 585.

(14) Geist und Kürvers, *a. a. O.*, S. 276.

(15) 当時のベルリンにおける又借しやベッド借り人については、拙稿「一九世紀中葉ベルリンの住宅事情(一)」(『新潟大学教育学部紀要』三七―一、一九九五年)、八頁参照(以下「住宅事情(一)」、本書第I部第1章)。

(16) Geist und Kürvers, *a. a. O.*, S. 140.

(17) *Ebenda*, S. 164–166.

(18) *Ebenda*, S. 281–286.

(19) Grunholzer, a. a. O., 2; 7; 12; 13; 16.

(20) Ebenda, 15; 20; 25.

(21) Ebenda, 1; 9; 11; 12; 13; 16; 17; 19; 22; 26.

(22) 拙稿「一九世紀中葉ベルリンの住宅事情(二)」(『新潟大学教育学部紀要(人文・社会科学編)』三七―二、一九九六年)、一六頁(以下「住宅事情(二)」、本書第I部第1章)。

(23) Grunholzer, a. a. O., 8; 16.

(24) 川越修『ベルリン 王都の近代 ― 初期工業化・一八四八年革命』(ミネルヴァ書房、一九八八年)、第四章。

(25) Paul Clauswitz, *Die Städteordnung von 1808 und die Stadt Berlin. Festschrift zur hundertjährigen Gedenkfeier der Einführung der*

Städteordnung, Berlin 1908, S. 126.

（26）*Ebenda*, S. 184f.

（27）ペーター・ルントグレーン『ドイツ学校社会史概観』（望田幸男監訳、晃洋書房、一九九五年）、九四頁。

（28）Clauswitz, *a. a. O.*, S. 186.

（29）*Ebenda*, S. 187. ただし、中世からヴァイマルまでのベルリンの教育制度を概観したリヒターは、五〇・六〇年代に定期的通学の習慣が増大し、二〇年後にそれがすべてのこどもに定着したと指摘している（Wilhelm Richter, *Berliner Schulgeschichte. Von den mittelalterlichen Anfängen bis zum Ende der Weimarer Republik*, Berlin 1981, S. 55）。

（30）Clauswitz, *a. a. O.*, S. 187.

（31）*Ebenda*.

（32）*Bericht über die Verwaltung der Stadt Berlin in den Jahren 1829 bis incl. 1840*. Herausgegeben von den Städtischen Behörden, Berlin 1842, S. XXXV.

（33）「通学の状況」で検討する史料では、名前のあがっているこどもたちそれぞれへの「注記」で、教師の人名を冠した学校や夜間学校が複数あがっている（Geist und Kürvers, *a. a. O.*, S. 304-306）。こどもたちが遠くまで通っていたとは思われないので、当時、ファミリエンホイザー周辺に、そうした学校がいくつか散在していたと推測できる。そうした学校が大規模なものだったとは考えられず、ファミリエンホイザーの学校と大差なかったと思われる。この時期の私立学校については、近代的な小学校というよりは、日本の寺子屋やイギリスのデイム・スクールのようなものを想定したほうが実態に近いであろう。デイム・スクールについては、松塚俊三『歴史のなかの教師 ― 近代イギリスの国家と民衆文化』（山川出版社、二〇〇一年）参照。

（34）一八世紀ドイツの初等教育については、谷口健治「ドイツ手工業者のこども時代」（『規範としての文化 ― 文化統合の社会史』平凡社、一九九〇年）、一〇一―一〇六頁および、同『ドイツ手工業の構造転換 ― 「古き手工業」から三月前期へ』（昭和堂、二〇〇一年）、一六二―一六七頁参照。

（35）注（5）前掲拙稿「トロイアの木馬」（本書第Ⅰ部第2章）。

（36）*Adreß＝Kalendar für die Königl. Haupt＝und Residenz＝Städte Berlin und Potsdam auf das Jahr 1826*, Berlin, S. 177; S. 180; S. 215; S. 260.

（37）Geist und Kürvers, *a. a. O.*, S. 373.

(38) *Ebenda*, S. 374–377.
(39) *Ebenda*, S. 307.
(40) *Ebenda*, S. 337.
(41) *Ebenda*, S. 298f.
(42) *Ebenda*, S. 372f.
(43) *Ebenda*, S. 304–306. この史料からわかるこどもの通学と就労の関係については、注（7）前掲拙稿「一九世紀前半ベルリンにおける初等教育の実際」一三―一五頁で検討を加えた。この史料の翻訳と包括的な分析を試みたのが、拙稿「一九世紀前半ベルリンの労働者をめぐる試論」（『新潟大学教育人間科学部紀要（人文・社会科学編）』（五巻二号、二〇〇三年）である。
(44) Grunholzer, a. a. O., S. 585–587.
(45) Ebenda, 13.
(46) 寺田光雄『民衆啓蒙の世界像 ―― ドイツ民衆学校読本の展開』（ミネルヴァ書房、一九九六年）、一〇頁。Richter, *a. a. O.*, S. 54 も参照。
(47) R・ベリング『歴史のなかの教師たち ―― ドイツ教育社会史』（望田幸男／対馬達雄／黒田多美子訳、ミネルヴァ書房、一九八七年）、五四―五六頁。
(48) Grunholzer, a. a. O., 4.
(49) Ebenda, 10.
(50) Ebenda.
(51) Ebenda, 9.
(52) Ebenda, 21.
(53) Ebenda, 13.
(54) Ebenda, 16.
(55) Ebenda, 4; 5; 11; 12; 13; 19; 21; 23.
(56) 日常生活が崩壊している例がフィッシャー（ebenda, 17）とヴェーバー（ebenda, 28）の世帯、こどもが「病気もち」なのがズーシ（ebenda, 20）、他の一例がハンバッハ（ebenda, 32）である。

(57) Ebenda, 28.
(58) Ebenda, 11; 12; 13; 20.
(59) 外に働きに出ていなかったにしても、こどもが自分の世帯の収入に全くかかわりをもたなかったわけではない。まず、小さい子の子守をするこども (ebenda, 10; 11) がおり、彼らは親を生業に専念させたことになる。次に、半分以上の住民が織工などとして家内労働に従事するという環境のもとでは、こどもたちが親の仕事を何らかのかたちで手伝うということは十分想定できる。
(60) Ebenda, S. 587–592.
(61) Ebenda, 7.
(62) Ebenda, 16.
(63) Ebenda, 18.
(64) Ebenda, 2; 6; 7; 9; 14; 22; 23; 30.
(65) また、シューマンの住居は、片づけられていないため聖金曜日の祝祭のようには見えず、それは同じ日に訪問した労働者フントの世帯でも同様であった (Ebenda, 19)。
(66) Ebenda, 6; 9; 10; 24; 32. 探訪記の末尾では別の労働者住宅が紹介されているが、その記述でも再三市救貧局が批判され、そのうえで市救貧局批判で探訪記は締めくくられる (Ebenda, S. 592–587)。
(67) Ebenda, 16. エンゲルマンの世帯では、六〇歳以下の人には定期的援助をおこなわないとのべてある (Ebenda, 9)。
(68) 川越注（24）前掲書、第四章。
(69) Grunholzer, a. a O., 9.
(70) Ebenda, 13. ほかに、キュンストラーの世帯は、二月二七日に特別手当の申請を市救貧局におこなったが、グルンホルツァーが訪れた四月一三日の時点で、役人は来ていない (Ebenda, 14)。
(71) Ebenda, 9. ほかに、カイザーの世帯でも同様の叙述がある (Ebenda, 16)。市救貧局から与えられる堅信礼用の服は、仕立てや色の点で他と異なり、救貧行政に依存していることが可視化されるものであった (Ebenda, 25)。
(72) たとえば、意図的かどうかわからないが、受給対象年齢間近と思われる「老人」の年齢が記されておらず、結果として、老人に対して十分な救済が与えられていないという印象が、探訪記から得られることになる (Ebenda, 5; 9; 14; 18; 24; 29)。
(73) 救貧行政をめぐる市の財政事情については注（5）前掲拙稿「トロイアの木馬」四五頁（本書第Ⅰ部第2章）で指摘して

おいた。
（74）寡婦のクライストは六歳のこどもがいるが扶助をあたえられず、カイザーはこども二人のうち上のこどもに対してのみ扶助があたえられている（Grunholzer, a. a. O., 12; 16）。探訪記の叙述からは、扶助を受ける資格を失うような事情があるのか、単に救貧行政のミスなのかは、定かではない。
（75）Ebenda, 2.
（76）Ebenda, 7. ほかに、寡婦メルトナーの世帯では家賃は養育費から定期的に支払われ（Ebenda, 15）、ヴュルトの世帯では市救貧局から月三ターラーもらっているうち二ターラーを家賃に支出している（Ebenda, 26）。高齢のベルクマンの世帯では、市救貧局は家賃の分だけ払ってくれたのである（Ebenda, 31）。
（77）Ebenda, 1; 13.
（78）Ebenda, 20.
（79）Ebenda, 23.
（80）Ebenda, 11; 22.
（81）Ebenda, 9.
（82）Ebenda, 13; 14; 18.
（83）Ebenda, 12.
（84）Ebenda, 10.
（85）Ebenda, 13; 32.
（86）ファミリエンホイザーの所有者については、注（22）前掲拙稿「住宅事情（二）」一九頁（本書第I部第1章）および、注（5）前掲拙稿「トロイアの木馬」（本書第I部第2章）参照。
（87）本書第I部第1章参照。
（88）Geist und Kürvers, *a. a. O.*, S. 150.
（89）Grunholzer, a. a. O., 30.
（90）注（22）前掲拙稿「住宅事情（二）」一六頁（本書第I部第1章）。
（91）Grunholzer, a. a. O., 9.
（92）川越注（24）前掲書、四四頁。

(93) Grunholzer, a. a. O., 2; 6; 7; 9; 14; 22; 23; 30.
(94) Ebenda, 7; 9; 30.
(95) Ebenda, 16.
(96) Ebenda, 4; 6; 9; 10; 17; S. 587.
(97) Ebenda, 1–11; 13–20; 22–24; 26; 30; 31; 33.
(98) Ebenda, 16.
(99) Ebenda, 1; 4; 7.
(100) Ebenda, 1; 4; 7–12; 14; 16–18; 23; 32.
(101) Ebenda, 13; 18.
(102) Ebenda, 20.
(103) Ebenda, 25.
(104) Ebenda, 23.
(105) Ebenda, 6.
(106) Ebenda, 18.
(107) Ebenda, 2; 33.
(108) Ebenda, 13; 33.
(109) 注（22）前掲拙稿「住宅事情（二）」一六頁（本書第Ⅰ部第1章）。
(110) Friedrich Sass, *Berlin in seiner neuesten Zeit und Entwicklung*, Leipzig 1846, S. 6.
(111) Grunholzer, a. a. O., 18.
(112) Ebenda, 6.
(113) Ebenda, 28; 33.
(114) Ebenda, 28.
(115) Ebenda, 7.
(116) Ebenda, 7; 9; 30.
(117) Ebenda, 7; 10.

(118) Ebenda, 9.

(119) Ebenda, 17

(120) Dietlind Hüchtker, ›*Elende Mütter*‹ *und* ›*Liederliche Weibspersonen*‹. *Geschlechterverhältnisse und Armenpolitik in Berlin* (*1770–1850*), Münster 1999.

(121) Grunholzer, a. a. O., 28.

(122) Ebenda, 28.

(123) Ebenda, 7.

(124) Ebenda, 17.

(125) Ebenda, 28.

(126) Ebenda, 27.

(127) Ebenda, 15; 33.

(128) Ebenda, 33.

(129) Ebenda, 8.

(130) Ebenda, 17.

(131) 注（6）前掲拙稿「都市社会」参照（本書第Ⅱ部第2章）。

第II部

住宅改革運動の展開

扉：現存するベルリン共同建築協会の建物（1997 年）

第1章 ドイツ三月革命前後の労働諸階級福祉中央協会

はじめに

一八四〇年代は都市化に伴い発生した様々な社会問題が発現した時期である。住宅問題はそうした社会問題のなかで最も関心を集めた現象の一つである。本章では、世紀中葉の住宅改革運動の社会的位置を探るために、当時の最大の労働者福祉組織である労働諸階級福祉中央協会（以下中央協会と略）Centralverein für das Wohl der arbeitenden Klassen をとりあげ、ベルリンの市民層が社会問題一般に対してどのように対応したかを検討する。

この組織をめぐる研究史から検討しよう。中央協会をドイツ史の大きなパースペクティヴの中に位置づけるため、ドイツの自由主義をめぐる研究動向をまず整理したい。

一九世紀ドイツ自由主義についての従来の研究は、その「弱さ」を強調してきた。(1) 一九七〇年代になると、しかし、ガルやシーアンの研究(2)が、こうした状況に一つの転機をもたらした。このうち、のちの自由主義研

究に大きな影響を与えたのは、一九七五年のガルの論文であろう。ガル説については序章で整理したので、ここでは手短に確認しておきたい。ガルは、一九世紀前半の西南ドイツの「初期自由主義」者の理想社会像を分析し、そこに伝統的な市民層の範囲が拡大されて作り出される「無階級市民社会」という理念を析出した。そうした理念が工業化の進捗に伴いしだいに説得力を失い、独断主義、改良主義、そして日和見主義という移行期の三つの反応を経て、自由主義は階級イデオロギーに変質したと、ガルは主張する。(3)

また、シーアンは、一九七八年に、一九世紀ドイツ自由主義に関する著作を出版している。その中でシーアンは、国家に、敵対的態度をとりながらも秩序維持の役割を割り当て、また民衆に支持基盤を求めながらも、これを恐怖するという態度が、ドイツ自由主義者に一貫して見られたと主張している。(4)

シーアンやガルは、政治的には反封建主義・反国家、経済的には自由放任といった、通念的な理想自由主義像を基準とするドイツ自由主義評価(5)からの脱却を図ったものといえよう。そのかわり、彼らは、時代ごとの自由主義者についての分析を積み上げたうえで、新たな一九世紀ドイツ自由主義像を作り上げようとしたのである。

ガルやシーアンの研究をうけて、七〇年代後半から、ドイツ自由主義研究は一つの盛り上がりを見せている。(6) そこではガル説が議論の中心となっているといえよう。その際、実証研究の積み上げによって新たな自由主義像の構築を目指す態度が、そうした研究に共通して見られるのである。

八〇年代になると、ガル説は、ゼダティスによって西南ドイツについて検証されたこと(7)もあって、ドイツ自由主義についての定説となったといってもさしつかえない。(8)

近年の研究では、一つの傾向として、従来の研究では正面からあつかわれなかった、自由主義者の労働者福祉活動の解明がなされている。(9) これは、「無階級市民社会」実現のために、自由主義者が、どのように労働者に対処し、彼らを市民に変えていこうとしていたかが、関心の対象となるからであろう。また、民衆に対する自由主義者の態度についてのシーアンの指摘も、こうした関心を喚起したといえよう。本章でも、労働者福祉という観点から新たなドイツ自由主義像の構築を目指していくことにする。

一方、ガル説に対して、その構想全体にかかわる批判がいくつかなされている。まず、モムゼンが、一九七八年の論文において、二つの点からガル説の批判を試みている。ガルが「初期自由主義」について、社会的利害を無視し、理想化しているというのが第一点であり、世紀中葉の二分法ではなく、連続性を強調すべきであるというのが第二点である。(10)

さらに、一九八八年には、ランゲヴィーシェが、一九世紀から現在までをあつかったドイツ自由主義の通史において、新たな観点からガル説を批判したのである。まず、ランゲヴィーシェは、「初期自由主義」が「無階級市民社会」を理想とすることは認めている。一方、世紀中葉以降の自由主義については、二つの点から、単純に「堕落」したのではないと指摘する。これは、第一に、この時期の自由主義が階級イデオロギーではなかったということであり、第二に、自立的な市民という理想は自由主義政党にとって伝統の重荷として残っていくということである。ランゲヴィーシェは自由主義の変化を認めつつも、ガルが指摘する世紀中葉における断絶は否定しているのである。(11)

こうした議論をふまえ、新たなドイツ自由主義像を構築していくことは、今後の課題であろう。(12)本章では、その出発点として、ひとまず、ガルが「堕落」への移行期とする一九世紀中葉に焦点をあてていきたい。それは、この時期のドイツ自由主義者の分析によって、その前後の時期へのパースペクティヴが開かれるように思われるからである。

そこで、本章では、世紀中葉の自由主義者の労働者福祉活動をみていくために、一八四四年に設立した、主に自由主義者と評価される人々から成る労働諸階級福祉中央協会をとりあげる。

一　問題の所在

中央協会の歴史については、わが国ではほとんど知られていない[13]。そこで、まず、成立から解散までの中央協会の歴史とその組織を手短にのべておく[14]。

中央協会は、一八四四年、ドイツ関税同盟工業博覧会をきっかけにベルリンで成立した。その後、三月革命期を除いて、一八七〇年代まで目立った活動をしていない。もっとも、小規模な活動状況の変化はその間にもある。五〇年代初期に組織の再編成がおこなわれ、また五〇年代末にブリュッセルなどで開かれた国際福祉会議へ参加したことをきっかけとして、定期的な活動が目指されるようになったのが、それである。

一八七一年のドイツ帝国建設をきっかけとして、中央協会は大きく飛躍する。この時、規約が改正され、中央協会の活動領域が、それまでのプロイセンからドイツ帝国全土に拡大する[15]。一八七一年まで二〇〇人前後にすぎなかった協会員数が、プロイセン以外の諸邦からの加入者によって急増し、一九〇四年には最高の一〇六七人を記録するまでになる。また、各地の商業会議所、企業、そして市参事会が、団体として加入し、社会政策学会など他の同種の団体とも密接な関係をもつようになった。帝政期では、こうした状況のもと、中央協会は、活動を続けた。中央協会は、最終的には、第一次世界大戦中の一九一六年に解散したのである。

機関誌は、一八四八年から『労働諸階級福祉中央協会会報』(以下『会報』と略)というタイトルで発行された。一八五八年からは名称が『プロイセン労働諸階級福祉中央協会雑誌』(以下『雑誌』と略)に変更され、定期的に刊行された。さらに一八六三年に『労働者の友』へ再度名称変更し、そのタイトルで解散まで発行しつづけた。

次に、中央協会の組織について押さえておく。協会業務の主な担い手は、ベルリン出身者から選出される九人の役員とベルリンから一八人、プロイセンの他の地域から一八人が選出される委員である。役員のなかから協会長などが選出される。協会長のもと、役員・委員会が開かれ、協会の業務を協議する。また毎年定例総会が開かれ、必要に応じて臨時総会が召集される。一方、プロイセンの各地方には、地方協会が設立され、具体的な福祉活動の担い手となる。中央協会は地方協会に援助をあたえ、地方協会は中央協会との連絡を保つが、地方協会の自立性は原則として維持される。

また、一九世紀には、中央協会の協会長に、官僚ボルネマン（一八四四〜四五年）、官僚フォン・フィーバーン（一八四五〜四九年）、官僚レッテ（一八四九〜六八年）、そして教授グナイスト（一八六八〜九五年）が就任している。彼らは、ドイツ史の他の分野でも有名な人物といってよい。ほかにも多くの著名人が中央協会に参加している。本章であつかう時期について、いく人かあげてみると、官僚フォン・パートウやフォン・レーデン、学者グナイストやロートベルトゥス、社会改革者フーバーやシュルツェ゠デーリッチュ、教育学者ディースターヴェーク、企業家ハルコルトといった人々が、中央協会に参加している。[16]

ところで、中央協会については、近年まで十分な研究がおこなわれてこなかったといえよう。従来、本格的に中央協会を取り上げた研究は、設立から三月革命直前までの時期をあつかったN・シュティーベルの一九二二年の学位論文[17]のみである。この研究も含め、従来の中央協会に対する一般的な評価は、労働者福祉に何ら成果がなかったことから、「最初は大きな期待をもって始まったが、結局は失敗した試み[18]」というものであろう。

だが、J・ロイレッケが、一九八三年の著作において、一八四四年から五〇年代初期にかけての中央協会について、二つの観点から再評価を試みたのである。[19]一つは、ガルが指摘するドイツ「初期自由主義」の典型としてである。もう一つは、中央協会を「社会改革の特攻隊」とみなし、のちの社会改革諸団体へ発展していく活動をおこなったとして、一九世紀の市民的社会改革のはじまりとして位置づけるのである。この二つの観点のうち、ロイレッケの評価の重点は、明らかに後者におかれている。この点についてのロイレッケの主張を整理しよう[20]。

ロイレッケは、この時期の中央協会の活動を、社会改革の歴史のなかの「学習の年月」と位置づける。つまり、パウペリスムス（大衆貧困問題）という問題が顕在化していた当時の状況のなか、中央協会が、社会問題の「無限に広がる領域」への手探りの処置をとったというのである。その際、中央協会では、目標の設定と手段が、その現実化の可能性についての分析が十分おこなわれたうえで選択されておらず、それゆえ中央協会の活動は成果をもたらさなかった。だが、ロイレッケは、当時の中央協会の活動が、のちの社会福祉国家につながる「長い潜伏期を伴う芽」であると評価する。つまり、中央協会のあつかった問題は、のちの社会政策学会、そして社会改革協会においても取り組まれていくことになり、また様々な面で、中央協会がこうした団体とつながりをもつのである。そして、一八五〇年の中央協会の「研究」への方向転換を、こうした「学習の年月」という側面をよりはっきりさせるものと位置づけている。

以上がロイレッケの見解である。しかし、こうしたロイレッケの評価は、後年の社会福祉の基準を一九世紀中葉に持ち込むものであって、当時の中央協会を正当に評価するものとは思われない。実際、ロイレッケの評価は説得的とはいえない。それは第一に、ロイレッケの叙述が五〇年代初期までに限定され、「学習の年月」という側面をよりはっきりさせたはずの五〇年以降の中央協会の活動にほとんど言及していないからである。第二に、この時期の中央協会があつかった問題を、のちの社会改革者が実際にどのように発展させたかを述べていないため、両者のつながりがはっきりしてこないからである。

ここでは、二つの批判点のうち後者については、十分に議論を展開する用意はない。本書全体で、住宅問題に限定してその後の展開をたどることにする。本章では、「学習の年月」とされる一九世紀中葉の中央協会について、それを現実に動かしていた時代特有の論理を把握することによって評価していく。そのためには、「はじめに」でのべたような自由主義の脈絡で中央協会を評価するのが有効であると思われる。

ロイレッケは、この中央協会を「初期自由主義」、そしてガルのいう改良主義の脈略で捉え、中央協会の発想に「無階級市民社会」が見られたとしている。[21] その際、ロイレッケの考察は、ほぼ中央協会の綱領に限られ、「無階級市民社会」の発想が協会員や地方協会のレベルまでどの程度浸透していたのか、三月革命前後で変化したのかどうか、を明らかにしていない。

本章は、こうした点を念頭におきつつ、「無階級市民社会」を指標として中央協会の発想を捉えることをその課題とする。時期的には、成立年の一八四四年から一八五八年までが対象となる。一八五八年までと時期を区切るのは、この年に中央協会が不定期発行であった『会報』の名称を『雑誌』と変更し、定期刊行化を図り、そこに、小規模ながら中央協会の活動の一つの転機が認められるからである。史料として、一八四八年から一八五八年まで刊行された『会報』[22]を中心に、同時代人の労働諸階級福祉協会に関する著作なども用いて、以上の問題を考察していく。ただし、中央協会は、この時期三月革命期を除いて目立った活動をしておらず、史料からも活動をはっきりうかがうことはできない。したがって、本章では、中央協会の活動を追うことよりも、その発想を時期ごとに分析することが考察の中心となるはずである。

二　中央協会の社会的位置づけ

一八四〇年代のプロイセンは、パウペリスムスが顕在化し、労働者の状態に対する市民の関心が高まりつつある時期であった。労働者福祉に関するプロイセンの立法が未整備であるという状況のもと、プロイセン・ベルリン社会でもパウペリスムス克服の試みが見られるようになった。労働者福祉団体についての一八四四年の調査によると、プロイセン全体で、どのようなかたちであるにせよ、こうした団体が全部で一六八〇存在していた。これらのうち、設立年のわかる九一七についてみると、三一六が四〇～四三年の四年間にできたものなのである。[23]

ベルリンでも、フリードリヒ・ヴィルヘルム四世の肝煎りで設立した白鳥騎士団（一八四三年）、ベルリンの参事会員ヘーデマンが設立し、「急進的」分子が参加したため「革命家の養成所」となっていた手工業者協会（一八四四年）、そしてベルリンの教師シュミットによる下層民衆階級向上のための協会（一八四四年）が、中央協会の設立以前に存在していた。これらの団体は、手工業者を一三四一人集めた（一八四五年）手工業者協会を除けば十分な活動をおこないえず、設立後すぐに消滅していった。[24]

こうした団体と比較すると、中央協会は、その参加者の階層や人数、注目度、活動期間の持続性、そして活動の幅広さからいって、「所有・教養市民が、ドイツの初期工業化期に社会問題の克服に用いた最も重要な社会改革の手段[25]」であり、「社会改革者の結集点[26]」という性格をもつといえよう。

では、中央協会にはどのような人が参加したのであろうか。この点について結論を述べておけば、中央協会は、第一に官僚と工場主・商人を二大構成要素とし、教授などの自由職業も重要な要素とし、第二に政治上の立場については、一般に自由主義者とされる人を中心とするが党派性を超越し、第三にベルリンの裕福な名士の結合体であった。

こうした点は同時代人も意識しており、たとえば民主的文筆家・歴史家A・シュトレックフースは、『一九世紀のベルリン』において次のようにのべている。「前者（＝中央協会）は、思慮深い、そして多くは自由的精神の持ち主からなる協会である。彼らは、どのようにしたら下層民衆階級を上から救済できるかを熱心に論議した。」「協会に対する関心は、あの時代一般的に見られた。多くの高級官僚が、参加した。[27]」

数字をあげて具体的にみていこう。

最初に協会の規模の変化を押さえておけば、協会員数は、設立年の一八四四年の一一月の時点では二七九人とも二六〇人ともいわれている。[28] それが、三月革命までの時期、具体的な数字はわからないが、協会員は大幅に減少した模様である。[29] だが、一八四八年の三月革命勃発に伴い三四四人と大幅に増加する。それが革命後ふたたび減少し、一八五〇年と五一年には二一七人、五三年には一九九人、そして五八年には一六七人となっている。[30]

地方協会の数は、三月革命前の時期については不明であるが、『会報』のリストによれば、一八四九年には三二、五〇年には七三、そして五一年には九三と、中央協会の協会員数とは逆に革命後も増加している。[31] さらに、各地の労働者福祉施設のなかにも中央協会と関係をもつものがあったが、そうした施設がどれぐらいあったかは不明である。

次に、協会の性格を押さえていく。まず中央協会はベルリンの地域的な状況を反映したものであるといえよう。図2-1-1は、協会員の出身地を整理して、百分率で示したものであるが、協会員の出身地は、ベルリンが圧倒的多数を占めていることがわかる。役員・委員会は年に数回開催されたが、そこに地方選出の委員が出席することはほとんどなかった。[32] 中央協会と関係のある地方協会の設立地をまとめた図2-1-2によ

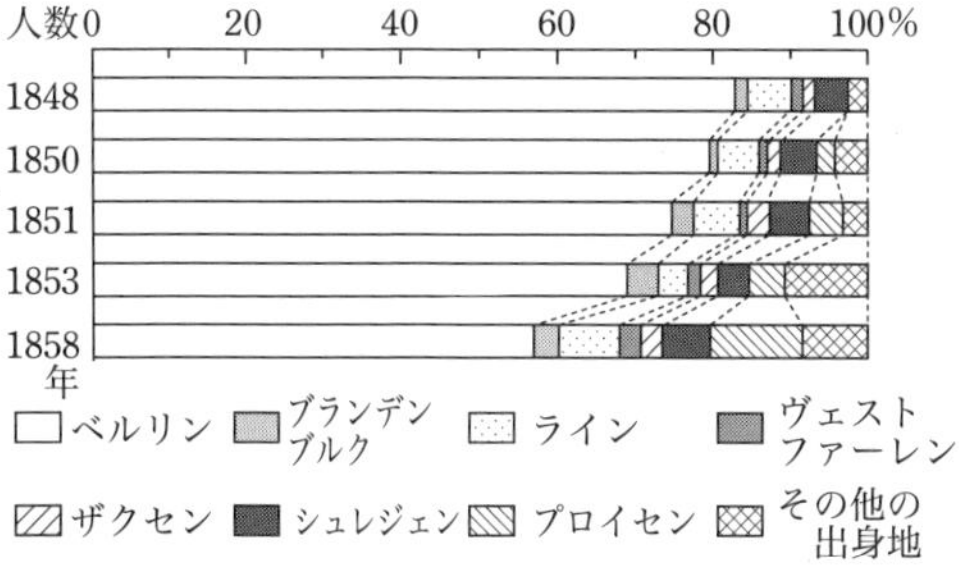

図 2-1-1　労働諸階級福祉中央協会協会員出身地（1848～58 年）

Mittheilungen, 1, 1848, S. (38) - (46); 7, 1850, S. (759) - (766); 10, 1851, S. (1172) - (1178); Neue Folge Bd. 1 - 2, o. J., S. (2041) - (2046); *Zeitschrift des Central-Vereins in PreuBen für das Wohl der arbeitenden Klassen,* 1 - 1, S. 3 - 7.

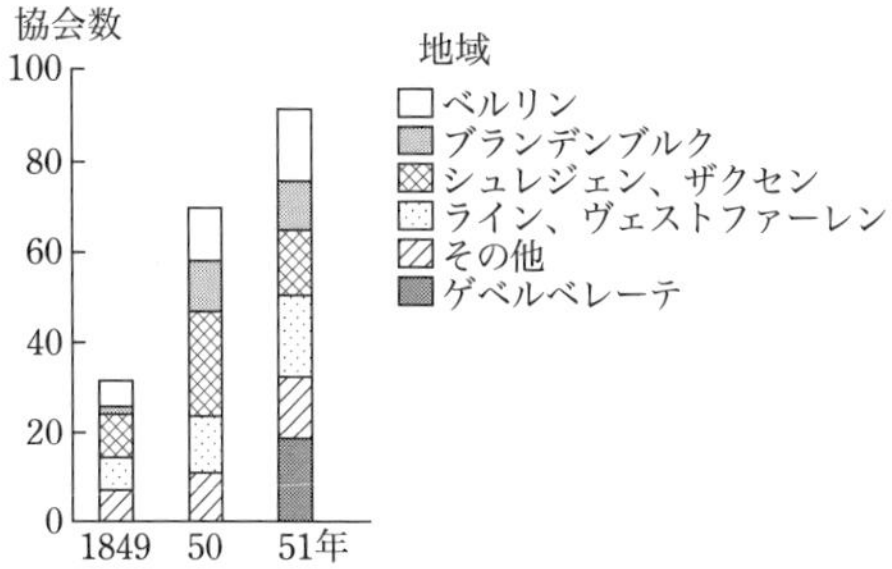

図 2-1-2　労働諸階級福祉地方協会設立地（1849～51 年）

Mittheilungen, 2, 1849, S. (317)f.; 7, 1850, S. (767) - (771); 9, 1850, S. (1057).

れば、数字の面ではベルリンが中心的位置を占めていたわけではない。だが、実際に中央協会と密接な関係を結んでいたのは、ベルリン共同建築協会やベルリン地方協会などのベルリンを所在地とする協会のようである。[33]

図2-1-3は、協会員の職業構成を示したものである。本章であつかう時期では、設立早々の一八四四年を除き、工場主および商人そして官僚が、ほぼ同数で、大きな集団を構成していた。たとえば、四八年には、工場主および商人が一二四人、官僚が九七人である。

図2-1-4は、役員と委員の職業構成を整理したものであるが、四八年の時点では工場主と商人が役員と委員のほぼ半数を占め、それに次ぐのが官僚である。この時期、役員と委員においても協会員と同様の傾向

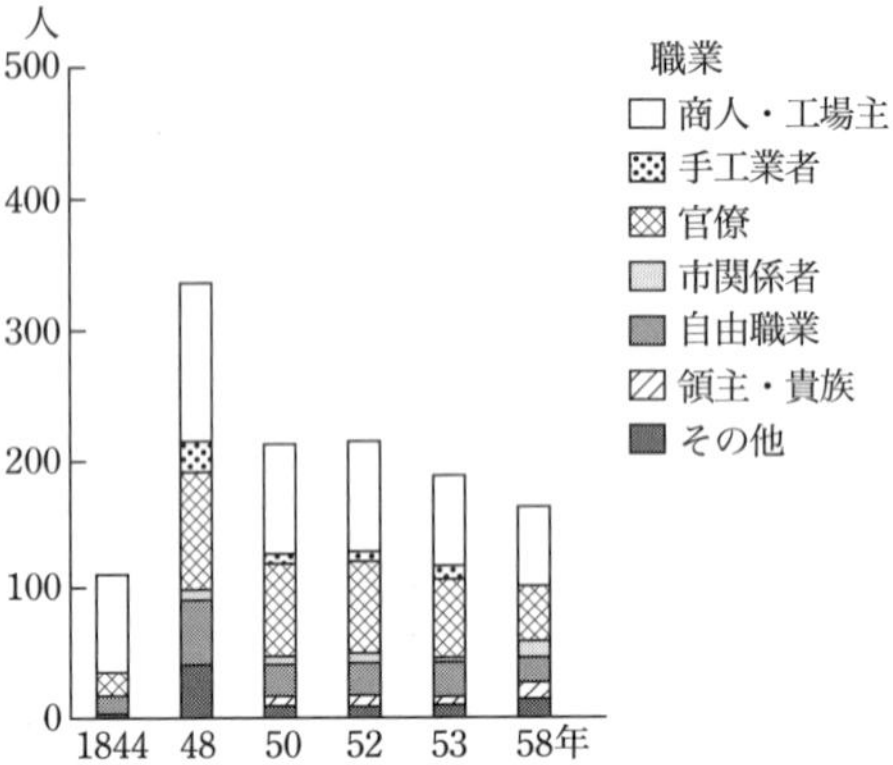

図 2-1-3　労働諸階級福祉中央協会協会員職業構成（1844 ～ 58 年）

Mittheilungen, 1, 1848, S. (38) – (46); 7, 1850, S. (759) – (766); 10, 1851, S (1172)–(1178); Neue Folge Bd. 1–2, o. J., S. (2041)–(2046); *Zeitschrift des Central-Vereins...,* 1–1, S. 3–7.

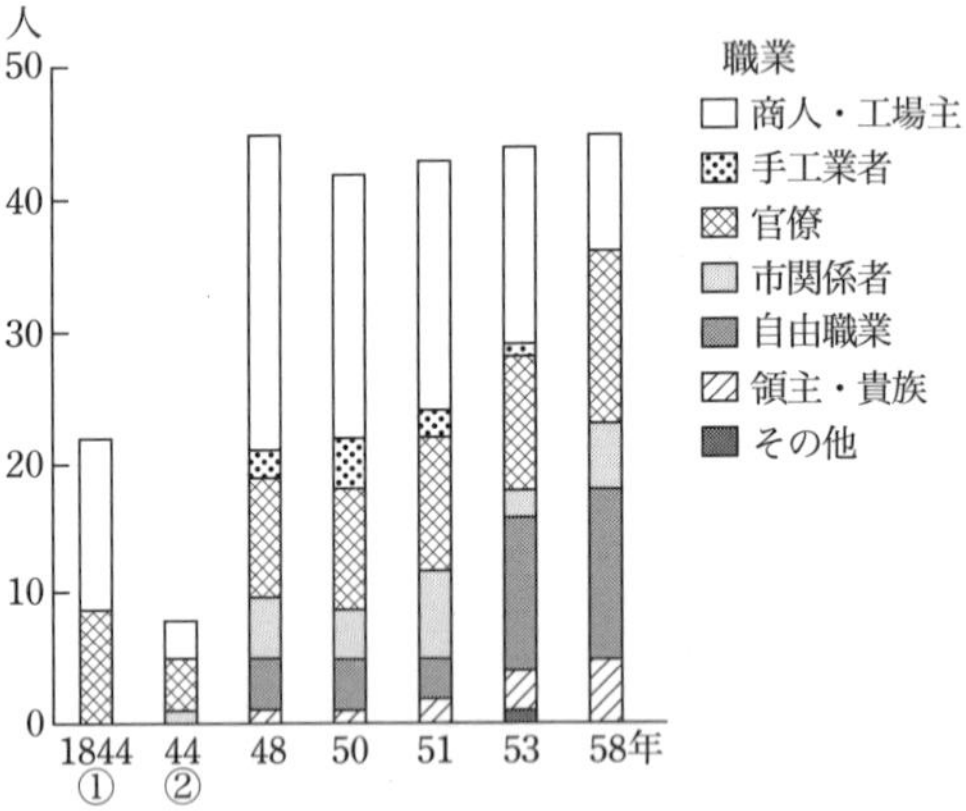

図 2-1-4　労働諸階級福祉中央協会役員・委員職業構成（1844 ～ 58 年）

1) 1844 ①は，1844 年 10 月 7 日付「よびかけ」の署名者についてのデータ，44 ②は，1844 年 11 月 12 日に選出された役員についてのデータである。

2) 1844 ①については，Reulecke, *1983,* S. 53 44 ②については，*Ebenda,* S. 87 により，1848 年以降については，*Mittheilungen,* 1, 1848, S. (37)f.; 7, 1850, S. (750)–(758); 10, 1851, S. (1170)–(1172); Neue Folge Bd. 1–2, o. J., S. (2036)–(2038); *Zeitschrift des Central-Vereins...,* S. 88 により作成。

が見られ、その傾向は五〇年代初期までは維持されている。だが、一八五〇年代後半になると、以前と比較して、官僚の人数はほぼ同数を維持し、工場主の人数は減少し、かわりに教授などの自由職業が増加しているのが見てとれよう。

次に、協会員の政治的立場についてだが、経歴をおさえることのできる人物[34]について見ると、一般に自由主義者と分類される人が多いように思われる。一九世紀の歴代協会長、すなわちボルネマン、フィーバーン、レッテ、そしてグナイストは、全員自由主義者と評価される。また、のち進歩党の設立者の一人となるシュルツェ＝デーリッチュや、進歩党の議員となるフランツ・ドゥンカー、そしてハインリヒ・ルンゲなども、委員のなかに名前が見える。ほかにも、企業家ハルコルト、工場主デーゲンコルプ、ベルリン市参事会員ヘルマン・ドゥンカー、官僚フォン・パートウ、本屋ファイトなどのいわゆる自由主義者が、役員や委員になっている。

しかし、中央協会は、左右いずれの立場にある者に対しても参加を認めており、自由主義以外の人々に対して閉鎖的ではないように思われる。三月革命期のフランクフルト国民議会議員のなかに、協会員の名前が一一人見出せる。そのうち、中間派五人、極右が二人、そして左派が四人となっており、会員の政治的立場は、かなり広くなっていることがうかがえる[35]。また、委員のなかに普通保守主義者と評価されるV・A・フーバーなどの名前が見られ、一八四八年から翌四九年にかけて、ベルリンの労働者運動の代表者数名が、役員・委員会への出席を許されている[36]。

最後に、ベルリンの協会員がベルリン社会でどのような社会的地

表2-1-1　協会員の住所

市区名	人数
ケルン市区	12
ベルリン市区	30
フリードリヒ市区	30
ドロテーン市区	9
フリードリヒス・ヴェルダー市区	9
フリードリヒ・ヴィルヘルム市区	3
フリードリヒ市外区	8
ルイーゼン市区	15
シュパンダウ市区	13
シュトララウ市区	2
ローゼンタール・オラーニエンブルク市外区	0
ケーニッヒ市区	0
不明・未確認	4

Mittheilungen, Neue Folge Bd. 1–2, o.J., S. 2041–2046. 太字が中西部の市区。

位にあったかを、一八五三年の協会員目録に記載されている協会員の住所の分析をもとにみておこう。

その結果を、市区ごとに整理したものが表2-1-1であるが、フリードリヒ市区とベルリン市区に最も協会員が多く、全体として、市の中心部と西部に多くの協会員が住んでいる。一九世紀中葉のベルリンでは、貧困家庭は、大体の傾向として市の中心部と西部に少なく、市の北部、東部、そして南部に多かったとされる[37]。また、上流階級の人が住んでいるとされるのが、フリードリヒ市区なのである[38]。年会費が四ターラーと、労働者にとっては高額に設定されていることも考え合わせると[39]、中央協会に参加した人はベルリンの裕福な上流階級の人であるように思われる。

三　三月前期

中央協会が設立した一八四四年は、ドイツにおける「初期工業化」の光と影の両面が露呈した年であるといえよう。この年の八月一五日から一〇月二四日にかけてベルリンで開催されたドイツ関税同盟工業博覧会の成功が光の面であり、夏のシュレージェン織工蜂起が影の面である。そして、シュレージェンの織工蜂起は、ドイツ市民が従来もっていた、労働者の暴動はイギリスやフランスだけの現象であってドイツには縁がないという考えが、間違いであることを明らかにした。こうした発想の転換のもと、工業博覧会に関与した企業家、商人、官僚のなかから、パウペリスムスに取り組む動きが生じ、そうした動きが中央協会に結実することとなった[40]。

では、中央協会の成立過程[41]を簡潔にみておこう。

工業博覧会の会期が終わりに近づくにつれ、その成功を祝うため数多くの宴会が開かれた。そのうち一〇月八日の祝宴で、一〇月七日付の「手・工場労働者福祉協会設立の呼びかけ」というビラが配られ[42]、中央協会設立への動きが表面化してきたのである。翌九日にはベルリンのオテル・ドゥ・ノールにおいて設立集会、一〇月一六日になると第二回総会が開催され、その場で規約作成委員会による規約が提出され、可決された。その際、「手・工場労働者」Hand-und Fabrikarbeiter では対象を限定しすぎるとして、より包括的な「労働諸階級」arbeitenden Klassen が協会名にとりいれられた。さらに、規約作成委員会の九人に、暫定委員会として協会を対外的に代表し、規約を内務省に提出する権限があたえられ、彼らは規約の承認などを国王に直訴するという手段をとった。

以後、中央協会の活動はしだいに盛り上がりを見せていく。中央協会の活動について活発な宣伝がおこなわれ、また地方では地方協会設立の動きが市民のなかに見られた。そのうえ、一〇月二五日には、国王が一万五〇〇〇ターラーの基金（以下国王基金と略）を中央協会にあたえることを約束した。[43] こうした状況のなか、一〇月二九日には中央協会設立についての発表会[44]が開かれた。それがプロイセンのほぼ全部の新聞で報道されると、中央協会は好意的かつ大きな反響を獲得し、協会員も順調に増えた。そして、一一月一二日の総会において九人の役員と一八人のベルリン委員が選出され、ベルリン在住の官僚ボルネマン F. L. W. Bornemann が協会長に選出された。

それでは、この時点で中央協会の活動は、どのような発想に支えられていたのであろうか。以下順に、中央協会、中央協会への批判、中央協会に参加した個人、地方協会についてみていくが、そこに一つのパターンが存在することが明らかとなるであろう。

一〇月七日付の「手・工場労働者福祉協会設立の呼びかけ」では、中央協会の活動の原則の第一番目に、「手・工場労働者の道徳的および経済的改善は、現代のさし迫った、そして非常に重要な課題である」とのべられている。[45] 一〇月二九日の発表会では、この原則をうけたうえで次の言葉が発言された。

労働諸階級福祉中央協会は、次のことのために活動するという特別の課題を、目下のところもっています。それは、倫理的影響力とそれを助長するにふさわしい施設によって、労働諸階級自身の能動的な協力のもと、彼らの道徳的および経済的な状態をしだいに向上し、そして彼らと社会の他の階級の間にある、好意に基づいて作られた壊れない帯をよりいっそう強固なものにするというものです[46]。

ここでは、「倫理的影響力」と「労働諸階級自身の能動的な協力」により労働諸階級の状態を「向上」させ、彼らを「社会の他の階級（＝市民）」に結びつけることが意図されている。

すでにのべたように、中央協会は設立当初大きな反響を得た。それは、一八四四年から翌年にかけて、労働諸階級福祉協会に関する著作や論文が数多く発表されたことからもうかがえよう[47]。こうした著作や論文、それに他の同時代人の著作のなかには、中央協会の活動を批判するものがある。そうした批判のなかで、本節の脈絡で興味深いのは、『労働諸階級向上協会とそれに関する民衆の声』と題する匿名の著作[48]であろう。この著作の実際の著者は、三月革命期にドイツ初の労働者組織として設立された労働者友愛協会の中心人物であるS・ボルンS. Bornである[49]。この著作には、中央協会に対する、労働者の声として、「われわれ労働者はきみたちに問う。きみたちのどこに道徳性が見つけ出せ、それがいつ民衆よりも高い身分に固有のものとなったのか[50]」といった言葉が引用されている。この言葉から、中央協会の批判者からも、中央協会が道徳的な面からの労働者救済を図っていたようにみられていたことがわかろう。

一方、中央協会に参加した人のなかにも、この時期、中央協会についての著作を出版した人物がいる。たとえば、『下層民衆階級向上協会』を著した、ヴェストファーレンの工場主、F・ハルコルトF. Harkortである[51]。彼はこの時期正式の協会員とはなっていないものの、のち一八五一年にはヴェストファーレン選出の中央協会の委員となり、一八五〇年代を通じて委員を続けた。彼の語るところをみてみよう。

まず、ハルコルトは労働者救済の原則として、自助の原則と精神面の重要性をのべている[52]。そして、民衆の状況と、それへの対策を整理したうえで、「下層階級を、無知と困窮の束縛から本当の市民生活に導く時がきたのである」とのべている。[53]

また、地方協会をとりあげた著作や論文もいくつかある。ベルリン労働諸階級福祉地方協会Berliner Localverein für das Wohl der arbeitenden Klassen（以下、ベルリン地方協会と略）をとりあげて地方協会の発想を分析してみよう。[54]

ベルリン地方協会は、中央協会設立のあとをうけて、一一月二九日に第一回集会を開催した。しかし、この集会は議論が錯綜し、混乱のうちに閉会となった。翌年一月一〇日の第二回集会では、仮委員会が規約案を提出し、それについて議論が繰り広げられた。その結果作成された一八四五年一月二二日付の規約には、「第一条　ベルリン地方協会の目的は、倫理的影響力とそれを助長するにふさわしい施設によって、ベルリンとその周辺の労働諸階級の道徳的および経済的な状態の改善に、彼ら自身の能動的な協力のもと、尽力することである」[55]という規定がある。これは、すでに引用した中央協会の一〇月二九日の発表会の発言とほぼ同内容であるといえよう。

いくつかの例をあげて、三月前期における中央協会の活動の発想を分析してみた。その結果、中央協会の発想には一つのパターンが存在することが明らかとなった。それはまず、物質的・経済的な面よりも精神的・道徳的な面から労働諸階級を改善していこうという態度である。さらに、労働諸階級の自助が強調され、目標としてかかげられたのは、「困窮」や「非道徳」の状態にある労働諸階級を「向上」させ、「市民」にすることであった。

設立当初好調な滑り出しを見せた中央協会であるが、しだいに周囲の雰囲気が変化し、三月革命勃発まで活動の停滞を余儀なくされる。その経過[56]を手短にみておこう。

中央協会が公式に活動を開始するためには、規約を当局に承認してもらい、正式な団体として認めてもらう必要があった。その際、規約を提出すべき官庁は内務省であったが、当時この省は「官僚の不安」ともいうべき態度で特徴づけられていた。この態度とは自由化に対する深い疑念のことであり、中央協会に対しても内務省は快く思わなかった。

さらに、中央協会のあとをうけてプロイセン各地で成立した地方協会の活動が、この態度を助長した。地方協会には、当時活動をおさえられていた急進的思想家たちが、反対運動の組織と社会主義思想普及の拠点を求めて参加していたのである。(57) そこに社会主義的傾向を認めた内務省は、労働諸階級福祉協会の活動全体に不審の目を向け、一八四四年一二月二六日に、中央協会の活動に対する深い疑念を表明した上奏文を国王に提出したのである。

この上奏文をうけて、国王フリードリヒ・ヴィルヘルム四世は、中央協会関係の業務から手を引くことにした。中央協会は、それ以降、三月革命直前まで内務省に規約を承認するように再三働きかけたが、内務省側は規約の承認を拒否しつづけたのである。中央協会は公式に活動できず、地方協会も多くは解散するか、活動が停滞した。

もっとも、この時期、中央協会が全く活動をしなかったわけではない。(58) 規約の承認に向けて数度にわたって役員と委員の会議が開かれ、総会も一八四五年一二月一九日、一八四七年三月二日、そして同年一一月一六日に開催されている。また、協会長は、ボルネマンから、一八四五年に、枢密財政顧問官ゲオルク・フォン・フィーバーン G.v. Viebahn に交替している。

四　三月革命

一八四八年になると中央協会を取り巻く環境が好転する。(59) パリ二月革命の報道がベルリンにもたらされ、そしてベルリンでも数多くの民衆集会が開かれるようになると、内務省の中央協会に対する態度に変化が見られた。中央協会に、当局と市民の間の仲介者の役割を期待するようになったのである。

三月一八日にはベルリンで三月革命が勃発する。この「三月の事件」という背景のもと、三月三一日の団体権の授与、四月一二日の規約の承認、四月二六日の国王基金一万五〇〇〇ターラーの半分、七五〇〇ターラーの支払い、五月三日の郵税免除の承認と続き[60]、中央協会が公式に活動をおこなう枠組みができあがった。さらに、プロイセン政府の状況も中央協会に有利なように変化した。まず、三月革命後成立した「三月内閣」に、二人の協会員、すなわちボルネマンが司法大臣として、フォン・パートウが商務大臣として加わった。また、中央協会を監督する権限をもつ官庁が、従来の内務省からフォン・パートウ指揮下の商務省へ移っている。

こうした状況をうけて、中央協会は、四月一四日には「地域活動と参加の呼びかけ」を発表し、地方協会の設立とその中央協会との連絡、および市民の参加を求めた。これに応えて多くの地方協会と社会福祉施設が中央協会に関係をもち[61]、多数の市民が中央協会に加入するようになった。

四月一四日の「呼びかけ」以降、中央協会は、従来よりも積極的な活動をおこなうようになる。まず、五月二日と二六日の役員・委員会による準備を経て、六月二日には規約承認後初の総会が開かれた。そこで、協会の現状について語られたうえで、未選出であった地方選出の委員が選ばれた。これ以降、役員・委員会が全部で一五回開催され、総会は一八四八年六月二日に続き、四九年四月四日、五月六日、一〇月六日と四回開催され、中央協会の業務について話し合われた。

三月革命期の中央協会は、第一に『会報』の発行、第二に地方協会や社会福祉施設への財政援助、第三にプロイセン国民議会への働きかけといった点で活動していくことになる。そうした活動をここで手短にのべておこう。

『会報』は、この時期、一八四八年八月二五日発行の第一号以下、全部で六号発行され、頁数も七〇〇頁を超えている。規約や役員・委員会の議事録を中心とした中央協会の活動報告、中央協会と関係をもった地方協会と社会福祉施設の報告、そして労働者福祉に関する提案が掲載されている。地方協会や社会福祉施設の報告は約三〇件に達し、労働者福祉提案は九件掲載されている[62]。また、三月革命中に各地で開催された一連の手工業者、職人および労働者会議に関する報告も掲載されている[63]。

財政援助については、一八四八年六月五日のフランクフルト労働者身分福祉協会など三つの団体への援助を皮切りに、多くの団体へ無利子の貸付と寄付をおこなっている。『会報』第三号に掲載された一八四八年六月一日〜一八四九年四月一日の決算報告によれば、一八四八年九月一八日のベルリン地方協会への一〇〇〇ターラーの貸付を最高に、総額三六七五ターラーの貸付や寄付がおこなわれている。同じ時期、中央協会の総支出が約三九八九ターラーであったことを考えると、財政援助が当時の中央協会の活動に占めていた位置がわかる[64]。

中央協会は、プロイセン国民議会には、第一に労働者の組織に関する問題、第二に養老施設に関する提案を働きかけている。

まず、労働者の組織[65]についてだが、この点は、四月一四日の「呼びかけ」でその必要性が言及されていた。それをうけて、この問題のために役員・委員会が一〇月から一二月にかけて毎週のように開かれた。その結果、一八四九年一月八日には「工場労働者とその団体組織に関する」法案を作成し、内閣に提出した。だが、二月九日に発令されたいわゆる「改正営業条例」は中央協会法案を考慮せず、中央協会にとっては長期的視野で全営業体制を改善するものではなかった。そこで、条例が議会で承認される前にこの条例を修正しようとして、中央協会は、五月一六日付「工場内の労働者と雇用者の関係に関する」新条例案を商務省に、さらに一〇月一八日付の請願を議会に提出したものの、プロイセン国民議会は「改正営業条例」を可決した[66]。

次に、養老施設計画[67]についてだが、この問題に関する議論のきっかけは、商務省の官僚アドルフ・フォン・ポンメル=エッシェが、一八四八年一〇月二五日に、中央協会に対してベルリンの車両工場主A・プフルークの養老計画案への所見を求めたことである。中央協会は、プフルーク案以外の計画も考慮し、独自の計画案を商務省に提案するという方針をとった。協会員の意見の交換がなされたうえで、一八四九年一二月八日の役員・委員会で、自助による中央協会の養老施設案が決議された。そして、それは、一二月一二日にプロイセン議会の両院と商務省に提出されたが、両院も、内閣もその計画案に関心を示さなかった。中央協会は、第二、第三の規約案を作成し、政府にこの問題に取り組むよううながしたものの、結局成果はなかった。

それでは、三月前期に中央協会に見られた発想は、三月革命という現実に直面して何らかの変化をこうむったのであろうか。

中央協会そのものについて、まずみていこう。

四月一二日に承認された規約[68]は、一八四七年三月二日の総会で可決されていたものである。その第一条には、「中央協会の目的は、労働諸階級の道徳的および経済的状態の改善のために、当初はプロイセン、そしてできるだけ他のドイツ諸邦においても、(それを)促進し、そして活発にするように尽力することである」と規定されている。[69]

次に、三月革命期の中央協会が最初に出した意見表明は四月一四日の「呼びかけ」である。この「呼びかけ」[70]では、労働諸階級の状態改善手段が五つあげられている。そのうち最初の三つには、

一、労働諸階級の精神的・道徳的向上に関するもの

二、営業従事者と労働者の市民的地位を基礎づけること

三、勤勉、倹約などによる労働者の経済状態の向上

がとりあげられているのである。[71]また、この「呼びかけ」には、「何よりもまず、君たちは、事態を暴力的に動かそうとしないでくれ、破壊によって動かそうとしないでくれ![72]」と、労働者の暴力に対する恐れが如実

にあらわれている。

中央協会の立場表明として、最後に、一八四八年八月二五日から発行を開始した『会報』の序文をとりあげてみよう。[73]協会長フォン・フィーバーンによる八月三日付のこの文章は、中央協会の活動方針や『会報』第一号に掲載された記事の説明がのべられている。その中では、中央協会が「民衆教育、社会および営業状態の分野の改革」に貢献すると中央協会の位置づけをおこなったうえで、「実利的な労働とそこで働く人の繁栄の基盤は、いつの時も勤勉、技能、それに見合った販路、そして倹約のままであろう」とのべており、「勤勉」や「倹約」が強調されている。さらに、労働諸階級は、「市民社会の正当な構成員とならなければならないとされる。[74]地方協会にも、「労働者の知的および道徳的教育、市民的な面と社会的な面の向上」に取り組むように期待されていた。[75]

では、地方協会や社会福祉施設は、中央協会のこの期待通りの存在であったのだろうか。『会報』に掲載されている地方協会や社会福祉施設からの報告をもとに、この点を考えてみる。そうした報告を支配していた発想は、次に分析するフランクフルト・アン・デア・オーデルの労働者身分福祉協会 Frankfurter Verein zur Wohl des Arbeiterstandes の例から明らかなように、労働者を道徳的・精神的な面から改善しようという発想であるといえよう。

この協会の報告は『会報』第一号に掲載されており、[76]それによると、この協会は一八四七年に設立されている。[77]報告には協会の考えを示すために、規約の条項のうちいくつかが引用されている。たとえば、規約の第一条に「労働者身分の経済的および道徳的改善が、協会の目的である」と規定したうえで、「協会は、この目的を道徳的影響力により、必要とする外的手段を用い、そして労働諸階級自身の能動的な協力のもと、達成することをその課題とする。協会は、労働諸階級と社会の他の諸階級の間の、お互いどうしの、好意と信用に基づく親しさの必要性を認識し、そしてその価値が認められるように努める」と規定している。[78]これは、中央協会の一八四四年一〇月二九日の発表会の発言と同内容といえよう。また第六条には、勤勉の促進のために職業紹介所を設けると規定してある。第一九条によれば、この職業紹介所の目的は、「怠け者を人間社会の有用な構成員に改造すること」である。[79]ここでいう「人間社会」は、「市民社会」と同じ意味であろう。

協会員についても分析していくが、史料として、『会報』に掲載された協会員による労働者福祉提案をとりあげてみよう。これらにもまた、労働諸階級を道徳的・精神的な面から改善しようという発想が強く見られる。

具体例として、『会報』第二号に掲載された、印刷所所有者で、商業顧問官であったK・デーゲンコルプ K. Degenkolb の「ドイツ営業向上手段について」[80]を分析しよう。デーゲンコルプは、享楽を求める態度が大きな社会上の悪の誘因であるとし、それが結局プロレタリアートの堕落につながるとのべている。そういう状態を取り除くために、労働を名誉なものとし、家族生活を再生し、無産者の贅沢をやめさせなければならないとのべたうえで、最後に「労働、倹約、真実と礼儀を、自由な市民に欠けてはならない市民の徳であると認識する世代を養成するための基盤」が築かれなければならないとする。[81]ここでも、「倹約」「礼儀」などが重要視されているが、ここで注意しておかなければならないのは、こうしたものが「市民の徳」とされている点であろう。さらに、デーゲンコルプは、「物質的・精神的脈絡で労働者の状態と立場を改善し、社会の全階級をおたがいに近づける」[82]「全民衆の道徳的尊さの向上」[83]「失われた中間段階の再生」[84]といったことをのべている。

以上みてきたように、三月革命期にも、三月前期に見られた中央協会の発想のパターンが維持されたように思われる。それは、道徳的・精神的な面からの労働諸階級の状態改善である。つまり、「自助」「倹約」「勤勉」といった市民的な道徳価値規範を「非道徳的」な労働諸階級にあたえ、労働諸階級を「市民社会の正当な構成員」とするというものであった。また、三月革命期の騒動を反映して、労働者の暴力などへの嫌悪感も見られた。

五　三月後期

1　一八五〇～五四年

三月革命期に一時活況をきたした中央協会の活動であるが、革命の終息とともに活動は沈滞する。全プロイセン養老施設計画案も、営業条例の審議への働きかけも、ほとんど政府から無視されてしまう。一八四九年には、第二節でのべたように、協会員の脱退が相次いだ。一八四九年四月四日の総会における協会長の開会の辞には、すでにこうした状況の変化が認識されている[85]。だが、中央協会も活動の沈滞を手をこまねいて見ていたのではなかった。たとえば、中央協会は、参加の可能性のある人物にそれまで発行していた『会報』を送付し、参加を呼びかけたりしている[86]。

そうした試みが成果をもたらさなかったため[87]、一八四九年八月八日に協会長に就任したA・レッテの指導のもと、中央協会は一八五〇年にその組織を再編成した。四月一〇日と五月一五日に中央協会決議が採決され、その内容をまとめた「労働諸階級福祉中央協会についての告示」（六月一二日）が公表された[88]。

それでは、この再編成後の中央協会の組織を整理しよう。

この再編成は、三月革命期の活動の失敗を鑑みてとられた、実現可能な路線を志向するものであるといえよう[89]。その目的は、中央協会を労働者福祉施設の結集点とし、情報を収集、精選、検査し、そして各方面に提供することにあった。

中央協会の業務については、この時新たに、(1)一四の分科会による役員と委員への業務分担、(2)資料の収

集とその『会報』による普及、(3)常設の事務所の設置がおこなわれた。設けられた分科会は、

Ⅰ 貯蓄・奨励金金庫　Ⅱ 地方協会　Ⅲ 貸付金庫・銀行制度
Ⅳ 保証金金庫　Ⅴ 死亡・疾病金庫　Ⅵ 勤務不能者・養老金庫
Ⅶ 営業階級の組織　Ⅷ 刑務所　Ⅸ 教育
Ⅹ 公開講演　Ⅺ 図書館　Ⅻ 住居・健康
ⅩⅢ 農業労働者　ⅩⅣ 会計

に関するものである。(90)

『会報』に掲載された中央協会の年次報告(91)を見てみると、一八五〇年から一八五三年にかけて、中央協会は再編成の際の方針を維持しようとしていたことが読みとれる。

図書の収集が活発におこなわれたのは、その一例であろう。一八五一年の時点で四三八冊の書籍が中央協会図書館に所蔵されていたが、それが五四年には六一二冊に増えている。(92)情報収集活動も盛んにおこなわれ、とくに積極的に情報が収集されたのは、貯蓄金庫についてであろう。『会報』の一〇号と一三号はほとんどすべての頁、一一号もかなりの頁を貯蓄金庫に割き、他の号の記事も合わせると、貯蓄金庫に関する記事は三八〇頁に達する。(93)

『会報』もこの時期、全部で一四回発行された。福祉施設の報告は、全部で三二掲載され、また労働者福祉のための提案は全部で一四掲載されている。中央協会主催の公開講演も、一八五〇年に一度、五一年に三度、五二年に六度開催された。(94)労働者福祉提案と公開講演では、社会保証機関、成人教育、教育、刑務所、浴場、洗濯場、保育、住宅、孤児、営業の自由、アソツィアツィオーン、児童の工場労働、乳児託児所、そして模範工場といった問題がとりあげられ、この時期の中央協会の関心の広がりがつかめる。

もっとも、こうした提案や講演は、相互のつながりに欠けているようにように思われる。提案や講演をきっ

かけとして、特定の問題への関心が中央協会内部で高まったわけではない。また、『会報』を見るかぎりでは、三月革命期の養老問題のように、特定の問題について議論が交わされたこともなかったのである。この時期の『会報』は、協会員相互の議論の場というより、単なる情報交換の場にとどまったといえよう。

中央協会への関心を高めるため、『会報』のほかに、当局や民間組織を対象として石版画通信が発行されたりもしている。[95]

総会は、一八五〇年一〇月一二日、五一年四月一六日、五二年五月二四日、五三年六月一日、そして五四年七月五日に開催されている。役員・委員会が何回開かれたかは不明であるが、『会報』には役員・委員会の議事録が四回掲載されている。[96]

また、この時期中央協会の協会員数は、一八四八年の三四四人から二一七人に減少したわけだが、次のような事実を考えると、中央協会が当時のプロイセン・ベルリン社会で完全に魅力を失ったわけではないように思われる。

まず、中央協会には多くの有名人が参加したが、そうした人のかなりが、この時期でも協会を辞めずにいるのである。たとえば、官僚フォン・フィーバーン、教育者カーリッシュ、そして本屋ファイトといった人物が、『会報』に記事を載せている。[97] さらに、一八五〇年から翌年にかけて中央協会を何らかのかたちで辞めた人は四〇人であったが、同数の四〇人が新たに参加している。この時参加した人物で注目すべきは、当時ベルリン大学や市議会での活動で有名であり、のちに中央協会の協会長となるグナイストであろう。[98] 最後に、再編成時に設けられた常設の事務所は、ウンター・デン・リンデンに近い市の中心部に位置し、また広場に面していたため、人目につきやすかったはずである。[99]

こうして、中央協会は、三月革命期の活発な対外活動の場から、地道な情報収集・提供・交換活動の舞台へと転換したのである。これ以降、中央協会としての活動は前面に出てこなくなり、実践的な福祉活動は地方協会や福祉施設、労働者福祉のための議論は協会員個人にゆだねられたといえよう。

それでは、再編成後の中央協会の発想のパターンをみていこう。

中央協会が再編成後の活動方針を明確に打ち出したのは、一八五〇年一〇月一二日の第三回定例総会における協会長レッテの年次報告[100]である。ここでレッテは、中央協会の活動が一つの転換点にきたという認識のもと、従来の活動を概観し、中央協会組織の再編成とこれからの活動方針をのべている。その内容を順を追ってとりあげてみよう。

まず、設立時からの中央協会の活動を概観したのち、教会といった他の道徳的諸力が労働諸階級福祉に取り組んでいるので、中央協会はもう不用ではないかという疑問を提示する。それに対して、協会には労働諸階級福祉の義務があるとしたうえで、「社会改革の必要性が、つねに政治革命の根底的で、内的な起動力であるということを認識すればするほど、我々の協会を、その活動とともに、時代遅れのものであるとみなすことはできなくなる」とのべている。中央協会が活動を続ける要因として、革命への恐れがあったことがうかがえる。報告は協会組織の再編成に移り、そこで規約に定められていた協会の目的＝労働諸階級の道徳的および経済的状態の改善への尽力、が再確認されている。その際、中央協会のもつ意義は、その道徳的な力と影響におかれている。協会の目標をさらに、「下層民衆階級と上層民衆階級を」「近づけ」、「公共心と隣人愛を喚起」し、労働諸階級を「向上」させることと言い換えている。協会長は、それから具体的な活動を列挙し、最後に中央協会組織再編成によって成果がもたらされることを願って報告を終えている。

中央協会の再編成後に実践的福祉活動の担い手となったのは、地方協会と社会福祉施設である。『会報』に掲載されたこうした団体の活動報告のなかから、典型的な例としてベルリン共同建築協会 Berliner gemeinnützige Baugesellschaft をとりあげてみよう[101]。この団体については、第II部の第3章で改めて詳細にとりあげることにする。

この協会は、一八四七年に設立され、その規約は一八四八年一〇月二八日に当局によって承認された。この協会の目的は、「細民」kleine Leute のために、土地の購入と建築によって健康的で広い家屋を建築し、できるだけ安く賃貸し、そして土地獲得の見込みをもたらすことである。

中央協会は、ベルリン共同建築協会を「中央協会の一般的な性格と一致したもの」と評価して(102)おり、また、この協会と中央協会との関係は密接なものであった。一八四八年の時点で、中央協会はベルリン共同建築協会に五〇〇〇ターラーの寄付をあたえ、また中央協会がこの協会の協会員となり、三年分の会費として二五ターラーを払っている(103)。以後も両者の関係は続き、双方の会議におたがいに代表を派遣しあっている(104)。さらに、一八五三年一一月に国王基金の残り半分の七五〇〇ターラーが中央協会に渡されると、それはすべてベルリン共同建築協会の株に投資されたのであった(105)。

この協会も、その背景とする発想は中央協会と同じであるといえよう。たとえば、その思想が「無所有労働者を労働所有者に変える」ものとされたり、「労働諸階級の当該階級の自立的協力」を求めたりしているのである。また、市民が労働者に手本を示すべきであるという考えものべている(106)。

では、労働者福祉についての議論の担い手である協会員個人についてみていこう。協会員の発想を知る史料として、『会報』に掲載された労働者福祉のための提案をとりあげてみる。そうした提案で支配的なのは、次の建築調査官W・エミッヒ W. Emmich の「小営業従事者維持にとっての様々な悪状況と必要とするもの、ならびにプロレタリアートを減らす手段についての考察」という論文(107)の例が示すように、従来と同様、労働諸階級に市民的・道徳的価値規範を身につけさせようという発想であるように思われる。

この論文は、『会報』新シリーズ第一巻四号に掲載されており、信用制度や保険制度などについて、それらに見られる悪状況や対処法についてのべたものである。そうした悪状況それぞれについて、「間接的に、名誉心と公平の喚起ないしは強化によって、道徳的な手段で働きかけることができるのみである」と、道徳的観点から指摘がなされている。最後に、全体を通してとられるべき原則についてのべてある。それは、「貧困への対処は」「主に自助と収入能力の喚起と強化によってえられ」、「こうした方法で」「自尊心が喚起され、行動力が強化し、そしてそこから倹約への衝動が発展」し、そして、それは「それから秩序感覚、ならびに公共心を促進し、そしてその次に安全と満足を保証するのである」とされている。ほかにも、「無所有労働者を所有労働者にする」といったことも、原則とされている。

以上みてきたように、組織再編成後の中央協会においても、従来と同様、道徳的な面からの労働者救済という発想が中心となっていた。その際、市民が労働者に手本を示そうという態度も見られた。そして、最終的な目標は、労働者を市民に「向上」させることである。また、革命に対する恐れも見られた。

一方、中央協会の活動は、うまく軌道に乗せることはできなかった。まず、協会員は、第二節でのべたように、減少しつづけた。総会の出席者にしても、その大多数が役員か委員であった。[108] 公開講演も、一八五二年に六回おこなわれたものの、一八五三年と五四年には全くおこなわれなくなっている。[109] 石版画通信も五三年一月一日に廃刊されている。[110]

組織再編成の際の目玉であった分科会の活動も、一八五二年の総会で、協会長が「たしかに、現在まで、わずかの委員会だけが、定期的で、持続的な活動をおこなっている」とのべていることからわかるように、[111] 十分なものではなかった。

実際、この分科会は兼任が多く、十分な活動をおこなうにはもともと無理があったと考えたほうがよいのである。一八五〇年には、協会長レッテら四人の四つを筆頭に、かなりの人が二つ以上の分科会を兼任している。職業をもった協会員が、自分の職業のほかに複数の分科会の活動を積極的におこなうことを期待するのは無理であろう。一八五一年になると、分科会は統合・整理され一一となるが、一番多い人で七つの分科会を兼任しているなど、兼任の傾向は前年に増して強くなっている。[112]

最後に、地方協会や社会福祉施設への援助について指摘しておくと、一八四九年には、すでにのべたように支出の大部分がこうした援助であったが、一八五三年には、総支出約七〇七一ターラーのうち、貸付と寄付は五〇〇ターラーにすぎなくなっている。予算面でも、一八五二年度予算となると、貸付と寄付が一三〇〇ターラーが割りあてられているにすぎなくなった。[113]

2　一八五四〜五八年

中央協会の活動は、一八五四年頃から五八年頃まで、ほとんど史料から読みとることはできない。一八五四年まで毎年『会報』に掲載されていた年次報告も、一八五四年度分以降は掲載されていない。一八五三年度以降の予算や決算も不明である。中央協会は、のちに数度にわたってその活動の回顧を出しているが、[114]それを見ても、この時期については知識を増やすことはできない。一八五八年から中央協会は、機関誌のタイトルを『雑誌』へ変えているが、その第一巻三号の五八年度の活動報告を見ても、とくに一八五八年に中央協会が活発な活動をおこなっていたわけではない。[115]

この時期、中央協会はほとんど活動をおこなっていなかったものと思われる。そのことを示す数字をいくつかあげてみよう。公開講演は、この時期、一八五五年と五七年に一回ずつおこなわれているにすぎない。[116]『会報』の発行回数も、多い年で五六年の二回にすぎず、五七年には一度も発行されていない。協会員数も減少が続き、五三年に一九九人であったのが、五八年には一六七人になっている。五三年度決算によれば、その年中央協会は一七〇〇ターラーの支出があったが、五八年度予算では支出として一三〇〇ターラーが計上されているにすぎない。さらに、国王基金の一万五〇〇〇ターラーも使い道がなく、ほとんどの金額を投資に回すことになり、それが、一八五八年には、利子を含め、一万七〇〇〇ターラーとなっている。[117]

それはともかく、中央協会がこの時期おこなっていた活動として史料からわかるものを列挙すると、『会報』の発行、公開講演の開催、一般養老施設案の再提案[118]、そして国際福祉会議（フランクフルト・アン・マイン、一八五七年）への協会員の参加[119]となろう。『会報』は、この時期、全部で四回発行され、地方協会や社会福祉施設の報告が六件、労働者のための提案が五件掲載されている。

では、中央協会の発想のパターンは、この時期どうであったのか。

中央協会そのものについて、その活動方針を知ることのできる史料としては、『会報』新シリーズ第二巻四・五号の「プロイセン労働諸階級福祉中央協会雑誌告知[120]」のみである。これは、中央協会の活動の活性化と拡大のために、その機関誌を従来の『会報』から『雑誌』に転換することをのべたものである。そこでは、中央協会の活動は、以前と同様「労働諸階級の道徳的および経済的状態の改善を促進し、奨励するように尽力すること」と規定されている[121]。

次に、地方協会と社会福祉施設についてであるが、次のコーベスによるバイエルンの聖ヨハネ協会に関する報告[122]の例が示すように、そのすべてに市民的・道徳的価値規範を労働諸階級にあたえようという態度が見られる。

この協会は、一八五四年にバイエルン国王マクシミリアーン二世の肝煎りで設立された。報告者のコーベスによれば「その組織と試みは、多面にわたって中央協会と似ている」のである。その活動領域の第一点として、「a　貧者の宗教的、道徳的、さらに精神的救護に配慮すること」があげられている。また、支部協会の活動について、「家族生活の向上、貧者の秩序および経済的精神の喚起、（中略）堕落をもたらすこじきの排除が、すでに一八五四年に支部協会のきわだった活動と指導によって促進されたのである」と報告されている。

最後に、協会員個人についてであるが、ここでも支配的な発想は、労働諸階級に市民的・道徳的価値規範をあたえることである。

具体例として、C・G・クリースの「プロイセンの地方労働者の状況とイギリスの救貧・居住地法の状態について[123]」を分析していこう。これは、一八五五年二月におこなわれた公開講演を収録したものであり、プロイセンの地方労働者の、賃金形態を中心とした生活状況、そしてイギリスの救貧法と居住地法について、のべられている。クリースは、年契約やそれ以上の期間にわたる労働者と雇用者の就業関係を否定する。それは、「勤勉、福祉、教育、そして自立という点で労働諸階級をともかく助長するもの」ではないからである。

以上分析してきたように、この時期においても、中央協会は、市民的・道徳的価値規範を、労働諸階級に身につけさせることで、労働諸階級の救済をおこなおうとしたといってさしつかえなかろう。

一八五八年は、中央協会にとって、五〇年に続く転換点となった。ブリュッセルとフランクフルト・アン・マインで開催された国際福祉会議へ協会員が参加したことをきっかけに、以前よりも定期的に活動することが目指されたのである。機関誌は、『会報』から『雑誌』へと名称変更され、定期刊行化された。

まとめと展望

以上の考察から明らかなように、一八四四年から五八年まで、中央協会の活動の発想には、中央協会そのものから、協会員、そして地方協会に至るまで、一つのパターンが一貫して見られた。それは、精神的・道徳的な面からの労働諸階級救済といえよう。つまり、勤勉や倹約などの道徳的・市民的価値規範を非道徳的な労働者に身につけさせ、そして労働者を市民に向上させ、市民社会の有用な構成員とすることを目標としている。また、革命や労働者の暴力などへの嫌悪の感情も見られた。

中央協会の発想を、一言でいえば、困窮におちいった労働者を自立的な市民に変え、そのことによって社会問題の解決を図る態度が、それである。この発想は、ガルのいう「無階級市民社会」、つまりすべての人が自立的な市民となる社会と同じ内容である。中央協会には、本章で対象とした時期に、一貫して、この「無階級市民社会」という社会像が見られたのである。労働者の暴力や革命は、この「無階級市民社会」の理念からすれば、存在してはならないものなのである。もっとも、ここでいう市民とは、当時の中央協会の協会員の頭の中で理想化された「市民」であり、必ずしも歴史的現実を反映したものではないように思われる。(124)

中央協会に関するロイレッケの見解に批判を加えておこう。

ロイレッケは、一九世紀中葉の中央協会を、「学習の年月」「市民的社会改革のはじまり」そして「初期自由主義」の典型として捉え、そのうち重点を前者においた。

しかし、こうしたロイレッケの評価は必ずしも説得的とはいえない。

「学習の年月」という場合、当時の中央協会で最もそれにふさわしい時期は、一八五〇年の組織再編成後であろう。ロイレッケもそのように指摘している。ところが、ロイレッケは、この時期の中央協会の活動についてはほとんど触れていない。実際、この時期、三月革命期を除くと、中央協会の活動は全体的に低調である。さらに、『会報』に掲載された労働者福祉提案は相互のつながりに欠け、三月革命期を除くと、特定の問題についての議論もおこわれなかった。中央協会そのものが、労働者福祉についての議論の場となっていたのではなかった。この時期の中央協会の活動に対して、ロイレッケのように「学習の年月」とするには躊躇をおぼえる。

それに対して、本章では、本章で対象とした時期に一貫して「無階級市民社会」という発想が、組織の上部機構から地方協会、そして協会員に至るまで根強く見られたことによって中央協会を積極的に評価する。この時期の中央協会を動かしていた論理は、のちの社会改革的発想ではなく、「無階級市民社会」という発想なのである。中央協会を歴史的に評価するには、このように押さえたうえで、のちの時代にも視野を広げていくべきであろう。

ロイレッケの評価は、後年の社会改革についての価値観をこの時期に持ち込んだものにすぎない、一面的なものといえよう。当時の中央協会は、ガル以降のドイツ自由主義研究の脈絡のなかで位置づけてこそ、その意味がはっきり見えてくるのである。

それでは、「はじめに」でのべた近年のドイツ自由主義研究について、二点ほど述べて、本章の締めくくりとしたい。

第一点は、ガルが、「無階級市民社会」を維持した移行期の改良主義者の支持層が狭いと指摘したことについてである。この指摘によって、ガルは、世紀中葉以降「無階級市民社会」という発想の説得力が失われつつあったことを示そうとしたのであろう。ところが、本章で示したように、少なくとも中央協会については、「無階級市民社会」という発想には根強いものがあった。このことから、実は「無階級市民社会」は、ガルの指摘よりも強い説得力を世紀中葉以降ももちつづけたのではなかろうか、という疑問が生じてくる。これは、ガルの「堕落」説全体にかかわっていく問題であろう。[125]

第二点は、第二節で指摘した中央協会の政治的立場の広さについてである。このことは、「無階級市民社会」という発想が、必ずしも自由主義者に限定されないことを示すように思われる。この点をはっきりさせるためには、「保守主義」などとの比較の視点が必要であろう。こうした比較によって、「無階級市民社会」という概念による、従来のカテゴリーとはちがった、当時の人々の発想についての新たな見方がもたらされるかもしれない。

さて、第五節で具体的にとりあげて検討したように、ベルリン共同建築協会は、本章で検討したような市民層の社会問題に対する対応の典型例と位置づけることができる。

章を改めて住宅問題と住宅改革に焦点をあてていくことにする。

注

（1）ドイツ自由主義の「弱さ」を強調する研究として次の文献がある。Friedrich C. Sell, *Die Tragödie des Deutschen Liberalismus,* 1953, 2. Aufl., Baden-Baden 1981; Walter Bussmann, Zur Geschichte des deutschen Liberalismus im 19. Jahrhundert, in: *Historische Zeitschrift,* Bd. 186, 1958; Karl-Georg Faber, Strukturprobleme des deutschen Liberalismus im 19. Jahrhundert, in: *Der Staat,* Bd. 14, 1975; Werner Conze, *Möglichkeiten und Grenzen der liberalen Arbeiterbewegung in Deutschland. Das Beispiel Schulze-Delitzschs,* Heidelberg 1965; Theodor Schieder, Die Krise des bürgerlichen Liberalismus, in: ders., *Staat und Gesellschaft im Wandel unserer Zeit. Studien zur Geschichte des 19. und 20. Jahrhunderts,* München 1958.（邦訳、「市民的自由の危機」『転換期の国家と社会 ― 一九・二〇世紀史研究』岡部健彦訳、創文社、一九八三年）。こうした自由主義解釈については、D・ブラックボーン、G・イリー『現代歴史叙述の神話 ― ドイツとイギリス』（望田幸男訳、晃洋書房、一九八三年、二九頁―五〇頁）参照。

（2）Lothar Gall, Liberalismus und "bürgerliche Gesellschaft". Zu Charakter und Entwicklung der liberalen Bewegung in Deutschland, in: *Historische Zeitschrift,* Bd. 220, 1975; James J. Sheehan, *German Liberalism in the nineteenth century,* Chicago 1978.

ガルによる自由主義研究として、ほかに次の文献がある。Ders., Der deutsche Liberalismus zwischen Revolution und Reichsgründung, in: *Historische Zeitschrift,* Bd. 228, 1979; ders., Einleitung, in: ders. (Hg.), *Liberalismus,* 3. erw. Aufl., Konigstein/Ts 1985.

シーアンによる自由主義研究として、ほかに次の文献がある。Id., Liberalism and the city in nineteenth-century Germany, in: *Past & Present,* no. 51, 1971; do., Liberalism and society in Germany, 1815–1848, *Journal of Modern History,* vol. 45, 1973; do., Partei, Volk and Staat. Some reflections on the relationship between liberal thought and action in Vormärz, in: Hans-Ulrich Wehler (Hg.), *Sozialgeschichte heute. Festschrift für Hans Rosenberg zum 70. Geburtstag,* Göttingen 1974.

（3）Gall, 1975.

（4）Sheehan, *1978.*

（5）注（1）であげた文献は、ほぼこうした観点から、ドイツ自由主義を評価している。

（6）ガルなどの研究をうけ、次のような文献が出されている。Wolfgang J. Mommsen, Der deutsche Liberalismus zwischen "klassenloser Bürgergesellschaft" und "Organisiertem Kapitalismus". Zu einigen neueren Liberalismusinterpretationen, in:

Geschichte und Gesellschaft, 4-1, 1978; Lothar Gall (Hg.), Liberalismus, 3. erw. Aufl., Königstein/Ts 1985; Dieter Langewiesche, *Liberalismus in Deutschland*, Frankfurt 1988; ders. (Hg.), *Liberalismus im 19. Jahrhundert*, Göttingen 1988; Karl Holl, Günter Trautmann, Hans Vorländer (Hg.), *Sozialer Liberalismus*, Göttingen 1986; Wolfgang Schieder (Hg.), *Liberalismus in der Gesellschaft des deutschen Vormärz, Geschichte und Gesellschaft*, Sonderheft 9, 1983; Hans Vorländer (Hg.), *Verfall oder Renaissance des internationalen Liberalismus*, München 1987; Helmut Sedatis, *Liberalismus und Handwerk in südwestdeutschland. Wirtschafts- und Gesellschaftskonzeptionen der Liberalismus und die Krise des Handwerks im 19. Jahrhundert,* Stuttgart 1979.

ほかにも、Fenskeによる南ドイツ（一九八一年）、Leeによるバーデン（一九八〇年）、そしてAldenhoffによるシュルチェ＝デーリッチュ（一九八四年）についての著作がある。

（7）Sedatis, *a. a. O.*

（8）たとえば、フォアレンダーは、一九八七年の論文集の序論において、ほぼガル説によって一九世紀自由主義史を述べている。Hans Vorländer, Hat sich derLiberalismus totgesiegt? Deutungen seines historischen Niedergangs, in: ders. (Hg.), *a. a. O.*, S. 9-34.

（9）たとえば、Holl, Trautmann, Vorländer (Hg.), *a. a. O.*; Langewiesche, *a. a. O.* 参照。

（10）Mommsen, a. a. O.

（11）Langewiesche, *a. a. O.*

（12）最近のドイツ自由主義についての邦語文献として、南直人「ドイツ『初期』自由主義とその社会的基盤 ― ハンバッハ祭を中心に」（『西洋史学』CXLI、一九八六年）がある。

（13）わが国では、今のところ中央協会を本格的にあつかった研究はない。一八四〇年代のプロイセン・ベルリン社会をあつかった研究で断片的にふれられるにすぎないといえよう。末川清「三月革命期におけるライン自由派の政治的性格」（桑原武夫編『ブルジョア革命の比較研究』筑摩書房、一九六四年、一二五頁）。川越修『ベルリン　王都の近代 ― 初期工業化・一八四八年革命』（ミネルヴァ書房、一九八八年、六九―七〇頁および八六頁）。

（14）以下の叙述は次の文献による。Dieter Fricke und Maxi Giersch, Zentralverein für das Wohl der arbeitenden Klassen, in: D. Fricke (Hg.), *Lexikon zur Parteigeschichte*, Bd. 4, Leipzig 1986.

（15）この規約は、*Der Arbeiterfreund*, Jg. 10, 1972, S. 73-80 に掲載。

（16）Jürgen Reulecke, *Sozialer Frieden durch soziale Reform. Der Centralverein für das Wohl der arbeitenden Klassen in der*

Frühindustrialisierung, Wuppertal 1983, S. 21–22.

（17）Nora Stiebel, Der *"Zentralverein für das Wohl der arbeitenden Klassen" im vormärzlichen Preussen. Ein Beitrag zur Geschichte der sozialreformerischen Bewegung*, Heidelberg 1922. ほかに中央協会をあつかった文献として次のものがあるが、いずれも中央協会を本格的に論じたものとはいえない。Otto Ruhmer, Der Centralverein für das Wohl der arbeitenden Klassen in den Jahren 1844 bis 1876, in: *Genossenschafts-Korrespondenz*, Jg. 6, 1928; Heinz Richard Schneider, *Bürgerliche Vereinsbestrebungen für das "Wohl der arbeitenden Klassen" in der preussischen Rheinprovinz im 19. Jahrhundert*, Bonn 1967; D. Fricke und M. Giersch, a. a. O.

（18）Werner Conze, Sozialgeschichte 1800–1850, in: Wolfgang Zorn (Hg.), *Handbuch der deutschen Wirtschafts-und Sozialgeschichte*, Bd. 2, Stuttgart 1976, S. 471.

（19）Reulecke, *1983*. ほかに、Reuleckeによる中央協会研究として、次の文献がある。Ders., Der Centralverein für das Wohl der arbeitenden Klassen. Zur Entstehung und frühen Entwicklung der Sozialreform in Preußen/Deutschland, in: *Mittheilungen des Centralvereins für das Wohl der arbeitenden Klassen*, 1848–1858, Faksimilenachdruck, Hg. von W. Köllmann und J. Reulecke, Berlin 1980; ders., Sozialer Konflikt und bürgerliche Sozialreform in der Frühindustrialisierung, in: Klaus Tenfelde und Heinrich Volkmann (Hg.), *Streik. Zur Geschichte des Arbeitskampfes in Deutschland während der Industrialisierung*, München 1981; ders., Englische Sozialpolitik um die Mitte des 19. Jahrhunderts im Urteil deutscher Sozialreformer, in: Wolfgang J. Mommsen (Hg.), *Die Entstehung des Wohlfahrtsstaates in Großbritannien und Deutschland 1850–1950*, Stuttgart 1982.

（20）Reulecke, *1983*, S. 19–21; S. 259–278.

（21）*Ebenda*, S. 19: S. 259f.

（22）*Mittheilungen des Centralvereins für das Wohl der arbeitenden Klassen*, Hagen 1848–1858, Faksimilenachdruck, Hg. von W. Köllmann und J. Reulecke, Berlin 1980. 以後『会報』からの引用を示す際には、雑誌名は*Mittheilungen*と略記し、その後に号数、発行年、頁数と続ける。頁数については、一九八〇年に復刊された際、編集者がつけた通し頁数を使う。たとえば、『会報』第1号（一八四八年発行）一八頁の記事を引用する場合、編集者のつけた頁数は、（31）であるので、次のように表記する。*Mittheilungen*, 1, 1848, S. (31).

（23）Reulecke, *1983*, S. 60–62.

（24）*Ebenda*, S. 63–76.

(25) Reulecke, 1980, S. 40.
(26) Reulecke, *1983*, S. 267.
(27) Adolph Streckfuß, *Berlin im neunzehnten Jahrhundert*, Bd. 3, Berlin o. J.　同様のことをザス Sass やドロンケ Dronke も述べている。Friedrich Sass, *Berlin in seiner neuesten Zeit und Entwicklung*, Leipzig 1846, S. 171; E. Dronke, *Berlin*, Frankfurt am Main 1846, Hg. von Rainer Nitsche, Darmstadt und Neuwied 1987, S. 166.
(28) Reulecke, *1983*, S. 83.
(29) *Ebenda*, S. 171.
(30) Reulecke, 1980, S. 36; Reulecke, *1983*, S. 257.
(31) *Mittheilungen*, 2, 1849, S. (317) f.; 7, 1850, S. (767) – (771) ; 9, 1850, S. (1057).
(32) そのために、一八四九年八月八日の役員・委員会で、地方選出の役員も召集する役員・委員会を年に二回は開催するということが決議された。*Ebenda*, 5, 1849, S. (530).
(33) ベルリン地方協会については本章第三節、ベルリン共同建築協会については本章第五節および本書第Ⅱ部第３章を参照。
(34) この点については、主に次の文献を参照した。*Allgemeine Deutsche Biographie;* Heinrich Volkmann, *Die Arbeiterfrage im preußischen Abgeordnetenhaus 1848–1869*, Berlin 1968; Reulecke, *1983*; Sheehan, *a. a. O.*
(35) Reulecke, *1983*, S. 153f.
(36) 一八四八年六月二日の総会において、労働者運動の代表者の役員・委員会への出席が許された。*Mittheilungen*, 1, 1848, S. (36).『会報』に掲載されている役員・委員会の議事録を見るかぎりでは、労働者代表が参加した最後の役員・委員会は、一八四九年一二月一二日に開かれたものである。*Ebenda*, 6, 1850, S. (711).
(37) 川越注（13）前掲書、一四頁。
(38) 川越注（13）前掲書、一三頁。Dronke, *a. a. O.*, S. 31.
(39) *Mittheilungen*, 1, S. (14). 当時のベルリンでは、「平均的手労働者」の年収は、一八〇ターラーであった。川越注（13）前掲書、四四頁。
(40) 中央協会設立の背景は、Reulecke, *1983*, S. 45–76 を参照。
(41) Reulecke, *1983*, S. 76–87; Reulecke, 1980, S. 25–29; Stiebel, *a. a. O.*, S. 60–90; Fricke und Giersch, a. a. O., S. 544f.
(42) *Mittheilungen*, 1, 1848, S. (19)–(21) ; 14, 1852, S. (1733)–(1736) に収録。

(43) *Ebenda*, 14, 1852, S. (1742) に収録。

(44) この発表会の発言内容は、次の史料集に収録されている。Jürgen Kuczynski (Hg.), *Bürgerliche und halbfeudale Literatur aus den Jahren 1840 bis 1847 zur Lage der Arbeiter*, Berlin 1960, S. 255–257.

(45) *Mittheilungen*, 14, 1852, S. (1733) f.

(46) Kuczynski, *a. a. O.*, S. 255.

(47) Bibliographie der in den Jahren 1820 bis 1850 erschienenen bürgerlichen Literatur zur Lage der Arbeiter, von R. Hoppe, in: *Ebenda,* S. 265–284.

(48) *Der Verein zur Hebung der arbeitenden Klassen und die Volksstimme über ihn. Von einem Handwerker*, Leipzig 1845.

(49) Stephan Born, *Erinnerungen eines Achtundvierzigers*, Leipzig1898, Neudruck, Berlin/Bonn 1978, S. 15.

(50) *Der Verein zur Hebung...*, S. 13.

(51) Friedich Harkort, *Die Vereine zur Hebung der untern Volksclassen nebst Bemerkungen über den Central-Verein in Berlin*, Elberfeld 1845, in; Köllmann und Reulecke (Hg.), *a. a. O.* ハルコルトについては、次の文献を参照。W. Köllmann, Friedrich Harkort, in: *Ebenda*.

(52) Harkort, *a. a.. O.*, S. 9.

(53) *Ebenda*, S. 28f.

(54) ベルリン地方協会については、次の文献も参照。Stiebel, *a. a. O.*, S. 129–145.
ここでは史料として次のものを用いる。ベルリン地方協会の規約は、Kuczynski (Hg.), *a. a. O.*, S. 258–264 に収録。K. Gundlach, Die erste Versammlung des Berliner Local-vereins für das Wohl der arbeitenden Klassen, in: *Norddeutsche Blätter für Kritik, Literatur und Unterhaltung*, HeftIV, 1844; K, Die zweite Versammlung des Berliner Localvereins für das Wohl der arbeitenden Klüassen, in: *Norddeutsche Blätter für Kritik, Literatur und Unterhaltung*, HeftVI, 1844; Eduard Meyen, Der Berliner Local-Verein für das Wohl der arbeitenden Klassen, in: Hermann Püttmann (Hg.), *Rheinische Jahrbücher zur gesellschaftlichen Reform*, Bd. 1, Darmstadt 1845, Neudruck, Leipzig 1970. また、この時期の地方協会については、次の文献も参照。Stiebel, *a. a. O.*, S. 91–159b.

(55) Kuczynski (Hg.), *a. a. O.*, S. 258.; K, a. a. O., S. 45.

(56) この経過については、Reulecke, *1983*, S. 87–125; Stiebel, *a. a. O.*, S. 160–187 を参照。

(57) Reulecke, *1983*, S. 98.
(58) この間の活動については、次の文献を参照。Reulecke, *1983*, S. 111–125.
(59) 三月革命期の中央協会の活動については、Reulecke, *1983*, S. 143–237を参照。
(60) これら一連の文章は、*Mittheilungen*, 1, 1848, S. (7)–(27) に掲載。
(61) この時期の中央協会と地方協会などとの関係は、次の文献を参照。Reulecke, *1983*, S. 173–184.
(62) この時期『会報』に掲載された労働者福祉提案では、労働者の団結、フランスの国立作業場、出来高払い・日雇い、営業、工場労働者、孤児、国内植民といった問題があつかわれている。
(63) *Mittheilungen*, 2, 1849, S. (177)–(238) に収録。
(64) *Ebenda*, S. (416)–(418).
(65) Reulecke, *1983*, S. 192–217.
(66) 一八四九年五月一六日付「工場内の労働者と雇用者の関係に関する条例案」は *Mittheilungen*, 3, 1849, S. (406)–(410) に、一〇月一八日付請願は、*Ebenda*, 5, 1849, S. (585)–(587) に掲載。
(67) Reulecke, *1983*, S. 217–237.
(68) この規約は、*Mittheilungen*, 1, 1848, S. (13)–(19) に掲載。
(69) *Ebenda*, S. (13).
(70) *Ebenda*, S. (22)–(26).
(71) *Ebenda*, S. (23)–(24).
(72) *Ebenda*, S. (23).
(73) *Ebenda*, S. (7)–(12).
(74) *Ebenda*, S. (7) f.
(75) *Ebenda*, S. (11).
(76) *Ebenda*, S. (67)–(70).
(77) *Ebenda*, S. (67).
(78) *Ebenda*, S. (68).
(79) *Ebenda*, S. (68) f.

（80）*Ebenda*, 2, S. (238)-(258).

（81）*Ebenda*, S. (239) f.

（82）*Ebenda*.

（83）*Ebenda*, S. (244).

（84）*Ebenda*, S. (255).

（85）*Mittheilungen*, 3, 1849, S. (404).

（86）*Ebenda*, 6, 1850, S. (716).

（87）勧誘のために送った一〇〇通以上の手紙には返事がなかった。*Ebenda*, 14, 1852, S. (1701).

（88）四月一〇日と五月一五日の中央協会決議は、*Ebenda*, 7, 1850, S. (739)-(745)、「労働諸階級福祉中央協会についての告示」は、*Ebenda*, 7, 1850, S. (735)-(739) に収録。

（89）Reulecke, *1983*, S. 251.

（90）*Mittheilungen*, 7, 1850, S. (735)-(739). ほかに、公開講演や夕食会なども計画に入れられていた。

（91）一八五〇年一〇月一二日の総会でおこなわれた年次報告は、*Ebenda*, 8, 1850, S. (919)-(943)、一八五二年五月二四日の総会でおこなわれた年次報告は、*Ebenda*, 14, 1852, S. (1695)-(1716)、一八五三年六月一日の総会でおこなわれた年次報告は、*Ebenda*, Neue Folge 1-2, o. J., S. (2022)-(2035)、一八五四年七月五日の総会でおこなわれた年次報告は、*Ebenda*, Neue Folge 2-1, 1855, S. (2527)-(2532) に掲載されている。

（92）一八五一年の書籍数は、*Ebenda*, 11, 1851, S. (1261)-(1284) の中央協会図書館図書目録、一八五四年の書籍数については、*Ebenda*, Neue Folge 1-4, o. J., S. (2229)-(2266); Neue Folge 1-5•6, o. J., S. (2464)-(2466) の中央協会蔵書目録による。

（93）一〇号は一二四頁中九六頁、一一号は七八頁中三二頁、一三号は一一二頁中九四頁を倹約金庫に関する情報にあてている。ほかにも、ベルギーの相互扶助金庫法案の審議の模様が、フランスやイギリスの相互扶助金庫の状況を含めて、『会報』一二号すべてを使って掲載されている。*Ebenda*, 12. 1852.

（94）Entstehung, Entwicklung und Thätigkeit des Central-Vereins für das Wohl der arbeitenden Klassen, in: *Der Arbeiterfreund*, Jg. 14, 1876, S. 114.

（95）*Mittheilungen*, 11, 1851, S. (1256)-(1260).

（96）一八五〇年六月一二日の議事録は、*Ebenda*, 7, 1850, S. (749) f.、九月一八日の議事録は、*Ebenda*, 9, 1850, S. (1016)-

(1018)、二月二五日の議事録は、*Ebenda*, S. (1049)–(1055)、一八五一年三月二二日の議事録は、*Ebenda*, 10, 1851, S. (1156)–(1158) に収録。

(97) たとえば、カーリッシュは、『会報』の一一号（一八五一年）に、「ベルリン近郊パンコウのドイツ・ペスタロッチ財団教育施設、さもなくば芸術と教育学の関係」という論文を載せている。*Ebenda*, 11, 1851, S. (1234)–(1247).

(98) 一八五〇年の協会員目録、*Ebenda*, 7, 1850, S. (759)–(766)、および五一年の協会員目録 *Ebenda*, 10, 1851, S. (1172)–(1178) による。

(99) フリードリヒ市区のマルクグラーフェン通り四八番地に設置された。*Ebenda*, 11, 1851, S. (1183).

(100) *Ebenda*, 8, 1850, S. (919)–(943).

(101) *Ebenda*, 7, 1850, S. (772)–(779); 8, 1850, S. (847)–(857); 9, 1850, S. (945)–(1005). 本書第II部第3章参照。

(102) *Ebenda*, 9, 1850, S. (926).

(103) この点については、一八四八年一二月一三日と二〇日の役員・委員会で話し合われた。*Ebenda*, 2, 1849, S. (306); S. (310) f. 一八四九年の決算によれば、中央協会は両方とも一八四九年一月一日付けで支払っている。*Ebenda*, 3, 1849, S. (418).

(104) *Ebenda*, 9, 1850, S. (926). ベルリン共同建築協会側の史料を見ても、総会の議事録冒頭に記載されている主要出席者リストでは、一八六七年の総会まで中央協会の委員の名前が記されている。*Bericht über die am 30. Oktober 1867 stattgefundene Generalversammlung der Berliner gemeinnützigen Bau-Gesellschaft*, Berlin 1868, S. 3. もっとも、入手した議事録を見るかぎり、中央協会の委員が主要出席者リストに記載されるようになったのは、一八六四年の総会の議事録以降である。*Bericht über die am 28. Oktober 1864 stattgefundene Generalversammlung der Berliner gemeinnützigen Bau-Gesellschaft*, Berlin 1865, S. 4.

(105) *Mittheilungen*, Neue Folge 1–2, o. J., S. (2023); Neue Folge 2–1, 1855, S. (2527). ベルリン共同建築協会の株に全額投資するという条件のもと、中央協会に国王基金の残り七五〇〇ターラーが引き渡されたのである。Reulecke, 1983, S. 241–246.

(106) *Mittheilungen*, 9, 1850, S. (956).

(107) *Ebenda*, Neue Folge 1–4, o. J., S. (2167)–(2182).

(108) 一八五二年五月二四日の総会のレッテの指摘による。*Ebenda*, 14, 1852, S. (1695).

(109) Entstehung, Entwicklung und Thätigkeit..., S. 114.

(110) *Mittheilungen*, Neue Folge 1–2, o. J., S. (2027). 予約購読者不足のためであった。Entstehung, Entwicklung und Thätigkeit...,

S. 17.

(111) *Mittheilungen*, 14, 1852, S. (1696).

(112) 一八五〇年については、*Ebenda*, 7, 1850, S. (741)–(744). 一八五一年については、*Ebenda*, 11, 1851. S. (1185)–(1188) を参照。

(113) *Ebenda*, 1, 1848, S. (47); 3, 1849, S. (415)–(418); 9, 1850, S. (1010); Neue Folge 1–2, o. J., S. (2039) f.; Neue Folge 2–1, S. (2536) f.

(114) Zur Geschichte der Bildung und Wirksamkeit des Central-Vereins in Preußen für das Wohl der arbeitenden Klassen, in: *Der Arbeiterfreund*, Jg. 1, 1863; Entstehung, Entwicklung und Thätigkeit...; Der Central-Verein für das Wohl der arbeitenden Klassen in 50jähriger Thätigkeit (1844–1894), in: *Der Arbeiterfreund*, Jg. 32, 1894.

(115) *Zeitschrift des Central-Vereins in Preußen für das Wohl der arbeitenden Klassen*, Bd. 1–3, 1858, S. 292.

(116) Entstehung, Entwicklung und Thätigkeit..., S. 114.

(117) *Zeitschrift des Central-Vereins* ..., Bd. 1–2, S. 192.

(118) *Mittheilungen*, Neue Folge 2–1, 1855, S. (2473)–(2525).

(119) この会議の審議の模様や綱領が、*Ebenda*, Neue Folge 2–4・5, 1858.

(120) *Ebenda*, Neue Folge 2–4・5, S. (2883)–(2888).

(121) *Ebenda*, S. (2883).

(122) *Ebenda*, S. (2774)–(2782).

(123) *Ebenda*, Neue Folge 2–3, 1856, S. (2665)–(2688).

(124) 本章では、ベルリンの特定の地域に中央協会の協会員が集中していたことや「無階級市民社会」という共有の発想があったことなど、当時のドイツ「市民」の実態の一面を提示しえたと思う。しかし、当時のドイツ「市民」層のあり方の解明やその歴史的位置づけについては、これからも取り組んでいくべき課題であるので、本書全体の議論をふまえ「結論」においても見通しをのべたい。

(125) Gall, 1975, S. 350f.

第2章

一八四〇年代ベルリンの都市社会とファミリエンホイザー

はじめに

一九世紀になるとドイツの都市人口が増大し、一八四〇年代には都市内の様々な社会問題が市民層に認識されるようになる。[1] そうした問題のなかでも住宅問題はとくに意識され、一八四〇年代から六〇年代にかけて住宅改革運動が展開する。次章において当時の住宅改革運動をベルリンを中心に分析するが、本章では当時の市民層の現状認識がどの程度実態を捉えていたのかを問題にしたい。

当時の住宅改革運動で悪住環境の象徴となったのは、ファミリエンホイザーという労働者のための集合住宅である。この建物は、ベルリンの北、ハンブルク門を市内から外に出てすぐそばにあった。ベルリン市民は、この建物をベルリンの普通の都市社会とは違う空間であり、道徳的にも衛生的にも危険と認識した。極端な場合、建物自体は「殺人者の巣」「伝染病の家」とよばれ、住民は「ならず者」と考えられた。居住習慣については「一部屋に一つの家族より多くが住む」と認識し、そのために性道徳の乱れが生じると考えた。[2]

次章で確認するように、住宅改革者は、こうした問題を自分たちのなじんだ住環境をより多くの人にあたえることで解決しようとし、また住宅改革構想に定着していく「混合居住」という発想も、下層民約二〇〇〇人だけが、こうしたイメージの建物に住むことへの反発といえる。したがって、ファミリエンホイザーについてのイメージがどの程度現実を反映していたのかという問題は、当時の住宅改革運動、さらにはその根底にある「無階級市民社会」という当時の社会改革者に広く見られた発想[3]の実効性にかかわるものであろう。

しかし、序章で指摘したように、この問題への解答を一九八〇年代から進められている住宅改革研究に求めても、十分な答は返ってこない。それは近年の研究が、一九世紀の住宅改革運動を「社会的住宅建設」成立史として叙述する[4]という視角を共有しているためである。こうした従来の視角では、一八四〇年代に住宅改革運動が始まった背景としては、人口の増大により悲惨な労働者住宅が生じ、それに対処するため改革がおこなわれたと指摘されるにとどまる。[5]そこでは、当時の市民が住宅問題をどう認識したか、その認識が現実をどの程度反映していたか、そしてそれをもとに改革者がどのような構想をいだいたかは、十分に考察されていない。[6]

以上のような従来の研究への批判を念頭におきつつ、本章は先の問題に解答をあたえるため、まずスイス人教育学者H・グルンホルツァーのファミリエンホイザー探訪記[7]（一八四三年）に分析を加えた第I部第3章の分析を手短に整理したい。その分析の結果、否定的なイメージとは異なるファミリエンホイザー像が浮かび上がってくる。その分析結果と他のベルリン市民によるファミリエンホイザー叙述を比較、対照する。とくにドロンケの『ベルリン』を詳しく分析し、探訪記が当時の市民層にどう読まれたかを明らかにする。この分析から当時の市民層の思考様式が抽出可能となろう。[8]そうした意味で、本章は、以前はその「弱さ」が強調されたが近年再検討が進む、ドイツ「市民」層の思考様式を探る試みの一つといえる。

本章で用いる史料は、ガイストとキュルファースによる史料集[9]（一九八〇年）に依拠する。これは、ファミリエンホイザーに関する史料を収集し、それらにコメントや若干の分析を加えた半史料集・半研究書ともいうべき性格をもつ。ただ、彼らの収集した豊富な史料には十分な利用価値があるが、彼らの分析は、本章でも示すように不十分な点が多い。

一 グルンホルツァー探訪記の分析

一八四〇年代になると、ファミリエンホイザーに対するベルリン市民の関心が高まる状況が整ってくる。まず、フォークトラントに鉄道の終着駅が二つ設けられたため、ファミリエンホイザーのそばのハンブルク門の交通量が増大した[10]。市民がこの建物を眼にする機会が増えたのだが、これに加え当時新聞や雑誌の影響力が拡大しつつあり、そこにファミリエンホイザーに関する記事が載るようになる[11]。一八四三年七月、ベルリンの社交界の中心人物の一人であるベッティーナ・フォン・アルニムの『国王に捧げる書』が出版された。この本の付録として出版されたグルンホルツァーのファミリエンホイザー探訪記については、第Ｉ部第3章において若干の分析を加えた[12]。ここではその分析を、この史料が市民層にどう読まれたかという関心から、探訪記に記された情報に限定して整理したい。

まず世帯構成をみると、当時の労働者の慣習であり、市民から問題視された、又貸しやベッド借り人はない。夫や妻が亡くなった世帯が多い（寡婦五人・やもめ三人）[13]。そして、こどもは一二歳前後での独立が期待される[14]。

次に、職業についてである。「自称の職業」をみると織工が一五人と半数近くを占め、また寡婦、妻、こどもの重要な収入源として、機織りの準備作業である糸巻きの作業がある[15]。そのため、ファミリエンホイザーは「機織り工場」の様相をおびる。住民はベルリンの産業を底辺で支えた労働者といえる。住人には手工業的職種を営む者や手に職をもたない者もいる。どのような職業でも住民の生計は不安定である。「自称の職業」と「実際の職業」の食い違いが示すように、本来の職業に就けなかったり、失業中の者がいる。彼らは収入が減ると衣服や家具を売ったり質に入れたりして、裸同然となる。[16] 食事を減らし、[17] さらに家賃を滞納する。[18] 月に二ターラー前後の家賃の滞納がひどくなった住民は、所有者によってファミリエンホイザーから追い出される。[20] 市内の住居の家賃が払えなくて引っ越してきた者が多かったので、[21] 追い出された住民は路上に住まざるをえない。[22] そうした住民が人間関係を密にして生活していた。[23]

また、ベルリン市民が「市民社会の構成員」を増やすために救貧学校や礼拝時間といった改革事業をおこなうが、[24] 住民は、そうした事業に市民が意図したようには対応しない。[25] 学校については、教育の専門家であるグルンホルツァーは質問と答の機械的な反復に終始するその教育内容に批判的である。[26]

以上の探訪記の分析結果も、グルンホルツァーの眼を通して見た、一つの「イメージ」にすぎない。ただ、第I部の第3章ですでに述べたように、探訪記は完全な客観的史料とはいえないが、グルンホルツァーがファミリエンホイザーの実態をある程度的確に捉えていたとみてさしつかえない。この分析結果がファミリエンホイザーの否定的なイメージと異なるのは、ことさら強調するまでもあるまい。探訪記の叙述のうち否定的なイメージとかかわる点をここで改めて分析し、両者のずれをおさえておく。

まず、当時の市民層から問題視された又貸しやベッド借り人の習慣についてであるが、否定的なイメージでは、そうした習慣がファミリエンホイザーで存在したことが強調される。ところが、第I部第3章でみたように、そうした習慣は探訪記には記載されていない。また、三〇年代以降おこなわれた住民調査でも、ほとんど報告されていない。[27] これは一八二八年に警視庁が出したファミリエンホイザーについての規則で、こうした習慣が禁止されたことによる。その後住民の入退去は警視庁の監視のもとにあった。[28] 探訪記を見ると血縁関係にない者の同居は二例のみであり、それらも家計を同じくしており、又貸しではない。第一の例は独身の織工が世帯主の住居で、彼は雇い入れた子連れのやもめと生活と仕事を共にしている。[29] 二つ目は独身の織工と糸巻きを職業とする寡婦が同棲している所帯で、彼らは実質的に夫婦である。[30]

さらに、否定的なイメージでは、ファミリエンホイザーは道徳的に問題があるとされ、極端な場合、住民を常習的な犯罪者としてしまう。探訪記にはその類の記載はないが、住民の人間関係の良さを賞賛するグルンホルツァーの態度のため、道徳的な問題がはっきり書かれなかったにすぎないという可能性もある。ただ、探訪記の分析から、住民の多数はベルリンの産業を底辺で支えつつ、ぎりぎりの状態で不安定な生活を送る人々であるという結果を得た。これは常習的な犯罪者からはほど遠い。また、探訪記には住民が警察の厄介になっている状況がしばしば出てくるが、これも、生活苦から乞食をしたため警察に拘禁されたり、[31] 容貌が警官の注意をひきやすい[32] といったものであり、否定的なイメージとは様相が異なる。

最後に、ファミリエンホイザーが衛生上問題ありとするのも否定的なイメージの特徴である。探訪記に三三世帯・一三四人記されているうち、一七世帯に二六人と、かなりの病人が記載されている。[33] グルンホルツァーは病気を逐一は記さなかった可能性もあり、実際には病人の数はこれより多かったと思われる。こうしてみると、否定的なイメージと探訪記の記述が合致しているようだが、探訪記の記述をよく読むと、実はそうはいえない。彼らの病気は、腸チフスのような伝染病もあるものの、[34] ほとんどがてんかん、脱腸などの慢性的な病や労働不能となるけがである。[35] 当時の市民層が衛生上問題があるとする時、それは「伝染病の家」としてである。病気が多いといっても、そうしたイメージとは違い慢性的なものである点は、強調しておかなければならない。

以上、探訪記を読むと、否定的なものとは異なるファミリエンホイザーの「イメージ」を得ることができるわけである。

二　グルンホルツァー探訪記発行以前

二節と三節では、ガイストらの史料集に収録されている当時の新聞、雑誌、小説[36]が、ファミリエンホイザーとその周辺のフォークトラントをどのようにあつかっているのかを、探訪記の分析結果と対比しつつ整理する。新聞や雑誌の記事は全文が収録され、小説などについてはファミリエンホイザーを叙述した部分の完全な抜粋である。ガイストらの研究は、これらの史料のうち探訪記発行以降のものの一部を、誇張した史料[37]と、ベルリンの社会構造に正確に位置づけた史料（ザスやドロンケの記述[38]）の二つに分ける。ただ、彼らのこの分類はきちんとした史料の分析に基づいておらず[39]、史料を細かく分析すると、彼らの分類とは違った結論を得ることができる。また、収録された史料の多くは分析が加えられておらず、それらの史料も含め、改めてガイストらの研究に収録されている史料を分析しよう。

まず、探訪記発行以前の史料をみていこう。

ファミリエンホイザーは一八二〇年代に建てられてから、三〇年代半ばまで市当局や警視庁の論議の対象となる。そうした状況はすでに論じたが、この建物に対するこれらの行政機構の認識は次のようにまとめられる。

市当局と警視庁は、ファミリエンホイザーのように一カ所に労働者が集まる建物の道徳・衛生・防犯上の危険性を強く認識する。また、市当局や警視庁はベッド借り人や又貸しを非難し、その結果、一八二八年にこれらの慣習はファミリエンホイザーでは禁止される。すでに市の行政機構レベルでは、建築直後から一八四〇年代に市民層に根強く見られるようになるイメージで捉えられていた。これに加え、救貧負担の増大に悩む市当局には、ファミリエンホイザーの存在は認めがたかった。つまり、そこに集まる住民の多くは貧困を理由に市民税である家賃税の支払が免除されるのだが、彼らは、また救貧扶助を求めて市に負担をかけかねなかった[40]。

一八三〇年代までは、市の行政機構や一部の市民のみがファミリエンホイザーに関心をもったにすぎないが、一八四〇年代になると、この建物に関する記事が新聞や雑誌に載るようになり、状況は変わる。

ファミリエンホイザーが新聞や雑誌で初めてとりあげられたのは、ガイストらの研究によると『若き世代』である。共産主義者ヴァイトリンクが一八四二年一月に『ドイツ青年の救いを呼ぶ声』を改称して創刊したこの雑誌は、一八四三年五月の彼の逮捕まで出版された。発行部数のかなりが外国に送られた[41]。一〇〇〇部印刷され、うち四〇〇部がフランス、一〇〇部がロンドンと、発行部数のかなりが外国に送られた。この雑誌の一八四二年八月号の「通信」と題する匿名の記事に、ファミリエンホイザーがとりあげられている[42]。ガイストらの研究は、著者を青年ドイツ派に属するK・グツコと推定する[43]。

父親の家がハンブルク門から遠からぬ場所にあったという著者は、家の近くにベルリンの軽蔑に値する不名誉が二つあったとのべる。死刑執行場とファミリエンホイザーである。ファミリエンホイザーは理性的な社会秩序から離れてしまい、人間や市民の家族の住居というよりも殺人者の巣である。悪魔が各部屋の仕切りにおり、血の気がなく、やせ衰え、そしてじゃがいも酒やザウアークラウトで腫れ上がった住民が、並んで寝ている。さらに、ファミリエンホイザーを「伝染病の家」と表現し、「きちんとした身なりの人は夜にここへゆけない」という。住民については、宗教戦争が発生した場合に敵はこの建物から徴集されるといい、一般の市民とは異なった価値観をもった存在として捉えられている。以上の悲惨な状態の原因は人間の権利の不均衡にあり、唯一の救済手段は、全体を犠牲にして個人に有利にするような私的所有権を変革することである。

ここでは、グルンホルツァーの探訪記とは異質なファミリエンホイザーのイメージが語られている。グルンホルツァーと違い、住民に同情をもっていないように思われるこの記事の筆者にとっては、ファミリエンホイザーは犯罪者や病気の巣窟であり、普通の人が容易に近づきえない場所である。それで、彼はファミリエンホイザーが「軽蔑に値する不名誉」であることを強調する。この文章は否定的な認識の最もはっきりあらわれた例といえる。この記事は同年九月三〇日の『ライン新聞』にも、ほぼ原文どおり掲載されている。[44]

次にファミリエンホイザーをとりあげたのは一八四二年一一月一七日のベルリンの地方新聞『駅伝』である。ここでは、ジャーナリストJ・H・ベータが記事を書いている。[45]

ベータは凍えて動けなくなった青年を辻馬車で送って、「ベルリンのあらゆる悲惨さがすべての道路や路地から集まった」ファミリエンホイザーに行った。二一九〇人の住人はベッド、机、木材(燃料)、衣類、ストッキング、靴、仕事、金、じゃがいも、見込み、慰め、同情といった普通の市民や労働者がもてるものをもてず、ボロ服、麦わら(布団)、汚れ、有害動物、飢えをもつ。ベータが送った青年は一一人のこどもをもつ織工であり、家族全員がボロを着、麦わらをかぶって寝る。月一〇〜一二ターラー以上は稼げず、机の代わりの丸太と織機を置いた部屋の家賃に、年三六ターラー払わなければならない。妻はストッキングや靴がないため外に出られず、こどもは凍死しないために一日中部屋にいる。部屋の隅にチョークで線が引いてあり、そこは別の夫婦に二〇ジルバーグロッシェンで又貸ししている。ファミリエンホイザーの住民は、市内では家賃が払えず家主から家具やまあまあの状態の衣装を差し押さえられたうえで住居から放り出された家族、市の最も貧しい者(骨・ぼろ拾いや住民のなかでは最も豊かな木こり)、そして出所してきた受刑者やあらゆる種類の泥棒やごろつきである。以上のようにのべたうえで、ベータは自助こそがこうした状況からの救済を可能にすると主張して、報告を締めくくる。

先に分析した『若き世代』の記事と比べると、住民に同情的である。この点でベータはグルンホルツァーと立場を同じくする。また、住民が裸同然の状態であるとか、市内に住めなくて引っ越してきたといった、探訪記にも記されていた状況が語られている。ベータが送った青年が家内労働に従事する織工であるのは、住民の職業構成を考えるとありそうな話である。本当に行ったかどうかは別にして、彼が確かな情報源をもとにファミリエンホイザーを叙述した可能性はある。にもかかわらず、部屋の空間の又貸しが指摘され、住民に「あらゆる種類の泥棒やごろつき」がいるとのべるなど、グルンホルツァーの探訪記の叙述とはずれる点も見られる。

発行部数のかなりが外国に送られた『若き世代』と違い、ベルリンの地方新聞である『駅伝』に掲載されたこの記事に、ベルリンの住民から反応があった。二カ月後の一二月二九日、当時のベルリンの二大新聞の一つ『フォス新聞』が、この記事に対する匿名の反論を掲載した。(46) ガイストらは著者を地区の救貧委員会の委員長と推定する。(47) この匿名氏は、ファミリエンホイザーの内部の状況を長年にわたって正確に把握してきたという。彼は『駅伝』の記事はまるで見てきたかのように書いているが、それは疑わしいと主張する。

まず、チョークの線で数家族が部屋を分けているという、長年広まっている、根拠のない、悪意に満ちた報告が蒸し返されていると指摘する。前節でみたように当時のファミリエンホイザーには部屋の空間の又貸しはない。この点、匿名氏は状況を的確に捉えている。また探訪記から得られるイメージとも合致する。

次に、彼はベータが送ったという青年の存在も疑問視する。三六ターラーの家賃を払い、一一人のこどもをもち、又借り人を受け入れた青年は、ファミリエンホイザーにはいないというのである。この指摘に続けて、匿名氏はファミリエンホイザーの状況を次のようにいう。四〇〇ある住居の家賃は二〇ターラー、二四ターラー、そして三〇ターラーである。二五〇〇人以上の住人の大部分が最も貧しい状態、つまり食料、衣服、寝床なしで生活している。こうした状況の住民の間に、生活必需品の価格上昇のなか、貧窮が増大している。

家賃について、当時の所有者は、クライネス・ハウスが、三〇～三六ターラー、他の大規模な建物が二〇

〜二六ターラーと報告している。[48] ベータの記事が正しいとすれば、青年の払う家賃はファミリエンホイザーでも一番上の部類であり、クライネス・ハウスの家賃に相当する。だが、第Ⅰ部第1章でのべたように、クライネス・ハウスの住居は台所と居間が分かれているが、『駅伝』の記事では、青年の住居は単数でZimmer（暖房可能な部屋）と記されるのみで、台所の存在はのべられていない。見落としも考えられるが、住居の状況からは青年の部屋は大規模な建物にある可能性が高い。ベータの記事は家賃と部屋の状況の間に矛盾が生じている。それに対して、匿名氏のあげる数字は、所有者の報告とほぼ同じである。

さらに、匿名氏は貧困の際の意気消沈を不潔やふしだらと取り違えてはいけないという。泥棒やごろつき、そしてとくに出所した受刑者が新しい住民として受け入れられるというのも嘘であると主張する。前節でみたように、住民には警察の厄介になる者もいたが、彼らは泥棒やごろつきと一緒にあつかわれる常習的な犯罪者ではない。こうした点でも、グルンホルツァーの認識と匿名氏のは同じであり、ベータの認識はずれている。

最後にふたたび又貸しがとりあげられ、匿名氏は又貸しがファミリエンホイザーでは禁止されていることを警視庁で聞いてくるようにベータに望む。第二節でのべたように、又貸しは一八二八年に禁止され、その後住民の入退去は警視庁の監視のもとにあったのだが、匿名氏はそうした状況を心得ていたのであろう。

前節までのべたことから判断すると、匿名氏はファミリエンホイザーの状況を知っていたといえる。さらに、彼はグルンホルツァーに近いファミリエンホイザー・イメージをもっていた。他方、ベータの記事は、グルンホルツァーに立場が近いように見えるが、マイナスのイメージが顔を出してしまっている。

ベータは一八四三年九月一六日に再反論を『駅伝』に掲載する。[49] 探訪記出版後の史料だが、話の脈絡からここでとりあげる。この記事を分析すると、両者の議論には微妙なずれが見られる。匿名氏はベータの記事が現実にないことを書いていると主張しているにすぎない。その記事の内容を、ベータはファミリエンホイザーの状況が自分の記事でのべられているほど悪くないと主張しているのだと理解している。又貸しや犯罪者の居住がないというのは、ベータにとっては状況が悪くないということに等しいのである。言い換えると、彼は、劣悪な住環境ならば、こうした状況が必然的に生じると考えている。しかも、彼はこの記事でグルンホルツァーの探訪記に言及し、[50]三日後の九月一九日の『駅伝』では探訪記がとりあげた世帯のうち五例を紹介しており、[51]彼が実際に探訪記を読んだことは疑いをいれない。さらに、彼は探訪記の記述が自分の主張を裏付けていると考えている。探訪記をきちんと読めば、自分の記事よりも匿名氏の記事のほうが探訪記の記述に近いことはわかるはずだが、彼の認識は改まっていない。ここに彼の思い込みの強さがうかがえよう。

以上、グルンホルツァーの探訪記発行以前の市民層によるファミリエンホイザー叙述は、①完全に探訪記とずれたイメージを語る史料、②探訪記と共通の認識をもつ史料、そして③一見探訪記と立場を同じくしつつ、いくつかの点でずれを見せる史料、の三つに分類できる。

では、節を改めて、探訪記発行以降のファミリエンホイザーに関する記述を分析しよう。

三　グルンホルツァー探訪記発行以後

まず、発行部数不明の『国王に捧げる書』とその付録の探訪記への反響を確認しよう。この書物への書評が全部でいくつ出たかはわからないが、ベッティーナ・フォン・アルニムが収集した書評は一六ある。また、『国王に捧げる書』をうけて書物が二冊出版された。一冊はA・シュタールの『ベッティーナと彼女の国王に捧げる書』である。これは『国王に捧げる書』への好意的な書評であり、本の内容をまとめたものといえる。もう一冊がレーベレヒト・フロム Leberecht Fromm と称する人物の『「国王に捧げる書」という本の破廉恥さ』である。この本の著者は民主的文筆家・歴史家のA・シュトレックフースであり、彼は『国王に捧げる書』に共産主義という幽霊を感じる。そして、同年九月三〇日、フランクフルトにいたオーストリアの密偵は、「『国王に捧げる書』が文芸大衆に大きな注目をあびた」と報告している。

他方、『国王に捧げる書』の本来の目的は、一八四〇年に即位した国王フリードリヒ・ヴィルヘルム四世への助言であり、出版と同時に国王に進呈された。だが、国王とその側近からはこの書物に好意的な反応が返ってこない。国王は本をもらった時は喜んだものの、通読したのち本の内容に立腹した。内務大臣フォン・アルニムは、八月一七日に上奏文を国王に提出している。彼は、この本が、非宗教性と急進主義のゆえに公共にとって最も危険な著作の一つであると進言する。こうした状況から、『国王に捧げる書』自体は免れたものの、シュタールとシュトレックフスの著作は両方とも発禁処分を受けた[52]。

このように『国王に捧げる書』とその付録の探訪記は読書人層に大きな反響をえつつ、労働者の生活をあつかったため、短絡的に「共産主義」というレッテルが貼られた。

では、探訪記出版後のファミリエンホイザーについての叙述を検討しよう。

まず、ガイストらの研究には書評が二つ収録されている[53]。そのうち一つは先にとりあげたグツコによる書評である。ただ、二つの書評とも『国王に捧げる書』と探訪記の内容の紹介にとどまり、書評者のファミリエンホイザー・イメージは読みとれない。

次に、グルンホルツァーに近い観点に立つ史料をみていこう。『国王に捧げる書』発行から一年後の一八四四年、『ベルリンの秘密』と題する書物が三冊発行された。これらはフランスで出版されたウジューヌ・スーの『パリの秘密』のドイツ語訳の影響のもとに書かれた。『パリの秘密』はパリの労働者をあつかった小説である。三冊の『ベルリンの秘密』では、『パリの秘密』でとりあげられたパリの労働者地区サンタントアーヌをフォークトラントに置き換えている[54]。この三冊のうち労働者の悲惨な状況への同情をもちつつ書かれたA・ブラスの『ベルリンの秘密』では、フォークトラントを次のように描く。

まず、建物が、フォークトラントほど目立つ色で目を痛めるような塗装がされている地域は、市のほかの場所にはない。また、この地域の商店は、その単純さで首都の他の商店のすべてと異なる。フォークトラントの住民は大家族に属しているようなものだが、その大家族は嘆かわしい貧困、消耗性疾患のような悲惨さのなかにいる。そして、フォークトラントを泥棒の滞在の場、集結点とする人は、誤解しているという。ブラスは、ここはすべてを奪いとられた貧者の逃げこむ場所であり、彼らは犯罪者ではないと強調する[55]。

これは住民を危険視することに異を唱えている点で、グルンホルツァーと同じ認識といえる。ほかにも、ファミリエンホイザーを家内労働者の織工の仕事場兼住居として描き、犯罪者の巣窟といった捉え方をしない小説も書かれている[56]。

他方、グルンホルツァーのものとは完全に違うイメージでファミリエンホイザーを叙述する史料も見られる。三冊の『ベルリンの秘密』のうち、別の匿名のもの[57]を検討してみよう。この史料ではグルンホルツァーと違い、労働者のおかれた状況への共感は見られず、また、とくに探訪記を資料として用いていない。

まず、フォークトラントの中心であるファミリエンホイザーから、強奪をおこないかねないならず者の全軍が、毎朝ハンブルク門を通って市内に入り、ペストのように市全体に広がるとのべられる。この建物の生活は読者には想像がつかないだろうとしたうえ、以前は部屋の床にチョークで十字に線が引かれ、その四分の一ごとに家族が住んでいたとか、冬になると犬と猫が食料となり、家族全体に、汚い、いやな病気がうつるといった逸話が紹介される。この建物では家族のつながりが足蹴にされ、人が動物の状態になってしまう。

以前の話と断ってはいるが、部屋の又貸しが語られ、住民には「ならず者」「ペスト」「動物の状態」といったイメージがいだかれ、「いやな病気」がはやるという。ここで描かれているファミリエンホイザーは探訪記のイメージとは違う。この匿名の『ベルリンの秘密』には、ほかにもフォークトラントやファミリエンホイザーが、住民の生業・風習・習慣の点で市の他の部分と違う、道徳的に問題がある場所であることを強調する箇所がある。[58]

以上、ブラスのものと匿名のものと、二つの『ベルリンの秘密』に分析を加えた。探訪記発行後も、グルンホルツァーに近いイメージでファミリエンホイザーを語る史料もあるが、探訪記の叙述とはかなりずれた認識をもつ文章も世に出ている。ただ、これらの史料では、探訪記からの影響が明らかではない。次に、確実に探訪記を読んでファミリエンホイザーを叙述している史料を分析する。この分析から、前節でベータについて指摘した否定的なイメージの根強さが、また浮かび上がってこよう。

まず、探訪記の最初の読者は『国王に捧げる書』の著者ベッティーナ・フォン・アルニムであろう。彼女も住民の悲惨な状態に同情し、彼らに対する救済を求めており、グルンホルツァーと立場は同じである。ところが、彼女が探訪記に書いた序文では「十字に引いたチョーク（の線）を境に又貸しがおこなわれている」[59]とのべられており、彼女にも従来の否定的なイメージと同様の認識がある。ほかに、確実に探訪記を読んだうえで、同じように又貸しを書いている例として、美学教授T・ムントの小説をあげることができる。[60]

さらに、こうした関心から最も興味深いのは、E・ドロンケの『ベルリン』[61]である。この書物は一八四〇年代のベルリンについて、民衆の生活に始まり、市民層の経済活動や政治・団体活動、警察制度、さらにプロイセン政府の状況に至るまで包括的に叙述した、社会小説ともルポルタージュともいえる作品である。従来から三月革命前のベルリン社会史の史料として活用されてきたこの本は、一八四六年に出版され、すぐ発禁処分となった。[62]このようにファミリエンホイザーについてのイメージの形成や普及へ大きな役割を果たしたとはいえないこの作品を詳しくとりあげるのは、次の理由による。ドロンケはグルンホルツァーの探訪記にほぼ依拠してファミリエンホイザーの状況を叙述しており、実際に探訪記を読み、資料としての価値を認めている。その際、彼は労働者に同情的な立場をとり、その点でグルンホルツァーと相通じるものがある。ところが、次に確認するように、ドロンケの叙述は探訪記の記述からずれて否定的なイメージと同じ部分もあり、そこから、このイメージが立場の違いを越えて市民層に広く共有されていたことが確認できるからである。では、「プロレタリアート」と題する章でとりあげられたファミリエンホイザーに関するドロンケの叙述を分析しよう。

まず、プロレタリアートはベルリンの外側にある路地や市区、つまり「悪い地区」に見られる。その主な場所がフォークトラントであり、その中心がファミリエンホイザーである。私的投機によって成立したこの建物の多くの部屋に二家族以上が住み、部屋の中を横切るロープで二つの家族が分けられる。(63)

ここで注意すべきは、探訪記を読んだドロンケが、二世帯以上による一つの部屋の賃借を指摘していることであろう。この慣習は探訪記に記載がなく、他の史料からも存在しないと確認できるのだが、こう書いてしまうことに、ドロンケの労働者の状況への思い込みがうかがえる。これに加え、フォークトラントやファミリエンホイザーを「悪い地区」の中心というのも、否定的なイメージに近い。

さらに、ドロンケは、住民が「無所有民衆階級の最後の屑」であり、全員の状態は例外なく救済を必要とするが、市の救貧局は援助を出し渋っているという。そして、グルンホルツァーの探訪記からいく人かの住民の例がのべられ、ファミリエンホイザーには国家の犠牲となった人が住み、そこには最も深い悲惨さが見られると主張する。(64)

以上の点をのべたうえで、ドロンケは住民の道徳の問題にも言及する。ファミリエンホイザーでは道徳の衰退は自然に進む。住民はいっしょくたに住んでいることですべての外的障壁が奪われ、こどもは粗野に、そして教育なしに成長する。大部分の親は教育によってこどもが貧困から脱出することを望むが、ファミリエンホイザーの教育の状態は首都全体で最も嘆かわしいものである。(65)

ここの指摘も探訪記とずれる。グルンホルツァーはファミリエンホイザーの学校教育を批判しており、この点では、ドロンケは探訪記の叙述を素直にうけとっている。しかし、住民の道徳の衰退は探訪記に言及されていない。グルンホルツァーは労働者の人間関係を賞賛しており、そうした観点からは住民の道徳の衰退は叙述の対象とはならない。ただし、ファミリエンホイザーで「道徳の衰退」があったかどうかは、ここでは問題ではない。ほぼグルンホルツァーの報告に依拠しつつも、そこには書かれていないことを書いてしまうドロンケの認識の枠組みこそが問題なのである。

ドロンケはファミリエンホイザー住民を国家の犠牲者とし、一般の市民よりも労働者に同情的であり、グルンホルツァーに近い立場といえる。しかし、探訪記を否定的なイメージと同様の観点から読み替えてしまう。労働者に共感をもつが、否定的なイメージを語ってしまうことは、ザスのベルリンに関するルポルタージュ[66]にも見られる。ドロンケの『ベルリン』と同年に出されたこの書物は、住宅事情、団体活動、社交などから当時のベルリンを叙述している。ザスが実際に探訪記を読んだかどうかはわからない。ただ、ザスはこの書物でベルリンの社交界の中心人物としてのベッティーナに言及し[67]、さらに一八四三年以降ベルリンに滞在していたので[68]、彼が大きな反響のあった『国王に捧げる書』を知らなかったとは思えない。この書物の最初の「住宅」という章でファミリエンホイザーがとりあげられている[69]。ザスはこの建物の住民を「宿なしの一歩手前」という。投機目的に建てられたこの建物の住民は、期日までに家賃を払わないと道路に「追い出される」のである。これはグルンホルツァーの探訪記から得られる情報と同じである。ただ、しばしば一部屋に二家族より多くが住むとのべており、ここに否定的な認識と共通する面がある。また、ファミリエンホイザーの叙述に続けて、「宿なし」一般について「彼らの大部分はあらゆる種類の犯罪の単なる新兵ではなく、古参兵である」と指摘する。ザスにとっては、ファミリエンホイザーの住民が「宿なしの一歩手前」ならば、彼らは「犯罪者の一歩手前」ともいえる。彼は、住民に少なくとも犯罪者と共通する性質を認めていると考えてさしつかえない。この点でも、探訪記の認識とずれる。

ガイストらの研究では、ドロンケとザスはベルリンの社会構造にファミリエンホイザーを正確に位置づけているという評価がなされている。[70] それは、住民について、ドロンケが救済を必要とすると指摘し、ザスが「宿なしの一歩手前」とのべている点などでは認めることもできよう。ただ、以上みたように、彼らも探訪記と同様の記述をしているようなのだが、実は否定的なイメージも書き込んでしまっている。彼らの視線には、もともとバイアスがかかっていたわけで、ガイストらの指摘には全面的には賛成しかねる。ガイストらの研究では史料相互の比較という視点が明確でないので、ドロンケとザスの視点のこうしたバイアスを読みとることができなかった。

以上、グルンホルツァーの探訪記の出版後も、以前同様、市民によるファミリエンホイザー像は、①探訪記とずれた認識を語るもの、②探訪記に近いイメージをもつもの、そして③一見探訪記と合致するが、いくつかの点でずれているもの、の三つに分類できる。結局、ファミリエンホイザーについての否定的な認識には根強いものがあった。グルンホルツァーと同様、労働者に同情する市民でさえ、否定的なイメージを書いてしまい、それは探訪記を読んでも修正されないのである。こうしてみると、ファミリエンホイザーの否定的なイメージは、実態を捉えているというよりも、当時の市民層の思い込みから生じたものと考えたほうがよい。ベルリン市民においては、当時の労働者の住宅事情の現実の社会・経済上の背景は捨象され、かわりにこうした思い込みから道徳・衛生の否定的な側面が強調される。労働者に同情をもたない人がファミリエンホイザーを叙述すると、こうした思い込みの部分が肥大してしまうのである。また、ファミリエンホイザーがフォークトラントという「泥棒の隠れ家」とみられた地域に建っていたことも、こうしたイメージの形成に寄与したのであろう。

一住居に一家族と部屋ごとの機能分離が確立した住宅に住む市民には、それと対照的に大人数が詰め込まれ、一つの部屋が複数の用途で使われるファミリエンホイザーは理解できず、あってはならないものであったのだろう。そのため、市民層は現実を把握しないまま、自分たちの社会とは違う世界という認識から、ファミリエンホイザーに様々なマイナス・イメージのレッテルを貼ったのである。こうしてみれば、否定的な認識は市民層の価値観や居住習慣を強く反映したものといえる。

以上の指摘は、さしあたって文章を残した者についていえるのだが、それらが市民層の価値観を強く反映しているということから、このイメージが彼ら以外のかなりの市民層にも広く浸透していたとみてさしつかえない。

ファミリエンホイザーについての否定的な認識は、一八四六年以降展開した住宅改革運動に受け継がれるが、最後にそれを確認しよう。

当時のドイツ最大の住宅改革組織であるベルリン共同建築協会の設立集会(一八四六年)では、次のようにのべられている。ファミリエンホイザーは矯正施設に似ている。そこでは無産・非教養市民が常にひしめきあって生活している。家族生活が破壊され、男女ならびに様々な年齢層の者が一緒に住むことで非道徳が促進され、労働意欲が失われる。ファミリエンホイザーには悪人が逃亡の地を求め、犯罪者の流入が避けられなくなる。[71]

ただ、一八六〇年代になるとベルリンで労働者用の大規模な集合住宅が増加したためか、[72]ファミリエンホイザーのように特定の建物が住宅改革者の間で問題とされることは、以前と比べて少なくなる。しかし、そうであっても労働者の悪住環境を語る時には、ファミリエンホイザーのイメージがそのまま使われる。当時最大の社会福祉団体である労働諸階級福祉中央協会の機関誌『労働者の友』の編集長K・ブレーマーは、西ヨーロッパの住宅協同組合を概観した論文で、労働者の集合住宅を次のようにのべている。

そこでは、多くの家族と個人が狭い、汚い空間に押しこめられるため家族の幸せが破壊され、かわりに不潔と無統制が支配するのである。[73]

おわりに

本章の叙述を整理しよう。否定的なイメージとは異なるファミリエンホイザー像を提供するグルンホルツァーの探訪記発行後も、否定的なイメージは根強く、とくにドロンケのように、労働者の状況に同情し、またグルンホルツァー探訪記にほぼ依拠してファミリエンホイザーを叙述した者でさえ、否定的なイメージを書いてしまう。結局、ファミリエンホイザーの否定的なイメージは実態を捉えているとはいいがたく、ベルリンの市民層の思い込みから生じたステロタイプのイメージにすぎない。人口増大による大集合住宅の出現に当惑したベルリンの市民は、自分たちの頭の中で「ファミリエンホイザー」という都市社会内の異空間を作り上げたのである。

したがって、第4章で検討するような「無階級市民社会」をその根底とする当時の住宅改革構想は労働者の現実への理解に基づいておらず、そのため、その実効力が制限されてしまったといえる。当時の住宅改革運動のこうした問題は、当時の社会に運動を位置づける視点のない従来の研究では、とくに問題とされなかった。このことは「社会的住宅建設」成立史の観点から一九世紀の住宅改革運動を叙述することの限界を示している。

さて、一八六〇年代以降、労働者用の大規模な集合住宅の数が急速に増加し、住宅問題が量的な面からも捉えられるようになる。一八六一年からベルリンでも住宅統計がとられるようになるが、それ以降、悪住環境が問題になる時、統計によって住宅問題の現状認識が図られるのである。現実を把握しないまま、実態と違うイメージを作り上げた世紀中葉の改革運動とは違い、数字による正確な状況把握を試みるようになったといえる。特定の建物だけが悪住環境の象徴に祭り上げられることはなくなるのである。

注

（1）川越修『ベルリン　王都の近代 ― 初期工業化・一八四八年革命』（ミネルヴァ書房、一九八八年）。
（2）拙稿「一九世紀中葉ドイツの住宅改革運動」（『西洋史学』一六六、一九九二年〈以下「住宅改革運動」〉、本書第Ⅱ部第3章・第4章）参照。
（3）Lothar Gall, Liberalismus und “bürgerliche Gesellschaft”. Zu Charakter und Entwicklung der liberalen Bewegung in Deutschland, in: *Historische Zeitschrift*, 220, 1975. 註（2）前掲拙稿「住宅改革運動」（本書第Ⅱ部第3章・第4章）、および拙稿「ドイツ三月革命前後の労働諸階級福祉中央協会」（『史林』七三―三、一九九〇年、本書第Ⅱ部第1章）。
（4）Nicholas Bullock, The movement for housing reform in Germany 1840–1914, in: id. and J. Read, *The Movement for Housing Reform in Germany and France 1840–1914*, Cambridge 1985; Juan Rodríguez-Lorez/Gerhard Fehl (Hg.), Die *Kleinwohnungsfrage. Zu den Ursprüngen der sozialen Wohnungsbaus in Europa*, Hamburg 1987; Clemens Zimmermann, *Von der Wohnungsfrage zur Wohnungspolitik. Die Reformbewegung in Deutschland 1845–1914*, Göttingen 1991.
（5）Zimmermann, *a. a. O.*, S. 21–27; Bullock, op. cit., p. 17–25.
（6）構想は注（2）前掲拙稿「住宅改革運動」参照。本書第Ⅱ部第3章・第4章。
（7）Heinrich Grunholzer, Erfahrungen eines jungen Schweizers im Voigtlande, in: Bettina von Arnim, *Dies Buch gehört dem König*, Berlin 1843. この探訪記の写真版が Johann Friedrich Geist und Klaus Kürvers, *Das Berliner Mietshaus 1740–1862*, München 1980, S. 9–25 に収録されている。
（8）Jürgen Kocka (Hg.), *Bürgertum im 19. Jahrhundert. Deutschland in europäischen Vergleich,* München 1988 など。
（9）Geist und Kürvers, *a. a. O.*
（10）Geist und Kürvers, *a. a. O.*, S. 188–191.
（11）*Ebenda*, S. 200; Wolfgang Ribbe (hg.), *Geschichte Berlins*, München 1987, S. 590.
（12）Geist und Kürvers, *a. a. O.*, S. 214–217. 以下、グルンホルツァーがインタビューした世帯については、探訪記の記載順に世帯に番号をつけ、その番号で引用箇所を示す。世帯の番号とその探訪記の該当頁は第Ⅰ部第3章の表1–3–1参照。
（13）Grunholzer, a. a. O., 3; 7; 12; 15; 16; 19; 25; 27.
（14）Ebenda, 9; 11; 12; 14; 25; 27; 29.

(15) Ebenda, 2; 7; 12; 13; 16.
(16) Ebenda, 2; 6; 7; 9; 14; 22; 23; 30.
(17) Ebenda, 13; 16; 18; 20; 25.
(18) Ebenda, 2; 6; 10; 11; 13; 14; 17; 21; 23; 30; 32; 33.
(19) Ebenda, 1; 3; 4; 7; 9; 18; 26.
(20) Ebenda, 2; 13; 33.
(21) Ebenda, 1; 2; 6; 9; 13.
(22) Ebenda, 13; 33.
(23) Ebenda, 6; 7; 9; 10; 17; 31; 33.
(24) Geist und Kürvers, *a. a. O.*, S. 372–388.
(25) Grunholzer, a. a. O., S. 585–692. 本書第I部第3章参照。
(26) Ebenda, S. 585–587. 本書第I部第3章参照。
(27) Geist und Kürvers, *a. a. O.*, S. 164–166.
(28) *Ebenda*, S. 140.
(29) Grunholzer, a. a. O., 3.
(30) Ebenda, 7.
(31) Ebenda, 7; 27; 29.
(32) Ebenda, 17.
(33) Ebenda, 1; 2; 5; 8–13; 18; 20; 22; 23; 26; 27; 30; 31.
(34) Ebenda, 23.
(35) Ebenda, 1; 2; 8–10; 13; 19; 23; 26; 27; 30; 31.
(36) Geist und Kürvers, *a. a. O.*, S. 200–271. ガイストらの史料集の収録頁は（　）内に注記。
(37) *Ebenda*, S. 250–259.
(38) *Ebenda*, S. 259–263.
(39) *Ebenda*, S. 200–213; S. 264–271.

(40) *Ebenda*, S. 124–169.
(41) *Ebenda*, S201.
(42) Anonym, Correspondenz, in: *Die junge Generation*, Berlin 21. 8. 1842. (Geist und Kürvers, *a. a. O.*, S. 201–203.)
(43) Geist und Kürvers, *a. a. O.*, S. 204.
(44) *Ebenda*, S. 204–208.
(45) β, Die Berliner Familienhäuser, in; *Die Stafette*, Berlin, Nr. 136, 17. 11. 1842. (Geist und Kürvers, *a. a. O.*, S. 208f.)
(46) Anonym, Die Berliner Familienhäuser, in: *Vossische Zeitung*, Berlin, Nr. 304, 29. 12. 1842. (Geist und Kürvers, *a. a. O.*, S. 210f.)
(47) Geist und Kürvers, *a. a. O.*, S. 209f.
(48) 本書第Ⅰ部第1章第三節参照。
(49) β, Hand-und Maschinenarbeit/Aus Berlin, in: *Die Stafette*, Berlin, Nr. 110, 16. 9. 1843. (Geist und Kürvers, *a. a. O.*, S. 211.)
(50) Ebenda.
(51) β, Bettina in den Berliner Familien＝Häuser, in: *Die Stafette*, Berlin, Nr. 111, 19. 9. 1843. (Geist und Kürvers, *a. a. O.*, S. 211–213.)
(52)『国王に捧げる書』の反響は Geist und Kürvers, *a. a. O.*, S. 236–243 参照。シュタールとシュトレックフースの著作は筆者未見。
(53) *Allgemeine Zeitung, Augsburg,* Nr. 211, 30. 7. 1843. (Geist und Kürvers, *a. a. O.*, S. 238.) ; Karl Gutzkow, Diese Kritik gehört Bettinen, in: *Telegraph für Deutschland*, Hamburg, Nr. 165, 10, 1843. (Geist und Kürvers, *a. a. O.*, S. 241f.)
(54) Geist und Kürvers, *a. a. O.*, S. 249f.
(55) Heinrich Augst Brass, *Die Mysterien von Berlin*, Berlin 1844. (Geist und Kürvers, *a. a. O.*, S. 265–267.)
(56) Luise Mühlbach, *Ein Roman im Berlin*, Berlin 1846. (Geist und Kürvers, *a. a. O.*, S. 253–257.)
(57) Anonym, *Geheimnisse von Berlin. Aus den Papieren eines Berliner Kriminalbeamten*, Berlin 1844. (Geist und Kürvers, *a. a. O.*, S. 250.)
(58) *Ebenda*. (Geist und Kürvers, *a. a. O.*, S. S. 269–271.)
(59) Grunholzer (B. v. Arnim), a. a. O., S. 535.

(60) Theodor Mund, *Carmela oder die Wiedertaufe*, Hannover 1844.（Geist und Kürvers, *a. a. O.*, S. 250–252.）

(61) ここでは次の版によった。Ernst Dronke, *Berlin*, Frankfurt am Main 1846, Hg. von R. Nitsche, Darmstadt und Neuwied 1987. ファミリエンホイザーをあつかった箇所は Geist und Kürvers, *a. a. O.*, S. 260–263 にも収録。

(62) Geist und Kürvers, *a. a. O.*, S. 260.

(63) Dronke, *a. a. O.*, S. 116.

(64) *Ebenda*, S. 116–119.

(65) *Ebenda*, S. 121.

(66) Friedrich Sass, *Berlin in seiner neuesten Zeit und Entwicklung*, Leipzig 1846.

(67) *Ebenda*, S. 335.

(68) Ruth Köhler und Wolfgang Richter（Hg.）, *Berliner Leben 1806–1847. Erinnerungen und Berichte*, Berlin 1954, S. 423.

(69) Sass, *a. a. O.*, S. 6f. Geist und Kürvers, *a. a. O.*, S. 260f. にも，ここで参照したテキストの一部が収録されている。

(70) Geist und Kürvers, *a. a. O.*, S. 259f.

(71) Carl Wilhelm Hoffman, *Die Wohnungen der Arbeiter und Armen*, Berlin 1852, S. 19–22. ほかに，Viktor Aimé Huber, *Die Wohnungsnoth der kleinen Leute in grossen Städte*, Leipzig 1857, S. 36 など。

(72) Ribbe（Hg.）, *a. a. O.*, S. 665f.

(73) Karl Brämer, Ueber Häuserbau-Genossenschaft, in: *Der Arbeiterfreund*, 2, 1864, S. 211.

第3章

一九世紀中葉の住宅改革運動
――ベルリン共同建築協会

はじめに

本章と次章では、ドイツの住宅改革運動の出発点とされる一八四〇年代から、ドイツ経済者会議の議論によって住宅改革運動が一つの段階に達したと考えられる六〇年代までを考察の対象として、住宅改革運動の展開を検討したい。地域的には、ベルリンを中心に分析する。というのは、ベルリンこそが、当時最大の住宅改革運動であり、他の地域の同種の運動のモデルとなったベルリン共同建築協会の所在地だからである。本章では、ベルリン共同建築協会の活動を追い、次章ではその活動が停滞した後の住宅改革構想を検討する。

従来のドイツ住宅改革運動研究においては、ベルリン共同建築協会に限らず、住宅改革を目指す組織については、その基本的文章にまで立ち入って活動の実態を追った研究はない。これは、史料の状況にもよるのだろうが、従来の研究が、第一次世界大戦後に基盤が確立する「社会的住宅建設」(公権力の関与による住宅建設制度)成立史の視点に強く規定され、住宅改革運動が社会のなかでどのような問題に直面していたのかを明らかにしようという意識が希薄であるためといえる。[1] 本章はこうした研究史上の欠落を埋める作業である。本章でとりあげるベルリン共同建築協会Berliner gemeinnützige Baugesellschaftについては従来の住宅改革運動研究でも十分あつかわれてきたとはいいがたい。ブロックも、この団体を当時の住宅改革の議論に由来する初めての最善の試みとのべ、とくに一八五〇年代半ば以降の協会については「瀕死」の状態であったと評価する。[2] ただし、こうした評価は協会の基本史料の検討に基づいて出されたものではない。

本章ではまず、設立前後に出版された著書やパンフレットの類を用いて初期段階の構想や組織などを、第一節において分析する。ベルリン共同建築協会設立時点の発想が具体化したのが賃借人協同組合の制度である。その内容はのちにふれることにする。当初はこの賃借人協同組合の導入は試みられたものの、しだいに設立が回避される。結局、一八六二年の総会で「協会の建物が全体として六パーセントの収益を保証するまで賃借人協同組合の設立は延期する」[3] ことが決議される。これは、本章でも確認するように、当時の状況からすれば、実質的に賃借人協同組合設立の中止の決定を意味する。議論をあらかじめ先取りしておけば、この決議によって、ベルリン共同建築協会は、当初の市民階級の最下層のための住宅改革運動組織から建物の管理・賃貸業務の組織という性格を決定的なものとする。総会の議事録（一八四九〜七四年）[4] を中心史料として、一八六二年の決議に至る過程を中心に第二節以下検討を加えたい。ただし、労働者の住環境への運動の影響については史料上の制約から十分に議論し尽くすことができないことをあらかじめ断っておかなければならない。

一　ベルリン共同建築協会の設立

本節では、改革者たちの改革の理念や理想住宅像を軸として協会の初期の活動を追っていく。

ベルリン共同建築協会設立への動き[5]は、建築家ホフマン C. W. Hoffmannが、ベルリンの建築家協会や市参事会に労働者住宅建設に取り組むよう働きかけた一八四一年にさかのぼることができる。しかし、この動きが本格化したのは、四六年のフーバー V. A. Huber の「国内植民について」という論文によってである。これをうけて、ホフマンは四六年四月二九日に設立集会を開いた。そこでおこなわれた議論を整理すれば次のようになる。

まず、劣悪な住環境の代表としてファミリエンホイザーがとりあげられている。ただし、前章でもみたように、ファミリエンホイザーについての認識はステロタイプのものである。そこでは、財産をもたない、教養のない市民がひしめきあって生活し、家族生活が破壊され、非道徳が助長される。そして、矯正施設の性格をおびるようになり、犯罪人の流入が避けられなくなる。この認識には、住宅問題の社会・経済上の背景への理解が欠けている。このため、将来建てられるべき労働者住居は、ファミリエンホイザーのイメージとは逆の原則を追求するにとどまる。つまり、住人については、品行方正であり、財産をもたず、かつ勤勉や秩序を知る家族のみを許し、監視役をつける。監視を可

写2-3-1　ベルリン共同建築協会の建物（ヴォランク通り8番地・9番地）

能にし、貧困階級を一カ所に集めないために一〇〇以上の家族を収容する施設を造らない。健全な場所を選び、建物の間に十分な空間を設ける。部屋は高く広くし、廊下や階段は一晩中照明する。こうした施設の最重要の利点として、若年者への影響があげられる(6)。

翌年、ホフマンが『ベルリン共同建築協会の任務』というパンフレットを発行し、一八四六年四月二九日の集会の議論とほぼ同内容のことをのべている(7)。こうした議論をうけて、四七年一一月以降、ホフマンを中心とする委員会が規約の作成に従事した。この委員会の委員には、ほかに、のちに協会の役員となる司補ゲープラー Gaebler、そしてベルリンで貯蓄組合を設立したリートケ Liedke がいる。ところが、はっきりした事情はわからないが、当局から規約は承認されなかった。そこで、ゲープラーが『ベルリン共同建築協会の思想と意義』というパンフレットを四八年一月に発行し、協会の正当性を訴えた。そこでのべられている救済の対象である「細民」kleine Leute に関する彼の規定を整理しておこう。

彼は協会の活動にあたってプロレタリアートを排除しないことを認めるが、持続的成果を上げるため、収入の不安定なこの階層は受け入れないという。彼は、「細民」に「プロレタリアート寸前の所有者最後の段階」という階層を想定する。小手工業者と同じ生活レベルの者、自分の住居、自分の家具、自分の家計をもつが、不安定な収入の者がそうである(8)。

規約が承認される前に三月革命が勃発してしまうが、一八四八年一〇月二八日には協会は規約を当局に承認してもらう。翌四九年一月一六日に出席者四五人で最初の総会を開き、そこで、協会長にホフマンが選出された。

この当時の協会の理念は、協会長ホフマンの『労働者と貧民の住居』というパンフレットにうかがうことができる。まず、彼は労働者の不自然な住環境が身体と魂の病気の源であるという認識のもと、環境による労働者の教育・改善を図ろうとする。その際、家族生活や結婚の決定的意味が強調される。住環境は、家族生活を維持するための最も深い倫理的土台となる。次に、「細民」に彼らの向上の基盤をあたえるため、財産のない労働者を働く所有者に変えることが、協会の目的となる。健全、快適、そして比較的広い住居を建て、賃借人を協同組合にまとめ、一定期間のうちに彼らを住居の共同所有者とする。改革の対象としては、施しを受けず、貧困状態におちいっていない労働者を想定している。[9]

ホフマンは建物の平面図の基本パターンとして図2-3-1を、このパンフレットに載せている。一つの階に二つの住居があり、図中のaは玄関である。住居内のほかの部屋へ行く場合に必ずこの部屋を通るようにしてあり、この工夫によって各部屋ごとの機能分離を維持できるようにしている。bは居間、cは寝室、dは台所である。[10] 実際に建てられた建物の代表例として、ヴォランク通り八番地と九番地の図面（図2-3-2）を提示しておこう。道路に面した住居用の建物のほかに、裏に作業場・井戸・菜園、そしてトイレがあるのがうかがえる。庭に作業場が設けられたのは、当時の労働者が自分の住居で仕事もしたため、家族以外の人が家庭内に侵入し、それが道徳上悪い影響力をもつ、と協会指導者が認識していたことからくるものである。住居の近くに仕事場を提供し、それによって道徳的に危険な他人との同居から、家族を守ろうとしたのである。[11] こうした住居は、家族だけで成り立っている点、そして部屋ごとの機能分離という点で、市民の住居[12]を労働者にあたえようとしたものといえる。

協会[13]の住居の建設費は、額面一〇〇ターラーの株式を発行して集められた資本があてられた。この株の購入者と年八ターラーの協会費を払った者が、協会員になれる。協会は、その意思決定機関として、総会と九人のメンバーによる役員会を有していた。他方、協会の住居を借りるた

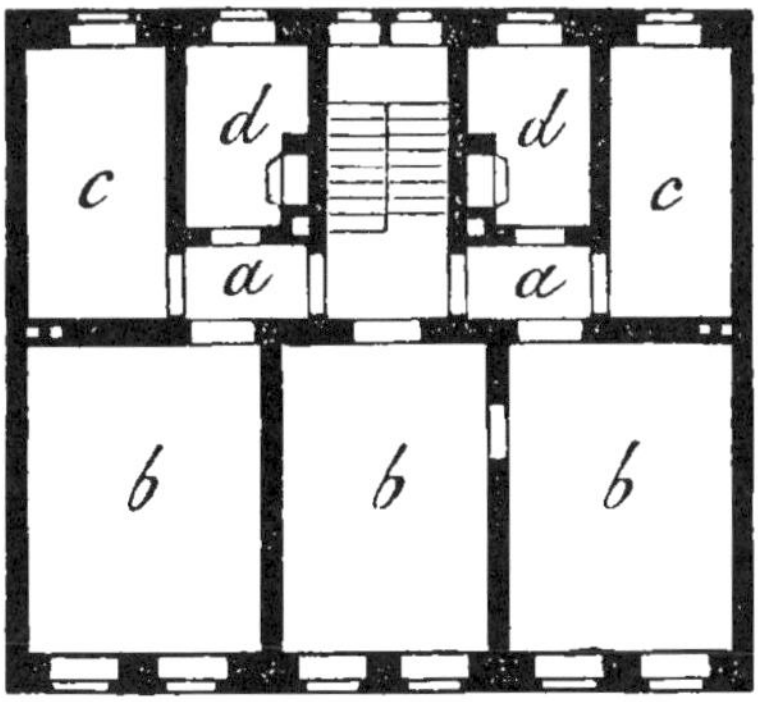

図 2-3-1　C. W. Hoffmann, *Die Wohnungen der Arbeiter und Armen*, 1852, S. 71. (J. F. Geist und K. Kürvers, *Das Berliner Mietshaus 1740–1862*, 1980, S. 452 にも収録)

めには、五年以上ベルリンに在住し、評判がよく、自分の動産をもち、そして特定の生業に就いていることが条件となる。賃借人は、建物単位で賃借人協同組合を組織する。賃借人は家賃として年に建築資本の六パーセントを支払う。そのうち四パーセントが株主への配当金となり、残り二パーセントで株を株主から買い戻すのである。株の買い戻しは三〇年後に終わり、その時には建物全体を賃借人が共同で所有する。家賃は、小さな住居は二五～四五ターラー、大きいものは四〇～六〇ターラー、そして作業場は三〇～四〇ターラーであった。[14] 平均すると四五ターラーくらいになる。[15]

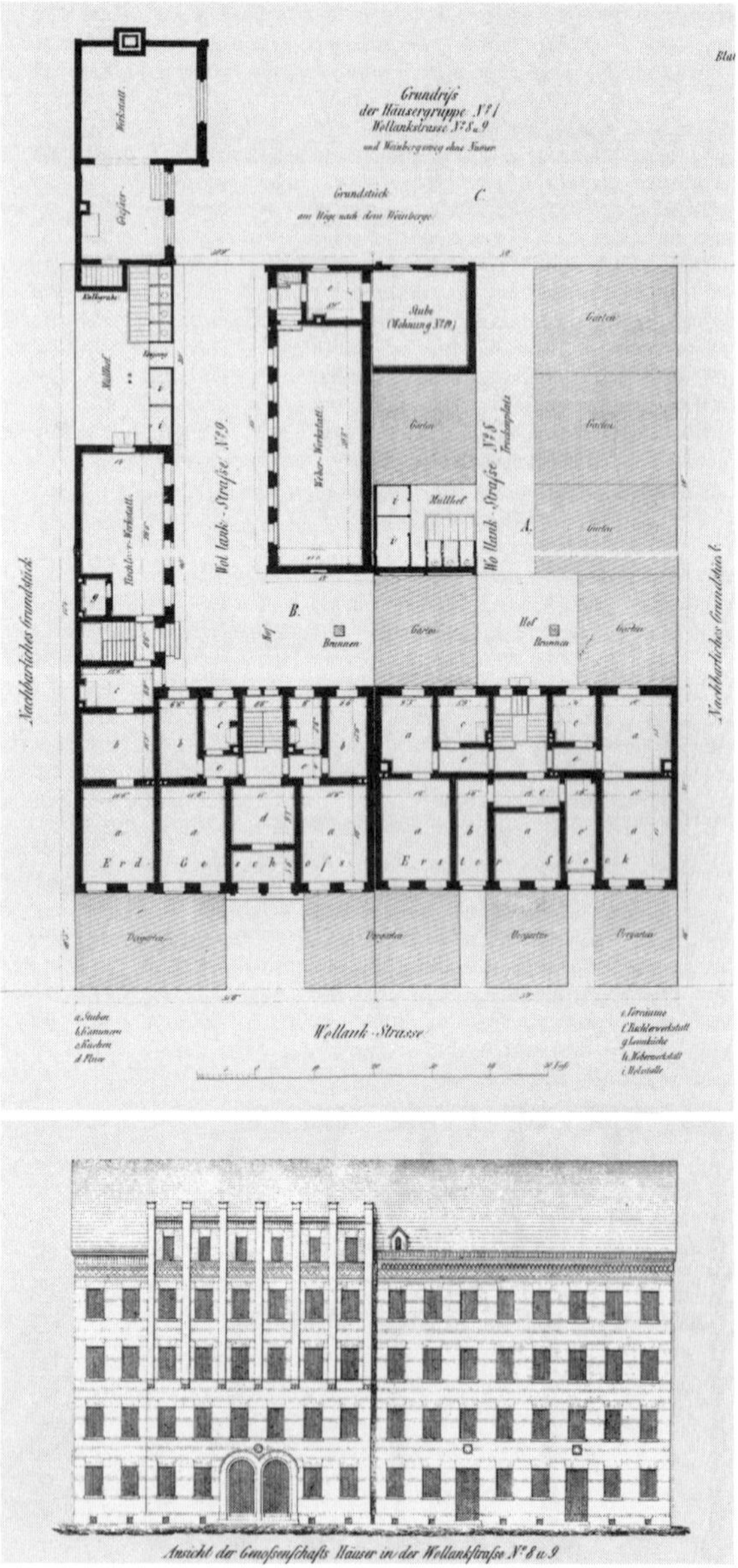

図 2-3-2　C. W. Hoffmann, *Die Wohnungen der Arbeiter und Armen*, 1852, Blatt I und II. (J. F. Geist und K. Kürvers, *Das Berliner Mietshaus 1740–1862*, 1980, S. 454 にも収録)

ベルリン共同建築協会と賃借人協同組合の間には、前者による賃借人の管理・教育機構が存在する。まず、賃借人協同組合を組織するための機構として、役員会の下に管理委員会が設定されている。次に、各建物ごとに、建物長Hausvorsteherが任命され、彼らが協会の代表として建物の管理に努める。賃借人の代表が副長Vicewirthであり、家賃の徴収などが任務である。また、トラブルにそなえて仲裁機構が設けられる。

　実際の活動状況に目を移そう。協会員は一八五〇年に三〇〇人いたという報告がある。[16] 協会員の名前や職業構成の詳細についてわかるものは、ベルリン地方文書館所蔵の一八四九年六月当時のメンバーリストのみである。[17] それを見ると、皇太子をはじめとする三人の王子、ベルリンの機械工業の発展に大きな役割を果たしたボルジッヒ、ラインラント出身の企業家ハンゼマン、四八年の革命の際に市民軍を結成したノビリングなど、当時のプロイセン・ベルリン社会で大きな役割を果たしていた人が参加している。二〇五人が記されているメンバーリストからわかる職業構成を表2-3-1に整理したが、第II部第1章で検討した労働諸階級福祉中央協会の職業構成と比較しつつ検討しよう。中央協会は商人・工場主および官僚を二大構成要素としていたが、ベルリン共同建築協会も同様であり、前者は五六人、後者は三九人所属している。中央協会と比較してのベルリン共同建築協会の顕著な特徴は、手工業者の比重の大きさであろう。全部で四三人リストにあがっているが、大工・石工・化粧漆喰職人といった建築関係の手工業者である。彼らはベルリン共同建築協会の建てる建物の仕事を請け負うことを期待して協会員となったのであろう。彼らは協会の運営の際には

表2-3-1　ベルリン共同建築協会員の職業構成

職　種	人数
商人・工場主	56
手工業者	43
官僚・元官僚	39
銀行家	11
王族・貴族・領地所有者	9
軍人	8
教授	7
年金生活者	6
市関係者	5
書籍商・印刷所保有者	5
聖職者	3
女性	3
団体	7
不明	3
計	205

大きな役割は果たしていなかったらしく、それほど役員に名前を連ねていない[18]。一八四九年四月三日に協会長以外の役員が選出されたが、その時の役員は官僚と建築関係の官僚が二人、建築家、手工業者、教師、銀行家がそれぞれ一人である。五〇年の役員は、一人は職業の記載がないが、協会長はホフマンで、他に官僚が三人、建築関係の官僚が二人、そして手工業者と教授がそれぞれ一人である[19]。

一八四九年三月二七日、ルイーゼン市区のリッター通り二八番地で最初の協会の住宅の建設が始まる。五二年までに協会は全部で一九の建築用地を獲得し、一六軒の労働者用住居を用意した。そこに、一四五の住居と二一の作業場が設けられている。建物の大部分は集合住宅だが、例外的に一戸建て住宅六戸からなる居住地（ブレーマーヘーエ Bremerhöhe）が、ベルリン北部の郊外に建設されたことも指摘しておこう。

住民の構成を見ると、一八五二年に全体で一四六世帯、七一四人が住み、一世帯あたり四・八人となる。又借りで入居している住民は八六人おり、彼らは世帯主の徒弟か親戚であったらしい。世帯主の職業構成を見れば、手工業親方が五六人、手工業職人が二七人、工場・手労働者、運送人、御者などが二九人、下級官吏が二〇人、教会世話係が一人、未亡人が一一人、そしてその他が四人となっている[20]。住民は協会指導部の意図した階層であるといえる。

賃借人協同組合も、一八五〇年三月にまずリッター通りの住居で設立された。五〇年一〇月一七日の総会における協会長ホフマンの報告によれば、賃借人集会、火災保険協会、薬品調達協会、医者、風呂、図書館、少女の教育機関、そして歌唱協会といった賃借人協同組合を補完する試みがおこなわれている[21]。

フーバーが編集長となって、四九年五月一日から協会の機関誌『コンコルディア』が発行された。フーバーがこの機関誌の記事の大部分を書いているが、そのほとんどは彼の協同組合の構想であり、共同建築協会の記事は紙面の片隅に追いやられている。その内容は住宅問題に関心のある人の興味を惹かなかったのは確実であり、この雑誌は一二月二四日付の二八号を最後に廃刊してしまう[22]。

こうした滑り出しを見せたベルリン共同建築協会は、プロイセン・ベルリン社会のなかで大きな注目を浴びた。役員会では、しばしば当局や各種団体からの反響が紹介されている。[23] ベルリン市内からは、まず国王一家が協会員になり、寄付をおこなった。なかでも、のち皇帝ヴィルヘルム一世となる皇太子は、五〇年二月五日の決議により協会の保護人となっている。[24] 大臣や議員のなかに協会の住居を視察した者もいた。労働諸階級福祉中央協会などの福祉団体ともつながりがあったことも指摘しておこう。とくに中央協会は、協会に五〇〇〇ターラー寄付し、三年分の会費として二五ターラーを払い、そして五三年には国王から寄贈された七五〇〇ターラーで協会の株を購入している。また、双方の会議に代表を派遣しあい、両方の組織に加入している者もかなりみられる。[25] プロイセン全体から三つの州総督、七つの県庁、そして二つの市参事会が、協会についての情報を求める書簡を送ってきた。個人的にも、寄付や開業医による無料診察の申し出など、協会員になること以外にも協会を援助する動きが見られた。

以上、ベルリン共同建築協会の初期段階の状況を追ってきた。ここで、この時期までの発想を整理しておこう。

まず、協会員に、住宅問題を生み出す社会・経済的背景や労働者の住宅のあり方についての理解が欠如している。そのかわり強調されるのが、悪い住環境が住人にあたえる道徳・衛生上の堕落をもたらす影響力である。そこで、こうした点に対応するために労働者のものとは違う市民的な住居によって住人を道徳、精神、そして衛生面で教育して向上させるのである。また、健全な家族であることや住居の衛生的環境も強く求められる。こうした条件を十分に満たすために、労働者による家屋の所有を目標とし、賃借人協同組合という手段がとられる。さらに、市民による上からの教育も意図されている。改革の対象については、最下層の人々は意図的に排除され、プロレタリアート一歩手前の、市民階級の最下層の人々に住居を供給しようとする。

こうした理念で作られた協会が、現実の活動のなかで動揺する過程を、次節以下で検討しよう。

二　設立当初の賃借人協同組合をめぐる状況

当初から賃借人と協会との関係が問題を孕んでいたことは、四九年の一年間だけ発行された機関誌『コンコルディア』[26]所収の活動報告に散見される。

四九年六月二六日の役員会において協会長ホフマンが報告した、最初の賃借人集会の状況からとりあげよう。[27]二日前の二四日に開催されたこの集会には、実際の出席者数は不明だが、一〇月一日に入居する予定のリッター通り二八番地とアレサンドリン通り二〇番地の賃借人が参加していた。この集会の議題は家賃についてであった。ホフマンが、アレクサンドリン通りの住居のそれをリッター通りのものより高く設定しなければならないと告げると、出席者の多くに不快感が広まる。快適さのためだけに金銭を犠牲にする人はいないのだとホフマンは判断し、この二軒の家賃の確定を停止する。

家賃確定の問題は七月九日の役員会でもとりあげられる。[28]規約によると家賃は建築資本の六パーセントであるが、これは建築が完全に終了するまで確定できないので、移行措置として次のイースターまでは仮契約とし、賃借人協同組合の結成は本契約の後とする処置が了解を得る。この処置の背景としては入居した住民の「知的・倫理的」問題も指摘されているが、その内容は具体的にわからない。家賃という住宅運営の根幹の処理が不安定であり、それがのちのち協会の大きな問題となっていく。

一八五〇年代を通じて、総会では賃借人の状況が良好であることが再三強調されるものの、[29]賃借人をめぐる問題は、翌五〇年一〇月一七日に開催された定例総会においてすでに具体的に議論されている。協会の保護人の役割をひきうけた皇太子が初めて議長を務めた、この総会では協会と賃借人の関係に関して次の二点が議論されている。

第一に、五〇年三月にリッター通りとヴォランク通りの住民大多数から賃貸契約の仮の状態を終了するように要求が起こる。このように一部の住民だけが賃借人協同組合を結成する事態は規約では想定しておらず、三月二六日に役員会で次のような宣言がおこなわれている。役員が十分な資格があると判定する賃借人の大部分が提案した建物では賃借人協同組合を結成するが、そうではない建物については可能な状態になるまで仮契約を続ける、というものである。三月二八日、この宣言をうけ、専門委員会による賃借人協同組合結成の作業が始まる。五月二日に記念式典がヴォランク通り八番地と九番地の庭でおこなわれた。一〇月一日には新たに四つの賃借人協同組合が設立されているが、残りの三軒については仮状態を継続している。[30]

第二の論点は規約修正の問題である。この時総会に提出された規約の修正案は三つだが、賃借人にかかわるのは一つ目と三つ目である。一つ目は賃借人協同組合にふさわしくない住民を受け入れないという条項を規約第六条に追加しようというもので、三つ目は調停裁判制度を役員と賃借人協同組合の間の紛争だけではなく、役員と賃借人個人との紛争にも適用しようというものである。どちらの修正も賃借人協同組合がうまく機能していないことを示している。

第二の動議にもふれておくと、事態の進行のなか、役員の実力が不十分であると認識されたことから、規約の第五九条（役員について）に、役員の人員増の権限を役員に認める条項を追加するというものであった。

早くもこうした問題が明らかとなったが、建築資本に用いる協会の株の購入者が減少したこともここでふれておこう。一八五二年までの三年間で株による収入は一三〇〇株、一三万ターラーあった。[31] 少し後の数字だが、六三年度は八株、計八〇〇ターラーにすぎない。[32] 協会は、この原因を、株主への配当金を四パーセントと、当時の鉄道などの株の配当金に比べ低く制限したために、投資家には魅力がなかったことにみている。[33] 収入減を反映して、五三年から五七年までで六建物、六五住居、八作業場が建てられたにすぎない。[34] これらの建物は、のちに確認するように借款により建築資本を調達して建てられている。図書館など賃借人協同組合の機能を補うことが期待された諸制度も、はっきりした時期はわからないが、取り止めになっている。(35)

五二年、協会長ホフマンとフーバーが役員を辞め、同時にフーバーは協会も脱退している。(36) 一八五二年の総会の議事録を参照していないので、具体的な事情はわからない。ホフマンの辞任をきっかけに協会の組織の見直しが、とくに会計制度に焦点をあてておこなわれている。彼らが役員を辞任してから急速に組織の再編成がおこなわれたところをみると、当初の活動をリードした彼らと他の役員との間に、協会の活動方針をめぐって対立があったと推測できよう。こうした活動の転換の総括といえるのが、五四年の総会の年次報告である。(37)

まず、年次報告の冒頭において、設立以来五年間、協会の基本原則について常に活発な議論がおこなわれていたこと、そしてとくに過去一年間、役員はこの問題に従事してきたことがのべられている。住民による所有権獲得の原則に多様な意見が見られただけに決定に至るのは困難であった。住民にも、所有権に期待する者や建物の自分の取り分を財産とみなす者がいれば、健全な住居に満足するだけの者もいた。協会員の間にも、所有という原則の断念を主張する者もいれば、原則の維持に固執する者もいた。こうした多様な意見が錯綜するなか、妥協案として、五三年五月三一日の役員会ではベルリ

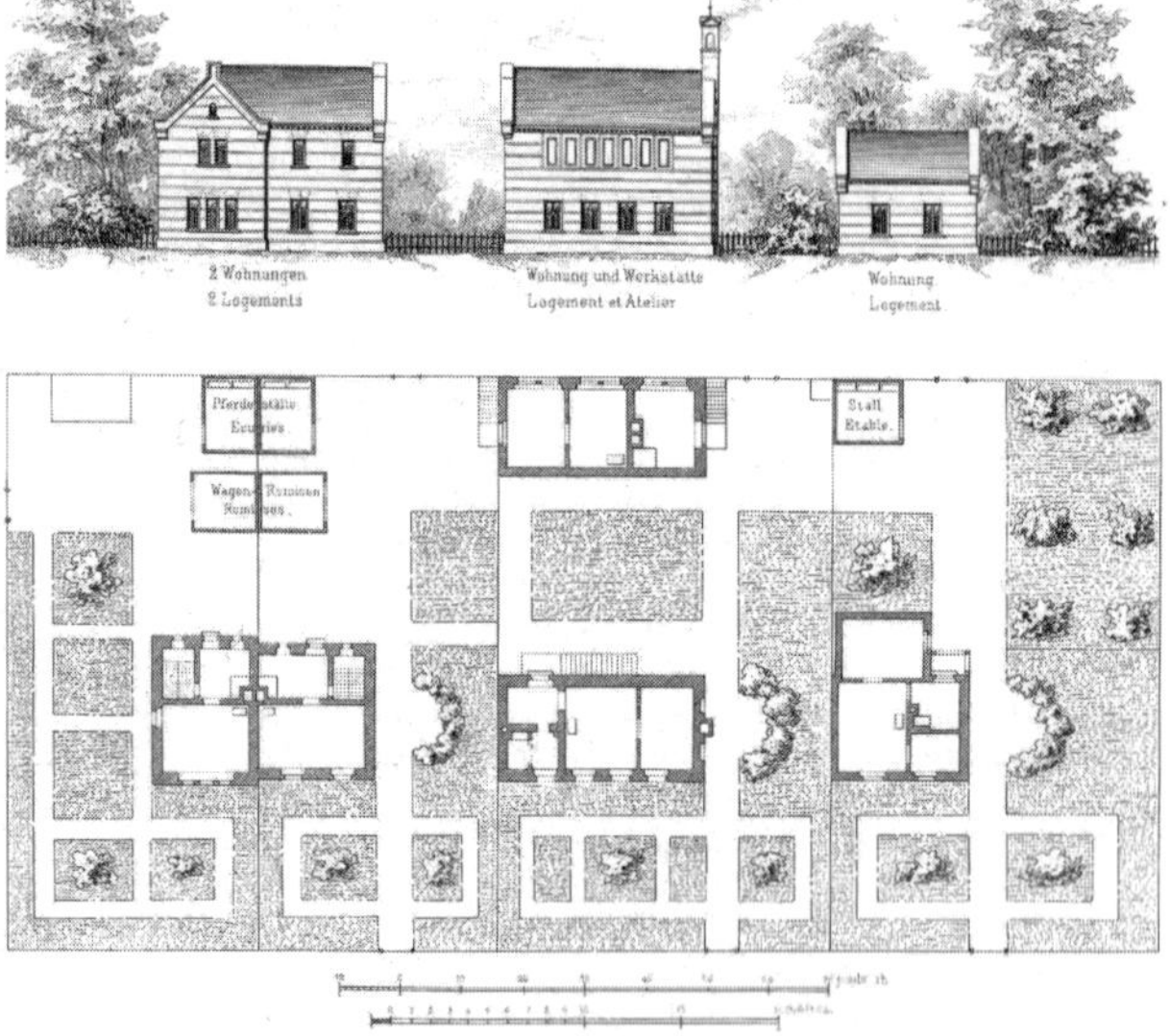

写 2-3-2　ブレーマーヘーエの図面

ン共同建築協会の規約を修正する前に配当金を制限しない小住居の建築が試みられることになり、そのためにロシア皇帝ニコライ一世が提供した基金が用いられることが決められた。ニコライ一世は、自分の妃アレクサンドラの兄弟であるプロイセン皇太子を通じてベルリン共同建築協会の活動を知ったのである。新たな原則で住宅建設を試みるための組織は、妃の名前をとってアレクサンドラ財団と命名されることになる。

協会の原則自体が揺れ動いていることが確認されたのち、建築用地を確保しているものの建物を建てる資金が不足している用地が問題となる。建築資本は株でのみ調達するという本来の原則から離れ、借款により建築資本を調達する必要性が唱えられている。

この時の年次報告で特記すべきは、当時協会が所有していた家屋について、建築資本、家賃、賃借人協同組合の状況、住民数などの概観が、初めてなされていることであろう。ここでは賃借人協同組合との関係で次の二点を指摘しておきたい。第一に、建築資本と家賃の関係をみると、多くの建物の家賃が建築資本の六パーセントに満たない。第二に、賃借人協同組合への組織率が決して高くはない。一戸建によるブレーマーヘーエと、設立直後に応急措置的に既存の建物を購入したベルンベルガー通り三二番地を除いた一三軒のうち一一軒で、賃借人協同組合が設立されている。その一一軒でも九一賃借人中三六人と、ほぼ四割しか賃借人協同組合に組織されていないのである。残りの六割は通常の賃貸契約と同様の状態にとどまっていたのであろう。建物ごとの状況が提示されたことで、協会の基本的理念が現実にはうまく機能していないことが公にされたといえる。

当時の協会が賃借人との間にかかえていた問題として、管理費の問題もある。設立以来協会は賃借人から管理費として日常的な手数料や管理費のみを徴収しており、建物全体にかかわるような管理費や大規模な修理の積み立ては考慮に入れてこなかった。こうした費用も含めて管理費を値上げすることが提案されている。

ほかにも協会の会計制度が全面的に見直されたことが報告され、設立後五年を経て協会が修正を要する問題をかかえていることが総会の場で明示された。

　年次報告でのべられた協会の問題点とそれに対する改革案については、アレクサンドラ財団の規約を除くとほぼそのまま、総会で受け入れられた。アレクサンドラ財団が所有の原則を断念した点については、これが従来の規約に抵触し、また本来の基金の目的に反するという反対意見と、これは基金を有効に利用するためであり、規約の変更をもたらすものではないという意見が出る。出席していた国務委員（監督官庁である州総督から任命され、派遣された委員）と議長である皇太子が後者の立場の意見をのべたのち票決がおこなわれ、アレクサンドラ財団の規約は承認された。(38) 組織の役員はベルリン共同建築協会の役員が兼任した。この団体は六〇年代にかけて安価な賃貸住宅（一一五住居・三五作業場）を造っていく。(39)

　とはいえ、一八五四年の総会での決議のうち、二点までもが翌五五年の総会で変更を余儀なくされている。第一点は、管理費の徴収についてである。新たな管理費の徴収に対して賃借人の一人と役員の間に調停裁判がおこなわれ、その結果、旧来の契約で賃借人協同組合に受け入れられた賃借人はそれを支払う必要はないという原則が確認された。ただし、新たな契約書で受け入れられた賃借人は管理費を払う義務があることも、改めて確認された。第二点は、新建物建築の借款の増資である。アレクサンドリネン通りとヴァッサートーア通りの角の二つの建物に対して、当初予定していた一万二〇〇〇ターラーでは不十分であることが明らかとなり、一万四〇〇〇ターラーへの引き上げが歓呼の声により可決されている。(40)

　この段階で、すでに協会の見通しの悪さが露呈することになるが、一八五八年頃から協会の運営をめぐる議論が総会を揺るがすようになる。

　一八五八年の総会では、一般の協会員と思われる二人の人物から、協会の現状を克服するための提案が提出されている。一つ目がヴァルデックという人物からで、役員が他の協会員を伴って資本家のもとを訪れ、協会の活動に協力を求めるという内容である。(41) 二つ目がシュタインからであり、私企業による建築活動を奨励金で援助しようという提案である。[42] 役員会での審議ののち、次年度の総会で両者とも否決された。前者は現今の時代状況では実効性は認められないという理由で、後者はこの提案だと規約の完全な改造が求められてしまうという理由による。[43]

このような提案が一般の協会員から出てきた背景としては、協会の活動の停滞に由来する閉塞感とそれに対する改革の気運が協会全体に広まっていたことを想定できるだろう。とはいえ、より大きな衝撃は役員のなかから発生する。活動の初期段階から役員を続けてきた元建築調査官エミッヒが、一八五九年に労働諸階級福祉中央協会(以下、中央協会)の機関誌に協会の活動を根本的に批判する論文「共同建築協会の活動状況とベルリンの住宅難解決のための新提案」[44](以下、第一論文)を載せたのである。それに対して役員が反論を試み、[45] さらにエミッヒの再反論「共同建築協会役員の発言への返答」[46](以下、第二論文)が公表された。その後数年間、このエミッヒの批判をめぐってベルリン共同建築協会は揺れ動いていくことになる。節を改めて、このエミッヒの論文をめぐる動きをみていこう。

三　賃借人協同組合の暫定的中止をめぐる議論 ―― エミッヒの論文と役員の反論

一八四四年に設立された中央協会は、世紀中葉になって顕在化してきた社会問題に取り組む、当時最大の組織であった。すでにのべたように、ベルリン共同建築協会と中央協会は、設立以来密接な関係を保ちつづけた。エミッヒ自身、五〇年代に継続して中央協会の役員として積極的に活動している。[47]

ここで、エミッヒが第二論文に添付した役員会の議事録[48]を利用して、彼が批判を加えた協会の状況を整理しておきたい。

協会の運営上の問題点は、家賃を投下資本の六パーセントより低く設定したことである。リッター通り三〇番地の建物の投下資本は一万七〇〇〇ターラーであるが、家賃は全体で年額八〇〇ターラーである。これだと、家賃は資本の四・七パーセントにすぎない。賃借人側の問題点としては、第一に、具体的な人数や金額は不明だが、家賃を支払わない人がいた。役員会でこの問題が頻繁にとりあげられている。たとえば、一八五四年四月二五日の議事録には「会計係は、現時点の家賃の未納者リストを提出し、支払いが不規則であることに不満をのべた」と記されている。役員会の議事録には「建物長にできるだけ厳しく家賃を取り立てるように要求する」発言がしばしば見られる。また、賃借人の半分が家賃を払わず、賃借人協同組合への受け入れにふさわしくない状態である建物もあった。第二点として、賃借人が図2-3-2の庭の部分に小屋を許可なしで建てたことがあげられる。これをエミッヒは「異常事態」と認識している。

一八五七年と五八年の総会では賃借人協同組合設立を試みる際に厳しい規定が適用されていることが強調されているが[49]、五四年頃から、役員会で、いくつかの建物について、賃借人の資格不十分のために賃借人協同組合の結成は延期することが決められている[50]。そうした事態に直面しつつも、五四年の総会の後も賃借人協同組合設立が断念されたわけではなかった。五五年二月一三日の役員会は、賃借人協同組合設立の試みを継続することを確認している[51]。

ところが、五七年一二月八日の役員会では、G（ゲープラーと思われる）の提案により、協会の全収入が六パーセントの純益を生み出し、それが持続的となると期待できることが協会の財産一覧によって明らかとなるまで賃借人協同組合の設立は控える、と決議されている[52]。これは、比較的安価な家賃で入居していた住民が転居して空いた住居に、新しい住民を比較的高い家賃で受け入れることで到達できると想定されていたのであろう。とはいえ、これはそれまでの協会の状況からはほとんど不可能な条件であり、賃借人協同組合設立の実質的な中止の決定といえる。

この会議に欠席したエミッヒは、決議の内容を知ると、翌五八年一月五日に次のような発言をおこなっている。
まず、規約の第一条と第六条に対応した制度をやめる十分な理由はなく、十二月八日の決議に反対する。次に、処置を例外的にベルリン北部の郊外に建設された一戸建て住宅六戸からなる居住地であるブレーマーヘーエに限定するのが適当であると臨時総会に提案するべきと主張する。一月五日の役員会議事録では、この対案にパートウが賛意を示したが、それをうけて、とくに議論がなされたと記録されておらず、次に予定された議事日程に移ったものと考えられる。[53] エミッヒが添付した議事録を見るかぎりでは、その後この問題は役員会でとりあげられることはなかったようである。

エミッヒは第一論文を公表するより以前に役員を辞任している。その日付は彼の論文の記述によると一八五八年一一月一二日のことであった。[54] 他方、その二週間前の一〇月三〇日におこなわれた総会では賃借人協同組合の実質的中止は報告されておらず、役員たちはこの問題を役員のなかだけで処理をしようとしている。[55] こうした役員の対応への批判が、エミッヒに協会批判の論文を執筆させた背景であるのは、疑いを入れない。

第一論文におけるエミッヒの批判を具体的にみていこう。

エミッヒは、この協会への諸勢力の参加がわずかであるという認識のもと、問題点と改革案を論じている。まず、活動の現状を全体として批判する。設立後一〇年間の活動で土地購入と建築が二五に限定されていたのは活動の後退を意味する。アレクサンドラ財団も役員の期待に応えなかったのみならず、母団体の活動を阻害すらしている。

母団体がかかえる第一の問題は、賃借人協同組合に関するものである。協会は入居の際の契約で大きな額の管理費について規定していなかった。そのために生じた損失が、株の払い戻しの対象とならない建物からの収益で相殺されるまで、賃借人協同組合を新たに設立するのは中止すると役員会で決議された。これは、総会の承認なしでおこなわれており、規約上正当性がない。

第二の問題は業務の管理についてであり、予算が毎年作成されていないこと、専門の役員が会計を管理していないこと、財政に関する重要な提案が十分な準備なしに役員会に提案されていることを問題点として指摘している。徹底的で持続的な業務の管理が必要なのである。

こうした状況のもと、前回の総会で一般の協会員から二つの提案がおこなわれた。役員から考慮するという発言があったが、今のところその結果は不明である。

以上のような協会の現状への批判をふまえ、エミッヒは、現在の物資的な時代では慈善の原則は有効ではなく、投機的手段をとらなければならないと主張する。新市区や道路を設置するための株式会社の設立が最善の手段である。というのは、投下資本に対して、三〜五階建ての家屋では五〜六パーセント、二〜四階建ての作業用の建物では六〜八パーセントの配当金が株主に配分できるからである。他方、四〜五パーセントの利益しか配分されない会社では、業務は非常に限定された方法によってのみ、おこなうことができる。

投機という新たな原則で活動を拡大するだけではなく、協会の従来の試みを継続する必要がある。それは次の三点によって達成できる。第一に、新築のための抵当を四〜四・五パーセントの利子で受け入れる。第二に、未建築の土地を売却する。第三に、建築業者や供給業者の請求の一部に対する代金を株で受け取るようにうながす。

アレクサンドラ財団の成果がなかったとして、それは規約が知られてないことや配当金が低いことにも理由があるが、株購入の際に直ちにその代金を支払わなければならないこと、および株の価値を評価するのが困難であることこそが資金獲得の妨げである。

このエミッヒの第一論文に、役員から反論が加えられる。一八五九年の総会の数日前に、役員はこの論文を入手していたが、日数が限られていたため、総会では簡単に内容を紹介するにとどめ、立ち入って議論していない[56]。のちに同年の総会の議事録が公刊された際に「補遺」として収録された文章において、彼の論文に対する最初の本格的な反論を展開している[57]。

この「補遺」において、役員は、エミッヒの論文の批判はまちがった前提に基づき、部分的に事態の本質にふれていないと結論づける。

役員はエミッヒの主張をいくつかの点に整理し、それぞれに反駁していく。第一に、アレクサンドラ財団の設立によって母団体の存続が阻害されたという主張は、断固として否定されなければならない。この間、ベルリン共同建築協会は三軒の新住居を建設しており、他方アレクサンドラ財団は協会の活動の拡大を意味する。アレクサンドラ財団が最初の数年間四パーセントの配当金しか保証しなかったとしても、将来もそうとは限らない。第二に、参加を促していないというのは正しくなく、あらゆる努力をおこなってきたが、成果がなかったのである。第三に、賃借人協同組合の設立の中止は協会の家屋全体が六パーセントの純益を保証するまでであって、エミッヒが結びつけた二点（管理費の未設定と賃借人協同組合の中止）はこの問題に関係はない。第四に、協会は、必要な資本と財源の関係を考慮しなかったという批判からも自由である。第五に、一八五八年の総会における協会員の提案に対する検討結果は、五九年の総会で報告がなされている。最後に、エミッヒの主張の矛盾点として、慈善の任務の完全な断念、既存の活動への限定、そして投機的株式会社の設立以上の提案をおこなっていないことをあげる。

この反論には、共同で事にあたってきた人物からの批判に役員が困惑しているさまがうかがえる。何もしていないというエミッヒの批判に対して、役員の側からはきちんとやっているという水掛け論的反論がなされるのみで、両者の議論は微妙にずれている。とくに次の二点について、そうしたすれ違いがうかがえる。まず、賃借人協同組合の中止についてであるが、エミッヒは六パーセントの純益が確保できない要因として管理費の問題を指摘したのに対して、役員は六パーセントの純益の問題が重要なのであり、管理費の問題は関係ないと主張している。ここらへんは両者の事態への理解の相違といえよう。次に、役員が指摘するエミッヒの矛盾についても、エミッヒは投機的株式会社こそが有効な解決手段と考えており、協会の慈善としての性格を維持しようとする役員との間に、住宅改革組織の在り方に関する認識のずれがうかがえる。

役員の反論に対してエミッヒは再反論を試み、それは一八六〇年発行の『プロイセン労働諸階級福祉中央協会雑誌』三巻に掲載されている。(58) この論文で、役員からの反論に対する再反論、自分の主張に対する誤解の修正、そしてエミッヒが協会の活動に果たしてきた役割を強調している。とはいえ、主張は基本的に第一論文と変わらないので、ここでは詳しく検討しない。また、エミッヒの批判は六〇年の総会で重要な議題となっているが、この第二論文はそこでの議論に反映されているようには思われない。

節を改めて、エミッヒの批判が一八六〇年以降の総会や役員会でどのように議論されたのかをみていこう。

四　賃借人協同組合の暫定的中止をめぐる議論——総会や役員会での議論

エミッヒの第一論文は一八六〇年の総会で議題にとりあげられる。(59) 第一論文が年次報告の中で言及され、それをうけ、役員は賃借人協同組合に関する処置の承認を総会に求めたのである。全体としてエミッヒの批判への反論が議論の基調をなすが、彼の批判をうけ、賃借人協同組合の実質的中止を総会の場で議論しようとしたものである。役員が内々に処理しようとした問題を公の場に持ち出せたこと、それ自体は、エミッヒの論文の明らかな成果といえる。

一八五〇年代の総会には、ほぼ毎年、皇太子や王子が出席している。総会は、ベルリン共同建築協会という事業が順調におこなわれていることを、王族の臨席のもと、参加した人々が確認する場としての性格を有していたことは、否定できない。そのため、一八五四年の総会のような協会の新たな方向性を明確に打ち出した時以外は、協会の理念を現実に移す際に本質的な問題があることは、総会の場に出すことが差し控えられていたのであろう。承認を得る必要のあるいくつかの問題については総会の場で議論されてきたわけだが、協会の運営が大きな問題をかかえていることは役員の間だけで了解されていたことが、エミッヒの批判によって示されたのだといえる。協会のかかえる問題点が赤裸々に議論されることになる六〇年から六二年にかけての総会は、従来のものとは性格を異にするのである。

一八六〇年総会の「年次報告」の中で、役員は次のようにのべている。新たに賃借人協同組合の設立をおこなうかどうかの問題に、役員は永年取り組んできた。いくつかの土地は建築資本の五パーセントも利子を出していない。六パーセントの純益が出るように家賃を調整すると、家賃が高くなるので協会の住居の多くが空き部屋になってしまう。そうなると、細民に健全な住居を与えるという協会の本来の目的が機能しなくなる。他方、株主への四パーセントの配当金は減額できない。これは、規約による権利を株主が有しているからである。株主の権利を、会ったことのない将来の住民のために損なうことは、規約に反する。

そこで、役員は一つの逃げ道を選んだ。これは規約に反しないし、また組織全体の利害に適合するものである。すなわち、全体の純益が建築資本の六パーセントに達するまで賃借人協同組合の設立を中止するという判断であり、これは規約の精神に対応している。規約の第六条「当該の建物の全住居が賃貸されると、そうした建物において、直ちに賃借人協同組合が設立される」は、これに反するようだが、これは「そうした建物」に何を理解するかの問題である。投下資本の六パーセントをもたらしうる建物のみが「協会の建物 Gesellschafthäuser」に属するものと考えられる。これは解釈によってのみ到達しえる見解であることを認めざるをえないが、そうした解釈は組織全体に有益である。

未建築の用地に別の原則で建物を建て、仮の状態で規約が定める純益を得るまで賃貸する。家賃の上昇が期待できる市区であれば、その時期は早いだろう。賃借人協同組合が結成されてしまえば、こうした処置は不可能である。こうした土地は、「協会の建物」に対して「収益用の土地 Nutzung-Grundstück」とよばれる。現在、将来賃借人協同組合を設立するための仮の状態が問題となっている。役員は、住居を賃貸してすぐに組合を設立せず、賃借人とは仮契約を結ぶ必要を感じたのである。仮の状態を考慮する必要性は規約に記されていないが排除されないことは、一八五〇年の総会で議論されている。(60)

それゆえ、役員の決定は、規約の文言に反しているようだが、第六条を検討すれば、規約の修正を必要とするほど規約に反するものではない。

先頃公表された論文(第一論文)では、役員は、六パーセントの純益の上がった家屋から段階的に賃借人協同組合の設立に着手すべきという見解が語られていた。この見解に対しては、規約の第六条は本来賃貸されるとすぐに賃借人協同組合が設立されると規定されており、役員の決定が規約に反するのなら、この見解も同様である。さらに、個々の家屋のなかには、すぐに賃借人協同組合が設立できるものがあるが、逆に利益の上がらない土地では、この制度の利点に全くかかわれなくなるか、見通せないくらい遠い将来のこととなってしまう。役員は、以上のように主張したうえで、現状では協会全体で約五・二五パーセントの収益が上がっており、近い将来に現在の仮の状態は終わるという見通しを示している。

以上の議論をふまえ、役員の決議は、規約の思想を完全に実行するためと主張して「年次報告」の該当部分は締めくくられる。

「補遺」はエミッヒの批判への苦し紛れの反論を軸としたものであったが、六〇年総会の「年次報告」は、中止の決議が規約の趣旨からずれていることは認識しつつも、協会全体のおかれた状況からはそうした決議に至ったのはやむをえないとするものである。ただし、「協会の建物」の理解に関する部分や規約の第六条をめぐるエミッヒの批判への反駁など、議論は全体的に詭弁的である。実際におこなった決議の正当化に四苦八苦したものといえよう。

「年次報告」をうけて、中止の決議とエミッヒの論文をめぐって議論が繰り広げられる。[61]

国務委員フロットヴェルの代理ライヒェナウが役員の処置を完全に正当なものと断言すると、エミッヒもいくつか反論を試みる。さらにフォン・クライストがエミッヒを支持したところで、シュテューラーは、役員と総会出席者数名の間に意見の相違が生じた場合、役員が事態をさらに審議すると言明し、この総会での議論の打切りを示唆する。レッテが役員の審議ののち議題が次の総会で決議にかけられることを願うと発言する。議長である王子フリードリヒ・ヴィルヘルムは、この議題は現在の総会の議事の対象としては終了したとのべ、賃借人協同組合をめぐる議題は継続審議となる。

以上の議論をみると、フォン・クライストは明らかにエミッヒ支持であり、レッテの発言も役員の動きを牽制したものといえる。エミッヒのような意見が当時の協会の中で完全に孤立したものではないとみてよかろう。[62]

翌六一年の一〇月二日の役員会は、賃借人協同組合中止の決議への反対者を招いて、この問題について審議している。この役員会の議事録は、六一年の総会で読み上げられている。[63] 招待された反対者のうち、フォン・クライスト、エミッヒ、ヴァルデックが出席し、レッテは欠席の連絡をしてきた。具体的経緯は不明だが、役員の主張については「役員によって再三討論された」と言及されており、前年の総会に比べると、はるかに用意周到に議論が進められている。この役員会では、役員が用意していた規約の第五条と第六条の修正案が議論されている。ただし、この修正案は役員の処置を追認する内容のものと思われるが、正確な内容は議事録にも収録されていない。

役員会ではまず、エミッヒとフォン・クライストが修正案に反対し、六パーセントの純益を確保できた建物から賃借人協同組合設立すべきと主張する。これに対して役員から、賃借人協同組合設立延期を決議する必要があることについての根拠が示される。

一八五四年の段階で、役員の間には、これ以上賃借人協同組合を設立すると協会の財政が危険にさらされるという不安が広まっていた。それに対応するために委員会が形成され、帳簿をもとに協会の財政状態を徹底的に調査した。この調査で次のようなことが明らかとなる。まず賃借人協同組合が作られた建物のうち、どれ一つとして六パーセントの利子をもたらしていない。少なからぬ補填金が、本来そうした使途が考えられていない予備資金から支出されている。役員は、この状態をこれ以上続けられないという点で、直ちに合意に達した。こうなった理由は、建築資本の六パーセントの利子をもたらすような家賃で住居が賃貸されていないことである。それだけの収益をもたらすことは、家賃が段階的に上昇することによってのみ可能となる。ところが、家賃の上昇は、賃借人協同組合が設立されると不可能となり、したがって中止は正当性を有する。一八五四年の状況が現在も続くとして、賃借人協同組合を設けた建物の赤字を、そうではない家屋からの黒字で補填する以外に、規約に基づいての手段はない。高い家賃で入居する住民は増加し、収入は増えているので、全家屋に賃借人協同組合を設立できる日は遠くない。それに対して、六パーセントの利子が保証された建物で賃借人協同組合が設立されてしまったら、それはうまくいかない。さらに、賃借人協同組合の可能性がはるかに遠い建物と、すぐに可能な建物があるのも、非情な扱いである。というのも、協会の住居と賃借人は共同のものとみなされるべきだからである。

以上、協会の財政状態から、前年の総会の説明よりも明確に、中止に至った経緯の説明が試みられている。こうした役員の説明をうけ、反対者のうちヴァルデックは役員の見解に完全に賛成する。フォン・クライストとエミッヒは、財政状態からの説明にある程度納得し、今後の賃借人協同組合設立の可能性が保証されるなら現状を容認しようするが、賃貸契約ですでに保証された賃借人の権利を保障する義務が協会側にあることを強調して、一定の牽制を加えようとする。

この協会の義務について役員は、賃借人が契約では賃借人協同組合への受け入れの権利をもたないという確信を語り、さらに実際の書式を示して、この数年間、契約書には賃借人協同組合への受け入れの条項が削除されていることを示した。

この説明をうけてフォン・クライストは、役員の対応の正当性を完全に認めるが、他方エミッヒともども、そうした処置を正当化するために規約の修正までは不要とする。つまり、規約を修正して組織の原則まで改める必要なく、総会の決議で十分であると彼は指摘する。結局この点については、この役員会では意見の一致を見ることはなかった。

以上、前年の総会のような役員の詭弁は影を潜め、協会の財政状態から中止措置の正当性が主張され、それが一定の効果を反対者にもたらした。

一〇月三〇日開催の総会では、賃借人協同組合の中止について長い議論がおこなわれた。[64] 議論の内容は議事録に記されていないため、詳細は不明である。議論の結果、まず役員がこの問題を正しく処置したことは出席者全体に認められた。ただし、フォン・クライスト、エミッヒ、そしてレッテといった出席者の一部は、規約の修正ではなく、総会の決議で十分という見解であり、他の出席者は規約の修正を必要と主張した。両者の議論は平行線をたどった。この議題を次の総会でまたとりあげることにし、そのために材料を集めようという国務委員の意見が圧倒的多数を獲得した。

翌六二年七月一日の役員会には、前年一〇月二日の役員会同様、フォン・クライスト、エミッヒ、レッテ、ヴァルデックも召集された。前年の役員会や総会よりもさらに材料が整頓されたうえで議論がなされている。この役員会の議事録も同年の総会で読み上げられている。[65] この役員会では、具体的なデータに基づいて協会の問題点が七点指摘されているが、[66] 基本的な論点は前年度と同様である。

詳細なデータの提示によって中止に関する役員の決議は正当であるという点で出席者は一致した。他方、前年の総会までとは違い、出席者の多数は役員の決議を実行するためには規約の変更は必要ではなく、総会の決議で十分という見解をとった。議事録を見るかぎりでは、こうした論調の変化が何によってもたらされたのか定かではない。

七月一日の役員会の決議が一〇月二一日の総会にかけられる。[67] そこでおこなわれた議論では、まずフォン・クライストが、以前は役員による賃借人協同組合の中止の決議に反対であったが、議論の過程でその必要性を認識するに至ったとのべた。これは、中止にいまだ懐疑的であったかもしれない総会の出席者の判断にも影響をあたえたであろう。

さらに、オスケという人物が、なぜ役員がこれほど長い間赤字の存在に気づかなかったのかを尋ねた。これに対してゲープラーが、役員は、一八五二年には、修理費や管理費が賃借人ではなく予備資本によって担われていると認識していたと発言する。オスケの質問を除くと、とくに質問も出なかったようであり、賃借人協同組合設立に関する役員の決議は投票にかけられ、満場一致で可決した。

第二の規約の修正の問題については、国務委員の代理ライヒェナウが中止を一時的状態と考えると発言すると、大勢は決したようである。投票がおこなわれると、規約の修正は、これも満場一致で否決された。

こうして、賃借人協同組合の中止という協会の根幹にかかわる問題に、設立後十数年を経て現実的な決着が見られた。この制度が当時の状況のなかで十分に機能しないことは、早くに役員の間で認識されていた。役員はそれを内々に処理しようとするが、エミッヒの批判や総会での議論により、協会の運営が問題をかかえていることが一般の協会員にも周知のものとなる。当初はエミッヒと役員の間の水掛け論に始まった議論であったが、役員が協会の運営の問題点を明示することで中止の決議の正当性を説明し、その結果、そうした処置は協会員全体の了解を得るに至ったのである。

一八六〇年から六二年にかけての総会や役員会が、協会のかかえる問題と方向性について協会員に周知徹底させる場となっていた。それに対して、六三年以降の総会は、必要最小限の議論はおこなわれつつも、単に活動報告を聞くだけの場へと、その性格を変化させていく。そうした変化を象徴的に示しているのが、入手した議事録で見るかぎり、エミッヒの批判をめぐって総会が揺れた六〇年の総会より以降、王族の議長のもとでおこなわれた総会がないことであろう。この総会の議長は、皇太子の息子フリードリヒ・ヴィルヘルム王子である。この王子（六一年から皇太子）は、その後、普仏戦争で出征していた一八七〇年を除くと、旅行を理由にしてベルリン共同建築協会の総会には欠席している。六〇年の総会の議論があまりに白熱したためにその後総会への出席を回避した可能性もあるが、はっきりしたことはいえない。王子の意図はどうであれ、五〇年代の総会のような、王族の臨席のもと活動報告を聴くという総会の晴れやかな性格は、確実に失われたのである。

賃借人協同組合のその後について、節を改めてみていこう。

五　賃借人協同組合の実質的断念

一八六七年以降の総会では、投下資本の六パーセントと家賃からの実際の収入の差額について、毎年報告されている。これは、差額がなくなれば賃借人協同組合設立を即座に再開しなければならないため、協会員全体に財政状況を透明にしておく必要があったからであろう。ただ、筆者が入手した七四年までの総会の議事録を見るかぎりでは、両者の差は埋めようがないようである。(68) これは、議事録の説明によれば、安い家賃で入居していた住民が転居した住居に高い家賃で入居する新賃借人は存在するものの、年を経るにつれ、建物の補修費や修理費が増大したためである。(69)

他方、その後の役員の処置や総会での議論をみても、役員は賃借人協同組合を、少なくとも直ちに設立しようという意図はなかったようである。

まず、一八六七年の総会で、協会の建物の抵当が、賃借人協同組合のある家屋からない家屋に移したという報告がなされている。[70] 六六年の総会の議事録を参照していないので、詳しい事情はわからない。賃借人協同組合が設立され、二パーセント分の株の払い戻しが始まるなど財政上の制約が大きくなった建物から、より自由な運営が可能な建物に、抵当を移したものであろう。協同組合のあるなしで二種類の建物があることを前提としており、直ちに賃借人協同組合が全家屋に設立できると考えておれば、必要のない措置である。

一八六二年以降の協会にとって大きな問題は、予備資本の顕著な増大である。規約によれば、予備資本には、協会員の会費・寄付・利子などが算入されることになっているが、各年の会計報告を検討すると、黒字を出している家屋からの収入で赤字の家屋の分を補填したのちの残った金額も予備資本に算入されているようであり、毎年五〇〇〇ターラー前後増加している。[71] この予備資本をどのように運営するかについて、六三年から総会で議論が始まる。議論のきっかけとなったのは、予備資本を協会の建物の建築に利用すべきとする元協会長ホフマンの発言である。同時に、オスケが予備資本を抵当の返還にあてることを提案する。[72] 予備資本を建築にあてるという考えは、翌六四年の総会で役員の提案[73]をもとに若干の修正が加えられ、圧倒的多数で可決された。この決議により、不意の出費に備えるため予備資本のうち現在の残高の八分の一を留保して、残りは細民のための健全な住居を伴う家屋を建設するように支出することになる。[74] この決議は、基本的に予備資本の着実な増大を前提としており、直ちに賃借人協同組合を設立すれば実行は困難になるものと思われる。オスケは、予備資本の利用について、六四年の総会で二つの提案を出していたようだが、この決議ののち、内容が規約に抵触するという理由で、それらを撤回している。

予備資本が増大していくという問題は、その後も議論される。

一八六七年の総会で、オスケが予備資本が増大し続けることについて発言し、すべての家屋に賃借人協同組合が設立された場合にまだ赤字が生じてしまうことをめぐり、執行部を批判した。この六〇年から六二年にかけての議論を蒸し返してきたような発言に対して、ゲープラーは、そうした事情はすでに説明済みであり、総会は役員の処置を認めているとのべて、彼の批判が的はずれであると指摘する。[75] 彼がこうした発言をおこなった背景には、協会の方針が本来の原則からはずれていくことに対しての危惧があったものと考えられる。抵当の移し替えにしても、予備資本による住宅建設にしても、賃借人協同組合を新たに設立するのは遠い将来であることを前提とした処置であると、オスケが判断したものであろう。

当時は、このオスケという人物が、協会が本来の方向から逸れないように役員を牽制しており、かつてのエミッヒの役割を引き継いだ観がある。具体的経歴は不明であるが、賃借人協同組合設立の一時的中止を決議した翌年の一八六三年、中央協会の機関誌『労働者の友』第一号に、ベルリン共同建築協会の活動を批判的に紹介した記事を載せている。[76]

予備資本をめぐっては、七〇年の総会で元協会長のホフマンが株の払い戻しについて発言する。[77] 彼は、ベルリン共同建築協会への参加が活発でない理由を、払い戻し額が少ないことに求める。すなわち、賃借人協同組合が設立されて初めてその建物の株が払い戻しの対象となるのであり、現状では大部分の建物の家賃収入はその対象とならない。予備資本に無益に無駄な金を蓄えるくらいなら、賃借人協同組合のない建物についても払い戻しの対象とすべきである、というのが彼の主張である。

議論のなかで、提案者は次のようなことをのべている。予備資本を建築に使うことによって賃借人協同組合の設立はできなくなるが、この点については全く賛成である。組合の中止は不幸ではなく、建物が建てられたらそれで満足である。自分が二〇年前に実践的とみなした思想の実効性が、時代状況が変わったので失われたのである。議事録には「こうした発言が彼の口から語られるのは驚きである」と記されている。

このホフマンの発言から次の二点を指摘しておこう。

まず、ホフマンは協会の創設者の一人であり、賃借人協同組合の制度について精通している。そうした人物が、予備資本の建築への利用が組合の新たな設立を排除するものであると指摘している。事情をよく知った者のなかには、予備資本を建築資本にあてるという六四年の総会の決議は、賃借人協同組合の断念とうけとる者がいたのである。

次に、彼が賃借人協同組合の実現可能性について否定的であることが、それほど印象的であったことである。これまで検討してきた議論とこの発言をふまえれば、一八五二年に彼が役員を辞任するに至った背景には、賃借人協同組合をめぐって彼と他の役員の間の対立があったと想定して間違いないだろう。

翌年の総会までに、この問題は役員会で議論され、その役員会にホフマンも呼ばれた。審議の結果、払い戻しの拡大は規約の修正なしにはできないという理由で、彼の提案は却下された。[78]

ドイツ統一の実現が近づくに伴いベルリンの人口が増大し、住宅事情が悪化する。[79] そうした事情を背景にして、一八七〇年からベルリン共同建築協会は、六四年の決議に基づき予備資本による住宅建設に乗り出す。七〇年にブレーマーヘーエの土地に二軒二〇住居を、[80] 七二年からはさらに二軒二〇住居を建設するのである。[81]

以上、実際の収入と投下資本の六パーセントの差が埋まらず、現実に賃借人協同組合設立ができないだけではなく、役員の発言や総会の決議からは、組合を設立するための積極的な意志は感じとれない。もちろん、六二年の決議の内容は確認され、組合の設立を断念したわけではないことは再三強調される。また、オスケのように組合設立に向けて牽制しようという人物もいる。賃借人協同組合は、協会の基本方針として原則としては生きていたといえるのだが、どちらかといえば、役員は、不要な支出を押さえ、その時点での住宅経営の安定を図ろうとしているのである。したがって、賃借人協同組合は、六二年の決議では一時的中止だけをうたっていたが、ベルリン共同建築協会の財政状況の点でも、役員の意向の点でも、その新たな設立は永続的に中止されたのだといえる。

のちの時期にも視線を延ばしておこう。労働者が所有者になるとされた三〇年後の一八七九年、最初に入居した九二の世帯のうち、その建物に住んでいたのは一三世帯にすぎなかった。[82] そうした事情があったからと思われるが、一八八四年には規約は修正され、賃借人が家屋を所有する可能性については言及しつつも、この規約では賃借人協同組合の規定がなくなってしまう。[83] 一九三二年、最終的にベルリン共同建築協会は解散することになる。その際、協会の財産は、別個の原則で作られたアレクサンドラ財団に引き継がれる。[84] ここに、一九世紀中葉以来の賃借人協同組合の理念は完全に消滅してしまったのである。

おわりに

本章の議論を手短にまとめたい。

賃借人協同組合の運用は当初から問題を孕んでいた。住民が入居する段階では建築費用が最終的にいくらになるかわからないため、家賃の確定ができず、しばらく仮の状態で契約がおこなわれる。後年の総会で語られた情報によると、家賃を規約のとおり建築資本の六パーセントとすると高くなりすぎるので、相場並みに家賃が抑えられたとのことである。[85] 住宅経営の根幹にかかわる家賃の処理があまりにずさんであり、理想を現実に移すために必要な条件を整えられなかったといえる。同様の脈絡で、大規模な修理にあてる管理費を徴収していなかったことも重要である。

一八五四年の総会では、こうした不手際に由来する協会の問題が報告され、アレクサンドラ財団の設立や会計の見直しを中心に、組織の再編成について検討されている。その後、実際には賃借人協同組合の結成は進まず、五七年の暮れには、役員は賃借人協同組合の設立を暫定的に中止することを内々に決定する。

これに対してエミッヒが批判論文を公表し、それに対する役員の反論、総会などでの議論を経て、協会の運営に根本的に問題があることが一般の協会員にも周知のものとなる。論争は水掛け論で始まるが、役員側が中止に至った経緯をデータに基づいて説明する。その結果、一八六二年の総会までには中止の処置の正当性が協会員の了解を得るに至る。この論争の議論の過程でも、六三年以降の総会における役員の発言でも、賃借人協同組合の設立は協会の目標であることが再三確認される。しかし、財政状態をみても、役員の意図をみても、賃借人協同組合が協会の建物すべてに結成されるような事態は、近い将来には考えられない状態であった。

この団体の「住宅改革組織」から「建物の管理・賃貸業務の組織」への転換は、本章の議論をふまえれば、「瀕死」と評価するのは一面的であろう。住宅経営のノウ・ハウが欠如したまま進められた改革であり、また協会の本来の原則から逸脱していったことも確かである。しかし、数年にわたる議論の末、役員が協会の財政状態からその理由を示して説得し、協会員全体の了解を得て、賃借人協同組合の一時的中止は決議されたのであった。協会の方針転換は、一九世紀中葉の段階で、十分な経験をもたないまま始めた事業を持続させるために、協会員全体が岡目八目で選択した現実的な方向性だったといえる。

とはいえ、ベルリン共同建築協会は、一八六二年の段階でその活動は失敗したものとみなされ、積極的な住宅改革の提案は別の脈絡のなかで進められるのである。

注

（1）拙稿「一九世紀ドイツ住宅改革運動研究の動向」（『西洋史学』二〇四号、二〇〇二年、本書序章第三節）。

（2）Nicholas Bullock, The movement for housing reform in Germany 1840–1914, in: id. and James Read, *The movement for housing reform in Germany and France 1840–1914*, Cambridge 1985, p. 31–37.

（3）*Bericht über die am 21. Oktober 1862 stattgefundene Generalversammlung der Berliner gemeinnützigen Bau-Gesellschaft*, Berlin 1863, S. 16.

(4) *Bericht über die Generalversammlung der Berliner gemeinnützigen Bau-Gesellschaft*, Berlin 1851–1874. 地方文書館（Landesarchiv Berlin）ではベルリン共同建築協会関係の文書は、Landesarchiv Berlin A Pr. Br. Pep. 030 Tit. 162 Nr.: 20243, Acta des Königlichen Polizei-Präsidii zu Berlin, bertreffend die Berliner gemeinnützige Bau-Gesellschaft にまとめられている。これは、ベルリン共同建築協会がベルリン警視庁に送った文章の集成のようである。ただし、一八五二年と六六年の総会の議事録は国立図書館にも地方文書館にも所蔵されておらず、本章でも参照していない。

(5) 初期段階の事実関係については、Johann Friedrich Geist und Klaus Kürvers, *Das Berliner Mietshaus 1740–1862. Eine dokumentarische Geschichte der ‹von Wülcknitzschen Familienhäuser› vor dem Hamburger Tor, der Proletarisierung des Berliner Nordens und der Stadt im Übergang von der Residenz zur Metropole*, München 1980, S. 437–460 参照。

(6) Carl Wilhelm Hoffmann, *Die Wohnungen der Arbeiter und Armen*, Berlin 1852, S. 19–22.（以下 Hoffmann, *1852*）

(7) Ders., *Die Aufgabe eines Berliner gemeinnützige Baugesellschaft*, Berlin 1847, in: Geist und Kürvers, *a. a. O.*, S. 440–442.

(8) Dr. Gaebler, *Idee und Bedeutung der Berliner gemeinnützige Baugesellschaft*, Berlin 1848, S. 32ff.

(9) Hoffmann, *1852*, S. 5–16.

(10) *Ebenda*, S. 71.

(11) *Concordia. Blätter der Berliner gemeinnützigen Baugesellschaft*, 12, S. 67f.（以下 *Concordia. Blätter*）

(12) Joachim Petsch, *Eigenheim und gute Stube. Zur Geschichte der bürgerlichen Wohnens*, Köln 1989, S. 30–39.

(13) 協会の組織については規約を整理した。規約などは Hoffmann, *1852*, S. 37–66 に収録。

(14) Emmich, Berliner gemeinnützige Gaugesellschaft, in: *Mittheilungen des Centralvereins für das Wohl der arbeitenden Klassen*, 7, 1850, S. 772.（この雑誌は以下 *Mittheilungen*・頁数は、一九八〇年に復刊された時に編集者がつけた通し頁数を使う。）

(15) Ingwer Paulsen, *Victor Aimé Huber als Sozialpolitiker*, Leipzig 1931, S. 89.

(16) Emmich, 1850, S. 777.

(17) Landesarchiv Berlin A Pr. Br. Rep. 030, Tit. 162, Nr.: 20243.

(18) 毎年総会で改選される役員については、議事録参照。

(19) 四九年は、*Concordia. Blätter,* 4, 1849, S. 20, 五〇年は Geist und Kürvers, *a. a. O.*, S. 452.

(20) Hoffmann, *1852*, S. 69–70.

(21) Verhandlungen der Generalversammlung der Berliner gemeinnützigen Baugesellschaft vom 17. Okt. 1850, in: *Mittheilungen*, 9,

1850, S. 951–960.

（22）*Concordia. Blätter.*

（23）*Concordia. Blätter*, 5, S. 28; 12, S. 68; 18, S. 92; 20, S. 100; 22, S. 110–112; 23, S. 119f.; 26, S. 136.

（24）皇太子（のちのプロイセン王・ドイツ皇帝ヴィルヘルム一世）は、その後しばらく総会の議長を引き受けるが、彼が初めて議長をしたのは一八五〇年一〇月一七日の総会であった。Verhandlungen der Generalversammlung der Berliner gemeinnützigen Baugesellschaft vom 17. Okt. 1850, S. 946. 議事録で確認できるかぎり、五一年、五三年、五四年、五五年、五六年は皇太子が、彼が摂政となった五八～六〇年は皇太子の息子フリードリヒ・ヴィルヘルム王子が総会の議長になっている。入手できた議事録によると、エミッヒの批判で揺れた六〇年の総会が、王族の議長のもとでおこなわれた最後のものであったようである。

（25）ベルリン地方文書館所蔵の、正式に活動を開始して直後の協会員リストに記載された二〇六人／組織のうち、時期が若干前後する場合も含めて、五一人が中央協会のメンバーである。また、中央協会もこの協会員リストに載っている。Landesarchiv Berlin A Pr. Br. Rep. 030, Tit. 162, Nr.: 20243. 中央協会の機関誌にはベルリン共同建築協会に関する記事が掲載されているが、管見の限り、*Der Arbeiterfreund*, 3, 1865, S. 225 のベルリン共同建築協会に関する短い記事が最後のものである。

（26）*Concordia. Blätter.*

（27）*Concordia. Blätter*, 9, 9. Juli 1849, S. 57.

（28）*Concordia. Blätter*, 12, 30. Juli 1849, S. 68.

（29）たとえば、Verhandlungen der Generalversammlung der Berliner gemeinnützigen Baugesellschaft vom 17. Okt. 1850, S. 962f.; *Bericht über die am 27. Oktober 1851 stattgefundene Generalversammlung der Berliner gemeinnützigen Bau-Gesellschaft*, Berlin 1851, S. 3.

（30）Verhandlungen der Generalversammlung der Berliner gemeinnützigen Baugesellschaft vom 17. Okt. 1850, S. 950–963.

（31）Hoffmann, *1852*, S. 70.

（32）*Der Arbeiterfreund*, 3, 1865, S. 225.

（33）*Ebenda*, 1, 1963, S. 81.

（34）Krokisius, *Die unter dem Protectorat Seiner Majestät des Kaisers und Königs Wilhelm II. stehenden Berliner gemeinnützige Bau-Gesellschaft und Alexandra-Stiftung*, Berlin 1896, S. 19.

(35) Paulesen, *a. a. O.*, S. 92.

(36) *Ebenda*, S. 96.

(37) *Bericht über die am 17. Oktober 1854 stattgefundene Generalversammlung der Berliner gemeinnützigen Bau-Gesellschaft*, Berlin 1855, S. 4–17.

(38) *Ebenda*, S. 19f.

(39) Geist und Kürvers, *a. a. O.*, S. 461f.

(40) *Bericht über die am 31. Oktober 1855 stattgefundene Generalversammlung der Berliner gemeinnützigen Bau-Gesellschaft*, Berlin 1855, S. 6f.

(41) *Bericht über die am 30. Oktober 1858 stattgefundene Generalversammlung der Berliner gemeinnützigen Bau-Gesellschaft*, Berlin 1858, S. 12.

(42) *Bericht über die am 30. Oktober 1858 stattgefundene Generalversammlung der Berliner gemeinnützigen Bau-Gesellschaft*, Berlin 1858, S. 15.

(43) *Bericht über die am 31. Oktober 1859 stattgefundene Generalversammlung der Berliner gemeinnützigen Bau-Gesellschaft*, Berlin 1860, S. 5.

(44) W. Emmich, Betrachtungen über den Stand des Unternehmens der gemeinnützigen Baugesellschaft und über neuere Vorschlüge zur Abhülfe der Wohnungsnoth in Berlin, in: *Zeitschrift des Central-Vereins in Preußen für das Wohl des arbeitenden Klassen*, Bd. 2, 1859.

(45) Nachtrag, in: *Bericht über die am 31. Oktober 1859 stattgefundene Generalversammlung der Berliner gemeinnützigen Bau-Gesellschaft*, Berlin 1860.

(46) Emmich, Erwiderung auf die Auslassung der Vorstandes der gemeinnütigen Baugesellschaft, in: *Zeitschrift des Central-Vereins in Preußen für das Wohl der arbeitenden Klassen*, Bd. 3, 1860.

(47) エミッヒは，一八四九年から六〇年代半ばまでベルリン選出の委員となっている。

(48) *Zeitschrift des Central-Vereins in Preußen für das Wohl der arbeitenden Klassen*, Bd. 3, 1860, S. 24–32.

(49) *Bericht über die am 29. Oktober 1857 stattgefundene Generalversammlung der Berliner gemeinnützigen Bau-Gesellschaft*, Berlin 1857S. 5; *Bericht über die am 30. Oktober 1858 stattgefundene Generalversammlung der Berliner gemeinnützigen Bau-Gesellschaft*,

Berlin 1858, S. 6.

（50）たとえば、一八五四年四月四日の役員会では、リッター通り三〇番地の建物が問題となっている。*Zeitschrift des Central-Vereins in Preußen für das Wohl der arbeitenden Klassen*, Bd. 3, 1860, S. 25–28.

（51）*Ebenda*, S. 27.

（52）*Ebenda*, S. 30.

（53）*Ebenda*, S. 30f.

（54）*Emmich*, 1860, S. 23.

（55）*Bericht über die am 30. Oktober 1858 stattgefundene Generalversammlung der Berliner gemeinnützigen Bau-Gesellschaft*, Berlin 1858.

（56）*Bericht über die am 31. Oktober 1859 stattgefundene Generalversammlung der Berliner gemeinnützigen Bau-Gesellschaft*, Berlin 1860, S. 9f.

（57）Nachtrag.

（58）Emmich, 1860. この論文では、八点に分けて役員の反論を再批判している。①アレクサンドラ財団、②普及の努力、③賃借人協同組合中止の原因、④協会の財政は協会の活動状況についての役員の反論への再反論であるが、基本的に両者の見解はすれ違っている。⑤会計業務と⑥投機と慈善については彼の意見への誤解を修正しようと試みたものである。⑦と⑧では、⑧で役員会の議事録によりつつ協会の抱える問題点を指摘しつつ、⑦と⑧の両者合わせてエミッヒが協会に果たしてきた役割を強調する。⑦の細かい項目からは、エミッヒが感じていた、協会の問題点が明らかとなる。内容的には、土地の境界の調整や役員の業務の停滞など協会の組織や業務運営に関するもの、家賃未払いの住民の存在など住民側の問題、そして賃借人協同組合をめぐる問題の三点に整理されよう。

（59）*Bericht über die am 31. Oktober 1860 stattgefundene Generalversammlung der Berliner gemeinnützigen Bau-Gesellschaft*, Berlin 1861, S. 9–14.

（60）Verhandlungen der Generalversammlung der Berliner gemeinnützigen Baugesellschaft vom 17. Okt. 1850, S. 952.

（61）*Bericht über die am 31. Oktober 1860 stattgefundene Generalversammlung der Berliner gemeinnützigen Bau-Gesellschaft*, Berlin 1861, S. 15–20.

（62）総会では最後の議題として、毎年三人ずつ役員の改選がおこなわれる。一八五九年の選挙では、その前年には役員をやめていたエミッヒが、落選はしたものの、一一票を獲得している。この五九年の総会より前に最初の論文は公表しており、彼が協会の運営に批判的な文章を公刊したことは総会の場で周知徹底させられている。六〇年の総会でエミッヒ支持の立場をとる者が出たことも考え合わせると、この一一票のうちある程度は、エミッヒを支持し、役員の方針を批判したものとみなすことも可能であろう。*Bericht über die am 31. Oktober 1859 stattgefundene Generalversammlung der Berliner gemeinnützigen Bau-Gesellschaft*, Berlin 1860, S. 15.

(63) *Bericht über die am 31. Oktober 1861 stattgefundene Generalversammlung der Berliner gemeinnützigen Bau-Gesellschaft*, Berlin 1862, S. 10–16.

(64) *Ebenda*, S. 16.

(65) *Bericht über die am 21. Oktober 1862 stattgefundene Generalversammlung der Berliner gemeinnützigen Bau-Gesellschaft*, Berlin 1863, S. 6–11.

(66) 次の七点である。①最初から賃借人協同組合が設立された家屋には、修理費と管理費を除いた後に六パーセントの純益を保証するように賃貸できたものはない。②こうした家屋の空き住居をより高い家賃で賃貸することによって赤字は次第に減っているものの、修理費と管理費を除いた後、六パーセントの純益を保証する家屋は一つもない。③この赤字を補填するために、一八六一年までに四六八七ターラーが予備資本から支出された。④この赤字は減ってきており、すぐに財政が均衡するようになることは期待できる。⑤唯一の例外を除いて、賃借人協同組合のない家屋でも六パーセントの純益を出していない。⑥もし協会の全家屋で賃借人協同組合が設立されると、六一年末に予備資金によって補填されるべき損失は一一七三〇ターラー一九シルバーグロッシェン二ペニヒとなる。⑦協会の全家屋に賃借人協同組合が設立されていたと想定しても、損失は年々減っていたであろう。*Ebenda*, S. 7.

(67) *Ebenda*, S. 15–18.

(68) たとえば、一八六七年の総会の報告では差額は一八六四ターラー二九シルバーグロッシェン六ペニヒであり (*Bericht über die am 30. Oktober 1867 stattgefundene Generalversammlung der Berliner gemeinnützigen Bau-Gesellschaft*, Berlin 1868, S. 5f.)、一八七四年の総会の報告では一五七七ターラー二六シルバーグロッシェン九ペニヒである (*Bericht über die am 29. Oktober 1874 stattgefundene Generalversammlung der Berliner gemeinnützigen Bau-Gesellschaft*, Berlin 1874, S. 6)。

(69) *Bericht über die am 29. Oktober 1869 stattgefundene Generalversammlung der Berliner gemeinnützigen Bau-Gesellschaft*, Berlin 1869, S. 6; *Bericht über die am 28. Oktober 1870 stattgefundene Generalversammlung der Berliner gemeinnützigen Bau-Gesellschaft*,

Berlin 1870, S. 6.

(70) *Bericht über die am 30. Oktober 1867 stattgefundene Generalversammlung der Berliner gemeinnützigen Bau-Gesellschaft*, Berlin 1868, S. 4f.

(71) 各年の総会でおこなわれている会計報告参照。

(72) *Bericht über die am 30. Oktober 1863 stattgefundene Generalversammlung der Berliner gemeinnützigen Bau-Gesellschaft*, Berlin 1864, S. 11.

(73) *Bericht über die am 28. Oktober 1864 stattgefundene Generalversammlung der Berliner gemeinnützigen Bau-Gesellschaft*, Berlin 1865, S. 4–7.

(74) *Ebenda*, S. 14f.

(75) *Bericht über die am 30. Oktober 1867 stattgefundene Generalversammlung der Berliner gemeinnützigen Bau-Gesellschaft*, Berlin 1868, S. 8.

(76) H. Oske, Die Berliner gemeinnützige Baugesellschaft, in: *Der Arbeiterfreund*, Jg. 1, 1963.

(77) *Bericht über die am 28. Oktober 1870 stattgefundene Generalversammlung der Berliner gemeinnützigen Bau-Gesellschaft*, Berlin 1870, S. 8–10.

(78) *Bericht über die am 31. Oktober 1871 stattgefundene Generalversammlung der Berliner gemeinnützigen Bau-Gesellschaft*, Berlin 1871, S. 6.

(79) 本書第Ⅲ部第2章参照。

(80) *Bericht über die am 28. Oktober 1870 stattgefundene Generalversammlung der Berliner gemeinnützigen Bau-Gesellschaft*, Berlin 1870, S. 5.

(81) *Bericht über die am 31. Oktober 1873 stattgefundene Generalversammlung der Berliner gemeinnützigen Bau-Gesellschaft*, Berlin 1873, S. 5.

(82) Krokisius, *a. a. O.*, S. 20.

(83) *Geschichte der gemeinnützigen Wohnungswirtschaft in Berlin*, Berlin 1957, S. 195. 新規約は，Krokisius, *Die unter dem Protectorat Seiner Majestät des Kaisers und Königs Wilhelm II. stehenden Berliner gemeinnützige Bau-Gesellschaft und Alexandra-Stiftung*, Berlin 1896, S. XXIV-XXXVII に収録。

(84) *Geschichte der gemeinnützigen Wohnungswirtschaft in Berlin*, Berlin 1957, S. 196.

(85) *Bericht über die am 21. Oktober 1862 stattgefundene Generalversammlung der Berliner gemeinnützigen Bau-Gesellschaft*, Berlin 1863, S. 7–8.

第4章 一九世紀中葉の住宅改革構想

はじめに

本章では、ベルリン共同建築協会の「停滞」を経て、どのような住宅改革構想が議論されたのかを検討する。前章でみたように、ベルリン共同建築協会は一八五〇年代後半には住宅改革運動としての性格を失う。したがって、分析対象を、その「経験」を継承・発展させようとした別の人々に移さなければならない。

本章で議論する個々の論点の研究史はその当該箇所でのべるが、本章全体にかかわるものとして、従来の「社会的住宅建設」成立史の観点に立つ住宅改革研究[1]が、こうした理想住宅像については、「社会的住宅建設」と関連づけて議論しにくいため、「一戸建てか集合住宅か」といった超歴史的概念を無批判に適用して議論を進めていることも指摘しておこう[2]。事実、本章で明らかにするように、八〇年代以前の住宅改革運動においては理想住宅像が大きな役割を果たしているのである。

分析の際、ガルが一九七五年の論文[3]において一九世紀前半の「初期自由主義」の理想社会像として提唱し

た、「無階級市民社会」という発想を念頭において分析を進める。この「無階級市民社会」とは、すべての人が自立的な市民になることによって作り出される、市民だけによる均質な社会をいう。筆者は、第Ⅱ部第1章において、世紀中葉の労働諸階級福祉中央協会をとりあげ、そこに一貫して「無階級市民社会」という発想が見られたことを指摘した。[4] 本章は、この成果を住宅改革運動に即してさらに発展させることを意図したものといえる。管見の限りでは、本章で検討する構想に基づいて実際に住宅建設が進められたわけではないので、構想の実効性には検討を加えることはできないことは、ここであらかじめ断っておかなければならない。

本章でも念頭において議論を進めることになるので、前章で検討したベルリン共同建築協会の発想を、ここで手短に確認しておきたい。

ベルリン共同建築協会員の発想には住宅問題を生み出す社会・経済的背景についての理解が欠如し、悪い住環境が住人にあたえる道徳・衛生上の堕落をもたらす影響力が強調される。これに対応するために、市民的な住居によって住人を道徳、精神、そして衛生面で教育して向上させることや、健全な家族や住居の衛生的環境も強く求められる。こうした条件を十分に満たすため、労働者による家屋の所有を目標とし、賃借人協同組合という手段がとられる。さらに、市民による教育も意図されている。こうしたかたちで市民階級の最下層の人々に住居を供給しようとするが、最下層は排除されるのである。

第一節ではまず、当時の代表的な住宅改革者であり、ベルリン共同建築協会にも参加したフーバーの住宅改革案を分析する。彼は、一八四〇年代から六〇年代まで住宅問題に関する著作や論文を発表しつづけており、ベルリン共同建築協会の活動を経て住宅改革に取り組む者が、どのような認識に到達したかを探るに格好の対象なのである。

一　ヴィクトール・エメ・フーバー

ベルリン大学教授も務めたフーバー[5]（一八〇〇～六九年）は、一八四〇年代にかけては保守派の政治家として活動し、五〇年代以降、社会問題への関心を深め、協同組合制度の促進に努める。一九世紀中葉の代表的住宅改革者とされるフーバーであるが、従来の研究では十分検討されてきたとはいいがたい。彼の住宅改革構想については、一戸建ての擁護者とされ、構想の細かい内容や変化は問題とされることはなかった。ブロックは、集合住宅の必要性を認識しつつも一戸建てを強く擁護したと、フーバーの主張を整理している。[6]トイテベルクは、これから指摘するフーバーの改革構想のいくつかの要素を抽出している。だが、二〇年にわたって執筆されたフーバーの改革構想の変化という視点が欠如しているため、本来関係のない要素が一緒に論じられてしまっている。[7]最近、カンターとペッティーナがフーバーの住宅改革構想を詳細に検討しており、本節での分析とほぼ同様の認識に到達している。ただし、「社会的住宅建設」のなかの建築協同組合の先駆者としてのフーバーの意義を強調するあまり、フーバーの構想の中の国家や自治体の役割が過大に評価されてしまっている。[8]また、彼の考えの当時の住宅改革運動全体への位置づけも、研究者の関心の対象とはなっていない。本節では、彼の思想の具体的内容とその変化を追い、彼の当時の運動内での位置づけは次節以下でおこなうことにする。

フーバーが社会問題への関心を深めるきっかけとなったのは、一八四四年のイギリスなどへの旅行である。彼はマンチェスターで労働者の cottage（＝一戸建て）を観察し、イングランドの cottage の大陸の Kaserne（＝集合住宅）に対する優秀さを認識する。[9]この認識をうけて、彼は四六年に「国内植民について」と題する論文[10]を発表し、それを発展させて四八年には『経済的組合と国内移住による労働者の自助』という書物を出版している。[11] 当時のフーバーの改革構想を、主に後者によりつつ整理してみよう。

この「国内植民」という発想は、国力を流失してしまうという観点から、当時増大しつつあった海外移住へ反対するという背景をもつ。彼の議論の出発点は、労働者の現在の環境の原因を労働者、家族、そして彼らの収入が「バラバラであること」に求めることにある。それに対して、一種の協同組合によって労働者にその要求に応じた住居を提供し、倫理的・精神的・身体的福祉を保障しようとする。そこで、協同組合を基盤とする新しい居住地が計画されるのである。

フーバーはこうした居住地を三つに分類する。第一に一〇〇～五〇〇家族の居住地、第二は二〇～一〇〇家族のもの、そして最後は家族と独身労働者の両方に対応するもので、一〇～五〇〇家族ないしは五〇～二〇〇人の独身労働者の居住地である。このうちフーバーは第一の居住地を詳細にのべている。まず、建築と関係する技術、学問、そして衛生学が現在もっているものすべてを、住民の必要と希望に応じた快適、魅力的、そして健全な住居建設に用いる必要がある。その際、良いのはイングランド風の cottage である。すべての建物に小菜園や庭が設けられ、個々の家族住居の独立・排他性は維持される必要がある。それゆえ、一つの屋根の下に四つ以上の住居はあってはならない。集合住宅の金銭面の有利さは、こうした条件のもと造られる住居の倫理・身体的利点に比べて劣る。この居住地の肝心な部分は、中央に設けられる共同経営・利用のための大きな建物である。

フーバーは失業労働者への対策も考察している。そこからは、彼がどのような労働者を念頭においていたかがうかがえる。

彼は労働者を二つに分ける。まず、病気や高齢のため働けないか怠慢から働かない者であり、これは救貧制度や強制労働にまかせればよい。他方、労働能力も意欲もある労働者を救済しようとする。

フーバーは「国内植民」に伴う困難に議論を移す。まず、労働者は、一つの組合に加入するよりも、仕事の都合で頻繁に住居を変えるのを好むのではないかという疑問をのべる。これについて彼は、堕落をもたらす引っ越し熱にとりつかれた労働者の数は多くなく、居住地は移動しすぎることへの防衛手段となると指摘している。次に、居住地は個人の自由への干渉ではないかという疑問を持ち出す。この点については、この居住地では、勤勉で名誉心がある労働者が自ら課す以上の制限は考えられないとし、労働者に自助を求めている。自助が可能な労働者の数は多いはずである。また、上層階級の後押しが望ましい。

この居住地を造るのは国家、自治体、会社、協会、個人、そして労働者であり、フーバーは特定の改革の担い手は考えていない。

以上がフーバーの「国内植民」構想であるが、この時点の彼の認識の枠組みは、ベルリン共同建築協会の当初の発想と相い通ずるものといえる。まず、彼の住宅改革の構想は、社会・住宅問題の背景などへの十分な分析に基づいていない。そして、労働者に精神的、倫理的、そして身体的な影響をもたらすために、市民の住居を労働者にあたえようとする。さらに、改革の対象となる人も限定される。改革の可能性への楽天的な認識もうかがえ、上層階級の援助も期待するのである。こうした認識のもと、「国内植民」というフーバー独特の共同体社会の発想が展開される。また、ここでは一戸建てを擁護し、集合住宅を否定していることも注意すべきであろう。

フーバーは、一八四九年二月一三日の役員の参加要請に応じてベルリン共同建築協会に参加し、役員に選出された。機関誌『コンコルディア』の編集も引き受ける。[12] ただし、彼がこの雑誌で展開している住宅改革案は、以前同様「国内植民」案である。[13] そして、はっきりした事情はわからないが、五二年には協会を脱退する。同時に彼は、他の公的活動もすべて引退し、ザクセン州にある住人六〇〇のヴェルニガーローデに移住する。その後、彼は社会問題への関心を深めるが、[14] この点で重要なのは一八五四年、五八年、六〇年のフランスやイングランドなどへの旅行であろう。住宅問題についても、彼はこれらの国の現状もドイツと同様であると認識し[15]、様々な改革の試みに接する。フランスではパリのシテ・ナポレオンやミュルーズの労働者都市の情報を得る。集合住宅である前者について、彼は、秩序ある生活がこうした建物でも可能であり、住民も満足しているとみている。ナポレオン三世がかかわったこの建物の経験から、彼は当局の関与の必要性も確認している。さらに、大都市では「国内植民」案は不可能であると認識している[16]。ミュルーズでは「国内植民」案と外見上の特徴が対応している労働者居住地を訪問している[17]。そして、イングランドでは、改革運動や法律についての見聞を得る[18]。

こうしてフランスやイングランドの住宅事情に接したフーバーは、一八五〇年代後半から六〇年代初頭にかけて住宅問題に関する論文や著作をいくつか発表している[19]。まず五七年の『大都市における細民の住宅難』と題する著作[20]により、彼のこの時点での認識をみてみよう。

彼は、従来の下層民衆の住宅建築のあり方への反省から考察を始める。下層民衆の住宅建設は、数世紀以来良心のない、無思慮で型にはまった仕事によって、合理性やこの階級の要求への考慮なしにおこなわれてきた。これを上層階級は十分に考慮してこなかった。

こうした状況に彼が対置するのが、「家庭本位であること」Häuslichkeit というものである。それは第一に、安定した、広く快適な、家族だけの住居によって保障される、キリスト教精神をもつ家長の存在をいう。第二に、休息を酒場ではなく自分の家で求めることをあげる。細民には困難ではあるものの、これによって家の徳が高まるはずである。第三に、住居の構造は、又借り人から少女の処女が守られるようにしなければならない。第四点は、細民の住居にはキリスト教の精神が必要であるということである。

彼は物質的・身体的清潔さも重要視している。細民の清潔の保ち方は、上層階級よりも中途半端である。それで空気が汚れ、住人の病気や伝染病による大量死がもたらされる。金銭的側面については、家賃は細民の最も重い負担であり、様々な要因から、小さな住居は大きな住居より費用がかかる。したがって、住居費こそが彼らを貧困に追いやるのである。

フーバーは、改革の手段については、状況に応じて集合住宅をも含む様々な手段が許されると主張する。もっとも、理想は、「国内植民」案の具体化といえるフランスのミュルーズの労働者都市である。さらに、こうした労働者居住地に対してもたれがちな偏見は根拠がないとする。逆に当時の住宅改革者の議論によく見られた、上層階級と細民が同じ建物ないしは地区に一緒に住むという発想を、上層階級の悪影響が細民に及ぶという観点から批判する。

彼は改革の担い手について、この時点では十分に議論を展開できていない。

フーバーが改革の担い手について明確に議論するのは、一八六一年の「住宅問題」と題する論文においてである。第一部「困窮」[21]で五七年の著作と同様の議論を展開し、それをうけて第二部「救済」[22]で改革の担い手についてのべている。彼は、改革の担い手として第一に当局、第二に彼の用語によれば「改革につながる競争」reformierende Konkurrenz というものをあげる。

当局に関しては、彼はまず国家を考え、それ以外の機構については態度を留保している。当局は、住宅難の解決のための権利と義務をもつ。その際、当局は生活や健康に危険な悪状況に処置をとるのみならず、建築、衛生、警察上の立法をおこなう。さらに、公立の建築学校は十分な数の有能な建築業者を養成する義務をもつ。彼は建築技術の試験や建築業者の認可制度については判断を留保するが、住宅供給や居住形態の管理は必要であると指摘している。個人の自由への干渉や家族生活の侵害という問題が生じるが、当局の唯一の判断基準は公共に害をもたらすか否かである。ここで当局に割り当てられている役割は住宅事情の間接的な管理にすぎず、当局が直接住宅建設に乗り出す「社会的住宅建設」との間には大きな違いがうかがえる。

フーバーが第二の改革の担い手にあげる「改革につながる競争」というのは、モデル建築組合によって建築業全体の改善を図り、道徳や精神の向上の前提条件である、住民による住居の所有を目指すという発想である。「改革につながる競争」では、慈善事業ではなく利益が目指され、建築組合でも利潤が上がることが示される。これによって、投機的に悪住居を建設していた建築業者が質の良い住居でも従来と同じ収入を得ることができると認識する。そして、彼らは従来のおこないを後悔し、改善の道に進む。

以上フーバーの一八五〇年代後半から六〇年代初頭にかけての住宅改革案をみてきた。ここで、四〇年代の彼の考えとの異同を整理しよう。共通点は、市民的な住居の強調、道徳や衛生の重視、そして理想としての「国内植民」案であり、基本的な枠組みは変化していないといえる。他方、いくつかの点で議論が変化していることもうかがえる。まず、かつては一戸建ての擁護者であったのが、状況に応じた多様な手段を奨励するようになる。四〇年代には、彼は労働者の改革可能性について楽天的な見方をしていた。だが、家庭の徳を細民は身につけるのは困難であるといった指摘からもわかるように、そうした楽観論は影を潜める。住宅問題の背景についての認識も、家賃と貧困の関係の分析など、不十分ながら垣間見られるようになる。こうした認識の変化を背景に、フーバーは当局による住宅問題の監督を主張するようになる。他方で、「改革につながる競争」という現代人の感覚からは現実ばなれした構想があることも指摘しておかなければならない。

それでは、一八六〇年前後に、フーバー以外の住宅改革者は、どのような住宅改革構想をもっていたのだろうか。

二　労働諸階級福祉中央協会

一八五〇年代は住宅問題への関心が薄れた時期といえる。この時期に住宅改革に取り組んだ団体として、当時のドイツの「社会改革者の結集点」であった一八四四年設立の中央協会[23]をあげうる。管見の限りでは、フーバーと中央協会とで、この時期の住宅改革の主な流れが語り尽くせる。

中央協会が、住宅問題に当初から関心をもっていたことは、設立時や三月革命中に出された綱領文から読みとることができる。たとえば、一八四八年に規約が承認されてから出された「地域活動と参加の呼びかけ」(四月一四日)では、労働者の状況改善手段が五項目のべられている。そのうち第四番目の項目は衛生面の改善についてだが、それに必要とされるいくつかの処置の一つとして、「良い住居の創設」があげられている。[24]綱領文章レベルのみならず、一八五〇年におこなわれた組織の再編時に設けられた一四の分科会にも、住宅をあつかう第一二分科会があり、ここからも中央協会の住宅問題への関心が読みとれる。[25]こうしてみると、設立から一八五〇年代初頭にかけて、中央協会は住宅問題に関心がなかったわけではない。ただし、住宅問題はベルリン共同建築協会の管轄であるという態度をとり、中央協会は積極的に取り組んでいない。[26]

こうした状況が変化し、『労働諸階級福祉中央協会会報』にベルリン共同建築協会以外の住宅関連記事が初めて載ったのは、当該号に発行年が記されていないが、一八五三年ないしは五四年のことである。ベルリン共同建築協会の活動の「停滞」を背景に、『会報』新シリーズ一巻三号に「ベルリンの小・中住居の状況について」という論題[27]で、住宅関連の改革案が二つ掲載された。

機関誌のタイトルが『プロイセン労働諸階級福祉中央協会雑誌』と変更されてからは、前章で検討したように、エミッヒがベルリン共同建築協会への批判記事をしばしば掲載している。[28]また、それまでの記事ではもっぱらベルリンの住宅問題があつかわれていたのが、イングランドやスイスの改革運動が紹介されるようになった。[29]外国の住宅改革運動を紹介するという傾向は、『労働者の友』時代にも見られる。[30]

一八六〇年代の『労働者の友』における住宅関連の記事を語る場合、最も注目に値するのは、ドイツ経済者会議 Kongreß deutscher Volkswirte を舞台におこなわれた住宅改革の議論に関するものであろう。五八年に「ドイツ・マンチェスター派」を統合して成立したこの団体は、毎年のように会議を開き、経済・社会上の問題を討論した。住宅問題も六四年の会議でまずとりあげられ、六五年と六七年の大会でも取り組まれた。

こうした動きに対して、『労働者の友』には、まず二号に協会長レッテの「住宅建設協同組合についてのドイツ経済者会議メンバーへの書状」[31]という文章が載る。三号(一八六五年)に六五年の会議のために提出された意見書八種類が掲載された。[32]翌六六年の四号に、これらの意見書と六五年の会議での議論をうけた中央協会の意見書が載る。[33]六七年の会議では「自由放任主義」の原則が勝利を収め、会議が住宅問題を積極的にとりあげないことを決議した。それをうけて同年の五号にフーバーが「住宅難と私的投機」という論文で住宅改革の必要性を改めて主張している。[34]

以上がこの節であつかう時期の中央協会機関誌の住宅関連記事の論調だが、以下、時代順に機関誌に掲載された住宅改革構想を分析していく。

まず「ベルリンの小・中住居の状況について」というテーマのもと掲載された二つの論文のうち、枢密財政顧問官、市参事会員、建築顧問官などを歴任したクノープラオッホ Knoblauch の「なぜベルリンにこれ以上小住居をもつ建物を建てられないのか?」という論文[35]を分析してみよう。

採算が合わないためにベルリンでは小住居が不足しているという認識のもと、彼は議論を展開する。まず、労働者の住居は市の中心部に位置しなければならない。妻が夫に昼食を世話しなければならず、住居は夫の職場から離れるわけにはいかないからである。また、一つの建物の中で貧しい家族の隣りに豊かな家族が住むという好運な状況がベルリンで見られる。ある家族が他の家族をたすける。それに対し、貧しい家族だけの建物は、口論、ねたみ、けんかが生じてしまう。建物は、秩序立てて建てられるべきである。理想の建物の対極がファミリエンホイザーである。

基本的にはベルリン共同建築協会と同様の発想といえるが、裕福な階級と貧しい階級が同じ建物に住むという発想が、ここでは積極的にとりいれられている。それは、一緒に住むことで、豊かな者・教養人が労働者に日常的に影響をあたえ、労働者に市民的な価値観を浸透させるという発想とまとめることができる。したがって、この考えも結局のところ、ベルリン共同建築協会の発想の延長線上にあるとしてさしつかえない。史料に Zusammenwohnung などとあらわれるこうした発想（以下「混合居住」）は、その後の中央協会に定着していく。[36] 一九八〇年代までの研究では、「一戸建てか集合住宅か」という観点から改革者の理想住宅像をみていたため、「混合居住」について、とくに意識して議論したものはなかった。

五〇年代後半から六〇年代前半にかけて、「混合居住」が中央協会機関誌の住宅改革案の主流となったことは疑いをいれない。『雑誌』編集長ヴァイスは「混合居住」の道徳面の利点を強調し、[37]『労働者の友』編集長ブレーマーも「混合居住」を理想とし、パリではそれが崩壊したのに、ドイツでは「混合居住」が現実に存在すると認識している。[38] ブレーマーは、オスマンのパリ改造を念頭においていているわけだが、それについては本書の「結論」でまたふれたい。

もっとも、住宅問題をとりあげた論者すべてが「混合居住」に言及しているのではない。開業医クリーガー Krieger は、五六年の論文でベルリンの半地下住居の悪弊を衛生面から論じ、半地下住居を極力使わないように要望している。[39] ただし、住民の社会関係まで立ち入って議論しないこうした改革案は、本節で対象とする時期全体でも例外的であり、彼と次にとりあげるゼンフトレーベンのみである。

以上のように、フーバーと中央協会は市民的住居の強調という点では一致しているものの、「混合居住」に対しては違う態度をとっていたのである。こうした議論がその後どのように展開したのかを、一八六〇年代のドイツ経済者会議における住宅改革に関する議論を分析することによって答えていく。

三　ドイツ経済者会議における議論

一八六〇年代になると住宅問題への関心が再活性化する。ベルリン市統計局がベルリンの人口調査をおこない、市全体の住宅事情が統計的に示されるようになった。ほかのいくつかの大都市でも同様の調査がおこなわれ、様々な団体が住宅問題に取り組んでいる。(40)

こうしたなかで一八六〇年代に住宅改革の議論の中心となったのはドイツ経済者会議である。ドイツ経済者会議は、ベルリンに限定された組織ではないが、ベルリン共同建築協会の「経験」を最もよく継承したという観点からとりあげている。前節でのべたようにこの団体は、経済・社会上の問題を討論するために毎年のように会議を開いたが、住宅問題も、六四年に第七回大会（ハノーファー）で、初めてとりあげられた。ドイツ経済者会議と中央協会はメンバーがかなり共通しており、この時の議論は両団体が共催している観があった。また、管見の限りでは、当時住宅改革に関心をもつほとんどの人がこの議論に参加し、問題を深く検討するため委員会が設けられた。この結果、住宅問題に関心をもつ人の意見書八件が会議に寄せられ、中央協会の機関誌『労働者の友』に掲載された。六五年のニュルンベルクの第八回会議と六七年のハンブルクの第九回大会でも、住宅問題がとりあげられた。ハンブルク大会では建築協同組合の自助による住宅問題の解決が決議され、「自由放任」の原則がとられることになる。(41)

さて、この論争についてブロックやトイテベルクは、フーバーを中心とする中央協会がある程度の国家干渉を是認し、ドイツ経済者会議が自由放任を主張したと整理している。(42)しかし、この整理は議論の実体を正確に理解しているとはいいがたい。従来の研究では住宅改革構想の全体を比較するという視点が欠如しているため、安易にこうした紋切り型の概念が導入されてしまっているといえる。そこで、本章では、前節までで明らかにした住宅改革者の改革構想を考慮に入れつつ、『労働者の友』に掲載された意見書を改めて分析してみることにしよう。

意見書の執筆者にはフーバーもいるが、基本的には以前の議論をほぼ継承しているといえる。[43] 意見書には十分にその住宅改革構想は展開されていないものもあるが、ほぼすべての論者が「混合居住」を理想としてとらえている。まず例外的な論調としてロンドン在住の軍医[44] H・ゼンフトレーベン H. Senftleben の論文「農村労働者住居の衛生的施設について[45]」をとりあげてみよう。

大都市だけではなく、小都市や農村でも快適な住居が造られていないと認識する彼は、プロイセン東部諸州の農村労働者の住居に対する長年の観察から、この論文を執筆している。住居の目的として、健康を損なうことなしに外界の危険から人を守ることをあげたうえで、彼は静寂や自己教育をもたらすという観点から一家族のための一戸建てを推奨する。そして、彼は住居に必要な条件について議論する。住宅の周辺の状況から始めて、部屋の酸素量、床・天井・壁・窓・ドア、照明、家畜小屋、そして農村住民の共用施設について、衛生的観点から詳細にそうした条件がのべられている。ただし、これらの点を逐一紹介するのは紙幅の都合上困難である。ここでは、トイレについての彼の主張を整理しておく。

トイレは家畜小屋に設けられるが、まず、家畜小屋そのものが、衛生上、住居から最低十歩離れたところに設けられなければならない。そして、トイレは東部諸州の労働者には贅沢品である。トイレを使うことは好まれず、下層農民は便器に腰掛けるよりも、しゃがんで排便することを好む。この点で「日本人の仲間」であるとゼンフトレーベンは指摘する。東部諸州の農民は便器に座ることを拒否し、また腰掛け便器を使ってもかえって汚してしまうので、床にあいた穴から排泄物を下に落とす単純な「日本式」が良い。

ゼンフトレーベンの論文は、農村の住宅問題をとりあげている点、そして住人相互の社会関係をほとんど議論せず、住居の衛生面を徹底的に考察しているという点で、クリーガー同様当時の住宅改革の議論のなかでも特異な存在といえる。『労働者の友』を見るかぎり、彼のこうした議論は反響を呼ばなかったようであり、ドイツ経済者会議の議論で出された意見書で主流は「混合居住」を軸とする住宅改革構想である。

たとえば、進歩党議員パリジウス L. Parisius の「自助の原則に基づく建築協同組合」[46]をとりあげよう。彼は、まず救済の対象としてその必要を感じる人のみをあげる。その救済は、協同組合による自助がよい。そして彼は、一戸建てを所有することを主張している。持ち家の利点として、よそ者の侵入を防ぐことなどをあげ、持ち家によって、倹約、家族だけの生活、純潔な結婚、清潔、規則正しさなどといった市民社会の拠り所を獲得できる。労働者街は、疑わしい危険な企てである。それで、資産家用の大きな建物と労働者用の小さな建物を混ぜ、それによって身分意識の流入を防ぐべきである。

ほかにも建築家クレッテ R. Klette は、「技術的観点からみた住宅問題」[47]で次のように議論を展開する。まず、有産者用の部屋が欠如していたことから労働者から矯正施設とみなされたため、無産市民に住居を供給する協会は失敗したと指摘する。ここで彼の念頭にあるのは、ベルリン共同建築協会であるとみてよかろう。そして、協同組合による自助が望まれる。「混合居住」の構造をもつ集合住宅では、教養人の他の人々への最善の影響があり、粗野さが減少すると主張する。

エンデとベックマン Ende & Böckmann の「労働者住居の成立とその健全・適切な構造への建築警察規定の影響について」という論文[48]も分析しよう。一八三〇年代生まれの彼らは、六〇年にエンデとベックマン建築事務所を開設したばかりであった。彼らは母校であるベルリン・バウアカデミーの教授を務め、のち建築顧問官にもなった[49]。彼らは、他の論者ではとりあげられない建築条例の問題から住宅問題にアプローチしている。

労働者の住宅問題は、都市、とくに大都市で問題となるという認識のもと、彼らは議論を展開する。まず、ドイツや外国の建築警察規定では、通気の悪い、湿った、不完全な住居を防ぐ善意の規定があることを指摘する。ところが、厳しい条件が設定されてしまうため、小住居の成立を妨げているのが現状である。

そこで、彼らは建築協同組合による労働者アパートの建設を進める。その際、労働者は自分たちだけのアパートに住むことに関心をもたない。また、賃貸住居の所有者は、労働者に礼節と清潔を望む。ところが、労働者だけのアパートでは、そのための刺激と模範に欠ける。そこで、彼らは優秀な者と労働者が一つの屋根の下に「混合居住」するように主張するのである。「混合居住」という理想像を根底において、建築の実務家である彼らは建築条例の規定について議論を進める。ベルリン、ロンドン、ヴィーン、パリの建築条例を紹介したのち、彼らは主張を三点にまとめている。

①建築条例の規定は、行き過ぎた要求でかえって小住居建設を困難にしないように注意しなければならない。彼らが最低限確保しようとするのは、十分な防火、竣工後の完全な乾燥、採光である。

②都市計画案の確定の際には、建築業者に小住居建設をうながすような道路を設けることを考慮する。

③イギリスやフランスの法律がたたき台となる。

これらの議論で説得力をもちえたのは、「混合居住」という発想であったといえる。この「混合居住」を自助に基づく建築協同組合によって造れば住宅問題は解決できるという認識が、ここにはうかがえる。

ベルリン共同建築協会の停滞後に、なぜ「混合居住」という発想が主流を占めるようになったのかを考えると、第一に、第Ⅰ部第1章でみたような、様々な階層がいまだ軒を接して暮らしていた当時のベルリンの住宅事情が反映していると思われる。中央協会のクノープラオッホの言及に、これは端的にあらわれている。第二に、クレッテの批判に見られるように、単一の階層を対象に住居を建築した、ベルリン共同建築協会の「失敗」からきていると思われる。

フーバーはハンブルクの会議ののち、改革の必要性を改めて主張している。[50] 彼の見解はそれほど反響がなく、一八七〇年代には「運動」としての住宅改革そのものが「停滞」するのである。とはいえ、第Ⅲ部で具体的にみるように、六〇年代から七〇年代にかけては新たな住宅改革構想が唱えられはじめた時期である。『労働者の友』にも新たな動きが見られる。それを次節でとりあげたい。

四　都市計画的発想

本章での議論からわかるように、中央協会は、一八六〇年代まで住宅問題を議論する重要な場であったといえる。その機関誌に一八六〇年代末に従来とは異なった発想の論文が掲載された。前節でみたように、農村の住宅問題をとりあげたゼンフトレーベンの議論は特殊なものであったが、彼の特殊さは、農村の住宅問題を題材としたことに限らなかったのである。彼は、『労働者の友』の六号から七号（一八六八〜六九年）に、四回にわたって「住宅問題の意義と進歩」という論文(51)を連載している。総計一二一頁という量的な面(52)のみならず、その内容でもこの論文は当時の中央協会の議論を一歩突き抜けている。本章を締めくくる前に、この論文の議論を分析しておこう。

まず、ゼンフトレーベンは、住居の快適、清潔、建築上の美しさが民衆の風俗の精神的発展・美化の尺度であるという認識のもと、三点ほど議論の前提を指摘する。第一に、建築術、土木技術、地質学、土壌学、医学、化学、生理学といった学問の進歩を住宅問題の解決に役立てる。第二に、軍事上の関心が指摘される。常備軍から市民軍への移行に伴い軍事・体育上の青年教育の必要が生じるが、それをこども部屋から始めようというのである。最後に、鉄道と電信による空間の拡散によって都市と農村の間に均衡をもたらし、人口の大都市への殺到を防ぐ必要がある。

そして、彼は換気の必要性を強調する。換気の手段には「外的換気 äußere Ventilation」と「内的換気 innere Ventilation」の二つがある。「外的換気」とは、住居周辺の環境整備のことであり、舗装の改善、地面の乾燥、道路の汚れの除去、下水溝の整備などが例としてあげられている。「内的換気」とは建物付属の換気装置のことをいう。

以上が一般論であり、それを土台に三部にわけてイングランド、フランス、ドイツの住宅問題についてゼンフトレーベンは紹介していく。

第一部「イングランドの住宅問題」では、イングランドの住宅事情、住宅関連立法、そして改革の試みが紹介されているが、それらから引き出している彼の主張は、次の三点に集約できよう。

第一に、庭つきの持ち家を可能にする郊外の居住地こそが唯一健全な改革手段である。安価な通勤列車によって市の中心部と連絡する。当時の労働者は昼食を自宅でとるという習慣があったが、この昼食の供給という問題も、ロンドンに共同食堂を設けることで解決できる、とゼンフトレーベンは考えている。建物の外見についての言及が第二点である。つまり、多数の家族のための大規模な貸家に加えられる単調な外見という批判に対して、イギリスの建築技術は進歩を見せている。イギリスの労働者の住居は、裕福な人のそれと同様の外見なのである。最後に第三点として衛生・建築行政・融資などの点で国家による住宅管理を主張している点があげられる。[53]

フランスをあつかった第二部では、主にパリ万国博覧会（一八六七年）の住宅関連の展示物が論じられている。建物の材料、内装、窓、暖房器具、換気装置、配水管、下水・トイレ、家具一般が紹介されている。こうしたものに必要であると彼が強調しているのは、安価・衛生・耐久性である。[54]

第三部「ドイツの住宅問題」では、ベルリン共同建築協会の「失敗」と一八六四年のベルリンの人口調査を念頭に、ドイツで必要な改革手段をのべている。まず、都市の建築警察条例が、建物の大きさや構造、居住者の密度を規定する必要がある。新市区を設ける際には最初から土地の大きさ、上下水道、舗装、道路、住居の密度などについて詳細な計画を作るべきである。郊外の邸宅都市が住宅問題解決の唯一の手段であり、これこそが将来の都市計画の原則となる。当局の援助も求められるが、自治体には、衛生、警察、土地や道路の監視、建物の配置が義務となり、州や国家には、融資がその任務としてあたえられる。市改造の特別な計画も考慮されている。そこでは、道路を直線にして土地を節約することや、道路と広場への植樹などが議論されている。農村についても人間の住空間を家畜小屋から分離するように要求している。最後に、住宅問題の解決のためには私的投機だけでは十分ではないとして、裕福・教養階級の関与や法の影響力の必要性が確認される。[55]

このゼンフトレーベンの論文が、当時の中央協会の議論とは一線を画すのは明らかであろう。中央協会の一般的な議論では改革対象が住宅そのものに限られるが、ゼンフトレーベンにあっては、都市計画的発想が住宅改革構想にとりいれられている。安価な交通手段によって結ばれた郊外住宅地構想も語られ、都市の枠組みを越えて住宅問題の解決を図ろうとしている。こうした発想からすれば、次の引用文に示すような一種の都市社会像が生じてくるのも当然であろう。

変化しつつある都市構造に関する理想によれば、（中略）道路は直角に交差する。その道路には、交差点で斜めに走る道路がつながる。それらの道路は、中央部で表通りの裏側にある、公園となっている広場に流れこむ。寝室、居間、そしてこども部屋、ならびにバルコニーとベランダは、都市の肺とされるこの静かな広場に向けられ、事務所や労働の場はその正面を神経と筋肉を表す通りにとる。この種の比較がさらに許されるのなら、公園にある市庁舎は脳に対応する。[56]

もっとも、このゼンフトレーベンの議論は、農村の住宅問題をあつかった六五年の論文同様、『労働者の友』を見るかぎり反響がなかったようである。彼の構想は、当時の中央協会ではまだ説得力をもたなかったといえよう。このことはまた、中央協会という旧来から住宅問題を議論してきた場では、前節まで検討してきたような改革構想の影響力が根強かったことを、別の角度から示していよう。

中央協会から他の論者に眼を転じれば、ゼンフトレーベンが「住宅問題の意義と進歩」を発表した頃から新たな住宅改革構想が世に問われるようになっていることを、ここであらかじめのべておこう。

おわりに

前章と本章で一九世紀中葉の住宅改革構想についてのべてきたことを、ここでまとめておこう。一八四〇年代から六〇年代の住宅改革運動は、その発想からみて次のような特質がある。住宅問題について、その社会・経済上の背景を認識せず、道徳的・衛生的問題としてとらえる。それに対して市民的な住居をあたえて、労働者を精神的・道徳的に向上させ、問題の解決を図ろうとする。市民の最下層の人が救済の対象となる。上の階層による援助という発想も見られる。この認識のもと、初めての住宅改革運動としてベルリン共同建築協会が活動する。その活動の「停滞」後も大部分の改革者は基本的に以前の認識を変化させない。この認識の枠組みから、改革者の間で「混合居住」という発想に積極的な意味があたえられるのである。この時期の改革構想は住居そのものに限定され、都市社会全体と結びつけられることはほとんどない。

こうした住宅改革者の発想は、市民層の最下層の人々に市民の住居をあたえて市民からの転落を防ぎ、市民社会を強化しようとしたものとまとめることができる。この発想の根底には、ガルのいう「無階級市民社会」への指向がうかがえる。当時の住宅改革者における「無階級市民社会」という発想の根強さが、ここには示されている。「混合居住」批判という点で他の論者とは立場が違うフーバーにあっても、市民的な住居が重要視されており、「無階級市民社会」という理念が存在しているとみてさしつかえない。

このように世紀中葉の住宅改革運動は、「無階級市民社会」をその根底とする固有の論理をもっていたのであり、単なる「社会的住宅建設」の前史としては捉えきれない側面をもっていたことは明らかであろう。

こうしてみると、一九世紀の住宅改革運動史を、第一次大戦後に一応の完成をみる「社会的住宅建設」のみに収束させていた従来の研究の共通の視角には再考の余地があるように思われる。少なくとも、本章で明らかにした世紀中葉の認識の枠組みのその後の変化を解明し、その成果を住宅改革運動史の叙述に積極的に取り込む必要があるだろう。もとより、世紀中葉に視野を限定した本章の分析から従来の研究の構想全体を批判できないのはいうまでもない。以上の点を念頭におき、ドイツ統一前後以降の住宅改革運動の実態を解明していくことが、第Ⅲ部の課題となろう。

注

（1）Sylvia Brander, *Wohnungspolitik als Sozialpolitik. Theoretische Konzepte und praktische Ansätze in Deutschland bis zum ersten Weltkrieg*, Berlin 1984; Nicholas Bullock, The Movement for Housing Reform in Germany 1840–1914, in: id. and James Read, *The Movement for Housing Reform in Germany and France 1840–1914*, Cambridge 1985; Juan Rodriguez-Lorez/Gerhard Fehl (Hg.), *Die Kleinwohnungsfrage. Zu den Ursprüngen der sozialen Wohnungsbaus in Europa*, Hamburg 1987; dies. (Hg.), *Städtebaureform 1865–1900. Von Licht, Luft und Ordnung in der Stadt der Gründerzeit*, Hamburg 1985; Clemens Zimmermann, *Von der Wohnungsfrage zur Wohnungspolitik. Die Reformbewegung in Deutschland 1845–1914*, Göttingen 1991.

（2）Bullock, op. cit., p. 71–85; Hans Jürgen Teuteberg, Eigenheim oder Mietskaserne: Ein Zielkonflikt deutscher Wohnungsreformer 1850–1914, in: Heinz Heineberg (Hg.), *Innerstädtische Differenzierung und Prozesse im 19. und 20. Jahrhundert. Geographische und hisotrische Aspekte*, Köln 1987.

（3）Lothar Gall, Liberalismus und “bürgerliche Gesellschaft”. Zu Charakter und Entwicklung der liberalen Bewegung in Deutschland, in: *Historische Zeitschrift*, 220, 1975.

（4）拙稿「ドイツ三月革命前後の労働諸階級福祉中央協会」（『史林』七三―三、一九九〇年、本書第Ⅱ部第1章）。

（5）フーバーについては次の文献を参照。Sabine Hindelang, *Konservatismus und soziale Frage. Viktor Aimé Hubers Beitrag zum sozialkonservativen Denken im 19. Jahrhundert*, Frankfurt am Main/Bern/New York 1983; Ingwer Paulsen, *Victor Aimé Huber als*

Sozialpolitiker, Leipzig 1931.

（6）Bullock, op. cit., p. 75f.

（7）Teuteberg, a. a. o., S. 25–28.

（8）Michael A. Kanther/Dietmar Petzina, *Victor Aime Huber (1800–1869). Sozialreformer und Wegbereiter der sozialen Wohnungswirtschaft*, Berlin 2000.

（9）フーバーの cottage 見聞録が Johann Friedrich Geist und Klaus Kürvers, *Das Berliner Mietshaus 1740–1862. Eine dokumentarische Geschichte der ‹von Wülcknitzschen Familienhäuser› vor dem Hamburger Tor, der Proletarisierung des Berliner Nordens und der Stadt im Übergang von der Residenz zur Metropole*, München 1980, S. 427 に収録されている。

（10）Huber, Ueber innere Colonisation, in: Geist und Kürvers, *a. a. O.*, S. 428–436.

（11）Ders., *Die Selbsthilffe der arbeitenden Klassen durch Wirtschaftsvereine und innere Ansiedlung*, Berlin 1848, in: K. Munding (Hg.), *V. A. Hubers Ausgewählete Schriften über Sozialreform und Genossenschaftswesen*, 1894, S. 837–869.

（12）Hindelang, *a. a. O.*, S. 175f.

（13）Huber, Die Miethgenossenschaft in ihrer vollen Entwicklung, in: *Concordia.Blätter der Berliner gemeinnützigen Baugesellschaft*, 23, 1849.

（14）Hindelang, *a. a. O.*, S. 166–307.

（15）Huber, *Reisebriefe aus Belgie und Frankreich in Sommer 1854*, 1855, S. 122f.

（16）*Ebenda*, S. 115–146.

（17）*Ebenda*, S. 339–360.

（18）Ders., *Reisebrife aus England im Sommer* 1854, 1855, S. 445–464.

（19）本章で分析したもの以外に ders., Die Wohnungsfrage in Frankreich und England, in: *Zeitschrift des Central-Vereins*…, 2, 1859 がある。

（20）Ders., *Die Wohnungsnoth der kleinen Leute im grossen Städten*, 1857.

（21）Ders., Die Wohnungsfrage. I. Die Noth, in: *Concordia. Beiträge zure Lösung der socialen Frage in zwangslosen Heften*, 2. Heft, 1861.

（22）Ders., Die Wohnungsfrage. II. Die Hülfe, in: *Ebenda*, 3. Heft, 1861.

(23) 中央協会については、注（4）前掲拙稿参照（本書第Ⅱ部第1章）。

(24) *Mittheilungen*, 1, 1848, S. 25.

(25) *Ebenda*, 7, 1850, S. 743.

(26) Rudolf Gneist, Der Central-Verein für das Wohl der arbeitenden Klassen in 50jähriger Thätigkeit (1844–1894), in: *Der Arbeiterfreund*, 32, 1894, S. 308.

(27) *Mittheilungen*, Neue Folge 1–3, o. J., S. 2124–2135.

(28) W. Emmich, Betrachtungen über den Stand des Unternehmers der gemeinnützige Baugesellschaft und über neuere Vorschläge zur Abhülfe der Wohnungsnot in Berlin, in: *Zeitschrift*, 2, 1859; ders., Erwiderung auf die Auslassung des Vorstandes der gemeinnützigen Baugesellschaft, in: *Ebenda*, 3, 1860.

(29) Ders., Vergleichende Bemerkungen über die Bestrebungen, zur Verbesserung der Wohnungs-Verhältnisse der arbeitenden Klassen, in verschidenen Länder, namentlich in England, in: *Ebenda*, 1, 1858; ders., Beleuchtung der gekrönten Preisschrift des Dr. W. Braring, in Celle, Wie Arbeiterwohnungen gut und gesund einzurichten und zu erhalten sind?in: *Ebenda*, 2, 1860; Viktor Aíme Huber, Die Wohnungsfrage in Frankreich und England, in: *Ebenda*, 2, 1859 und 3, 1861. エミッヒの一八五八年の論文はイングランド、六〇年の論文はスイスの住宅改革運動の紹介である。

(30) K. B (rämer), Arbeiterwohnungen in Paris, in: *Der Arbeiterfreund*, 1, 1863（以下、Brämer, 1863と略）; ders., Ueber Häuserbau-Genossenschaft, in: *Ebenda*, 2, 1864. ブレーマーの六四年の論文は、イギリス、フランス、オランダ、ベルギー、スイス、そしてドイツの住宅改革の試みを紹介したものである。

(31) Adolf Lette, Anschreiben an die Mitglieder der Kommission des Kongresses deutscher Volkswirthe über Häuserbau-Genossenschaften, in: *Edenda*, 2, 1864.

(32) 本章で分析する四つを除いた四つの意見書は次のとおりである。

Viktor Aíme Huber, Ueber die geeignetsten Maßregeln zur Abhülfe der Wohnungsnoth; K. Brämer, Die nützlichen Baugenossenschaften in England; ders., Die permanente Benefit Building Society von Leeds; L. Parisius, Bericht über die in Deutschland bestehenden Baugesellschaften und Baugenossenschaften, in: *Ebenda*, 3, 1865.

(33) Der Vorstand des Centralverein, Weitere Behandlung der Wohnungsfrage seitens des Centralvereins in Preußen für das Wohl der arbeitenden Klasen, in: *Der Arbeiterfreund*, 4, 1866.

(34) Viktor Aíme Huber, Die Wohnungsnoth und Privatspekulation, in: *Ebenda*, 5, 1867.（以下、Huber, 1867と略）
(35) Knoblauch, Warum werden in Berlin nicht mehr Gebäude mit kleinen Wonhnungen gebaut?, in: *Mittheilungen*, Neue Folge, 1–3, o. J., S. 2124–2127.
(36) たとえば、Karl Brämer, Ueber Häuserbau-Genossenschaft, in: *Der Arbeiterfreund*, 2, 1864.
(37) フーバーの論文「フランスとイングランドの住宅問題」（注（19））へのコメントとしてのべている。*Zeitschrift*, 3, 1861, S. 209.
(38) Brämer, 1863, S. 425.
(39) Dr. Krieger, Ueber die Kellerwohnungen in Berlin, die nachtheiligen Einflässe derselben auf die Gesundheit der Bewohner und Vorschläge zu deren Abhülfe, in: *Mittheilungen*, Neue Folge 2–3, 1857.
(40) Bullock, op. cit., p. 43f.
(41) Ebenda, p. 45–48. この一連の会議の議事録は、次に収録。*Die Vierteljahrschrift für Volkswirtschaft und Kulturgeschichte*, 2, 1864, S. 223–240; 4, 1866, S. 186–206; 5, 1867, S. 116–141.
(42) Bullock, op. cit., p. 45–48; Teuteberg, a. a. o., S. 37f.
(43) Huber, Ueber geeignesten Maßregeln zur Abhülfe, der Wohnungsnoth, in: *Der Arbeiterfreund*, 3, 1865.
(44) *Der Arbeiterfreund*, 8, 1870, S. 221.
(45) Hugo Senftleben, Ueber gesundheitsgemäße Einrichtung ländlicher Arbeiterwohnungen, in: *Ebenda*, 3, 1865.
(46) Ludolf Parisius, Die auf dem Prinzip der Selbsthülfe beruhende Baugenossenschaft, in: *Ebenda*.
(47) Reinhold Klette, Die Wohnungsfrage vom Standpunkte der Technik aus, in: *Ebenda*.
(48) Ende & Böckmann, Ueber den Einfluß der Baupolizeivorschriften auf das Entstehen von Arbeiterwohnungen und deren gesunde und angemessene Gestaltung, in: *Ebenda*.
(49) のち来日し、官庁集中計画にもたずさわった彼らの経歴については、藤森照信『明治の東京計画』（岩波書店、一九九〇年〈同時代ライブラリー版、初版は一九八二年〉）、二六八―二六九頁を参照。
(50) Huber, 1867.
(51) Hugo Senftleben, Die Bedeutung und der Fortschritt der Wohnungsfrage, in: *Der Arbeiterfreund*, 6, 1869; 7, 1869.
(52) フーバーの「フランスとイングランドの住宅問題」という論文（注（19））が一一九頁あるが、これらの国の住宅改革の試みの紹介という性格が強い。具体的な改革構想がうかがえる記事のなかでは、クリーガーの五七年の論文（注（39））が三一頁、六五年のフーバー（注（43））とパリジウスの論文（注（46））が三〇頁あるにすぎない。

（53）*Der Arbeiterfreund*, 6, 1868, S. 365–400.

（54）*Ebenda*, 7, 1869, S. 82–116.

（55）*Ebenda*, S. 214–230; S. 376–405.

（56）*Ebenda*, 7, 1869, S. 384.

第III部

住宅改革構想の変遷

扉：ドイツ統一前後の建築現場

第1章

「ホープレヒト案」（一八六二年）とベルリン都市社会

はじめに

一九世紀、ベルリンの人口は急増する。世紀初頭に一七万程度にすぎなかった人口は、ドイツ統一後の一八七二年には八二万となり、二〇世紀初頭には二〇〇万人を超える。一九世紀初頭の段階では四キロメートル四方の範囲内にほぼ収まる市壁に取り囲まれた空間に未建築の領域がまだ残っていたが、一八六〇年代にはほぼ建物で埋め尽くされ、市壁の内部は飽和状態に達していたといえる。図3-1-1は、ガイストらが作成したもので、一九二五年の地図の上に一八六八年の時点で建っていた建物を記したものである。市壁内の空間は、東部を除けば、ほぼ建物で埋まっているが、市壁外は西と北に建築物があることが確認できる程度である。すでに一八三〇年代から市壁外の空間にも住宅用地や工場地を拡大することが強く求められ、市壁外の土地に設ける道路や広場を計画的に設定する必要性が認識されるようになっていた。[1] それが具体的なかたちをとったのが、一八六二年の「ベルリン周辺部の拡張計画」Bebauungsplan der Umgebungen Berlins で

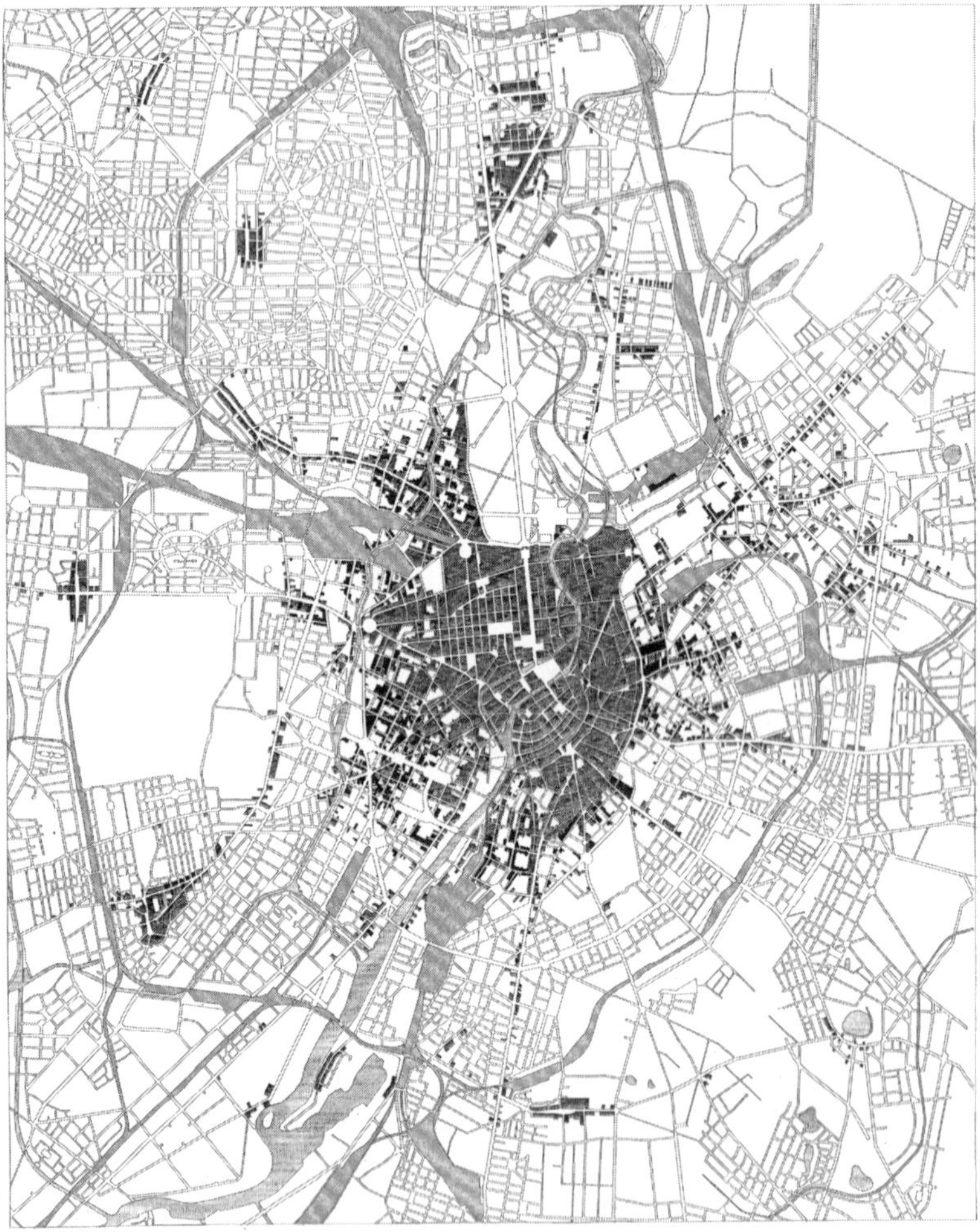

図 3-1-1　1868 年のベルリンの建築状況

あり、しばしば作成の中心となった人物の名をとって「ホープレヒト案」とよばれる。本章でもこの通称を用いることとする。これは、第一次世界大戦に至るまで面積的にはパリのオスマンの都市改造に匹敵する地域の土地利用の基本線を規定していく。この地域が、その後しばらくベルリンの流入人口のかなりを吸収する機能を果たす。

この「ホープレヒト案」が公布されてからのち、ベルリンでは「賃貸兵舎」とよばれる無骨で巨大な外観をもった住宅用の建物が乱立する。[2]「賃貸兵舎」は、土地を最大限に利用しようとしていることにその特徴がある。すなわち、せいぜい四階建てまでであった一九世紀前半のベルリンの住宅用建築に対して、五階以上の階数をもち、また道路に面した建物だけではなく、敷地の後ろのほうにも建物が建てられている。

「ホープレヒト案」公布から一〇年が経ち、この計画の影響が具体的な姿をとるようになった一八七二年に、『ドイツ建築新聞』誌上に連載されたエルンスト・ブルッフの論説を嚆矢[3]として、賃貸兵舎の跳梁跋扈の背景の一つに「ホープレヒト案」が想定されるようになる。[4]そうした議論の頂点が、一九三〇年に刊行されたヴェルナー・ヘーゲマンの『石のベルリン』であろう。[5]ベルリンの建築の発展を概観したこの書物において、ヘーゲマンは、ベルリンを「世界最大の賃貸兵舎都市」と規定し、その元凶の一つを「ホープレヒト案」に求めるのである。

このヘーゲマンによる断罪にうかがえるように「ホープレヒト案」については一九六〇年代に至るまで否定的評価が根強かったといえる。ところが、制定一〇〇年の一九六〇年代から再評価の動きがあり、[6]とりわけ一九八〇年代に世に問われたガイストらの研究プロジェクト、[7]および一九九〇年のルボヴィツキの研究[8]によって、この案をめぐる様々な事実が明らかにされ、都市化のなかでこの案の果たした役割が理解しやすくなってきている。ベルリンの賃貸住宅の発展を、一次史料の発掘をおこないつつ明らかにしたガイストらのプロジェクトは、「ホープレヒト案」について案成立の過程を中心に、関係史料の発掘、それまでのベルリンの都市拡張案の系譜の中での位置づけ、都市化による変容などを明らかにしている。とくに、このプロジェクトが作成したいくつかの地図によって、たとえば、案にとりいれられたそれまでの都市拡張案や既存の道路、案のなかで実現した道路や広場とそうでないもの、大きく変容をこうむった道路や広場など、「ホープレヒト案」にどのような要素が入り込み、そしてどのような変化をこうむったかが、具体的に把握できるようになっている。[9] ルボヴィッキの論文では、一五に分けられた区画それぞれの初期段階の公式図面、その後の修正を加味した公式図面が発掘され、それらを中心に「ホープレヒト案」の成立過程や個々の区画の変容がのべられている。本章ではそうした研究に依拠しつつ、「ホープレヒト案」の誕生と変容についてのべていきたい。

一 「ホープレヒト案」の誕生

すでに一八三〇年代から、人口増加に従って従来の都市域の外に都市空間が広がっていく事態に備えて都市拡張計画を策定する必要性が認識されていた。一八三〇年代にはシュミット案[10]が、一八四〇年代から数度にわたってレネ案[11]（図3-1-2）が作られたが、いずれも実施するには至らなかった。こうした案が検討されている間に市壁外の地域には住宅や工場の建設が進み、諸方面に延びる鉄道の線路と終着駅が設けられ、この二つの案は承認を得る前にすでに非現実的なものとなっていたのである。[12] そこで一八五二年以来ケビッケという人物が新たな拡張案の作成に従事していたが、五九年、彼が卒中で倒れたので、五六年にバウマイスター試験に合格し、当時はフランクフルト・キュアシュトリン鉄道建設に従事していたヤーメス・ホープレヒト（一八二五―一九〇二年）に、白羽の矢が立った。建築顧問官 Regierungs- u. Baurat ローテが彼に後任になるように依頼したのであるが、とくに彼が選ばれた理由は定かではない。[13]

図 3-1-2　レネ案（1840 年）

ホープレヒトに対しては「ベルリン周辺部の都市計画作成を依頼される建築官吏への指示」が出されている。[14] 既存の計画が不十分になったので新案を作成する必要性があるという認識のもと、

①都市計画案にかかわる地域の新たな測量と完全な地図の作成
②排水を円滑にするための水準測量図の作成
③拡張案の作成（道路の向きや幅・ブロックの大きさについての指示付）
④排水案の作成
⑤実際の道路の線引き
⑥各種書類や報告の作成

という六点について、具体的な作業をおこなうことが求められている。基本的にベルリン周辺部の今後開発が予想される地域の道路網の確定と、そのための準備作業が求められているにすぎない。

一八六一年一二月一三日、彼は全一四区画の原案の作成を完了したうえ業務を後任の者に託して、シュテッティーンの市のバウマイスターに転任していった。彼はその地で水道建設に従事することになる。[15] すでに彼の在任中に国家や自治体当局の代表による審議が始まっていたが、[16] 最終的に完成した原案は、商業・営業・公共労働省に提出され、一八六二年七月に国王によって承認された。その際に、変更には国王の承認が必要であることが確認された。[17] このことで変更の可能性を保証することになり、この拡張計画は発布直後から大きな修正が施されことになる。それがのちに批判を招くのである。

この「ホープレヒト案」（図3-1-3・4）では、ベルリンの周辺部は一四の区画に分けられ（のちに第一五区画が追加[18]）、外側の完全な大きなものと内側の半周だけのものの二重の環状道路が全体に統一をもたらすことを意図されている[19]（図3-1-5）。また、かなりの面積をもつ広場が計画地域の全体に多数配置されている。彼の作業は基本的に先にのべた「指示」から大きく逸脱するものではない。ただし、「指示」の③に付け

図 3-1-3　ホープレヒト案（1862 年）：当時公表された図面

図 3-1-4　ホープレヒト案（1862年）：ガイストとキュルヴァースが作成した図面

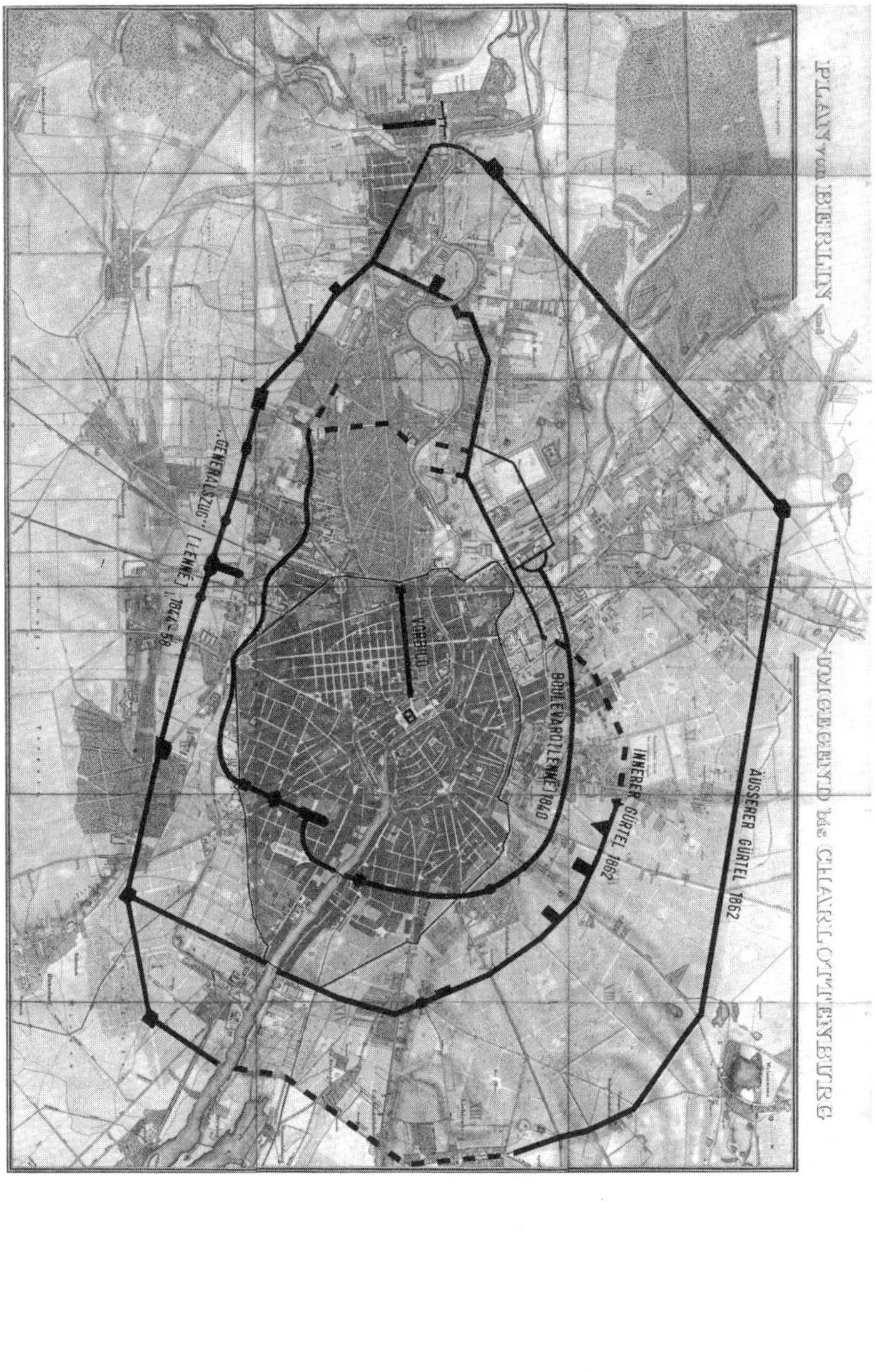

図3-1-5　ホープレヒト案で計画された環状道路

られた具体的な指針では、道路に囲まれてできるブロックは、フリードリヒ市区のベーレン通りとコッホ通りの間の区画を参照することになっているが[20]、それよりもはるかに広いものとなっている[21]。この点もまたのちの批判の対象となる[22]。すなわち、こうした状況が個々の土地区画の拡大をもたらし、それが敷地の奥のほうの建物の増殖を容易にしたというものである。

東南部の第一区画を出発点にほぼ時計回りに一四番まで番号の付けられたそれぞれの区画は、レネが一八五五年に構想した案を一部とりいれつつ、既存の道路や計画された環状道路を土台に、それらの間を埋める形で新たな道路を設け、幅一八・八〜六七・六八メートルの道路からなる道路網を設定したものであった[23]。たとえば、東南部に位置する第一区画には、運河がすでに存在していたが、その運河から市内よりの地域はそれまで存在していた道路を利用して案が作成され、運河から外側の地域は新たに道路網が構想されている[24]。他方、市の西部、シュプレー川沿いに位置する第七区画は、すでにボルジッヒの工場などが存在しており、ホープレヒトも新たな要素をこの区画の案に付け足すことはできなかったようである[25]。ほかにも鉄道建設[26]や宅地開発[27]がすでに見られた区画があり、個々の区画の案作成の際にそうした要素を考慮する必要があったが、全体の構成を大きく左右するものとはなっていない。

したがって、ホープレヒトの独自の構想はこの案にはそれほど感じられないのだが、道路の両側の家屋の前に前庭を設けるという構想は、一八六〇年に彼がロンドンを訪問した際に得た見聞が反映しているものと指摘されている[28]。

全体的にみると、「ホープレヒト案」は、密で、不規則な道路網をもつ既存の市街区の周りを、大まかで規則的な道路網が取り囲むような形となっている。既存の都市空間を機械的に外に広げようとした側面が強く、同時代のオスマンのパリ改造のように都市を造り替えることを志向したものではない[29]。世紀転換期からドイツで発展する都市計画の発想のように、都市社会全体の再編成を目指したものからも程遠い[30]。「ホープレヒト案」は、中世以来、旧来の都市空間の外に新たに市街地を拡張して人口増に対応してきた「都市拡張案」の伝統にのっとったものといえよう。[31]

二 「ホープレヒト案」の変容

一九一九年まで効力をもっていた[32]この案は、都市化の進展に伴い、様々な修正や変容をこうむることになる。当初の案に近いかたちで実現した地域はわずか（第二区画・第四区画・第一〇区画）であり、[33]多くの区画で大きな変貌を遂げている。[34]とくに都市化に伴うベルリン社会の変化を如実に反映しているのが、南のほうの第三区画、そして北の第九区画と第一一区画の変貌であろう。

第三区画[35]にはすでにポツダム鉄道とアンハルト鉄道の路線が通り、さらに一八七五年にはドレスデン鉄道の線路が敷かれている。五〇年代にレネが作成したこの地域に関する案では、二つの鉄道の線路の存在がすでに考慮に入れられている。[36]ところが、「ホープレヒト案」では、この区画は、東西に貫く環状道路を中核にしてこの地域の案が作られ、立体交差で処理できると考えられたのか、鉄道については全く考慮に入れられていない（図3-1-6）。公布後、計画自体が一八七〇年（図3-1-7）と九一年（図3-1-8）の二回にわたって大きく修正された。それらを見ると「ホープレヒト案」で想定された本来まっすぐのはずの道路のほうが、鉄道の線路や設けられた貨物駅に譲ったかたちで南のほうに迂回することになってしまった。この地区に予定されていた環状道路にいくつか設けられる予定であった広場も、おおむね縮小ないしは変形を余儀なくされている。

北の第九区画と第一一区画[37]は、もとの「ホープレヒト案」では、それぞれ道路が放射状に延びる広場を中核にしてシンメトリカルな構図で構想されていた。すでに第一一区画のほうに宅地開発が行われ、それを計画にとりいれたこと、および第一一区画のほうが広い領域をカバーしていることを除けば、基本的に左右対称といってよい。現実には、このような幾何学的構造の街が誕生したわけではない。北のほうにフンボルトハインという公園が設けられたこと（一八六九年）により二つの広場が断念された。第九区画では環状鉄道とその駅（ゲズンドブルンネン駅）の設置（一八七一年）や私立家畜市場兼屠殺場の建設（一八七〇年）などが進み、実際の光景は当初の計画とは大きく食い違ってきていた。シュトロウスベルクという人物によって設けられた家畜市場兼屠殺場は、一八七二年にベルリン家畜市場株式会社に売却されたのち、一八八一年に市の東部に市立家畜市場が設けられたのに伴い解体され、跡地は住宅地とAEGの工場となった。こうした地域の変化に対応して、第九区画でも数度にわたって計画が変更されている（図3-1-9・10・11・12）。第一一区画でも一八七二年以降、北鉄道とその貨物駅の建設が進み、広場の断念とともにこの区画の様相を当初の予定とは大きく違ったものとしたのである。結局、第九区画と第一一区画の地域に

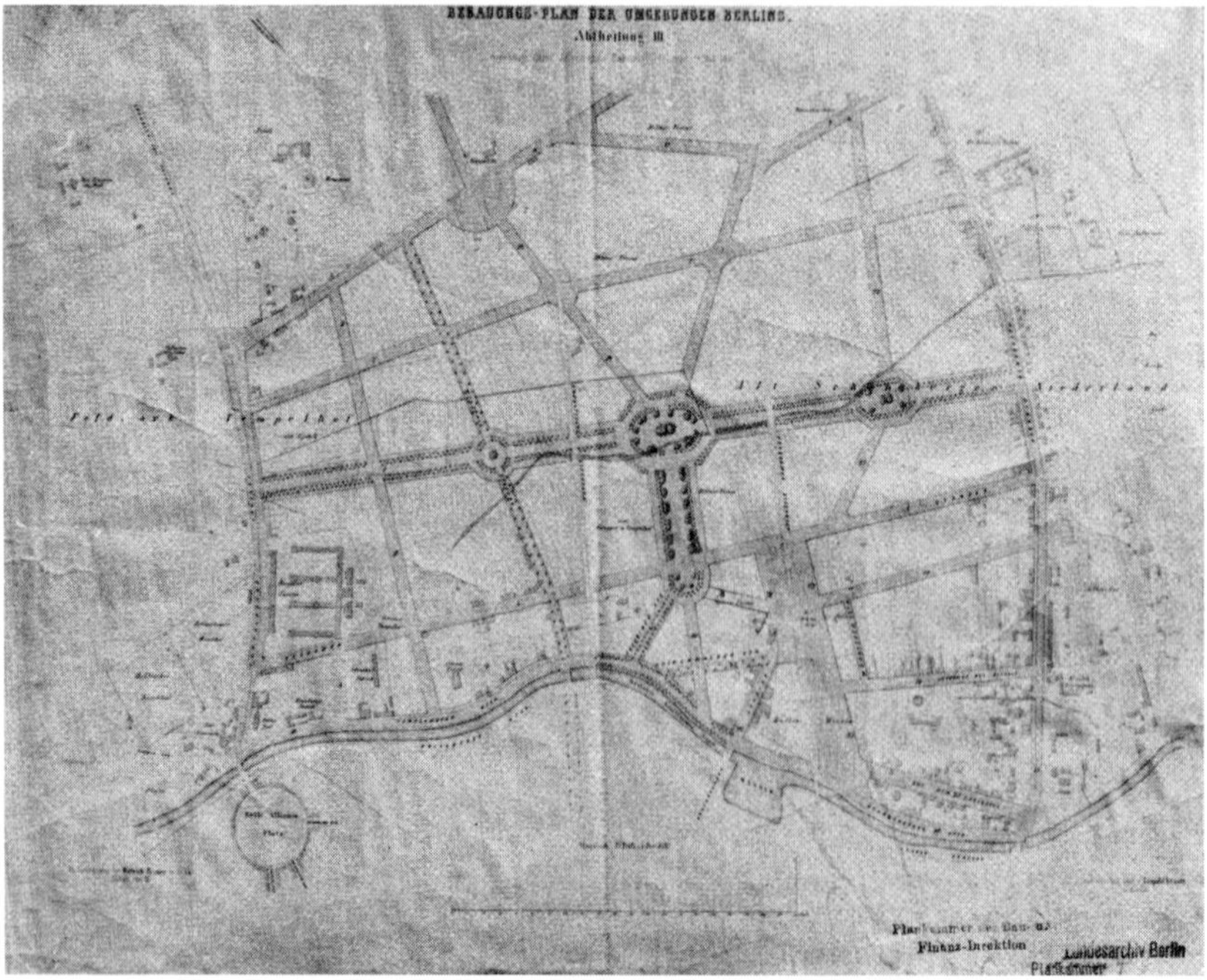

図 3-1-6　第 3 区画（1861 年作成のオリジナルの図面）

は、住宅地に鉄道や工場が雑然と入り組んでいるような景観が出現したのである（図3-1-13）。

他の区画でも、多かれ少なかれ都市内鉄道や大規模公共施設の建設によって当初の計画の変更が余儀なくされている。もともと「ホープレヒト案」公布の時点で都市発展の影響がまだ及んでいなかった第一三区画[38]では、環状鉄道の設置や市立屠殺場の建設もあって、計画はほとんど実現していない。

全体を統合する機能が期待された環状道路も、外側の大環状道路は、第三区画における大湾曲のみならず、計画の北半分ではほとんど建設されず、環状というには程遠い状態にとどまった。内側の半周のものについてはほとんど着手されなかったといってよい。また、全体に配置されるはずであった広場も、今のべた三つの区画の例が示すように、ほとんど実現されなかったか、規模が縮小されている[39]。

以上、第一次世界大戦までには、「ホープレヒト案」で想定されていた幾何学的な道路網が旧来

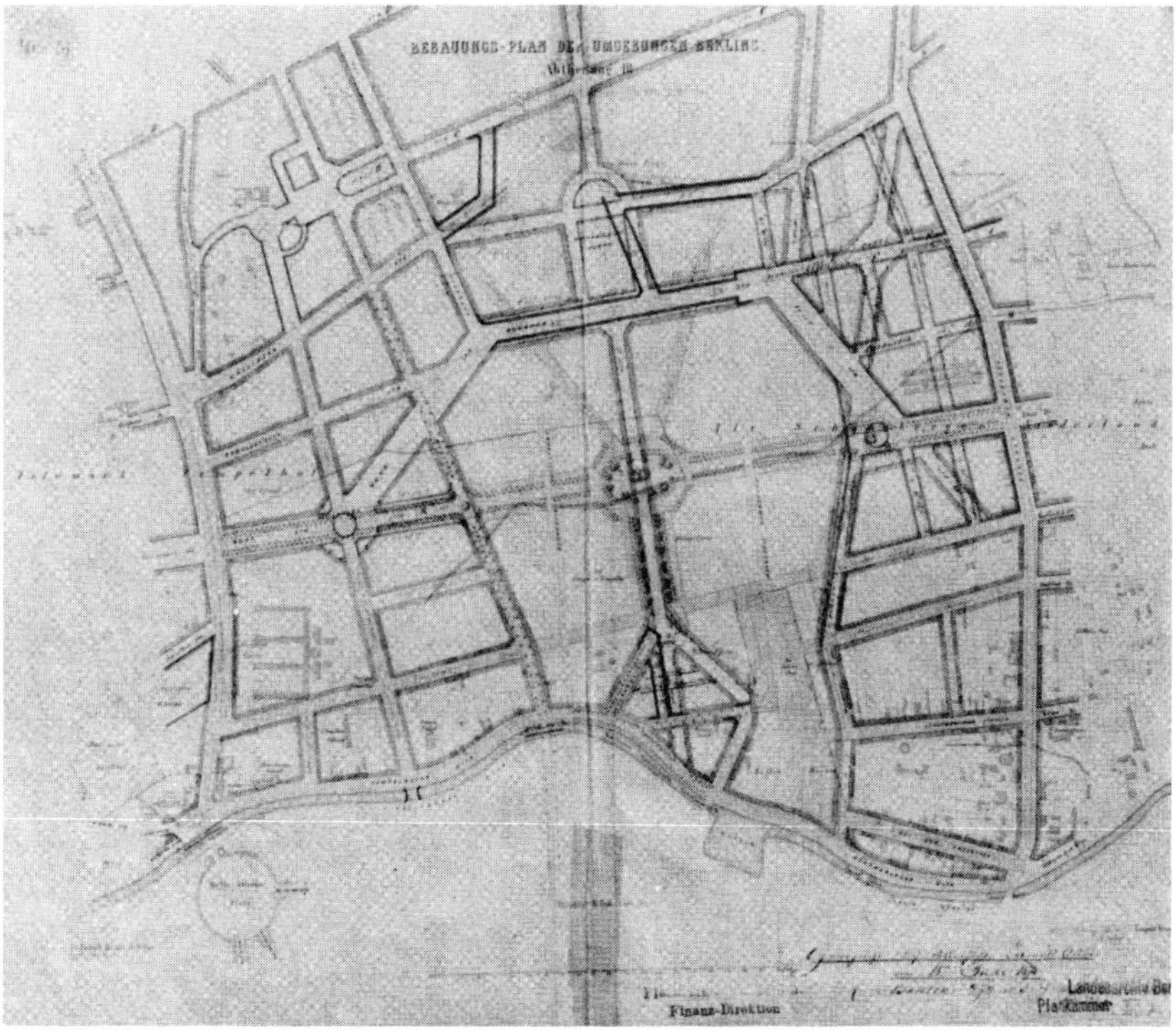

図3-1-7　第3区画（1870年の修正版）

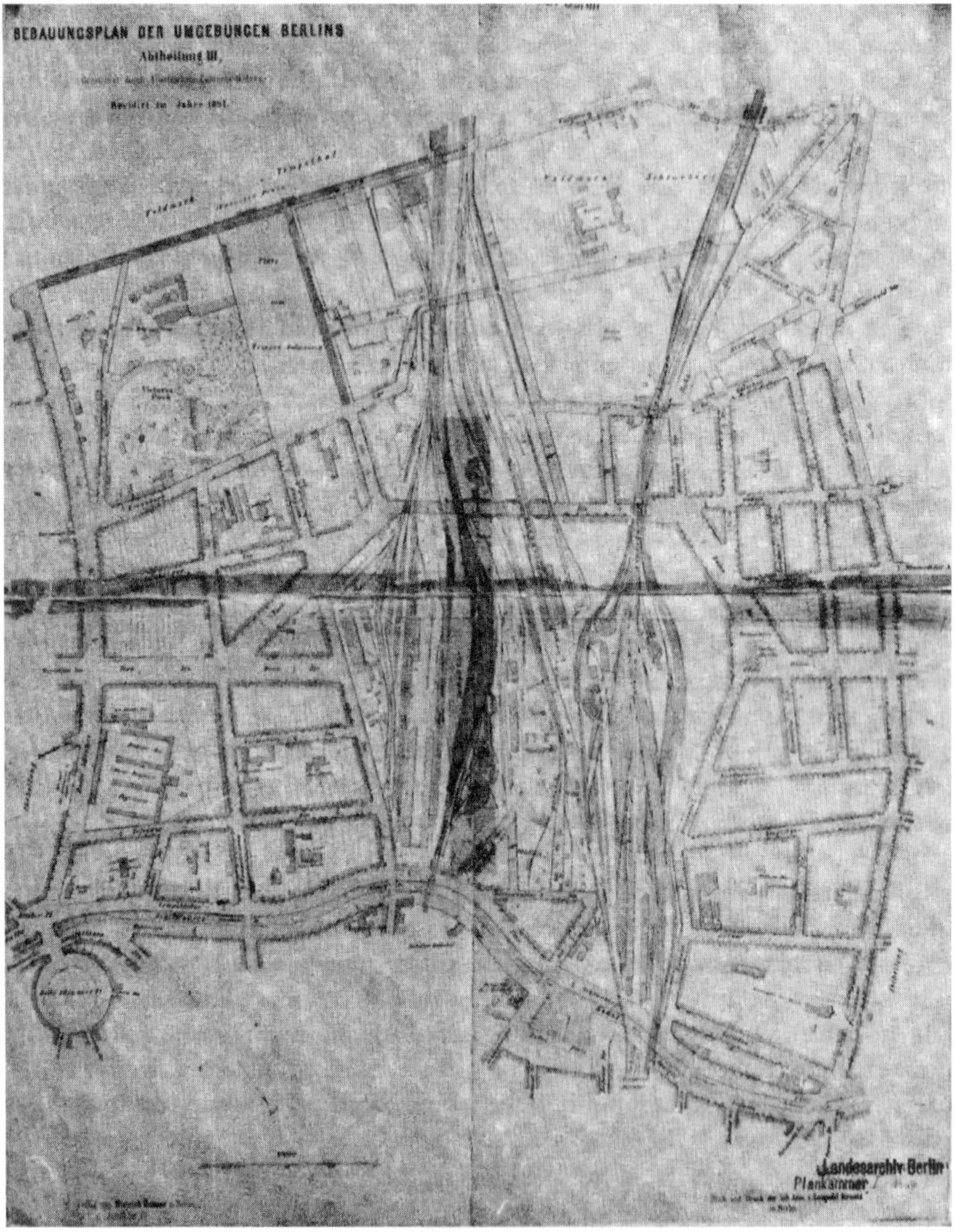

図 3-1-8　第 3 区画（1891 年の修正版）

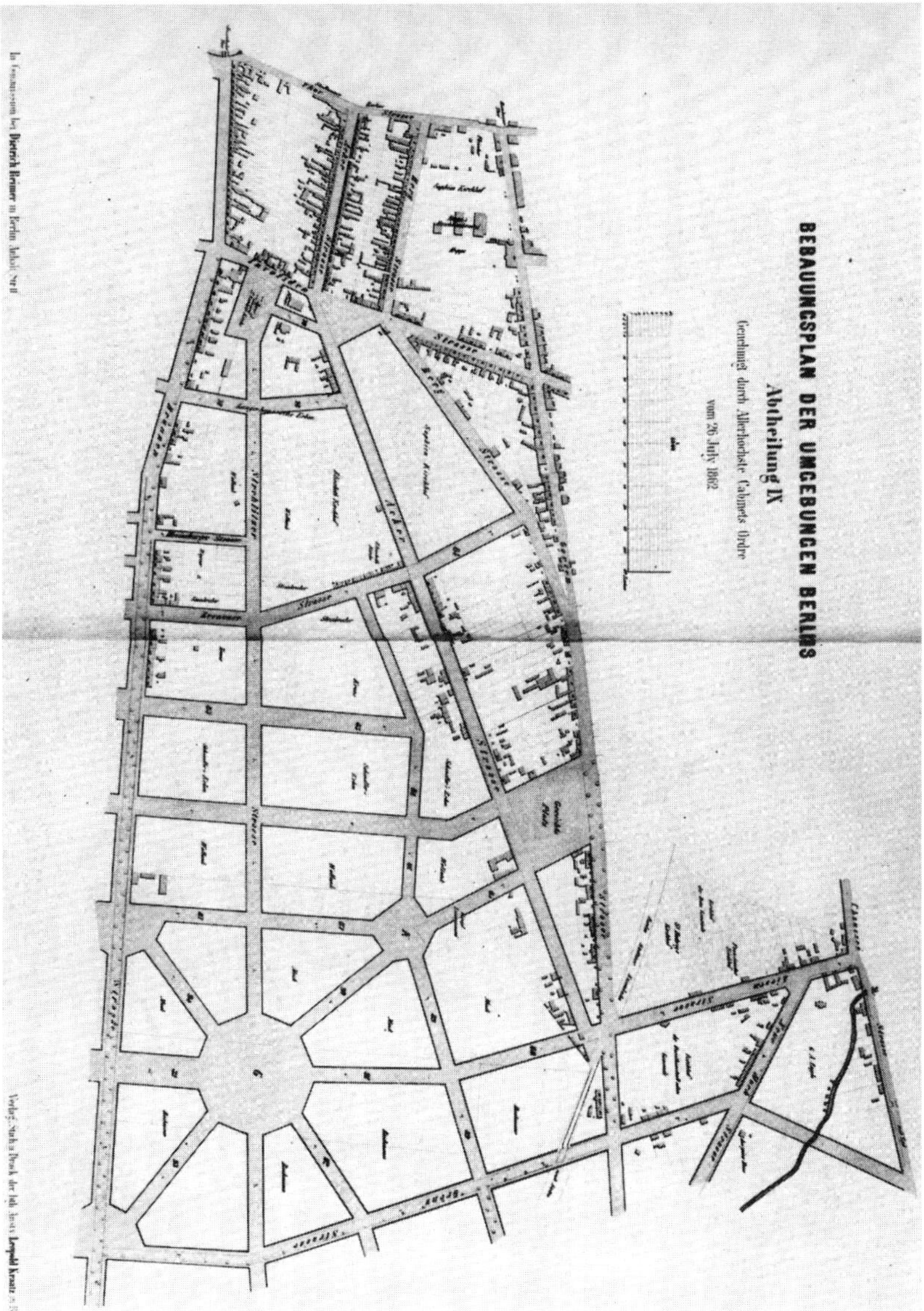

図3-1-9　第9図画（1862年のオリジナルの図面）

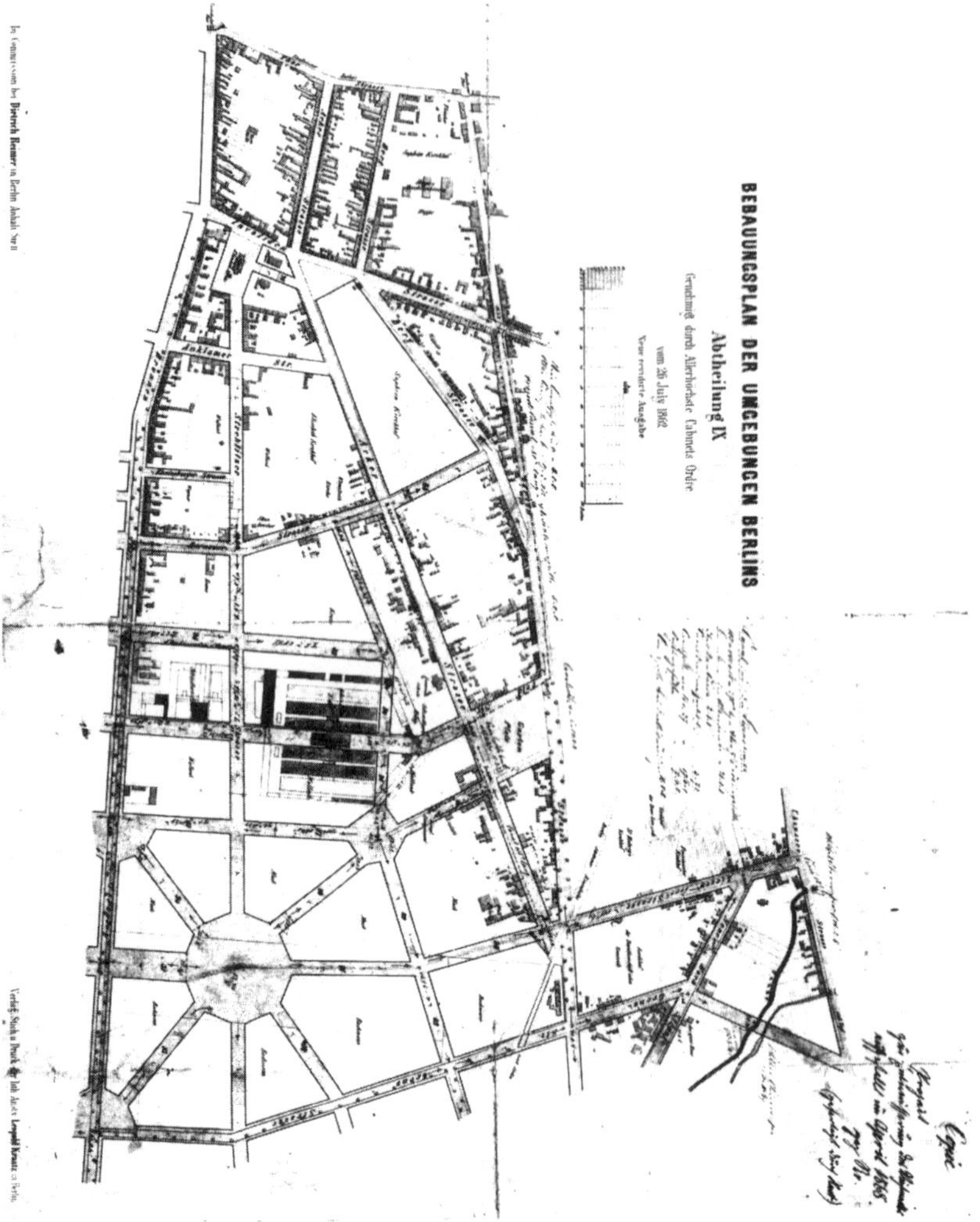

図 3-1-10　第 9 図画（1868 年の修正版）

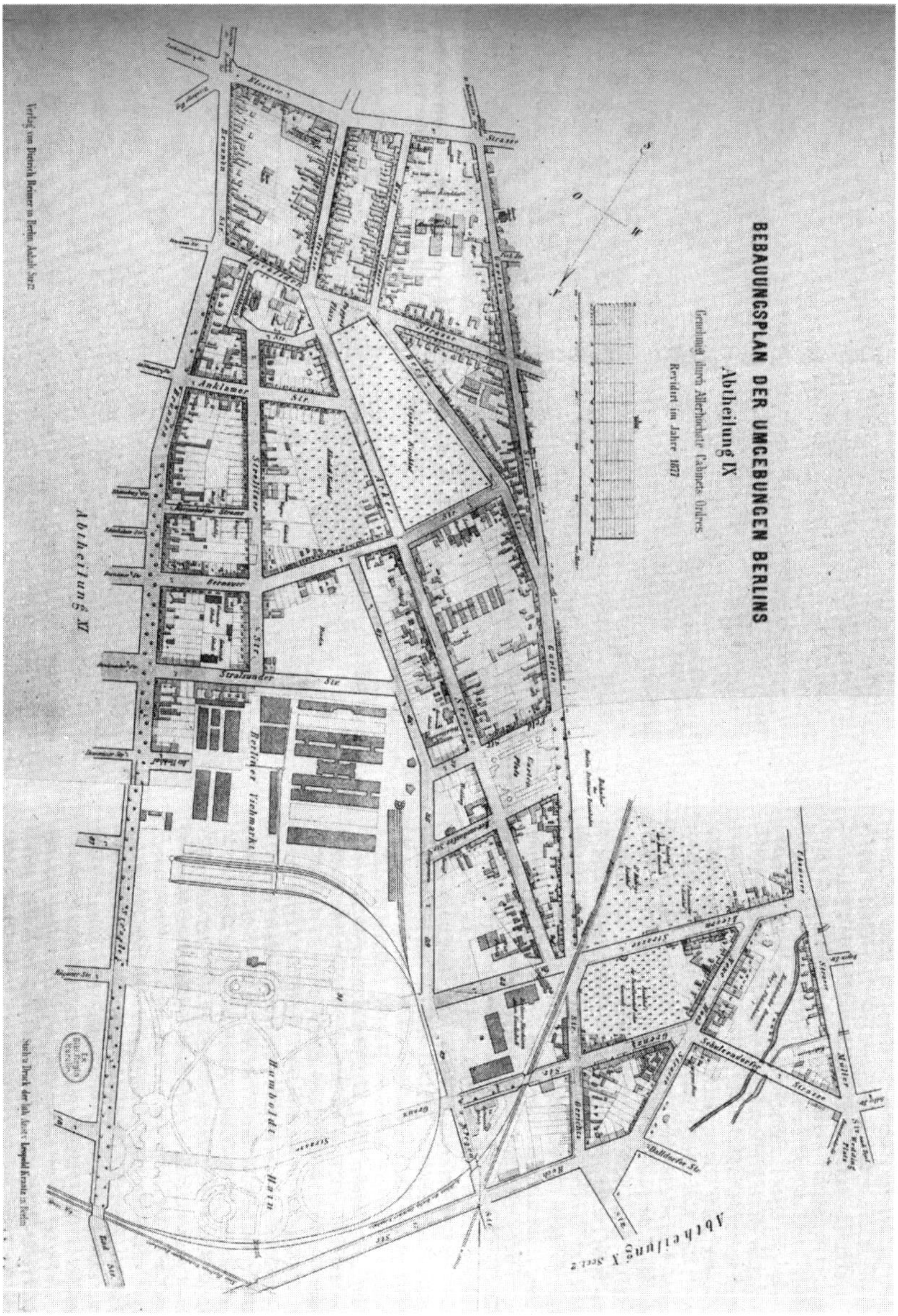

図 3-1-11　第 9 図画（1877 年の修正版）

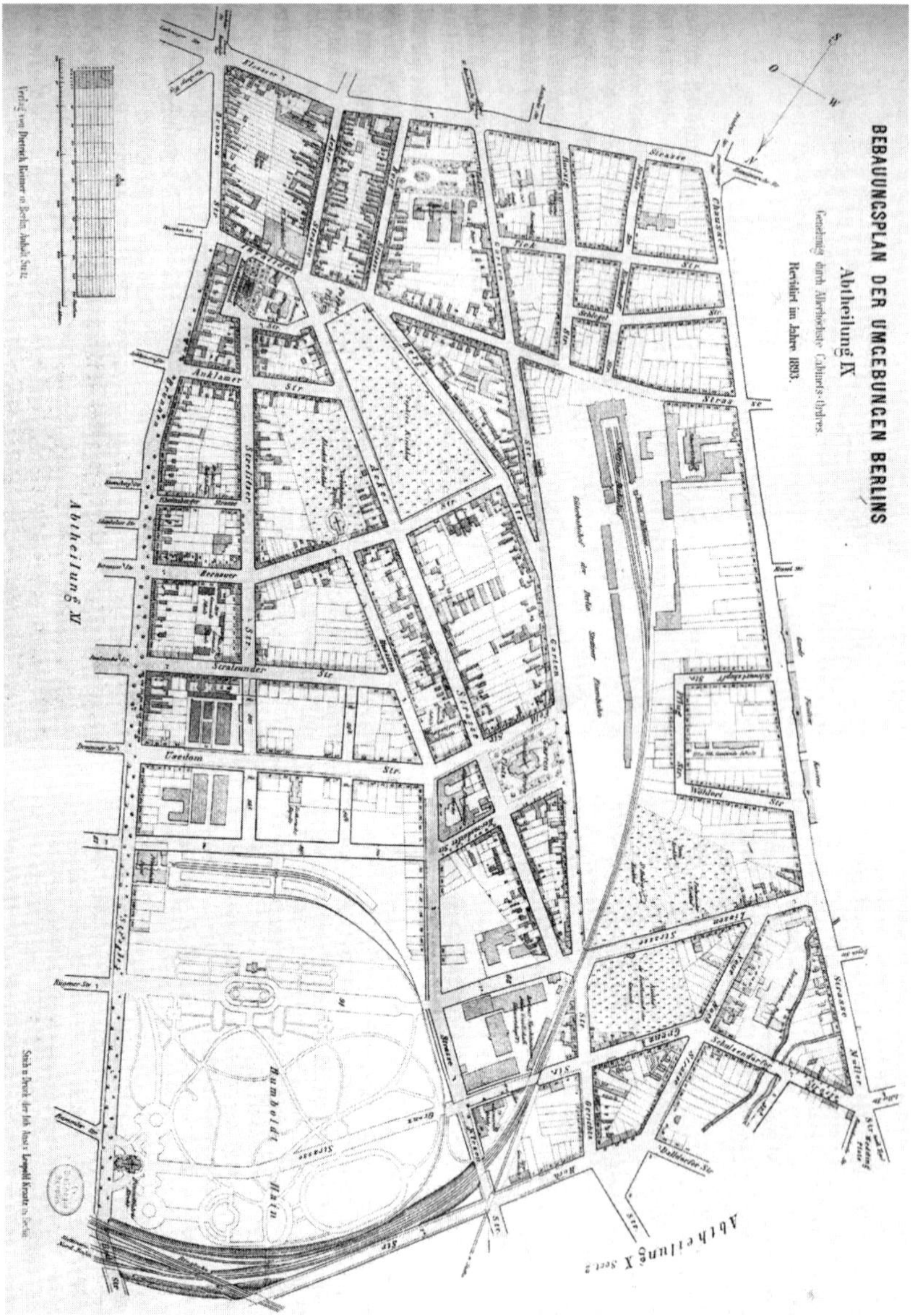

図 3-1-12　第 9 区画（1893 年の修正版）

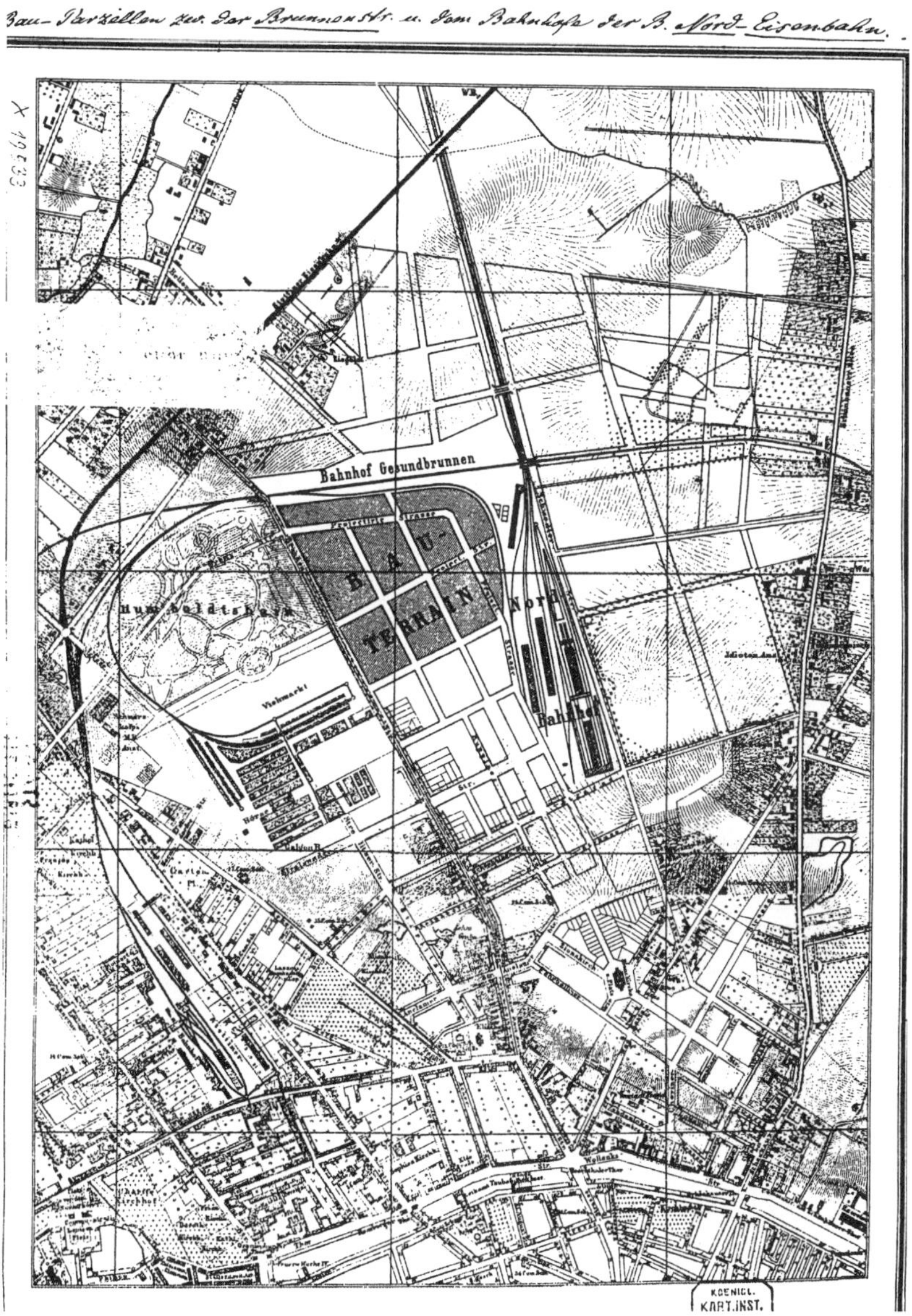

図 3-1-13　世紀転換期頃の第 9 区画および第 11 区画

の都市空間を取り囲むという構図には全く程遠い、雑然とした地域が出現したのである（図3-1-1も参照）。

ホープレヒトとしては「指示」のとおり計画を作成したものであろうが、それをもとにできあがった案は、長期的にみれば鉄道建設や大規模公共施設の設置など都市化に伴う社会の変化に由来する様々な要因に対応しきれなかったものであるのは確かであろう。単純に既存の市域の外に新市区やその中の道路を設定する手法の限界が如実に示されたものといえよう。ホープレヒト案が発令された当時のベルリンの都市社会は、道路や広場を確定し建物を建てるだけでは、十分なものではなくなっていたのである。

しかし、「ホープレヒト案」の意義は、こうした都市化の中の限界よりも、市壁の外の空間に人々の目を向けたことに求められるであろう。周辺の道路や広場の案が作成され、それに応じて新たな都市空間が形成されたことは、一八六一年の周辺自治体の併合や六七年の市壁の解体[40]とともにベルリンの都市空間が従来の市壁の外に広がりはじめたことを象徴的に示したものといえる。世紀中葉の住宅改革運動が従来の都市空間に問題の解決の場を求めた[41]のに対して、「ホープレヒト案」以降は郊外に解決の場を求めるのが主流となっている[42]。こうした発想

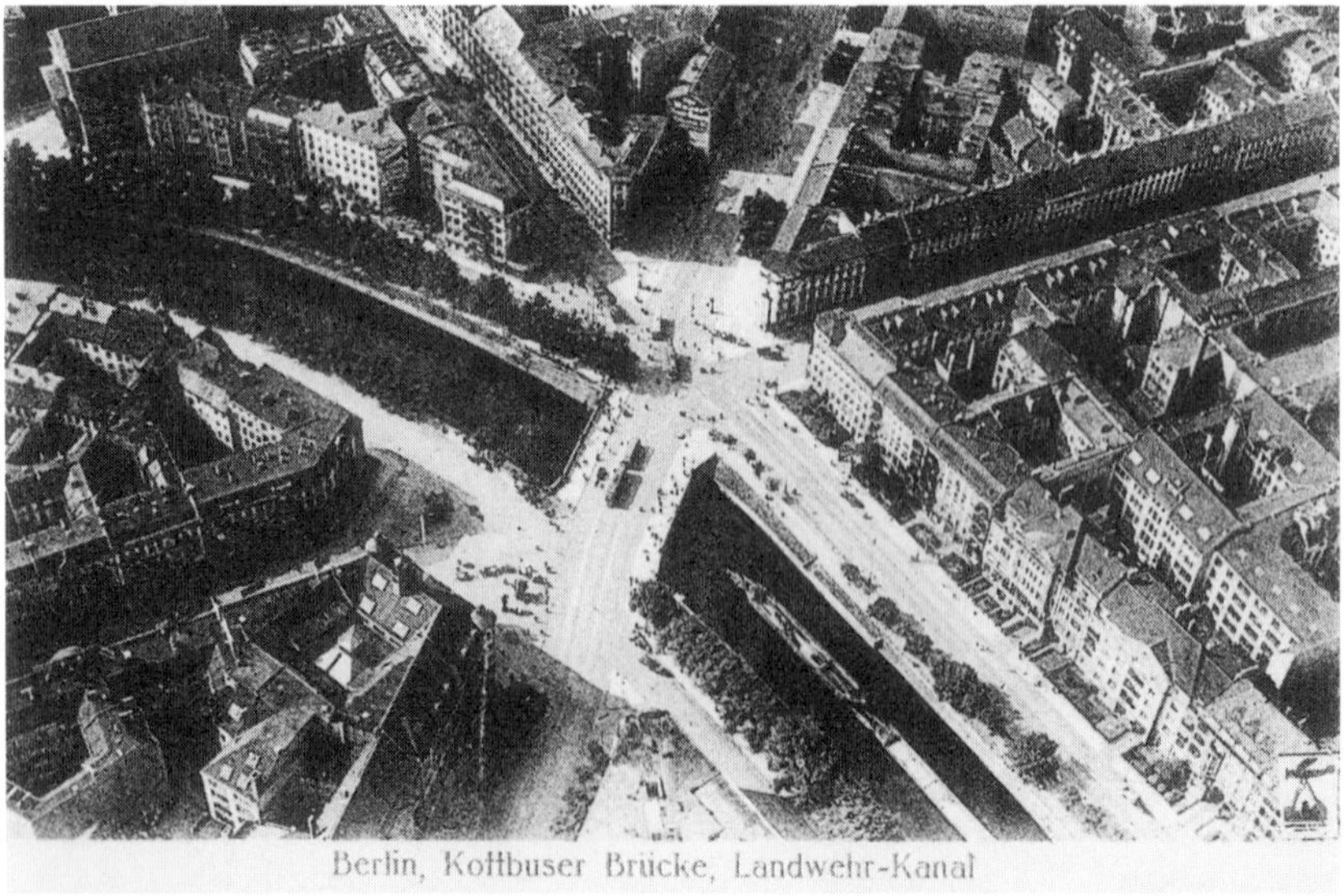

写3-1-1　賃貸兵舎の密集した地域の空中写真（ルイーゼン市区・ブロックの中まで建物が建っている）

写 3-1-2　ベルリン南西の丘（クロイツベルク）にあるライプチヒの戦勝記念碑（19 世紀前半：ベルリンの街が遠景として描れている）

写 3-1-3　写 3-1-2 とほぼ同じ場所から見た光景（1888 年：ふもとに賃貸兵舎が建設されていく様子がうかがえる）

の転換にも「ホープレヒト案」が一役買ったことは十分想定できる。ただし、市壁を取り囲む地域が「ホープレヒト案」によって規制がかかってしまい、その後、住宅改革や宅地開発の積極的な動きが活動の場を「ホープレヒト案」の策定された領域よりも外に求めるようになったことも、ここで指摘しておく必要があるだろう[43]。

一八六一年からとられるようになった各種統計によれば、一八六〇年代に大型の建物が多いのは、ルイーゼン市区（南東部）とシュトララウ市区（東部）、そして一八六一年にベルリンに併合されたシェーネベルク市区・テンペルホーフ市区（南部）である。「ホープレヒト案」は市壁外の地域について策定したものであったが、ルイーゼン市区とシュトララウ市区は市壁の内外にまたがって広がり、それぞれの市壁外の地域に前者は第一区画が、そして後者には、のちに「ホープレヒト案」に含まれるようになる第一五区画が設定された。シェーネベルク・テンペルホーフ市区には、「ホープレヒト案」では第二区画と第三区画が設定されている。

写 3-1-4　Getreue Nachbarn
(Heinrich Zille)

一八六四年の統計によると、ルイーゼン市区では統計の対象の建物三〇八六のうち一〇五五軒と三四・二パーセントが、シュトララウ市区では一四七九建物のうち四二三と二八・六パーセントが、五階以上の建物である[44]。六七年の統計では、建物の階数に関するデータはパーセントだけが示され実数は記載されていない。道路に面した建物から見ると、市区全体に対する五階以上の建物の割合はルイーゼン市区で四二・一パーセント、シュトララウ市区で三九・七パーセント、そしてシェーネベルク・テンペルホーフ市区で二四・九パーセントである。それが裏屋になると、数字はそれぞれ三六・一パーセント、三二・六パーセント、そして三一・一パーセントとなる[45]。これらの地域では、ほぼ三～四割の建物が五階建てより高いのである。

これと対照的なのが、一九世紀前半に住宅建設の中心の一つであったフリードリヒ市区である。六四年の統計によれば三六〇三の建物のうち半地下住居を伴うものが一三七一（三八・一パーセント）であり、半地下住居を設ける形式は、すでに世紀前半から根強いものであったことがうかがえる。それに対して、五階以上の建物は三二六軒（九パーセント）しかなく、この市区にあっては四階建ての建物（一四八二軒）が住居用の建物の中心である。また、中世以来の市の中心部のベルリン市区やケルン市区では、五階建て以上の建物は全建物の七パーセント前後、半地下住居を伴う建物も二〇パーセント弱にすぎず、建物を上下に拡張していこうという傾向は、都市化に伴い市の周辺部から進んだものといえる。

こうしてみると一八六〇年代の賃貸兵舎の跳梁跋扈には「ホープレヒト案」の強い影響が想定しえるようであるが、莫大な人口増に対応するためのこれらの地域における住宅建設の開始と「ホープレヒト案」の策

写3-1-5　賃貸兵舎の並ぶ街に戻る女性２人（Zille 撮影）

定が重なっただけという可能性もあり、そこらあたりの判断は慎重であるべきであろう。とはいえ、「ホープレヒト案」で新たな道路網が設定された地域に急速に賃貸兵舎が建っていく光景は、同時代のベルリン市民に危機感をいだかせるのに十分であったといえる。

以上、中心部の既存の都市空間は、半地下住居やベッド借り人など問題があるものとして認識させた状況をそのまま残しつつ従来の都市景観を維持し、他方、既存の都市空間のすぐ外側に賃貸兵舎の叢生が始まっていたのである。これに加え、郊外の邸宅用の居住地が、南西部を中心にして「ホープレヒト案」が策定された地域の外に誕生しはじめており、ドイツ統一前後のベルリンは、住宅事情という点で三重構造にあったといえる。

おわりに

本章では、ベルリンの都市化の過程で必要性が認識され作成された「ホープレヒト案」の誕生、内容、そして変容についてのべてきた。とくにここで本章の情

写 3-1-6　中心部（フリードリヒ市区）の光景（1865 年：２階建てから４階建てまでの建物が混在）

報を改めて整理することはしないが、ここで「ホープレヒト案」とかかわる、第一次世界大戦に至るベルリンの変化について三点ほどのべておこう。

まず、案の作成者のホープレヒトのその後の経歴を見ておこう。[46] ホープレヒトは、シュテッティーンでの活動ののち六九年にはベルリンに戻り、下水道建設に従事する。彼は、「ホープレヒト案」の作成者としてよりも、この頃から上下水道の専門家として国際的に令名を轟かせるようになる。東京やカイロにも訪れ下水道についての意見をのべたのが、その一例である。ほかにも、公衆衛生学会での活動などをおこない、ベルリンの上級市長を一八七二年から七八年まで務めた兄アルトゥアとともに、彼は都市政策の業績を高く評価されるようになるのである。

次に、賃貸兵舎は、その後ベルリンの住宅建築の様式として大きく拡大していく。[47] 一八八七年と九七年に、それまでの一八五三年の建築条例が改正され、ベルリンでも地域ごとの建築基準が異なる段階的建築条例が導入されるようになる。それによって、郊外は一戸建ての地域として保持されるが、比較的中心に近い地域には賃貸兵舎が建ちつづける。ベルリンにおいて賃貸兵舎のこれ以上の増殖が防止できるようになるのは、ヴァイマル期の一九二五年の建築条例を待たねばならなかった。[48] この条例により、裏屋の建設は事実上禁止された。とはいえ、すでに存在している賃貸兵舎を取り壊したりするのは実際上不可能であり、この建築様式は現在のベルリンにも根強く見られる。

最後に、「ホープレヒト案」公布後、一八六〇年代から七〇年代にかけて、住宅改革構想に従来とは違った次元の要素が顔を覗かせるようになったことを指摘しておこう。[49] 詳細は次章で論じる。

注

(1) Johann Friedrich Geist und Klaus Kürvers, *Das Berliner Mietshaus 1740–1862. Eine dokumentarische Geschichte der >von Wülcknitzschen Familienhäuser< vor dem Hamburger Tor, der Proletarisierung des Berliner Nordens und der Stadt im Übergang von der Residenz zur Metropole,* München 1980, S. 470–480.

(2) 本書第Ⅰ部第1章および本書序章第三節参照。

(3) Dr. Ernst Bruch, Berlin's bauliche Zukunft und der Bebauungsplan, in: *Deutsche Bauzeiteung,* Jahrg. IV, No. 9–24, 1870.

(4) 本書第Ⅲ部第2章参照。

(5) Werner Hegemann, *Das steinerne Berlin. Geschichte der größten Mietskasernestadt der Welt,* Berlin 1930.

(6) Ernst Heinrich unter Mitarbeit von Hannelore Juckel, Der "Hobrechtplan", in: *Jahrbuch für brandenburgische Landegeschichte,* 13, 1962; Dieter Radicke, Der Berliner Bebauungsplan von 1862 und die Entwicklung des Wedding. Zum Verhältnis von Obrigkeitsplanung zu privatem Grundeigentum, in: Goerd Peschker, Dieter Radicke und Tilmann J. Heinrich (Hg.), *Festschrift Ernst Heinrich. Dem Bauforscher, Baugeschichtler und Hochschullehrer zum 75. Geburtstag dargebracht*, Berlin 1974; ders., Planung und Grundeigentum, in: Jochen Boberg, Tilmann Fichter und Eckhart Gillen (Hg.), *Exerzierfeld der Moderne. Industriekultur in Berlin im 19. Jahrhundert,* München 1984. ラディッケの一九八四年の論文は、ヴェディングをあつかった七四年の論文に、工場建築の影響の文章を付け加えたものである。

(7) Geist und Kürvers, *1980; dies., Das Berliner Mietshaus 1862–1945. Eine dokumentarische Geschichte von >Meyer's-Hof< in der Ackerstraße 132–133, der Entstehung der Berliner Mietshausquartiere und der Reichshauptstadt zwischen Gründung und Untergang,* München 1984. これは、ベルリンの賃貸住居の発展に関する史料集であり、ホープレヒト案をどちらの巻でもあつかっている。この史料集の問題点については、本書序章第三節参照。

(8) Jutta Lubowitzki, Der "Hobrechtplan". Problem der Berliner Stadtentwicklung um die Mitte des 19. Jahrhundetts, in: Wolfgang Ribbe (Hg.), *Berlin-Forschung,* V, Berlin 1990.

(9) Geist und Kürvers, *1984*, S. 144–149; S. 166–169.

(10) Geist und Kürvers, *1980*, S. 473f.

(11) *Ebenda*, S. 476–480.

(12) ベルリン北部の市壁外の地域の発展については、本書第Ⅰ部第1章第三節参照。

(13) Geist und Kürvers, *1980*, S. 485. ベルリン共同建築協会では投票によって選出される役員のほかに必要に応じて役員を補充することになっていたが、一八六〇年一〇月三〇日の総会で、ホープレヒトは後者の役員となったことが報告されている。ただし、積極的に活動した形跡はなく、建築関係の技術顧問としてのみ活動していたと推測される。*Bericht über die am 31. Oktober 1860 stattgefundene Generalversammlung der Berliner gemeinnützigen Bau-Gesellschaft*, Berlin 1861, S. 15.

(14) Geist und Kürvers, *1980*, S. 485–486.

(15) Lubowitzki, a. a. O., S. 54.

(16) 各区画の案ごとにおこなわれた審議については、Ebenda, S. 65–67; Geist und Kürvers, *1980*, S. 492–494 参照。

(17) Lubowitzki, a. a. O., S. 59.

(18) Ebenda, S. 108.

(19) Ebenda, S. 71–74; Geist und Kürvers, *1980*, S. 496–505.

(20) *Ebenda*, S. 485f.

(21) Lubowitzki, a. a. O., S. 74. 工事用の用地への配慮からブロックが大きくなったようである。

(22) Bruch, a. a. O. また、本書第Ⅲ部第2章第二節参照。

(23) Geist und Kürvers, *1984*, S. 144–149 に収録されたガイストらの作成した地図参照。

(24) 同地図参照。また、Lubowitzki, a. a. O., S. 74–77 に第一区画の成立事情および変貌が叙述されている。

(25) Ebenda, S. 89.

(26) Ebenda, S. 79–80.

(27) Geist und Kürvers, *1980*, S. 482–484.

(28) Radicke, 1974, S. 67–70; Lubowitzki, a. a. O., S. 71; Geist und Kürvers, *1980*, S. 502–504.

(29) 松井道昭『フランス第二帝政下のパリ都市改造』(日本経済評論社、一九九七年)。

(30) Anthony Sutcliffe, *Towards the Planned City: Germany, Britain, the United States, and France, 1780–1914*, Oxford 1981. サトクリフのほかに、ドイツに関しては Reulecke, *Geschichte der Urbanisierung in Deutschland*, Frankfurt am Main 1985, S. 86f.; Stefan Fisch, *Stadtplanung im 19. Jahrhundert. Das Beispiel München bis zur Ära Theodor Fischer*, München 1988, S. 272 参照。

(31) ベルリンの一七世紀から一八世紀前半にかけての都市拡張については、Helga Schultz, *Berlin 1650–1800. Sozialgeschichte*

einer Residenz, Berlin 1992, S. 53–56 参照。パリについてはアラン・フォール（中野隆生訳）「投機と社会 ― 一九世紀パリの土木事業」中野隆生編『都市空間の社会史 ― 日本とフランス』（山川出版社、二〇〇四年）、四〇―四六頁参照。
（32）Lubowitzki, a. a. O., S. 11.
（33）第二区画については Ebenda, S. 77–79、第四区画については Ebenda, S. 85、第一〇区画については Ebenda, S. 92–99 参照。
（34）Ebenda, S. 74–108.
（35）第三区画については Ebenda, S. 79–84 参照。
（36）Ebenda, S. 79–81.
（37）Radicke, 1974, S. 63–74; Radicke, 1984, S. 185–189; Lubowitzki, a. a. O., S. 92; S. 99–102; Geist und Kürvers, *1980*, S. 485–495; Geist und Kürvers, *1984*, S. 183–208.
（38）Lubowitzki, a. a. O., S. 102–106.
（39）Geist und Kürvers, *1984*, S. 166.
（40）本書第Ⅰ部第１章。
（41）本書第Ⅱ部第４章参照。
（42）本書第Ⅲ部第２章および第３章参照。
（43）Geist und Kürvers, *1984*, S. 162–163.
（44）*Berliner Stadt-und Gemeinde-Kalendar und Städtisches Jahrbuch für 1867*, Erster Jahrgang, herausgegeben vom statistischen Bureau der Stadt, Berlin 1867, S. 241.
（45）*Berlin und seine Entwickelung. Städtisches Jahrbuch für Volkswirthschaft und Statistik,* Dritter Jahrgang 1869, herausgegeben vom statistischen Bureau der Stadt, Berlin 1869, S. 190.
（46）Klaus Strohmeyer, *James Hobrecht（1825–1902）und die Modernisierung der Stadt*, Potsdam 2000.
（47）Hegemann, *a. a. O.* 参照。
（48）ベルリンの建築条例の発展については、Heinz Ehrlich, *Die Berliner Bauordnungen, ihre wichtigsten Bauvorschriften und deren Einfluß auf den Wohnhausbau der Stadt Berlin,* Berlin-Charlottenburg 1933 参照。
（49）本書第Ⅲ部第２章および第３章参照。

第2章 ドイツ統一前後の住宅改革構想

はじめに

ドイツ統一前後は、住宅問題への関心が高まった時期といえる。たとえば、エンゲルスが「住宅問題」に関する一連の論考を『フォルクスシュタート』誌上に連載し、彼のいうブルジョワ的住宅問題の解決に攻撃を加えたのが一八七二年から翌年にかけてであった[1]。彼の論稿にとどまらず、一八六〇年代以降顕著になりはじめた賃貸兵舎の叢生や、ドイツ統一に伴う急激な人口増加[2]というベルリンの住宅事情の変化をきっかけに、住宅問題解決を論じた著作や論文が数多く世に問われている。賃貸兵舎の発生については前章でのべた通りである。ドイツ統一をきっかけにベルリンの人口は、一八七〇年の七七万人から一年だけで五万人増加している。この時、ベルリンに集まってきた人口を既存の住宅では収容しきれなかったらしく、市外に勝手にバラックを建てて住む人々も出現したほどだったのである。

ところが、一九世紀の住宅改革運動をあつかった従来の研究では、この時期の住宅改革を総体的に把握しようとした研究は皆無といってよい[3]。このように研究が進まなかった理由としては次の三点を指摘できよう。

第一に、「住宅問題」に関する論考において、エンゲルスが、資本主義生産様式や市民社会が打破されて初めて住宅問題が解決すると主張して、当時のドイツの市民的住宅改革を強烈に批判したことが、彼の同時代の住宅改革に対する現代の研究者の関心を低下させた[4]。

第二に、当時の住宅問題への関心が、世紀中葉や世紀転換期のように実際の住宅建設に至らず、広範な市民層の支持を取り付けた「運動」とはいえなかったことをあげておこう。

第三に、ドイツの住宅改革をめぐる従来の研究の基本的視角の孕む問題を考慮しなければならない。一九八〇年代以降進展を見せた住宅改革運動研究において、一九世紀中葉以来の運動は、第一次世界大戦後に基盤が確立する「社会的住宅建設」（公権力の関与による住宅供給体制）成立史として描かれる。その際、一八八五年の社会政策学会の住宅事情調査をきっかけとする、住宅市場への国家の関与を強く要求し始めた一八八〇年代以降の運動が直接的前史として重視され、一八七〇年代以前の運動の歴史的意義は不当に軽視される傾向がある[5]。

広範な社会層に担われる「運動」にならなかったとはいえ、本

写3-2-1　ドイツ統一に伴う住宅難から出現したバラック街

章が示すように、一八六〇年代から七〇年代にかけての住宅問題に関心をもつ人々の議論は、以前の時期のそれとは異なった様相を示すようになっている。一九世紀中葉以来の住宅改革運動を包括的に把握するには、この時期の改革構想についても立ち入った検討が必要なのである[6]。そうした検討からは、エンゲルスによる批判も、資本主義の打破による住宅問題の解決というユートピア的観点からなる断罪にすぎず、実は、市民的住宅改革の可能性と限界を、そのおかれた状況のなかで的確に位置づけたものとはいいがたいことが明らかとなるであろう。

この「市民的」という点に関しては、一八二〇年代以来住宅問題に携わる人々にとって説得的であった、市民と労働者が一緒に居住することにより前者が後者に良い影響をあたえるという発想（以下「混合居住」）の説得力の問題が、本章の中心的検討課題の一つとなるはずである[7]。近年の近代ドイツ市民層研究の動向を規定しているコッカの市民論[8]では、市民層のもつ様々な価値観が重視されている。コッカはそうした価値観を「市民性」という概念でまとめ、市民層が自分たちの価値観を他の社会層にも広めようとしたことも「市民性」の特徴の一つと指摘している。「混合居住」はこの「市民性」が住宅に即して発現したものと位置づけることができる。その説得力が強かったこと

写 3-2-2　バラック街（1872 年）

は、世紀中葉の「市民性」の根強さを端的に示すものといえる。本章では、住宅改革の議論のなかでこの「混合居住」の説得力が揺れ動いている状況を示したい。

「混合居住」の説得力の喪失に関しては、ベルリンの南東部に位置するルイーゼン市区の社会的結合関係の変化を一九世紀を通じてたどったスカルパが、一つの解釈を打ち出している。[9] 彼女によれば、世紀前半には「共同精神」を成り立たせるに十分に密接な社会的結合関係がルイーゼン市区に存在し、そうした状況が「混合居住」に説得力をもたせていた。ところが、世紀が進むにつれ、そうした社会的結合関係は解体し、それに伴い「混合居住」の説得力は失われたという。とはいえ、彼女の研究では世紀前半の社会的結合関係についての分析が不十分であり、彼女のこの主張は説得的とはいえない。[10] 彼女の主張はより具体的な史料を用いて批判的に検証していくべきものといえる。本章では、ドイツ統一前後の住宅改革者の構想の分析を通じて、この発想の説得力喪失の背景について検討したい。

一　ザックスの改革構想

エンゲルスが当時のブルジョワ的文献を可能なかぎりまとめたと評価し、[11] それゆえ攻撃対象の一つとしたオーストリアの経済学者エーミール・ザックス（一八四五～一九二七年）の著書『労働諸階級の住宅事情とその改革』[12]（一八六九年）からとりあげよう。彼はベルリンで活動しているわけでないが、この著作自体は本章で対象とする時期の住宅改革構想の特質をつかむために適切な史料であるため、ここで検討する。

彼は、一八六九年頃から住宅問題や都市問題についての著作を刊行しはじめている。この著作については、ブロックも、一八六〇年代末の議論をまとめたものと評価している。[13] ただエンゲルスやブロックの指摘は、他の住宅改革構想との比較検討のうえでのべられたものではない。これからみていくように、ザックスの構想にはそれまでの要素をまとめた側面とともに、実は新たな要素も見られることは強調してよい。

本節では、ザックスの住宅改革構想に分析を加え、一九世紀中葉の住宅改革構想に関する筆者の以前の検討をもとに、彼の構想の世紀中葉からの連続性と新要素を確認したい。また、彼の構想の同時代の住宅改革構想における位置づけについては、次節以下で改めておこなうこととする。

ザックスの著書の内容を順を追って紹介したい。

序章[14]においてザックスは、民衆が詰め込まれている都市と、悲惨な小屋に住まざるをえない農村の住宅問題の相違を指摘する。住宅問題解決のためには、人々が一戸建ての家族住居に住んでいるイングランドの例を大陸にも導入する必要がある。都市については次節で検討するファウヒャーの構想[15]が、今後の進むべき方向を示している。農村についてはすでに改善が見られる。総じて、住宅問題は、民衆教育と生活水準の向上により解決できる文化問題である。こうした住宅問題の一般論を展開してのち、都市の労働諸階級の住宅問題をとりあげることを確認する。

二部構成の本論は、第一部「問題」において住宅問題の現状と改革案が、第二部「解決」において改革の担い手が論じられている。

第一部は五章で構成されるが、第一章において、労働諸階級のために良い住居を安価に造り、その住居を彼らが所有するのを可能にすることが問題の肝要である、という認識から話を始める。これは、一見すると建築家の担当する技術問題のようであるが、経済や財政の関連を探求する必要がある社会経済学の問題でもある。住宅問題の責任は、労働者にもあるが、そうした住居を供給しない所有階級の側にもある。住環境の向上によって平均寿命の改善などが期待できるが、そのためには衛生・採光・換気・水・糞尿の処理・暖房などを考慮しなければならない。こうした点については、各国でとられはじめた各種統計を利用して説明が試みられている。[16]

第二章では健全で快適な住居こそが家族生活の不可欠の基礎と指摘する。性的モラルを考えると、少なくとも住居内で男女を適切に分離しなければならない。他の要素については個々人の要求や事情によるので、何が「合目的」な住居であるのか一概にはいえないが、衛生と快適の条件を満たした住居こそが「合目的」である。[17]

こうした住居を所有するか賃貸するかという問題については、労働者は前者に重点をおくはずである。賃貸住宅の場合、所有者は修理費、保険費、そして頻繁な転居へ備えるため相対的に高い家賃を設定する。他方、所有する場合は、労働者は財産を慎重にあつかうようになり、家賃の引き上げや退去通告からも守られる。賃貸住宅の場合だと住民同士の関係は親密の段階まで達しないものの、住宅を所有することが労働者の経済、道徳、そして倫理的態度の向上にもたらす影響の意義は否定できない。住宅の購入は分割払いによるが、その額は今までの家賃を大きく超えないようにしなければならず、また長期にわたる支払いは無理である。そのため建築費用を著しく減らす必要があるが、それは建築業者が取り組む問題である。この点については他の産業よりも遅れていたが、近年改善が始まっている。[18]（第三章）

建物の構造については、集合住宅（Caserne）がよいか、一戸建て（Cottage）がよいかという問題を考えると、後者が最終的目標だが財源の点で無理があり、前者はわずかな財源で可能だが目標と矛盾する。住民が詰め込まれる集合住宅では、個人の生活が制限され、清潔と秩序が維持できず、そして家族のモラルが危険にさらされてしまう。とはいえ、近代的な技術に基づいた集合住宅は、土地価格の高い地域では安価な住居を供給する唯一の手段である。大都市では人間関係が薄いので、そうした集合住宅では「混合居住」が望ましい。[19]（第四章）

一戸建てをつなげた形で建てれば、集合住宅に近づくものの一戸建ての原則は維持される。その場合、外壁を共有することになるので建築費を減らすことができる。大都市では安価な土地は周辺部だけなので、周辺部に一戸建てを集めた労働者居住地を設ける。生活上の必要の充足は共同施設によっておこなわれる。郊外への居住地形成（Colonisation）こそが住宅改革の頂点である。そのため、安価な交通手段により居住地を都市や労働市場と連絡する必要がある。[20]（第五章）

第二部では解決の担い手として、雇用者、高い階級の協力、労働者の自助、そして「国家の援助の問題」が検討される。

雇用者は労働者の住居を建てるための財源のみならず、動機ももっている。それは、倫理的義務からだけではなく、良い住居の建設が良い利子を雇用者にもたらすからであり、身体・経済・倫理の面で労働者が向上することが期待できるからである。こうした住居も郊外の居住地に設けられる。ヨーロッパの工業国家でも企業家は住宅問題をそれほど認識してこなかったが、最近各国で改善が見られる。[21]（第一章）

雇用者による住宅の恩恵にあずからない無産階級については、彼らの自助も国家の援助も困難なので、高い社会階層の協力を促進しなければならない。そのため、株を購入することによって資本を提供してくれた人々に対する払い戻しのための利子を充足させる必要がある。イングランドの例がモデルとなるが、四～五パーセント、ないしは六パーセントの利子をもたらすような家賃を設定する。株で集めた資本をもとに住宅地を未開発の地域に拡大することにより、労働者の住宅需要に対応することになる。その背景には土地価格の問題と集合住宅への反発がある。この方法にはフランスのミュールズの例が参考になる。イギリス、フランス、そしてドイツの類似の試みを概観すると、労働者階級の良い住居は良い利子をもたらすことがわかる。ドイツの共同建築協会は害があったと評価する。[22]（第二章）

労働者の自助は前二者に比べると背景に退く。われわれの祖国では労働者の自己活動は考えられず、自助はコッテージの成り立つイングランドのみで可能である。[23]（第三章）

「国家の援助」は、まず住宅問題の原因となる個人主義に対して次の三つの観点から処置をおこなう。

①住宅難を助長するものを立法と行政により改善する。
②個人が個人主義と不正を成長させるのを防ぐ。
③住宅難を解決するための積極的な処置をできるだけ包括的に利用する。

ほかに、国家の機能として自由主義的な建築条例、貸付・土地売買・鉄道の料金などの配慮、健康に悪い住宅を市場に出さない建築警察の機能、官吏への住居の提供、補助金の必要性があげられている。[24]（第四章）以上、二〇〇頁を超えるザックスの著作には、西ヨーロッパ諸国の住宅問題をめぐる従来の試みや発想からの連続性とともに従来の議論を超えた新しい要素がうかがえる。

連続性から整理すると、住宅における衛生や、家族生活や道徳の重視、家屋の所有を理想とする点、上の階層の援助を期待すること、「混合居住」に意義を認めることである。ただし、それぞれの要素が議論されるコンテクストが微妙に従来の議論とは異なっている。そうした点を含め、ザックスの著作に見られる新しい要素に話を移そう。

第一に、世紀中葉では住宅問題はもっぱら労働者の道徳の問題として議論された。これに対してザックスは住宅問題を社会経済上の問題としてあつかうようになっている。そこから住宅問題の責任を、労働者よりも、適切な住居の建設を怠っている所有階級に求めている。住環境の衛生問題についても、世紀中葉では伝染病の発生源として恐れるだけであったが、当時各国でとられはじめた各種統計なども利用して、平均寿命の問題などとも関連させて論じられる。以前はあまり意識されなかった農村の住宅問題を認識し、それと都市の問題の違いを指摘していることも、こうした観点からは重要であろう。[25]

社会経済問題として住宅問題をあつかうようになった点で最も重要なのは、集合住宅（Caserne）と「混合居住」についての議論であろう。一戸建てという理想は維持しつつ、土地価格や建築費の点から、集合住宅に大都市における住宅問題解決の方便としての意義を認める。その上で、人間関係の安定のために、「混合居住」が、集合住宅内の理想的なあり方と位置づけられるのである。悪住環境の象徴としてとりあげられがちな集合住宅の意義を社会経済的観点から指摘し、他方、無根拠にその意義が称揚されてきた「混合居住」も、大都市の集合住宅における人間関係を形成するものとして、限定的な局面に有効と考えられるようになっている。

第二に、フーバーを除けば、以前は住宅問題の解決は既存の都市空間の中に求められていたが、郊外の労働者居住地の形成に一定の役割を規定するようになったことも、新たな要素といえよう。

最後に、当時の住宅改革の担い手について、同書の半分を使って実効性にまで立ち入って議論している点を指摘したい。住宅問題が広範な大衆の関心の対象となって二〇年、様々な改革の試みの成果や問題点が明白となりはじめていたのであろう。改革の担い手に関する彼の議論のなかで、のちの時代の住宅改革への展望を考えると重要なのが、国家の役割が論述の対象となっていることである。ただし、ザックスにあっては住宅問題の発生や悪化を防ぐための規制が議論の中心であり、公権力による積極的な住宅建設や助成は、いまだ議論の対象となっていない。

以上、彼が、住宅問題をあつかう際の個々の論点には、それまでの住宅改革の経験や議論をふまえたものが見える。こうした点から、エンゲルスのような評価が生じたものであろう。他方、彼の新しい点は、住宅問題全体を社会経済問題として捉える際の彼の視点である。その視点から従来の論点が別の脈絡で論じられ、さらに郊外住宅地や改革の担い手など新たな要素がとりあげられているのである。

ザックスの著作と前後して、より積極的な住宅改革構想がベルリンを舞台として相次いで提示されている。節を改めてファウヒャーとブルッフの住宅改革構想をみていこう。

二　郊外住宅構想と都市改造案

まず時期的に先行し、またブルッフが批判の対象としたユリウス・ファウヒャーの住宅改革構想を検討していこう。

ベルリンで生まれたユリウス・ファウヒャー（一八二〇～七八年）は、一八四〇年代にすでに住宅問題に関する著作を公刊しているが[26]、住宅問題をめぐる議論にとくに影響をあたえた形跡はない。彼の住宅問題をめぐる議論が独特の様相をおびるに至るのは、一八五六年から六一年にかけてのロンドン滞在を待たねばならない。自由貿易主義の立場をとる彼は、ロンドンで新聞の編集に携わり、またそうした立場の領袖コブデンの秘書となっている。帰国後、自由貿易主義のドイツへの普及に努め、ドイツ経済者会議の常任委員となるとともに、『国民経済・文化史四季報』の編集に携わる[27]。

イギリスでの体験をふまえた彼の住宅改革構想は、一八六五年と六六年に『国民経済・文化史四季報』に掲載された[28]。彼の構想そのものについてはフェールやトイテベルクがすでに検討しており[29]、本章でも彼らの分析に付け加えることはない。ただ、彼らも彼の構想を他の住宅改革構想と比較対比しているわけではないので、ファウヒャーの構想の当時の住宅改革のなかでの位置づけは不鮮明なままにとどまる。また、世紀中葉から世紀転換期に至る住宅改革構想の流れのなかで彼の構想を位置づけるという視点は、従来の研究にはない。

まず、一八六五年の論文[30]から検討していこう。

ファウヒャーによれば国民経済学が様々な改革運動の出した問題に解答をあたえることができるとするなら、それは住宅問題についてもいえる。

ファウヒャーが理想とするのは、彼が六年間にわたって暮らしたロンドンの状況である。原則として、ロンドンの住民は一つの家族だけの、せいぜい三階建てまでの家に住んでいる。郊外にはそうした家屋による居住地がロンドンを取り巻くかたちで形成される。そこには六戸から二四戸が集合した形の庭付き一戸建て住宅が建設される。こうした住宅はまず「良き社会」の人々の住宅として用いられ、家賃や購入価格がそれ相応に低下してからは「望みのある人々」の住居となり、そして最後に労働者が入居する。ロンドンでも悲惨な住居の集まった地域が存在しており、住民がそうした底辺に沈んでいく危険性があるので、彼らの没落を防ぐ必要があるのである。ロンドンは当時最大の都市だが、庭付きの完結した家の秩序の維持という農村の慣習が残っており、これが住宅改革の具体的で唯一有効な手本である。

他方、世界で最も早く成長する都市ベルリンをはじめとして、パリ、ウィーン、ペテルスブルクなど他のヨーロッパの大都市には建物が兵舎のごとく建てられている地域がある。こうした状況をもたらす要因としては土地価格、自治体に二重払いすることになる税制、城壁の存続といった要因がある。

こうした議論を進めていくなかで、ファウヒャーは、「ホープレヒト案」を土地価格の高騰をもたらすものと批判している。ほかに建物がないので、このような状況でできた四階以上の建物に人々は引っ越しせざるをえない。すでにベルリンの南側に四階建て以上の建物が建ちはじめている。[31] こうした状況は前章でのべたとおりである。そうした建物では、建築用地が高価格であるため家賃を高く設定せざるをえず、その結果住宅難が発生する。その際に立法は無力であり、協同組合的な手段によって遠くの地域に解決を求める以外に方法はない。

以上、一八六五年の論文でファウヒャーの構想はほぼ語りつくされており、六六年の論文[32]ではイングランドの状況と対比しつつベルリンの状況を批判的に分析している。

まず、この一年の間にベルリンでヴェストエントの開発がおこなわれ、ファウヒャーの想定するような住宅改革が始まった。運動の重点が、いまや勤労階級から頭脳労働ないしは中間階級に移ったことが確認される。

次に、ベルリンの賃貸兵舎内の人間関係を検討する。その分析の中で「混合居住」が遅れた民衆の教育に貢献することはないと指摘して、この発想が間違っているとファウヒャーが主張していることは強調しておきたい。これは様々な社会階層、様々な習慣が存在するからである。ほかにも、家主と店子の関係、隣人との関係、こどもの教育、奉公人の管理の点で、ロンドンの住居のほうが良好であることが主張されている。

さらに、ベルリンでとられるようになった住宅統計(33)のデータを利用して、ベルリンの住宅事情をのべている。彼がこの論文で利用できたのは一八六一年と六四年の統計であるが(34)、それらのデータから、ベッド借り人が根強く見られること、賃貸兵舎の増加により一つの建物に住む世帯数が増加したこと、又貸しの増加などが指摘されている。五〇世帯以上住んでいる建物はいまだ散発的である。当時でも唯ひとつ一〇〇世帯を超していたファミリエンホイザーについて、彼は「その不快な光景はベルリン人に半世紀以来知られている」とのべ、こどもの時に恐怖で遠くからしか見ることができなかったと回顧している。

最後に一八六五年論文と同様、病的な状態がまだ及んでいない周辺部から戦いを始めなければならないと主張して、六六年の論文を締めくくっている。

当時大きな反響のあったファウヒャーの住宅改革構想に対する批判を一方の軸とし、「ホープレヒト案」に対する批判を他方の軸として独自の住宅改革構想をのべたのが、一八六二年設立のベルリン市統計局(35)の一員であるエルンスト・ブルッフである(36)。「ホープレヒト案」批判は一八七〇年に『ドイツ建築新聞』に連載された「ベルリンの建築上の未来と拡張案(37)」で展開されている。

ブルッフは都市の発展が危険をもたらしているという認識のもと議論を進めている。その危険は賃貸兵舎に体現されているという。当時のベルリンでは、一つひとつの土地は、古くからある市区では幅が狭く奥行きが広いのに対して、最近できた市区では幅が広くなっている。また、中心から外に行くにつれ建物の高さは高くなっており、これは他の都市とは逆である。

こうした状況をもたらしたのが「ホープレヒト案」であるという認識から、ブルッフは都市拡張案の原則を指摘する。

第一に、都市拡張案は変更不可能とすべきである。それゆえ、第二に新しい市区に絶対必要なものに限定する。第一の原則と第二の原則を成り立たせるため、第三に道路の用地の確保と道路建設をおこなう。その際、「ホープレヒト案」のような大建築区画を伴う同じ広さの道路ではなく、建築区画は小さくし、道路の広さは状況に応じて多様にすべきである。最後に、拡張案は本来自治体の担当であるべきである。実際には、成立史を見ると国家の機関である警察によって案が作られており、自治体の関心は反映されていない。

「ホープレヒト案」のより具体的な問題点としては、次の七点が指摘されている。

①過度に中核を軸に構造が構想され、市内の個々の地域の交通は全く考慮されていない点が計画の根本的欠陥である。

②道路が無駄に広いので個々の建築区画が拡大してしまっており、結果として土地の奥深くまで建物が建てられてしまっている。

③「ホープレヒト案」によって都市空間が広く、かつ開放的になったので、交通手段を改善する必要性があったはずである。

④「最も近い将来の必要性」を定義する際に誤解が生じており、東部の道路の実現する条件が整うには一世紀以上の時間が必要である。

⑤「ホープレヒト案」で計画されている環状道路は市の境界線に設けられており、建物が建っている地域とは何ら関係がない。

⑥道路は、一度設定されれば土地所有者の権利であり、不可侵である。実際には、とくに環状道路の南の

ほうが大きく湾曲した例が示すように、変更不可能であることが前提とされていない。

⑦全体的に単調である。建築協同組合などによる試みが都市に多様性をもたらしうるが、土地価格の高さと「ホープレヒト案」のために、そうした試みは都市域の外でおこなわれるようになった。ほかにも、水路、公園、家並み線との調整など、「ホープレヒト案」が考慮していない要素は多い。

以上の「ホープレヒト案」批判を念頭において、ブルッフは、市区相互の連絡のための道路の設置や新橋の建設、防衛用の濠の除去による新道路の建設の必要性を指摘する。論文の最後に、具体的提案として、

①拡張案で計画されているが、まだ完成していない道路の取り消し

②中央道路や周辺部の大きな交通網の建設および管理は自治体の義務とすること

③細かい「新道路」の建設は私企業に任せること

をのべている。

ファウヒャー批判を念頭において住宅問題解決の手段を探ったのが、市統計局の年報（一八七二年）に掲載された論文[38]である。ドイツ統一に伴うベルリンの住宅事情の悪化を背景として、住宅問題について原因と解決手段の双方から立ち入った議論を展開している。

原因の一つとして「ホープレヒト案」も指摘されている。この論文では、この案の策定された地域で土地価格が全般的に高く評価されてしまい、それゆえ住宅難が発生したことが指摘されている。他に要因としてあげられているのが、土地価格、融資の不備、建築資材の価格、賃金と収入の関係である。この点を議論するために、当時とられるようになったベルリンに関する統計のデータが利用されている。

この論文の解決手段をめぐる議論を規定しているのが、ファウヒャーの自由主義的な解決に対する批判である。まず、賃貸兵舎か郊外の一戸建て住宅かという問題については、ファウヒャーのように後者を賞賛することはなく、両者の中間に真実があるとする。ファウヒャーと異なり、「混合居住」こそが望ましいとし、

また郊外住宅による住宅供給の増加ではなく、人口減少手段を講ずべきと主張している。ファウヒャーが自由主義社会と信じているイングランドでも、警官や郵便配達のための官舎や数多くの建築警察立法が存在していることが強調されている。それに対応してドイツでも、信用や税制の改革、建築警察による規制、交通網の整備など、公権力による改革をおこなうことを求めている。このような改革を実現するために、帝国議会に住宅改革立法を提案する必要性が強調される。こうした公権力の関与だけではなく、全般的な収入の増加や都市機能の拡散の必要性が求められている。最終的に住宅問題の解決に必要なのは、労働者の自助、国家、そして人道的な結社の活動にあることが主張され、最後の点についてはフーバーなどの構想が評価されている。

ブルッフの、とくに一八七二年論文の議論がファウヒャー批判を根底としているために、以上の両者の議論の整理からは二人の構想の違いが浮き彫りになるが、ここで世紀中葉の住宅改革構想をふまえて、二つの改革構想に通底する特徴を整理したい。

第一に、それまでの議論では住宅だけが念頭におかれていたのに対して、両者の議論ではベルリンを一つのまとまりとしてみる視点が前面に出ている。ファウヒャーの議論では、裕福な階級から貧しい階級へと一つの住宅の居住者が変わることにより、一都市を単位として住民が流動することを前提としている。また、周辺部に改革の出発点を求めるのは、旧来の飽和状態となった都市部と周辺部の違いを前提としつつ、両者の関係のなかで住宅問題を解決しようという発想である。他方、ブルッフにあっては、とくに「ホープレヒト案」批判に顕著に見られるように、市区相互の連絡とそれによってもたらされる都市社会全体の円滑な連絡が求められている。七二年論文で求めている建築警察立法や交通網の整備が、そうした都市社会の一体性を保障する。

第二に、ファウヒャーもブルッフも、一八六一年からベルリンでとられるようになった住宅統計を用いて住宅事情の悪化を語っている。住宅事情の悪化に対する漠然とした不安から、その衛生や道徳の問題を強調したきらいのある世紀中葉の論者とは一線を画す。こうした現状把握のあり方の背景にあるのは、ファウヒャーにあっては自由経済的な観点、ブルッフにあっては都市問題全体を解決しようという視点であろう。

第三に、ファウヒャーにあっては「混合居住」は批判の対象となっており、都市社会内の諸階層の新たな関係のあり方が模索されている。理屈の上では、都市郊外に裕福な階層のための居住地が造られたとして、その後の居住者の交替は段階的におこなわれるはずなので、ファウヒャーの構想も様々な階層が同一居住地に混在する可能性を含んでいる。そうした点はファウヒャーではとくに意識されていない。「自由放任」的な発想であれば、裕福な階層の住宅を建設することと、それが最終的に労働者の住宅となることが一直線につながり、途中の過程はとくに問題とはならないのであろう。他方、当局の干渉や都市改造など後年の住宅改革や都市計画とつながる要素が強く見られるブルッフにあっては、「混合居住」の発想は維持されている。ホープレヒトも、一八六九年に書いた、公衆衛生を管理する国家官庁を創設することを求める著作では、「混合居住」を理想としている。[39] 行政的に都市改革に深くかかわる立場の人にとっては、この発想の説得力はこの時期でも根強いものである。ただし、ファウヒャーとブルッフの両者とも、労働者の住環境を市民のそれに近づけようとした点では共通の土台に立っている。

実際の住宅建設の動きをみると、ベルリンの南西部郊外にリヒターフェルデやヴェストエントなど裕福な階層のための邸宅地が開発されるようになったのが、ファウヒャーが住宅改革構想の発表した一八六〇年代半ば以降のことである。これは、鉄道の発展や裕福な階層が過密な都市から脱出しようとしたことを背景に開発が進んだものといえる。[40]

郊外住宅地のなかでもベルリンの南西部に位置するリヒターフェルデの発展を、ヴォルフェスの研究によりのべておこう。[41] 当時、このリヒターフェルデは、ファウヒャーの構想が具体化したものとみなされていた。

一八六五年、ハンブルク郊外に同様の住宅地建設を試みたカルシュテンという人物がこの地域を購入し、住宅地として開発する。彼は、この住宅地に接して走るポツダム鉄道とアンハルト鉄道とに交渉し、鉄道の駅を設置させ、住民の便宜を図っている。この地域に七三年から七八年にかけて軍の幼年学校が建設された。七七年にはこの住宅地とともとからの農村地域が合併して大リヒターフェルデとなり、これは一九二〇年に大ベルリンに統合されるまで独立した自治体として機能している。人口は、世紀半ばの数百人規模のものから、とくに九〇年代以降発展を見せ、一九一〇年には四万人を超えている。住民の職業構成を見ると、当初の農業中心の人口から七〇年代には市民層が増加している。彼らの多くはベルリン市内にも住居を持ち、リヒターフェルデには夏だけ住んでいたようである。幼年学校建設中は手工業者や労働者も住み、また世紀転換期以降は賃貸兵舎も誕生しているが、八〇年代以降は住民の多くはベルリンに通勤する市民層であったと推測されている。

このように、本格的発展は一八九〇年代以降であるが、ベルリン郊外にこうした邸宅地が誕生したことは、郊外の一戸建ての居住地という構想実現の可能性を、同時代人に

写 3-2-3　リヒターフェルデの邸宅

認識させたであろう。[42]

以上検討してきたような住宅改革構想の新しい要素を取り入れつつ、より根源的な「混合居住」批判を展開したのが、一八七四年に世に問われたアルミニウスの著作である。

三　アルミニウス

アルミニウスは筆名であり、本名はアーデルハイト・フォン・ポニンスカ Adelheid von Poninska という一八〇四年生まれの貴族家系出身の女性である。[43] ここでとりあげる『住宅難の大都市とその抜本的解決のための基礎』[44]（一八七四年）を公刊した際、女性であるので匿名にしたようである。同書は、都市内に緑地を設けるという発想が出版直後から注目を集め、後年の緑地計画に大きな影響を与えている。[45]

この著作においてアルミニウスは、それまでヨーロッパでおこなわれた住宅改革の試み[46]のみならず、都市問題解決のためにおこなわれた様々な試みの情報をふまえながら、独特の構想を組み立てている。たとえば、彼女は一八六〇年代半ばからライプチヒに住んでいたが、同市でおこなわれていた、賃貸の家庭用小庭園設置を目的とする協会の活動の内容を紹介している。[47] 同書の付録として、ベルリンの聖エリーザベート教区の児童預かり庭園（一八五七年設立）の活動報告が収録されている。[48] 慈善活動に関心をもつ貴族として、そうした情報が入りやすい立場にいたという推測は許されよう。

このようにアルミニウスは、女性という点でも、貴族という点でも、慈善活動家という点でも、従来の住宅改革運動家と一線を画している。それにとどまらず、構想の内容が前章まで検討してきた統一前後の住宅改革構想と共通の土台に立ちつつも、独特の発想がうかがえるのである。したがって、彼女の著作は住宅改革運動の歴史のなかで、しかるべき位置をあたえられるべきなのだが、この時期への関心の低さが反映してか、従来の研究ではとりあげられることすらなかった[49]。

アルミニウスの構想は、当時ヴィーンなど様々な都市でおこなわれていた都市拡張事業でも労働者住居が考慮されていないという現状認識[50]のもと作られたものである。論点が多岐にわたる彼女の著作の内容を、前章までの議論をふまえ、住宅改革構想の流れのなかで整理しておきたい。

住宅問題の解決のために、住宅そのものの改善だけではなく、住宅外の「休息」の場を都市郊外の緑地帯に設ける必要性を主張している点[51]が、彼女の構想の一番顕著な特徴といえる。ほかにも次の点を特徴として指摘しておく必要があるだろう。

まず、住宅問題の解決が、旧来の都市空間の中ではなく都市の外に求められている点は、当時の住宅改革構想の一般的流れと合致している。ただ、彼女にあっては単に庭付きの住宅を郊外に設けるだけでなく[52]、農耕・営業学校や緑地を郊外に設けることが意図され、それぞれ都市内の過剰人口の吸収と休息という重要な役割を割り当てられている。すなわち、農耕・営業学校には、都市内の労働者の子弟の初等教育終了後の教育や孤児の養育が期待されている[53]。緑地は都市内の生活や労働からの一時的解放の役割のため、社会階層や性別などの違いも考慮して様々な形で設けられる[54]。都市内の過密という現実をふまえ、都市内では担えない様々な役割を郊外に想定するようになっており、郊外も含めた都市社会の一体性が議論の前提になっている。

次に「混合居住」が批判の対象となっている。彼女は次のように議論している。

住居を建てる際に、労働者だけの住居が非合理であり危険であるという偏見を解消する必要がある。たしかにファミリエンホイザーのような例があるが、そうした住宅でも理にかなったものも存在しており、労働者がまとまっていたほうが救済組織の活動が容易になる[55]。都市内には、小手工業者、奉公人、小商人、日雇い、下級官吏など、そこに住む必要のある人々が住み、郊外には裕福な者か貧しい者が住むようにする[56]。このようにすみわけが念頭におかれ、「混合居住」の発想は否定される。

また、労働者を、
第一に、雇用者による住宅の提供を期待できる者
第二に、完全な自助能力のあるわずかの労働者
第三に、自助をおこなうには貧しすぎるか倫理的に低すぎる労働者
第四に、圧倒的多数の自助をおこなうために援助が必要な労働者
に分類し、それぞれどのような住宅が必要か議論している。このうち第二と第三のカテゴリーの労働者については、それぞれのカテゴリーの労働者の居住地の設定が求められている。そうした居住地では労働者の共同体意識が形成されるのであり、労働者の住居を分散することは悪の強大化への防衛手段とはならないと、「混合居住」は改めて否定される。[57]

住宅そのものについても様々な階層の要求や必要の多様性を認識しており、[58]これは「市民」と「労働者」という単純な二分法に基づく「混合居住」とは異なる社会階層認識といえる。もっとも、最低限必要な部屋は、暖房可能な部屋が一つ、できない部屋が一ないし二、台所、そして地下貯蔵庫であると指摘し、[59]彼女が念頭においている住宅は市民のそれであることは留意しておく必要がある。「休息」についても、社会階層の違い、男女の違い、お針子と女性工場労働者の違いなど置かれた状況による休息の必要の多様性が認識されている。[60]都市住民の多様性を把握したうえで対応を考える姿勢がうかがえ、ある集団の文化を他の集団に安易に移植するような発想はうけいれがたいものだったのであろう。

労働者をまとめたほうが社会改革による影響をあたえやすいという発想も含め、彼女の「混合居住」批判の姿勢は、彼女の慈善活動家としての経験から来たものであるという可能性は十分想定できる。

最後に、住宅改革にかかわる諸力の協力を求めるようになっている点も、彼女の特徴といえよう。[61]関与すべき諸力としてあげられるのが、雇用者、自治体、国家、そして公共的な協会である。その結果として、国

家や自治体の役割は従来の論者より明確なものになっている。自治体の役割としては、住宅需要の明確化、建築の認可、財源の負担、都市への流入規制の条例の制定、建築会社との交渉があげられ、また市参事会と市議会での審議の迅速化が求められている。[62]国家の役割としては、大都市で制定された建築条例の修正、内務省内の住宅部局の設置、住宅改革用の財源の確保が想定されている。[63]このように自治体が個々の都市の状況把握と具体的な処置をおこない、国家がそうした動きを監督するというかたちで役割分担を想定しているのも、諸力の協力という発想からすれば必然的な帰結であろう。他方、公共的協会については、上の階層の援助を前提にした公共的建築協会や、労働者の自助による建築協同組合といった直接建築に乗り出すような組織は、議論の対象となっていない。そのかわり、住宅をめぐる諸要素の調停を目的とするような組織が念頭におかれている。

ほかにも、他の改革者に比べて、宗教的要素が強調され、[64]教育や、放置されている子どもの保護が議論され、[65]独身女性の住居や休息の場が検討されているのは、[66]彼女の慈善活動家としての活動や思想が反映しているのであろう。[67]

アルミニウスの住宅改革構想は、休息の場の強調や徹底した「混合居住」批判など独自の部分も見られるが、前節まで検討したザックス、ファウヒャー、そしてブルッフらの構想と共通の土台に立つものといえよう。郊外に休息の場や人口吸収の役割を割り当てるのは新しい要素といえるが、それらも住宅改革構想の重要な一部であり、住宅問題の解決を都市の外に求める発想の延長線上にあるのである。

おわりに

本章で検討してきたドイツ統一前後の住宅構想を、世紀中葉の住宅改革構想との対比のもと整理しておこう。

当時の住宅問題をあつかう論者の念頭にあったのは、周辺部における賃貸兵舎の乱立や都市空間の飽和という新たな状況である。とりわけ「ホープレヒト案」が策定された領域に賃貸兵舎が次々と建てられていく光景は、単純に市域を広げていく旧来のやり方の限界を当時の人々に実感させたであろう。それに対応して住宅改革構想に従来とは異なった要素が見られる。

変化した点でまず指摘しておくべきは、住宅問題がそこに住む住民の道徳の問題としてではなく、別の脈絡で捉えられるようになってきていることであろう。ザックスやファウヒャーは経済学的観点に立ち、ブルッフは都市問題全般のなかで住宅問題を捉えようとし、そしてアルミニウスは慈善活動家としての経験をふまえて議論している。

新たな観点から打ち出される構想そのものに共通して見られる新要素を整理していこう。

第一にあげるべきは、世紀中葉は都市空間内に解決の場が求められていたのに対して、旧来の都市空間の飽和や郊外邸宅地の開発という現実を背景に、郊外に住宅問題の解決の期待がかけられるようになったことであろう。郊外に解決を求める発想も、単に都市の外に住居を設置すればよしとするのではなく、交通の整備や都市内の機能分化といった点で、都市全体をも視野に入れた構想につながっていくことも指摘しておきたい。

こうして世紀中葉に比べると、改革の際に念頭におかれるのが都市社会全体となり、また交通網の整備など改革構想を成り立たせるために必要な要素が格段に増えてくる。改革者の認識がそうした段階に到達したことを背景に、改革に必要な諸力の調整をおこなうという公権力の役割が住宅改革者の議論のなかに浮上してきたといえる。もっとも、「社会的住宅建設」の時代のような公権力による住宅建設はいまだ提唱されておらず、公権力の役割としては、建築条例による規制や税制の優遇などが中心である。

第Ⅰ部第1章でみたように、ベルリンの都市化の本格化は一八七〇年頃から以降のことである。交通機関の発達や郊外住宅地の開発は、本章であつかった構想が語られた時期には、いまだ萌芽的段階にとどまる。本書でとりあげた住宅改革者は、いまだ定着するか定かではなかった交通機関や郊外住宅の可能性を読みとったと評価すべきであり、彼らの構想が説得力あるものとして定着するのは、その後の都市化の進展次第であったといえよう。

世紀中葉の発想の象徴ともいえる「混合居住」の説得力が揺らいでいることも、当時の住宅改革構想を考える際に重要であろう。

まず、住宅改革者のこの発想をめぐる議論は多様であり、スカルパのように、その説得力の喪失の背景が都市社会内の社会的結合の変化だけに単純に還元できるようなものではないことは、本章の叙述から明らかであろう。

ザックスも「混合居住」の意義を大都市の賃貸住居内の人間関係にのみ限定している。ファウヒャーは、都市社会内の社会階層の多様性という認識からこの発想を批判している。アルミニウスは、慈善活動の経験から得たであろう都市社会に関する具体的な事実認識に基づき、ファウヒャーより徹底的な「混合居住」批判をおこなっている。こうしてみると、「混合居住」の説得力が揺らいだ背景には、住宅問題をとりあげる際の、当時の論者の視点の変化が重要なのである。[68] 逆にブルッフやホープレヒトのような都市改造に関する専門官吏は「混合居住」の役割を強調する。彼らにとっては都市改造をめぐる新たな発想や技術の導入こそが重要なのであり、住宅改革の生活改革や意識改革の側面については旧来の発想がそのままうけいれられたのであろう。

「混合居住」について、次に、立場は様々であるが、本章で検討を加えた論者がかならずこの発想についてふれていることを指摘したい。このことは、明らかに従来の成果を大幅に参照しているザックスやアルミニウスのみならず、統一前後の住宅改革者が、それまでの住宅改革の議論の成果をふまえて構想を展開したことを意味するであろう。

この時期の住宅改革構想には世紀中葉からの連続性も強く見られるのである。この点は、住宅改革の比較、とくにフランスとの比較で重要となってくるので、もう少し展開しておこう。ドイツ統一前後の住宅改革者も、世紀中葉の改革者同様、労働者が住むことになる住宅に衛生面の向上を求め、部屋ごとの機能分離や住居の家族だけの閉鎖性という点で市民層のそれに近づけることが意図される。こうした状況を成り立たせるために、一戸建ての住居を労働者が所有することが理想とされる。

これらの点は、一九世紀全体に見られる住宅改革構想の特徴といえる。一九世紀中葉から連続し、しかも世紀末とは異なる住宅改革構想の要因をあげておけば、この時期の理想とされる住居が単に市民的住居とだけ想定され、のちの時代のように社会階層ごとの多様性は前提とされていないことであろう。現実の社会階層の多様性は認識されつつも、その認識が具体的構想の中に結実していないのである。市民的な住居を前提としつつも、官吏、上層労働者、下層労働者などの階層ごとに、経済力や生活の必要に応じた住居が建設されるようになった世紀末の住宅改革とは、まだ隔たりがあるといえる(69)。

連続性という点では、建築後五〇年近くが経ったファミリエンホイザーを、悪住環境の事例としてとりあげる論者がまだ存在することは象徴的である。当時のベルリンの状況からすれば賃貸兵舎の発生が切実な問題であるが、いまだ存在していたファミリエンホイザーのイメージが、この時期の住宅改革に関心をもつ人々の脳裏を離れなかったのである。

こうした住宅改革構想の議論の連続性をもたらした背景としては、ベルリンでは既存の都市空間がそのまま残っていたことが想定できよう。そのため、中心部に住む市民にとっては、自分の住む建物の屋根裏部屋や地下住居といった旧来からの問題は身近なままにとどまりつつ、既存の都市空間に隣接する地域に新たな住宅問題である賃貸兵舎が誕生したのである。どのような立場をとるにしても、世紀中葉以来の住宅改革の議論を無視しえないような社会状況にあったのである。

郊外に住宅問題の解決を求めるようになったこともあわせて考えると、本章であつかった論者の住宅改革構想には、当時のベルリン社会の三重構造が如実に反映していたのである。序章でのべたように、そうしたベルリンの都市構造は、同時期のオスマンの改造によって都市景観が一変したパリのそれとは大きく異なる。そうした違いが住宅改革構想にも反映していくと考えられるが、この問題については「結論」においてまたとりあげることにする。

以上、統一前後の住宅改革構想は、現実のベルリン社会の変化を反映し、世紀中葉からの連続性をふまえつつ新しい側面をもつようになったといえる。資本主義の打破による住宅問題の解決という前提に立つエンゲルスにとっては、「ブルジョワ的」住宅改革構想の具体的内実や変化は、それほど大きな問題ではなかったのであろう。エンゲルスの批判を無批判に受け継いだ現代の研究者の視点こそが問題なのである。

本章の最後に市民層研究に若干の見通しをのべておこう。まず、当時の住宅改革者にとっても、労働者を市民的な住居に生活させるのが目標であるのは変わりない。他方、本章では、世紀中葉には住宅改革構想の象徴ともいえた「混合居住」の説得力が失われていく状況を描いた。これは市民的価値感の普及の可能性への信頼が薄れていくことを意味する。かわりに認識されるようになるのが、都市社会の多様性なのであり、全く均質な市民社会は期待されないようになる。ドイツの市民社会の内実は、この時期から確実に変化しはじめたのである。

注

(1) Friedrich Engels, Wie Proudhon die Wohnungsfrage löst, in: *Der Volksstaat. Organ der sozial-demokratischen Arbeiterpartei und der Internationalen Gewerksgenossenschaften*, 51, 52, 53, 1872; ders., Wie die Bourgeoisie die Wohnungsfrage löst, in: *Ebenda*, 103, 104, 1872; 2, 3, 1873; ders., Nachtrag über Proudon und die Wohnungsfrage, in: *Ebenda*, 12, 13, 15, 16, 1873. 一八七三年にこの三本の論説をまとめた本が『住宅問題 Zur Wohnungsfrage』というタイトルで出版され（ただし、筆者未見）、一八八七年に若干の修正を加えた第二版が発行されている。邦訳は、大内兵衛訳の岩波文庫版（一九四九年）と村田陽一訳の国民文庫版（大月書店、一九七四年）を参照した。

(2) 当時の住宅事情については、さしあたって拙稿「一九世紀ドイツの住宅改革運動 — 一つの概観」（『新潟大学教育人間科学部紀要（人文・社会科学編）』第八巻第一号、二〇〇五年）、三頁参照。

(3) たとえば、一九世紀ドイツの住宅改革運動を概観したブロックは、一八六〇年代半ばの国民経済者会議と労働諸階級福祉中央協会の論争の結果、住宅問題解決について自由放任主義が基調となったとし、この時期の住宅改革の試みに立ち入って検討していない。Nicholas Bullock, The Movement for Housing Reform in Germany 1840–1914, in: id. and James Read, *The Movement for Housing Reform in Germany and France 1840–1914*, Cambridge 1985, p. 45–51. この時期に注目を集めた住宅改革構想を打ち出したユリウス・ファウヒャーについては Gerhard Fehl, Berlin wird Weltstadt: Wohnungsnot und Villenkolonien. Eine Begegnung mit Julius Faucher, seinem Filter-Modell und seiner Wohnungsreformbewegung um 1866, in: Rodriguez-Lorez/Fehl (Hg.), *Städtebaureform 1865–1900. Von Licht, Luft und Ordnung in der Stadt der Gründerzeit*, Hamburg 1985; Hans Jürgen Teuteberg, Eigenheim oder Mietskaserne. Ein Zielkonflikt deutscher Wohnungsreformer 1850–1914, in Heinz Heineberg (Hg.), *Innerstädtische Differenzierung und Prozesse im 19. und 20. Jahrhundert. Geographische und historische Aspekte*, Köln 1987 があるが、他の論者については立ち入って検討した研究はない。

(4) エンゲルスはこの『住宅問題』において、彼が「プルードン主義者」とするミュールベルガーの住宅問題に関する議論とともに、世紀中葉以来の住宅改革の議論をまとめたと評価するザックスの著作（一八六九年）を例に「ブルジョワ的」住宅改革方法について論じている。エンゲルスはザックスの構想を資本主義的生産様式をそのままにして、「無産階級を所有者階級の水準まで高めよう」としているものと整理する。エンゲルスは、資本主義生産様式はその存在の前提として無産階級の存在を想定しており、そうした構想そのものが矛盾を孕んでいることを強調し、結局資本主義生産様式や市民社会が打破されて初めて住宅問題が解決すると主張する。

（5）この点については本書序章第三節参照。

（6）この時期の住宅改革については注（2）前掲拙稿「一九世紀ドイツの住宅改革運動」三─四頁で簡潔な検討を加えたことがある。その際、当時の論者のうちファウヒャーとブルッフの構想だけに検討を加え、また彼らの改革構想の歴史的意義まで立ち入って考察していない。当時の住宅改革構想の研究史上の位置づけも含め、本稿では当時の議論をより詳細に分析していくこととする。

（7）「混合居住」について本書序章第三節、第I部第2章および第II部第4章参照。

（8）Jürgen Kocka, Das europäische Muster und der deutsche Fall, in: ders. (Hg.), *Bürgertum im 19. Jahrhundert. Band 1: Einheit und Vielfalt Europas*, Göttingen 1995. 近年の市民層研究の動向については本書序章第二節参照。

（9）Ludovica Scarpa, *Gemeinwohl und lokale Macht. Honoratioren und Armenwesen in der Berliner Luisenstadt im 19. Jahrhundert*, München/New Province/London/Paris 1995, S. 203–207; S. 233.

（10）この点については本書序章第三節参照。

（11）Engels, Wie die Bourgeoisie die Wohnungsfrage löst, in: *Der Volksstaat*, 103, 1872.

（12）Dr. Emil Sax, *Die Wohnungszustände der arbeitenden Klassen und ihre Reform*, Wien 1869.

（13）Bullock, op. cit., p. 49. エンゲルスの「住宅問題」と対比して触れられるのみで、住宅改革の系譜の中で位置づけられていない。ザックスの構想は他の文献でも簡単に言及されるにとどまる。Clemens Zimmermann, *Von der Wohnungsfrage zur Wohnungspolitik. Die Reformbewegung in Deutschland 1845–1914*, Göttingen 1991, S. 69; S. 129.

（14）Sax, *a. a. O.,* S. 1–19.

（15）次節参照。

（16）Sax, *a. a. O.*, S. 20–45.

（17）*Ebenda*, S. 46–57.

（18）*Ebenda*, S. 58–70.

（19）*Ebenda*, S. 71–92.

（20）*Ebenda*, S. 93–104.

（21）*Ebenda*, S. 105–124.

(22) *Ebenda*, S. 125–168.

(23) *Ebenda*, S. 169–183.

(24) *Ebenda*, S. 184–207.

(25) もっとも、当時住宅改革に関心をもつ人々のなかでも農村の住宅問題に関心をもつ者は、管見の限りではザックスと、第Ⅱ部第4章で検討したゼンフトレーベン (Hugo Senftleben, Ueber gesundheitsgemäße Einrichtung ländlicher Arbeiterwohnungen, in: *Der Arbeiterfreund*, 3, 1865) 程度であり、住宅問題といえば、もっぱら都市の問題であった。

(26) Julius Faucher, *Die Vereinigung von Sparkasse und Hypothekenbank und der Anschluss eines Häuserbauvereins als social=ökonomische Aufgabe unserer Zeit, insbesondere der Bestrebungen für das Wohl der arbeitenden Klassen*, Berlin 1845.

(27) 彼の経歴などは *Allgemeine Deutsche Biographie* 参照。

(28) Julius Faucher, Die Bewegung für Wohnungsreform, in: *Vierteljahrschrift für Volkswirthschaft und Kulturgeschichte*, 3–4, 1865; 4–3, 1866.

(29) Fehl, a. a. O.; Teuteberg, a. a. O. ツィンマーマンも、体系的な検討を加えているわけではないが、郊外の一戸建てを称揚するファウヒャーの自由主義的な構想の意義を住宅改革運動を概観した著作の中で、随所で指摘している。Zimmermann, *a. a. O.*, S. 42; S. 49f.; S. 59f.; S. 74.

(30) Faucher, 1865.

(31) Ebenda, S. 196.

(32) Faucher, 1866.

(33) 一八六一年にとられた最初の人口・住宅調査の報告書が *Die Berliner Volks-Zählung vom 3. December 1861. Bericht der städtischen Central-Commission für die Volks-Zählung über die Mitwirkung der Commune an der Zählungsausführung und deren Resultate*, Berlin 1863 である。

(34) 六五年論文においても六一年の統計を利用してベルリンの住宅事情を説明している (Faucher, 1865, S. 177–180)。

(35) ベルリン市統計局については、*Das Statistische Amt der Stadt Berlin 1862–1912*. Im Auftrage der Deputation für Statistik in kurzem Abriß dargestellt von Professor Dr. H. Silbergleit, Berlin 1912 参照。

(36) 一八六八年から七三年にかけて統計局の研究助手であり、七三年に統計局の試補に任命され、のちブレスラウの統計局長官になる。*Ebenda*, S. 58. 従来の住宅改革研究では、彼の議論は「ホープレヒト案」批判が簡単にふれられるにとどまる。

Bullock, op. cit., p. 158. とりわけ、都市計画的発想が色濃く見られる七二年論文は、従来の研究では完全に看過されている。

(37) Berlin's bauliche Zukunft und der Bebauungsplan, in: *Deutsche Bauzeiteung*, Jahrg. IV, No. 9–24, 1870.

(38) Dr. Ernst Bruch, Wohnungsnoth und Hülfe, in: *Berlin und seine Entwickelung. Städtisches Jahrbuch für Volkswirthschaft und Statistik*, Sechster Jahrgang, herausgegebern vom statistischen Bureau der Stadt, Berlin 1872.

(39) James Hobrecht, *Ueber öffentliche Gesundheitspflege und die Bildung eines Central-Amts für öffentliche Gesundheitspflege im Staate*, Stettin 1868, S. 1f.

(40) Felix Escher, *Berlin und sein Umland. Zur Genese der Berliner Stadtlandschaft bis zum Beginn des 20. Jahrhunderts*, Berlin 1985 が、ベルリン周辺部の発展を概観している。

(41) Thomas Wolfes, *Die Villenkolonie Lichterfelde. Zur Geschichte eines Berliner Vorortes (1865–1920)*, Berlin 1997. 郊外住宅地についての邦語文献として、稲垣隆也「二〇世紀初頭ベルリンにおける郊外住宅地の発展と土地所有者」(『社会経済史学』六七巻六号、二〇〇二年)および同「帝政末期におけるベルリン近郊ゲマインデの公益的住宅建築事業 —— 建築不況後のランクヴィッツを事例として」(『歴史と経済』一八五号、二〇〇四年)がある。

(42) 彼の構想がうけいれられた背景を別の角度から示してくれるのが、六五年八月二九日のドイツ経済者会議における議論である(このドイツ経済者会議を舞台とする住宅問題への取り組みについては第II部第4章参照。「住宅問題」をとりあげた一八六五年八月二九日の会議の議事録は *Vierteljahrschrift für Volkswirthschaft und Kulturgeschichte*, 3-3, 1865, S. 186–206 に収録)。そこでは、「混合居住」は「賃貸兵舎」と同義語として排除され、「一戸建て」が称揚されている。ベルリンの住宅事情の悪化はかなり深刻であったのだが、ドイツ全土から集まった市民には、そうした状況に対する認識は希薄である。「一戸建て」を理想とするような市民には、ファウヒャーの構想がうけいれやすかったのであろう。

(43) 彼女の略歴ついては、http: //www. luise-berlin. de/strassen/Bez08a/A36htm 参照(二〇〇五年九月一四日閲覧)。

(44) Arminius, *Die Großstädte in ihrer Wohnungsnoth und die Grundlagen einer durchgreifenden Abhilfe*, Leipzig 1874.

(45) 穂鷹知美『都市と緑——近代ドイツの緑化文化』(山川出版社、二〇〇四年)、五八—一五九頁。

(46) たとえば、ミュールズの労働者都市については、Arminius, *a. a. O.*, S. 61–62 で紹介されている。ミュールズの労働者都市については中野隆生『プラーグ街の住民たち —— フランス近代の住宅・民衆・国家』(山川出版社、一九九九年)参照。

(47) 穂鷹注(45)前掲書、第四章「クラインガルテン施設の展開」(一一七—一七三頁)。

(48) Arminius, *a. a. O.*, S. 249–260.

(49) 本章「はじめに」。
(50) Arminius, *a. a. O.*, S. 5–7.
(51) 二部構成の同書の第二部がこの問題に取り組んでいる。*Ebenda*, S. 131–243.
(52) *Ebenda*, S. 66; S. 80. 状況に応じて都市内に住居を設ける必要性も指摘してる。
(53) *Ebenda*, S. 17–32.
(54) *Ebenda*, S. 131–243.
(55) *Ebenda*, S. 51–54.
(56) *Ebenda*, S. 54–57.
(57) *Ebenda*, S. 61–63.
(58) *Ebenda*, S. 15–16; S. 37–38; S. 46–47; S. 53; S. 57–84.
(59) *Ebenda*, S. 48–50.
(60) *Ebenda*, S. 131–243.
(61) *Ebenda*, S. 85–130.
(62) *Ebenda*, S. 89–106.
(63) *Ebenda*, S. 106–120.
(64) 同書全体がそうした観点で貫かれているが、さしあたって序論参照。*Ebenda*, S. XI.
(65) *Ebenda*, S. 161–179.
(66) *Ebenda*, S. 67–78.
(67) *Ebenda*, S. 191–207.
(68) 何らかのかたちで市民層の住居の使い方を労働者に身につけさせようという発想は、その後も残る。それは、漠然とした市民一般がではなく、イギリスのオクタビア・ヒルの影響も受け、特定の個人ないしは官吏が労働者の住宅の使い方を指導する発想へとつながっていく。そうした発想に基づき労働者の住宅の立ち入り調査をおこない、住居の正しい利用の仕方を指導する住宅局がベルリンで設立されるのは一九一三年のことであった。Christoph Bernhardt, *Bauplatz Groß-Berlin. Wohnungsmärkte, Terraingewerbe und Kommunalpolitik im Städtewachstum der Hochindustrialisierung (1871–1918)*, Berlin/New York 1998; ders., Die Anfänge der kommunalen Wohnungspolitik und die Wohnungsmarktschwankungen in Gross-

Berlin vor 1914, in: Wolfgang Hofmann/ Gerd Kuhn (Hg.), *Wohnungspolitik und Städtebau 1900–1930*, Berlin 1993. ベルリン近郊の住宅監督制度に関する邦語文献として、稲垣隆也「帝政末期におけるプロイセンの都市住宅監督政策 ― シャルロッテンブルク市を事例に」(『一橋論叢』一三二号六号、二〇〇四年)がある。注(2)前掲拙稿「一九世紀ドイツの住宅改革運動」五頁。

(69) 本書第Ⅲ部第3章および結論参照。

第3章

一九世紀ドイツにおける住宅改革構想の変遷
――労働諸階級福祉中央協会の機関誌を題材に

はじめに

きわめて多様な家族が一緒に住んでいるベルリンの住居には非常に好運な状況がある。つまりある家族が別の家族を助けるのである。彼らはおたがいに尊重するが、一方貧しい家族だけが住む建物ではたえまなく言い争いや妬みないしは喧嘩が生じる[1]。

ここに引用した言葉は、一九世紀中葉に劣悪な住居へ多くの者が詰めこまれるという労働者の住宅事情に直面し、改革に乗り出したドイツの市民層に標準的な発想といえる。市民層と貧しい者が一緒に住み、日常的に前者が後者に道徳や衛生の点で良い影響をあたえようというのである。第II部第4章において、史料にはZusammenwohnungなどと記されるこの発想（以下「混合居住」）が、当時のドイツの住宅改革者に定着していく過程を明らかにした。この「混合居住」は、一八世紀後半のロンドンや一九世紀半ばのパリにも見られ、相互の系譜関係は不明であるが、都市化が本格化する前の段階のヨーロッパの大都市で説得力をもった発想といえる。[2] 前章では、この発想の説得力がドイツ統一前後に揺れ動き、他方都市を一つのまとまりとして捉えるような発想が唱えられはじめた状況をのべた。住宅改革構想に関する新しい動きは、その後定着していったのであろうか。本章では、この問題について見通しをつけたい。

この問題は単に住宅改革構想の変遷にとどまらず、以前はその「弱さ」が強調され、[3] 近年様々な側面から再検討が進められつつあるドイツ「市民」[4] 層の認識の枠組みの変化を、住宅改革構想という側面から照射するというより大きな課題につながる。ところが、序章ですでに指摘したように、この問題に、従来の住宅改革研究は、十分に答えてくれるとはいいがたい。第一次世界大戦後に基盤が確立する「社会的住宅建設」成立史として叙述するのが従来の研究[5]の視角である。[6] このような視角からすれば「社会的住宅建設」と関連して議論されづらい理想住宅像や改革構想の全体像については、「一戸建てか集合住宅か」[7] というかたちで超歴史的概念が安易に適用されてしまう。実際、「混合居住」という世紀中葉に特徴的な発想に、スカルパを除けば従来の研究は言及することはなかった。

こうした観点は、二〇世紀の「社会的住宅建設」の尺度で一九世紀の住宅改革運動をはかるものであり、運動を一九世紀社会のなかに位置づけて考えると、そこに無理が生じることは疑いをいれない。そして、もともとは都市問題として生じた住宅問題・住宅改革運動を当時のドイツ社会の脈絡において考える場合、一九世紀に見られた都市化現象を考慮しなければならないであろう。[8] 都市化という社会の大きな変化と、住宅改革構想との関係も、本章では検討したい。

本章は、世紀中葉にあっては標準的な住宅改革構想をいだいていた労働諸階級福祉中央協会（以下、中央協会）機関誌の住宅関連記事を分析することで、先にのべた問題に答えていく。分析の際に、第一節で確認する中央協会とその機関誌の性格上、「運動」（実際の住居建設など）の側面は捨象せざるをえないことをここであらかじめ断っておく。一八四八年から一九一五年まで発刊された中央協会の機関誌を分析対象とするのは次の理由による。中央協会は、世紀中葉から第一次世界大戦まで存続した、ドイツにおけるほぼ唯一の社会福祉組織である。[9] この時期は、従来の研究の観点からすると、住宅問題がドイツで認識された時期から「社会的住宅建設」の基盤の確立によって運動が一つの段階に達した時点と重なる。そして、この間、第一節で確認するように、中央協会は様々な住宅改革運動と関係をもっており、その機関誌に住宅改革運動の動向が反映していると考えられるのである。

次節では中央協会と住宅問題のかかわりをみていく。

一　労働諸階級福祉中央協会と住宅問題

中央協会の歴史[10]については第Ⅱ部第1章でのべた。その際、中央協会の社会的位置を世紀中葉に限定して議論したが、ここでは、この団体が解散する一九一五年までの時期全体について確認したい。

中央協会は、世紀中葉にあってはプロイセン・ベルリンの「社会改革者の結集点[11]」であったといえる。一八六〇年代以降、同種の団体が相次いで設立されると、それらの団体の背後に隠れたかたちになり、その活動は目立たなくなる。社会調査や請願活動など積極的な活動をくり広げた社会政策学会[12]などと比較すると、情報の「収集と普及」にその活動を限定した中央協会の活動は地味であることは否定できない。だが、他の社会政策・改革組織と人的に交流があったこと[13]、幅広い領域の題材を集めた機関誌を継続的に発行したことから、中央協会は社会政策・社会改革者の情報の交換の場としての機能を十分に果たしていたと思われる。

協会員数の変遷を大まかにたどると、三月革命が起こった一八四八年には三四四人が加入していた。革命が終息すると脱退が相次ぎ、一八七〇年には一七六人と活動期間全体を通じての最低を記録する。七一年のドイツ統一以後になると、全ドイツ的組織となったこともあって協会員数は増大し、一八九〇年には

表3-3-1　労働諸階級福祉中央協会の職業構成（%）

	企業家	官僚	自由職業	市関係者	手工業者	貴族	その他	団体
1850	46.1	34.1	7.4	4.6	3.7	2.3	1.8	0
1870	40.0	16.6	12.0	3.4	1.1	8.6	6.3	12.0
1890	29.4	10.5	8.4	1.8	1.4	1.9	19.4	27.2
1910	22.5	8.1	2.7	0.8	1.1	1.3	10.5	52.9

1850年については *Mittheilungen*, 7, 1850, S. 759–766、70年については *Der Arbeiterfreund*, 8, 1870, S. 216–221、90年については *ebenda*, 28, 1890, S. 624–656、1910年については *ebenda*, 48, 1910, S. 486–509所収の協会員名簿から作成。「団体」は1団体＝1人として計算した。

一一五三人と、七〇年からの二〇年間で七倍に膨れあがる。その後はわずかに減少傾向となり、解散した一九一五年には八七四人になってしまう。[14]

協会員数はこのような変遷をたどったが、彼らの職業をまとめると表3-3-1のようになる。世紀中葉には企業家（工場主や商人）と官僚が中心となっていた。一九世紀末以降は各地の市参事会、商業会議所、企業などの各種団体の比重が増し、一九一〇年には協会員の半数以上を占めている。ただし、各種団体を除いた個人についてみると、企業家と官僚が二大職業勢力であることは中央協会の存続期間を通じて変わりないことは指摘しておこう。

中央協会と住宅改革運動との関係を次にみていく。従来の住宅改革運動研究では、中央協会の機関誌の記事は世紀中葉を叙述する際には言及される[15]が、その後の時期については他の改革運動の背後に押しやられたかたちになり、とりあげられることはほとんどない。[16] 第II部第4章で、世紀中葉については中央協会の機関誌に掲載された記事は、当時の標準的な改革構想であることを明らかにした。[17] その後の時期に関してはここで明言することはできない。ただし、中央協会の機関誌に一九世紀の住宅改革運動の動向が反映していたことは確かである。というのは、直接住宅改革に乗り出さなかったものの、設立から解散まで中央協会が住宅問題・住宅改革運動と関係を保っていたからである。

そうした状況をみていくと、すでにのべたように、一八四〇年代から五〇年代には、当時のドイツ最大の住宅改革組織であるベルリン共同建築協会との間に深い交流があった。ただし、こうした関係は、ベルリン共同建築協会の活動が順調にいっていた五〇年代初期までにすぎず、ベルリン共同建築協会の「停滞」後は、両者の関係はしだいに疎遠になる。

一八六〇年代になると、ドイツ経済者会議を舞台として住宅問題に関する議論がくり広げられる。この議論には中央協会も積極的に関与し、実質的にドイツ経済者会議と中央協会の共催のかたちとなった。[18] この議論が一段落してのち一八七〇年代になると[19]、「運動」としての住宅改革は全般的に低調となるが、中央協会も住宅問題に目立った取り組みを見せていない。

住宅改革運動全体がふたたび盛り上がりを見せた八〇年代半ばになると、状況は変わる。中央協会が音頭をとるかたちでベルリン小住居改善協会が設立されたのである。ここで、当時のベルリンで実際に建築活動をおこなった住宅改革組織について概観しておこう。

ドイツ全体でこうした組織は一八九〇年代以降発展を見せたといわれている。八九年の廃疾・養老年金法により低利の資本がこの部門に流入するようになったこと、および同年の立法により協同組合の有限責任制度が導入されたことが、そのきっかけとみなされている。[20] 当時の改革組織は配当金制限住宅会社と建築協同組合の二つに分類できる。配当金制限住宅会社とは、株式会社の形態をとり、株の発行によって資本家や慈

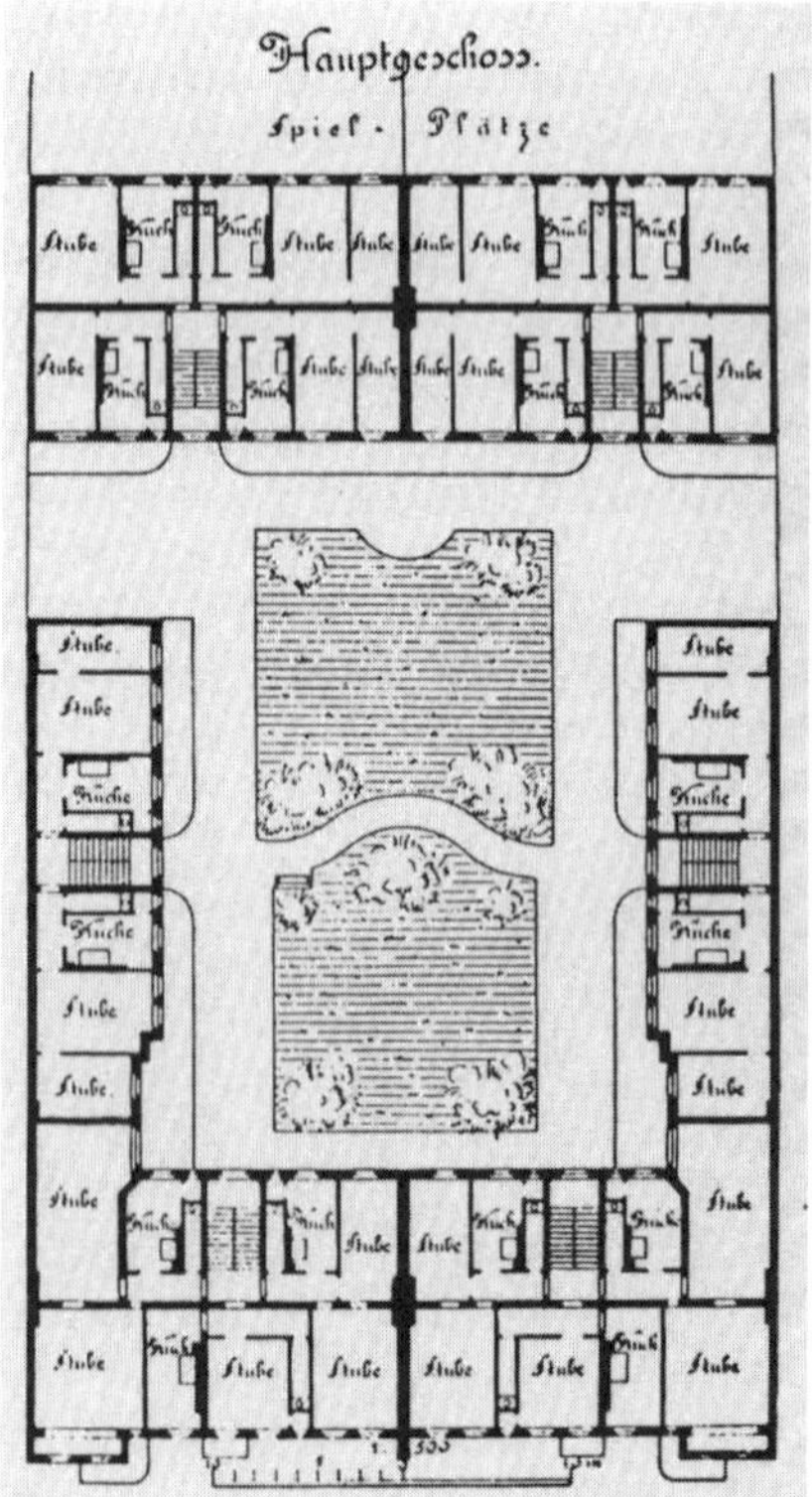

写 3-3-1　ベルリン貯蓄・建築組合の住宅
(Alfred Messel 設計：1893 年)

善家の資金を集め、他方株主への配当金に一定の制限を設けるものであり、世紀中葉に設立されたベルリン共同建築協会もこの類型に属している。[21] 建築協同組合は、加入する労働者の自助に基づき、加入者が資金を出し合い、住宅を建設する形態をとる。建築協同組合のなかには、住宅の所有だけを目的とするものや、貯蓄金庫の役割を合わせもつ貯蓄・建築組合がある。[22] 配当金制限住宅会社のほうが、有産者の資金援助が入ってくる分、熟練労働者をターゲットにした建築協同組合よりも低所得層をも対象にできたといわれている。[23]

一八九〇年のベルリン全体で、こうした組織は、世紀中葉以来の伝統をもつベルリン共同建築協会やその姉妹団体アレクサンドラ財団など四つだけであり、九〇年代は発展もいまだ緩慢であった。世紀末に住宅不足が生じるとともにこの分野の活動は建築協同組合を中心に拡大を見る。一九〇三年までに住宅改革組織が供給した住居数は二五三一であった。一三年になると、三つの配当金制限住宅会社による住居は一三五六となり、一〇存在した建築協同組合による住居数は五五〇〇まで増大している。建築協同組合の代表としてはベルリン建築協同組合(一八八六年設立)と、より低所得層を想定したベルリン貯蓄・建築組合(一八九二年設立)をあげることができる。一九〇九年になると前者の供給する所有用の住居は一〇〇〇を超え、他方賃貸用も六一六となる。後者による住宅数も一九一三年には一五六〇に増加した。さらに

写 3-3-2　写 3-3-1 と同じ建物の正面の写真

官吏住宅協会（一九〇〇年設立）が、一四年までには三三〇〇住居を保有している。[24] 第一次世界大戦開始時点で住宅改革の団体が一万以上の住居を提供していたことになる。当時のベルリンの住居の総数はほぼ六〇万であり、住宅改革組織の提供する住居はその一・六七パーセントにすぎない。これは全国[25]の数字一・二七パーセントより若干高めであったが[26]、住宅ストックに占めるこの分野の割合がいまだわずかであった点では、ベルリンも全国の動向と何ら変わりない[27]。

中央協会が設立した小住居改善協会は、配当金制限住宅会社の範疇に属している。

この団体は、社会政策学会の住宅事情調査[28]（一八八五年）などを背景としつつ、イギリスのオクタヴィア・ヒルの活動の影響を受けて中央協会が住宅改革への独自の試みを見せたものである。ヒルは、自分に管理を任された賃貸住宅の各世帯に家庭訪問をして、住居の使い方をはじめとして様々な生活指導をおこなった。一八八五年一〇月以降、役員・委員会や総会で何度かこの問題が論議されたのち[29]、一八八八年一一月にベルリン小住居改善協会が設立された。当時の代表的住宅改革組織の一つであるこの団体は、中央協会がイニシアティブをとって成立したものだが、組織的には別個の独立したものとされる。ベルリン

写3-3-3　小住居改善協会の住宅（Alfred Messel設計：1899-1905年）

の土地価格・建築費の高さから、労働者のための住居を新築することは最初から断念された。そのかわりに、既存の住宅を購入し、それを改造して衛生や耐久性の点で適切な住居にする、という方針がとられた。[30] 配当金は六・五パーセントに制限された。家賃の徴収や生活の管理のため女性訪問員が各世帯を訪れるようにしたのは、オクタヴィア・ヒルの影響といえる。

ところが、実際には十分な採光や換気を確保するように改造できないことが明らかとなる。この状況をうけて、小住居改善協会は住居を新築するという方向へ活動方針を移そうとし、改造という従来どおりの原則に固執する中央協会とその活動方針をめぐって対立していく。そして、一八九〇年には両者の関係は完全に悪化し、小住居改善協会は中央協会から袂を分かつ。[31] とはいえ、この協会が、建築家メッセル設計の労働者集合住宅を建設するのは、ようやく一八九九～一九〇五年のことである。コッホハン通りとヴァイスバッハ通りの角に設けられた建物には三八八世帯が入居し、中庭には保育所と浴場が設けられている。オクタヴィア・ヒル女性協会が設けられ、市民女性による娯楽や各種催しの提供が図られた。[32]

また、この時期の中央協会の機関誌をみると、社会政策学会の住宅調査、廃疾・養老年金法（一八九〇年）、協同組合法（一八八八年）など、[33] 当時の住宅改革運動の発展に大きな役割を果たしたとされる事柄に関する記事が見られる。ほかにも、田園都市運動や国際住宅会議、そして全ドイツ住宅会議なども記事の題材としてとりあげられた。

世紀中葉と世紀末の二つの時期を中心として、中央協会は住宅改革運動と関係を保ちつづけたといえる。次に中央協会の機関誌における住宅関連の記事の位置を確認しておこう。そのために中央協会の機関誌の変遷について語っておかなければならない。

中央協会が機関誌の発行を開始したのは、一八四八年のことである。以後一九一五年まで発行される中央協会の機関誌の一貫した編集姿勢は、社会問題の情報の収集と普及、そしてその際に党派的活動や時事問題

表3-3-2　機関誌全体に占める住宅関連記事の割合

	記事数			ページ数		
年代	総数	住宅	%	総数	住宅	%
1840	92	0	0	632	0	0
1850	208	11	5.29	2944	194	6.59
1860	400	35	8.75	3935	563	14.3
1870	423	18	4.26	4786	133	2.78
1880	759	39	5.14	5410	223	4.12
1890	913	34	3.72	5911	243	4.11
1900	643	16	2.49	5118	120	2.34
1910	293	7	2.39	2646	55	2.08
計	3731	160	4.29	31382	1531	4.88

Mittheilungen, 1848–1858; *Zeitschrift*, Bd. 1–4, 1858–1862; *Der Arbeiterfreund*, Jg. 1–52, 1863–1915 の目次より作成。

から超越し、中立的な立場をとるというものである。[34]

　機関誌の変遷を時期ごとにみていくと、[35]最初は『労働諸階級福祉中央協会会報』[36]（以下『会報』と略）というタイトルで一八四八年から五八年にかけて発行された。この『会報』には決まった編集者もおかれず、定期的な発行をしていなかった。こうした状況への反省から、一八五八年に『プロイセン労働諸階級福祉中央協会雑誌』[37]（以下『雑誌』と略）と名称が変更され、年四回の定期発行が目指された。六二年まで発行された『雑誌』では、編集者としてヴァイス Dr. Weiß という人物をおいた。六三年になると『労働者の友』[38]と機関誌名が変更される。中央協会の機関誌は以後一九一五年の廃刊に至るまで、この名称で年に四回ないしは六回のペースで発行された。編集長も新たに統計局官吏K・ブレーマー K. Brämer がなり、彼は一八七二年までその任にあたった。彼の後任は国民経済学者V・ベーメルト V. Böhmert である。彼は、一八七三年から廃刊される一九一五年まで四〇年近く『労働者の友』の編集長を務めた。

　中央協会の機関誌の変遷は以上のごとくであるが、そこに掲載された住宅関連の記事数・頁数、そしてそれぞれの総数に対する割合をまとめたのが表3-3-2である。この表を見てまず目につくのは、一八六〇年代に最も中央協会で住宅問題への関心が高まったことであろう。これは中央協会も関与してドイツ経済者会議を舞台に住宅問題について議論されたことによる。次に一八五〇年代の数字が高いことも指摘しておこう。一八七〇年代に住宅問題への関心が低下したが、八〇年代、九〇年代と、それがふたたび増大した。

一九〇〇年代以降になると、住宅問題への関心が一八七〇年代のレベルまで低下している。五〇・六〇年代と八〇・九〇年代の二回中央協会の住宅問題への関心が高まったのだが、住宅関連の記事をその内容で分類したものを年代ごとに整理した表3-3-3をみてみよう。五〇年代や六〇年代は具体的な改革提案である「改革案」に記事の比重がある。八〇年代以降になると、これが単なる事実報告である「報告」や「小記事」中心に転換する。

本節の叙述を手短に整理すると、住宅改革との関係、そして記事の数量的側面からみて、中央協会の住宅問題への取り組みには盛り上がりを見せた二つの時期があった。この二つの時期それぞれで、どのような住宅改革構想・理想住宅像が語られていたかをみていこう。

二　一九世紀中葉の住宅改革構想

第II部第4章において、世紀中葉の中央協会の住宅改革構想にはすでに検討を加えている[39]。本章はこの団体の機関誌の住宅関連記事を誕生から解散まで分析することを目的にしているので、屋上屋を架すことになるが、第II部第4章でとりあげなかった史料に分析を加えつつ、世紀中葉の機関誌に見られた住宅改革構想について手短に確認したい。

表3-3-3　記事の種類分析（記事数）

年代	改革案	報告	小記事
1840	0	0	0
1850	6	4	1
1860	22	4	9
1870	5	9	4
1880	3	10	26
1890	6	12	16
1900	5	3	8
1910	2	4	1
計	49	46	65

「改革案」とは具体的な改革構想が語られている記事、「報告」とは住宅改革の実際の試みについての詳細な記録、そして「小記事」とは住宅改革団体の規約などを掲載した記事をここではいう。

実際に住宅改革に乗り出していないが、設立以来の綱領文章をみると[40]、中央協会は住宅問題にある程度関心があったといえる。だが、一八五〇年代初めまでは、中央協会は、住宅問題はベルリン共同建築協会の担当であるという態度をとり、積極的に取り組んでいない。機関誌に住宅関連の記事が初めて載ったのは、当該号に発行年が記されていないが、一八五三年ないしは五四年のことである。「ベルリンの小・中住居の状況について」という論題で二つの論文が書かれている。

その二つの論文のうち、中央協会の委員でもある建築調査官エミッヒの「ベルリンの小・中住居不足の原因と救済に関する考察」と題する論文(41)を分析しよう。すでにのべたように、彼はベルリン共同建築協会の創設メンバーの一人であり、五〇年代末までその役員を務める。五〇年代後半になると住宅改革運動としての性格を失ったベルリン共同建築協会を再三批判したうえ、役員を脱退してしまう。(42)執筆が五三年ないしは五四年であるこの論文では彼のベルリン共同建築協会批判はまだはっきりとは出ていない。しかし、彼がベルリン共同建築協会の活動の停滞に対応するためにこの論文を書いているのは明らかである。(43)では、彼の議論を整理していこう。

彼は、建築用地の価格と建築費の上昇のため家賃が上がっていることをひとまず認めている。しかし、こうした経済的要因よりも社会的要因のほうを住宅問題にとっての中心的な障害と考えている。彼はそうした障害として、住居を濫用しかねない多くの小賃借人とかかわる際の大家の不快感や不安をあげる。こうした感覚をもたらす建物は、規模の大きすぎるもの、多くの住民が雑多に住んでいるもの、そして裕福な階級と貧しい階級の住居が一緒になっていないものである。彼の理想の建物は、次の引用文のように、こうした建物とは対極的なものといえる。

新しい市民の住居の建物は大きくならないように建てられ、だができるだけ大小の住居は適切に分離し、せいぜい一六から二〇の住居が一つの土地に集められ、同時に大きく・家賃の高い住居が魅力的な位置・豊かな施設を、小さく・安い住居がよくない場所とつつましい施設をわりあてられる。(44)

空間的に独立した大小の住居を集めたこうした建物には、安全・衛生・快適さが要求される。建物を建てる場所としては、「市のあまりへんぴではない地域」がよい。そして、家賃についての試算がなされるが、そこで念頭におかれているのは玄関・台所・寝室・居間というように機能分離がなされている市民層の住居である。

彼は、以上のような住居を建設するために、市当局や共同建築協会による土地の貸与・奨励金が必要であると主張する。ベルリン共同建築協会をその方向に改造するか、新しい株式会社を設立するかを考慮するに値する課題として論文を締めくくっている。最後の論点は、彼のベルリン共同建築協会批判でより具体的に展開されたことはすでに見た。

エミッヒにおいても、当時の住宅改革構想の中心である「混合居住」を軸とした住宅改革案がのべられている。その後、一八六〇年代に至るまで中央協会の住宅改革構想で主流を占めたのがこの発想であったことはすでに検討したとおりである。

一八七〇年代になると、『労働者の友』の住宅関連記事は質・量ともに精彩を失う[45]。この時期に住宅問題に関心をもった人々に、それまでとは違った構想が見られるようになったことは、前章で検討したとおりである。そうした動向が中央協会の記事にそれほど反映していないことは、第Ⅱ部第4章ですでに指摘した。しかし、八〇年代になると状況は変わる。それ以降の住宅改革の議論を節を改めてみていこう。

三　一九世紀末の住宅改革構想

一八八〇年代になって『労働者の友』にドイツやヨーロッパ各地の住宅改革の試み[46]が紹介され、住宅改革関連文献の書評[47]が掲載されるなど、中央協会に住宅問題への関心がふたたび高まっていく。こうした動きの最高点が、一八八五年から八八年にかけてのベルリン小住居改善協会設立への試みであろう。それをうけて、八〇年代後半に中央協会の住宅問題への関心は非常に高くなり、それは九〇年代まで持続する。ところが、第一節で確認したように、世紀が変わると、継続的に『労働者の友』に住宅関連の記事は掲載されるが、関心の低下は否定しようがない。

この時期に掲載された住宅関連の記事は、第一節でみたように、実際の住宅改革の紹介が多く、改革構想が語られているものは少ない。ここでは、さしあたって具体的な改革構想がうかがえる一八九〇年前後の二つの記事を分析する。

時代順に、A・グンプレヒト A. Gumprecht の「労働者住宅問題」という論文(48)(一八八七年)からみていこう。協会員名簿によれば、彼は一八七六年に中央協会に参加し、チロルに在住しているが、職業の記載はない(49)。

彼は、労働者の悲しむべき住宅状態の改善が他の社会改革の成功の不可欠の前提条件と認識しつつ議論を展開する。まず、自分の家を sweet home と感じる人であれば、自分が住む自治体を誇りに思うであろう。逆に、自分の家を悲惨と堕落の洞穴と感じる人ならば、社会を敵とする。そこで、都市に住む貧困階級に「住宅に対する感性」を身につけさせる必要がある。その感性は住宅改革によってしだいに熟してくる。ところが、実際には悪い住環境のもと、礼儀、秩序、清潔、呼吸できる空気への感性をもたず、臭い、汚れ、有害小動物への感覚が鈍い世代が成長している。

こうした認識のもとグンプレヒトは、大都市に住宅難が生じるのは当然であると指摘する。農村や小都市から労働者が交通の中心地に流入しているが、小住居は造られず、古い建物は取り壊されるため、彼らのための住居が不足してしまう。

以上が一般論であり、それをうけてグンプレヒトは具体的な改革案をのべていく。

まず、住居の賃貸の具体的業務についてである。従来は、投機目的の建築家が家賃を搾取するなど、賃貸業務が不適切な人の手でおこなわれていた。こうした状況に対処するために、公共的性格をもつ協会が家賃を毎週徴収するのがよい。実際の家賃の徴収は「高潔な女性」によっておこなわれるのが最も良い成果をもたらす[50]。管理人は、退職した下士官が適任である。家賃を毎週支払うことや厳しい居住者心得が必要とされるが、救貧院の性格をもたせないように努力すべきである。

次に、都市自治体が鉄道馬車を購入し、運賃を安く設定することで、周辺への住居の分散をうながすように彼は勧めている。そして、農村における住居の獲得を容易にするように努める。農村では、畜産・野菜栽培が楽にでき、大都市よりも生活費が安い。自然、健全さ、夫婦の平安が保障され、こどもの教育が道徳的におこなわれる。残念ながら、こうした点は対象とする階級から評価されない。つまり、娯楽、救済施設、そして家事手伝いなどの女性の副業の可能性が、都市への吸引力となっているのである。

周辺部に住民を分散させるという発想の延長線上に、郊外住宅地という考えがのべられる。この住宅地は、土地価格の問題のため都市から離れたところに設けられる。おのおのの住宅地が、上下水道、道路、学校などの費用のかかる施設を必要とする。こうした住宅地では妻のための副業の機会が失われ、妻は都市に働きに行く夫に昼食を運べないという問題はある。また、労働者が他の社会階級との接触を全く断たれたら、礼儀への良い影響はなくなってしまうと、彼は「混合居住」と相通じる発想をのべている。

改革構想は以上のごとくであるが、その担い手については次のように議論する。

彼は、土地の無償譲渡や貸付などで自治体と国家の援助も望むが、労働者の自助こそが最善とする。そこで、労働者の建築協同組合が勧められる。建築協同組合によって住居が建てられる場合、労働者がその住居と庭を所有することが、労働者と公共にとって最も望ましい。さらに、ゆずることのできない決まりとして、家族ごとの別々の入り口を設けることがある。逆の場合、礼儀や習慣に悪影響があり、家の秩序・家庭の平和を危険にさらしてしまう。

こうした住居を作る際の当局の対応として、彼は道徳・公共秩序・健康の維持に必要な処置を保証する法律の整備をあげる。その法律の実行を監督する国家官吏を設け、その官吏の権限を守らせるため監督官庁が必要となる。

以上のような構想が実現されれば、「怠慢で、汚い習慣に沈んだ人が最もきれいな住居に引っ越したとしたら、それがどれくらい有用か?」という問題に肯定的な解答があたえられる。そして、どのようにしたら下層の多くの人々を適切な住環境に住めるようにできるかが問題となる。その際、不快な兵舎型住居Kaserne は単純に拒否されず、一部屋だけの住居も否定されない。礼儀や清潔に関するぎりぎりの要求を満たす「最小住空間」の維持、一家族以上を許さないこと、そしてベッド借り人を濫用しないことに努めなければならない。

最後に、彼は貧困階級の住宅難への有産身分の同情を喚起する必要があることをのべて、この論文を締めくくっている。

前節で分析した世紀中葉の改革構想と比べるとかなり変化している。この点についてはのちに整理するが、グンプレヒトにあっては「混合居住」の発想がまだ見られることは注意しておこう。だが、本節で対象とする時期の『労働者の友』の記事で「混合居住」をかかげるのは、グンプレヒトの論文のみである。次に、「混合居住」の建物への批判的な意見をのべている、K・ベーメルト K. Böhmert の論文「建築協同組合と新協同組合立法」[51]（一八九〇年）を分析する。ただし、彼の経歴などは不明である。[52] その後の中央協会の住宅関連の議論に影響をあたえた[53]この論文は、一八八九年の新協同組合法を念頭において書かれている。

彼はまず自助による社会的悪状況の解決を期待する。ただし、住宅建設のような資本を必要とする問題では、無産者の個人的な自助では十分ではない。そこで、協同組合の関与による自助が主張される。そして、新協同組合法を念頭におきつつ、二部に分けて住宅改革についての議論を展開する。もっぱら新立法の規定を細かく検討した第二部[54]はここではあつかわず、「住宅問題の一般的状態」と題する第一部[55]を以下みていくことにする。

ベーメルトはまず、建築業の認可、居間や寝室の空間の最小基準、各住居へのトイレの設置、地下住居の禁止、賃貸・又貸し・ベッド借り人の寝床の管理といった点での立法の必要性をのべて、集合住宅か一戸建てかという問題を議論する。

彼は、大都市では集合住宅だけしか理にかなった細民の住居はないと指摘したうえで、「混合居住」による集合住宅に批判を加える。私的な建築業では、収入の安定のために下の階に大住居、上の階に小さな住居を配置した建物を建てる。ところが、小住居への需要は大住居のそれよりもはるかに大きいため、こうした構造の建物を建てていたのでは住宅難の解決はもたらされない。ベーメルトは、世紀中葉の住宅改革者が、上の階級の良い影響があるという観点から理想とした「混合居住」の発想を、需要・供給の観点から批判している。

では、理にかなった集合住宅をどのようにして建てたらよいのか？ 彼は、悲惨な住居への建築行政の介入の必要性を指摘したうえ、この問題に担い手についてから解答していく。私的な建築業者はこうした住居を建てることに不快を感じるので、公共的な性格をもつ私人、株式会社、協会、財団が担い手となる。国家や自治体は、建築用地の無償の提供、税の免除、貸付などで集合住宅の建設を援助する。

建物そのものについては、衛生と快適の要求が広く考慮に入れられ、とくに採光・換気・建物の高さと配置、各戸ごとの入り口やトイレなどの点が重要である。また、共用の洗濯場・風呂場・談話室・休憩場・台所・食堂などが設けられる。ただし、ベーメルトは、独立した住居ではなく共同生活を営むという社会主義者の主張には、批判的である。労働者は作業場の厳しい規律ののち家庭で新たな規律におかれることを嫌い、家庭における自由を尊重するからである。

ベーメルトは集合住宅については以上のようにのべ、話を一戸建てに移している。

彼は、「自分の土地での家族の団らん」を最も理想的な住宅形態とする。協同組合によるこの種の住居建設という手始めはあるが、実際には、それほどこの方向での住宅建設はおこなわれていない。

ベーメルトは、こうした住居の建設費を考察したうえで、土地価格に関して分析している。村や小都市では土地価格は、阻害要因とはならない。中心部からそれほど遠くない場所に比較的安い価格の土地を得ることができるからである。一方、大都市内部やその周辺では、高土地価格のために、庭つきの小さな一家族用住居は、市の最もはずれか周辺の農村に建てざるをえない。大都市から離れてしまえば、その享楽、商業、そして仕事を失うという点でその魅力が損なわれるが、農村の平穏な喜びを獲得できる。また、職場と住居が遠いために労働者がウィークデーに家庭の団らんを享受できないという問題が生じるが、鉄道、鉄道馬車など、それを克服するための交通機関が増えている。

以上の考えを発展させて、ベーメルトは、一戸建て住居を一〇〇ほど集めて造られる居住地について言及する。これは、まず、統一的かつ大規模に造られるために価格が引き下げられるという経済上の利点をもつ。隣同士の者が共通の利害をもち、社会的に近くなるという長所がある。ほかにも、消費組合、クラブハウス、娯楽の夕べなどが考慮される。

こうした居住地の美観についても彼はのべている。家並みが一直線で、単調になることに用心しなければならない。各戸ごとに、自由さ、多様性、装飾を必要とする。規模が大きくなればなるほど単調さは抑圧的に作用し、逆に多様性は再生的に作用するのである。

ベーメルトは論文の第一部の最後で住居建築のための財源の調達を論じているが、会社、自治体、国家などの雇用者、公共的性格をもつ株式会社、そして建築協同組合の関与が求められている。とくに、ベーメルトは建築協同組合のドイツへの普及を望んでいる。

以上がベーメルトの論文の第一部の内容である。「混合居住」批判という点では、前に分析したグンプレヒトと立場が違うことが、まず目につく。しかし、他の点ではベーメルトとグンプレヒトの議論はほぼ一致しており、この一致点が一八八〇年代後半以降の中央協会の住宅問題についての共通認識といえよう。この共通認識についてはすぐ後で整理する。この一致点は、明確な改革構想をのべていない他の住宅関連の記事でも共有されているとみてさしつかえない。住宅改革運動の紹介であるそれらの記事で、都市計画的な発想をとりいれた試みが積極的に紹介されたり[56]、定期券や通勤専用列車も肯定的に語られたり[57]しているのである。また、家庭での休息の強調も話題としてとりあげられている[58]。

そして、この認識がその後も説得力をもちつづけたといえる。世紀が変わってから書かれた唯一のまとまった改革案であるR・v・エルトベルク Dr. R. v. Erdberg の「労働者住居の美的構造」と題する論文[59]（一九〇六年）でも、以上に分析した二人とほぼ同じ議論が展開しているのである。

では、世紀中葉の構想と比較しつつ、そうした共通認識を整理していこう。

まず、建物そのものについては衛生・道徳・秩序などが求められ、これらの点は世紀中葉の改革構想と変化しているわけではない。以前同様、一住居に一家族の原則である市民の住居を労働者にあたえようとし、住居を所有することが理想とされる。また、改革の担い手に建築協同組合が考えられている。

このように世紀中葉から一貫している点も指摘できるが、変化した点のほうが目につく。

第一に、世紀中葉にあっては改革の対象が住宅そのものに限定されていたのが、インフラストラクチャーに関しても、住宅改革構想のなかで積極的に語られるようになっている。住宅を語る場合にも、インフラストラクチャーを通じて都市全体を考える必要が生じてきており、住宅改革構想に強く都市計画的発想が入りこんでいる。そうした発想の延長線上で、一戸建てを集めた居住地を都市から離れたところに設けることも主張され、その際、農村と都市の違いが強く意識されている。

次に、住宅そのものに関する議論にも重要な変化がうかがえる。「混合居住」という発想に積極的な意味があたえられないのである。たしかにグンプレヒトは「混合居住」を主張しているが、他の論者では「混合居住」に言及すること自体ない。ベーメルトは小住居への需要という観点から「混合居住」の建物を建てることを批判している。[60]こうして「混合居住」という発想が説得力を失ったのに伴い、逆に労働者の住居にもsweet home、休息の場、団らんといったことが期待される。住居そのものということでは、労働者住宅の美についても議論されるようになる。

最後に、こうした住宅を造るために、自治体、邦、そして国家の援助・干渉をより求めるようになったことを指摘しておこう。とはいえ、この時期になってもまだ当局の役割として期待されるのは、建築条令による監督や税制や融資などによる建築の助成策程度であり、当局が積極的な住宅政策をおこなう「社会的住宅建設」とは、実はいまだ大きな隔たりがあるのである。

こうしてみると、前章で検討したようなドイツ統一前後の住宅改革構想の新しい方向性は、一九世紀末には住宅問題に関心があるものに十分定着したといえる。郊外住宅地に解決を求める点、都市を総体と把握するような視点、当局に住宅問題を解決するための一定の役割を期待する点など、住宅改革者の共有の視点となったといえ、他方ドイツ統一前後に揺らいでいた「混合居住」の説得力は、世紀末には完全に失われてしまったのである。

節を改めて、ドイツ統一前後の住宅改革構想の新たな論点が一九世紀末には住宅問題に関心をもつ人々に定着した背景について、検討を加えたい。

四　住宅改革構想の変遷と都市化

本章で検討してきた住宅改革構想の変遷を、第Ⅰ部第1章第一節でみたベルリンの都市化の状況と対置すると、そこに対応関係が見られるのは明らかであろう。インフラストラクチャーの整備、都市空間の拡大、すみわけ、そして建物の構造の順にみてみよう。

まず、インフラストラクチャーの整備については、一八七〇年代を境にしてその前後で大きく状況が違うことを指摘したが、そうした違いが住宅改革の議論のなかに如実に反映している。世紀中葉の議論は、いまだインフラストラクチャーが整備される以前の段階のベルリン都市社会の状況に対応したものといえる。住宅改革を考える時、住宅そのものだけを対象とすれば十分なのであり、インフラストラクチャーや都市社会全体を考慮する必要はないのである。七〇年代以降にインフラストラクチャーが急速に整備されると、それが住宅改革者の議論にも積極的に取り込まれる。住宅を建設する場合、上下水道や通勤の便を考慮しなければならなくなり、住宅改革構想でもインフラストラクチャーを議論する必要性が生じてきたといえる。そして、インフラストラクチャーを論じることで、住宅だけではなく都市社会全体も視野に入ってきたのである。

次に、居住人口の面でみると、ベルリンの都市空間が、世紀中葉は狭く限定されていたのが、しだいに周辺に拡大したことをのべた。世紀中葉では、「市のあまりへんぴではない地域」に改革住宅の建設地を求めるエミッヒのように、狭い都市空間内部で住宅問題の解決を求めるのが自然な発想であった。ところが、ベルリンの都市空間が外に拡大するようになると、交通機関の整備と相まって、都市周辺部に労働者住宅の居住地を設けるという発想が現実味をおびるようになったと考えられる。

すみわけの進展についてである。第Ⅱ部第4章では、世紀中葉の住宅改革運動において「混合居住」が説得力をもった要因の一つとして、当時のベルリンに様々な階級が軒を接して暮らしていたという現実があることを指摘した(61)。本章の「はじめに」で引用した発言が示すように、当時の住宅改革者はそうした状況が改革にとって非常に好ましいものと認識していた。したがって、「混合居住」という発想は、理想化が伴うとはいえ、当時の都市社会の現実から導き出されたものなのである。ところが、すみわけが進んでいるものと住宅改革者に認識されるようになると、そうした認識との違いが大きくなった「混合居住」という発想が説得力を失っていく。住居内での住人の社会関係による規律化という側面が失われ、逆に sweet home や団らんという側面が強調されるようになるのである。ここで sweet home という言葉が使われたのは、ドイツの住宅改革運動がつねにイギリスのそれの影響を受けて展開したことによるだろう。ただ、ベーメルトの指摘からうかがえるように、住居内での休息が強調されるようになった背景には、工場などにおける作業の規律化の進展も考えられよう。職場の環境が厳しいものであるという認識から、家族の休息の場としての住居という市民層の住居に従来から期待されていた機能が、労働者の住居にも求められるようになったのである。

「混合居住」の説得力の消失という点では、都市化の進展に伴うベルリンの住居用の建物の変化もあげるべきであろう。

まず第I部第1章の図1-1-1の世紀後半の建物の図面からみていただこう。一つの階に一三住居あり、各住居にaからnの記号が記してある。台所や廊下の他に、正面の真ん中の住居bは部屋が三つあり、d・f・k・l・m・nは部屋が一つしかない。他の住居の部屋は二つである。正面の建物に配置されているのは二ないし三部屋の住居であり、裏屋や側翼にある住居の部屋数は一ないし二である。しかも、同じ部屋が二つある住居であっても、建物の正面にある住居（aとc）は後ろのそれ（e・g・h・j）に比べ広く、この建物では正面の住居に比較的裕福な階層、そして後ろにはそれよりも収入に余裕のない階層を入れようとしていたと推測できる。こうした同じ階での相違に加え、階数の違いによる家賃差も考えると、この建物にはかなり多様な社会階層が一緒に住むことになることが予想できる。これは一見すると「混合居住」が現実化した建物であるが、各住居に入る入り口（階段の一階部分）が別々であり、実際の住民間の交流は階段単位となり、建物全体での住民同士のつながりはそれほどではなかったと思われる。

一方、世紀前半の図面では、裏屋が増大していないこともあり、一つの建物の入り口は一ないしは二カ所にとどまる。建物そのものがいまだ大型化していないことも相まって、世紀後半の建物に比べると、住民間の人間関係が建物全体に拡がっていたと思わせていたであろう。もっとも、当時の住宅状況のもと、現実に様々な階層の良好な人間関係が存在したかどうかについては、はっきりしたことはいえない。ここでは当時の住居の状態が、住宅改革者にそうした人間関係が存在していると思わせるに足るものであったことを確認すれば十分である。

こうして世紀前半と後半の建物の構造とそこで想定される人間関係のありようが違うことを確認してみれば、「混合居住」の形態をとりつつも住民間の相互交流を成り立たせない賃貸兵舎の増加、という状況を指摘してもよかろう。

このように、中央協会機関誌の住宅改革構想の変遷は、都市化という当時の社会の変化を反映していたのであるが、都市計画の枠組みで問題の解決を図る態度は、都市化が本格的に進んでいたという状況のもと、当時社会問題に取り組む人々にかなり広く見られた。たとえば、C・ジッテ C. Sitte の影響のもと、「全体としての都市」を念頭におき、街の美観をも考慮に入れた都市計画がドイツで定着したのは、一八九〇年代以降のことといわれている。[62] また、住宅にとくに関連あるものとして建築条例の変化もあげておこう。地域ごとに建築規定に段差を設け、都市社会全体の構造を考えた建築条例が、ベルリン市内には九七年、そして郊外に九二年に導入されている。[63] 中央協会の住宅改革構想の変遷も、こうした動きと何らかのつながりをもちつつ生じてきたのであろう。

おわりに

労働諸階級福祉中央協会の機関誌の住宅関連の記事を題材に、一九世紀の住宅改革運動の構想の変遷を追った本章の叙述を、今ひとたび確認すれば次のようになるだろう。

まず、世紀中葉から一貫して改革の対象に市民の住居をあたえることが考えられている。しかし、本章で明らかにしたのは、住宅改革構想の静態的な連続性ではなく、都市化の過程でのその大きな変化である。その変化を整理してみよう。

世紀中葉の理想住宅像は、「混合居住」を軸とする衛生、道徳、秩序ある住宅であり、住宅そのものだけが改革の対象と考えられた。世紀転換期頃になると、都市計画の枠組みのなかで語られ、団らんの場としての家庭を軸とする衛生、道徳、秩序ある住宅となる。こうした発想から、都市周辺部に労働者の居住地を設けるという発想も大きな位置を占め、その際、都市と農村の違いが意識される。また、労働者住宅にも美が期待されるようになった。そして、こうした住宅改革構想の変化の背景には、一九世紀のドイツの都市化による都市社会の大きな変容がある。

この結論を、「はじめに」でのべた問題設定にそって「混合居住」という発想の変容という観点から整理し直すと次のようになろう。中央協会の機関誌をみるかぎり、世紀中葉には中心的な主張であった「混合居住」という理想像が、都市化の進展に伴い説得力を失い、社会の変容を反映した改革構想に取って替わられたのである。中央協会の機関誌をみると、前章で検討したドイツ統一前後の住宅改革構想の方向性は、着実に定着したのである。

中央協会の機関誌において以上のように変遷した住宅改革構想が、世紀転換期前後にドイツの市民層がおこなった住宅改革運動全体のなかでどのような位置にあるかを最終的に確定するのは、今後の課題としなければならない。だが、こうした変化が都市化という当時の都市社会の大きな変容を如実に反映しているということから、次のような仮定をしてもさしつかえないだろう。すなわち、中央協会の住宅改革構想の変遷は、当時の社会の変化から自然に導き出されたものであり、ニュアンスの差こそあれ、他の住宅改革者も同様の構想をいだいていた可能性が非常に高いということである。

このような仮定が成り立つとすれば、「一戸建てか集合住宅か」という観点から改革構想を捉えていた従来の研究の枠組みには問題があるといわざるをえない。都市化の進展に伴い住宅改革構想には大きな変化が見られたのであり、従来の研究はそれを明らかにしえなかった。一九世紀の住宅改革運動を当時の社会のなかに位置づけて考えようとするには、こうした安易な分析概念を用いていた「社会的住宅建設」前史という従来の研究の視角では不十分であろう。

注

(1) ベルリン市参事会員クノープラオッホの言葉。E. Knoblauch, Warum werden in Berlin nicht mehr Gebäude mit kleinen Wohnungen gebaut?, in: *Mittheilungen des Centralvereins für das Wohl der arbeitenden Klassen* (Hg. von Wolfgang Köllmann und Jürgen Reulecke, Berlin 1980), Neue Folge 1-3, Hagen o. J., S. 2125. 以下この雑誌は *Mittheilungen* と略記し、頁数は一九八〇年に復刊された際に編集者がつけた通し頁数を使う。

(2) ロンドンについては、ロバート・フィッシュマン『ブルジョワ・ユートピア ―― 郊外住宅地の盛衰』(小池和子訳、勁草書房、一九九〇年)、一四頁および三二頁を参照。パリについては、Ann-Louise Shapiro, Paris, in: M. J. Daunton (ed.), *Housing the Workers, 1850–1914. A Comparative Perspective*, London/New York 1990, p. 34 を参照。

(3) 「市民」「ブルジョワジー」「中間層」の弱さを強調する見解は、近年に至るまで近代ドイツ史に関する通説的理解の一つであったといえる。こうした解釈とその問題点は、ドイツ「特有の道」論批判の書であるD・ブラックボーンとG・イリー『現代歴史叙述の神話―ドイツとイギリス』(望田幸男訳、晃洋書房、一九八三年)を参照。

(4) 「市民」再検討の試みは、政治史、社会史、家族史など、きわめて多様なアプローチによってなされつつあり(本書序章第二節参照)。ここで念頭におく「市民」とは、さしあたって、都市化の過程で都市に労働者が流入してくるに伴って生じた社会問題に対応を迫られた都市の上・中層住民のことをいう。

(5) 住宅が歴史研究の対象としてとりあげられたのは、一九七六年のニートハンマーの論文以降のことである。Lutz

Niethammer unter Mitarbeit von Franz Brüggemeier, Wie wohnten Arbeiter im Kaiserreich?, in: *Archiv für Sozialgeschichte,* 16, 1976; Niethammer (Hg.), *Wohnen im Wandel. Beiträge zur Geschichte der Alltags in der bürgerlichen Gesellschaft*, Wuppertal 1979. 一九八五年までの住宅研究の動向については次の論文を参照。Hans Jürgen Teuteberg, Betrachtungen zu einer Geschichte des Wohnens, in: ders. (Hg.), *Homo habitans. Zur Sozialgeschichte der ländlichen und städtischen Wohnens in der Neuzeit,* Münster 1985.

(6) クラッペの定義によれば、「社会的住宅建設」sozialer Wohnungsbau とは、広い民衆層を対象とし、国家・邦・自治体がそれぞれの役割をもちつつ積極的に関与し、そして当局が融資や税制上の優遇措置などの多様な政策をおこなうことをいう。Wolfgang R. Krabbe, Die Anfänge des "sozialen Wohnungsbaus" vor dem Ersten Weltkrieg. Kommunalpolitische Bemühungen um eine Lösung des Wohnungsproblems, in: *Vierteljahrschrift für Sozial-und Wirtschaftsgeschichte*, 71-1, 1984, S. 42.「社会的住宅建設」成立史という観点は、住宅改革運動の「平均像」を目指したツインマーマンによる最新の研究に至るまで一貫して見られる。Sylvia Brander, *Wohnungspolitik als Sozialpolitik. Theoretische Kozepte und praktische Ansätze in Deutschland bis zum ersten Weltkrieg*, Berlin 1984; Nicholas Bullock, The movement for housing reform in Germany 1840–1914, in: id. and J. Read, *The Movement for Housing Reform in Germany and France 1840–1914*, Cambridge 1985; Juan Rodríguez-Lorez/Gerhard Fehl (Hg.), *Die Kleinwohnungsfrage. Zu den Ursprüngen der sozialen Wohnungsbaus in Europa*, Hamburg 1987; Clemens Zimmermann, *Von der Wohnungsfrage zur Wohnungspolitik. Die Reformbewegung in Deutschland 1845–1914,* Göttingen 1991.

(7) Renate Kastorff-Viehmann, Kleinhaus und Mietkaserne, in: Niethammer (Hg.), *a. a. O.*; Hans Jürgen Teuteberg, Eigenheim oder Mietskaserne. Ein Zielkonflikt deutscher Wohnugsreformer 1850–1914 (以下 Teuteberg, 1987 と略), in: Heinz Heineberg (Hg.), *Innerstädtische Differenzierung und Prozesse im 19. und 20. Jahrhundert. Geographische und historische Aspekte*, Köln 1987; Bullock, op. cit., p. 73–85; Zimmermann, *a. a. O.*, S. 27–47.

(8) Jürgen Reulecke, *Geschichte der Urbanisierung in Deutschland*, Frankfurt am Main 1985, S. 10f. (以下 Reulecke, *1985* と略)

(9) Dieter Fricke (Hg.), *Lexikon zur Parteigeschichte*, Leipzig 1986 を参照。

(10) Dieter Fricke und Maxi Giersch, Zentralverein für das Wohl der arbeitenden Klassen, in: *Ebenda*. 拙稿「ドイツ三月革命前後の労働諸階級福祉中央協会」(『史林』七三―三、一九九〇年〈以下「中央協会」と略〉、本書第II部第1章)。

(11) Jürgen Reulecke, *Sozialer Frieden durch soziale Reform. Der Centralverein für das Wohl der arbeitenden Klassen in der Frühindustrialisierung,* Wuppertal 1983, S. 267. (以下 Reulecke, *1983* と略)

（12）一八七二年設立。
（13）Reulecke, *1983*, S. 19–21.
（14）Fricke und Giersch, a. a. O., S. 544.
（15）Bullock, op. cit., p. 37; p. 40–50.
（16）ベルリン小住居改善協会設立（本章第一節）との関係で言及される程度である。Ibid., p. 233.
（17）拙稿「一九世紀中葉ドイツの住宅改革運動」（『西洋史学』一六六、一九九二年〈以下「住宅改革運動」〉、本書第Ⅱ部第3章・第4章）、四九—五一頁参照。
（18）Bullock, op. cit., p. 45–48; Teuteberg, 1987, S. 37f. 拙稿「住宅改革運動」四九—五一頁（本書第Ⅱ部第3章・第4章）。
（19）Bullock, op. cit., p. 63–65.
（20）Ibid., p. 231; p. 235.
（21）Ibid., p. 231–234.
（22）Ibid., p. 235–238.
（23）Ibid., p. 232.
（24）Ibid., p. 235–237.
（25）ドイツ全体でみると、非営利的住宅建設は、一八五〇年代から九〇年代までの四〇年間で一万三一〇九世帯に住居を提供したのに対して、九〇年代の一〇年だけで一万〇六六六世帯に住居を提供したというデータがある。この数字の増加は建築協同組合の拡大によるものである。協同組合による住居数は、一八九〇年以前は一三〇二にすぎなかったのに対して、一九〇〇年には九八三八住居になっている（Ibid., p. 237–239）。二〇世紀になってからも建築協同組合中心に発展する。一九一四年の事業数、家屋数、そして住居数をみても、建築協同組合がそれぞれ一四〇二、三万、一〇万五〇〇〇であるのに対して、その他の部門が一八〇、一万八三〇〇、五万六九九九であり、建築協同組合の比重が高いのがわかる（Zimmermann, *a. a. O.*, S. 161）。
（26）*Ebenda*, S. 160f.
（27）Bullock, op. cit., p. 246–248.
（28）ブロックは、労働者の住宅事情を統計的に明らかにしたこの調査が、住宅改革運動の再活性をうながすきっかけとなったと指摘している。Ibid., p. 65–70.

（29）*Der Arbeiterfreund*, 24, 1886, S. 247f.; 25, 1887, S. 251–260; S. 532–540; 26, 1888, S. 282–286; S. 541–558.
（30）*Ebenda*, 26, 1888, S. 555.
（31）Bullock, op. cit., p. 233f.
（32）Ibid, p. 233–234.
（33）社会政策学会の住宅調査は序章第三節、廃疾・養老年金法は Bullock, op. cit., p. 230、そして協同組合法は本章第一節を参照。
（34）たとえば、Victor Böhmert, An die Leser! Aufgaben und Ziele des "Arbeiterfreund", in: *Der Arbeiterfreund*, 11, 1874 を参照。
（35）Rudolf Gneist, Der Central-Verein für das Wohl der arbeitenden Klassen in 50jähriger Thätigkeit (1844–1894), in: *Ebenda*, 32, 1894, S. 297–302. 機関誌の発行部数は協会員数をわずかに上回る程度であった。たとえば、一八八〇年代に協会員数は一〇〇〇人を超えたが、一八八七年の『労働者の友』の発行部数は一一二四部にすぎない。*Ebenda*, 26, 1888, S. 288.
（36）*Mittheilungen des Centralvereins für das Wohl der arbeitenden Klassen*, 1848–1858.
（37）*Zeitschrift des Central-Vereins in Preußen für das Wohl der arbeitenden Klassen*, 1858–1862.（以下 *Zeitschrift* と略）
（38）*Der Arbeiterfreund*, 1863–1915.
（39）注（7）前掲拙稿「住宅改革運動」四九頁（本書第Ⅱ部第4章）。
（40）*Mittheilunge*, 1, 1848, S. 24; 14, 1852, S. 1736.
（41）W. Emmich, Betrachtungen über Ursache und Abhülfe des Mangels am kleinen und mittlern Wohnungen in Berlin nebst Ermittelungen über die Anlagekosten und die Ertrags-Verhältnisse von Grundstücken verschiedenen Umfangs, in: *Mittheilungen*, Neue Folge 1–3, o. J.（以下 Emmich, o. J. と略）もう一つのクノープラオホの論文（「はじめに」注（1））については、注（7）前掲拙稿「住宅改革運動」四九頁参照（本書第Ⅱ部第4章）。
（42）W. Emmich, Betrachtungen über den Stand des Unternehmers der gemeinnützige Baugesellschaft und über neuere Vorschläge zur Abhülfe der Wohnungsnot in Berlin, in: *Zeitschrift*, 2, 1859; ders., Erwiderung auf die Auslassung des Vorstandes der gemeinnützigen Baugesellschaft, in: *Ebenda*, 3, 1860.
（43）Emmich, o. J., S. 2127.
（44）Ebenda, S. 2128.
（45）一八七〇年代の『労働者の友』で具体的な構想がうかがえるのは、編集長V・ベーメルトによるヴィーン万国博覧会の労働者住居関連展示物の報告のみといえる。そこでは、鉄道による通勤といった新しい要素に言及されているものの、構想の中心は「混合居住」のままである。Viktor Böhmert, Die Arbeiterfürsorge auf der Wiener Weltausstellung, mit besonderer Beziehung auf die Arbeiterwohnungsfrage, in: *Ebenda*, 12, 1874.

（46）大部分が一〇頁以内の短いものであるが、一八七〇年代後半から、ドイツではグラットバッハ（*Ebenda*, 15, 1877）、フレンスブルク（*Ebenda*, 16, 1878）、リューデンシャイト（*Ebenda*, 17, 1879）、ドレスデン（*Ebenda*, 21, 1883）、ライプチッヒ（*Ebenda*）、ビーレフェルト（*Ebenda*, 23, 1885）、ボッフム（*Ebenda*）など、ドイツ以外ではロンドン（*Ebenda*, 21, 1883）、コペンハーゲン（*Ebenda*）、ヴィーン（*Ebenda*, 22, 1884）、ニュー・ヨーク（*Ebenda*, 23, 1885）などの改革の試みが紹介されている。

（47）P. Schmidt, Literatur über die Arbeiterwohnungsfrage (I), in: *Ebenda*, 21, 1883; ders., Literatur über die Arbeiterwohnungsfrage (II), in: *Ebenda*.

（48）Adolf Gumprecht, Die Arbeiterwohnungsfrage, in: *Ebenda*, 25, 1887.

（49）*Ebenda*, 28. 1890, S. 655.

（50）こうしたかたちで住宅改革運動への女性の関与を求める考え方については、Zimmermann, *a. a. O.*, S. 119 を参照。こうした社会福祉に女性の関与を求める発想の背景には、社会福祉の大部分が家庭における再生産にかかわるものであり、それは女性の適性にあった仕事であるという認識がある。姫岡とし子『近代ドイツの母性主義フェミニズム』（勁草書房、一九九三年）、五六—六五頁。

（51）Dr. Karl Böhmert, Die Baugenossenschaften und das neue Genossenschaftsgesetz, in: *Der Arbeiterfreund*, 28, 1890.

（52）一八九〇年の協会員名簿に彼の名前はない。*Ebenda*.

（53）『労働者の友』四七号（一九〇九年）に掲載されたE・グラーク E. Graack の論文では、ベーメルトの論文は、『労働者の友』で建築組合をあつかったものとして、最も重要と言及されている。Erdmann Graack, Wilde Baugesellschaften, in: *Ebenda*, 47, 1909.

（54）*Der Arbeiterfreund*, 28, 1890, S. 546–561.

（55）*Ebenda*, S. 525–546.

（56）顕著にあらわれている例として、Paul Scheven, Das Stuttgarter Ostheim, in: *Ebenda* 34, 1896; Vorstand des Centralvereins für das Wohl der arbeitenden Klassen, Bericht über den Bau von Arbeiterwohnungen, in: *Ebenda*, 24, 1886 を参照。イギリスの田

園都市運動も紹介されている。Leopold Katscher, Englische Gartenstädte. Ein Beitrag zur Lösung der Arbeiterwohnungsfrage, in: *Ebenda*, 42, 1904.

(57) 一八八九年のモルゲンシュタイン Morgenstein の論文では、ザクセンの鉄道で定期券や通勤専用列車が利用されていることが報告されている。Morgenstein, Die Arbeiterwohnungsfrage im Königreich Sachsen, in: *Ebenda*, 27, 1889, S. 53–55.

(58) たとえば、Viktor Böhmert, Der Verein "Arbeiterheim" zur Beschaffung eigener Wohnugen mit Grundbesitz für die deutschen Fabrikarbeiter, in: *Ebenda*, 23, 1885, S. 130; Dr. v. Bodelschwingh, Arbeiterheim, in: *Ebenda*, 35, 1897 を参照。

(59) Dr. Robert v. Erdberg, Die künstlerische Gestaltung der Arbeiterwohnhauses, in: *Ebenda*, 44, 1906.

(60) エルトベルクは、労働者はその身分の限度内で可能である最高の文化に到達するようにとのべているが、これは市民層の価値観を労働者に浸透させるという「混合居住」とは、一線を画すといえよう。*Ebenda*, S. 393f.

(61) 注(17)前掲拙稿「住宅改革運動」五一頁(本書第II部第4章)。もう一つの要因として、単一階層だけを対象としたベルリン共同建築協会の「失敗」があることをあげた。

(62) Reulecke, *1985*, S. 86f.; Stefan Fisch, *Stadtplanung im 19. Jahrhundert. Das Beispiel München bis zur Ära Theodor Fischer*, München 1988, S. 272.

(63) 一七世紀から二〇世紀初頭にかけてのベルリンの建築条例の変遷については、Heinz Ehrlich, *Die Berliner Bauordnungen, ihre wichtigsten Bauvorschriften und deren Einfluß auf den Wohnhausbau der Stadt Berlin*, Berlin-Charlottenburg 1933 を参照。

結論

まず、序章でのべた五つの課題に即して本書の議論を整理したい。

第一の一八八〇年以前の運動の独自性の確認については、本書の議論から次の三点を指摘しておきたい。第一に、世紀中葉からドイツ統一に至る住宅改革運動は、後年の「社会的住宅建設」とは別個の独自の論理で行動していた。第二に、住宅改革構想は、すでにドイツ統一前後に世紀中葉の発想を乗り越え、新たな方向性に進みだしている。一八八〇年代以降の住宅改革運動の盛り上がりも、すでに見られるようになっていた発想が「運動」の形態をとったと考えたほうが実態に近いのであろう。第三に、ドイツ統一前後に公権力の関与が求められるようになっているが、それも建築条例などによる間接的な規制が中心であり、「社会的住宅建設」のように直接自治体が住宅建設に乗り出すようなことは、まだ想定されていない。

第二の住宅改革構想の再検討については、本書で検討を加えた住宅改革構想が、単純な紋切り型の概念に収斂されるものではなく、社会状況にも規定されたそれぞれの時期に特有な内容をもっていることを明らかにした。とくに「混合居住」は、一九世紀中葉独特の発想であり、その説得力が失われていくのは、住宅改革運動やその担い手である市民層の変化を端的に示したものである。

第三の現実と現状認識の対応関係については、ファミリエンホイザーに関する否定的なイメージが市民層の思い込みから生じたことを指摘した。現状認識が適切ではなかったことが、中葉の住宅改革運動が成果をもたらしえなかった要因の一つである(1)。

第四の当局の機能の再検討については、市当局や警視庁も、出現したファミリエンホイザーに対して世紀中葉の住宅改革運動と同一の論理で対応しているのであり、こうした行政機構の対応も住宅改革の流れのなかに位置づけられるべきものであることを強調したい。とはいえ、ファミリエンホイザーにおいて又貸しの禁止を徹底させるなど一定の成果を収めたとはいえ、結局は市当局も警視庁も日常的な業務の範囲内で対応する以上のことはできなかった。この点、世紀中葉の段階では「社会的住宅建設」からは、いまだ大きな隔たりがあったといえよう。

第五の住宅改革組織の活動の検討については、ベルリン共同建築協会の総会の議事録という基本文章に基づく改革組織の具体的検討から、次の二点を指摘しておこう。①構想レベルの分析から垣間見えてくる、どちらかといえば予定調和的な世界とは異なり、ベルリン共同建築協会の活動にも様々な思惑や利害が絡んでいた。②研究史の上で住宅改革運動の本来の方向からの逸脱とみなされる賃借人協同組合設立の一時的中止も、協会員全体が選択した現実的な処置であった。

以上、本書は、「社会的住宅建設」成立史の視点では一九世紀の住宅改革運動を描ききれないことを十分に示しえたと思うが、本書で明らかにした事実がどのような歴史的意義をもつのかを、以下考察していきたいと思う。

一　住宅改革運動と資格社会 —— 一九世紀ドイツの市民社会

本節は、住宅改革運動に関する研究の成果をふまえて一九世紀ドイツ市民層に関する一つの試論を考えるため、まず資格社会論と市民論とのかかわりに注目して議論を進めたい。

市民層の職業というテーマは、一九八〇年代にこの社会層の研究が活性化した段階で、すでに関心がもたれていた分野といえる。(2) その後、英米系の研究者が「専門職」概念を導入して、一九世紀ドイツの職業について研究を進めた。従来は国家試験を前提とするドイツ的な資格社会のあり方が例外的事象と捉えられ、国家から自律的な英米的な専門職が標準的と考えられていた。ところが、近年の一連の研究では、そうした評価が逆転するようになっている。そうした研究では国家試験のあり方や専門職組織に関心の重心が移行している。[3] そのため、資格社会と社会層としての市民層とのかかわりは、研究の背後に退いてしまった観がある。本節では、資格社会論を市民論にとりいれることを試みたいと思う。[4] ただし、ここでは社会層としての専門職の特質であるとか、彼らの組織にではなく、資格社会を支える論理ないしは理念に着目して議論を進めていきたい。「資格社会」とは、ここでは望田氏に従い「『職業資格』＝『教育資格プラス国家試験』という方程式」が成り立つ社会と捉えて議論を進めることにする。[5] この資格社会の社会的位置づけと比較することで、一九世紀ドイツの住宅改革運動の展開についてより明確にし、ドイツの市民社会の特質を考察する手がかりを探ることが本節の課題と考えている。

1　住宅改革運動

本書でのべてきたことをここで手短に整理しよう。

一九世紀初頭以来の大都市への人口集中に伴い、市民層は労働者の住宅についてその危険性を強く意識する。一九世紀の住宅は市民層と労働者では対極的な状況を示していた。すなわち、市民層の住居にあっては一住居に一家族だけが住み、そして部屋ごとの機能分離が明確であるのに対して、労働者の住居では一住居に複数の世帯が同居し、また一つの部屋に作業場と寝室といった複数の機能をもたせることが常態であった。

すでに一八二〇年代には、市当局や警視庁が悪住環境の象徴となるファミリエンホイザーの危険性を認識し、世紀中葉の住宅改革運動と同様の発想で対応する。その結果、又貸しの禁止など一定の成果を得るものの、それが限界であったようである。住民は自分たちの生活に意味がある限りにおいて、市民社会からの働きかけをうけいれるのである。

ベルリン市民は思い込みからファミリエンホイザーを一般の都市社会とは違う異空間として認識する。そうした意識が具体化して、ベルリン共同建築協会というかたちで住宅改革運動が展開する。ベルリン共同建築協会では、住宅問題は、社会経済的な問題としてではなく道徳や衛生の問題と捉えられる。そこで、この住宅改革運動では市民層の最下層にある者の道徳的向上が意図され、市民的な住居を彼らにあたえることが目論まれる。ベルリン共同建築協会そのものは、建ててしまった住宅を管理する組織としての側面を強め、急速に住宅改革運動としての性格を失うが、「混合居住」が住宅改革の流れを汲む人々の間に定着していく。

世紀中葉にあっては、市民層と労働者が均質な文化を共有しようという指向が強かったといえる。ベルリンでは一八六〇年代には賃貸兵舎の誕生を見、一八七一年のドイツ統一をきっかけに住宅難[6]が生じる。そうした状況を反映して住宅改革構想にも新しい要素がうかがえるようになる。郊外に住宅問題の解決の場を求め、それと関連して都市を一体のものとして捉えるようになり、そして住宅問題に公権力の関与を求めるようになる。世紀中葉には根強かった「混合居住」の説得力が揺らぎだしたのもこの頃からである。住宅問題への新しい動きが、この時期は運動のかたちをとらなかったことも指摘しておこう[7]。ベルリンの市民層の一部は郊外脱出を目論み、この頃からヴァンゼー Wannsee やリヒターフェルデ Lichterfelde といった郊外邸宅地開発の動きが顕著に見られるようになる[8]（図結-1）。

労働者の住宅問題への関心がふたたび運動のかたちをとるようになるには、一八八五年におこなわれた社会政策学会によるドイツの大都市の住宅事情調査を待たなければならない[9]。これをうけ、英仏に比べると著しく未整備であった住宅関連立法の制定を求める運動が進められる[10]とともに、社会の多様性に対応して住宅改革の様々な試みがおこなわれる。建築協同組合がその主な担い手となり、官吏・職員といった下層市民層ともいうべき人々や労働者がその改革の対象である。官吏など特定の職種に特化した組合が結成されたりする。図結-2に示したような、「労働者」を意識したモデル集合住宅が造られ、そうした住居の原則も、当時

Plan 3

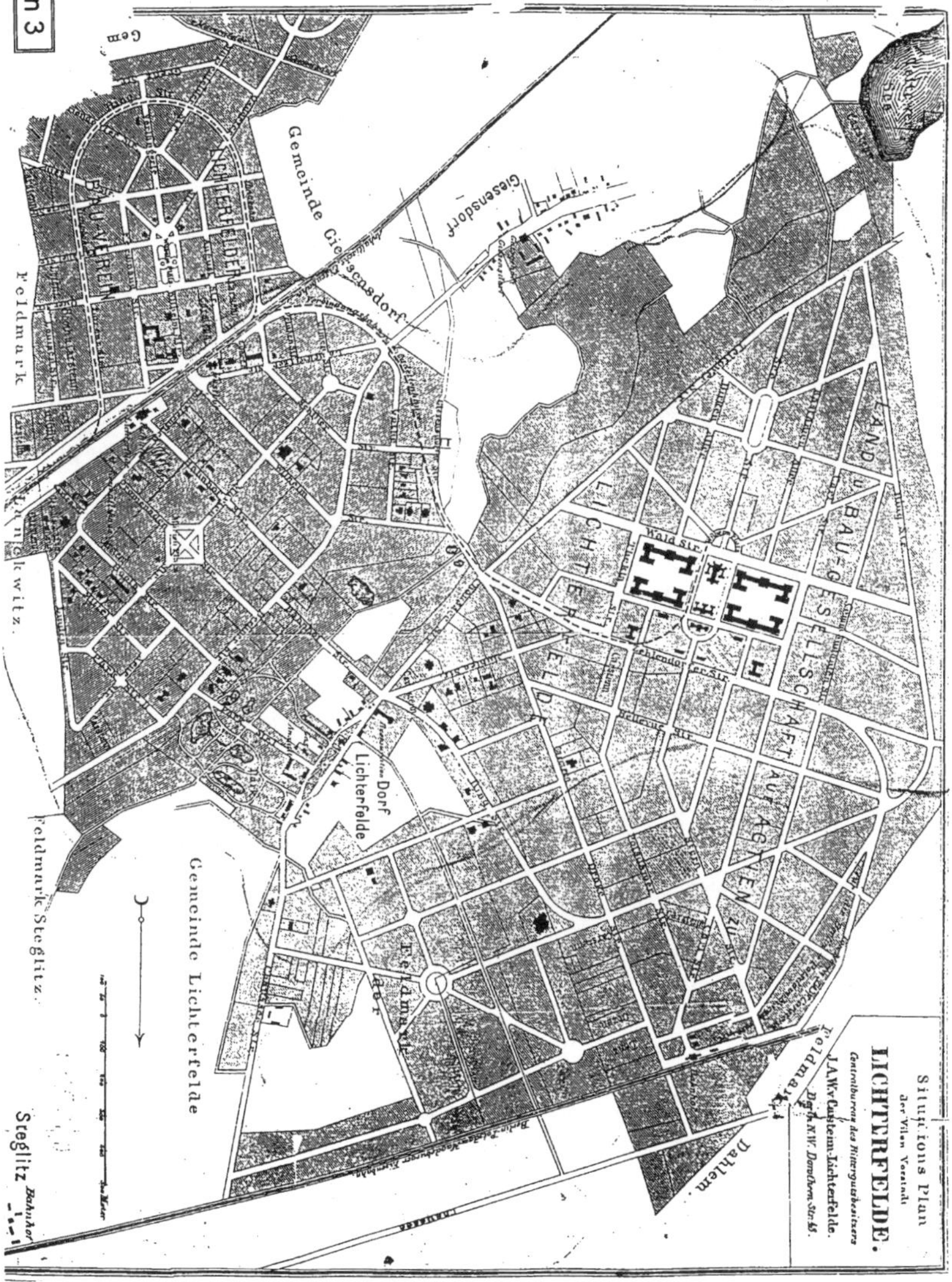

図結-1　リヒターフェルデ

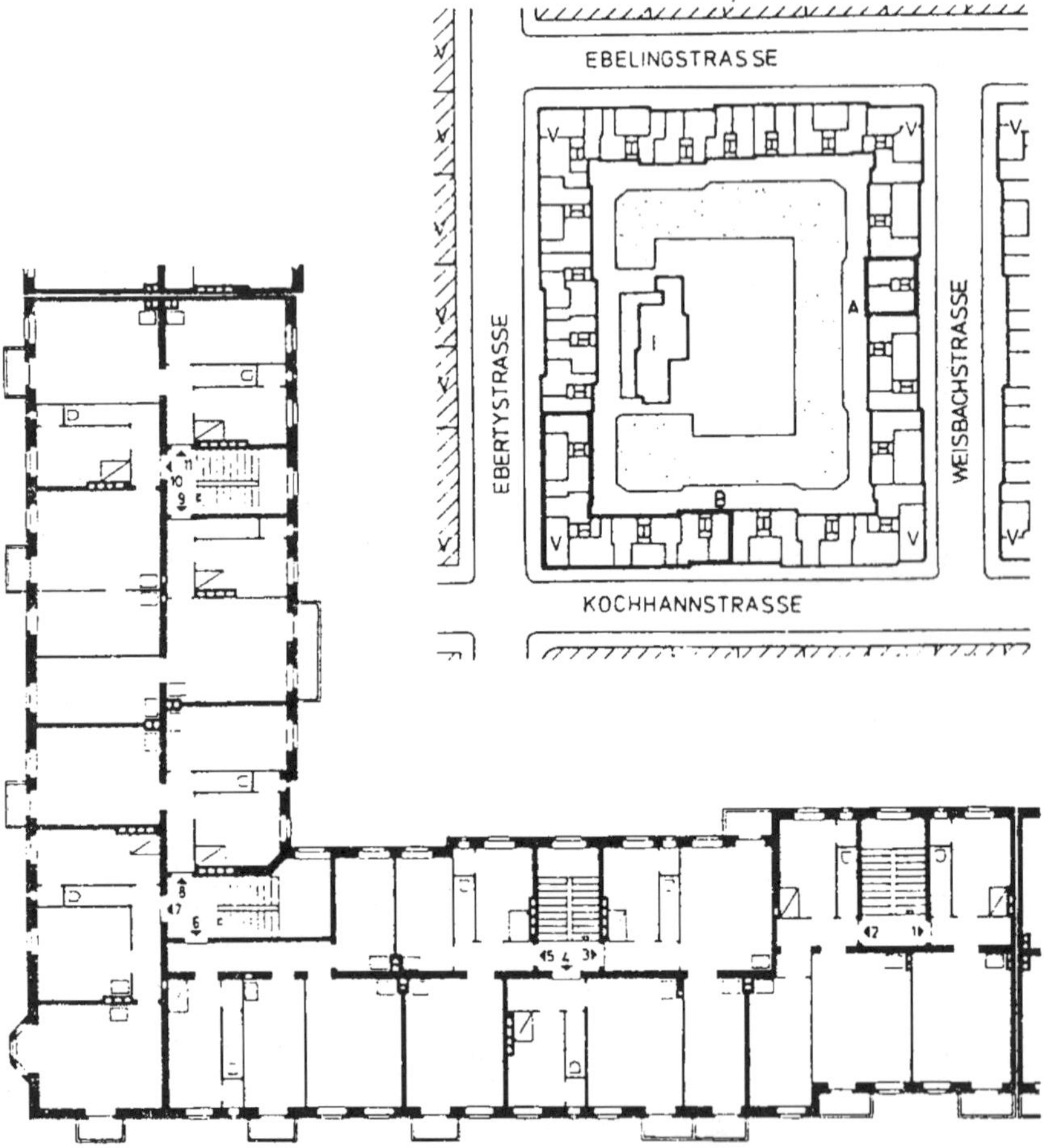

図結-2　世紀転換期頃の改革住宅（A・メッセル設計／小住居改善協会）

の市民層の住居を極力広い社会層にあたえようというものである。[11]ただし、住宅改革者の言説をみると、世紀中葉に見られたような「混合居住」のような発想は影を潜め、労働者の住宅にも一家団らんの場を想定するようになる。[12]他方、上層市民層のためには、田園都市運動がドイツでも見られ、[13]大都市の住宅難という問題に対して、市民層のための解決と労働者のための解決が分極化してしまう。

以上の住宅改革運動の展開を「市民性」という概念を用いて整理すると、次のようになる。一九世紀中葉にあっては、市民的住居に体現される「市民性」の普遍性、および他の階層への浸透可能性への自信が強く、それが日常的に規律をあたえて、市民層と労働者が均質な社会を作り出そうという「混合居住」の発想に最も端的にあらわれている。ところが、ドイツ統一前後になると、「混合居住」の説得力は揺らぎはじめ、「市民性」の他の社会層への浸透可能性という認識は、限界を孕んでしまう。世紀転換期頃の住宅問題への対応になると、「市民性」が前提となっていることは以前同様である。以前同様労働者にもそれを広めようとするものの、しかしながら、それの均質的な普及は意図されず、社会の多様性に応じて多様な試みがなされるようになる。

2　資格社会論

さて、資格社会論[14]に話を移していきたい。ここではまず近代ドイツ史を語るうえで、職業という現象に着目することに、どのような利点があるかを確認しておきたい。そうした点でまず重要な論点は、職業が一八世紀までの社会と一九世紀以降の社会でもつ意味が違ってきているという事情であろう。一八世紀まで自立した職業人、すなわち親方は、ツンフトなどの同職組合に属していたことは、ここで改めて指摘するまでもない。[15]一八世紀のツンフトは、職業団体や経済組織としての性格のみならず多面的な機能をもっている。すなわち、政治的には都市の行政組織は、形骸化したとはいえ、基本的に同職組合単位に組織されていた。またライフ・サイクルの点でも、徒弟に始まり職人を経て親方に到達し、そうなって初めて職業組合の構成員となり、世帯を構えることができる。そうした意味で、同職組合は当時の人々の人生を規定する重要な要因であったといえる。こうした同職組合は、二宮宏之氏がフランスの絶対王政期に指摘する「社団」、すなわち自律的な社会的結合関係に王権側が承認をあたえて生じた中間団体であると考えることも可能であろう。[16]ドイツの諸邦でおこなわれた一九世紀初頭の一連の改革[17]でこうした「社団」は程度の差こそあれ解体され、[18]その結果として従来とは違った職業のあり方が求められたのだといえる。そうしたなかで大きな意味をもつようになったのが、一定の教育と国家試験に結びつけられた専門職であったと考えられる。したがって、専門職や資格社会の成立という問題は、伝統的な「社団」を介した社会の編成原理が解体し、一九世紀的な社会が誕生する状況を、職業という側面から照射したものと位置づけることができる。

資格社会を支えるのは教育制度と国家試験であり、望田幸男『ドイツ・エリート養成の社会史』が、そのうち教育制度、とくに中等教育に焦点を当てて論じている。ここでは同書の内容を一九世紀に関する部分を中心に整理したうえで、「市民性」とのかかわりで同書を位置づけたい。

序章によると同書は二つの研究動向の流れに位置づけられる。一つは教育史研究にかかわるものであり、従来の研究は、偉大な教育学者の思想の分析に終始する教育理念史、ないしは学校教育に関する制度を整理する教育制度史にとどまり、「社会のなかの学校・教育」という観点は欠如していた。それに対して同書では、教育社会史という立場が打ち出される。二つ目の問題意識は、近・現代ドイツを、職業資格によって特色づけられる資格社会と捉える視点である。資格社会を構成する教育資格と国家試験のうち、教育資格の中核をなすのがギムナジウムなどの中等教育であるといえる。

以上にとどまらず、同書は市民層研究の脈絡のなかでも重要な意義をもつ研究といえる。ここでは、ギムナジウムという制度を、社会のなかでどのように機能したかという点から位置づけることはしない。ギムナジウムに対して当時の人々がどのような期待や思惑をもっていたのかという観点から議論を整理しておきたい。それを、先ほどからのべている「市民性」という概念から説明しておこう。

同書では、一八三〇年代に至るギムナジウム体制成立の過程が、古典語や「教養」を重視する教養市民層の価値観を具現する場として描かれている。すでにのべたように、こうした教養市民層の心性が、「市民性」の基盤を形成したのである。ギムナジウムというかたちで教養市民層の価値観が具体化し、社会のなかでエリート養成の場として位置づけられるようになったことに、「市民性」の発展と、世紀中葉におけるその影響力の強さを垣間見ることができるといえるのであろう。第二帝政期において三系列の中等学校（ギムナジウム・実科ギムナジウム・高等実科学校）が同格化した過程が描かれているが、それは次のようなことを物語っている。

一方ではこの「市民性」が、ギムナジウム以外の他の中等学校でうけいれられつつ、他方その「市民性」のあり方が帝政期には一枚岩のものではなく、社会のなかの様々な立場の者にとってうけとられ方が多様であったということである。また、工業化開始以前においては、アビトゥーア取得者のうち教養市民層の優位は圧倒的であったのが、帝政期になると、教養市民層の比重の低下、中間層の上昇へと転じたという状況も、ギムナジウムをめぐる社会のなかの様々な社会層がもつ思惑の変化の反映とみることも可能であろう。

以上、同書がのべるギムナジウムの姿からは、一八世紀末からの「市民性」の成立と確立、一九世紀中葉におけるその全盛、そして帝政におけるその多極化という状況を読みとることができよう。こうしてみれば、資格社会の根幹の一つである中等教育の土台をなすのは、「市民性」であったと位置づけることができ、その歴史は市民的価値観の歴史的発展の反映とみなすことができる。

このように議論を進めてくれば、資格社会のもう一つの根幹である国家試験についても同様のことがいえる可能性が生じてくる。一八世紀までの同職組合では、親方になる資格は、職人としての修行を経たうえで、任意の都市の同職組合に提出された親方作品が合格して初めて獲得できるものであった。したがって、一八世紀までと一九世紀以降の職業資格のあり方は、試験を前提としているという点では共通している。ただし、国家の監督のもと一定の教育を受けた人であればあらゆる人に試験が開放されている点が、その職種の修行を経た人だけに限定されていた一八世紀までの状況とは違うことは、指摘しておく必要がある。その結果、同じ資格試験ではあるものの、資格社会における試験のあり方は、理念的には試験を受ける個人の業績や能力に依存するものになり、一八世紀までとは異なる次元のものとなる。したがって、個人の業績に応じて要求するものが規定されるという意味で、「市民性」がここにもあらわれているといえよう。また、試験をおこなう主体である一九世紀的な国家は、国全体を合理的に統治していくことを指向したものであり、合理性を指向したという点で「市民性」を反映したものといえるだろう。それは、それまでの「社団」という中間団体を介して統治をおこなっていた国家のあり方から隔絶したものであったと評価することができる。

以上のように考えると、職業資格制度の普及、整備、軋轢といったことは、「市民性」の普及、整備、軋轢と読み替えることも可能なのである。第二帝政期のドイツでは弁護士、医師、官吏などの職業において、様々な経緯を経て異なったレベルの資格制度が整備されていくが、[19]そうした専門職の多様性は、本節で何度かのべている帝政期における「市民性」の多様化という現象を反映したものといえる。

3　市民社会の位相

では、住宅改革運動と資格社会を比較し、近代ドイツの市民社会を考察するための一つの試論を提示することで、本節を締めくくりたい。

まず、住宅改革運動も、資格社会も、「市民性」の生成とその分節化という過程を経ており、同じ歴史的土台の上で展開していることを、まず指摘しておこう。他方、両者の相違もまた顕著なものがある。すでに指摘したように、住宅改革運動は住居を対象とし、また議論の前提として近代家族のあり方がうかがえる。つまりこの運動は、市民層の私的な領域を土台としているのである。それに対して資格社会で問題になるのは、職業という公的な領域である。第二に、住宅改革運動は都市化に伴う都市社会全体の変化への対応であるのに対して、資格社会は職業をめぐるシステムの再生産を対象としている。第三に、住宅改革運動で念頭におかれるのは労働者の住宅問題であり、改革の対象の「市民化」が目指されるのに対して、資格社会では、あくまでもエリート的職業の養成が問題になる。

以上の点は、それぞれの現象が直面する社会的背景の違いといえるが、問題の具体的な展開過程については、次のような相違を認めることができる。住宅問題については一八四〇年代に顕在化して以来、第一次世界大戦に至るまで、制度化などのかたちで明確な方向づけがおこなわれず、「市民性」を有効たらしめる実験がおこなわれつづけたのだと評価できる。住宅改革の成果が制度化されるのは、ヴァイマル期まで待たなければならない。その段階になって初めて、後藤俊明氏の著作が明らかにしたような、住宅問題をめぐる様々な利害の対立が制度を介して顕在化するようになったといえる。[20] 他方、資格社会においては、ギムナジウム体制の確立は一八三〇年代である。また官吏登用をモデルに作られた、教育資格と国家試験による、という専門職の原則は一九世紀前半に確立している。その後の専門職の拡大にしろ、軋轢にしろ、こうした専門職の制度を前提としたものであったと考えてさしつかえない。

「市民性」の歴史的展開の基本的方向は共通しているが、制度化という点では両者のタイムラグはかなり大きいといわなければならない。こうした両者の違いは何に起因するのだろうか？　筆者はこの点について現段階では十分な説明を加えることができないが、いくつか暫定的な見通しをのべておくことは議論の展開上必要なことであろう。何よりも住宅問題が一九世紀に新たに意識された現象であり、その内実に違いこそあれ、エリート的職業はそれ以前の社会にすでに存在していたという事実を指摘しておきたい。資格社会成立の背景の一つには、一八世紀までの社会の伝統があったと考えられる。こうしてみれば、「市民性」という問題を考える際も、それ以前の社会との連続や断絶は意識する必要があるように思われる。[21]さらに、先に指摘した三つの相違点、すなわち公と私、職業と都市社会、エリートと労働者、が二つの現象の歴史的展開に見られる違いをもたらしたと考えることができる。まず、男性優位の市民的公共の世界では、私的な領域よりも公的な領域がより早く問題にされたと考えられる。次に、都市化により大きな変化を被り、捉えどころのなくなった都市社会よりも、日常生活の多くを規定する職業という領域のほうがより具体的に当時の社会では把握できたであろう。最後に、都市に集まった労働者という異分子の問題よりも、新たなエリート的職業の養成が、近代社会の形成にとって急務であったと考えられる。今後、市民層の研究において、いまあげた要素、とりわけ近代ドイツ史研究では十分検討されてきたとはいいがたいように思われる公的領域と私的領域の関係[22]をとりいれた研究を進める必要があるということを指摘して、本節の叙述を締めくくりたい。

二 国際比較のなかの住宅改革運動——都市計画的発想への展望

前節では、資格社会論と対比して、住宅改革運動を一九世紀ドイツの市民社会のなかに位置づけることを試みた。本節では、ベルリンの住宅改革運動をロンドンとパリとの比較のなかで位置づけてみたい。

序章で比較史を構想する際に考慮すべき三国の相違点を三つあげておいた。まず、その第一点目として指摘した、ロンドン、パリ、ベルリンの都市構造の違いが、住宅改革構想や都市計画的発想にどのような影響をあたえたかについて検討したい。

ここで、序章で整理した三都の構造の違いを手短に確認しておこう。ロンドンは一戸建て住居を中心にきわめて広大な範囲にその空間が広がる。集合住宅を中心とするパリやベルリンの空間は、ロンドンと比べると狭い範囲にとどまるが、ロンドンと違い一八五〇年代から六〇年代にかけて都市改造の試みが見られる。その都市改造の違いから、パリではブルジョワの居住する中心と労働者の住む外延部に都市構造が二極化し、ベルリンでは旧来の都市空間の維持された中心部、「ホープレヒト案」によって規定された地域、そしてその外側に広がる郊外住宅地の三重構造が生じる。

すでに第Ⅲ部第2章でドイツ統一前後の住宅改革構想と当時のベルリンの三重構造の関係を指摘しておいたが、パリの都市構造と比較しつつ、そこでの議論を確認したい。ロンドンではなく、まずパリからとりあげるのは、ベルリンとは住居の構造や都市改造がおこなわれた点で共通しつつ、都市構造が顕著に違い、比較の作業が進めやすいからである。

「ホープレヒト案」策定後、ベルリンにおいて賃貸兵舎が従来の都市空間に直接隣接する地区に乱立するようになった。このことは、中世以来の都市拡張案が都市化の現実のなかで対応できなくなったことを市の中心部に住む市民に認識させたものといえる。こうして新しい住宅問題が認識されるようになっただけではなく、市の中心部に住む人にとって、自分の住む同じ建物の半地下住居や屋根裏に貧しい人々が住むという状況に変わりはなかった。また、賃貸兵舎内でも、道路に面した建物の住民は比較的裕福であり、裏屋はそれほど余裕がないと思われる階層用の小住居が中心である。「ホープレヒト案」策定後も、労働者の住宅問題はベルリンの市民層にとって、いまだ身近な問題でありつづけたのである。

賃貸兵舎の乱立の問題を鋭敏に感知したのがブルッフであり、彼は「ホープレヒト案」の問題点を痛感するとともに、より積極的な都市改造の必要性を強く認識したのであろう。ブルッフほど認識していなくとも、都市問題に関心をもつ多くの人には、賃貸兵舎の跳梁跋扈という現実は従来のやり方の限界を認識させ、新しい発想をうけいれやすくする土壌を形成したものといえる。ブルッフの議論は、その後の議論の方向を先取りしたものなのである。都市計画的発想は、ドイツ統一の時点で、構想の点でも、社会的背景の点でも、ほぼ成熟していたといえる。段階的建築規制がベルリンに導入されるのは一九世紀末になってからであるが、段階的建築規制でもたらされることが想定される都市構造は、導入以前にすでに形成されていたといえる。ドイツにおける段階的建築規制の誕生と定着の背景には、それを先取りしたような都市社会の変化があったことは強調しておきたい。

他方、そのブルッフにおいても「混合居住」が主張されたことが示すように、統一期の住宅改革構想も、中葉のそれを取り込むかたちで考えられたことも強調しておきたい。これは、「ホープレヒト案」によっても市の中心部が手つかずのまま残され、住宅改革者が従来からの連続性のもと構想を展開できたことが一つの要因であろう。ドイツ統一前後の住宅改革構想の新たな展開も、世紀中葉以来の運動の経験を土台にして可能であったと評価できよう。

オスマンのパリ改造により、街の中に一直線の大通りがいくつか設けられるとともに、市の中心部は全面的に面目を一新し、ブルジョワ地区へと変貌を遂げる。必然的に、労働者は周辺部に追いやられ、パリの都市構造は二極化する。オスマンの改造自体、労働者の住宅問題は棚上げして進められたわけだが、改造後、現実にブルジョワの住宅と労働者の住宅の間に若干距離が生じることになる。したがって、パリではベルリンに比べると、住宅問題は、存在は認識されていたとしても、それほど切迫したものとは感じられていなかったと思われる。

パリの都市構造や住宅事情がオスマンの改造によって劇的に変化してしまったので、住宅問題を考える社会的背景が世紀中葉に比べると一変してしまったことは、ベルリンとの相違を考える際に重要であろう。統一期のドイツの住宅改革者のように従来の議論を取り込むかたちで改革構想を発展させることはフランスの改革者には困難であったであろう。この時期のフランスの住宅改革の議論に断絶があったと考えられるのである。こうした断絶が、住宅改革構想や都市計画的発想の展開を阻害したということは十分想定できよう。

しかも、もっぱら批判の対象となった「ホープレヒト案」と異なり、オスマンの改造は毀誉褒貶の差がはなはだしかったことも、都市計画的発想の誕生には阻害要因であったと思われる。オスマンの改造を包括的に分析した松井道昭氏の研究によると、賛美者は都市改造によって衛生状態の改善など都市の近代化に一定の寄与があったことを強調し、批判者は従来のよき都市が破壊されたことを嘆き悲しむのである[23]。いずれにしても、オスマンの改造以降のフランスでは、新たな発想で都市をあつかうような発想は、うけいれがたいものであっただろう。賛美者にとっては、都市化に伴う問題はオスマンの改造である程度解決済みであり、批判者には、都市に改変を加えることに対する嫌悪感が生じてしまったはずだからである。

以上、同時期の都市改革の相違が、ベルリンとパリにおけるその後の都市計画的発想の発展や定着の過程の差を生み出した一つの要因なのだと結論付けたい。

ロンドンとベルリンを比較する際には、都市空間の広さの違いが重要となってくる。一九世紀中葉段階でもいまだ狭かったベルリンに対して、ロンドンでは都市空間が広大なものとなってしまったことが都市を全体として把握することを困難なものとしたことも、疑いのないことのように思われる。もちろん、都市化に伴う問題が最も顕在化したイングランドは、上下水道やガスなど都市化に伴う技術の先進国であり[24]、都市計画の重要な要素としてとりいれられるスラムクリアランス関連の立法も一九世紀半ばに出されるなど[25]、都市計画的発想が定着する土壌は出来上がっていたといえる。こうした土台があったからこそ、ドイツの影響をうけて速やかに都市計画の発想がうけいれられているのである。

次に、序論で三国の相違点として指摘した第三の論点、ドイツにおいて住宅問題や都市問題に国家立法が存在しなかったという状況を考えてみよう。イングランドやフランスと異なり議会での議論や法制度の整備がないまま、ドイツでは協会、新聞、雑誌など市民社会が生み出した議論の場を介して、秩序や合理性といった「市民性」の特徴とされるものを土台にした都市計画的発想が生み出された。このことが市民層の比較史のうえで重要性をもってくるように思われる。国家や自治体の関与がない分、純粋に市民社会が新たな市民社会の発想を作り出せたのだと評価できよう。このように議論を整理すれば、少なくとも住宅問題や都市問題に即してみると、ドイツの市民社会は十分に機能していたのだと結論づけてさしつかえなかろう。

とはいえ、この議論は、かつては「遅れ」が強調されたドイツの市民層の「先進性」をあえて主張しようというものではない。一九世紀のヨーロッパで進む都市化のなか、ドイツの市民社会は基本的にイングランドやフランスと同様の対応をし、そうしたなかで歴史的条件が左右して都市計画的発想で若干先んじたにすぎないと解釈したほうが、実態に近いのであろう。ドイツでいち早く唱えられたとしても、他国でも二〇世紀に入ると急速に都市計画的発想は定着するわけである。このことはドイツに限らずヨーロッパ諸国が、都市化に伴う問題に対して、ほぼ同様の認識をもつに至っていたことを示すと思われる。都市問題や住宅問題に関してみると、一九世紀ヨーロッパの市民社会は、ほぼ同様の性質をもっていたと評価できるのである。

このように住宅改革運動を通じてみれば、一九世紀ヨーロッパ市民社会の共通性が垣間見えてくるのである。とはいえ、すべての面について、ヨーロッパの市民社会が一九世紀において全く均質な発展を遂げたと主張するつもりはない。

第一に、住宅問題をはじめとする都市問題が、ヨーロッパの大都市が一九世紀中葉になってほぼ同時に体験した新しい問題であったことを指摘しておこう。そうした新しい問題に対して、ほぼ共通の性質をもつ市民社会が同様に反応するのは自然といえる。住宅問題が新しい問題であったことが、国家の機能の違いなどの歴史的条件の相違にかかわらず、住宅改革が同時展開するという状況をもたらした一因であったと指摘できよう。

逆に、以前の社会から存在する要素が市民社会の脈絡のなかにおかれた時に、そうした要素は市民社会ごとに独自の様相を示すであろう。たとえば、住宅改革と同様に市民層の価値感を反映した専門職が、ドイツではもっぱら市民社会のなかの職業として機能していたのに対して[26]、イギリスでは伝統的なジェントルマンの支配と結びついたことが[27]、こうした観点からは示唆的といえる。職業という、以前の社会から連続し、市民社会とともに再編されたような事象であれば、それとかかわってくる要因に応じて市民社会ごとに果たす機能が違ってくるのである。

第二に、一八六〇年前後の都市改革の相違が都市計画的発想の発展を具体的に規定したことが、次の点を示唆していよう。住宅改革に関して、一九世紀中葉段階では、いまだ各国の共通性がうかがえたとしても、国民国家、都市、地方といった個別地域単位の歴史的背景、発生した事件や政策などの積み重ねから、それぞれの地域ごとの様相に次第に多様性が見られるようになるのは疑いをいれないのである。そうした方向への動きは一八六〇年頃から始まっていたといえる。具体的な事件や経験の集積されたうえで展開するような古い問題に住宅問題が転換した時、住宅改革や政策は、国、都市、地域単位で特殊な様相を示し、それぞれ独自の展開を示すようになるのであろう。

ここで序章で指摘した三国の相違点の第二点、第一次世界大戦後の住宅建設体制の違いをとりあげよう。第一次世界大戦を境にして、ドイツでは「社会的住宅建設」、イングランドでは「カウンシル・ハウジング」、そしてフランスでは「低廉住宅」といった各国特有のレッテルが住宅政策に貼られて、それぞれ独自の展開を見せるようになる。序章でものべたように、一八七〇年頃までに限定した本書の考察から、こうした違いが何に由来したかを明確に論じることはできない。今後の考察の手がかりとするために、本書の叙述をもとにいくつかの論点を指摘しておきたい。

第一に、第一次大戦後のイングランドにおいて自治体主導の住宅建設が大きな比重を占めるようになる背景には、すでに一九世紀末の段階で、住宅供給全体に占める割合はわずかであっても、自治体による住宅建設が着実におこなわれていたことを指摘できよう。第二に、ベルリンにおいて「社会的住宅建設」のもとで、建築協同組合といった、公権力とは別次元で存在する組織が住宅建設の担い手となったのは、一九世紀ドイツの住宅改革運動が国家や自治体とかかわりのないところで、いわば「市民社会」の自発的運動として展開した状況が反映しているかもしれない。同様に自治体による住宅建設の伝統がないにもかかわらず、第一次世界大戦後のフランスで、公社というかたちで、自治体と密接にかかわる組織が住宅建設の担い手となった。その要因の一つとして、フランスでは一九世紀中葉以来住宅に関する国家立法が整備され、住宅問題に公権力が責任をもつことが自明のものと認識されていたという状況を想定できるかもしれない。

以上は、あくまでも本書の議論だけをふまえた仮説的な見通しにすぎない。一八八〇年代以降の各国の住宅改革運動の展開に関する具体的な研究をふまえ、さらに第一次世界大戦や終戦後の住宅事情の変化が各国にあたえた影響も考慮に入れて、大戦後の住宅政策の違いの背景を解明するのは、今後の課題としなければならない。そうした作業を通じて、本書の議論をより長期的な、現代までつながるようなパースペクティヴのもとに位置づけることが可能となるであろう。より大きなパースペクティヴということでは、本書が試みたような比較史の試みを、少なくともヨーロッパ全体にまで広げていく必要があるであろう。比較の対象を広げることによって、本書で検討したドイツ、イングランド、そしてフランスの住宅改革や市民層の特殊性と一般性が明確になると思われるからである。

一九世紀末から第一次世界大戦に至る各国の住宅改革運動の展開を、ここで比較の対象とした三国に限らずヨーロッパ全体について比較していくというテーマが、本書から道が開かれたことを確認して本書を終えたい。

注

（1）ただし、一八六一年からとりはじめた住宅統計も、統計をとる者の思い込みから来る偏向は当然予想できるが、そこまで立ち入って検討できなかった。今後の課題としたい。

（2）たとえば、市民層再検討の出発段階でおこなわれたシンポジウム（一九八七年）においては、国際比較、自由主義、女性と並んで職業がテーマとしてあげられている。職業についての議論の成果は、Hannes Siegrist (Hg.), *Bürgerliche Berufe. Zur Sozialgeschichte der freien und akademischen Berufe im internationalen Vergleich*, Göttingen 1988 にまとめられている。

（3）チャールズ・E・マクレランド『近代ドイツの専門職――官吏・弁護士・医師・聖職者・教師・技術者』（望田幸男監訳、晃洋書房、一九九三年）。Geoffrey Cocks & Konrad H. Jarausch (ed.), *German Professions 1800–1950*, New York/Oxford 1990; Kees Gispen, *New Profession, Old Order: Engineers and German Society, 1815–1914*, New York/Port Chester/Melbourne/Sydney 1989; Werner Conze und Jürgen Kocka (Hg.), *Bildungsbürgertum im 19. Jahrhundert, Teil I Bildungssystem und Professionalisierung im internationalen Vergleich*, Stuttgart 1985.

（4）望田幸男『ドイツ・エリート養成の社会史――ギムナジウムとアビトゥーアの世界』（ミネルヴァ書房、一九九八年）および、同編著『近代ドイツ＝「資格社会」の制度と機能』（名古屋大学出版会、一九九五年）。

（5）望田注（4）前掲書、一八頁および望田編注（4）前掲書、三頁。

（6）当時のベルリンの住宅環境の悪化については、Johann Friedrich Geist und Klaus Kürvers, *Das Berliner Mietshaus 1862–1945. Eine dokumentarische Geschichte von 〉Meyer's-Hof〈 in der Ackerstraße 132–133, der Entstehung der Berliner Mietshausquatiere und der Reichshauptstadt zwischen Gründung und Untergang*, München 1984, S. 102–113 を参照。

（7）Nicholas Bullock and James Read, *The Movement for Housing Reform in Germany and France 1840–1914*, Cambridge 1985, p. 63–65. 労働諸階級福祉中央協会の機関誌をみても、一八七〇年代は住宅問題への関心が薄れていた時期であるといえる。拙稿「一九世紀ドイツにおける住宅改革構想の変遷――労働諸階級福祉中央協会の機関誌を題材に」（『史林』七六巻六号、一九九三年）、一二一頁（本書第Ⅲ部第3章）。

（8）Geist und Kürvers, *1984*, S. 158–164; Felix Escher, *Berlin und sein Umland. Zur Genese der Berliner Stadtlandschaft bis zum Beginn des 20. Jahrhunderts*, Berlin 1985, S. 216–235. こうした郊外邸宅地運動についての研究はドイツ本国でも近年着手され、たとえばベルリン南西部のリヒターフェルデについては Thomas Wolfes, *Die Villenkolonie Lichterfelde. Zur Geschichte eines Berliner Vorortes* (*1865–1920*), Berlin 1997が初めての学術的研究である。

（9）Bullock and Read, *op. cit.*, P. 65–70. 帝政期ベルリンの住宅事情についてはChristoph Bernhardt, *Bauplatz Groß-Berlin. Wohnungsmärkte, Terraingewerbe und Kommunalpolitik im Stätdewachstum der Hochindustrialisierung* (1871–1918), Berlin/New York 1998がある。

（10）Bullock and Read, *op. cit.*, p. 249–276.

（11）*Ibid.*, p. 217–248.

（12）注（7）前掲拙稿「住宅改革構想」（本書第Ⅲ部第3章）。

（13）ベルリン郊外の田園都市についての近年の研究として、Karl Keim, *Die Gartenstadt Staaken* (*1914–1917*). *Typen, Gruppen, Varianten*, Berlin1997がある。

（14）イギリスの専門職（プロフェション）については、日本においても村岡健次氏が一九七〇年代以来医者、陸軍将校など様々な職業をとりあげて検討を加えてきている。村岡健次『ヴィクトリア時代の政治と社会』（ミネルヴァ書房、一九八〇年）、同『近代イギリスの社会と文化』（ミネルヴァ書房、二〇〇二年）。村岡氏の研究においては、ジェントルマン階層への参入のルートとしての専門職の意義が強調され、一九世紀に新たに整備された職業資格と伝統的な支配エリートの接合が関心の前面に出ているのだとみることができる。言い換えると、イギリスの近代を特徴づける「ジェントルマン支配」の、一九世紀的な特徴を捉えることに研究の主眼がおかれており、伝統的なエリートの再生産のあり方が関心の前面に出てくるのである。イギリスの「ジェントルマン支配」については、越智武臣『近代英国の起源』（ミネルヴァ書房、一九六六年）、同『近代英国の発見 — 戦後史学の彼方』（ミネルヴァ書房、一九九〇年）、川北稔『工業化の歴史的前提 — 帝国とジェントルマン』（岩波書店、一九八三年）、村岡健次・鈴木利章・川北稔編『ジェントルマン — その周辺とイギリス近代』（ミネルヴァ書房、一九八七年）など参照。

それに対して、一九世紀ドイツの専門職研究では、まず市民層全体の職業のあり方が問題とされ、次にそれが近代形成に果たした役割が強調される。その結果として伝統的社会との断絶の側面が前面に出ていることが議論の特色といえる。

（15）谷口健治『ドイツ手工業の構造転換 — 「古き手工業」から三月前期へ』（昭和堂、二〇〇一年）、同「一八四八年革命期の手工業運動」（同志社大学人文科学研究所『社会科学』三八、一九八七年）、同「Altes Handwerkにおける手工業者の出自」（『西洋史学』一四九、一九八八年）、同「ドイツ手工業者の子供時代」（『規範としての文化 — 文化統合の社会史』平凡社、一九九〇年）、同「帝国都市と手工業」（『史林』七四—三、一九九一年）、同「帝国都市ニュルンベルクにおけるパン供給と製パン手工業」(『西洋史学』一七一、一九九三年)、同「一九世紀前半のバイエルン王国における営業制度」(『史林』七七―二、一九九四年)、同「近世都市における所帯 ― 一六八九年ハノーファーを例に」(『史林』八〇―三、一九九七年)。

(16) 二宮宏之「フランス絶対王政の統治構造」(同『全体を見る眼と歴史家たち』木鐸社、一九八六年)。「社団」を念頭において一八世紀までのドイツ社会を理解する試みとして、渋谷聡『近世ドイツ帝国国制史研究 ― 等族制集会と帝国クライス』(ミネルヴァ書房、二〇〇〇年)がある。また、阪口修平『プロイセン絶対王政の研究』(中央大学出版部、一九八八年)も参照。

(17) 当時のドイツ諸邦でおこなわれた一連の改革については、Paul Nolte, *Staatsbildung als Gesellschaftsreform. Politische Reformen in Preußen und den süddeutschen Staaten 1800–1820*, Frankfurt/New York 1990 が、プロイセンと、南ドイツ諸邦(バイエルン・ヴュルテンベルク・バーデン)の改革を比較しており興味深い。邦語では、末川清『近代ドイツの形成 ―『特有の道』の起点』(ミネルヴァ書房、一九九六年)、六五―一四七頁がドイツ諸邦の改革を概観している。手工業に対する改革とその影響をバイエルンを例に検討した論文として、谷口注(15)前掲「一九世紀前半のバイエルン王国における営業制度」がある。

(18) もっとも、「社団」の解体が一直線に進んだわけではなく、とりわけ一九世紀前半では「社団」を解体する方向性と復活させようとする方向性が並存していた(同論文参照)。川越修氏のいう「職人労働者」という存在もそうした脈絡の中で位置づけられるものであろう。川越修『ベルリン　王都の近代 ― 初期工業化・一八四八年革命』(ミネルヴァ書房、一九八八年)。一八四八年革命の手工業者運動も基本的に「社団」を復活させる方向でなされたものである(谷口注(15)前掲論文「一八四八年革命期の手工業運動」参照)。他方、一九世紀社会の中で手工業自体は消滅せず、「資格社会」のなかで再編成されるのも事実である。この点については、南直人「手工業の資格制度と『準専門職化』」(望田編著注(4)前掲書所収)を参照。

(19) 望田編著注(4)前掲書およびマクレランド注(3)前掲書。

(20) 後藤俊明『ドイツ住宅問題の政治社会史 ― ヴァイマル社会国家と中間層』(未来社、一九九九年)。住宅改革の成果が制度化されていく背景に非制度的活動があったことについては北村陽子「第二帝政期フランクフルトにおける住宅政策と家族扶助」(『史林』八二―四、一九九九年)参照。

(21) この点、コッカやブラックボーンの市民論が、市民層の、一九世紀的現象としての側面を強調し、伝統社会との断絶を意識しているのに対して、ガル・グループの市民論が伝統的な都市市民からの連続性を重視していることが重要性をおびてくるように思われる。また、バーデンの自由主義運動についてのノルテの研究も、一八世紀以前の社会との連続性を次の二点で意識して議論したものである。Paul Nolte, *Gemeindebürgertum und Liberalismus in Baden 1800–1850. Tradition-Radikalismus-Republik*, Göttingen 1994. 一つは、バーデンの自由主義を、一七世紀以来のヨーロッパおよび大西洋地域で見られた、近代化に抵抗する「伝統的」運動の一変種とみる視角である。もう一つは、ブリックレのいう、中世以来の「共同体主義」の伝統に自由主義運動を位置づけようという視点である。共同体主義についてはペーター・ブリックレ『ドイツの臣民――平民・共同体・国家　一三〇〇～一八〇〇年』（服部良久訳、ミネルヴァ書房、一九九〇年）参照。

(22) 歴史研究における公私の相克の重要性については、谷川道雄『中国中世の探求――歴史と人間』（日本エディタースクール出版部、一九九〇年）、栗原麻子「古典期アテナイにおけるフィリアと共同体」（『史林』七八巻三号、一九九五年）参照。

(23) 松井道昭『フランス第二帝政下のパリ都市改造』（日本経済評論社、一九九七年）の第九章「歴史的評価」参照。

(24) ベルリンではガス（一八二六年）や水道（一八五六年）の導入は、最初はそれらの技術の点で先んじていたイギリスの会社によっておこなわれた。Paul Clauswitz, *Die Städteordnung von 1808 und die Stadt Berlin. Festschrift zur hundertjährigen Gedenkfeier der Einführung der Städteordnung*, Belin 1908, S. 170–175. ロンドンの上下水道の発展については、村岡健次「テムズ川の汚染とロンドン都市行政」（同著『近代イギリスの社会と文化』所収）参照。

(25) スラムクリアランスは一八六八年と一八七五年の職工住宅法を嚆矢とする。Richard Rodger, *Housing in urban Britain, 1780–1914*, Cambridge 1995, p. 50 参照。

(26) 本書の結論第一節参照。

(27) 村岡注（14）前掲書『ヴィクトリア時代の政治と社会』および『近代イギリスの社会と文化』参照。

付論一　ハインリヒ・グルンホルツァー「フォークトラントにおける若きスイス人の経験」（一八四三年）

——一九世紀中葉ベルリンの労働者住宅探訪記・解題

ここでとりあげる、スイス人の教師・教育学者ハインリヒ・グルンホルツァーの「フォークトラントにおける若きスイス人の経験[1]」（一八四三年）は、ベルリンの北部にあった、ファミリエンホイザーとよばれた労働者のための集合住宅への探訪記である（以下、探訪記と記す）。本付論は、この史料のもつ性格や可能性について検討を加えることをテーマとする。

一九世紀にヨーロッパの大都市では、人口増大に伴い都市に集まってきた労働者の劣悪な住環境が、人々の強い関心を引いた。労働者のための住宅や、そうした住宅が集まった地域についての様々な叙述が多数出版されたことが、そうした事情を如実に物語っている。[2]ベルリンもその例に漏れず、そうした叙述が目立つようになってきたのは一八四〇年頃からである。ベルリン全体をあつかった、ドロンケの社会小説（一八四四年）やザスのルポルタージュ（一八四六年）が出版され[3]、また一八四三年以降、ファミリエンホイザーについての叙述が盛んに新聞や雑誌、ルポルタージュの類に載るようになった。そうしたなかでファミリエンホイザーという建物にはとくに強い関心が寄せられ、当時の市民層からは悪住環境の象徴的存在として祭り上げられる。たとえば、この建物については「犯罪者の巣」「伝染病の家」といったイメージが定着し、そ

うした建物のこれ以上の増大を防ぐために、一九世紀中葉のベルリンでは住宅改革運動が展開するのである。(4)

ファミリエンホイザーについての叙述の中でも、のちに確認するように、グルンホルツァーの探訪記は、実際に赴いたうえで描かれた点でも、大きな反響を読んだ点でも、きわめて突出した史料なのである。

このファミリエンホイザーの建物や住民については第Ⅰ部第1章で論じているので、詳細はそちらを参照していただきたい。

グルンホルツァーの探訪記は、ベルリンの社交界の中心人物の一人であったベッティーナ・フォン・アルニムの『国王に捧げる書』(一八四三年)の付録として出版された。『国王に捧げる書』は、彼女と親交のある一八四〇年に即位したフリードリヒ・ヴィルヘルム四世への意見書として執筆された。

一八一九年生まれであり、いまだ二〇代前半であったグルンホルツァーは、一八四二年一〇月から一〇カ月間、ベルリン大学で教育学を学ぶためにベルリンに留学していた。一八四三年二月二四日に催されたグリム兄弟の一人ヴィルヘルムの誕生日祝いの場でベッティーナ・フォン・アルニムと知り合った彼は、三月末に行きつけの飲み屋でファミリエンホイザーについての噂を聞きつける。彼は噂を聞いた直後の三月二九日から四月二七日にかけての約一カ月に、一四回ファミリエンホイザーを訪れる。この建物に設けられた学校や教会を見学し、三三世帯の住民にインタビューを試みた。(5)

そのインタビューでは、グルンホルツァーは、住民と会話をしていくなかから、その人の情報を聞き出すという方法をとっている。そのためにタバコや小銭をあたえて会話がスムーズにゆくように試みたり、(6)住民が自分のことをはっきり語ってくれなかったと判断すると、夜に訪問し直したりしている。(7)また、住民の生活苦を哀れみ小銭をあたえることもあるが、(8)その小銭を目当てに自分の部屋に彼を引っ張り込む住民が出てきた。(9)それで、彼は小銭目当ての人が集まってくることを恐れて、結局三三世帯で調査を打ち切る。(10)

こうしたやり方で情報を収集した探訪記は全部で六五頁あり、ベッティーナ・フォン・アルニムの三頁の序文にグルンホルツァー自身の書いた部分が続く。まず、ファミリエンホイザーの説明（約一頁）があり、その後四八頁にわたって調査した三三世帯についての叙述が順に記される。各世帯の叙述の次にはファミリエンホイザーにある学校（二頁）と礼拝時間（五頁）の状況がのべられる。最後にフォークトラントにある別の労働者用住宅が紹介され、警察と市救貧局への批判で締めくくられる。

一九世紀のドイツの都市は「都市化」と総称される一連の現象によって特徴づけられる。都市化とは、一九世紀の都市において見られた人口増大をきっかけとする伝統的都市機構の解体と、新たな都市機構の確立、それに伴う生活様式の変化やそれらの農村部への普及のことをいう。ロイレッケはこの都市化の過程を法律・政治・経済上の基盤形成期（一八世紀末〜一八五〇年代）、始動期（〜一八七〇年代半ば）、そして本格化の時期（〜第一次世界大戦）に分ける。探訪記の当時は、この基盤形成期から始動期への移行期といえる。[11] そうした時代において下層の人々の世界を極力理解しようとしながら叙述されたこの探訪記は、きわめて突出した史料なのである。

すでにのべたように、一八四〇年代にファミリエンホイザーはベルリン市民の強い関心を引き、様々な文献がこの建物に言及したが、グルンホルツァーのようにこの建物を実際に訪れて叙述した例はない。[12] 話を前後の時期に延ばしても、グルンホルツァー探訪記のような例はファミリエンホイザーについては皆無である。建設直後の一八二〇年代に、ファミリエンホイザーは、市当局や警視庁から道徳や衛生の点ですでに危険視されていた。その際、市参事会員カイベルや無料施療医テュメルがこの建物を訪れ、建物の状況や住民について直接調査するが、彼らの報告書にも、グルンホルツァーが試みたような、個々の住民の世界をできるだけ理解しようという意図はない。[13] また、一八六〇年にG・ラッシュなる人物がこの建物を訪れ、その内情を改めて公にしているが、彼の叙述は量的にも質的にも、グルンホルツァーの探訪記に比べると生彩に欠ける。[14]

ファミリエンホイザー以外の、当時のベルリンの労働者をあつかった叙述にしても、探訪記ほど労働者の世界に迫る意図をもった史料は、管見の限りではなく、探訪記は当時のベルリンに生きる下層の人々がおかれた状況を知るうえでも、きわめて有用な史料であることは疑いをいれない。[15] 一九世紀中葉の段階で、ミュンヘンやハンブルクといった他の大都市にも、下層の人々が住む劣悪な状態の住居は存在している。しかし、ファミリエンホイザーほど人々の関心を引いた建物はなく、またグルンホルツァーの探訪記ほど市民層の反響を呼んだ下層の人々の住宅に関する叙述はないようである。[16] 探訪記は、都市化の始動期に大都市に住んでいた下層の人々の状況を知るうえで、他に類を見ない貴重な史料なのである。

簡潔な表現で事実が淡々と語られる探訪記の叙述は、非常に迫真的であり、当時の住民についてかなり客観的な情報を読者にあたえてくれると思わせるに足るものがある。史料の性格についてはすでに第I部第3章でのべたので、ここでは、その内容を手短にまとめておきたい。

この探訪記を史料として利用する際に留意すべき点として、次の五つがあげられよう。

①彼は体系的な調査をおこなっておらず、情報の見落としや書き落としの可能性は否定できない。

②労働者の状況に理解を示しているが、彼らの人間関係を過度に賞賛する傾向にある。

③彼は積極的に扶助をおこなわない当時のベルリンの救貧行政に批判的である。

④スイスの小工業都市バウマの中等学校で教師として労働者の子弟を教えており、彼は教育の専門家である。

⑤彼は性的な関係を叙述することを抑制しているようである。

グルンホルツァーは「報告した例は選び出したものでも、尾鰭をつけたものでもないので、ファミリエンホイザーの他の住人についても容易に結論づけることができる」と、自分の調査対象が住民の平均と主張するが、この点は他の史料とつき合わせても妥当と認められる。また、客観的な情報を提供してくれると思われる他の史料とも符合している事実がかなりあり、探訪記がファミリエンホイザーの状況をかなり忠実に再現している側面があることは明らかである。[17] 少なくともグルンホルツァーの意図としては、状況をできるだけ忠実に再現しようとしたのだとみてさしつかえない。

他方、グルンホルツァーが探訪記をまとめる際に叙述からはずした情報があるようである。グルンホルツァーは三月二九日に初めてファミリエンホイザーを訪れてから、四月八日の六回目の訪問まで、調査の状況を具体的に日記に書き記している。日記には探訪記に記された最初の世帯から七世帯目までの探訪の様子が記されている。[18] のちに探訪記にまとめる際にはその日記の叙述を土台にしたようであるが、両者を比較すると若干の食い違いが見られるのである。

試みに、彼が最初に訪れた木こりの世帯に関する両者の記述を比べてみよう。探訪記の叙述と、日記の叙述[19]はほとんど一致している。しかし、探訪記の叙述がかなり簡潔になっていることを除いても、いくつかの点で齟齬が見られる。たとえば日記では、娘について「感じの良い」とか「目立ってよい服を着ている」という説明がついているが、探訪記になるとそうした評価はない。日記では「一六歳から一八歳の」と幅をもたせていた娘の年齢を、探訪記では「一六歳」と特定している。そのため、日記ではグルンホルツァーは印象で年齢を判断しているのが、探訪記では、あたかも聞いて知った情報であるかのような体裁をとることになっている。探訪記では娘以外のこどもについての言及はないが、日記には「二人の男の子はまだ学校に行っている」と記されている。探訪記を読むと世帯の構成員数は三人であるのに対して、日記によると、それが五人となっているのである。

三番目の織工とその雇い人が同居している世帯については、探訪記ではそれぞれの名字は記されていないが、日記[20]によると織工はクプファー Kupfer であり、その雇い人はキッテバッハ Kittebach である。日記ではクプファーという名字の後に「?」がつけられており、グルンホルツァーが自分の聞き取りの正確さに自信をもてなかったために、探訪記では省略したのかもしれない。雇い人にこどもが複数（Kinder）いることは探訪記からも知ることができるが、それが二人であることは日記を読んでようやくわかる。

こうしてみるとグルンホルツァーは、何らかの理由に基づいて情報を取捨選択して探訪記を叙述したのである。

以上、探訪記の史料としての性格を確認したうえで、探訪記の叙述が現実からどのような方向でずれていくのか、その可能性について検討したい。

先に確認したように、グルンホルツァーは住民間の人間関係の良さを賞賛する傾向にある。ファミリエンホイザーに関する叙述でもそうした点が散見されるが、探訪記の最後に記されている別の労働者住宅に関する叙述(21)では、住民がもつ人間的な魅力や、家主と住民の間の「家族」のような親密さが強調されている。実際にこの住宅が存在していたのかどうかは確認できず、探訪記のこの部分は、彼が労働者の世界を賞賛するためのレトリックとして挿入された可能性は否定できない。また、探訪記のこの部分では、住民についての『ならず者、人間の屑』という空虚な概念をご破算にした(22)」とのべている。彼が探訪記を書いた目的の一つは、労働者住宅についてベルリン市民がもつ一般的なイメージが実態を反映していないことを、明らかにすることにもあったのだろう。

グルンホルツァーは、労働者が住む集合住宅の道徳面・衛生面・犯罪面の危険性を強調する当時のベルリン市民の一般的な風潮(23)に対して、そうした住宅では貧しい人々がお互いの関係を密にしながら何とか生活しているというイメージを流布しようとしたのだといえる。そうしてみれば、住民の状況についてその貧しさを強調し、住民相互の関係が良好であるという叙述が前面に出てきても不思議ではない。

たとえば、先に検討した木こりの娘について、日記では「目立ってよい服を着ている」と記されているのが、探訪記ではそうした叙述がないという点も、住民の状況をできるだけ貧しいように見せるための工夫なのかもしれない。実際、探訪記で住民の服装が描かれている場合、奉公人となっている娘が収入を服に使うという指摘[24]のほかは、裸同然の状態や、ぼろぼろの服を着ている例ばかりなのであり、[25]日記に描かれた木こりの娘のように、よい服を着ている例はない。きちんとした服をこどもに着せている例もあるが、それもなんとか工夫してそれを可能にしたからであって、余裕があったからではない。[26]こうしてみると、探訪記では住民の悲惨さを際立たせないような情報が省略されてしまった可能性は、十分考えられる。

一方、住民相互の関係について、軋轢が生じていることには、さほど触れられていない。たしかに、住民内の同職種の者が競争相手になるとか、[27]他の住民とのつきあいを避ける人の存在[28]も探訪記には記されているが、多くの人が一緒に住むことで生じるであろう各種のトラブル、ねたみ、反発などについては言及されていない。一回ないし二回の、しかも各世帯ごとのインタヴューでそうした状況まで話を導き出すことは困難かもしれないが、グルンホルツァーがそうした情報を書くのを控えた、という可能性は否定できない。

以上の検討から、探訪記の叙述は、グルンホルツァーが書こうとしたファミリエンホイザーのイメージにすぎず、それなりに偏ったものである、という可能性を、史料として利用する際には留意する必要があるだろう。とはいえ、この探訪記の史料としての価値をここで否定しようというのではない。叙述を鵜呑みにすることを避け、探訪記があたえてくれる情報を慎重にとりあつかう必要があるという、当たり前のことを確認しているにすぎないのである。

注

（1）Heinrich Grunholzer, Erfahrungen eines jungen Schweizers im Voigtlande, in: Bettina von Arnim, *Dies Buch gehört dem König*, Berlin 1843. 以下、この探訪記からの引用は、世帯ごとの記述については記載順に世帯に番号をつけ、その番号で引用箇所を示す。世帯の番号と頁数については表1-3-1と表1-3-3参照。他の部分については頁数で引用箇所を示す。

（2）最も著名な例として、エンゲルス『イギリスにおける労働者階級の状態 ―― 一九世紀ロンドンとマンチェスター』（一

條和生・杉山忠平訳、岩波書店、一九九〇年〈原著は一八四五年〉)。

（3）Ernst Dronke, *Berlin*, Frankfurt am Main 1846, Hg. von R. Nitsche, Darmstadt und Neuwied 1987; Friedrich Sass, *Berlin in seiner neuesten Zeit und Entwicklung,* Leipzig 1846.

（4）本書第Ⅱ部第2章、第3章および第4章参照。

（5）Geist und Kürvers, *a. a. O.,* S. 214–231.

（6）Grunholzer, a. a. O., 17.

（7）Ebenda, 9.

（8）Ebenda, 6.

（9）Ebenda, 32.

（10）Ebenda, S. 585.

（11）Jürgen Reulecke, *Geschichte der Urbanisierung in Deutschland,* Frankfurt am Main 1985, S. 9.

（12）Geist und Kürvers, *a. a. O.,* S. 192–263.

（13）*Ebenda,* S. 124–169.

（14）Gustav Rasch, *Die dunkeln Häuser von Berlin,* 2. Aufl. Wittenberg 1863.（Geist und Kürvers, *a. a. O.,* S. 507–509.)

（15）ドロンケやザスの叙述（注（3）参照）の問題については拙稿「一八四〇年代ベルリンの都市社会とファミリエンホイザー」(『西洋史学』一七五、一九九四年)、三三一―三五頁参照（本書第Ⅱ部第2章)。

（16）Hans Jüegen Teuteberg/Clemens Wischermann（Hg.), *Wohnalltag in Deutschland 1850–1914,* Münster 1985, S. 31–46.

（17）本書第Ⅰ部第3章参照。

（18）グルンホルツァーの日記のうち、ファミリエンホイザーに関連する部分は Geist und Kürvers, *a. a. O.,* S. 221–231 に収録。

（19）*Ebenda,* S. 221f.

（20）*Ebenda,* S. 225.

（21）Grunholzer, a. a. O., S. 592–597.

（22）Ebenda, S. 593.

（23）本書第Ⅱ部第2章参照。

（24）Grunholzer, a. a. O., 25; 27.

（25）Ebenda, 2; 4; 6; 7; 9; 14; 17; 22; 23; 30.
（26）Ebenda, 16.
（27）Ebenda, 6.
（28）Ebenda, 23.

付論二　ハインリヒ・グルンホルツァー「フォークトラントにおける若きスイス人の経験」（一八四三年）

——一九世紀中葉ベルリンの労働者住宅探訪記・翻訳

凡例

1　本付論は、Heinrich Grunholzer, Erfahrungen eines jungen Schweizers im Voigtlande, in: Bettina von Arnim, *Dies Buch gehört dem König*, Berlin 1843 の翻訳である。この探訪記が書かれた背景や史料的性格については、本書第I部第3章第一節および付論一参照。ファミリエンホイザーやその周辺部のフォークトラントについては、本書第I部第1章第三節参照。

2　翻訳に際しては、Geist und Kürvers, *Das Berliner Mietshaus 1740–1862*, München1980, S. 9–25 に収録された史料の写真版を利用した。

3　（　）は原史料にもある括弧であり、〔　〕は訳者による補いである。

4　原典ではベッティーナ・フォン・アルニムによる序文が、グルンホルツァーによる記述の前に付けられているが、今回は省略した。

5　参考までに、当時の一般的「手労働者」の平均的年収は一八〇ターラー（月一五ターラー）であった。

＊一ターラー（Tlr.）＝三〇ジルバーグロッシェン（Sgr.）＝三六〇ペニヒ（Pf.）

6　建物の番地と名称の対応関係は次の通り。

ガルテン通り九二番地＝ランゲスハウス Langeshaus

ガルテン通り九二a番地＝クヴェーアハウス Querhaus

ガルテン通り九二b番地＝シュールハウス Schulhaus

フォークトラントにおける若きスイス人の経験

フォークトラントの人よ。おまえは自分の運命を嘆かない。
おまえを哀れまない人々のことをただ嘆くのみ。

ハンブルク門の前にある、フォークトラントとよばれる地域に、文字通りの貧民居住地が生まれた。〔そこでは〕いつもあらゆる種類の罪のない人間関係が期待できる。しかし、最も貧しい人が、一つの大きな社会に押し込められ、他の民衆から次第に切り離され、そして恐ろしい対抗物に成長していることには関心が払われていないように思われる。貧しい人の社会の一断面を、いわゆる「ファミリエンホイザー」で最も容易に見ることができる。それは多くの小部屋に分かれ、その小部屋それぞれを一つの家族が、仕事のため、睡眠そして料理のために使う。四〇〇室に二五〇〇人が住む。私は、その中の多くの家族を訪問し、そして彼らの生活の状態を観察した。

地下室の三号室で、私は片脚を痛めている木こりに出会った。妻は、私が入っていくと、じゃがいもの皮を急いで机から除けた。一六歳の娘は、父親が私に話を始めたので部屋の隅に困ったように引っ込んだ。彼は、新しい建築学校建築の際に労働不能となった。彼の援助申請は長い間無視されたままだった。経済的に完全に崩壊してようやく、彼に月一五ジルバーグロッシェンがあたえられた。市内の一住居分の家賃をもはや払えなくなったために、彼はファミリエンホイザーに引き籠もらざるをえなかった。

現在、彼は市救貧局から月二ターラーを受け取っている。治療不可能な脚の怪我が許すかぎり、彼は月に一ターラー稼ぐ。妻はその二倍稼ぎ、娘は一・五ターラーを節約して残した。だから、収入は全部で月六・五ターラーになる。それに対して住居費は二ターラーかかる。[1]「食事一回分のじゃがいも」は一ジルバーグロッシェン九ペニヒかかる。食事を一日二回と計算すると、主食の支出は月に三・五ターラーとなる。そうすると、木材であるとか、生のじゃがいもとともに、一家族が生活に必要とするものすべてであるとかの購入に、あと一ターラーが残っている。[2]……

同じ建物の一一三号室に老ジンホルトSinholdが妻と一緒に住んでいる。彼は、最後の出征から健康をひどく損ねて戻り、工場で働くことになった。彼は九人のこどもを育てた。貧しかったので彼は街を離れ、そして二台の織機をファミリエンホイザーに据え付けざるをえなくなった。一五週間、彼は病気で床についている。織機は稼働していない。妻は癲癇にかかっているが、症状が出なければ、糸巻きで日に一・五ジルバーグロッシェンを稼いでいた。今、彼女は失業している。わずかの家具はユダヤ人のところにあり、最後のスカートは売り払ってしまった。ジンホルトは市救貧局から毎月一ターラーをもらうが、それを家の管理人がすぐに取ってしまう。医療協会が彼に「病人用スープ」を提供し、それが彼と妻の栄養となっている。彼は家主から「訴えられて」いた。つまり、彼は三カ月間家賃を滞らせていた。四月一日には、彼は慈善病院に連れて行かれ、妻は建物から追い立てられ、そして部屋は、その中にあるものすべてとともに封印されるだろう。……

私は暗い廊下をあちらこちら歩き、いろいろなドアの前で聞き耳をたて、そして機織りの音が聞こえてきた部屋に入っていった。一八号室で、私は二人の織工に出会った。彼らは幅四／五エレ〔一エレはほぼ五〇〜八〇センチ〕の厚い亜麻布を織っていた。それぞれが一日に六〜七エレ織り、そして一エレあたり一ジルバーグロッシェンの賃金を得る。それに対して、週に一〇ジルバーグロッシェンを緯糸巻きで、五ジルバーグロッシェンを糸用ののりで出費する。だから、一カ月の純利益は四ターラーとなる。家賃を引くと二ターラーが、食費、医療、そして木材に支払う分として残る。……

私は妻に先立たれた労働者を観察した。彼は自分の所帯を切り盛りできず、織り工の雇い人として働き、そして自分とこどもたちのための食事代を支払う。こうした人は、たまに一週間職を失いさえしなければ十分満足する。(3)……

五号室にウンガー Unger が住んでいる。彼はかなり熟練した織工である。彼の織機には一と七／八エレ幅の縞模様の亜麻布がのっている。彼は六六エレの布〔を織ること〕で三ターラー五ジルバーグロッシェンを稼ぐ。彼はそれを一四日で仕上げる。

妻は私に次のように語った。彼女は、じゃがいもと引き割り燕麦を代わりばんこに料理している。食事ごとに二・五ジルバーグロッシェンかかる。こどもが貧弱な服装をしているので、毎日一・五ジルバーグロッシェンを木材に使わなければ、彼らは凍えてしまうはずである。以上である。この人たちが日に二回しか食事をとらないとして、一カ月の支出は（二ターラーの家賃も計算に入れて）七ターラー一五ジルバーグロッシェンとなり、一方、最も良い場合でも収入は六ターラー一〇ジルバーグロッシェンだけである。

私はウンガーやその妻と長い間語らった。彼は思慮のある、勇気のある男性であり、また彼女は明るく、愛想がよいので、私は本当に良い気分になった。もはや私は、あの良くない数字を考えず、軽い掛け布団の下に麦藁を見ず、そしてこどもをおおっているボロを気にかけない。私は不満を聞かなかった。家長は熱心にシャットルをあちらこちらに動かし、そして冗談めかして次のように私に話した。有名な靴屋フリッケのように、彼はこどもと一緒に仕事をする。フリッケは小さいこどもを一人連れて行き、そして二人を連れて戻って来た、と。母親は前掛けのところに一番小さいこどもを抱っこし、糸巻き機を動かした。そうしながら彼女は、こども二人が学校に通い多くのことを学んだと、嬉しそうに語った。これは、ここでも貧しい人の最大の喜びがそのこどもであり、そしてそのこどもが学校教育によって悲惨さから抜け出すだろうことをあてにしている状況を示している。……今日、貧しい人がこどもをたくさん生むことを激しく非難するのはひどいことではないだろうか？　私はすでに何度も次のように語られるのを聞いている。「なぜ、養うことができないのに、人々はこれほど多くのこどもを生むのか！」

クヴェーアハウス（ガルテン通り九二a〔番地〕）の九号室に家具職人ゲラートGellertが住んでいる。彼は家にいなかった。彼の姑は死の病にかかって麦藁の上に横たわり、妻もまた重い病気であるように見えた。彼女は苦労して起き上がり、そして次のように私に語った。夫には一四日間職がなく、そして今「パンを探すために」外出している、と。そしてこどもたちは学校に行っている。家族はどこからも扶助を受けていない。[4]……

屋根裏部屋の七六号室には靴職人シャードSchadowが住んでいる。私は裂け目のできたドア越しに部屋の中を長い間観察した。彼は勤勉に働いていた。妻は床に座り、そしてボロをいくつか縫い合わせていた。小さな、半分裸のこども二人が床に座り、そして一個の古い喫煙用パイプで遊んでいた。私が入っていった時、彼は死ぬほど驚いた。彼は、私のことを家賃を払わなければならない管理人と思い、そして予想と違ったことを喜んだ。私は不幸な人たちの信頼をすぐに獲得した。それで彼が彼の全生涯を私に語るようになるには長くかからなかった。その話の中で彼が自分の失敗について多くを語らなかったのは、私には無理のないこと、そして部分的には無駄なことのように思われた。というのは、彼が蒸留酒を好み、そして彼の妻が非常にだらしないことが容易に見てとれたからである。シャードは貧しい両親のもとに生まれた。彼はベルリンを離れることは決してできなかった。というのは彼が彼ら〔＝両親〕を死ぬまで扶助しなければならなかったからである。彼は早くに結婚し、市内に居を構え、そして商売はうまくいった。彼の家族〔の人数〕は急速に増えた。そうした事情を、彼は支出の際にあまりに考慮しなかった。それが、彼がもはや市内に住めなくなった原因である（人数が多い貧しい家族は、家屋所有者から歓迎されなかった）。

一八三六年に、彼はファミリエンホイザーに引っ越した。彼のこども五人は天然痘で死に、そして彼らが発病している間は彼には仕事がなかった。彼は、誰からも援助してもらえず、そのため借金を背負い込む羽目になったので、何度も家から追い出されなければならなかった。彼は家具と衣服を売り払い、そして今はすべてを取り上げられ、ともかく一枚のシャツも持っていないのである。彼はまた、仕事によって立ち直ることはできない。なぜなら、彼には〔材料の〕皮がなく、そして彼がファミリエンホイザー住人のために行う修繕の仕事に対する支払いが悪いからである。それに加え、彼は同じ場所に住む他の一二人の靴屋と競合する羽目になった。

私は、彼の妻が仕事のために外出し、そしてその間彼がこどもの面倒をみるという状況をすぐに理解できた。時刻は夕方三時であり、彼はその日ようやく二ジルバーグロッシェンを稼いだだけであった。彼は、そのうち一ジルバーグロッシェンを縫り糸のためにまた支出し、残りでパンを買った。小さいこどもが空腹のために泣き出した。シャードはちょうど靴を一つ修繕し終わったところであり、次のようなことを言いながら靴を妻に渡した。「それを持っていって、代金の五ペニヒ硬貨を受け取り、そしてこどもにゼンメル〔小型のパン〕を手に入れてきてくれ。こどもはお腹を空かしている」。

妻は手ぶらで戻って来た。靴の持ち主の少女が〔代金を〕払えなかったのである。こどもはさらに泣き、そして父親と母親が共に泣いた。私はその場の居心地の悪さから数グロッシェンをあたえた。すぐに、シャードは妻に次のように言った。「さあ行って、六ペニヒでパンを、三ペニヒでコーヒーを、そして三ペニヒで木材を買ってこい。残りは戸棚に置いておけ。私が管理人に持っていく。彼は多分文句を引っ込めるだろう」。彼は、胸のつかえがおりたような気になり、窓から外に視線を延ばし、そして稔りの良い年もありえるかもしれないと言った。それから彼は政治談義を始めた。

次のようなことが彼をはなはだしく苦しめた。シュパンダウの靴工場がかなり安く〔靴を〕作っている。大きなパン屋だけがパン価格を決める。しかし、最もはなはだしいのは、家主がかなりの税金を払うため住居をかなり高額で賃貸しなければならないということである。たしかに、自由な土地では、こんなに多くの貧者がいない、と。……すぐに妻が戻って来た。ストーブに火が付けられ、そしてパンが分けられた。こどもたちは、しかし、コーヒーが沸くまで自分の分を〔食べるのを〕待つことができなかった。……

シャードは扶助を受けていない。言い換えると、ファミリエンホイザーの住民には好んであたえられないあまりに多くの貧者がいるので、いったん救済を始めると、市救貧局は彼らから解放されることはないのである。シャードが放縦のために何ももらえるはずがないとしたら、これは本当に正しくないことである。貧困が大きいところでは、積極的に扶助が行われるべきであり、人が飢えで死ぬ前まで説教すべきではない。希望をふたたび生じさせるために、軽率さを克服する力をあたえることも熟考すべきである。

クヴェーアハウスの七二号室で、私はシュライヤー Schreyer 婦人に会った。彼女の夫は貧しい織工であった。彼は一八一四年に死亡し、三人の無作法なこどもを残した。寡婦はこの子らをファミリエンホイザーで育て、その間どこからも援助を受けることはなかった。息子のうち一人だけがまだ生きている。彼は母親から独立して織工として生活し、そして自分の家族を苦労して養うことができた。シュライヤー婦人は織工と同棲していた。彼女は彼のために糸巻きを作ってやり、〔それで〕一日に一ジルバーグロッシェンを稼いだ。失業せず、そして飢えで死なないためだけに、この女性が信頼していない男性と一緒に住まざるをえないことに、注意をしなければならない。男性が失業したら、彼女も職を失ってしまう。少し前から市救貧局が彼女に月一ターラー一五ジルバーグロッシェンをあたえている。しかし彼女はそのうち一ターラー一ジルバーグロッシェンを家賃の半分にあてた（残り半分は織工が負担する）。だから、彼女が食事、医療、木材などに使えるのは一月に一ターラーと一〇ジルバーグロッシェンだけである。

この時点では彼女には完全に収入がなく、それに加え体調がすぐれなかった。彼女が何も食べない日が何日もあった。いつもの食事はパンと苦いコーヒーからなり、普通は朝と夜だけ食事をした。彼女は私にコーヒー滓だらけの一枚の皿を見せてくれた。それを貧しい隣人の女性からねだられ、そして彼女と共有している。……貧しい人がどんなに助け合っているかが感動的である！

同じようにファミリエンホイザーに住む靴屋Gがいくぶん酔っぱらって部屋に入って来た時、私はちょうど立ち去ろうとしていたところであった。次のような会話が展開した。

G　イグナーツ Ignaz のためにここに編み上げ靴を一足持ってきた。私は、あいつが裸足で歩いていて、靴が要ることを知っている。代金は要らない。

シュライヤー婦人　あの人は今家にいない。

G　あいつはどこに？

シュライヤー婦人　あの人はぶちこまれている。

G　そんなはずはない？

シュライヤー婦人　だけど……あなたは知ってるでしょう。あの人には五週間仕事がなく、そして私たち二人はひどく飢えていたのよ。月曜に、あの人はそれにもう耐えられなくなった。あの人はお隣から靴を一足借り、そしてわずかばかりのパンを求めて外に出ていった。それで地方警官があの人をすぐに捕まえ、そして市の取り締まり所 Stadtvogtei に連れていった。

G　（泣きだして）イグナーツ老人が市の取り締まり所に！　世界で最も正直な奴。私は軍隊にいた時にあいつと知りあった。あいつがどんなふうにライプチヒで戦ったことか。われわれは、それからいつも良い友人であった。

（織工マテス Matthes が部屋の中に入ってきて寡婦シュライヤーにルターの伝記を返した。）

織工M　イグナーツはまだ帰っていないのか？

シュライヤー婦人　帰っていない。私は、今でもあの人を待っている。前掛けを作るための縒り糸がある。

あの人が釈放されたら、私たちはまた小銭を稼ぐことができる。今朝、私は「ビショッフ Bischoff」の服を借り……私は建物の外に出られなかった……、市の取り締まり所に行き、試補見習いにイグナーツを釈放するように頼んだ。今日の昼、彼はそうすると私に約束してくれた。

織工M　今日〔というけど〕、あいつはまだ帰ってきていない。もうかなり遅い。

シュライヤー婦人　しかしあの人はもう四日もぶちこまれている。試補見習いはイグナーツが乞食をしただけでくらいこんでいると私に話してくれた。

織工M　老人は気の毒だ。あいつは兵隊の誇りをまだもっている。確かにあいつは一番ひどい貧乏でもなければ乞食をしなかっただろう。

G　文筆家〔グルンホルツァーのこと〕は貧乏のことを市の取り締まり所で聞かなかっただろう。しかし、忌々しい文筆家に何が貧困なのかをわからせなければならない。ならず者が老兵士をぶちこんでよいのか！　忌々しい、私も兵隊であったのだ！　私はできたら……！

シュライヤー婦人　そんなに興奮しないで。私の部屋でそんなふうにしゃべらないで。

G　（よりいっそう興奮して）あんたは法がなんなのか知らんのだ。わたしらには仕事があたえられず、盗みを禁止され、そしてわたしらが乞食をしたら穴蔵に放り込まれるのだ。そんなことが続くものか。飢えでなくとも死ねるんだ。私は知っている。私は七つの戦いを戦ったのだ。

織工M　それは、しかし、わたしらに収入がない理由ではない。

G　だけど、あいつらは自分だけのものではない金を使い果たしたのだ。さらに、私自身、あいつらが貧しい人をどんなふうに面倒みているかを経験した。フランスと仲よくやっていためめしい奴が援助される。そしてフランスを国から追い出した男っけのある奴は追放される。私は夜警の仕事に応募し、そして一度も採用通知を受け取ったことはない。

織工M　だが、それで国王に文句は言えまい。

G　私は国王に反対しない。私は良きプロイセン人であることを示してきた。私は国王がひからびて座っているぐらいなら、彼のために喜んで飢え死ぬ。私は文句を言わずに八人のこどもを育ててきた。だから、私が年をとってからは飢えないようにしてもらわなければならない。確かに、あんたは私と同じようにそう考えていたし、数千人の人もそうだ。あなたはこのよそ者の男に満足するだろう。こいつはスパイではない。しかしこいつがそうだとしても、私は、わたしらのもとではものごとがまっとうに進まなかったことをはっきりさせる。（私を横目で見ながら）忌々しい文筆家はそういうことも語るが、何もやらない。

〔会話は〕この調子で長い間続いた。次から次へといろいろな隣人が部屋に来た。皆がイグナーツのことを聞いた。集まりは最大の不機嫌で終わりとなった。

……

同日夕方、私はさらに、傷痍軍人ビショッフ Bischoff（一四一号室）のもとを訪れた。この人物には怪我が五つある。彼の左腕は動かない。彼は疾病金庫から月に一ターラーを受け取っている。それに加え彼は、こどものおもちゃを作ることによって数グロッシェンを稼いでいる。妻は癲癇を患っている。

今日、夫と妻は六ペニヒで買った一尾のにしん以外まだ何も食べていない。ベッドの代わりに麦藁の寝床が隅にある。私は、二人の振る舞い、部屋の清潔さ、そして古い椅子のカバー Borderie を見ることで、彼がかつてはより良い環境で生活したことがあるのを察した。賢明にやったけれども、最初は何も聞き出すことはできなかった。妻は、見た感じの良いオルゴールにまだ人形が欠けていると私に嘆いた。私はこのために金をあたえ、彼らはこれで私に気持ちを打ち明けてくれるようになった。

激しく泣きながらビショッフは、私に次のように語った。彼は数年前には宮廷塗装師として素晴らしい収入を得ていた。最初の妻と三人のこどもによって不幸に落ちたのだ、と。私はこどもについて聞いた。「わたしらは、こどもたちがどこにいるかを言えない」。私は彼らの話に当惑しなかった。「ああ神よ！　……息子のうち三人はシュパンダウにいる。別の息子一人と娘一人の教育は王妃が面倒を見ている」。そうした言葉を父親から聞いたことは、いまだなかった。私の気持ちは暗くなり、そして私が冗漫な話についていけなくなったことの責任が誰にあるのか、私にはわからなかった。正確に調査するに値する状況がこの家族にはある。ビショッフはその一番大事な書類 wichtigsten Papiere を、以前の家主に対して一ターラー二五ジルバーグロッシェンの借金への担保としてあたえていた。

……

ガルテン通り九二a番地の七一号室。仕立て屋エンゲルマン Engelmann は白髪であるが、まだ元気である。彼の妻はかなり若いように見える。その好ましい顔だちには多くの悲しみがうかがえた。屋根裏部屋はきれいに片づけられ、床は掃除されている。ベッドカバーは白い。

私は訪問の目的を穏やかにほのめかしただけだが、そのことで老人は誕生日について語ることから彼の人生の物語を始めた。それは最も良いユーモアとともに現在の話へとつながっていった。ただし、それは不幸な事件ばかりではあった。彼は、巧妙に喜ばしいことを強調しようとした。たとえば、彼が疑いもなく凍傷にかかったであろうロシア戦の苦しみからくじびきで逃れたとか、二回目の召集の際プロイセン領に幸運にも逃げたとかという状況についてである。この逃亡の話をきっかけに、彼は旅行の話を始めた。彼はハルツ山地について喜んで語り、そして最後に次のように述べた。「自分が一度数グロッシェンをくじ Viertellos の一部にかけ、そして当たったら、私は自分の故郷ノルトハイム Nordheim にもう一回旅行する」。私は、この夫の喜びを妨げることはできず、そして出ていった。しかし私は、妻の気持ちが夫のそれとは違うことに気づいていたので、夜遅くなってもう一度家族を訪ね、そしてその時には、彼らの状態について望んでいた情報を得た。

エンゲルマンは、ベルリンにはや二七年間住んでおり、そしてこの間に司法による調査を全く受けなかったことを名誉であると考えていた。彼の一一番目のこどもは生後四カ月であり、一二番目が生まれる予定である。八人のこどもが亡くなった。最年長の男の子は粉屋のところで年期奉公中である。……

一八三四年までエンゲルマンは市内に住んでいた。一八三三年に彼は脚の病気のために慈善病院に行った。彼が決して丈夫ではなかったために、妻が病気になり、そして一〇週間床についていた。病院が満杯であったために、彼が妻を病院に運び込む許可をとれたのは、枢密顧問官クルーク Klug の特別な好意のおかげであった。彼には、その時の部屋つき女中のとりなしが忘れられない。しかし彼には病人を車で慈善病院に運ぶ金がなかった。それで市救貧局に頼んだが、無駄であった。良き友人が救いの一ターラーを彼に貸してくれた。それについては彼は今もまだ借りがあり、返済しようと努めていた。

仕事の邪魔にならないように、彼は一番小さなこどもをよそで世話してもらうようにした。そのため彼は三・五ターラー出費しなければならなかった。これを自分で払うことができなかったために、彼はふたたび市救貧局に援助を求め、そして今回だけ二ターラーを獲得した。

四週間後、妻は病気のまま戻ってきた。Eは、一晩中働きつづけたが、もう家賃を調達できず、家から追い出され、そしてファミリエンホイザーに数カ月の間引っ越すことを決意した（この時点では、ひょっとしたら一〇ターラーで最終的に助かったかもしれない）。しかし彼はここで顧客を見つけることができず、日ごとに貧しくなり、フォークトラントから出ていくということを、もはや全く望めなくなった。それで、彼はその息子のことについて残念に思った。なぜなら、ここでは学校が市内ほど良くなかったからである。

彼は裏地やボタンを買う金がなく、そのため仕事はほとんど修繕仕事だけであった。彼が一日に七・五ジルバーグロッシェン以上稼ぐことは決してなかった。妻は通風にかかり、そして収入はない。彼に最も重くのしかかってきたのは家賃（年に二〇ターラー）である。彼は家賃を払うためにしばしば自分の食い分を切り詰め、そして、いつも訴えられる危険のなかで生活していた。彼の食卓の上には、黒いコーヒーとパン、にしん、そして薄い小麦粉のスープが交替でのる。もし彼に仕事がない日が一日あったら、彼は衣料などを質に入れなければならない。彼は私にいろいろな質札を見せてくれた。それによれば彼は七・五から一五ジルバーグロッシェンをそうした方法で調達している。

妻は母乳が出なくなり、そして少量の悪い飲物を高い金を出して買わなければならないと大いに嘆いた(母乳でさえ貧しい人のところでは貨幣価値で計られなければならない!)。この一二月に妻が産褥のため、そしてこどものうち一人が病気のため彼女と並んで床についた時、エンゲルマンはまた市救貧局に援助を求めた。役人が状況を調査するために彼のもとを訪れた。その調査に基づいて彼には二ターラーが約束されたが、一五ジルバーグロッシェンだけが現金で支払われた。彼が二日後に残りの金を手に入れようとしたら、長官Hは彼に怒ったように言った。「ブリュッヒャーのように、出ていけ」。こどもは死に、そして彼は埋葬費を払えなかった。傷痍軍人、盲目の手回しオルガン弾きヴェーゲナーWegenerが彼にズボンとシャツを貸してくれたため、彼はそれを元手に金を借りることができた。数週間後に二人目のこどもが亡くなった時、同じ人が一ターラーを貸してくれた。

どの面下げて市救貧局はこの手回しオルガン弾きと並んで立っていられるか!　……市救貧局は六〇歳以下の人には定期的な援助をおこなわないのだ。役人は、貧しい人が特別な救済を求めた時にだけ彼らを訪れる。援助金が渡されるまでに、しばしば六から八週が経ってしまう。一二月一五日から四月一五日まで「救貧スープ」が料理された。各家族は月に一五人分求めることができた(救貧スープは、病人用スープほど良くない)。毎月の援助を受けている者はこの慈善行為からは排除される。

私が立ち去ろうとした時、妻は私に言った。私が彼女にあたえた数グロッシェンで本当に助かった、と。今日の午後、一ペニヒも金庫になかった(だが、夫は機嫌が良い!)。貧者は、快活であるために頻繁に非難されるし、そのうえ扶助が妨げられさえする。「彼は必要としない。彼には十分である」ということである。あたかも悲惨さによって全精神が抑圧されなければならないかのようである。救貧当局から援助を受けるためには、しょんぼりした様子をはっきり示さなければならない、という不満を私はしばしば耳にする。

九二番地の八号室(地下室)。ガラス職人ヴァイデンハマー Weidenhammer は部屋にいなかった。妻はゆりかごの中の小さなこどものためにスープを料理していた。日曜日であったが、部屋は片づけられていなかった。ベッドは不潔に見えた。これと向かい合わせに一束の新しい麦藁が置いてあった。麦藁の上には石板がぶら下がり、そこには「飲みそして食べる trink und ess」という言葉が熱心に模写されていた。石版と並んで編み上げたロープがぶら下がっていた。それは鞭の代わりに一一歳のカルル Karl に対して用いられた。金の縁で囲まれた鏡の下に、フリードリヒ・ヴィルヘルム三世の遺言が下げられていた。

私は妻と会話しようとした。しかしながら、彼女はほとんど聞こえず、また眼は見えず、そして全く愚直のように見えた。彼女は夫を呼んだ。彼は隣の部屋におり、そこでは日曜日ごとに小さなゲームの集まりが開かれていた。金が賭けられることはなかった。時々各人が三ペニヒ硬貨を出し合い、それで蒸留酒やビールを購入できる。

ヴァイデンハマーは働き盛りである。平日には、彼は彼のガラス工具箱とともに家から家を訪れ、仕事を探した。三月の第三週には彼はガラス板を二つ加工し、それで五ジルバーグロッシェンを稼いだだけであった。彼が一日に〇・五ターラーを稼ぐこともありえた。彼の収入は簡単に特定できない。だが、それは全くわずかであり、父親にガラス窓〔の仕事〕が一つ飛び込んできたら、家族全員が食事にありつくと感じるのである。あちらこちらを廻る手工業者が時々金を飲み屋に落としていくということも推測可能であると、私は信じる。なぜ自分がガラスのはめ込みの仕事に限定しなければならないかをWは教えてくれた。彼には作業場と信用が欠けていた。良い仕事に求人があっても、ボロボロの上着では親方としては申し込めなかった。

……妻は製紙工場で週に一ターラーを稼いだが、頭痛のために仕事に行けないことが大変多かった。父親と母親がいない時は、カルルが小さなこどものもとに残らなければならない。

息子は学校に通っていなかったが、父親が熱心に教育した。父親が朝出かける前に課題を出す。これが夜になってもできていなかったら、カルルはロープで鞭打たれるのである。息子はきちんと読み書きをし、計算は引き算までできている。父親は、こどもを何時間もだらけさせる救貧学校の教育ではこうはいくまいと、私に確信をもって語った。

Wは、非常に貧しく、この時点で五ターラーの家賃を滞納している。彼は市救貧局についての不満を語った。最も切迫した場合でも、市救貧局は請願者に二ターラー出して追い払ってしまう。救貧委員会の委員長である市参事会員Dは、それより信用できる。ガラス職人は、彼に一日だけ十分な仕事をもってきてくれれば、彼が市救貧局から享受したものすべてを利子も含めて返そうと思うと語った。

……

ガルテン通り九二b番地の九号室。ダールシュトレーム Dahlström は以前は絹織工として働き、週に三〜四ターラーを稼いでいた。五年前から彼は、慢性的なカタルと視力の低下を患っており、それで労働には全く役に立たない。湿った地下室は、彼の健康状態に非常に悪く作用した。彼は、家賃を滞納しているために、その部屋から移ることができない。

刺繍の下絵師である一番上の息子は、数週間前、家賃を支払わなければならなかったちょうどその時に、彼から独立していった。二番目は自分で働き、両親のもとに住み、そして二五ジルバーグロッシェンを家賃の足しに出していた。一四歳の娘は、週に二二・五ジルバーグロッシェンをキャラコ工場で稼いだ。そこでは朝五時から夜九時まで働かされた（ここでは、法律によってそうした児童労働力の不適切な搾取を予防できないのだろうか?）。一〇歳の息子は、学校に行くか、彼の二歳の弟の子守をした。母親は街に骨を探し集めに行った。それで一ツェントナーあたり一〇ジルバーグロッシェンを支払ってもらえた。それだけの分量を集めるには、少なくとも三日の時間が必要である。ダールシュトレームはまだ五三歳であったが、一五年間兵役に就いていたために一ターラーの扶助を受けていた。ほかに、彼は一度三ターラーの特別手当を受けた。

小さい子には藁布団がベッドとして用いられた。食卓の上には、朝は乾いたパンがわずか、昼は普通何もなく、夜はパンとにしんか小麦粉スープがのった。

……

ガルテン通り九二b番地の五八号室。クライストKleistは数年前にコレラで死亡し、妊娠中の妻と六人のこどもをあとに残した。一番上のこどもは一三歳である。市救貧局は寡婦に三ターラー提供し、そして一時期二人のこどもの養育費として月に二ターラー一五ジルバーグロッシェン払った。

一番上の息子はベルベチーン工場に徒弟奉公に入り、その後、週に二～三ターラーを稼いだ。彼は九カ月間失業している。今、彼は糸を巻き、そして日に三と三／四ターラーを稼ぐ。彼は、母親と一緒に住んでいるが、パンを自分で買い、一足の長靴のために収入を節約した。貧しい家族のこどもは早くに自立する。両親は、こどもが貧困から脱却するという望みで息子からの援助を喜んで断念する。別の息子は、製陶業を学んでおり、週に一ターラーの賃金を得、そこから二二・五ジルバーグロッシェンを食費として母親に払っている。成人した娘は市内で下女をしていたが、病気になり、そして健康を回復するまで母親と一緒に住んでいる。一五歳の息子は糸巻きで日に二～三ジルバーグロッシェンを稼ぎ、母親は家事をするかたわら、その半分を稼ぐ。六歳の息子は学校に通っている。だから寡婦の〔世帯の〕全収入は、最大でも月に六ターラーにすぎない（あの二二・五ジルバーグロッシェンの食費を計算に入れて）。そこから家賃と五人分の生活費を支払わなければならない。

パン、コーヒー、そして小麦粉のスープがここでも普通の食品である。スープの中には脂肪分はない。

スープをおいしくするため、ときたま砂糖などが入ることもある。五人が〇・五ロートのコーヒーを二回飲む。

……

ガルテン通り九二a番地の三〇号室。織工イェーリヒJährigは一〇年前から二重の脱腸を患っていた。六年前に、彼はファミリエンホイザーに引っ越して来た。なぜなら、ここでは医者の治療が無料であり、教育が無料だからである。……

彼は、一四日間で六六エレの、幅の狭い木綿製品を代価一ターラー一〇ジルバーグロッシェンで織る。彼は一〇人のこどもに先立たれ、息子は製陶業を習い、一三歳の娘はまだ学校に通うそのかたわら日に一ジルバーグロッシェンを糸巻きで稼ぐ。妻が同じ額を家事のかたわら稼いでいる。

五年来Jは市救貧局の援助を毎月受け、それは当初二〇ジルバーグロッシェンだったが、今は二ターラーである。彼の妻が三カ月病気で寝込み、そして彼が看病で仕事ができなかったため、滞納している家賃は六ターラーに増大した。部屋から追い出され、矯正施設に送られることはないと確信できる日は彼になかった。だから彼は、四週間前から特別手当を出してくれるように市救貧局に申請していた。八日前に役人がようやく彼のもとに訪れた。現在まで解答はない。

家主は市救貧局以上にJの家族のことを心配せず、彼らはすでに路地の上に住んでいる。妻は非常に思慮がある。彼女は私にとりわけ次のようなことを語った。ここでは食料品への不安はもはや主要関心事ではない。収入が悪ければ食事を時々一回に控えることはできる。家賃は、しかし常に増えていき、家具は傷み、そして取り替えることはできない。

……

九二b番地五九号室。ドアに次のように書いてある。「織工親方キュンストラーKünstler」。部屋の中には織機の代わりに糸巻き機がある。一六年前にキュンストラーは妻を亡くし、六人のこどもを育てなければならなかった。このうち四人がまだ生きている。三人が彼と一緒に住んでいたが、家の外で働いていた。ベッドの架台二つに藁布団が二つあり、そのうち一つに父親が成人した息子二人とともに寝、別のほうに成人した娘が寝る。

Kは糸の縒り合わせで日に二・五から三・七五ジルバーグロッシェンを稼ぐ。息子の一人は絹織工であり、週に一ターラーを稼ぎ、そして週ごとに一五ジルバーグロッシェンの食事とベッドの代金を父親に渡す。別の息子は長い間砂運び人であった。そして食事と、週に一〇ジルバーグロッシェンを受け取った。娘は奉公人であり、そして収入を服に使う。二日前から二番目の息子は下働きの職人として職に就き、そして今や日に一〇ジルバーグロッシェンを稼ぐ。彼は昼食をとりに来る。父親は頑丈なこの息子に一ジルバーグロッシェンのじゃがいもと二ペニヒのバターを出す。

家賃を三ターラー滞納し、そして大部分の衣料を売っぱらってしまったと、Kは私に嘆いた。二月二七日に、彼は市救貧局に扶助の申請を出した。今のところ(四月一三日)役人が彼のところをまだ訪れておらず、そして解答を得ていない。

Kは古き良き時代と亡くなった国王を誉め讃えた。この国王は、たとえ市場の状況が悪くなっても警察の官吏を織工のもとに派遣し、空っぽの織機を数えさせた。また一八〇六年まで、三台の織機を持つ織工親方は、毎年一/四クラスターの木材を贈られたものである。

……

九二b番地五一号室。寡婦メルトナー Möltner の部屋の状態は良く見えた。家具は良い状態にあり、そして非常にきれいに保たれていた。

メルトナーは靴職人であったが、手工業を諦め日雇いとして働き、そして飲酒に耽るようになった。その結果、彼は三年前に亡くなった。寡婦は二人のこどもに対して二・五ターラーの養育費を毎月もらっていた。こどもの養育については後見当局が慎重に監督した。

一三歳の娘はタバコ工場で朝五時から夜七時まで働いた。彼女は七時から九時までは「補習学校」に通った。少し前から彼女は市内のご婦人と一緒に市場へ行っていた。同じ仕事を母親もした。彼らはこの方法でわずかの時間で一日に二五ジルバーグロッシェンを稼ぐ。しかし時々何も稼げない時がある。家賃は養育費から定期的に支払われている。食品に関しては、家族はこの時点では不足していない。妻は数日間だけ病気のようであり、それでパンが足りない。……

……

かなり窮乏しているが、大して救済を受けていない寡婦が、同じ建物の地下の一二号室に住んでいた。彼女の夫、国境監視官であったカイザー Kayser は一一年前に亡くなった。

一年前から彼女はようやく養育費をもらったが、それは、もうすぐ法律上対象とならない年齢になる年上の息子に対してのみであった。彼女は糸巻きで生計を立てており、それで平均して三と三／四ジルバーグロッシェンを毎日稼いでいた。しばしば仕事がない。……

ここでは、よく手入れされた家具をちょっと見ただけで、家族の状態について騙されてはいけない。この女性は、寝具類や衣料を売り払うくらいなら一日飢えるほうがよいのである。なぜなら、彼女はこうしたものをふたたび補うことは決してできないからである。また、彼女は二人の息子にボロボロの衣服を着せることはない。彼女は、喜んで二〇の布切れから一着のズボンをなんとか作り出す。食卓にのる食べ物は乏しい。今日の昼食は、四人に六ペニヒ分の引き割り燕麦を料理し、そしてパンは少しずつ分けた。それで大きい子は不機嫌にそれを戻し、そして部屋から走って出ていくのであった。……寡婦Kは、もし市救貧局から何かを得ようとしたら、へりくだらなければならないと嘆いた。彼女は、こども一人の養育費を得るまでに十分泣いてきた。彼女にとっては、嘘や無分別という非難をもう一度受けるくらいなら、飢えたほうがましなのである。……

彼女のもとに女のきょうだいが一人住んでいる。彼女の夫は二二年前に死んでいる。夫が様々な戦争で獲得した五つの勲章を売り払った時、彼女は五ターラーの贈り物を得た。それ以来、戦争寡婦には何も入ってこない。彼女はその生計を子守女をして立てている。この時点で彼女には子守の仕事がなく、そして姉妹同様空腹に苦しんでいた。彼女は扶助申請の試みをおこなおうとしなかった。彼女はまだ六〇歳ではなく、病気ではなく、そして彼女のこどもは死んでいるからである。

女性たちは、ファミリエンホイザーで祈りの時間を開催している団体について、私に語ってくれた。彼女たちは、この団体への入会を許され、〔それは〕裕福な婦人たちによって支えられている。彼らは宗派に基づかず開催し、そして偽善の祈祷によって金銭を稼がない。同様に、説教師は一つの宗派の下級男子校に属し、そしてファミリエンホイザーの貧しい人のなかに信奉者を求める。彼は自省を要求したが、それは労働のための時間すべてを必要とするものだった。それゆえ住民は彼と関係をもつことができなかった。そうするうちに、敬虔な慈善家たちが、信心ぶった女性であろうとしない二人の寡婦の部屋のドアのところを通り過ぎた。

……

九二b番地七三号室。織工フィッシャー Fischer は四二歳である。彼の外見は、あまり信頼を引き起こさない。彼は、もじゃもじゃの髪の毛、険悪な目つき、そしてボロボロの服装で警官の注意を自分に引き付けずに路上を歩くことはできなかった。彼が貧困のために普通の社会すべてからすでに長い間排除されていた、ということは一目見てわかる。私は彼にタバコをあげた。それで彼は好意的になり、おしゃべりになった。会話をしたことで、私は彼についてより良い評価をもつに至った。

妻はふしだらに見えた。彼女はぐしゃぐしゃの髪で不潔なベッドの上に座り、そして編み物をしていた。一〇歳の息子も同様の状況であり、両親は彼自身よりも彼が作っている糸巻きのほうを心配している。八歳の娘は外出している。八人のこどもが亡くなった。……

Fは織物職人としてかなりいい加減な生活をすでに送っていた。昨年末頃、彼には一七週間仕事がなかった。彼はファミリエンホイザーに八ターラーの家賃を滞納したままハンブルクに旅行し、そこでも何もできず、病気になってベルリンに戻り、そして慈善病院に運び込まれた。彼が健康を取り戻した時、彼には泊まる場所がなかった。警察は家族全部とともに彼を矯正施設に連れて行った。そこで彼は一五週間、妻とこどもとは別に、あらゆる種類の犯罪者と並んで囚人として生活した。……彼は一緒に働いた一人の男について語った。その男は、乞食の現行犯で何度も捕らえられたため三年間食らい込んだのである。……

最終的に、彼は四ターラーの扶助を受けて釈放された。ここから彼は三ターラーで家賃の滞納分を払い、一ターラーで差し押さえおよび競売の費用を払った。それゆえ五ターラー分の家賃をまだ滞納していた。彼は、貧しい隣人ジークムント Sigmund が昨日三〇エレの経糸を彼に切ってやらなければ、また仕事がなかっただろう。それを使って一四日で三ターラーの織り賃を稼げる。二週間は家族の生計は保証された。彼らが近い将来また矯正施設に送られるはずであるということは予想できる。

Fは、もし誰かが彼に一・五ターラー前貸ししてくれたら、糸を購入し、そして独力で寝具をつくり出せるだろうと考えている。しかし、誰も彼を助けない。彼は、ザクセンにいるきょうだいと、一〇年来手紙のやりとりをしていない。切手が貼られていない手紙が親戚の司祭から彼のもとに送り返されてきた。

昨日はFには以下の支出があった(四人について)。

朝七時　〇・五ロートのコーヒー ……　Sgr.　二 Pf.

卵の殻 ……　〃　一〃

	塩の固まり	……〃	八〃
	木材	……〃	三〃
一〇時	パン	……一〃	〃
一二時	ライ麦粉	……〃	六〃
	木材	……〃	四〃
四時	パン	……〃	九〃
	タバコ	……〃	三〃
七時	パン	……一〃	〃
	コーヒー	……〃	三〃
	木材	……〃	三〃
	油	……〃	九〃
	のり（糸をなめらかに）	……〃	八〃

計　六 Sgr. 一一 pf.

……

九二b番地六〇号室。私が日雇いシューマン Schumann を訪ねたのは聖金曜日であった。彼の屋根裏部屋の様子は祝日のようには見えなかった。そこは片づけられていなかったのである。父親、母親、そして一一歳から二二歳の四人の娘は、仕事着で無意味に集まって座っていた。日曜日に着る服はなかった。それで家族の誰も教会に行かなかった。六人が二つの小さく粗末なベッドで何とか間に合わせなければならない。

……

シューマンは本当に真面目そうであった。彼は古物商人のもとで、売った商品の輸送によって収入を得た。彼は平均して毎日七・五ジルバーグロッシェンを稼いだ。天気が悪い時は何も運搬されず、彼には収入がなかった。三人の成人した娘のうち一番上は市内で働き、二番目は病気であり、三番目が家族の支えであった。彼女はタバコ工場で週に一ターラーを稼いだ。しかし、聖別式用の服の支払いが終わるまで七・五ジルバーグロッシェンが［そこから］差し引かれるのである。これは八ターラーかかり、すでに五カ月間二ターラーで質に入れられている。

二月二四日、シューマンは「訴えられた」。市救貧局は彼を二ターラーで援助した。借金はまだ三ターラーあり、当座の家賃に加えて、週に一五ジルバーグロッシェンを払わなければならなかった。このために最大限の倹約が強いられた。今日は、家族全員が一メッツェのじゃがいもで満足しなければならない。

……

屋根裏部屋六二号室の労働者フントFundtのところでも、キリスト教の祝祭は祝われていなかった。父親は彫刻台のところで働いていた。数人のこどもはマリッジ［トランプのゲーム］で遊び、別の子はチェッカーをしていた。わずかの家具はごちゃまぜに置いてあった。二つの藁布団がベッドの状態をあらわしていた。一つがむき出しの床に、もう一つは数枚の板の上に置いてあった。……

Fは、やもめであり、七人のこどもの父親であった。このうち四人は身体の一部が不随であった。一人は慈善病院に、二人目は病院に、二人の娘はハルツ山地の親戚のもとに住んでいた。全く働くことのできない二二歳の息子の養育のためにFは二月に一度二ターラーを市救貧局から受け取っていた。一五歳の息子はろくろ細工師のもとで徒弟奉公をし、一〇歳のフリッツFritzは学校に通っている。……

Fは時々鋳造所で働き、それで週に二から三ターラー稼ぐ。しかし彼がいない時は家の面倒をみられないため、彼は自分の部屋で旋盤・彫金台を使って働くほうを好んだ。彼は熟練した腕をもち、鳥かご、こどものおもちゃ、そしてまたツィターやギターを作る。生計について彼は心配していなかった。……彼のこどもはツィターをいじる。私は数曲演奏してみた。そして小さなフリッツに驚いた。彼は教師についたことは全くないが、手回しオルガンから聞いたダンス音楽を巧みに弾いたのである。彼にはヴァイオリン演奏の才能がある。私はほかの点でもこの息子を非常に気に入った。もし父親の財産以上のものが彼の教育に用いられなければ残念である。……

……

六七号室には老女が住み、彼女は素朴で好意的である。

八年前に彼女は、夫の織工ズーシ Suchi を彼がふしだらであったために見捨てた。六年前、離婚した彼女が引き受けた二人のこどもに対して月二ターラーの扶助金が出されるようになった。そのうち一人は一〇歳であり、病気もちである。もう一人は一二歳で、織工になろうとしている（後見当局が許すはずのないことである）。この子は使い走りとして週に二〇ジルバーグロッシェンを稼いでいた。しかし彼は仕事を失った。あの扶助金では一度も家賃を支払えないため、母親があらゆる点で生計の維持に努めなければならない。路上で骨や紙屑を集めることによって彼女がきちんと生活できていることは不思議である。日に二〜三と三／四ジルバーグロッシェン以上は稼げない。天候が悪ければ収入はさらに減る。本日（聖金曜日）、ズーシ婦人は衣料を洗濯し、そのため外出できず、何も稼げず、そしてもし私が数グロッシェンをたまたまあたえなければ、腹を空かしたままベッドに行っただろう。……だが、貧しいにもかかわらず、部屋はきれいに保たれ、そして家具は良い状態である。

……

六九号室。ベルヴィッヒ Berwig は亜麻布織工であったが、そうした仕事を見つけることができず、六年前に日雇いとしてベルリンにやって来た。彼はワニス工場で働いている。そこで彼は切り屑を片づけている。

乾いたものだけが必要とされるため、彼は悪天候の時は何もできない。絶え間なく働くと、週あたりの収入は三ターラーまで上昇する。しかしこの冬、彼は六から七週間続けて収入がなかった。飢えないために、彼は妻と一緒に二マイル離れた森まで出かけた。二人が一日で市内に運ぶことのできる木材は、七・五ジルバーグロッシェンで売られる。Bは数ターラーの家賃を滞納し、強制立ち退きの危険から守られている日はない。

妻はもうすぐ一〇人目のこどもを産むところである。六人のこどもがまだ生きている。一番上の息子は一六歳であり、鍛冶屋に徒弟奉公をしている。九歳の息子は五年前から学校に通っているが、まだよく読むことはできず、計算は全くできない。ある程度の責任はこどもの物覚えの悪さにある。しかし、より大きな責任はファミリエンホイザーの初級男子校にある。

……

六六号室では全家族が一緒にいるのに出くわした。二人の小さなこどもが、床の上の藁布団に軽い布をかけて寝ていた。母親は病気で床についている。父親、日雇いベンヤミン Benjamin が彼女の世話をしていた。彼は、分別のある、丈夫な、そして確かに勇敢な男性である。彼は、時々、週に二・五ターラー稼ぐ。しかし彼は、それからまた数日を無為に過ごさなければならない。自分の病気や家族の病気が、彼に最大の貧困をもたらしたのである。市救貧局から、彼は一度は三ターラー、もう一度は二ターラーの援助を受け取った。それにもかかわらず、彼は衣服や寝具を売り払わなければならなかった。彼は病人のベッドのところに私を連れて行き、そして寝具に藁だけが詰め込まれている様子を見せてくれた。彼の服があまりにひどいため、彼は日曜日には外出できない。こうしたことで部屋の中に閉じこめられてしまうのは、理性ある男性にはかなり悲しいことのはずである。

……

九二 a番地三五号室。家具職人クレレンベルク Krellenberg。……私は、ドアが開くまで何度もノックをしなければならなかった。妻は、貧弱な状態を建物の人に秘密にしておきたかったと言い訳した。豊かな人ではなく貧しい人が貧しさを恥じるというのが、残念ながら現状である。非凡な清潔さが、心地良い気持ちを私にもたらした。床はきれいに磨かれ、台所道具はぴかぴかしており、明るい窓が部屋を快適にしていた。……ゆりかごには二歳のこどもが一人寝ており、〔その子は〕脳炎にかかっていた。母親はその子を最大の優しさで世話していた。

私は、彼女を世話から好んで引き離したくはなかったが、クレレンベルクが家にいなかったために、そうしなければならなかった。彼が一八二二年から一八四一年まで家具職人として親方のもとで働いていたことを私は知り、そして彼が仕事不足のため解雇されなければならなかったことを文章による証拠から見てとった。二年前から彼はファミリエンホイザーに住んでいる。指物の仕事は、ほとんど彼のところに来なかった。そのうえ、彼はもはやよく眼が見えなかったために、仕事を引き受けることができなかった。八日前から彼は日雇いでインクローラー回しとして働いた。この仕事は彼を疲れさせた。なぜなら、彼はすでに五四歳であり、年齢と窮乏ゆえに衰えていたからである。この冬、収入不足のため経済面でかなり悪い状態になったので、彼は服、ベッド、そして道具を売却しなければならなかった。部屋にはベッドのフレームが三つあった。すべてのフレームに藁以外のものはなく、そして布が一枚〔でも〕かけられているものは一つもない。

八人のこどものうち七人が生きている。一八歳の娘と一三歳の息子は一八週間腸チフスで寝ている。一七歳の息子は家具製造を学んでいる。昨日、彼は父親に一五ジルバーグロッシェンを贈った。それは、彼がイースターに新しいベストを買うために、チップを貯めたものである。四歳から一〇歳までの四人のこどもは学校に通っている。こどもは皆、利口でかわいく見え、そしてきちんとした服を着ていた。母親はスカートに至るまですべてを、こどもに服を着せるために手放していた。……泣きながら彼女は私に語った。小さい子が、どれほどいたずらにパンを求めていることか。そして父親は今朝、腹を空かしてしんどい仕事に出かけた。
家主に対して〔家賃を〕支払おうとはする。しばしば彼女は管理人の小部屋のそばを通って井戸に行くが、〔そのたびに〕彼女は四ターラーの家賃を思い出さされる。毎日、家族全員が建物を追い出される可能性がある。……Kは、二回市救貧局に扶助を求めたが、現時点まで救貧スープ以外のものを享受していない。それはしばしば家族全体にとって唯一の食料となるのである。……

……

九二番地九一号室。家の管理人は、靴下織エーリケEhrikeを非常に貧しい人であると私に教えてくれた。この情報がなければ、私は、一回の訪問だけでは彼の状態について思い違いをしただろう。老人は元気に織機を動かし、それに合わせてタバコをふかした。彼の成人した娘の傍らには糸巻き機を持った若い女性の隣人が訪れてきていた。少女たちは、社会内の立場を決めてしまうものから、体裁の最後の部分を非常に巧みに、そして熱を込めて守ろうとした。そのため、私は、貧しさについて私に話してくれるよう父親を促すことはできなかった。私は、靴下工場のほうに会話を導き、それによって収入を計算する尺度を得た。……
一人の勤勉な織工が一日に二足の靴下を作る。七・五ジルバーグロッシェンが木綿の購入にかかり、完成した靴下に商人から一五ジルバーグロッシェンをもらう。だから一日の収入は七・五ジルバーグロッシェンである。奇妙にも不都合なことに、商人はその商品を二二・五ジルバーグロッシェンで売り、だから同じ物で労働者と同じだけ稼ぐのである。労働者が仕事を妨げられまいとしたら、彼は製品を商人に渡さなければならない。原料以上の価値をもった商品〔の価格〕から、商人が恣意的に決めた金額だけが彼の手元に来るのである。もしこうした状況への反対が一般的に起こらなかったとしても、救貧当局の側から、労働賃金が非常に貧しい労働者に丸ごと行くように働きかけることもできるはずである。救貧当局にとっては、施しを集めるよりは注文を取って来るほうが容易であろう。……

エーリケは、ザクセン人が安価な製品を供給し、そして靴下の価格を下げていると嘆いた。それが可能なのは、農村労働者がわずかの賃金でやりくりするからである。農村であれば、その生業をよりよく営める多くの労働者が、普通の家計を設立する財源が彼らに欠けているために、市内の高い住居に拘束される。一日〔の生活〕を気づかうのが精いっぱいの人なら、商人の店の近くに住まなければならない。

……

九二号室。寡婦ケッツラー Ketzler は元気で、思慮深い女性である。彼女には五人のこどもがいる。下の三人に対して、彼女は三ターラーの養育費を受け取っている。一番上の娘は市内で働いているが、母親を助けることはできない。なぜなら、彼女はわずかの賃金を丸ごと服に使わなければならないからである。貧しい娘は、盛装によって主人の体面を保たなければならない。一番上の息子はもうすぐ堅信を受ける。母親は孤児担当官庁において堅信用の服装をもらってこようとしたが、それは本当にいやいやであった。というのは、貧しい人にあたえられる衣服は、仕立てや色によって他のものとは区別されるからである。一六歳の息子は、救貧当局への彼の依存を示すよりはボロを着て歩くほうがよく、そうすることを悪いとは思わない。なぜ、貧しい人は皆の見ている前で卑しめられないと援助してもらえないのか？ ……K婦人があの三ターラー以外に洗濯と床掃除でいくら稼ぐかは、不特定である。こどもはしばしば何日もパンを見ずにいる。……

……

一〇一号室。織工ヴュルト Würth はビーベラッハ Biberach 出身であり、五四年前にベルリンに来た。現在七六歳であり、かなり神経が弱っているため彼は立つことができず、手を使ってカップを口まで運べない。彼は六一歳になる五人目の妻と一緒に住んでいる。

彼は、市救貧局から月に三ターラーをもらっている。そのうち二ターラーを家賃に支出している。彼がこどものように世話してもらわなければならないために、妻は月に一・五ターラーを稼ぐことは決してできない。だからこの老人は一カ月二・五ターラーで暮らさなければならない。

私は、妻がその一番の望みは次のようなことだと言った時、感銘を覚えた。夫を病院に受け入れてもらいたいが、それは夫婦を離ればなれにすることになるため期待できないというのである。「見てください、旦那様」と彼女は言った。「夫が無力で横たわっているのを。そしてもし飢えが彼を殺さないとしたら、彼はまだ長生きできるのです」。老人は私を大きな目で見、そして伴侶が彼に死を望んでいることに完全に満足したようである。その後、彼はビーベラッハにある養老院の施設の良さについて喜んで私に語り、そしてそこに行くことが不可能であることを示してくれた。つまり、彼の親戚は皆亡くなったらしく、それに加え、次のようなことを言った。「肉が残るところに、骨も残ることができる」。……

……

やもめロッテス Lottes は六三歳である。何年も前から、彼は肝臓病とさなだ虫の寄生を患っている。毎年彼は、数週間は慈善病院へ行かなければならない。さらに彼は機織りによってパンを稼いでいるが、今や彼は、この仕事に耐えられなくなっている。彼は隣の織工のところで要らない糸を集め、その糸からエプロンの紐を作っている。彼はこれを秘密の手段で売却しなければならなかった。行商許可書を獲得するのには一二ターラーかかるが、彼はそれをどうしても集められないからだ。商品を売却する現場を捕まえられたら、彼は「牛の頭 Ochsenkopf」(5) に行くことになる。彼は市救貧局から月に二〇ジルバーグロッシェンしか得てないため、彼がどうやって暮らしているかは、私には今や謎である。

彼は入院することを非常に望んでいた。しかし、それは、彼が救いようがなく道路に横たわっているのを発見されるまでは実現しない。彼は、彼の四人の成人したこどもからの援助を期待できない。娘は奉公人であり、貯金を服に使う。息子たちは機織りを修行しているが、彼らも仕事がなく、そして彼ら自身が飢えている。彼の息子が不正な生業に就くのを余儀なくされるのではないかという不安が、不幸な父親に押し寄せていた。……

九二番地二七号室には労働者ヴェーバー Weber が住んでいた。彼の妻は、数年間、乞食のため投獄され、それゆえ家族は警察によってバラバラにされた。……（一回目に乞食の現行犯で捕まえられた人は、四週間矯正施設に送られる。二回目は八週間、三回目は一年間の拘束、等々、四年間を限度に罰則があたえられる）。困窮した家族の状態を正確に調査し、そして救済をおこなうことによって貧しい人の嘆きをあらかじめ防がないところでは、乞食に対するこうした罰則は人間的ではない。数日前ヴェーバーは、飢えに駆られて六歳の息子を連れて街に出かけた。こどもが家の中に入って乞食をしなければならず、そして父親はドアの前で待っていた。父親が警察の役人に捕まり、こどもは彼を見捨てようとしなかった。二人は矯正施設に送られた。一二歳の娘と八歳の息子はファミリエンホイザーの管理人の監視下におかれ、そして父親が釈放されるまで良い知り合いのところを渡り歩くのである。

……

九二番地九四号室。ウルビッヒ Urbich とその息子はナイトガウンを作っていた。一人が一四日で織る六六エレ〔の布〕に対して二・五ターラーが支払われる。息子は自分のために働いており、そして父親を援助することはできなかった。

父親は私に次のことを保証した。彼は最大限の勤勉さで〔働いて〕も、家賃と生活費にかかる分しか稼げない。シャツさえ購入できないということを。しかし彼はほかの織工に比べてまだ有利である。つまり、彼の高齢を考えて、四二年働いてきた工場の工場主が、彼に定期的な収入をもたらすようにしてくれているのである。もっとも、工場主は、商品を機械化された織機でより安く作らせるのだが。……

……

九二番地七四号室。織工マテスMatthesと彼の妻は、全く普通の人のように見える。息子は二六歳だが、引き付けを患い、しばしば労働不能となる。すでに四カ月間全く収入がない。家賃の滞納額は一二ターラーになる。家主は、Mがすでに一三年間ファミリエンホイザーに住み、そして常に定期的に家賃を払ってきたために文句を言わない。台所用品、ベッド、そして服の大部分は売却されたか質に入れられている。一年以上担保に取られたものは債権者によって競売され、そしてその収益は債務者には来ない。それでMは今度一二ターラーを完全に失わなければならない。担保に入れた家具は、借りた金額以上の価値をもつ。……最初の経糸(Zettel)購入のために五ターラーを前借りできたら、彼は自分の責任で製造し、そして自力で窮地を切り抜けるはずである。

……

九二a番地二六号室。ベルクマンBergmannは八二歳であり、彼の妻は七九歳である。息子二人はこの前の解放戦争で亡くなった。彼は卒中に襲われ、五週間ベッドを離れることができなかった。妻の脚は腫れ上がっていた。収入はなく、そして市救貧局は家賃の分だけを払ってくれた。隣人の援助なしでは、老いた勇敢な人たちは飢えで死ななければならない。

……

九二a番地五三号室。織工ハンバッハHambachには小さなこどもが五人いる。彼は斑のネッカチーフを作り、一四日間で三ターラーを稼ぐ。彼は数ターラーの家賃を滞納している。服の大部分は質に入っている。母親がネッカチーフを債権者に持っていかなければならない時、九歳の少女は激しく泣いた。二日間、家族全体が四ジルバーグロッシェンのパン以外何も食べていなかった。私が母親に何かあたえたと知る同時に、三歳の娘は今パンが手に入るのかと聞いた。

Hは、市救貧局からじゃがいも畑を借りている。そのために彼は年に二ターラー払い、一五ジルバーグロッシェンが監視人に支払われ、同じだけが運送賃である。昨秋、彼は六ターラー分のじゃがいもを収穫した。時間の損失を計算に入れると、小作人は損をする。……Hは、妻が彼よりも容易に不幸に耐えられるということを私に保証した。……

この訪問は妻の願いによっておこなわれた。彼女は私が隣の部屋から出てくるのを見たのである。彼女が必死になって私を彼女の部屋に引っ張り込み、そして数グロッシェンをあらかじめ期待するのは、私は悪いことであると思わなかった。私がこどもの悲惨さを見たように、私は母親の態度を喜んだ。彼女の心の中では小さい子への愛情が女性の内気さに勝っていたことを、私は目つきから読みとれた。ねだる時の厚かましさが、しばしばうるさく感じられた。しかし最初の不快な印象で決めてはいけない。ねだる人を厚かましくするものこそが、その人には最善のものなのである。

……

九二b番地六八号室。機械工ベッティンBettinは官吏に対する違反行為の疑いで一年半シュパンダウで拘禁されている。養い手を奪われた家族は、最大の悲惨さに直面した。市救貧局は、こどものうち一人だけに対して月一・二五ターラーの扶助金を出すことを決めた。母親は洗濯女として働くことではわずかしか稼げない。なぜなら、こどもの世話で仕事が妨げられたからである。数日前、彼女はまた出産した。誰も彼女の面倒をみようとしなかったため、家の管理人によって慈善病院に運ばれた。あとに残されたこどもたちの面倒をみる役所はなかった。家の管理人は、貧しい寡婦リンホルトLynholdに彼らを引き渡し、彼女にあの一・二五ターラーが来るようにした。

ベッティン婦人は、四ターラーの家賃を滞納していたため訴えられ、家具は取り払われた。彼女が数日後に慈善病院から戻ってきたら、彼女はこどもたちとともに路地に追いやられ、そして矯正施設に連行されなければならないだろう。

……

私は、喜んで調査を続けようと思った。私が出来事を記録し、そして時として数グロッシェンをあたえたということが知られてしまったので、女性とこどもが私に注目し、そして私を住居に入れようとする。フォークトラント全体に人だかりをもたらさないために、私は顔を出さないことにした。とにかく、報告した例は選び出したのでも尾鰭を付けたのでもないので、ファミリエンホイザーの他の住人について容易に結論づけることができる。そして今度ばかりは、明らかに次のようなことが十分に示された。どのようにして人が貧困のあらゆる段階を通って、自分では許された手段によってさえも、また切り抜けることのできない状態に落ち込むかを。そして施しとして投げあたえられた救貧基金の小金では誰も救済できないのである。

……

ファミリエンホイザーで、私は、学校の部屋にも顔を覗かせた。私立の協会が幼児学校を、別の〔協会〕が三つの小学校（そのうち二つが男の子用、一つが女の子用）を設立し、現在まで続いている。児童数は約三五〇人である。それらは平均すると良く見える。多くのこどもが美しい施設を十分にあたえられたようである。幼児学校では二歳から六歳の一四〇人の少年や少女が、老夫婦の指導のもと毎日六～八時間集まっている。両親が一日中出かけているこどもには、教師が昼食のパンを六ペニヒであたえている。学校の外面的な施設は理にかなっている。

内面的なものについて、私は不快感をもって驚いた。貧しい小さな子は学校の知識にすでに手を焼き、そして知識は最も貧弱な方法であたえられている。こどもが以下の質問に声を揃え、そして拍子をとって答えた時、私の髪は逆立った。神が私たちに語りかけてくれる本を何と言いますか？　聖書はどういう構成ですか？　何から旧約聖書、新約聖書は始まりますか？　洗礼とは何ですか？　十戒の八番目、四番目、六番目、七番目は何をあつかっていますか？　どのような教育施設がベルリンにありますか？　どのような官吏がいますか？　どのような王国がヨーロッパにありますか？　ドイツ、フランス、スペインにはどのような河がありますか？　……姦通を語る四歳の小僧と少女は、一生私の記憶から消えることはなかろう。……六歳から一〇歳のこどもを教育する下級女学校は、前世紀の田舎の学校に私を丸ごと連れて行くようである。四三人の生徒が、一緒にホルヌンク Hornung の読本から一字ずつ区切って読み、そして教師は棒でそれに拍子をあたえている。時間の最後に声を揃えて十戒を読み上げ、そしていくつかの重苦しい歌を、そらで、最も惨めなやり方で歌い通した。……私立学校も国家の監視下にあるのだろうか？　少なくとも女の子用の学校の教師は、彼が高級教育官庁によって試験されたと私に語った。

……

ファミリエンホイザーの九二b番地に、私は、幸い祈りの時間に行った（四月九日）。夕方六時に、並んでいる教室二つにだいたい二〇〇人が集まった。男性より女性が多く、そしてかなりの数のこどもが出席していた。服装から推し量ると、ファミリエンホイザーの住民は少数であり、市内や周辺〔に住む〕上流の女性が出席している。私は、組み合わせた両手、横のほうに傾けた頭、わざとらしく伏せた目線から、集まりの性格についてすぐにはっきりわかった。私は織工Mの隣に座った。彼とは私は、貧しい寡婦の部屋で知り合っていた。彼は、不満をのべた靴屋の話し相手であった。

祈りと歌唱の後、説教者が二つの部屋を結び付けるドアの敷居に立った。私は、この若い男性の外見に集会全体の精神が要約的にあらわれているのを見出した。青白い顔に、宗教的生活の特徴が色濃くあらわれ、罪の意識と自負心が最後の道筋を求めて戦っていた。全体は十字架のキリストの前に崩れてしまっているようだ。……キリストの受難に関する説教が続くだろうことを、あらかじめ知っていた。というのは、その聖職者がキリストの人生に従って作られたテキストの順番を固執する以上に良心的ではなかったからである。五〇年間礼拝に通った人間が、五〇回同じ観念の軌道を廻るのだろうか。テキストの選択（「そののち、イエスは今や万事が終わった事を知って、『私は渇く』といわれた。それは聖書が全うされるためであった。」ヨハネ福音書一九、二八）は奇妙な感じを受けないが、そのあつかいについては十分〔奇妙だと〕思う。あっという間に説教師は「イエスは今や万事が終わった事を知って」と「それは聖書が全うされるためであった」という言葉を飛び越し、そして〔説教の〕全時間を憑かれたように「私は渇く」という叫びに費やした。いかにして渇きが成立したのか、いかにして肉体上の苦痛が主の顔にあらわれるのか、いかにして唇が彼を興奮させるのか、等々を示すのは、神学研究にとって容易な仕事ではない。キリスト、つまりすべてを超越する力をあたえられ、すべての飢えを鎮め、すべての苦痛を和らげることを心得ている主が、渇きに苦しむという矛盾する問題に対しては、彼はさらに勝手がわからなくなってしまう。逆に、彼は、肉体の渇きを心の渇きと捉える時、完全に自分の領域に立つのである。彼は、驚くに値する雄弁さで人間の悪さを示し、次のようなことを示す。いかに一人の人間が正しくなく、そしてどのようにして悪魔から力を得ることで主が渇くのか、である。熱狂して次のことが語られた。キリストは自分の魂を高く、そして貴重なものとはしなかったこと、そして彼は悲惨な罪のある人のために喜んで魂を犠牲にしたということである。眠ったまま、われわれは最高の幸福の分け前に与っている。主の恩寵によってわれわれは無意識のうちに洗礼を受け、そして異教の堕落から救われているのである。とにかく、主の渇望は現在のところまだ癒されていない。主の渇きを鎮めようとしない人の数は多い。「ああ。われわれは主を熱望する。われわれは、われわれは罰と怒りのみを受けるにふさわしい！　だが、われわれはすべてを主に懇願しなければならない。われわれが彼を愛していさえしても、われわれは彼を渇望できるのだ。というのは、われわれの心は疲れきり、無力で、死んでいるので、われわれは主の恩寵によってのみすべてを獲得できるからである。ああ、われわれが心から俗世を完全に振り払うことができれば！」

おおよそ時間が過ぎ、説教の道徳的部分、たしかに蒸留酒の享受の話にいきなり移った。つまり、この有害物質を享受する時に、次の主の言葉が忘れられてしまう。「私は渇く」。アルコール飲料の享受は正しくない。なぜなら、キリストが十字架で渇きに苦しんだからである。救世主が渇いているから、渇くということは適切である。救世主だけにすべての苦痛を任せ、そして罪を伴う享受をわれわれにもたらすことは不適切である。少なくとも受難週では蒸留酒もパンチも飲まない、という最も切望した願いで受難に関する説教は終わった。

賛美歌「Wie nach einer Wasserquelle」を歌ってから、禁酒協会の規約が読み上げられ、そして説教師は次の期待を語った。「私は渇いている」という主の言葉を肝に命じる人は、協会に参加するということである。畏れおおくも集会は解散になった。

週に二回祈りの時間が開かれた。服がないため教会に行けない貧しい人に自分の家で神の言葉を伝え、そして高い身分の人がこの特別な礼拝に参加し、キリスト教の共同体を作ろうとしたことは、認める価値がある。だが、祈りの時間は次の場合のみ貧しい人の家で実りをもたらす。すなわち、それが純粋に偽善や偽信により、そして高い身分の参加者が、その頭や心が病んで他人に病気をうつした時に最大の喜びをもつような惨めな人ではない場合である。最も美しい人生の時を罪の観察で失うのが概して愚かしいことだとして、貧しい人をその状態に暴力的に沈めるのは人間的ではない。貧しい人を人間的な心の価値への信仰で強化し、それとともに彼らが奮起し、そして運命に抵抗するようにするのは義務である。「生き生きとした」精神に説教することを理解できない人は、貧しい人を連祷に来るようにさせることはできない。手回しオルガン弾きをファミリエンホイザーの中の庭に連れて来たら、それは敬虔な聖職者を連れてくるより良いことである。共同体のあの友人たちに忠告しよう。彼らは貧しい人と豊かな人を愚行においてまとめようとせず、マタイ福音書の一九章二一によってあつかうように、と。「もしあなたが完全になりたいと思うなら、帰ってあなたの持ち物を売り払い、貧しい人々に施しなさい、等々。」……

……

フォークトラントにはハイダー Heyder 氏が所有するファミリエンホイザーのほかに、多数の労働者が詰め込まれた住居がある。最も知られているのは、ガルテン通り四二番地〔の住居〕である。私がこの家を訪れるのは止められるだろう。そこには刑務所から出てきた人か、そこに入れられるべき人が住んでいるという話である。最悪のならず者がそこに集まっており、私は簡単に虐待され、そして略奪されるだろう。警察の官吏はそこで活動しつづけてきたのである。まさに以上のような話こそが、私を惹き付けた。

私は、その家の住民に会うため訪れる時刻に日曜日の夕方を選んだ。建物はハンブルク門からかなり離れていた。外見は、ファミリエンホイザーより良かった。建物の前ではこどもが遊び、階段には多くの女性が座り、男性と若者が集まって立ち、そしておしゃべりをしていた。私は、いたずらを試みてみた。それは、ベルリンの路地裏の若者がやっていて、その行為に我慢するような類のいたずらである。しかし若者は私に全く好意的であった。私のことを多分説教師だろうと思った少女は、背後でいくぶん不躾に笑った。私は評判の良くない「ならず者」の真っただ中に全く危険なしでいた。身を守る武器として頑丈な棒を持って来たことを私は恥ずかしく思い、そして「ならず者、人間の屑」といった空虚な概念を頭の中で御破算にした。私はこの人たちと気持ちよく会話し、そして次のような見解を強めた。人間社会の様々な部分に同じだけの魂の光を見つけ出すことができ、そしてそれは違ったかたちで生じるにすぎない。それを見ようとする者なら、自分の能力を隠さないだろう。「同じものが常に見つけ出せる」。心を明るくしている人なら、他人の心が喜んで迎え入れるだろう。その精神を暴力的な警察規定の条項で締め付ける人なら、どこでも暴力にぶつかるだろう。……

建物は寡婦ノイマン Neumann のものである。彼女はすでに年老い、そしてほとんど眼が見えなかったが、巧妙に管理しているようであった。それには息子が彼女を助け、そして小商店を所有している。建物の住民は、その店から食料品をほとんど買い、他方、その店で彼らが道路上で集めた物を売るのである。家屋所有者と賃借人はほとんど一つの家族になっている。もし賃借人が家賃を定期的に払わなかったとしても、彼らはそれで追い出されることはない。それはたぶん、彼らが産業全体を支えているからであろう。個人的には一五ターラー滞納している者もいるが、許されている。しばしば、警察が個々の家族を立ち退かせに来るが、彼らはノイマンによって守られる。もし警察の委員会がこの貧しい人々の社会に好意を抱いていないとしても、その社会はしっかりした構成をもち、国家権力の手先に対して不屈であるように見えるのは理解できる。

私が各部屋を訪問することは、喜んで認められた。「お母さん」が私をそこらじゅう導いてくれ、そして会話へ口を挟むことで、調査のレールから私をしばしば外れるようにした。一二の部屋に二八人の老人と四五人の未成長のこどもが住んでいた。彼らの状態について言えることは、ファミリエンホイザーでの観察と全く一致した。

織工フェヒター Fechter は、仕事が見つからず、妻と子をこれ以上養えないことを知り、数週間前に彼らを見捨てた。そのため若い家長を援助しなかった市救貧局は、寄る辺なく後に残された人たちの面倒をみることを強いられた。妻は死の病で慈善病院に寝ている。貧しい織工に引き渡された五カ月のこどもには、月に二ターラーの養育費が支払われている。ノイマンが四歳の息子を引き受けている。

……

織工ナウマン Naumann はすでに七週間、三ターラー一五ジルバーグロッシェンの借金の未払いで拘束されている。執行官が個人的に彼と一緒に市救貧局に行き、そして彼を次のように紹介した。もし市救貧局があの借金を払ってくれなければ、六人の小さなこどもを抱えた妻という厄介を市救貧局は背負い込むことになる、と。だが、無駄であった。貧しい夫は刑務所にぶちこまれ、そして仕事のない家族には月四ターラーの扶助があたえられた。いかに救貧基金が不手際な利用形態を取っているかを、この例が示している。扶助をおこなう正しい瞬間を知り、用いる代わりに、資金は施しに用いられる。施しは貧しい人を助けることはないのである。ここから家賃が支払われるが、残りは家族を大きな飢えから守るのに十分ではない。家屋所有者の若い妻は、私に次のように語った。こどもは一日中飢え、そして彼女は、乳児を自分のお乳でもうかなり養ったのである。

……

チューリヒ近郊ヒルシュランデン Hirschlanden 出身のシュナイダー Schneider は、対ロシア戦に参加し、そして一八一三年からベルリンに住んでいる。彼は、九人のこどものうち小さいほうから二人を自分のもとに置いている。彼は二重の脱腸を患っている。彼の妻は年老い、そして病気がちである。

二人は骨と紙を集める。今日、彼らはこの方法で二ジルバーグロッシェン四ペニヒを稼いだ。一年前、彼らは二ターラーの扶助を市救貧局から得た。二年前シュナイダーは誰かに施しを求めた。それで彼は三ペニヒ得たが、警察の官吏に捕らえられ、そして六カ月食らい込んだ。

同じ部屋に老いた寡婦が住み、彼女も同じように骨を集めていた。

……

コルネヴィッツ Kornewitz は兵士の子であり、若い時は数多くの戦闘に参加した。その後、彼は馬逓局の職員として雇われた。しかし八年前に解雇された。というのは、彼はチフスの結果、気が狂ったからである。彼と妻は、枢密顧問官Bという人が解雇を働きかけたと主張した。その人にコルネヴィッツはかつて重量超過を隠そうとしなかったのである。郵便局は彼に月八ターラーの年金をあたえた。一三人のこどものうち六人が生きており、五人がまだ成人しておらず、そして両親と一緒に住んでいる。

……

織工ヴェーバー Weber は五八歳である。前年の一一月半ば以来仕事がない。家具と服は売り払ってしまった。こどもは飢えで血色が悪い。

……

織工ベネケ Beneke は一四週間仕事がない。彼は病気のためベッドの中で寝ている。四人のこどもは大きな窮乏に苦しんでいるようである。妻は、彼女が乞食で彼女の家族を養っていると私に告白した。彼女はかつて市救貧局から二ターラーを受け取っていた。

同じ部屋には家賃なしで老ヴァリッヒ Warich が住んでいた。彼は骨と紙集めをしていた。……

警察と市救貧局についてよく語る人はいない。警察は、貧しい人を路地に追いやり、そして彼らを「牛の頭 Ochsenkopf」に連れていくことが可能になるのを望んでいる。市救貧局は、貧しい人が多く集まっているところにかかわろうとしない。市救貧局員が首をくくって死に、そして彼の後継者が横領のため解雇され、そして今、自ら乞食をしているということは奇妙である。……

注

(1) ファミリエンホイザーのうちグルンホルツァーが訪れたランゲスハウス、シュールハウス、クヴェーアハウスの家賃は、当時の所有者ハイダーの報告(一八四三年)によると、半地下が二〇ターラー、一階と二階が二六～三四ターラー、そして屋根裏が二〇ターラーである。一八四〇年代のベルリン市の平均的家賃は、ほぼ一〇〇ターラー前後であり、以上の家賃はそれに比べるとかなり低いといえる。本書第I部第1章参照。
(2) グルンホルツァーの日記によると、木こりのこどもとして、娘のほかに男の子が二人いる (Geist und Kürvers, *a. a. O.*, S. 221f.)。探訪記と日記の叙述のずれについては、本書付論一参照。
(3) 日記によると織工の姓はクプファー Kupfer であり、その雇い人のそれはキッテバッハ Kittebach である。また、雇い人のこどもの数は、探訪記では複数であることしかわからないが、日記によると二人である。
(4) 日記によると、部屋の中では一五歳の娘がストーブのそばで働いており、二人のこどもは外出していることになっている（Geist und Kürvers, *a. a.* O., S. 225）。

（5）アレクサンダー広場の近くにある矯正施設（ケーニッヒ市区）が、このようによばれていた。

図版出典

序　論

図序-1　Hiltrud Kier, Die Stadterweiterungsplanung von Josef Stübben für die Kölner Neustadt ab 1880–Versuche städtebaulicher und sozialer Differenzierung mit dem Instrument der Fluchtlinienplanung, in: Juan Rodriguez-Lorez/Gerhard Fehl (Hg.), *Städtebaureform 1865–1900. Von Licht, Luft und Ordnung in der Stadt der Gründerzeit,* Hamburg 1985, S. 160.

図序-2　Tanis Hinchcliffe, *North Oxford,* Yale University Press 1992, p. 68.

図序-3　Juan Rodriguez-Lorez / Gerhard Fehl (Hg.), *Die Kleinwohnungsfrage. Zu den Ursprüngen der sozialen Wohnungsbaus in Europa*, Hamburg 1988, S. 368.

図序-4　Roy Porter, *London. A Social History,* 2000, p. 272.

図序-5　アラン・フォール（中野隆生訳）「投機と社会 ― 一九世紀パリの土木事業」中野隆生編『都市空間の社会史 ― 日本とフランス』（山川出版社、二〇〇四年）、四一頁。

図序-6　松井道昭『フランス第二帝政下のパリ都市改造』（日本経済評論社、一九九七年）、三九一頁。

図序-7　Nicholas Bullock and James Read, *The Movement for Housing Reform in Germany and France 1840–1914*, Cambridge 1985, p. 312.

第Ⅰ部第1章

図1-1-1　世紀前半のものは Heinz Ehrlich, *Die Berliner Bauordnungen, ihre wichtigsten Bauvorschriften und deren Einfluß auf den Wohnhausbau der Stadt Berlin,* Berlin-Charlottenburg 1933, S. 24 に、世紀後半のものは ebenda, S. 32 に所収。

図1-1-2　正面図は、Johann Friedrich Geist und Klaus Kürvers, *Das Berliner Mietshaus 1862–1945. Eine dokumentarische Geschichte von 〉Meyer's-Hof〈 in der Ackerstraße 132–133, der Entstehung der Berliner Mietshausquartiere und der Reichshauptstadt zwischen Gründung und Untergang,* München 1984, S. 138、半地下（左）と1階（右）の見取り図は *Ebenda*, S. 140 に所収。

図1-1-3　Ingrid Thienel, *Städtewachstum im Industrialisierungsprozess des 19. Jahrhunderts. Das Berliner Beispiel,* Berlin/New York 1973. Abbildung 2.

図1-1-4〜7 Johann Friedrich Geist und Klaus Kürvers, *Das Berliner Mietshaus 1740–1862. Eine dokumentarische Geschichte der ⟩von Wülcknitzschen Familienhäuser⟨ vor dem Hamburger Tor, der Proletarisierung des Berliner Nordens und der Stadt im Übergang von der Residenz zur Metropole,* München 1980, S. 70f.

図1-1-8・9 *Ebenda,* S. 178.

図1-1-10・11 *Ebenda,* S. 96.

図1-1-12 *Ebenda,* S. 104f.

図1-1-13 *Ebenda,* S. 79.

第II部第3章

図2-3-1 Carl Wilhelm Hoffmann, *Die Wohnungen der Arbeiter und Armen*, Berlin 1852, S. 71.

図2-3-2 *Ebenda.* Blatt I und II.

第III部第1章

図3-1-1 Johann Friedrich Geist und Klaus Kürvers, *Das Berliner Mietshaus 1862–1945. Eine dokumentarische Geschichte von ⟩Meyer's-Hof⟨ in der Ackerstraße 132–133, der Entstehung der Berliner Mietshausquartiere und der Reichshauptstadt zwischen Gründung und Untergang,* München 1984, S. 345 に綴じ込んである地図。

図3-1-2 *Johann Friedrich Geist und Klaus Kürvers, Das Berliner Mietshaus 1740–1862. Eine dokumentarische Geschichte der ⟩von Wülcknitzschen Familienhäuser⟨ vor dem Hamburger Tor, der Proletarisierung des Berliner Nordens und der Stadt im Übergang von der Residenz zur Metropole,* München 1980, S. 477.

図3-1-3 Jochen Boberg, Tilman Fichter und Eckhart Gillen (Hg.), *Exerzierfeld der Moderne. Industriekultur in Berlin im 19. Jahrhardert*, München 1984, S. 183.

図3-1-4 Geist und Kürvers, *1984,* S. 498–499.

図3-1-5 Geist und Kürvers, *1980,* S. 498–499.

図3-1-6 Jutta Lubowitzki, Der "Hobrechtplan". Problem der Berliner Stadtentwicklung um die Mitte des 19. Jahrhunderts, in: Wolfgang Ribbe (Hg.), *Berlin-Forschung,* V, Berlin 1990, S. 80.

図3−1−7　*Ebenda,* S, 82.
図3−1−8　*Ebenda,* S. 83.
図3−1−9　Geist und Kürvers, *1984,* S. 183.
図3−1−10　*Ebenda,* S. 192.
図3−1−11　*Ebenda,* S. 205.
図3−1−12　*Ebedna.*
図3−1−13　*Ebenda,* S. 203.
図3−1−14　*Ebenda,* S. 166.

結　論

図結−1　Thomas Wolfes, *Die Villenkolonie Lichterfelde. Zur Geschichte eines Berliner Vorortes* (*1865–1920*), Berlin 1997.

図結−2　Nicholas Bullock and James Read, *The Movement for Housing Reform in Germany and France 1840–1914*, Cambridge 1985, p. 135.

写真・画像出典

写1−扉　Johann Friedrich Geist und Klaus Kürvers, *Das Berliner Mietshaus 1740–1862. Eine dokumentarische Geschichte der >von Wülcknitzschen Familienhäuser< vor dem Hamburger Tor, der Proletarisierung des Berliner Nordens und der Stadt im Übergang von der Residenz zur Metropole*, München 1980, S. 7.

写1−1−1　*Kreuzberg in historischen Postkarten*, Berlin 1997, S. 39.

写1−1−2　Hans Jürgen Teuteberg und Clemens Wischermann (Hg.), *Wohnalltag in Deutschland 1850–1914*, Münster 1985, S. 188.

写1−1−3　Johann Friedrich Geist und Klaus Kürvers, *Das Berliner Mietshaus 1862–1945. Eine dokumentarische*

Geschichte von >Meyer's-Hof< in der Ackerstraße 132–133, der Entstehung der Berliner Mietshausquartiere und der Reichshauptstadt zwischen Gründung und Untergang, München 1984, S. 63.

写1–1–4　Johann Friedrich Geist und Klaus Kürvers, *Das Berliner Mietshaus 1862–1945. Eine dokumentarische Geschichte von >Meyer's-Hof< in der Ackerstraße 132–133, der Entstehung der Berliner Mietshausquartiere und der Reichshauptstadt zwischen Gründung und Untergang,* München 1984, S. 388.

写1–1–5　Ruth Köhler und Wolfgang Richter (Hg.), *Berlner Leben 1806–1847. Erinnerungen und Berichte,* Rütten & Loening 1954, S. 288/289.

写1–1–6　Ruth Köhler und Wolfgang Richter (Hg.), *Berlner Leben 1806–1847. Erinnerungen und Berichte,* Rütten & Loening 1954, S. 144/145.

写1–1–7　Johann Friedrich Geist und Klaus Kürvers, *Das Berliner Mietshaus 1740–1862. Eine dokumentarische Geschichte der >von Wülcknitzschen Familienhäuser< vor dem Hamburger Tor, der Proletarisierung des Berliner Nordens und der Stadt im Übergang von der Residenz zur Metropole,* München 1980, S. 189.

写1–3–1　Johann Friedrich Geist und Klaus Kürvers, *Das Berliner Mietshaus 1740–1862. Eine dokumentarische Geschichte der >von Wülcknitzschen Familienhäuser< vor dem Hamburger Tor, der Proletarisierung des Berliner Nordens und der Stadt im Übergang von der Residenz zur Metropole,* München 1980, S. 286.

写1–3–2　Johann Friedrich Geist und Klaus Kürvers, *Das Berliner Mietshaus 1740–1862. Eine dokumentarische Geschichte der >von Wülcknitzschen Familienhäuser< vor dem Hamburger Tor, der Proletarisierung des Berliner Nordens und der Stadt im Übergang von der Residenz zur Metropole,* München 1980, S. 287.

写1–3–3　Ruth Köhler und Wolfgang Richter (Hg.), *Berlner Leben 1806–1847. Erinnerungen und Berichte*, Rütten & Loening 1954, S. 304/305.

写2–扉　著者撮影

写2–3–1　Johann Friedrich Geist und Klaus Kürvers, *Das Berliner Mietshaus 1740–1862. Eine dokumentarische Geschichte der >von Wülcknitzschen Familienhäuser< vor dem Hamburger Tor, der Proletarisierung des Berliner Nordens und der Stadt im Übergang von der Residenz zur Metropole,* München 1980, S. 453.

写2-3-2　Johann Friedrich Geist und Klaus Kürvers, *Das Berliner Mietshaus 1740–1862. Eine dokumentarische Geschichte der >von Wülcknitzschen Familienhäuser< vor dem Hamburger Tor, der Proletarisierung des Berliner Nordens und der Stadt im Übergang von der Residenz zur Metropole,* München 1980, S. 459.

写3-扉　Johann Friedrich Geist und Klaus Kürvers, *Das Berliner Mietshaus 1862–1945. Eine dokumentarische Geschichte von >Meyer's-Hof< in der Ackerstraße 132–133, der Entstehung der Berliner Mietshausquartiere und der Reichshauptstadt zwischen Gründung und Untergang,* München 1984, S. 235.

写3-1-1　*Kreuzberg in historischen Postkarten*, Berlin 1997, S. 17.

写3-1-2　Samuel Heinrich Spiker, *Berlin und seine Umgebungen im neunzehnten Jahrhundert*, Berlin 1833 (2. Auflage 1980).

写3-1-3　Harald Brost und Laurenz Demps, *Berlin wird Weltstadt. Photographien von F. Albert Schwartz, Hof-Photograph*, 2., überarb. Aufl., Berlin 1997, S. 24.

写3-1-4　Hans Jürgen Teuteberg und Clemens Wischermann (Hg.), *Wohnalltag in Deutschland 1850–1914,* Münster 1985, S. 290.

写3-1-5　Heinrich Zille, *Das alte Berlin: Photographien 1890–1910,* München 2004.

写3-1-6　Harald Brost und Laurenz Demps, *Berlin wird Weltstadt. Photographien von F. Albert Schwartz, Hof-Photograph*, 2., überarb. Aufl., Berlin 1997, S. 15

写3-2-1　Hans Jürgen Teuteberg und Clemens Wischermann (Hg.), *Wohnalltag in Deutschland 1850–1914*, Münster 1985, S. 102

写3-2-2　Hans Jürgen Teuteberg und Clemens Wischermann (Hg.), *Wohnalltag in Deutschland 1850–1914*, Münster 1985, S. 101.

写3-2-3　Erika Reinhold, *Lichterfelde*, Berlin 1996, S. 60.

写3-3-1　J. Boberg, T. Fichter, E. Gillen (Hg.), *Exerzierfeld der Moderne. Industriekultur in Berlin im 19. Jahrhundert*, München 1984, S. 226.

写3-3-2　J. Boberg, T. Fichter, E. Gillen (Hg.), *Exerzierfeld der Moderne. Industriekultur in Berlin im 19. Jahrhundert*,

München 1984, S. 226.

写3-3-3　Jürgen Reulecke (Hg.), *Geschichte des Wohnens, Bd. 3 1800–1918. Das bürgerliche Zeitalter,* Stuttgart 1997, S. 612.

カバー写真

表　ブレーマーヘーエの写真（一八八〇年頃）

裏　ベルリン共同建築協会が建てた一戸建ブレーマーヘーエの図面

なおこの写真・図面の権利関係についてご存知の方は当会までお知らせ下さい。

初出一覧

序　章
第一節　書き下ろし。
第二節　「市民層・住宅問題・資格社会 —— 一九世紀ドイツの市民社会」『新潟大学教育人間科学部紀要（人文・社会科学編）』三—一、二〇〇〇年。
第三節　「一九世紀ドイツ住宅改革運動研究の動向」『西洋史学』二〇四、二〇〇二年。

第Ⅰ部
第1章　「一九世紀中葉ベルリンの住宅事情」『新潟大学教育学部紀要（人文・社会科学編）』三七—一、一九九五年・三七—二、一九九六年。第一節は「一九世紀ドイツにおける住宅改革構想の変遷 —— 労働諸階級福祉中央協会の機関誌を題材に」『史林』七六—六、一九九三年の一部。
第2章　『トロイアの木馬』と市民社会 —— 一八二〇〜三一年ベルリン行政と住宅問題」『史林』八四—一、二〇〇一年。
第3章　「一九世紀前半ベルリンにおける初等教育の実際 —— ファミリエンホイザーの学校の事例」『新潟大学教育人間科学部紀要（人文・社会科学編）』五—一、二〇〇二年。「ファミリエンホイザーとベルリン市民社会 —— 一八四三年の探訪記を中心に」『新潟大学教育人間科学部紀要（人文・社会科学編）』八—二、二〇〇六年。

第Ⅱ部
第1章　「ドイツ三月革命前後の労働諸階級福祉中央協会」『史林』七三—三、一九九〇年。
第2章　「一八四〇年代ベルリンの都市社会とファミリエンホイザー」『西洋史学』一七五、一九九四年。
第3章　第一節は「一九世紀中葉ドイツの住宅改革運動」『西洋史学』一六六、一九九二年の一部。第二節以降は書き下ろし。
第4章　「一九世紀中葉ドイツの住宅改革運動」『西洋史学』一六六、一九九二年。第四節は「一九世紀ドイツにおける住宅改革構想の変遷 ― 労働諸階級福祉中央協会の機関誌を題材に」『史林』七六―六、一九九三年の一部。

第Ⅲ部

第1章　「『ホープレヒト』案（一八六二年）とベルリン都市社会」『平成一四年〜平成一六年度科学研究費補助金（基盤研究(B)(1)）研究成果報告書　研究課題　西欧福祉社会の源流　研究代表者　大森弘喜（成城大学経済学部教授）』二〇〇五年。

第2章　書き下ろし。

第3章　「一九世紀ドイツにおける住宅改革構想の変遷 ― 労働諸階級福祉中央協会の機関誌を題材に」『史林』七六―六、一九九三年。

結論

第一節　「市民層・住宅問題・資格社会 ― 一九世紀ドイツの市民社会」『新潟大学教育人間科学部紀要（人文・社会科学編）』三―一、二〇〇〇年。

第二節　書き下ろし。

付論

一　「ハインリヒ・グルンホルツァー『フォークトラントにおける若きスイス人の経験』（一八四三年）― 一九世紀中葉ベルリンの労働者住宅探訪記・解題」『新潟大学教育人間科学部紀要（人文・社会科学編）』二―一、一九九九年。

二　「ハインリヒ・グルンホルツァー『フォークトラントにおける若きスイス人の経験』（一八四三年）― 一九世紀中葉ベルリンの労働者住宅探訪記・翻訳」『新潟大学教育人間科学部紀要（人文・社会科学編）』二―二、二〇〇〇年。

叙述が帝政期に及ぶ必要がある時には「一九世紀ドイツの住宅改革運動 ― 一つの概観」『新潟大学教育人間科学部紀要（人文・社会科学編）』八―一、二〇〇五年の文章を利用した。

参考文献

一次史料

文書館史料

Landesarchiv Berlin A Pr. Br. Pep. 030 Tit. 162 Nr.: 20243, Acta des Königlichen Polizei-Präsidii zu Berlin, bertreffend die Berliner gemeinnützige Bau-Gesellschaft

雑誌・統計・議事録

Adreß=Kalendar für die Königl. Haupt=und Residenz=Städte Berlin und Potsdam auf das Jahr 1826, Berlin, Neudruck, Berlin 1989.

Der Arbeiterfreund. Zeitschrift des Centralvereins in Preußen für das Wohl der arbeitenden Klassen, 1863–1915.

Bericht über die Generalversammlung der Berliner gemeinnützigen Bau-Gesellschaft, Berlin 1851–1874.

Berliner Stadt- und Gemeinde-Kalendar und Städtisches Jahrbuch für 1867, Erster Jahrgang, herausgegeben vom statistischen Bureau der Stadt, Berlin 1867.

Berlin und seine Entwickelung. Städtisches Jahrbuch für Volkswirthschaft und Statistik, Dritter Jahrgang 1869, herausgegeben vom statistischen Bureau der Stadt, Berlin 1869.

Berlin und seine Entwickleung. Städtisches Jahrbuch für Volkswirthschaft und Statistk, Sechster Jahrgang, herausgegeben vom statistischen Bureau der Stadt, Berlin 1872.

Die Berliner Volks-Zählung vom 3. December 1861. Bericht der städtischen Central-Commission für die Volks-Zählung über die Mitwirkung der Commune an der Zählungsausführung und deren Resultate, Berlin 1863.

Concordia. Blätter der Berliner gemeinnützigen Baugesellschaft, 1849.

Concordia. Beiträge zure Lösung der socialen Frage in zwangslosen Heften, 1860–1861.

Mittheilungen des Centralvereins für das Wohl der arbeitenden Klassen, Hagen 1848–1858, Faksimilenachdruck, Hg. von W. Köllmann und J. Reulecke, Berlin 1980.

Statistische Uebersicht von der gestiegenen Bevölkerung der Haupt=und Residenz=Stadt Berlin in den Jahren 1815 bis 1828 und der

Communal=Einnahmen und Ausgaben derselben in den Jahren 1805 bis 1828, Berlin 1829, in: Johann Friedrich Geist und Klaus Kürvers, *Das Berliner Mietshaus 1740–1862. Eine dokumentarische Geschichte der >von Wülcknitzschen Familienhäuser<vor dem Hamburger Tor, der Proletarisierung des Berliner Nordens und der Stadt im Übergang von der Residenz zur Metropole*, München 1980.

Verhandlungen der Generalversammlung der Berliner gemeinnützigen Baugesellschaft vom 17. Okt. 1850, in: *Mittheilungen des Centralvereins für das Wohl der arbeitenden Klassen*, 9, 1850.

Die Vierteljahrschrift für Volkswirtschaft und Kulturgeschichte, 1863–1875.

Zeitschrift des Central-Vereins in Preußen für das Wohl der arbeitenden Klassen, 1858–1862.

史料集

Johann Friedrich Geist und Klaus Kürvers, *Das Berliner Mietshaus 1740–1862. Eine dokumentarische Geschichte der >von Wülcknitzschen Familienhäuser< vor dem Hamburger Tor, der Proletarisierung des Berliner Nordens und der Stadt im Übergang von der Residenz zur Metropole*, München 1980.

Johann Friedrich Geist und Klaus Kürvers, *Das Berliner Mietshaus 1862–1945. Eine dokumentarische Geschichte von >Meyer's-Hof< in der Ackerstraße 132–133, der Entstehung der Berliner Mietshausquartiere und der Reichshauptstadt zwischen Gründung und Untergang*, München 1984.

Johann Friedrich Geist und Klaus Kürvers, *Das Berliner Mietshaus 1945–1989. Eine dokumentarische Geschichte der Ausstellung "Berlin plant/Erster Bericht "1946 und der Versuch, auf den Trümmern der Haupstadt des Großdeutschen Reiches ein NEUES BERLIN zu bauen, aus dem dann zwei geworden sind*, München 1989.

Ruth Köhler und Wolfgang Richter (Hg.), *Berliner Leben 1806-1847. Erinnerungen und Berichte*, Berlin 1954.

Jürgen Kuczynski (Hg.), *Bürgerliche und halbfeudale Literatur aus den Jahren 1840 bis 1847 zur Lage der Arbeiter*, Berlin 1960.

Hans Jüegen Teuteberg/Clemens Wischermann (Hg.), *Wohnalltag in Deutschland 1850–1914*, Münster 1985.

刊行史料

Arminius, *Die Großstädte in ihrer Wohnungsnoth und die Grundlagen einer durchgreifenden Abhilfe*, Leipzig 1874.

Dr. v. Bodelschwingh, Arbeiterheim, in: *Der Arbeiterfreund*, 35, 1897.

Dr. Karl Böhmert, Die Baugenossenschaften und das neue Genossenschaftsgesetz, in: *Der Arbeiterfreund*, 28, 1890.

Victor Böhmert, An die Leser ! Aufgaben und Ziele des "Arbeiterfreund", in: *Der Arbeiterfreund*, 11, 1874.

Viktor Böhmert, Die Arbeiterfürsorge auf der Wiener Weltausstellung, mit besonderer Beziehung auf die Arbeiterwohnungsfrage, in: *Der Arbeiterfreund*, 12, 1874.

Viktor Böhmert, Der Verein "Arbeiterheim" zur Beschaffung eigener Wohnugen mit Grundbesitz für die deutschen Fabrikarbeiter, in: *Der Arbeiterfreund*, 23, 1885.

Stephan Born, *Erinnerungen eines Achtundvierzigers*, Leipzig 1898, Neudruck, Berlin/Bonn 1978.

K. B(rämer), Arbeiterwohnungen in Paris, in: *Der Arbeiterfreund*, 1, 1863.

Karl Brämer, Ueber Häuserbau - Genossenschaft, in: *Der Arbeiterfreund*, 2, 1864.

Karl Brämer, Die nützlichen Baugenossenschaften in England, in: *Der Arbeiterfreund*, 3, 1865.

Karl Brämer, Die permanente Benefit Building Society von Leeds, in: *Der Arbeiterfreund*, 3, 1865.

Dr. Ernst Bruch, Berlin's bauliche Zukunft und der Bebauungsplan, in: *Deutsche Bauzeiteung*, Jahrg. IV, No. 9–24, 1870.

Dr. Ernst Bruch, Wohnungsnoth und Hülfe, in: *Berlin und seine Entwickelung. Städtisches Jahrbuch für Volkswirthschaft und Statistik,* Sechster Jahrgang, herausgegeben vom statistischen Bureau der Stadt, Berlin 1872.

Ernst Dronke, *Berlin*, Frankfurt am Main 1846, Hg. von R. Nitsche, Darmstadt und Neuwied 1987.

W. Emmich, Berliner gemeinnützige Gaugesellschaft, in: *Mittheilungen des Centralvereins für das Wohl der arbeitenden Klassen*, 7, 1850.

W. Emmich, Betrachtungen über Ursache und Abhülfe des Mangels am kleinen und mittlern Wohnungen in Berlin nebst Ermittelungen über die Anlagekosten und die Ertrags-Verhältnisse von Grundstücken verschiedenen Umfangs, in: *Mittheilungen des Centralvereins für das Wohl der arbeitenden Klassen*, Neue Folge 1–3, o. J.

W. Emmich, Vergleichende Bemerkungen über die Bestrebungen, zur Verbesserung der Wohnungs-Verhältnisse der arbeitenden Klassen, in verschidenen Länder, namentlich in England, in: *Zeitschrift des Central-Vereins in Preußen für das Wohl der arbeitenden Klassen*, 1, 1858.

W. Emmich, Beleuchtung der gekrönten Preisschrift des Dr. W. Braring, in Celle, Wie Arbeiterwohnungen gut und gesund einzurichten und zu erhalten sind? in: *Zeitschrift des Central-Vereins in Preußen für das Wohl der arbeitenden Klassen*, 2, 1860.

W. Emmich, Betrachtungen über den Stand des Unternehmens der gemeinnützigen Baugesellschaft und über neuere Vorschläge zur Abhülfe der Wohnungsnoth in Berlin, in: *Zeitschrift des Central-Vereins in Preußen für das Wohl der arbeitenden Klassen,* 2, 1859.

W. Emmich, Erwiderung auf die Auslassung der Vorstandes der gemeinnütigen *Baugesellschaft, in: Zeitschrift der Central-Vereins in Preußen für das Wohl der arbeitenden Klassen*, 3, 1860.

Ende & Böckmann, Ueber den Einfluß der Baupolizeivorschriften auf das Entstehen von Arbeiterwohnungen und deren gesunde und angemessene Gestaltung, in: *Der Arbeiterfreund*, 3, 1865.

Friedrich Engels, Wie Proudhon die Wohnungsfrage löst, in: *Der Volksstaat. Organ der sozial-demokratischen Arbeiterpartei und der Internationalen Gewerksgenossenschaften*, 51, 52, 53, 1872.

Friedrich Engels, Wie die Bourgeoisie die Wohnungsfrage löst, in: *Der Volksstaat. Organ der sozial-demokratischen Arbeiterpartei und der Internationalen Gewerksgenossenschaften*, 103, 104, 1872; 2, 3, 1873.

Friedrich Engels, Nachtrag über Proudon und die Wohnungsfrage, in: *Der Volksstaat. Organ der sozial-demokratischen Arbeiterpartei und der Internationalen Gewerksgenossenschaften*, 12, 13, 15, 16, 1873.

Entstehung, Entwicklung und Thätigkeit des Central-Vereins für das Wohl der arbeitenden Klassen, in: *Der Arbeiterfreund*, Jg. 14, 1876.

Dr. Robert v. Erdberg, Die künstlerische Gestaltung der Arbeiterwohnhauses, in: *Der Arbeiterfreund,* 44, 1906.

Julius Faucher, *Die Vereinigung von Sparkasse und Hypothekenbank und der Anschluss eines Häuserbauvereins als social=ökonomische Aufgabe unserer Zeit, insbesondere der Bestrebungen für das Wohl der arbeitenden Klassen*, Berlin 1845.

Julius Faucher, Die Bewegung für Wohnungsreform, in: *Vierteljahrschrift für Volkswirthschaft und Kulturgeschichte*, 3-4, 1865; 4-3, 1866.

Dr. Gaebler, *Idee und Bedeutung der Berliner gemeinnützige Baugesellschaft*, Berlin 1848.

Rudolf Gneist, Der Central-Verein für das Wohl der arbeitenden Klassen in 50 jähriger Thätigkeit (1844-1894), in: *Der Arbeiterfreund*, 32, 1894.

Erdmann Graack, Wilde Baugesellschaften, in: *Der Arbeiterfreund*, 47, 1909.

Heinrich Grunholzer, Erfahrungen eines jungen Schweizers im Vogtlande, in: Bettina von Arnim, *Dies Buch gehört dem König,*

Berlin 1843, in: Johann Friedrich Geist und Klaus Kürvers, *Das Berliner Mietshaus 1740–1862. Eine dokumentarische Geschichte der >von Wülcknitzschen Familienhäuser< vor dem Hamburger Tor, der Proletarisierung des Berliner Nordens und der Stadt im Übergang von der Residenz zur Metropole*, München 1980.

Adolf Gumprecht, Die Arbeiterwohnungsfrage, in: *Der Arbeiterfreund*, 25, 1887.

K. Gundlach, Die erste Versammlung des Berliner Local-vereins für das Wohl der arbeitenden Klassen, in: *Norddeutsche Blätter für Kritik, Literatur und Unterhaltung*, Heft IV, 1844.

Friedich Harkort, *Die Vereine zur Hebung der untern Volksclassen nebst Bemerkungen über den Central-Verein in Berlin*, Elberfeld 1845, in; *Mittheilungen des Centralvereins für das Wohl der arbeitenden Klassen*, Hagen 1848–1858, Faksimilenachdruck, Hg. von W. Köllmann und J. Reulecke, Berlin 1980.

James Hobrecht, *Ueber öffentliche Gesundheitspflege und die Bildung eines Central-Amts für öffentliche Gesundheitspflege im Staate*, Stettin 1868.

Carl Wilhelm Hoffman, *Die Aufgabe eines Berliner gemeinnützige Baugesellschaft*, Berlin 1847.

Carl Wilhelm Hoffman, *Die Wohnungen der Arbeiter und Armen*, Berlin 1852.

Viktor Aimé Huber, Ueber innere Colonisation (1846), in: >Johann Friedrich Geist und Klaus Kürvers, *Das Berliner Mietshaus 1740–1862. Eine dokumentarische Geschichte der >von Wülcknitzschen Familienhäuser<vor dem Hamburger Tor, der Proletarisierung des Berliner Nordens und der Stadt im Übergang von der Residenz zur Metropole*, München 1980.

Viktor Aimé Huber, *Die Selbsthilffe der arbeitenden Klassen durch Wirtschaftsvereine und innere Ansiedlung*, Berlin 1848, in: K. Munding (Hg.), *V. A. Hubers Ausgewählete Schriften über Sozialreform und Genossenschaftswesen*, 1894.

Viktor Aimé Huber, Die Miethgenossenschaft in ihrer vollen Entwicklung, in: *Concordia. Blätter der Berliner gemeinnützigen Baugesellschaft*, 23, 1849.

Viktor Aimé Huber, *Reisebriefe aus Belgie und Frankreich in Sommer 1854*, 1855.

Viktor Aimé Huber, *Reisebrife aus England im Sommer 1854*, 1855.

Viktor Aimé Huber, *Die Wohnungsnoth der kleinen Leute in grossen Städte*, Leipzig 1857.

Viktor Aimé Huber, Die Wohnungsfrage in Frankreich und England, in: *Zeitschrift des Central-Vereins in Preußen für das Wohl der arbeitenden Klassen*, 2, 1859.

Viktor Aimé Huber, Die Wohnungsfrage. I. Die Noth, in: *Concordia. Beiträge zure Lösung der socialen Frage in zwangslosen Heften, 2. Heft*, 1861.

Viktor Aimé Huber, Die Wohnungsfrage. II. Die Hülfe, in: *Concordia. Beiträge zure Lösung der socialen Frage in zwangslosen Heften*, 3. Heft, 1861.

Viktor Aimé Huber, Ueber die geeignetsten Maßregeln zur Abhülfe der Wohnungsnoth, in: *Der Arbeiterfreund*, 3, 1865.

Viktor Aimé Huber, Die Wohnungsnoth und Privatspekulation, in: *Der Arbeiterfreund*, 5, 1867.

K, Die zweite Versammlung des Berliner Localvereins für das Wohl der arbeitenden Klassen, in: *Norddeutsche Blätter für Kritik, Literatur und Unterhaltung*, Heft VI, 1844.

Leopold Katscher, Englische Gartenstädte. Ein Beitrag zur Lösung der Arbeiterwohnungsfrage, in: *Der Arbeiterfreund*, 42, 1904.

Reinhold Klette, Die Wohnungsfrage vom Standpunkte der Technik aus, in: *Der Arbeiterfreund*, 3, 1865.

Knoblauch, Warum werden in Berlin nicht mehr Gebäude mit kleinen Wonhnungen gebaut?, in: *Mittheilungen des Centralvereins für das Wohl der arbeitenden Klassen*, Neue Folge, 1–3, o. J.

Dr. Krieger, Ueber die Kellerwohnungen in Berlin, die nachtheiligen Einflüsse derselben auf die Gesundheit der Bewohner und Vorschläge zu deren Abhülfe, in: *Mittheilungen des Centralvereins für das Wohl der arbeitenden Klassen*, Neue Folge 2–3, Berlin 1857.

Krokisius, *Die unter dem Protectorat Seiner Majestät des Kaisers und Königs Wilhelm II. stehenden Berliner gemeinnützige Bau-Gesellschaft und Alexandra - Stiftung*, Berlin 1896.

Adolf Lette, Anschreiben an die Mitglieder der Kommission des Kongresses deutscher Volkswirthe über Häuserbau-Genossenschaften, in: *Der Arbeiterfreund*, 2, 1864.

Eduard Meyen, Der Berliner Local-Verein für das Wohl der arbeitenden Klassen, in: Hermann Püttmann (Hg.), *Rheinische Jahrbücher zur gesellschaftlichen Reform*, Bd. 1, Darmstadt 1845, Neudruck, Leipzig 1970.

Morgenstein, Die Arbeiterwohnungsfrage im Königreich Sachsen, in: *Der Arbeiterfreund*, 27, 1889.

Nachtrag, in: *Bericht über die am 31. Oktober 1859 stattgefundene Generalversammlung der Berliner gemeinnützigen Bau-Gesellschaft*, Berlin 1860.

Ludolf Parisius, Bericht über die in Deutschland bestehenden Baugesellschaften und Baugenossenschaften, in: *Der Arbeiterfreund*, 3,

1865.
Ludolf Parisius, Die auf dem Prinzip der Selbsthülfe beruhende Baugenossenschaft, in: *Der Arbeiterfreund*, 3, 1865.
Friedrich Sass, *Berlin in seiner neuesten Zeit und Entwicklung*, Leipzig 1846.
Dr. Emil Sax, *Die Wohnungszustände der arbeitenden Klassen und ihre Reform*, Wien 1869.
Paul Scheven, Das Stuttgarter Ostheim, in: *Der Arbeiterfreund*, 34, 1896.
P. Schmidt, Literatur über die Arbeiterwohnungsfrage (I), in: *Der Arbeiterfreund*, 21, 1883.
P. Schmidt, Literatur über die Arbeiterwohnungsfrage (II), in: *Der Arbeiterfreund*, 21, 1883.
Hugo Senftleben, Ueber gesundheitsgemäße Einrichtung ländlicher Arbeiterwohnungen, in: *Der Arbeiterfreund*, 3, 1865.
Hugo Senftleben, Die Bedeutung und der Fortschritt der Wohnungsfrage, in: *Der Arbeiterfreund*, 6, 1869; 7, 1869.
Das Statistische Amt der Stadt Berlin 1862–1912. Im Auftrage der Deputation für Statistik in kurzem Abriß dargestellt von Professor Dr. H. Silbergleit, Berlin 1912.
Adolph Streckfuß, *Berlin im neunzehnten Jahrhundert*, Bd. 3, Berlin o. J.
Der Verein zur Hebung der arbeitenden Klassen und die Volksstimme über ihn. Von einem Handwerker, Leipzig 1845.
Der Vorstand des Centralverein, Weitere Behandlung der Wohnungsfrage seitens des Centralvereins in Preußen für das Wohl der arbeitenden Klasen, in: *Der Arbeiterfreund*, 4, 1866.
Vorstand des Centralvereins für das Wohl der arbeitenden Klassen, Bericht über den Bau von Arbeiterwohnungen, in: *Der Arbeiterfreund*, 24, 1886.
Zur Geschichte der Bildung und Wirksamkeit des Central-Vereins in Preußen für das Wohl der arbeitenden Klassen, in: *Der Arbeiterfreund*, 1, 1863.
エンゲルス『イギリスにおける労働者階級の状態 ―― 一九世紀ロンドンとマンチェスター』（原著は一八四五年）（一條和生・杉山忠平訳）岩波書店、一九九〇年。
フリードリヒ・エンゲルス『住宅問題』（第2版、一八八七年）（大内兵衛訳・岩波文庫版・一九四九年と村田陽一訳・国民文庫版〈大月書店〉・一九七四年）。

二次文献

欧文文献

Allgemeine Deutsche Biographie.

G. Asmus (Hg.), *Hinterhof, Keller und Mansarde. Einblicke in Berliner Wohnungselend*, Reibeck 1982.

Hartmut Berghof, Aristokratisierung des Bürgertums? Zur Sozialgeschichte der Nobilitierung von Unternehmer in Preußen und Großbritannien 1870 bis 1918, in: *Vierteljahrschrift für Sozial- und Wirtschaftsgeschichte*, 81-2, 1994.

Christoph Bernhardt, Die Anfänge der kommunalen Wohnungspolitik und die Wohnungsmarktschwankungen in Gross-Berlin vor 1914, in: Wolfgang Hofmann/Gerd Kuhn (Hg.), *Wohnungspolitik und Städtebau 1900-1930*, Berlin 1993.

Christoph Bernhardt, *Bauplatz Groß-Berlin. Wohnungsmärkte, Terraingewerbe und Kommunalpolitik im Städtewachstum der Hochindustrialisierung (1871-1918)*, Berlin/New York 1998.

David Blackbourn, The German bourgeoisie: An introduction, in: do. & Richard J. Evans (ed.), *The German Bourgeoisie. Essays on the social history of the German middle class from the late eighteenth to the early twentieth century*, London/New York 1991.

Jochen Boberg, Tilmann Fichter und Eckhart Gillen (Hg.), *Exerzierfeld der Moderne. Industriekultur in Berlin im 19. Jahrhundert*, München 1984.

Sylvia Brander, *Wohnungspolitik als Sozialpolitik. Theoretische Konzepte und praktische Ansätze in Deutschland bis zum ersten Weltkrieg*, Berlin 1984.

Harald Brost und Laurenz Demps, *Berlin wird Weltstadt. Photographien von F. Albert Schwartz, Hof-Photograph*, 2., überarb. Aufl., Berlin 1997.

Nicholas Bullock and James Read, *The Movement for Housing Reform in Germany and France 1840-1914*, Cambridge 1985.

John Burnett, *A Social History of Housing 1815-1985*, London and New York 1985.

Walter Bussmann, Zur Geschichte des deutschen Liberalismus im 19. Jahrhundert, in: *Historische Zeitschrift*, Bd. 186, 1958.

Paul Clauswitz, *Die Städteordnung von 1808 und die Stadt Berlin*, Berlin 1908.

Geoffrey Cocks & Konrad H. Jarausch (ed.), *German Professions 1800-1950*, New York/Oxford 1990.

Werner Conze, *Möglichkeiten und Grenzen der liberalen Arbeiterbewegung in Deutschland. Das Beispiel Schulze-Delitzschs*, Heidelberg

1965.

Werner Conze, Sozialgeschichte 1800–1850, in: Wolfgang Zorn (Hg.), *Handbuch der deutschen Wirtschafts-und Sozialgeschichte*, Bd. 2, Stuttgart 1976.

Werner Conze und Jürgen Kocka (Hg.), *Bildungsbürgertum im 19. Jahrhundert, Teil I Bildungssystem und Professionalisierung im internationalen Vergleich*, Stuttgart 1985.

M. J. Daunton, *House and Home in the Victorian City. Working-Class Housing 1850–1914*, 1983.

M. J. Daunton (ed.), *Housing the Workers, 1850–1914. A Comparative Perspective*, London/New York 1990.

Martin Daunton (ed.), *The Cambridge Urban History of Britain*, vol. III 1840–1950, Cambridge University Press 2000.

Barbara Dettke, *Die Asiatische Hydra. Die Cholera von 1830/31 in Berlin und den Preußischen Provinzen Posen, Preußen und Schlesien*, Berlin/New York 1995.

Ulrike Dorn, *Öffentliche Armenpflege in Köln von 1794–1871*, Köln/Wien 1990.

Josef Ehmer, Wohnen ohne eigene Wohnung. Zur sozialen Stellung von Untermieter und Bettgehern, in: Lutz Niethammer (Hg.), *Wohnen im Wandel. Beiträge zur Geschichte der Alltags in der bürgerlichen Gesellschaft*, Wuppertal 1979.

Heinz Ehrlich, *Die Berliner Bauordnungen, ihre wichtigsten Bauvorschriften und deren Einfluß auf den Wohnhausbau der Stadt Berlin*, Berlin-Charlottenburg 1933.

Felix Escher, *Berlin und sein Umland. Zur Genese der Berliner Stadtlandschaft bis zum Beginn des 20. Jahrhunderts*, Berlin 1985.

Karl-Georg Faber, Strukturprobleme des deutschen Liberalismus im 19. Jahrhundert, in: *Der Staat*, 14, 1975.

Horant Fassbinder, *Berliner Arbeiterviertel, 1800–1918*, Berlin 1975.

Gerhard Fehl, Berlin wird Weltstadt: Wohnungsnot und Villenkolonien. Eine Begegnung mit Julius Faucher, seinem Filter-Modell und seiner Wohnungsreformbewegung um 1866, in: Juan Rodriguez-Lorez/Gerhard Fehl (Hg.), *Städtebaureform 1865–1900. Von Licht, Luft und Ordnung in der Stadt der Gründerzeit*, Hamburg 1985.

Norbert Finzsch, *Obrigkeit und Unterschichten. Zur Geschichte der rheinischen Unterschichten gegen Ende des 18. und zu Beginn des 19. Jahrhundert*, Stuttgart 1990.

Stefan Fisch, *Stadtplanung im 19. Jahrhundert. Das Beispiel München bis zur Ära Theodor Fischer*, München 1988.

Ute Frevert, Die Ehre der Bürger im Spiegel ihrer Duelle. Ansichten des 19. Jahrhunderts, in: *Historische Zeitschrift*, 249, 1989.

Manuel Frey, *Der reinliche Bürger, Entstehung und Verbreitung bügerlicher Tugenden in Deutschland*, 1760–1860, Göttingen 1997.

Dieter Fricke und Maxi Giersch, Zentralverein für das Wohl der arbeitenden Klassen, in: Dieter Fricke (Hg.), *Lexikon zur Parteigeschichte*, Bd. 4, Leipzig 1986.

Dieter Fricke (Hg.), *Lexikon zur Parteigeschichte*, Leipzig 1986.

Lothar Gall, Liberalismus und "bürgerliche Gesellschaft" ? Zu Charaker und Entwicklung der liberalen Bewegung in Deutschland, in: *Historische Zeitschrift*, 220, 1975〈邦訳ロタール・ガル「自由主義と『市民社会』 ― ドイツにおける自由主義運動の特質と発展について」〈近藤潤三・丸畠宏太訳〉『社会科学論集』〈愛知教育大学社会科学会32〉、一九九二年〉.

Lothar Gall, Der deutsche Liberalismus zwischen Revolution und Reichsgründung, in: *Historische Zeitschrift*, 228, 1979.

Lothar Gall (Hg.), *Liberalismus*, 3. erw. Aufl., Königstein/Ts 1985.

Lothar Gall, Einleitung, in: ders. (Hg.), *Liberalismus*, 3. erw. Aufl., Konigstein/Ts 1985.

Lothar Gall (Hg.), *Stadt und Bürgertum im 19. Jahrhundert*, München 1990.

Lothar Gall (Hg.), *Vom alten zum neuen Bürgertum. Die mitteleuropäische Stadt im Umbruch*, München 1991.

Lothar Gall (Hg.), *Stadt und Bürgertum im Übergang von der tradtionalen zur modernen Gesellschaft*, München 1993.

Geschichte der gemeinnützigen Wohnungswirtschaft in Berlin, Berlin 1957.

Kees Gispen, *New Profession, Old Order. Engineers and German Society, 1815–1914*, New York/Port Chester/Melbourne/Sydney 1989.

Werner Hegemann, *Das steinerne Berlin. Geschichte der größten Mietskasernestadt der Welt*, Berlin 1930.

Heinz Heineberg (Hg.), *Innerstädtische Differenzierung und Prozesse im 19. und 20. Jahrhundert. Geographische und historische Aspekte*, Köln 1987.

Ernst Heinrich unter Mitarbeit von Hannelore Juckel, Der "Hobrechtplan", in: *Jahrbuch für branburgische Landegeschichte*, 13, 1962.

Friedrich-Wilhelm Henning, Mietverhältnisse von 112 Handarbeiterfamilien in der Mitte der fünfziger Jahre des 19. Jahrhunderts in Düsseldorf, in: Hans Jürgen Teuteberg (Hg.), *Homo habitans. Zur Sozialgeschichte der ländlichen und städtischen Wohnens in der Neuzeit*, Münster 1985.

Tanis Hinchcliffe, *North Oxford*, Yale University Press 1992.

Sabine Hindelang, *Konservatismus und soziale Frage. Viktor Aimé Hubers Beitrag zum sozialkonservativen Denken im 19. Jahrhundert*,

Frankfurt am Main/Bern/New York 1983.
Karl Holl, Günter Trautmann, Hans Vorländer (Hg.), *Sozialer Liberalismus*, Göttingen 1986.
Dietlind Hüchtker, *>Elende Mütter< und >Liederliche Weibspersonen<. Geschlechterverhältnisse und Armenpolitik in Berlin (1770–1850)*, Münster 1999.
Michael A. Kanther/Dietmar Petzina, *Victor Aime Huber (1800–1869). Sozialreformer und Wegbereiter der sozialen Wohnungswirtschaft*, Berlin 2000.
Renate Kastorff-Viehmann, Kleinhaus und Mietkaserne, in: Lutz Niethammer (Hg.), *Wohnen im Wandel. Beiträge zur Geschichte der Alltags in der bürgerlichen Gesellschaft*, Wuppertal 1979.
Karl Keim, *Die Gartenstadt Staaken (1914–1917). Typen, Gruppen, Varianten*, Berlin 1997.
Hiltrud Kier, Die Stadterweiterungsplanung von Josef Stübben für die Kölner Neustadt ab 1880–Versuche städtebaulicher und sozialer Differenzierung mit dem Instrument der Fluchtlinienplanung, in: Juan Rodriguez-Lorez/Gerhard Fehl (Hg.), *Städtebaureform 1865–1900. Von Licht, Luft und Ordnung in der Stadt der Gründerzeit*, Hamburg 1985.
Jürgen Kocka, Bürgertum und Bürgerlichkeit als Probleme der deutschen Geschichte vom späten 18. zum frühen 20. Jahrhundert, in: ders. (Hg.), *Bürger und Bürgerlichkeit im 19. Jahrhundert*, Göttingen 1987.
Jürgen Kocka, Bügertum und bügerliche Gesellschaft im 19. Jahrhundert. Europäische Entwicklung und deutsche Eigenarten, in: ders (Hg.), *Bürgertum im 19. Jahrhundert. Deutschland in europäischen Vergleich*, München 1988.
Jürgen Kocka, Das europäische Muster und der deutsche Fall, in: ders. (Hg.), *Bürgertum im 19. Jahrhundert. Band 1: Einheit und Vielfalt Europas*, Göttingen 1995.
Jörg R. Köhler, *Städtebau und Stadtpolitik im Wilhelmnischen Franfkurt*, Frankfurt am Main 1995.
Kreuzberg in historischen Postkarten, Berlin 1997.
Gerd Kuhn, *Wohnkultur und kommunale Wohnungspolitik im Frankfurt am Main 1880 bis 1930. Auf dem Wege zu einer pluralen Gesellschaft der Individuen*, Bonn 1998.
Wolfgang R. Krabbe, Die Anfänge des "sozialen Wohnungsbaus" vor dem Ersten Weltkrieg. Kommunalpolitische Bemühungen um eine Lösung des Wohnungsproblems, in: *Vierteljahrschrift für Sozial-und Wirtschaftsgeschichte*, 71–1, 1984.
Wolfgang R. Krabbe, *Die deutsche Stadt im 19. und 20. Jahrhundert. Eine Einführung*, Göttingen 1989.

Henriette Kramer, Die Anfänge des sozialen Wohnungsbau in Frankfurt am Main 1860–1914, in: *Archiv für Frankfurts Geschichte und Kunst*, 56, 1978.

Brian Ladd, *Urban planning and civic order in Germany, 1860–1914*, 1990 Harvard University Press.

Dieter Langewiesche, *Liberalismus in Deutschland*, Frankfurt 1988.

Dieter Langewiesche (Hg.), *Liberalismus im 19. Jahrhundert*, Göttingen 1988.

Andrew Lees & Lynn Lees (ed.), *The Urbanization of European Society in the Nineteenth Century*, 1976.

Günter Liebchen, Zu den Lebensbedingungen der unteren Schichten in Berlin des Vormärz. Eine Betrachtung an Hand von Mietpreisentwicklung und Wohnverhältnissen, in: Otto Büsch (Hg.), *Untersuchungen zur Geschichte der frühen Industrialisierung vornehmlich im Wirtschaftsraum Berlin/Brandenburg*, Berlin 1971.

Mary Lindemann, *Patriots and paupers. Hamburg, 1712–1830*, New York/Oxford 1990.

Jutta Lubowitzki, Der "Hobrechtplan". Problem der Berliner Stadtentwicklung um die Mitte des 19. Jahrhundetts, in: Wolfgang Ribbe (Hg.), *Berlin-Forschung*, V, Berlin 1990.

Horst Matzerath, *Urbanisierung in Preußen 1815–1914*, Berlin/Köln/Mainz 1985.

Brigitte Meier/Helga Schultz (Hg.), *Die Wiederkehr des Stadtbürgers. Städtereformen im europäischen Vergleich 1750 bis 1850*, Berlin 1994.

Wolfgang J. Mommsen, Der deutsche Liberalismus zwischen "klassenloser Bürgergesellschaft" und "Organisiertem Kapitalismus". Zu einigen neueren Liberalismusinterpretationen, in: *Geschichte und Gesellschaft*, 4–1, 1978.

Lutz Niethammer (unter Mitarbeit von Franz Brüggemeier), Wie wohnten Arbeiter im Kaiserreich? in: *Archiv für Sozialgeschichte*, 16, 1976.

Lutz Niethammer (Hg.), *Wohnen im Wandel. Beiträge zur Geschichte der Alltags in der bürgerlichen Gesellschaft*, Wuppertal 1979.

Lutz Niethammer, Ein langer Marsch durch die Institutionen. Zur Vorgeschichte des preußischen Wohnungsgesetz von 1918, in: ders. (Hg.), *Wohnen im Wandel. Beiträge zur Geschichte der Alltags in der bürgerlichen Gesellschaft*, Wuppertal 1979.

Lutz Niethammer, Kein Reichswohnungsgesetz！ Zum Ansätz deutscher Wohnungspolitik 1890–1914, in: Juan Rodriguez-Lorez/Gerhard Fehl (Hg.), *Die Kleinwohnungsfrage. Zu den Ursprüngen der sozialen Wohnungsbaus in Europa*, Hamburg 1988.

Thomas Nipperdey, Verein als soziale Struktur im späten 18. und frühen 19. Jahrhundert, in: *Geschichtswissenschaft und Vereinswesen im 19. Jahrhundert*, Göttingen 1972.

Paul Nolte, *Staatsbildung als Gesellschaftsreform. Politische Reformen in Preußen und den süddeutschen Staaten 1800–1820*, Frankfurt/New York 1990.

Paul Nolte, *Gemeindebürgertum und Liberalismus in Baden 1800–1850. Tradition-Radikalismus-Republik*, Göttingen 1994.

Manfred Pahlmann, *Anfänge des stadtischen Parlamentarismus in Deutschland. Die Wahlen zur Berliner Stadtverordnetenversammlung under der Preußischer Städteordnung von 1808*, Berlin 1997.

Ingwer Paulsen, *Victor Aimé Huber als Sozialpolitiker*, Leipzig 1931.

Joachim Petsch, *Eigenheim und gute Stube. Zur Geschichte des bürgerlichen Wohnens*, Köln 1989.

Colin G. Pooley (ed.), *Housing Strategies in Europa 1880–1930,* Leicester/London/New York 1992.

Roy Porter, *London. A Social History*, 2000.

Dieter Radicke, Der Berliner Bebauungsplan von 1862 und die Entwicklung des Wedding. Zum Verhältnis von Obrigkeitsplanung zu privatem Grundeigentum, in: Goerd Peschker, Dieter Radicke und Tilmann J. Heinrich (Hg.), *Festschrift Ernst Heinrich. Dem Bauforscher, Baugeschichtler und Hochschullehrer zum 75. Geburtstag dargebracht*, Berlin 1974.

Dieter Radicke, Planung und Grundeigentum, in: Jochen Boberg, Tilmann Fichter und Eckhart Gillen (Hg.), *Exerzierfeld der Moderne. Industriekultur in Berlin im 19. Jahrhundert*, München 1984.

Erika Reinhold, *Lichterfelde*, Berlin 1996.

Jürgen Reulecke, Der Centralverein für das Wohl der arbeitenden Klassen. Zur Entstehung und frühen Entwicklung der Sozialreform in Preußen/Deutschland, in: *Mittheilungen des Centralvereins für das Wohl der arbeitenden Klassen*, 1848–1858, Faksimilenachdruck, Hg. von W. Köllmann und J. Reulecke, Berlin 1980.

Jürgen Reulecke, Sozialer Konflikt und bürgerliche Sozialreform in der Frühindustrialisierung, in: Klaus Tenfelde und Heinrich Volkmann (Hg.), *Streik. Zur Geschichte des Arbeitskampfes in Deutschland während der Industrialisierung*, München 1981.

Jürgen Reulecke, Englische Sozialpolitik um die Mitte des 19. Jahrhunderts im Urteil deutscher Sozialreformer, in: Wolfgang J. Mommsen (Hg.), *Die Entstehung des Wohlfahrtsstaates in Großbritannien und Deutschland 1850–1950*, Stuttgart 1982.

Jürgen Reulecke, *Sozialer Frieden durch soziale Reform. Der Centralverein für das Wohl der arbeitenden Klassen in der Frühindustrialisierung*, Wuppertal 1983.

Jürgen Reulecke, *Geschichte der Urbanisierung in Deutschland*, Frankfurt am Main 1985.

Jürgen Reulecke (Hg.), *Geschichte des Wohnens, Bd. 3 1800–1918. Das bürgerliche Zeitalter*, Stuttgart 1997.

Wolfgang Ribbe (Hg.), *Geschichte Berlins. Von der Frühgeschichte bis zur Gegenwart*, München 1987.

Wilhelm Richter, *Berliner Schulgeschichte. Von den mittelalterlichen Anfängen bis zum Ende der Weimarer Republik*, Berlin 1981.

Richard Rodger, *Housing in urban Britain, 1780–1914*, Cambridge 1995.

Juan Rodriguez-Lorez/Gerhard Fehl (Hg.), *Städtebaureform 1865–1900. Von Licht, Luft und Ordnung in der Stadt der Gründerzeit*, Hamburg 1985.

Juan Rodriguez-Lorez/Gerhard Fehl (Hg.), *Die Kleinwohnungsfrage. Zu den Ursprüngen der sozialen Wohnungsbaus in Europa*, Hamburg 1988.

Otto Ruhmer, Der Centralverein für das Wohl der arbeitenden Klassen in den Jahren 1844 bis 1876, in: *Genossenschafts - Korrespondenz*, 6, 1928.

Adelheid von Saldern, Kommunalpolitik und Arbeiterwohnungsbau im Deutschen Kaiserreich, in: Lutz Niethammer (Hg.), *Wohnen im Wandel. Beiträge zur Geschichte der Alltags in der bürgerlichen Gesellschaft*, Wuppertal 1979.

Adelheid von Saldern, *Häuserleben. Zur Geschichte städtischen Arbeiterwohnens vom Kaiserreich bis zum heute*, Bonn 1995.

Ludovica Scarpa, *Gemeinwohl und lokale Macht. Honoratioren und Armenwesen in der Berliner Luisenstadt im 19. Jahrhundert*, München/New Province/London/Paris 1995.

Ann-Louise Shapiro, Paris, in: M. J. Daunton (ed.), *Housing the Workers, 1850–1914. A Comparative Perspective*, London/New York 1990.

Theodor Schieder, Die Krise des bürgerlichen Liberalismus, in: ders., *Staat und Gesellschaft im Wandel unserer Zeit. Studien zur Geschichte des 19. und 20. Jahrhunderts*, München 1958（邦訳、「市民的自由の危機」『転換期の国家と社会 ― 19・20世紀史研究』創文社（岡部健彦訳）、一九八三年）.

Wolfgang Schieder (Hg.), *Liberalismus in der Gesellschaft des deutschen Vormärz, Geschichte und Gesellschaft*, Sonderheft 9, 1983.

Harald Schinkel, Polizei und Stadtverfassung im frühen 19. Jahrhundert: Ein historische-kritische Interpretation der preußischen Städteordnung von 1808, in: *Der Staat*, 3, 1964.

Hartwig Schmidt, *Das Tiergartenviertel. Baugeschichte eines Berliner Villenviertels. Teil 1: 1790–1870*, Berlin 1981.

Heinz Richard Schneider, *Bürgerliche Vereinsbestrebungen für das "Wohl der arbeitenden Klassen" in der preussischen Rheinprovinz im 19. Jahrhundert*, Bonn 1967.

Helga Schultz, *Berlin 1650–1800. Sozialgeschichte einer Residenz*, Berlin 1992.

Heinrich J. Schwippe, Zum Prozess der sozialräumlichen innerstädtischen Differenzierung im Industrialisierungsprozess des 19. Jahrhunderts. Eine faktorialökologische Studie am Beispiel der Stadt Berlin 1875–1910, in: Hans Jürgen Teuteberg (Hg.), *Urbanisierung im 19. und 20. Jahrhundert. Historische und geographische Aspekte*, Köln 1983.

Helmut Sedatis, *Liberalismus und Handwerk in südwestdeutschland. Wirtschafts-und Gesellschaftskonzeptionen der Liberalismus und die Krise des Handwerks im 19. Jahrhundert*, Stuttgart 1979.

Friedrich C. Sell, *Die Tragödie des Deutschen Liberalismus*, 1953, 2. Aufl., Baden-Baden 1981.

James J. Sheehan, Liberalism and the city in Nineteenth-century Germany, in: *Past & Present*, 51, 1971.

James J. Sheehan, Liberalism and society in Germany, 1815–1848, *The Journal of Modern History*, 45–4, 1973.

James J. Sheehan, Partei, Volk and Staat. Some reflections on the relationship between liberal thought and action in Vormärz, in: H. -U. Wehler (Hg.), *Sozialgeschichte heute. Festschrift für Hans Rosenberg zum 70. Geburtstag*, Göttingen 1973.

James J. Sheehan, *German Liberalism in the nineteenth century*, Chicago 1978.

James J. Sheehan, Wie bürgerlich war der deutsche Liberalismus? in: Dieter Langewiesche (Hg.), *Liberalismus im 19. Jahrhundert. Deutschland im europäischen Vergleich*, Göttingen 1988.

Hannes Siegrist (Hg.), *Bürgerliche Berufe. Zur Sozialgeschichte der freien und akademischen Berufe im internationalen Vergleich*, Göttingen 1988.

Jonathan Sperber, Bürger, Bürgetum, Bürgerlichkeit, Bürgerliche Gesellschaft: Studies of the German (Upper) Middle Class and Its Sociocultural World, in: *The Journal of Modern History*, 69, 1997.

Walter Steitz, Kommunale Wohnungspolitik im Kaiserreich am Beispiel der Stadt Frankfurt am Main, in: Hans Jürgen Teuteberg (Hg.), *Urbanisierung im 19. und 20. Jahrhundert. Historische und geographische Aspekte*, Köln 1983.

Nora Stiebel, *Der "Zentralverein für das Wohl der arbeitenden Klassen" im vormärzlichen Preussen. Ein Beitrag zur Geschichte der sozialreformerischen Bewegung*, Heidelberg 1922.

Klaus Strohmeyer, *James Hobrecht (1825–1902) und die Modernisierung der Stadt*, Potsdam 2000.

Anthony Sutcliffe, *Towards the Planned City: Germany, Britain, the United States, and France, 1780–1914*, Oxford 1981.

Hans Jürgen Teuteberg (Hg.), *Urbanisierung im 19. und 20. Jahrhundert. Historische und geographische Aspekte*, Köln 1983.

Hans Jürgen Teuteberg (Hg.), *Homo habitans. Zur Sozialgeschichte der ländlichen und städtischen Wohnens in der Neuzeit*, Münster 1985.

Hans Jürgen Teuteberg, Betrachtungen zu einer Geschichte des Wohnens, in: ders. (Hg.), *Homo habitans. Zur Sozialgeschichte der ländlichen und städtischen Wohnens in der Neuzeit*, Münster 1985.

Hans Jürgen Teuteberg (Hg.), *Stadtwachstum, Industrialisierung, sozialer Wandel*, Berlin 1986.

Hans Jürgen Teuteberg, Eigenheim oder Mietskaserne. Ein Zielkonflikt deutscher Wohnungsreformer 1850–1914, in: Heinz Heineberg (Hg.), *Innerstädtische Differenzierung und Prozesse im 19. und 20. Jahrhundert. Geographische und historische Aspekte*, Köln 1987.

Ingrid Thienel, *Städtewachstum im Industrialisierungsprozess des 19. Jahrhunderts. Das Berliner Beispiel*, Berlin/New York 1973.

Heinrich Volkmann, *Die Arbeiterfrage im preußischen Abgeordnetenhaus 1848–1869*, Berlin 1968.

Hans Vorländer (Hg.), *Verfall oder Renaissance des internationalen Liberalismus*, München 1987.

Hans Vorländer, Hat sich der Liberalismus totgesiegt? Deutungen seines historischen Niedergangs, in: ders. (Hg.), *Verfall oder Renaissance des internationalen Liberalismus*, München 1987.

Volker Wagner, *Die Dorotheenstadt im 19. Jahrhundert. Vom vorstädtischen Wohnviertel barocker Prägung zu einem Teil der modernen Berliner City*, Berlin/New York 1998.

Karin Weimann, Bevölkerungsentwicklung und Frühindustrialisierung in Berlin 1800–1850, in: Otto Büsch (Hg.), *Untersuchungen zur Geschichte der frühen Industrialisierung vornehmlich im Wirtschaftsraum Berlin/Brandenburg*, Berlin 1971.

Thomans Wellenreuther, *Wohnungsbau und Industrialisierung. Eine ökonometrische Untersuchung am Beispiel Deutschland von 1850 bis 1913*, 1989.

Jutta Wietog, Der Wohnungsstandard der Unterschichten in Berlin. Eine Betrachtung anhand des Mietssteuerkatasters 1848–1871 und der Wohnungsaufnahmen 1861–1871, in: Wener Conze und Ulrich Engelhardt (Hg.), *Arbeiterexistenz im 19. Jahrhundert. Lebensstandard und Lebensgestaltung deutscher Arbeiter und Handwerker*, Stuttgart 1981.

Clemens Wischermann, *Wohnen in Hamburg vor 1914*, Münster 1983.

Gernot Wittling, Zivil-militärische Beziehungen im Spannungsfeld von Rezidenz und entstehendem großstädtischen Industriezentrum: Die Berliner Garnison als Faktor der inneren Sicherheit 1815-1871, in: Bernhard Sicken (Hg.), *Stadt und Militär 1815–1914. Wirtschaftliche Impulse, infrastrukturelle Beziehungen, sicherheitspolitische Aspekte*, Paderborn 1998.
Thomas Wolfes, *Die Villenkolonie Lichterfelde. Zur Geschichte eines Berliner Vorortes (1865–1920)*, Berlin 1997.
Heinrich Zille, *Das alte Berlin: Photographien 1890–1910*, München 2004.
Clemens Zimmermann, *Von der Wohnungsfrage zur Wohnungspolitik. Die Reformbewegung in Deutschland 1845–1914*, Göttingen 1991.

邦語文献

稲垣隆也「帝政末期におけるプロイセンの都市住宅監督政策 — シャルロッテンブルク市を事例に」『一橋論叢』一三一—六、二〇〇四年。

今井勝人・馬場哲編『都市化の比較史』日本経済評論社、二〇〇四年。

大場茂明『近代ドイツの市街地形成 — 公的介入の生成と展開』ミネルヴァ書房、二〇〇三年。

越智武臣『近代英国の起源』ミネルヴァ書房、一九六六年。

越智武臣『近代英国の発見 — 戦後史学の彼方』ミネルヴァ書房、一九九〇年。

川北稔『工業化の歴史的前提 — 帝国とジェントルマン』岩波書店、一九八三年。

川越修『ベルリン　王都の近代 — 初期工業化・一八四八年革命』ミネルヴァ書房、一九八八年。

川越修・姫岡とし子・原田一美・若原憲和編著『近代を生きる女たち — 一九世紀ドイツ社会史を読む』未来社、一九九〇年。

北村昌史「ドイツ三月革命前後の労働諸階級福祉中央協会」『史林』七三—三、一九九〇年。

北村昌史「一九世紀中葉ドイツの住宅改革運動」『西洋史学』一六六、一九九二年。

北村昌史「一九世紀ドイツにおける住宅改革構想の変遷 — 労働諸階級福祉中央協会の機関誌を題材に」『史林』七六—六、一九九三年。

北村昌史「一九四〇年代ベルリンの都市社会とファミリエンホイザー」『西洋史学』一七五、一九九四年。

北村昌史「一九世紀中葉ベルリンの住宅事情」『新潟大学教育学部紀要（人文・社会科学編）』三七—一、一九九五年・三七—二、一九九六年。

北村昌史「ハインリヒ・グルンホルツァー『フォークトラントにおける若きスイス人の経験』（一八四三年）――一九世紀中葉ベルリンの労働者住宅探訪記・解題」『新潟大学教育人間科学部紀要（人文・社会科学編）』二―一、一九九九年。

北村昌史訳「ハインリヒ・グルンホルツァー『フォークトラントにおける若きスイス人の経験』（一八四三年）――一九世紀中葉ベルリンの労働者住宅探訪記・翻訳」『新潟大学教育人間科学部紀要（人文・社会科学編）』二―二、二〇〇〇年。

北村昌史「市民層・住宅問題・資格社会――一九世紀ドイツの市民社会」『新潟大学教育人間科学部紀要（人文・社会科学編）』三―一、二〇〇〇年。

北村昌史「『トロイアの木馬』と市民社会――一八二〇～三一年ベルリンの行政と住宅問題」『史林』八四―一、二〇〇一年。

北村昌史「一九世紀ドイツ住宅改革運動研究の動向」『西洋史学』二〇四、二〇〇二年。

北村昌史「一九世紀前半ベルリンにおける初等教育の実際――ファミリエンホイザーの学校の事例――」『新潟大学教育人間科学部紀要（人文・社会科学編）』五―一、二〇〇二年。

北村昌史「一九世紀前半ベルリンの労働者をめぐる試論」『新潟大学教育人間科学部紀要（人文・社会科学編）』五―二、二〇〇三年。

北村昌史「一九世紀前半ベルリンにおける市民層と市の名誉職」『奈良史学』二二、二〇〇四年。

北村昌史「一九世紀ドイツの住宅改革運動――一つの概観」『新潟大学教育人間科学部紀要（人文・社会科学編）』八―一、二〇〇五年。

北村昌史「『ホープレヒト』案（一八六二年）とベルリン都市社会」『平成一四年～平成一六年度科学研究費補助金（基盤研究（B）（一））研究成果報告書　研究課題　西欧福祉社会の源流　研究代表者　大森弘喜（成城大学経済学部教授）』二〇〇五年。

北村昌史「ファミリエンホイザーとベルリン市民社会――一八四三年の探訪記を中心に」『新潟大学教育人間科学部紀要（人文・社会科学編）』八―二、二〇〇六年。

北村陽子「第二帝政期フランクフルトにおける住宅政策と家族扶助」『史林』八二―四、一九九九年。

木村靖二、中野隆生、中嶋毅編『現代国家の正統性と危機』山川出版社、二〇〇二年。

栗原麻子「古典期アテナイにおけるフィリアと共同体」『史林』七八―三、一九九五年。

後藤俊明『ドイツ住宅問題の政治社会史――ヴァイマル社会国家と中間層』未来社、一九九九年。

坂井榮八郎『ドイツ史一〇講』岩波書店、二〇〇三年。

阪口修平『プロイセン絶対王政の研究』中央大学出版部、一九八八年。

『思想』特集号（「歴史における文化」）七四〇、一九八六年。

『思想』特集号（「歴史・表象・文化 ― 歴史社会学と社会史」）八一二、一九九二年。

渋谷聡『近世ドイツ帝国国制史研究 ― 等族制集会と帝国クライス』ミネルヴァ書房、二〇〇〇年。

島浩二『住宅組合の史的研究 ― イギリスにおける持ち家イデオロギーの源流』法律文化社、一九九八年。

末川清『近代ドイツの形成 ―「特有の道」の起点』ミネルヴァ書房、一九九六年。

末川清「『ドイツ特有の道』論について」『立命館史学』一九、一九九八年。

竹中亨『近代ドイツにおける復古と改革 ― 第二帝政期の農民運動と反近代主義』晃洋書房、一九九六年。

谷川道雄『中国中世の探求 ― 歴史と人間』日本エディタースクール出版部、一九九〇年。

谷川稔「文化統合の社会史にむけて」同他著『規範としての文化 ― 文化統合の社会史』平凡社、一九九〇年。

谷川稔他『近代ヨーロッパの情熱と苦悩』中央公論新社、一九九九年。

谷口健治「一八四八年革命期の手工業運動」『社会科学』（同志社大学人文科学研究所）三八、一九八七年。

谷口健治「Altes Handwerk における手工業者の出自」『西洋史学』一四九、一九八八年。

谷口健治「ドイツ手工業者のこども時代」『規範としての文化 ― 文化統合の社会史』平凡社、一九九〇年。

谷口健治「帝国都市と手工業」『史林』七四―三、一九九一年。

谷口健治「帝国都市ニュルンベルクにおけるパン供給と製パン手工業」『西洋史学』一七一、一九九三年。

谷口健治「一九世紀前半のバイエルン王国における営業制度」『史林』七七―二、一九九四年。

谷口健治「近世都市における所帯 ― 一六八九年ハノーファーを例に」『史林』八〇―三、一九九七年。

谷口健治『ドイツ手工業の構造転換 ―「古き手工業」から三月前期へ』昭和堂、二〇〇一年。

寺田光雄『民衆啓蒙の世界像 ― ドイツ民衆学校読本の展開』ミネルヴァ書房、一九九六年。

中野隆生『プラーグ街の住民たち ― フランス近代の住宅・民衆・国家』山川出版社、一九九九年。

中野隆生編『都市空間の社会史 ― 日本とフランス』山川出版社、二〇〇四年。

二宮宏之「フランス絶対王政の統治構造」同『全体を見る眼と歴史家たち』木鐸社、一九八六年。

姫岡とし子『近代ドイツの母性主義フェミニズム』勁草書房、一九九三年。

藤森照信『明治の東京計画』岩波書店、一九九〇年（同時代ライブラリー版、初版は一九八二年）。

穂鷹知美『都市と緑 ― 近代ドイツの緑化文化』山川出版社、二〇〇四年。

松井道昭『フランス第二帝政下のパリ都市改造』日本経済評論社、一九九七年。

松本彰「『ドイツの特殊な道』論争と比較史の方法」『歴史学研究』五四三、一九八五年。

見市雅俊他『青い恐怖　白い街 ― コレラ流行と近代ヨーロッパ』平凡社、一九九〇年。

南直人「近代都市における食料品流通と市場 ― 一九世紀末ベルリンの市場改革をめぐって」『帝国学園紀要』一七、一九九一年。

南直人「手工業の資格制度と『準専門職化』」望田幸男編著『近代ドイツ＝「資格社会」の制度と機能』名古屋大学出版会、一九九五年。

村岡健次『ヴィクトリア時代の政治と社会』ミネルヴァ書房、一九八〇年。

村岡健次『近代イギリスの社会と文化』ミネルヴァ書房、二〇〇二年。

村岡健次「テムズ川の汚染とロンドン都市行政」同著『近代イギリスの社会と文化』ミネルヴァ書房、二〇〇二年。

村岡健次・鈴木利章・川北稔編『ジェントルマン ― その周辺とイギリス近代』ミネルヴァ書房、一九八七年。

望田幸男編著『近代ドイツ＝「資格社会」の制度と機能』名古屋大学出版会、一九九五年。

望田幸男『ドイツ・エリート養成の社会史 ― ギムナジウムとアビトゥーアの世界』ミネルヴァ書房、一九九八年。

柳澤治『ドイツ三月革命の研究』岩波書店、一九七四年。

柳澤治『ドイツ中小ブルジョワジーの史的分析 ― 三月革命からナチズムへ』岩波書店、一九八九年。

吉田克己『フランス住宅法の形成 ― 住宅をめぐる国家・契約・所有権』東京大学出版会、一九九七年

H．U．ヴェーラー『ドイツ帝国一八七一―一九一八』（大野英二・肥前栄一訳）未来社、一九八三年。
ブロニスワフ・ゲレメク『哀れみと縛り首 ― ヨーロッパ史のなかの貧民』（早坂真理訳）平凡社、一九九五年。

C・ジッテ『広場の造形』（大石敏雄訳）鹿島出版会、一九八三年。

パット・セイン『イギリス福祉国家の社会史 ― 経済・社会・政治・文化的背景』（深澤和子・深澤敦監訳）ミネルヴァ書房、二〇〇〇年。

M・J・ドーントン編著『公営住宅の実験』（深沢和子・島浩二訳）ドメス出版、一九八八年。

E・ハワード『明日の田園都市』（長素連訳）鹿島出版会、一九六八年。

リン・ハント編『文化の新しい歴史学』（筒井清忠訳）岩波書店、一九九三年。

ロバート・フィッシュマン『ブルジョワ・ユートピア ―― 郊外住宅地の盛衰』（小池和子訳）勁草書房、一九九〇年。

アラン・フォール（中野隆生訳）「投機と社会 ―― 一九世紀パリの土木事業」中野隆生編『都市空間の社会史 ―― 日本とフランス』山川出版社、二〇〇四年。

デーヴィッド・ブラックボーン、ジェフ・イリー『現代歴史叙述の神話 ―― ドイツとイギリス』（望田幸男訳）晃洋書房、一九八三年。

ペーター・ブリックレ『ドイツの臣民 ―― 平民・共同体・国家　一三〇〇〜一八〇〇年』（服部良久訳）ミネルヴァ書房、一九九〇年。

R・ベリング『歴史のなかの教師たち ―― ドイツ教員社会史』（望田他訳）ミネルヴァ書房、一九八七年。

チャールズ・E・マクレランド『近代ドイツの専門職 ―― 官吏・弁護士・医師・聖職者・教師・技術者』（望田幸男監訳）晃洋書房、一九九三年。

G・A・リッター『社会国家 ―― その成立と発展』（木谷勤・北住炯一・後藤俊明・竹中亨・若尾祐司訳）晃洋書房、一九九三年。

ペーター・ルントグレーン『ドイツ学校社会史概観』（望田幸男監訳）晃洋書房、一九九五年。

あとがき

本書は、一九九五年三月に京都大学大学院文学研究科から博士（文学）の学位を授与されるもととなった博士論文「一九世紀ドイツの市民層と住宅問題」を土台にしている。学位取得後今日まで、博士論文提出の際には未公表であった章に史料や文献を補充しつつ手を入れ、風通しをよくして学会誌や紀要に発表する一方、積み残していた課題のいくつかにも取り組んできた。こうした一九世紀ドイツの住宅問題に関する私の十数年間の研鑽を、一定の見通しのもと配列し、再構成したのが本書である。博士論文ではシュタインの都市条例（一八〇八年）とベルリン市民の関係を論じた章があったが、本書全体の内容と密接にかかわってこないので割愛した。ただし、その骨子はすでに「一九世紀前半ベルリンにおける市民層と市の名誉職」（『奈良史学』二二、二〇〇四年）で論じたことがある。ここに、学位取得後一一年にしてようやく博士論文の公刊の義務を果たしたと考える。

学位の取得から本書の公刊までこれほど時間がかかったのは、まず何よりも、課程博士として学位を取得したが、もともと長い時間をかけて研鑽を積み重ねていくという「伝統的な」文学部の研究スタイルを踏襲して研究を始めたからにほかならない。とはいえ、初出一覧を注意深く見ていただければわかるように、一九九〇年代後半はなかなか自分の研究成果を公表できず、それが本書の公刊に時間がかかった要因の一つであるのは疑いをいれない。その時期に論文が書けなかったのは、まずは一九九四年に新潟大学に赴任して以来、自分の勤務先のある新潟と家族のいる関西の間を往復する生活のなかで研究をどのように進めていくのかというリズムがうまくつかめなかったことによる。ただ、今考えると、その頃は研究者としての「スランプ」に陥っていたような気がする。その「スランプ」とは、今から思い返すに、自分の細かい実証研究を大きな射程に結び付けていく思考の回路がうまく働いていなかったことに尽きる。

自分なりにその「スランプ」から脱出するべくもがいていたつもりであったが、結局は脱出のきっかけは周りから与えられた。

第一のきっかけは、一九九九年七月に私も主催者の一人となってドイツ現代史学会を新潟の地で開催したことであろう。その学会の際、近代ドイツ市民層再検討に関するシンポジウム(「Bürgertum, Bildungsbürgertum 研究の現在と課題」)をおこなった。新潟大学人文学部の松本彰先生や金沢大学経済学部の野村真理先生とシンポジウムの企画を進めるとともに、自ら「Bildungsbürgertum と資格社会」と題する報告をおこなった。学会・シンポジウムの企画や自分の報告の準備だけではなく、当日の活発な議論が自分の関心を整理していく誘引となったことは疑いをいれない。

第二のきっかけは、毎年恒例の『史学雑誌』五号の「回顧と展望」で一九九九年の近代ドイツについて担当させていただいたことであろう。一九九九年に出た邦語文献をもとに、近代ドイツ史研究の孕む問題を自分なりに語ることで、自分の大きな問題関心を整理することができたように思う。それにとどまらず、きわめて制限された紙幅の中で多数の論文の内容紹介や自分なりのドイツ史研究の見通しを語るという作業を経て、「てにをは」をはじめとして、言葉や文字が一つ一つもつ意味を突き詰めて考えることができた。自分の文章を見直すよい機会になったといえる。

二〇〇〇年八月から翌年九月にかけて、イギリスのオックスフォード大学でハルトムート・ポッゲ・フォン・シュトラント マン教授のもと在外研究をおこなう機会を与えられたことが第三のきっかけである。もともとは古代ギリシア史を専攻する妻がオックスフォードに留学する機会を得たのを機に、私もかの地に研鑽の場を求めたのであった。イギリスの住宅問題に関する研究にふれることができただけではなく、ドイツ統一前後の住宅改革に関する史料を読み込むことができ、本書全体をまとめるための基本的な着想はオックスフォードで得たといえる。

二〇世紀から二一世紀に移り変わる頃に自分の研究を前に進める多くのきっかけを与えられたわけだが、ここにようやく本書が陽の目を見ることになった。本書がこのような形になったのは、今までのべてきたことからも明らかなように、いろいろな方々のおかげである。というよりは、この世に生をうけて以来、私と、多かれ少なかれ縁のあった方すべてとのかかわりの中から本書が生まれたように感じている。畢竟、社会史研究とはそのようなものだと思う。本書の出版を、書店、図書館、インターネットなどで知った私と縁のあった方から何かの形で連絡をいただければ、それに勝る喜びはないであろう。

もちろん、新潟と関西の往復生活をしていることで直接多大なご迷惑をおかけしてきた新潟大学教育人間科学部の冨田健之先生や歴代の外国史ゼミのゼミ生をはじめとして、ここでお名前と私との縁を語って御礼を申すべき方は数知れない。とはいえ、そうした方すべてを思い出すのはほぼ不可能であるし、もし思い出せたとしても御礼の気持ちを語りつくすには本書の何十倍もの分量がいるであろう。ここでは、とりわけ大きな「学恩」を感じている次の二人について、「学恩」を語ることに話をとどめることを許していただきたい。

一人目は、実の父、山形大学農学部名誉教授の北村昌美である。林学を出発点として森林の比較文化論にまで話を広げた父から私が何よりも影響を受けたことは、学問というのは自分の面白いと思ったことを楽しく調べ、その楽しさを伝えるという父の研究姿勢である。そして父は、八〇歳になった今日まで終始それを実践してきた。

二人目は、京都大学文学部名誉教授の服部春彦先生である。西洋史研究を志して以来、先生からは計り知れないご指導を賜った。先生は、本書の土台である博士論文にも主査として審査に当たってくださった。

ここで「学恩」を語るべき越智武臣先生、藤縄謙三先生が鬼籍に入ってしまわれたのは、本当に残念でならない。自分の研究の歩みの遅さを心から痛感する。

本書の出版を京都大学学術出版会に仲介してくださったのは京都大学大学院文学研究科教授南川高志先生である。京都大学学術出版会では、まず鈴木哲也氏から様々なアドバイスをいただいた。本書が、近代ドイツ史の狭い領域から何とか抜け出して全ヨーロッパ的な議論を展開できるようになったのは氏のおかげである。本書の出版が具体的に進みはじめてからは國方栄二氏のお世話になった。氏が原稿を精密に読んでくださったおかげで本書は多くの過誤から免れることができた。本書の出版は、住宅総合研究財団の出版助成を得て行われるものである。

最後に、実の両親と義理の両親合わせて四人が存命中に本書を公刊できたのは本当に喜ばしいことである。家族ということでは、長女の日向子は、その前向きさで常に心の支えであり、とりわけ本書のタイトルを考える時には一緒に考えてくれた。原稿をまとめていくのと時を同じくして、次女佳奈子の誕生を迎えたことは、新たな活力を私にもたらしてくれた。妻麻子（大阪大学大学院文学研究科准教授）は、着想から公表まで自分の世界に浸って研究を進めがちな私を、常々議論の場に引きずり出してくれた。本書は、家族のおかげで出来上がったものと考えている。

北村昌史

養老年金法　→廃疾
予備資本 Reserve-Fond　280, 282-284, 291

[ラ行]

ライプチヒ Leipzig　341, 366, 447
『ライン新聞』Rheinische Zeitung　239
ランゲスハウス Langeshaus　92, 94, 96-98, 440, 479
リヒターフェルデ Lichterfelde　364-365, 412-413, 427
ルイーゼン市区 Luisenstadt　44-45, 81, 84-85, 118, 139, 262, 340, 342, 352
礼拝時間　→祈りの時間
老人　103, 166, 177, 184, 447-448, 450, 466, 468, 477
労働者階級住宅法（1890 年）　23
労働者都市 cité ouvrière　17, 19-20, 299-300, 377
労働者階級の状態を改善するための協会 The Society for Improving the Condition of the Labouring Classes　18-20
『労働者の友』Der Arbeiterfreund　194, 249, 283, 302-307, 309, 311, 388, 391-392, 394, 406-407
労働者身分福祉協会（フランクフルト・アン・デア・オーデル）Frankfurter Verein zur Wohl des Arbeiterstandes　208, 210
労働者友愛協会 Arbeiterverbrüderung　204
労働諸階級福祉中央協会・中央協会 Centralverein für das Wohl der arbeitenden Klassen　37, 47, 55, 59, 107, 191, 193-194, 199-200, 203, 212, 219, 229, 249, 251, 263, 269, 295, 301-302, 313, 374, 380-383, 388, 401, 404, 427
『労働諸階級福祉中央協会会報』・『会報』 Mittheilungen des Centralvereins für das Wohl der arbeitenden Klassen　107, 194, 197, 199, 207-208, 210-216, 218-221, 225-226, 228-230, 302, 388
ローゼンタール市外区 Rosenthaler Vorstadt 84-85, 88-89, 91
路面電車 Straßenbahn　6, 68
ロンドン London　5-6, 10-11, 13, 15, 18-22, 24, 238, 306, 308, 310, 330, 358-360, 380, 403, 407, 420-421, 423, 430, 437
ロンドン万国博覧会　18

[ワ行]

『若き世代』Die junge Generation　238-240

［マ行］

［ヤ行］

農村の住宅問題　306, 309, 311, 353, 356, 376
ノルトハイム Nordheim　450

[ハ行]
バイエルン Bayern　219, 429
廃疾者 Invalid　99, 103
廃疾・養老年金法　384, 387, 406
売春　146, 170, 176-178
配当金制限住宅会社　384-386
パウペリスムス（大衆貧困状況）Pauperismus　65, 196-197, 202
バウマ Bauma　146, 324, 326, 434
白鳥騎士団 Schwanenorden　198
馬車鉄道 Pferdbahn　6
ハノーファー Hannover　305, 429
パリ　5-7, 10-11, 13, 15, 19, 21-22, 24, 48-49, 128, 134, 136, 206, 243, 299, 304, 307-308, 317, 323, 330, 347-348, 359, 373, 380, 403, 420-423, 430
『パリの秘密』　243
パリ万国博覧会　310
パリ労働者都市協会　19-20
ハルツ山地 Harzgebirge　450, 462
犯罪者の巣　180, 244, 431
半地下住居 Kellerwohnung　72-73, 76, 83, 304, 344, 421
ハンブルク Hamburg　175, 234, 305, 308, 365, 434, 460
ハンブルク鉄道　89, 91
ハンブルク門 Hamburger Tor　41, 86, 90-91, 113, 128, 232, 238, 244, 441, 476
ビーベラッハ Biberach　467-468
ピーボディ財団 Peabody Trust　19
病院　42, 150, 175, 442, 451, 460, 462, 468, 471, 477
病気　32, 98, 103, 124, 151, 161, 166, 168-170, 172, 175, 177, 183, 236, 239, 244, 258, 297, 299, 442, 444, 451-452, 455-456, 458-460, 462-464, 475, 478-479
病気見舞い協会 Die Krankenbesuchsverein　129
病人　121, 166, 177, 236, 442, 451-452, 464
ヒルシュランデン Hirschlanden　478
貧民監視官 Armenwachter　175
貧民監督長 Armenwachtmeister　175
ファミリエンホイザー Familienhäuser　41-42, 46-48, 60, 64-66, 70, 78, 85, 87, 89-93, 97-104, 109-110, 113-130, 132-137, 141, 143-144, 146-147, 149-163, 165, 169-170, 172-173, 175-177, 179-182, 185, 232-250, 254, 257, 303, 360, 367, 372, 409-412, 432-438, 441-442, 444-447, 451, 456, 459-460, 464-465, 469-470, 472-473, 475, 476-477, 479
フォークトラント Voigtland　42, 66, 85-91, 104, 126, 138, 142, 145, 180, 234, 237, 243-244, 246, 248, 431, 433, 440-441, 451, 472, 476
「フォークトラントにおける若きスイス人の経験」Erfahrungen eines jungen Schweizers im Vogtlande　145, 431, 440-441
『フォス新聞』Vossische Zeitung　240
副長 Vicewirth　261
扶助金　138, 141, 167-168, 169-170, 172, 229, 463, 471
フランクフルト国民議会　201
フランス　7, 9, 11, 15, 17, 19-26, 31, 37, 47-52, 59, 180, 202, 228-229, 238, 243, 298-300, 308, 310, 315-316, 347-348, 355, 372, 377, 416, 422-426, 429-430, 448, 473
フリードリヒ・ヴィルヘルム市区 Friedrich-Wilhelm-Stadt　83
フリードリヒ市区 Friedrichstadt　81, 83-84, 202, 230, 330, 343, 345
フリードリヒス・ヴェルダー市区 Friedrichs Werder　81, 84
ブルジョワジー　26, 28-29, 52-53, 403
ブレーマーヘーエ Bremerhöhe　262, 266-267, 271, 284
プロイセン国民議会　207-208
プロイセン住宅立法　23
『プロイセン労働諸階級福祉中央協会雑誌』・『雑誌』Zeitschrift des Central Vereins in Preußen für das Wohl der arbeitenden Klassen　194, 197, 218-220, 302, 304, 388
プロレタリアート Proletariat　34-35, 211, 216, 246, 258, 263
文化　5, 27-28, 32, 49-50, 53, 55, 119, 180, 182, 353, 358, 368, 377, 408, 412, 428, 430
フンボルトハイン Humboldthain　332
平均的手労働者の年収　171
併合　24, 85, 107, 340, 342

[タ行]

[ナ行]

184-185, 433, 441-442, 446, 451-452, 454-458, 462, 464, 466-468, 470, 471, 477-479
シーグフリード法（1894年） 23
市参事会 Magistrat 24, 42, 66, 90, 102, 112, 118-123, 125-126, 128-133, 135, 136, 140, 153-154, 194, 201, 257, 263, 303, 369, 383, 403, 433, 454
自助 18, 204-205, 209, 211, 217, 239, 296, 298, 305, 307-308, 355, 363, 368-369, 385, 393-394
慈善事業 47, 119, 128-129, 135, 145, 155, 158, 164-165, 301
慈善病院 Charité 175, 442, 451, 460, 462, 468, 471, 477
市長 Oberbürgermeister 119, 126, 132, 345
シテ・ナポレオン cité Napoleon 20-21, 299
シティー city 69
市当局 22, 24, 39, 46, 97, 99, 102, 105, 111, 113-116, 118-121, 123, 126-137, 140, 145, 178, 237, 391, 409-411, 433
市の取り締まり所 Stadtvogtei 447-448
市壁 Stadtmauer 5-6, 68, 79, 81, 83-86, 104, 321, 324, 340, 342, 347
市民層 Bürgertum・市民 Bürger 18, 20, 23, 25-31, 33-36, 40, 42, 45, 47, 52-55, 58-59, 65-66, 73, 77-78, 85, 88, 90, 96-97, 99-101, 111, 113, 118-119, 125, 128-129, 133-137, 139-140, 144-146, 149, 152-153, 158, 164-165, 176, 178-180, 191-193, 195, 197-198, 202-205, 207, 209-211, 216-217, 219-223, 231-239, 242, 245-250, 256-257, 259, 261, 263, 295, 298, 301, 304, 307, 309, 312, 344, 350-351, 364-365, 368, 372-373, 375, 377-378, 380-381, 387, 390-391, 397, 400, 402-403, 408-412, 415-417, 419-421, 424-429, 431, 433-434, 436
市民化 Verbürgerlichung 27, 29, 419
市民協会 Bürgerverein 139
市民権 Bürgerrecht 119, 140
市民社会 Bürgergesellschaft 28, 30-31, 52, 54-55, 60, 113-114, 136-137, 144-145, 154, 176-180, 192-193, 197, 210-211, 220-222, 231, 233, 235, 250, 295, 307, 312, 350, 373-374, 410-411, 418, 420, 423-426
市民性 Bürgerlichkeit 27-31, 52-55, 351-352, 415-420, 424
市民防衛隊 Bürgergarde 175
市門の見張り・門衛 Torwache 115, 128, 175
社会構造史派 26-27, 53
社会国家 Sozialstaat 38, 49-50, 55, 429
社会政策学会 Verein für Sozialpolitk 22-23, 37-38, 194, 196, 350, 382, 386-387, 406
社会政策学会の住宅調査・住宅事情調査 22, 350, 386-387, 406, 412
社会史 25, 31-33, 48-50, 52-53, 55, 58, 111, 144, 180, 182-183, 245, 348, 403, 416, 427-429
社会的住宅建設 sozialer Wohnungsbau 22, 25, 32, 36-40, 46, 57-59, 117, 135, 139, 233, 250, 255, 294, 296, 300, 312-313, 350, 370, 381-382, 398, 403-404, 409-410, 425-426
社団 9, 416, 418, 429
シャルロッテンブルク Charlottenburg 52, 69, 379
自由主義 Liberalismus 26, 28-31, 54-55, 59, 191-193, 195, 197-198, 201, 221-224, 294, 356, 362-363, 376, 427, 430
住宅局 Wohnungsamt 24, 378
自由放任 37-38, 192, 303, 305, 364, 374
手工業者協会 Handwerkerverein 198
シュテッティーン Stettin 345
シュテッティーン鉄道 89, 90
シュトララウ市区 Stralauer Viertel 81, 84-85, 342
シュパンダウ Spandau 176, 445, 450, 471
シュパンダウ市区 Spandauer Vierte l81, 83, 84
シュプレー川 Spree 83, 330
シュールハウス Schulhaus 92, 96, 110, 121, 128, 156, 440, 479
シュレージェン Schlesien 88
シュレージェン織工蜂起 202
上下水道 6, 68, 310, 345, 393, 399, 423, 430
上水道・水道 6, 68, 310, 326, 345, 393, 399, 423, 430
傷病兵収容施設 Invalidenhaus 86-87, 89
初期自由主義 früher Liberalismus 30, 192-193, 195, 197, 221, 294
職工住宅法（1868年） 23, 430
職人労働者 429
市立学校 Stadtschule 153-155

クヴェーアハウス Querhaus　92, 96, 114, 440, 444, 446, 479
クライネス・ハウス kleines Haus　92, 96-97, 101, 110, 116, 132, 240-241
軍隊　115-116, 128, 139, 447
警官 Polizeidiener　114-116, 126-127, 142, 176, 236, 363, 447, 459
経済市民 Wirtschaftsbürger　28, 30, 55
警視庁 Polizeipräsidium　42, 46-47, 97, 99-100, 113, 119, 120-123, 126-132, 134-137, 145, 149, 154, 175, 178, 235, 237, 241, 287, 409-411, 433
刑務所 Gefängniss, Strafanstalt　42, 91, 213, 476-477
下水道　6, 68, 310, 345, 393, 399, 423, 430
ゲズンドブルンネン駅 Gesundbrunnen-Bahnhof 332
ケーニッヒ市区 Königstadt　81, 83-84, 480
ケルン Köln　7
ケルン市区 Kölln　81, 83-84, 343
倹約　209-211, 217, 220, 229, 307, 462
堅信 Einsegnung　167, 184, 467
建築家協会 Architektenverein　257
建築行政　59, 139, 310, 395
建築協同組合 Baugenossenschaft　22, 24, 38, 40, 46, 59, 296, 305, 307-308, 362, 369, 384-385, 393, 394, 396-397, 405, 412, 426
建築条例 Bauordnung　38-39, 59, 76-77, 139, 306, 308, 345, 348, 356, 369-370, 401, 408-409
公園　7, 11, 311, 332, 362
郊外 13, 17, 22, 59, 67, 262, 271, 310-311, 340, 344-345, 355, 357-359, 362-365, 367, 369-371, 373, 376-377, 393, 398, 401, 403, 412, 421, 427-428
公開講演　213, 217-220, 229
高架鉄道 Hochbahn　6
工業博覧会 Gewerbeausstellung　194, 202
公私　430
公社　22, 426
公衆衛生学会 Verein für öffentliche Gesundheitspflege　58, 345
公衆衛生法（1875 年）23
皇太子　261, 263-264, 267-268, 274, 281, 288
国王　18, 20, 86, 112, 121-123, 126, 129, 145-146, 203, 206, 219, 230, 234, 242-243, 245, 247, 253, 263, 326, 432, 449, 457
国王基金　203, 207, 216, 218, 230
『国王に捧げる書』Dies Buch gehört dem König 145-146, 234, 242-243, 245, 247, 253, 432
国内植民 innere Colonisation　228, 257, 296-301
『国民経済・文化史四季報』Vierteljahrschrift für Volkswirthschaft und Kulturgeschichte　358
国務委員 Staatscommissarius　268-277, 279-280
乞食 Bettel, Bettler　131, 148-150, 162, 170, 174-178, 236, 448, 460, 469, 479
コッテージ cottage　355
五パーセントの博愛 Five Per Cent Philanthropy 19
子守　184, 454, 459
コレラ Cholera　116, 130, 133-135, 138-139, 455
コレラ治療施設 Cholera-Heilanstalt　116, 132-133
混合居住 Zusammenwohnung　17, 45, 134, 136-137, 233, 304, 306-308, 312, 351, 352, 354, 356-357, 360, 362, 364, 366-369, 371, 373, 375, 377, 380-381, 391, 393-400, 402, 407-409, 412, 415, 422
『コンコルディア』Concordia　262, 298

［サ行］

採光　17, 20, 73, 76-77, 308, 353, 387, 395
細民 Kleine Leute　216, 258, 259, 275, 282, 299-301, 395
ザクセン Sachsen　298, 408, 460, 467
三月革命 Märzrevolution　30, 52-53, 55, 67, 71, 79, 191, 194-195, 197, 199, 201, 204-209, 211-212, 214, 221, 224, 228, 245, 251, 258, 302, 313, 382, 404
シェーネベルク・テンペルホーフ市区 Schöneberger und Tempelhofer Vorstadt 342
ジェントルマン gentleman　425, 428
資格社会　31, 410, 411, 415-420, 427, 429
市議会 Stadtverordnetenversammlung　55, 118-119, 129, 153, 214, 369
市救貧局 Armendirektion　102-103, 119-120, 125, 129-133, 166-171, 173-174, 177-178,

ヴェストエント Westend　359, 364
牛の頭 Ochsenskopf　468, 479
裏屋 Hinterhäuser　39, 69-70, 72-73, 76-77, 83, 342, 345, 400, 421
ウンター・デン・リンデン Unter den Linden 214
『駅伝』Die Stafette　239-242
LCC　24
エルバーフェルト Elberfeld　135
王子　18, 261, 274, 277, 281, 288
王妃　450
王立製鉄所 Die Königliche Eisengießerei　88-89
オクタヴィア・ヒル女性協会 Frauenverein Octavia Hill　378, 386-387
屋内市場　68
汚水溜 Senkgrube　98, 110, 125, 142
オーストリア継承戦争　86
オラーニエンブルク市外区 Oranienburger Vorstadt　81, 85, 88, 91
オラーニエンブルク門 Oranienburger Tor　86, 89

[カ行]

改革につながる競争 reformierende Konkurrenz 300-301
カウンシル・ハウジング council housing　22, 425
カオホマンスハウス Kaufmannshaus　64, 92, 96, 100, 110, 156
ガス　6, 9, 68, 423, 430
下層民衆階級向上のための協会 Verein zur Hebung der niederen Volksklassen　198
家畜市場 Viehmarkt　332
学校　47, 92, 109, 122, 125-126, 128, 131-133, 142, 145-146, 152-163, 165, 170, 178, 181-183, 235, 246, 300, 365, 367, 393, 416-417, 432-435, 441, 443-444, 451, 454-456, 458, 462-464, 465, 472-473
家内労働者 Professionist　99, 101, 111, 150, 244
寡婦 Witwe　101, 103, 138, 148, 150-151, 161-162, 164, 166, 168, 170, 172, 177-178, 185, 234, 236, 446-447, 455, 457-459, 467, 471, 473, 476, 478
ガルテン通り Gartenstraße　90, 126, 440, 444, 450, 454-456, 476
管区長 Bezirksvorsteher　119, 129, 142
環状鉄道 Ringbahn　67, 332-333
官吏住宅協会 Beamten-Wohnungs-Verein zu Berlin　386
管理人 Hausverwalter　115, 127, 167-168, 170, 172-173, 177, 393, 442, 444-445, 466, 469, 471
機械工場　84-85, 89-91, 101, 150
貴族　27-28, 154, 366
北鉄道 Nordbahn
ギムナジウム Gymnasium　153, 416-417, 419, 427
休息　299, 367-369, 397-398, 400
救貧委員会 Armenkommission　45, 118, 120, 130-133, 140, 240, 454
救貧学校 Armenschule　132, 152, 154, 160, 235, 454
救貧行政 Armenverwaltung　44-45, 47, 103, 112, 117-121, 123-124, 130, 140, 145-146, 151-152, 166, 168-170, 177-178, 184-185, 434
教育　28, 51, 55-56, 90, 120, 126, 132, 137, 145-146, 152-162, 165, 170, 180-183, 195, 210, 213-214, 220, 230, 233, 235, 246, 258, 261-263, 295, 306, 309, 353, 360, 367, 369, 374, 393, 411, 416-419, 431-443, 450, 454-456, 463, 472-473
教育局 Schuldeputation　153
教会　42, 47, 92, 109, 126, 128, 131, 142, 145, 152-154, 156-157, 162-165, 178-179, 215, 262, 432, 461, 475
矯正施設 Arbeitshaus　122, 131, 173, 175-176, 249, 257, 307, 456, 460, 469, 471, 480
協同組合法　387, 394, 406
共同精神 Gemeinsinn　44-45, 118, 352
教養市民 Biludungsbürger　28, 30, 55, 198, 249, 417
禁酒協会 Enthaltsamkeitsverein　129, 162, 475
近代家族　28, 54, 100, 111, 419
勤勉　18-19, 209-211, 220, 257, 298, 444, 466, 469
勤勉階級の住居を改善するための首都協会 Metropolitan Association for Improving the Dwellings of the Industrious Classes　18-19

アルトゥア・ホープレヒト Arthur Hobrecht 345
ヤーメス・ホープレヒト James Hobrecht 136, 324, 330, 340, 347, 371
ボルジッヒ August Borsig 89, 261, 330
ホルヌンク Hornung 153–154, 159, 473
ボルネマン Ferdinand Wilhelm Ludwig Bornemann 195, 201, 203, 206–207
ボルン Stephan Born 204
フォン・ポンメル＝エッシェ Adolf von Pommer-Esche 208

[マ行]
マクシミリアーン二世 Maximilian II 219
松井道昭 48, 347, 423, 430
松本彰 53
マテス Matthes（探訪記・世帯番号 7 でルターの伝記を返しにくる） 447
マテス Matthes（探訪記・世帯番号 30） 171, 470
見市雅俊 138
南直人 106, 224, 429
ミュールベルガー Mühlberger 374
村岡健次 428, 430
ムント Theodor Mund 156, 245, 460
メッセル Alfred Messel 387, 414
メルトナー Möltner 161, 185, 457
望田幸男 53, 182–183, 223, 403, 416, 427
モムゼン Wolfgang J. Mommsen 193

[ヤ行]
吉田克己 50
柳澤治 52

[ラ行]
ライヒェナウ Reichenau 277
ライヒヘルム Reichhelm 153
ライマン Reimann 115
ラッシュ Gustav Rasch 104, 433
ランゲヴィーシェ Dieter Langewiesche 193
リード James Read 15, 17, 23, 37, 52, 81, 83–84, 86, 122, 146, 198, 202, 206, 230, 243, 266, 277, 281, 288, 330, 343, 345, 432, 453
リートケ Liedke 258
リープヒェン Günter Liebchen 66, 72, 78, 82–83, 105
リンホルト Lynhold 471
ルードルフ Ludolph 100, 143
ルボヴィツキ Jutta Lubowitzki 323–324
ルンゲ Heinrich Runge 201
レッテ Adolf Lette 195, 201, 212, 215, 217, 230, 243, 249, 277, 279, 303, 307–308, 425
フォン・レーデン Friedrich Wilhelm von Reden 195
レネ Peter Josef Lenné 324–325, 330–331
ロイレッケ Jürgen Reulecke 66, 195–197, 221–222, 433
ロッテス Lottes 176, 468
ローテ Rothe 324
ロートベルトゥス Johann Karl Rodbertus-Jagetzow 195

事項索引

[ア行]
青い恐怖 116, 133, 138
アレクサンダー広場 Alexanderplatz 480
アレクサンドラ財団 AlexandraStiftung 267–268, 271–273, 285, 290, 385
アンハルト鉄道 331, 365
家並み線法（1875 年）Fluchtliniengesetz 22
イギリス 7, 9, 11, 13, 20, 26, 31, 48–51, 53, 57, 68, 182, 202, 220, 223, 229, 296, 308, 310, 315, 355, 358–359, 378, 386, 400, 403, 407, 425, 428, 430, 437
一時的扶助 →特別手当
一住居に一家族 34, 124, 248, 397, 411
糸巻き Spuhlen 101, 148, 150–151, 159, 234, 236, 442–443, 446, 455–458, 460, 466
祈りの時間・礼拝時間 Betstunde 109–110, 152, 156, 162–165, 235, 433, 459, 473, 475
医療協会 Krankenverein 442
医療地区 120
イングランド 10–11, 17–18, 20–25, 37, 47, 296–299, 302, 310, 315–316, 353, 355, 363, 423–426
インフラストラクチャー 67–68, 397, 399
ヴァイマル期 38–39, 42, 138, 345, 419
ヴァンゼー Wannsee 412
ヴィーン Wien 5, 308, 367, 406–407

[ナ行]
ナウマン Naumann　476
中嶋毅　49
中野隆生　48-50, 180, 348, 377
ルイ・ナポレオン（ナポレオン三世）　20, 299
ニコライ一世　267
ニッパーダイ Thomas Nipperdey　54
ニートハンマー Lutz Niethammer　33-35, 38, 51, 403
二宮宏之　49, 416, 429
ノイマン Neumann　476-477
ノビリング Carl Philipp Nobiling　261
ノルテ Paul Nolte　430

[ハ行]
ハイダー Heyder　100, 104, 143, 170, 476, 479
バイン Bein　138
フォン・パートウ Erasmus Robert Frh. Von Patow　195, 201, 207
馬場哲　48
原田一美　111
パリジウス Ludolf Parisius　307, 317
ハルコルト Friedich Harkort　195, 201, 204, 227
ハワード Ebenezer Howard　49
ハンゼマン David Hansemann　261
ハンバッハ Hambach　183, 224, 470
ビショッフ Bischoff　171, 176, 448-450
ビスマルク Fürst Otto von Bismarck　61
ピーボディ George Peabody　19
姫岡とし子　111, 407
オクタヴィア・ヒル Octavia Hill　386-387
ファイト Moritz Veit　201, 214
ファウヒャー Julius Faucher　353, 357-360, 362-364, 369-371
ファスビンダー Horant Fassbinder　43
フィッシャー Fischer　175-176, 183, 459
フォン・フィーバーン Georg von Viebahn　195, 206, 210, 214
フェヒター Fechter　476
フェール Gerhard Fehl　358
藤森照信　316
フーバー Viktor Aimé Huber　59, 195, 201, 257, 262, 266, 295-306, 308, 312-314, 316-317, 357, 363
プフルーク Adolph Pflug　209
フュフトカー Dietlind Hüchtker　118
ブラウネ Braune　114-115
ブラス Heinrich Augst Brass　243-245
ブラックボーン David Blackbourn　26-27, 29, 53-54, 223, 403, 429
プーリィ Colin G. Pooley　17, 25
フリッツ Fritz　462, 463
フリードリヒ・ヴィルヘルム王子 Prinz Friedrich Wilhelm von Preussen　281, 288
フリードリヒ・ヴィルヘルム三世 Friedrich Wilhelm III　122, 453
フリードリヒ・ヴィルヘルム四世 Friedrich Wilhelm IV　146, 198, 206, 243, 432
フリードリヒ大王 Friedrich II　86
ブリュッヒャー Blücher　452
ブルッフ Dr. Ernst Bruch　136, 323, 357-358, 360-364, 369-371, 375, 421-422
ブレーマー Karl Brämer　249, 262, 266-267, 271, 284, 304, 315, 388
ブロック Nicholas Bullock　11, 13, 15, 17, 21, 23, 37-38, 58, 256, 305, 352, 374, 405
フロットヴェル Flottwell　277
フント Fundt　184, 462
ヘーゲマン Werner Hegemann　71, 107, 323
ベータ ß　83, 239-242, 245, 253
ベッツオウ Bötzow　132
ペッティーナ Dietmar Petzina　296
ベッティン Bettin　146, 173, 176
ヘーデマン Hedemann　198
ヘニッヒ Hennig　154
ベネケ Beneke　479
V・ベーメルト Victor Böhmert　388, 406
K・ベーメルト Dr. Karl Böhmert　394-398, 407
ベルヴィッヒ Berwig　463
ベルガー Berger　114, 267, 374
ベルクマン Bergmann　185, 470
ベルンハルト Christoph Bernhardt　43-44, 117
ベンヤミン Benjamin　464
ヘンリッチ Henrici　7
ポーター Roy Porter　11
穂鷹知美　377
フォン・ポニンスカ（アルミニウス）Adelheid von Poninska (Arminius)　366-367, 369-371
ホフマン Carl Wilhelm Hoffmann　257-259, 262, 264, 266, 282-284

栗原麻子　430
グリム Grimm　109, 432
クルーク Klug　451
グルンホルツァー Heinrich Grunholzer　42, 90–91, 99–101, 103–104, 109, 111, 127, 145–149, 151–152, 157–164, 166, 168–171, 173, 175, 180, 184, 233–248, 250–251, 431–438, 440, 448, 479
クレッテ Reinhold Klette　307–308
クレレンベルク Krellenberg　169, 172, 465
グンプレヒト A. Gumprecht　392, 394, 396–398
ゲアラッハ Gerlach　132
ゲック Theodor Goecke　9
ケッツラー Ketzler　467
ケビッケ Köbicke　324
ゲープラー Dr. Gaebler　258, 270, 280, 283
ゲラート Gellert　444
コッカ Jürgen Kocka　27–31, 52–53, 55, 351, 429
後藤俊明　49–50, 55, 419, 429
コブデン Richard Cobden　358
コーベス Kobes　219
コルネヴィッツ Kornewitz　478

[サ行]

坂井榮八郎　51
阪口修平　429
ザス Friedrich Sass　19, 173, 226, 237, 247–248, 431, 438
ザックス Dr. Emil Sax　352–353, 356–357, 369–371, 374–376
サトクリフ Anthony Sutcliffe　7, 9–10, 48, 347
ザルデルン Adelheid von Saldern　40–41
ジークムント Sigmund　460
ジークムント Siegmund（ファミリエンホイザーの教会の設立者）　156
ジッテ Camillo Sitte　9, 49, 401
シーハン James J. Sheehan　29, 54
渋谷聡　429
島浩二　50
シャード Schadow　172–173, 444–446
シュクマン Friedrich Freiherr von Schuckmann　122
シュタイン Stein　268, 408
シュタール Adolf Stahr　242–243, 253
シュティーベル Nora Stiebel　195
シュテューベン Josef Stübben　7
シュテューラー Friedrich August Stüler　277
シュトレックフース Adolph Streckfuß　198, 242, 253
シュトロウスベルク H. B. Strousberg　332
シュナイダー Schneider　478
シューマン Schumann　164, 173, 184, 461–462
シュミット Schmidt　198, 324
シュライヤー Schreyer　111, 162, 168, 175, 446–448
シュルツェ＝デーリッチュ Hermann Schulze-Delitzsch　195, 201
ジンホルト Sinhold　173, 442
ウジューヌ・スー　243
末川清　53, 224, 429
スカルパ Ludovica Scarpa　44, 118, 352, 371, 381
ズーシ Suchi　169, 183, 463
鈴木利章　428
ゼダティス Helmut Sedatis　192
ゼンフトレーベン Hugo Senftleben　304, 306, 309–312, 376

[タ行]

竹中亨　49, 53
谷川道雄　430
谷川稔　51, 144, 180
谷口健治　49, 182, 428
ダールシュトレーム Dahlström　454–455
ツィーヒェ Zieche　109, 138
ツィンマーマン Clemens Zimmermann　39, 58–59, 376, 404
ディースターヴェーク Adolph Diesterweg　195
デーゲンコルプ K. Degenkolb　200, 211
テュメル Dr. Thümmel　125–127, 129, 132, 135, 141, 433
トイテベルク Hans Jürgen Teuteberg　296, 305, 358
フランツ・ドゥンカー Franz Duncker　201
ヘルマン・ドゥンカー Hermann Duncker　201
ドロンケ Ernst Dronke　226, 233, 237, 245–248, 250, 431, 438
ドーントン Martin Daunton　17, 50

索　引 [人名索引・事項索引]

人名索引

[ア行]

フォン・アルニム Bettina von Arnim　145, 234, 242–243, 245, 432, 440
アルミニウス　→フォン・ポニンスカ
アレクサンドラ Alexandra　267
イェーリヒ Jährig　169, 173, 456
イグナーツ Ignaz　111, 169, 174–175, 447–449
稲垣隆也　52, 377, 379
今井勝人　48
イリー Geoff Eley　26, 29, 53–54, 223, 403
ヴァイス Dr. Weiß　115, 304, 387–388
ヴァイスベッカー Weisbecker　115
ヴァイデンハマー Weidenhammer　160, 171, 453
ヴァイトリンク Weitling　238
ヴァリッヒ Warich　479
ヴァルデック Waldeck　268, 277–279
ヴィーゼケ Heinrich Ferdinand Wiesecke　99, 115, 130–134, 170–171
ヴィートホ Jutta Wietog　66, 105
ヴェーゲナー Wegener　452
ヴェーバー Weber（労働者・探訪記・世帯番号 28）　174–176, 183
ヴェーバー Weber（織工・ガルテン通り 42 番地住民）　469, 478
ヴェーラー Hans-Ulrich Wehler　53
ヴォルフェス Thomas Wolfes　364
ヴュルクニッツ Heinrich Otto von Wülcknitz　91, 96, 122, 127–128, 130–131, 154, 170
ヴュルト Würth　185, 467
ウルビッヒ Urbich　469
ウンガー Unger　159, 160, 165, 443
エーゲルス Franz Anton Egells　89
エミッヒ W. Emmich　216, 269–281, 283, 285, 288–291, 302, 315, 390–391, 399
エーリケ Ehrike　171, 466–467
フォン・エルトベルク Dr. Robert von Erdberg　397, 408
エンゲルス Friedrich Engels　349–352, 357, 373–375, 437
エンゲルマン Engelmann　161, 166, 168, 171, 184, 450–452
エンデとベックマン Ende & Böckmann　307
大場茂明　51
オスケ Osk　280, 282–284
オスマン　7, 11, 13, 16, 50, 136, 304, 323, 330, 373, 422–423
越智武臣　428

[カ行]

カイザー Kayser　164, 166, 172, 184–185, 458
ガイスト Johann Friedrich Geist　41–42, 66, 85, 92, 104–105, 110–111, 142, 146, 234, 237–238, 240, 243, 247–248, 252, 321, 323, 328, 347
カイベル Wilhelm Keibel　112, 123–127, 179, 433
カーリッシュ Ernst Wilhelm Kalisch　214, 230
ガル Lothar Gall　30–31, 52, 54–55, 90, 126, 191–193, 195, 197, 220, 222–224, 294, 312, 377, 429, 440, 444, 450, 454–456, 476
カルシュテン J. A. W. Carstenn　365
カルル Karl　160, 162, 453–454
川北稔　428
川越修　106, 111, 139, 181, 224, 251, 429
カンター Michael A. Kanther　296
北村陽子　60, 138, 429
キッテバッハ Kittebach　435, 479
木村靖二　49
キュルファース Klaus Kürvers　41, 66, 234
キュンストラー Künstler　184, 456–457
グツコ Karl Gutzkow　238, 243
グナイスト Rudolf Gneist　195, 201, 214
クノープラオッホ E. Knoblauch　303, 308, 403
クプファー Kupfer　435, 479
クライスト Kleist　171, 185, 277–280, 455
フォン・クライスト von Kleist　277–280
クラウスヴィッツ Paul Clauswitz　118
クリーガー Dr. Krieger　107, 304, 306, 317
クリース Kries　220

著者略歴

北村　昌史（きたむらまさふみ）

1962 年　山形県生まれ
1986 年　京都大学文学部卒業
1995 年　京都大学博士（文学）
2000 年　Oxford University Academic Visitor
京都大学文学部助手、新潟大学教育学部助教授を経て、
現在、新潟大学人文社会・教育科学系准教授

主要論文・訳書

「『トロイアの木馬』と市民社会 ── 1820 ～ 31 年ベルリン行政と住宅問題」『史林』84-1、2001 年
「19 世紀ドイツ住宅改革運動研究の動向」『西洋史学』第 204 号、2002 年
「19 世紀前半ベルリンにおける市民層と市の名誉職」『奈良史学』第 22 号、2004 年
アンドレア・シュタインガルト著『ベルリン　記憶の〈場所〉を辿る旅』（共訳）昭和堂、2006 年

ドイツ住宅改革運動
── 19 世紀の都市化と市民社会

2007 年 5 月 25 日　初版第一刷発行

著著　北村昌史
発行人　本山美彦
発行所　京都大学学術出版会
京都市左京区吉田河原町 15-9
京大会館内（〒606-8305）
電話（075）761-6182
FAX（075）761-6190
URL http://www.kyoto-up.or.jp
振替 01000-8-64677

ISBN 978-4-87698-719-1
Printed in Japan

印刷・製本　㈱クイックス東京
定価はカバーに表示してあります